Cineplex

Intermediate German Language and Culture Through Film

Cineplex

Intermediate German Language and Culture Through Film

Jeanne Schueller

Reinhard Zachau

Carrie Collenberg-Gonzalez

Focus Publishing
Newburyport

Cineplex Intermediate German Language and Culture Through Film
© 2014 Jeanne Schueller, Reinhard Zachau, Carrie Collenberg-Gonzalez

Focus Publishing/R Pullins Company
PO Box 369
Newburyport, MA 01950
www.pullins.com

ISBN: 978-1-58510-409-3

———————

Library of Congress Cataloging-in-Publication Data
Schueller, Jeanne.
  Cineplex : intermediate German language and culture through film / Jeanne Schueller, Reinhard Zachau, Carrie Collenberg-Gonzalez.
    pages cm
  ISBN 978-1-58510-409-3
  1. German language--Study and teaching. 2. German language--Textbooks for foreign speakers--English. 3. German language--Study and teaching--Foreign speakers--Audio-visual aids. 4. German language--Conversation and phrase books. 5. German language--Readers. 6. Motion pictures, German. 7. Motion pictures in education--United States. I. Zachau, Reinhard K. (Reinhard Konrad) II. Collenberg-Gonzalez, Carrie. III. Title.
  PF3065.S38 2014
  438.2'421--dc23
                        2013049139

Printed in the United States of America

10 9 8 7 6 5 4 3 2 1

1213V

Table of Contents

chapter 2
Jenseits der Stille

chapter 3
Das Wunder von Bern

87

chapter 5
Almanya – Willkommen in Deutschland

chapter 7
Im Juli

chapter 9
Good Bye, Lenin!

Preface

Welcome to *Cineplex*, the first intermediate German program that focuses on feature-length German films! *Cineplex* presents a communicative, German-language program that integrates full-length films and clips with cultural information geared toward American undergraduate college or high school students at the intermediate level.

Here are some of the key features:

- Contemporary and attractive films appeal to students.
- Using film as input exposes learners to language in authentic cultural contexts and prepares students for real-life situations.
- Through a wide range of film topics and settings, students see themselves as part of a larger historical and cultural context.
- Short film clips including transcripts make feature-length films even more accessible.
- A structured yet flexible organization of materials provides instructors with maximum adaptability.
- Activities promote interaction with authentic materials in meaningful and purposeful ways in a variety of modes.
- Exercises are mindful of the ACTFL Proficiency Guidelines and National Standards for Language Learning.
- Contextualized exercises and clear explanations assist learners in solidifying their command of grammatical structures.
- Students engage with authentic reading texts from multiple genres with activities designed to improve reading comprehension and use of appropriate strategies.
- Chapters incorporating still shots, images, charts, and cultural, historical, and linguistic information make learning fun and interesting!

Ancillaries

- Self-correcting, online workbook available at courses.pullins.com
- Links to purchase films available at focusbookstore.com
- Instructor's manual with answer key to textbook

Getting to Know Cineplex: The Films

Each of the ten chapters in *Cineplex* focuses on a contemporary, feature-length film that has been chosen based on its contribution to the needs of intermediate learners and their understanding of German-speaking culture.

The following ten films are covered in the book:

Die drei Räuber (Hayo Freitag, 2007)
Jenseits der Stille (Caroline Link, 1996)
Das Wunder von Bern (Sönke Wortmann, 2003)
Die Welle (Dennis Gansel, 2008)
Almanya - Willkommen in Deutschland (Yasemin Samdereli, 2011)
Lola rennt (Tom Tykwer, 1998)
Im Juli (Fatih Akin, 2000)
Sophie Scholl - Die letzten Tage (Mark Rothemund, 2005)
Good Bye, Lenin! (Wolfgang Becker, 2003)
Die fetten Jahre sind vorbei (Hans Weingartner, 2004)

Through these critically acclaimed, authentic German-language films, *Cineplex* covers highly motivational cultural-historical topics ranging from family, school, relationships, and traveling, to the Holocaust, the German Democratic Republic, Turkish-German migrant workers, multiculturalism, and the West German student movement. The films provide stimulating topics for discussion and opportunities to learn vocabulary and grammatical structures in context. Students may be familiar with the films but few will have interacted with them as language-learning tools.

Film Synopses

Die drei Räuber
A little orphaned girl named Tiffany manages to avoid being sent to an orphanage in an unusual way: She is taken from her carriage by three robbers and brought to their cave in the dark woods. Despite their gruff exteriors, the robbers are charmed by Tiffany and discover that there is more to life than gold and riches. FSK: ohne Altersbeschränkung

Jenseits der Stille
Lara is being raised by two deaf parents. After she receives a clarinet from her aunt, a musician in Berlin, Lara discovers how much she loves music and wants to study music in Berlin. Life for Lara is not easy and she faces difficult choices. Can her father ever appreciate her music if he cannot hear it? FSK: Ab 6 Jahren.

Das Wunder von Bern
This movie is more than "just" a soccer film. It is about the difficulties a returning West German POW soldier

faces as he struggles to reintegrate himself into society and the family from whom he feels alienated and detached, the disappointments experienced by a young boy who barely knows his father and who puts his heart and soul into supporting the local soccer team, and the dreams fulfilled by the West German victory in the 1954 World Cup Final in Bern, Switzerland and the economic miracle that helps heal a disheartened nation and a broken family. FSK: Ab 6 Jahren.

Die Welle
Rainer is considered the "cool teacher" at his *Gymnasium*, who is more qualified to teach about anarchy than autocracy. When he is assigned the topic of autocracy for his school's project week, he decides to teach his students a lesson about how quickly a dictatorship can get out of hand. But the experiment works too well and Rainer struggles to maintain control. FSK: Ab 12 Jahren.

Almanya- Willkommen in Deutschland
Hüseyin Yilmaz came to Germany with a wave of "Gastarbeiter" from Turkey. His wife and two children soon joined him, and a third child was born in Germany. Now, after 45 years of life in Germany, Hüseyin announces to his shocked family that he has planned a family trip to their homeland to renovate a house he has bought. In this movie, narrated by the granddaughter Canan to her cousin Cenk, we watch as members of this tight-knit family integrate themselves into German life and understand the depth of their Turkish-German identity. FSK: Ab 6 Jahren.

Lola rennt
What would you do if you had the chance to redo a single day of your life? In this action-packed, edge-of-your-seat movie, Lola has three chances and 20 minutes to help her boyfriend, Manni, replace the 100,000 German marks he lost before his mobster boss discovers that the cash is missing. Run, Lola, run! FSK: Ab 12 Jahren.

Im Juli
Daniel and Juli could hardly be more different. He is a practical, play-by-the-rules science teacher; she is a capricious, go-with-the-flow jewelry vendor. Their paths cross when Juli sells Daniel a ring that will seal his fate: He is destined to fall in love with a woman wearing the same sun as the one on his ring. What ensues is an action-packed and endearing road trip from Hamburg to Istanbul on which both characters pursue their quest for love. FSK: Ab 12 Jahren.

Sophie Scholl- Die letzten Tage
The story of Sophie and Hans Scholl, the young German siblings who participated in the White Rose, an anti-Nazi resistance movement, is fairly well known. Based on actual documents and transcripts, this Oscar-nominated film tells of the lesser-known events that follow Hans' and Sophie's arrest and explores Sophie Scholl's courage and tenacity during her final days of interrogation by her Gestapo investigator. FSK: Ab 12 Jahren.

Good Bye, Lenin!
Just as the Berlin Wall is about to come down, Alex's mother, Christiane, suffers from a near-fatal heart attack and falls into a coma. When she awakes months later, the country she knew and was loyal to - East Germany - no longer exists. Due to her fragile health, her doctor advises against exposing Christiane to anything that might be shocking or disturbing. So Alex, along with his sister, friend, and girlfriend, decides to shield his mother by recreating East German life, a task that results in many comedic mishaps and dramatic moments. FSK: Ab 6 Jahren.

Die fetten Jahre sind vorbei
"You have too much money," is one of the messages left behind by the *Erziehungsberechtigten* or "Edukators" in this thrilling film about three budding anticapitalist renegades finding their own way to rebel against the widening gap between rich and poor in Germany. Their form of rebellion escalates rapidly when the three of them make a decision that will affect their lives forever. FSK: Ab 12 Jahren.

Getting to Know Cineplex: The Chapters
Each chapter is divided into six parts that are uniquely designed to contextualize the vocabulary, characters, and themes from the films in meaningful and effective pedagogical exercises. Each section provides students with many opportunities to develop their receptive and productive skills. You will notice that certain activities are preceded by an icon. In order to facilitate communicative and meaningful use of the target language in class, interactive activities are indicated by two icons, one for partner work (👫) and another for group work (👪). Exercises that can be completed online as part of the Cineplex Online Courseware— for example, true/false questions, fill-in-the-blank, or multiple choice items—are labeled with an online icon (📶).

Vorbereitung und Hintergrund
- Prepares students for a positive and effective viewing experience
- Contains information and exercises about the characters and plot

- Introduces relevant cultural and historical information

Zum Film
- Makes films more accessible by dividing them into parts according to themes and/or chronology
- Deals closely with film through didacticized clips with pre- and post-viewing activities, including transcripts
- Uses rich imagery to help learners develop their visual literacy

Synthese
- Includes a variety of exercises such as discussions, role plays, analyses, research projects, and writing prompts
- Contains a special "Sprechakt" that focuses on one particular aspect of speech in socially and culturally authentic contexts
- Helps students recognize and understand the overarching themes in the film

Strukturen
- Provides a thorough and traditional intermediate grammar trajectory
- Contains exclusively film-derived contextualized exercises
- Offers clear explanations and charts

Lektüre
- Includes texts that are related thematically to the films
- Incorporates a variety of sources and genres, from poems and excerpts from literary prose, to speeches and magazine articles
- Contains pre- and post-reading activities that make the text more accessible to intermediate learners and relate it to the film

Wortschatz
- Focuses on specialized vocabulary from the film in activities that deal with film and/or apply the vocabulary to other contexts
- Helps students integrate these words into their active lexicon
- Helps students build their word recognition skills

Strategies for Teaching

Using film in the classroom

Students in any given course exhibit great variety in their receptive and productive abilities and cultural-historical knowledge. However, most students in our language classes have something in common; as so-called "millenials," they are comfortable using technology and have become accustomed to learning from multimedia resources. By using movies for language instruction, we take advantage of our students' technological savvy and interest in movies and the Internet, which makes learning a language based on images and sounds a natural experience for them.

Why use film in the foreign language classroom?
Films
- are visually stimulating and appealing to students;
- present important historical and political themes in an comprehensible context;
- provide exposure to authentic vocabulary and culture beyond the traditional textbook;
- enable students to develop speaking, reading, writing, listening skills as well as visual literacy;
- deal with topics that are engaging and interesting to students;
- help students develop confidence in processing spoken language;
- make learning fun and effective!

How to obtain, show, and watch the films?
Cineplex can be integrated into a wide range of foreign language curricula and teaching approaches. Teachers are encouraged to determine what will work best and most effectively for them, their students, and their institution. We make the following recommendations to instructors:

- **Buy the films online or borrow the films from libraries.** The films can be found online, through libraries, and through the Goethe-Institut.
- **Show the films with German subtitles.** The short clips make the language more accessible and help students gain confidence in their linguistic abilities. Target-language subtitles foster language development and are less distracting than watching a film with native-language subtitles.
- **Watch the films outside of class to maximize classroom time.** Schedule a screening or arrange to have the films viewed online through password-protected sites organized by your technology department.

Strategies for Learning

Dear Students - Welcome to *Cineplex*! There are many ways that you can make your language-learning experience extraordinary and practical enough to prepare you to communicate outside of the classroom in real-life situations.

Watch the films with German subtitles! Although it may seem difficult at first, watching the films with

German subtitles and paying close attention to the transcripts of the clips will help you determine where you need the most help.

Keep trying! Remember that you are an *intermediate* learner and that your instructors expect *intermediate* proficiency. Learning is an ongoing process and learning how to learn is a true skill. Take your time, make an honest assessment of what you understood and what you did not understand, believe in your capability to understand, laugh about it, and then keep trying!

Know your resources and take responsibility!
Learning a foreign language does not end in the classroom and is not determined by your instructor – it is up to you. Begin by knowing your resources and where you can go if you have questions. Often, you can find most of the answers (or even millions of answers) on the Internet after doing a simple search. Take responsibility for your own learning and try to remember that learning German through film should be fun!

Some Helpful Links
Online Dictionary (English/German)   www.leo.org
Online Dictionary (German/German)   www.dwds.de
International Movie Database   www.imdb.com
German Film Website   www.german-films.de
German Film Website   www.filmportal.de
Federal Government
  of Germany   www.bundesregierung.de
Der Spiegel (German magazine)   www.spiegel.de
Frankfurter Allgemeine Zeitung   www.faz.net

Acknowledgements

We would like to thank our editor, Allen Cooper, Ron Pullins, and the entire staff at Focus Publishing for their guidance and expertise. We are grateful to Christine Möller-Sahling and Detlev Gerike-Schönhagen at the Goethe-Institut Boston for providing assistance with copyright matters of the movies. Thank you to Ingrid Zeller (Northwestern University) and Karin Schestokat (Oklahoma State University) and the many reviewers who provided helpful feedback on various versions of the manuscript, including: Troy Byler (Indiana University); Roman Graf (Middlebury College); William H. Fletcher (United States Naval Academy), Iris Bork-Goldfield (Wesleyan University); Jennifer Redmann (Franklin & Marshall College); Carlee Arnett (University of California, Davis); Elke Riebelin (University of California, San Diego); Claudia Bornholdt (Catholic University); Harry Roddy (University of South Alabama).

A special thank you goes to our colleagues and students across the country for their encouragement and willingness to try out new materials, especially the German students at the University of the South who tried out earlier versions of the chapters.

This book would not have been possible without the patience and unwavering support of our families. Thank you!

Carrie Collenberg-Gonzalez, Jeanne Schueller, and Reinhard Zachau

Maps

Deutschland

BUNDESREPUBLIK DEUTSCHLAND
2007

MAINZ = Landeshauptstadt
Fürth = Sonstige Städte
● Städte über 500.000 Einwohner

DÄNEMARK

OSTSEE

NORDSEE

Flensburg

KIEL

Schleswig-Holstein

Lübeck

Stralsund

Rostock   Greifswald

Wismar

SCHWERIN

Mecklenburg-Vorpommern

Neubrandenburg

Wilhelmshaven

Bremerhaven

Emden

Hamburg

Oldenburg

Lüneburg

Stettin

Groningen

NIEDER-

Bremen

Niedersachsen

Celle

Wolfsburg

Stendal

Branden-burg

Berlin

POTSDAM

A'dam
Den Haag

HANNOVER

Braun-schweig

Sachsen-

Frankfurt

Küstrin

Warthe

POLEN

Enschede

Osnabrück

Hildesheim

Salzgitter

Anhalt

Brandenburg

Oder

Arnhem

Münster

Bielefeld

Detmold

MAGDEBURG

Dessau

Cottbus

LANDE

Nordrhein-

Göttingen

Kassel

Nordhausen

Halle

Leipzig

Sachsen

Görlitz

Duisburg Essen Dortmund

DÜSSELDORF

Siegen

Westfalen

Köln

Aachen Bonn

Marburg

Gießen

Hessen

Eisenach

ERFURT

Weimar

Gera

Chemnitz

DRESDEN

Zwickau

BELGIEN

Thüringen

Suhl

Fulda

Koblenz

Lahn

Hof

Coburg

Prag

Elbe

Rheinland-Pfalz

WIES-BADEN

Frankfurt

MAINZ

Aschaffenbg.

Main

Bayreuth

LUX.

Darm-stadt

Würzbg.

Bamberg

Moldau

TSCHECHIEN

Luxemburg

Trier

Saarl.

Lu'hafen Mannh.

Heidelbg.

Erlangen

Fürth   Nürnberg

SAAR-BRÜCKEN

Kaiserslautern

Metz

Karlsruhe

Baden-

Bayern

Regensbg.

Nancy

STUTTGART

Ingolstadt

Donau

Landshut

Isar

Passau

Linz

FRANKREICH

Straßburg

Tübingen

Ulm

Augsburg

MÜNCHEN

Salzburg

Württemberg

Freiburg

Friedrichshafen

Garmisch-Partenk.

ÖSTERREICH

Basel

Konstanz

Inn

Innsbruck

Zürich

SCHWEIZ

Maas

Mosel

Die Schweiz

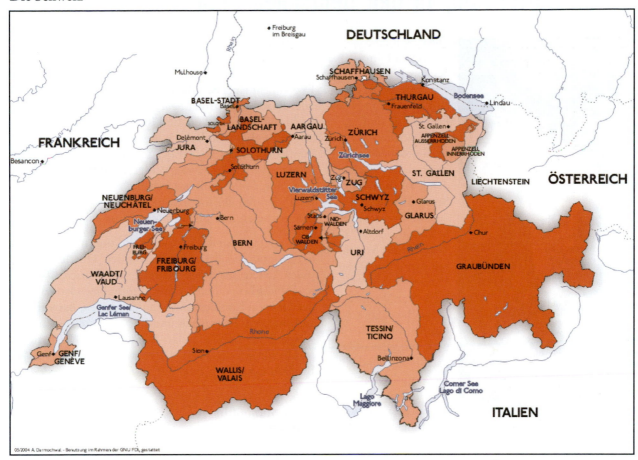

Österreich

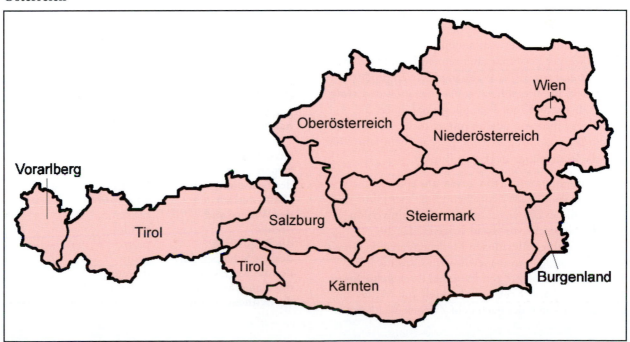

Kurze Einführung in den deutschen Film

Die Geschichte des deutschen Films begann 1895 in Berlin mit einem Film der Brüder Skladanowsky. Bis zum Beginn des Tonfilms 1929 produzierte Deutschland nach den USA die meisten **Stummfilme**, von denen *Metropolis* der **bekannteste** war. Die **Tonfilmzeit** begann mit dem Film *Der Blaue Engel*, der den **UFA**-Star Marlene Dietrich bekannt machte. Dietrich ging in der Nazi-Zeit nach Hollywood. Der populärste Nazi-Film wurde Lene Riefenstahls Dokumentarfilm *Triumph des Willens*. Nach dem **Zweiten Weltkrieg verlor** der deutsche Film sein Publikum an Hollywood-Produktionen und an das **Fernsehen**. Als Reaktion begannen Filmemacher 1962 mit einem neuen deutschen Autorenkino unter dem Motto „Papas Kino ist tot". Der bekannteste dieser Filmemacher wurde Rainer Werner Fassbinder mit seinem Film *Die Ehe der Maria Braun* von 1978. Wolfgang Petersen produzierte 1981 mit dem Kriegsfilm *Das Boot* den größten **Erfolg** für das deutsche Kino. Technologie dominiert die deutschen Filme von nun an immer mehr, zu sehen z.B. in dem Bavaria-Film *Der Untergang* aus dem Jahr 2005 über die letzten Tage in Hitlers Bunker.

Die zehn Filme in *Cineplex* geben uns einen **Eindruck** vom neuen deutschen Film. Vier Filme sind Familienfilme: *Die drei Räuber* ist eine Filmversion eines Kinderbuchs von Tomi Ungerer, das die Geschichte eines **elternlosen** Mädchens erzählt; *Jenseits der Stille* von der Oskar-Gewinnerin Caroline Link erzählt die Geschichte von Lara und ihren **gehörlosen** Eltern; *Das Wunder von Bern* **handelt** von Mattes und seinem Vater, der nach dem Zweiten Weltkrieg aus Russland **zurückkehrt**; und *Almanya* **erzählt** die Geschichte einer türkischen Familie in Deutschland. Der Film *Die Welle* handelt von dem riskanten Experiment einer Schulklasse. Zwei Filme sind Liebes- oder **Beziehungsfilme**: *Lola rennt* thematisiert die Probleme zwischen Lola und ihrem Freund; *Im Juli* zeigt eine **abenteuerliche** Reise in die Türkei. Drei der Filme sind historische Filme, *Sophie Scholl – Die letzten Tage* zeigt ein Beispiel von **Widerstand** in der Nazizeit; *Good Bye, Lenin!* stellt das Leben einer Familie in der DDR dar und *Die fetten Jahre sind vorbei* zeigt eine Alternative zum Kapitalismus in Deutschland.

Die zehn Filme sind deutsche Produktionen, die in den letzten zwanzig Jahren **gedreht** wurden. Durch die vielen Außenaufnahmen sehen wir viel deutsches Natur- und Stadtleben; durch die Studioaufnahmen lernen wir das Leben in Familien und Schulen kennen, das mit authentischen **Requisiten** und Kostümen rekonstruiert wurde. Auch einige populäre **Schauspieler** sehen wir, Moritz Bleibtreu in *Lola rennt* und *Im Juli*, Daniel Brühl in *Good Bye, Lenin!* und in *Die fetten Jahre sind*

der Stummfilm	silent movie
bekannt	known; well known
der Tonfilm	sound movie
die UFA (Universum Film AG)	film production company
verlieren, verlor, verloren	to lose
der Zweite Weltkrieg	World War II
das Fernsehen	television; TV
der Kriegsfilm	war movie
der Erfolg	success
der Eindruck	impression
elternlos	orphaned
gehörlos	deaf
handeln von	to deal with; to be about
zurückkehren	to return
zeigen	to show
der Beziehungsfilm	relationship movie
abenteuerlich	adventurous
der Widerstand	resistance
drehen	to film
die Requisiten	props
der/die Schauspieler/in	actor
der/die Regisseur/in	director
die Kameraperspektive	camera angle
die Schneidetechnik	editing technique

vorbei, Jürgen Vogel in *Die Welle* und Julia Jentsch in *Sophie Scholl – Die letzten Tage* und *Die fetten Jahre sind vorbei*. Mit Tom Tykwer (*Lola rennt*), Caroline Link (*Jenseits der Stille*), und Fatih Akin (*Im Juli*) lernen wir einige der besten deutschen **Regisseure** kennen, die technisch erstklassige Filme mit vielen interessanten **Kameraperspektiven** und **Schneidetechniken** produzieren.

Unser Titelbild mit dem Lichtblick Kino zeigt ein Programmkino in Berlin, das Filme zeigt, wie wir sie im *Cineplex*-Buch kennen lernen. Kommerzielle Filme kommen oft aus den USA und werden in Multiplexkinos gezeigt.

Fragen zum Text. Beantworten Sie die Fragen zum Text.

1. Nennen Sie einen bekannten deutschen Stummfilm.
2. Nennen Sie einen der ersten deutschen Tonfilme.
3. Was ist ein bekannter Film der Nazizeit?
4. Wie heißt ein Filmemacher des Autorenkinos?
5. Nennen Sie einen populären Film der achtziger Jahre.
6. Welche deutschen Geschichtsfilme kennen Sie?
7. Welche Familienfilme sind in Cineplex?
8. Kennen Sie einen der Schauspieler aus den Cineplex-Filmen? Welchen?
9. Nennen Sie einen bekannten Regisseur von heute.
10. Kennen Sie andere moderne deutsche Filme? Welche?

 Persönliche Fragen. Diskutieren Sie die Fragen zu zweit.

1. Kennen Sie andere deutsche Stummfilme?
2. Welche deutschen Filme haben Sie gesehen?
3. Wo kann man deutsche Filme in den USA sehen?
4. Welcher deutsche Film hat Ihnen gut gefallen? Warum?
5. Kennen Sie deutsche Schauspieler und Regisseure, die auch in Hollywood arbeiten?

chapter ①

Die drei Räuber

Die drei Räuber

EINLEITENDE FRAGEN

▶ Was war Ihr Lieblingsbuch, als Sie Kind waren?
▶ Hatten Sie einen bestimmten Animationsfilm als Kind besonders gern? Denken Sie an Filme von Disney oder Pixar.
▶ Beschreiben Sie das Filmposter mit so vielen Details wie möglich.
▶ Was sind die Unterschiede zwischen den drei Räubern?
▶ Wo findet diese Geschichte wahrscheinlich statt?

stattfinden

Vorbereitung und Hintergrund
FILMDATEN

Originaltitel	*Die drei Räuber*
Produktionsland	Deutschland
Erscheinungsjahr	2007
Regie	Hayo Freitag
Drehbuch	Hayo Freitag, nach dem Kinderbuch von Tomi Ungerer
Darsteller	Mit den Stimmen von: Joachim Król (Räuber Malente), Bela B. Felsenheimer (Räuber Flinn), Charly Hübner (Räuber Donnerjakob), Katharina Thalbach (die wunderliche Tante), Elena Kreil (Tiffany), Tomi Ungerer (Erzähler)
Altersfreigabe	FSK ohne Altersbeschränkung
Länge	75 Minuten

DIE FIGUREN

A. Gesucht! Welches Wort fehlt in jedem Steckbrief (*wanted poster*)?

> blauem • kluge • böse • rotem • Puppe • gelbem

GESUCHT!
Tiffany

Waisenkind
mit _puppe_

GESUCHT!
Die wunderliche Tante

eine _böse_ ,
zuckersüchtige Frau

GESUCHT!
Gendarm — *sheriff constable*

der nicht besonders
kluge Polizist

GESUCHT!
Malente

Räuber mit
rotem Bart

GESUCHT!
Flinn

Räuber mit
gelbem Bart

GESUCHT!
Donnerjakob

Räuber mit
blauem Bart

B. Die Guten und die Bösen? Beantworten Sie die Fragen.

1. Schauen Sie sich nochmal die Bilder auf den Steckbriefen an. Wer sind wohl die „Guten" und die „Bösen" in der Geschichte? Warum meinen Sie das?

2. Sehen die Räuber hier gefährlich aus? Warum oder warum nicht?

3. Tiffany sieht sehr traurig aus! Warum? Was ist ihr passiert? Warum kommen ihre Eltern wohl nicht im Film vor?

DIE HANDLUNG

 A. Die drei Nächte! Dieser Film gliedert sich in drei Teile. Die Bilder sind schon in der richtigen Reihenfolge. Diskutieren Sie zu zweit oder in einer Gruppe die Unterschiede zwischen den drei Bildern. Machen Sie sich ein paar Notizen.

Die erste Nacht

_____

_____

_____

_____

Die zweite Nacht

_____

_____

_____

_____

Die dritte Nacht

_____

_____

_____

_____

B. Eigenschaften (*characteristics*). Welche Adjektive haben eine positive Assoziation? Eine negative? Eine neutrale? Diskutieren Sie Ihre Antworten.

Adjektiv	Bedeutung	positiv?	negativ?	neutral?
einsam	*lonely*		✓	
wunderlich	*odd; strange*			✓
grimmig	*fierce*			✓
mutig	*brave*	✓		
fiktiv	*fictional*			✓
entzückt	*enamored*	✓		
traurig	*sad*		✓	
entschlossen	*determined*	✓		
wertvoll	*precious*	✓		
böse	*wicked; bad*		✓	
glücklich	*happy*	✓		

C. Lesen Sie nun die Geschichte! Die kursiv geschriebenen Adjektive kennen Sie aus der letzten Übung. Die fettgedruckten Wörter sind wichtige Verben.

Es war einmal ein kleines, *einsames* Mädchen, das Tiffany hieß. Tiffany war ein Waisenkind—sie hatte keine Eltern und kein Zuhause. Auf dem Weg zum Waisenhaus, das von einer *wunderlichen* Tante **geleitet** wurde, wurde Tiffanys Kutsche von drei *grimmigen* Räubern **überfallen**. Die kleine, *mutige* Tiffany hatte aber keine Angst vor den Räubern. Sie erzählte ihnen von einem *fiktiven* Vater in Indien, von dem die Räuber viel Gold bekommen könnten. Und so **nahmen** die drei Räuber Tiffany in ihre Räuberhöhle **mit**. Zusammen schrieben sie den Erpresserbrief an Tiffanys „Vater", den Maharadscha, um an das „Lösegold" zu kommen. Obwohl Tiffany nur zwei Nächte in der Höhle **verbrachte**, waren die Räuber ganz *entzückt* von ihr. Dann **erfuhren** sie, dass Tiffany gar keinen Vater hatte, denn sie war ein Waisenkind. *Traurig* aber *entschlossen* ging Tiffany allein in den Wald, wo sie zwei Waisenkindern auf der Flucht **begegnete**. Sie wagte es, ins Waisenhaus zu gehen. Die Räuber, die selber im Waisenhaus **aufgewachsen waren**, wollten sie vor der alten Tante **retten**, denn Tiffany wurde ihnen sogar *wertvoller* als die Schätze in ihrer Schatzkammer. Am Ende nahmen die Kinder ihr Schicksal selbst in die Hand, um die *böse* Tante zu **überwältigen**. Die Räuber kauften das Waisenhaus und schufen für alle Waisenkinder ein *glückliches* Zuhause. Und wenn sie nicht gestorben sind, dann leben sie noch heute!

leiten	to lead
überfallen (überfällt, überfiel, hat überfallen)	to raid or rob
mitnehmen (nimmt mit, nahm mit, hat mitgenommen)	to take along
verbringen (verbrachte, hat verbracht)	to spend time
erfahren (erfährt, erfuhr, hat erfahren)	to find out
begegnen	to run into
aufwachsen (wächst auf, wuchs auf, ist aufgewachsen)	to grow up
retten	to save (as in a person)
überwältigen	to overpower or overwhelm; to overcome

Sie wagte es = she dared

auf der Flucht = on the run.

Schafen = to create

D. Fragen zur Handlung. Diskutieren Sie die Fragen mit einem Partner/einer Partnerin.

- Welche Adjektive aus der Tabelle unten beschreiben diese Figuren: Tiffany? Die Räuber? Die Tante?
- Was für Konflikte gibt es im Film?
- Wie werden diese Konflikte gelöst?
- Glauben Sie, dass es ein Happy-End geben wird? Warum oder warum nicht?

Adjektiv	Bedeutung
entspannt	*relaxed*
ernst	*serious*
freundlich	*friendly*
gestresst	*stressed*
hilfsbereit	*helpful*
launisch	*moody*
lebhaft	*lively*
lieb	*nice; sweet-natured*
lustig	*funny*
mutig	*brave*
neugierig	*curious*
ordentlich	*neat; tidy*
schlau	*clever*
schwierig	*difficult*
selbstbewusst	*self-confident*
sparsam	*thrifty*
stolz	*proud*
stur	*stubborn*
treu	*loyal*
ungeduldig	*impatient*
unruhig	*anxious; fidgety*
unsicher	*unsure*
vernünftig	*rational; level headed*
vorsichtig	*cautious*
zuverlässig	*dependable*

E. Ihre Eigenschaften! Welche Adjektive beschreiben Sie selbst am besten? Ihre Mitbewohner? Ihren besten Freund oder Ihre beste Freundin? Beantworten Sie die Fragen zu 1-3 und fragen Sie danach einen Partner oder eine Partnerin im Deutschkurs, wie er oder sie ist.

1. **Wie ich bin ...**
   Ich bin meistens ...
   Manchmal bin ich ...
   Ich bin selten oder nie ...

2. **Wie meine Mitbewohner sind ...**
   Meine Mitbewohner sind meistens ...
   Manchmal sind sie ...
   Sie sind selten oder nie ...

3. **Wie mein bester Freund/meine beste Freundin ist ...**
   Er/sie ist meistens ...
   Manchmal ist er/sie ...
   Er/sie ist selten oder nie ...

4. **Wie mein Partner/meine Partnerin ist ...**
   Er/sie ist meistens ...
   Manchmal ist er/sie ...
   Er/sie ist selten oder nie ...

F. Wichtiger Wortschatz zum Film. Lesen Sie die Wörter aus dem Film durch. *durchlesen* Machen Sie danach die Übung.

Die drei Räuber

• **entführen**	to abduct
• **der Erpresserbrief/ Entführerbrief**	ransom letter
• **das Lösegeld** (das „Lösegold")	ransom money
• **der Schatz** (die Schatzkammer)	treasure
• **die Beute**	loot; booty
• **die Höhle**	cave; lair

Das Waisenhaus

• **die Rübe/die Zuckerrübe**	beet; sugar beet
• **der Zucker**	sugar
• **die Süßigkeit**	sweets; candy
• **die Torte**	cake
• **lecker**	delicious
• **ausbeuten**	to exploit
• **enttäuschen**	to disappoint
• **fliehen** (die Flucht)	to flee; escape

Ein Märchen schreiben! Fragen Sie einen Partner/eine Partnerin nach Wörtern, die Sie in die Lücken schreiben könnten! Ist Ihre Geschichte lustig oder gruselig?

1. Adjektiv _____
2. Zahl _____
3. Adjektiv _____
4. Adjektiv _____
5. Adjektiv _____
6. 3 Substantive im Plural _____
   _____
   _____
7. Adjektiv _____
8. ekliges Essen _____
9. Adjektiv _____
10. etwas Leckeres zu essen im Plural _____
11. Zahl im Plural_____
12. etwas Leckeres zu essen _____

Die komischen Waffen der Räuber!

der Blasebalg	bellows
das Beil	ax
die Donnerbüchse	blunderbuss

Wissenswert!

Schatz—also *Schatzi, Schätzelein* and *Schatzimaus!*—is used as a term of endearment. It is also found in many compound nouns. What do you think these words mean? *Tip: All compound nouns derive their gender from the last noun!*

Wortschatz	**Wissens**schatz
Informationsschatz	**Boden**schatz
Kunstschatz	**Kron**schatz
Schatzkammer	**Schatz**karte
Schatzkiste	**Schatz**insel
Schatzmeister	**Schatz**suche

Es war einmal ein (1) _____ Waisenkind ganz allein im Wald. Dort traf es (2) _____ Räuber, die es entführten und Lösegeld von seinem (3) _____ Vater erpressen wollten. Die Räuber nahmen das (4) _____ Waisenkind zurück in ihre (5) _____ Höhle. Dort versteckten sie ihre ganze Beute: (6) _____, _____ und _____. Dem Waisenkind gefielen die Räuber so sehr, dass es nicht fliehen wollte. Natürlich hatte es keine Lust, in das (7)_____ Waisenhaus zu gehen! Dort wurden die armen Waisenkinder ausgebeutet und durften nur (8)_____ essen. Den Räubern gefiel das (9)_____ Waisenkind auch, weil es so gut (10)_____ kochen/backen konnte. Die Räuber entschieden sich, (11)_____ Waisenkinder zu retten. Zusammen zogen sie in ein riesengroßes Schloss ein. Die Räuber brauchten ihre Waffen nicht mehr. Sie lebten nun friedlich und ohne Gewalt. Und jeden Tag aßen sie nur (12)_____. Und wenn sie nicht gestorben sind, dann leben sie noch heute!

DER HINTERGRUND: MÄRCHEN

 A. Brainstorming. Was wissen Sie schon über Märchen? Besprechen Sie zu zweit oder in einer Gruppe Ihre Ideen. Schreiben Sie einige Ideen auf.

 B. Figuren und Strukturen eines Märchens. Wie sind Märchen? Welche Figuren kommen häufig in Märchen vor? Welche Probleme und Lösungen gibt es oft? Diskutieren Sie zu zweit oder in einer Gruppe und schreiben Sie Ihre Ideen auf.

Figuren: *Prinzessinnen, ...*

Probleme: *böse Stiefmütter, ...*

Lösungen: *ein Prinz, der die Prinzessin rettet, ...*

 C. Märchen vergleichen. Beantworten Sie die Fragen schriftlich oder diskutieren Sie sie mit einem Partner/einer Partnerin.

1. Welche Märchen kennen Sie? Nennen Sie einige.
2. Welche Ähnlichkeiten und Unterschiede gibt es zwischen deutschen und amerikanischen Märchen?
3. Das Waisenkind Tiffany ist in diesem Film die Hauptfigur. Kennen Sie andere Märchen, in denen die Hauptfigur ein Mädchen oder eine Frau ist?
4. Wie werden Mädchen oder Frauen in Märchen oft dargestellt (*depicted*)? Sind sie stark und mutig oder eher schwach und hilflos?

D. **Tiffanys Märchen.** In diesem Film erzählt Tiffany viele märchenhafte Geschichten. Machen Sie die kurze Wortschatzübung zum Text. Finden Sie das passende englische Wort für die deutschen Wörter. Lesen Sie danach die verschiedenen Geschichten, die Tiffany erzählt, und beantworten Sie die Fragen.

1. Die indische Prinzessin

„Es war einmal ein Ma-ha-rad-scha … Maharadscha, Maharadscha, und der wohnt in einem goldenen **Schloss**. Also da, der wohnte ja da in diesem Schloss, ja? Und das … das stand in Indien und das war ganz aus Gold. Ja, genauso war das. Der war unglaublich **reich**, dieser Maharadscha! Und er lebte da, in diesem fernen Indien, in diesem Schloss aus purem Gold. Aber das Tollste, das war, das wirst du mir gar nicht glauben, das war die Schatzkammer. Die war echt das Tollste! Die war nämlich gerammelt voll gestopft mit Perlen, und mit **Smaragden** und „**Diamunen**" und mit Gold und mit Silber und Gold und Ringen und **Ketten** und **Kronen** .. ja… um Umhänge und Armbänder und alles aus Gold eben. Sein größter Schatz aber wohnte im Kinderzimmer. Das war nämlich seine Tochter. Die war sehr, sehr schön und so **tapfer**, das hat die Welt noch nicht gesehen. Der Maharadscha liebte seine Tochter so sehr, dass er ihr jeden **Wunsch** von den Augen ablas. Eines Tages **schenkte** der gute Maharadscha seiner bildschönen Tochter ein Waisenhaus. Das war nun wirklich mit Abstand das **allerschickste** Waisenhaus im ganzen fernen Indien. Da war der **Jubel** natürlich groß! Es gab auf der ganzen weiten Welt kein glücklicheres indisches Prinzesschen. Aber plötzlich … "

a. das Schloss	_d_	brave
b. reich	_i_	to give as a gift
c. der Smaragd	_k_	rejoicing
d. der Diamant*	_f_	crown
e. die Kette	_h_	wish
f. die Krone	_j_	fanciest; most chic
g. tapfer	_c_	emerald
h. der Wunsch	_a_	castle
i. schenken	_d_	diamond
j. allerschickste	_b_	rich
k. der Jubel	_e_	necklace

* Dieses Wort spricht Tiffany falsch aus!

1. Sehen Sie das Bild oben an. Wem erzählt Tiffany das Märchen?
2. Was war der größte Schatz des Maharadschas?
3. Wie verknüpft (_to link_) Tiffany das Märchen mit der Realität ihrer Situation?

2. Das „Lösegold"

Diese Geschichte erzählt Tiffany den drei Räubern.

„Aber mein Papa. Der ist nämlich ein reicher Maharadscha. Der hat so viel Gold wie … wie… Ihr könnt mich ja mitnehmen und mich gegen das Gold von meinem Papa tauschen. Dann werdet ihr es ja sehen, das Lösegold".

1. Ist Tiffanys Vater wirklich ein reicher Maharadscha? Lebt Tiffanys Vater noch?
2. Wir wissen schon, das Lösegeld _ransom money_ bedeutet. Tiffany erfindet das Wort „Löse_gold_". Was soll das Wort bedeuten?

3. Ein Entführerbrief (_Note: the more common German word is_ „Erpresserbrief")
Da Tiffany den Räubern sagte, dass sie einen reichen Vater hat, wollen die Räuber natürlich Gold von ihm. Und so geht Tiffanys erfundene Geschichte weiter.

„Wir brauchen einen Entführerbrief. Damit mein Papi weiß, dass ihr mich entführt habt ... dass er das Lösegold zu euch schicken soll. Und wenn ihr das Gold habt, lasst ihr mich laufen. Ähm, das Dumme ist nur ... dass mein Papa so weit weg ist. Leider sehr weit weg. Das mit dem Schicken kann also ein bisschen dauern. [Er ist] ... in in in in ... Indien!"

1. Warum brauchen sie einen Erpresserbrief?
2. Wem werden sie den Brief schicken?
3. Warum will Tiffany den Räubern nicht die Wahrheit sagen? Was meinen Sie?

4. Die drei Brüder

Tiffany erfindet nicht nur ihren reichen Vater, den Maharadscha, sondern auch drei Brüder! Lesen Sie den Text. Warum hat Tiffany gesagt, dass sie ausgerechnet <u>drei</u> Brüder hat? Was macht sie mit ihren „Brüdern"?

„Und dann bin ich frei und kann endlich gehen. ... Ja, das wäre schön. Zu Hause. In unserem goldenen Palast. Zusammen mit meinen drei Brüdern! ... Einer spielt immer mit mir Verstecken (*hide and seek*), solange ich will. Und wenn ich müde bin, zeigt mir der andere ein paar neue Elefantentricks. ... Und der Dritte, der hat sogar einen fliegenden Teppich (*carpet*). Und wir fliegen, bis wir ..."

E. Aus Tomi Ungerers Bilderbuch *Die drei Räuber* (1963, Diogenes Verlag). Der Film *Die drei Räuber* ist eine **Verfilmung** des gleichnamigen Kinderbuchs von Tomi Ungerer. Sie lesen hier einen **Auszug** aus dem Buch. Tomi Ungerer wurde 1931 in Straßburg (Frankreich) geboren. Während der deutschen **Besetzung** des **Elsass** musste Ungerer Deutsch lernen. Als junger Mann wanderte er in die USA aus, wo er 1963 das Buch *The Three Robbers* veröffentlichte. Das Buch wurde ein paar Jahre später ins Deutsche **übersetzt**. Das Buch ist heute noch sehr beliebt in Deutschland. (Hören Sie beim Anschauen des Films gut zu! Tomi Ungerer ist der Erzähler!) Lesen Sie den Auszug und beantworten Sie die Fragen.

die Verfilmung	adaptation
die Auszug	excerpt
die Besetzung	occupation
das Elsass	Alsace
übersetzen	to translate

„Es waren einmal drei grimmige Räuber mit weiten schwarzen Mänteln und hohen schwarzen Hüten. Der erste hatte eine **Donnerbüchse**. Der Zweite hatte einen **Blasebalg** mit Pfeffer. Der Dritte hatte ein riesiges rotes **Beil**. In der Nacht, wenn es dunkel war, lagen sie am Wegrand auf der Lauer. Es waren schreckliche Kerle. Wenn sie **auftauchten**, fielen die Frauen um vor Angst, die Hunde zogen den **Schwanz** ein, und selbst die mutigsten Männer ergriffen die Flucht. Wenn Kutschen vorbeikamen, **bliesen** sie den Pferden Pfeffer in die **Nüstern**. Da mussten die Kutschen anhalten. Dann zertrümmerten sie die Wagenräder. Und mit der Donnerbüchse **bedrohten** sie die Reisenden und **raubten** sie **aus**. Die Räuber hatten ihr Versteck in einer Höhle hoch in den Bergen. Dorthin schleppten sie ihre Beute. Sie hatten Kisten und Truhen voll Gold, Perlen, Ringen, Uhren und Edelsteinen. ..."

die Donnerbüchse	blunderbuss
der Blasebalg	bellows
das Beil	ax
auftauchen	to show up
der Schwanz	tail
blasen	to blow
die Nüstern	nostrils (*zool.*)
bedrohen	to threaten
ausrauben	to rob

1. Was machten die Räuber, wenn sie auftauchten?
2. Wer hatte so viel Angst, dass sie umfielen? Wer lief weg?
3. Wo versteckten die Räuber ihre Beute?

F. Zum Gespräch. Besprechen Sie folgende Diskussionsfragen zu zweit oder in einer Gruppe.

1. Welche Unterschiede wird es vielleicht zwischen dem Buch und dem Film geben?
2. Sehen Sie gern Literaturverfilmungen?
3. Was ist Ihre Lieblingsverfilmung?

G. Kurze Umfrage in der Klasse. Fragen Sie Ihre Mitstudenten nach ihrer Meinung zu den folgenden Fragen.

- Lieblingsbilderbücher aus der Kindheit?
- die besten/schlechtesten Literaturverfilmungen?
- lieber das Buch lesen oder den Film sehen?

H. Es war einmal. Lesen Sie den Text und beantworten Sie die Fragen.

Es war einmal. Die Märchen der Brüder Grimm

Es waren einmal fantastische Geschichten, weiter gegeben von Mund zu Mund von Generation zu Generation. Sie erzählen von schönen Prinzessinnen und verzauberten Prinzen, von gütigen **Feen** und bösen Stiefmüttern, von kauzigen **Zwergen** und schrecklichen **Riesen**, von hungrigen Wölfen und gestiefelten Katern. Und am Ende **siegt** das Gute über das Böse. Märchen entstanden in Zeiten, in denen sich die Menschen in ihren Stuben versammelten und die Heimarbeit mit Singen, Spielen und dem Erzählen **gruseliger** Geschichten verbanden. Märchenerzähler wanderten von Ort zu Ort und zogen die Menschen mit ihren spannenden Erzählungen in den Bann.

Die Brüder Jacob Grimm (1785-1863) und Wilhelm Grimm (1786-1859) waren fasziniert von diesen Geschichten. Sie **sammelten** die Erzählungen, um sie zu **bewahren** und ihre **Leidenschaft** sprach sich schnell herum. Sie hatten bald mehr als 50 InformantInnen, meist waren es Frauen, die sie mit Märchen **versorgten** ...

Die beiden Brüder schrieben die Texte auf und ihr erster Märchenband erschien 1812 unter dem Titel „Kinder- und Hausmärchen (KHM)". Er wurde immer wieder überarbeitet und umfasste schließlich 240 so genannter Volksmärchen.

Die Märchen der Brüder Grimm **fesseln** noch heute—Kinder wie Erwachsene. Sie sind inzwischen in mehr als 160 Sprachen **übersetzt** und zählen zu den **bekanntesten** Büchern der deutschen Kulturgeschichte.

Text von Ursi Zeilingen

Leseverständnis. Beantworten Sie die Fragen.

1. Welches der **fett gedruckten** Wörter bedeutet ... ?

collected _sammelten_	to win/triumph _siegt_
fairies _Feen_	to captivate _fesseln_
dwarfs _zwergen_	most well known _bekanntesten_
giants _Riesen_	spooky _gruseliger_
translated _übersetzt_	passion _Leidenschaft_
to preserve _bewahren_	supplied _versorgten_

2. Unterstreichen Sie die Stelle, wo erklärt wird, wie die Märchen mündlich überliefert wurden.
3. Warum waren es meist Frauen, die diese Geschichten weiter erzählt haben? Was meinen Sie?
4. Wie viele Märchen gab es insgesamt von den Brüdern Grimm?
5. Welches Märchen mit einem Zwerg kennen Sie? Mit einem Wolf?
6. Was ist Ihrer Meinung nach das bekannteste deutsche Märchen in den USA?
7. Was ist Ihr Lieblingsmärchen und warum?
8. Welche Disney-Verfilmungen von Märchen haben Sie gesehen?

Zum Film: Die erste Nacht
VOR DEM SEHEN

A. Was passiert? Verbinden Sie die Sätze.

1. Tiffany muss ins Waisenhaus, ... d

2. Tiffany wird entführt, ... c

3. Sie freut sich, entführt zu werden, e

4. Auf dem Weg zur Höhle wird sie müde. a

5. Donnerjakob legt Tiffany ins Bett der Räuber, ... b

a. Deswegen muss Donnerjakob sie tragen.

b. obwohl Malente sagt: „Nur über meine Leiche!"

c. damit die Räuber Gold von ihrem Vater bekommen.

d. weil ihre Eltern gestorben sind.

e. denn sie will nicht ins Waisenhaus gehen.

B. Bildbeschreibung. Beschreiben Sie das Bild zu zweit. Welche Figuren sehen Sie? Wo sind sie? Was passiert?

C. Das Räuberlied (von Bananafishbones). Hören Sie das Lied im Vorspann (*opening credits*) an.

D. Das Räuberlied. Ergänzen Sie den Liedtext mit Wörtern aus der Liste.

Beil • ergebt • Messer • Nacht • Prozess (*trial*) • Rauben • wollt

Wir sind die
eiskalten, dunklen **Gestalten**
schleichen durch die _____Nacht_____,
Gold und Geld und Edelsteine
rauben wir und es lacht
nur der fahle Mond im Nebelschein
wenn unsre Büchse **kracht**.
Drum passt gut auf, rückt alles heraus
sonst gibt's von uns **eine auf's Dach**

Das _____Rauben_____ ist ein Kinderspiel
keiner spielt es wie wir
die Büchse knallt der Blasebalg
bläst Pfeffer gegen die Tier
dann steht die Kutsche totenstill
willkommen zum letzten Teil
es krachen die **Speichen** des Kutschenrads
unter unsrem _____Beil_____,

Babumm babumm **ergebt** euch gleich
ansonsten ist es aus
wir **wetzen** die _____Messer_____
dann schneiden sie besser
dein kleines Herz heraus.
Babumm babumm _____ergebt_____ euch gleich
ansonsten ist es vorbei
wir wetzen die Messer dann schneiden sie besser
deine **Gurgel** entzwei
Ich kotz auf **Hotzenplotz**
das ist ein kleiner **Mäusefurz**
hier im Wald sind wir **Gesetz**
und dein _____Prozess_____ wird sicher kurz ...
Wir **verlachen Gendarmen**
verschonen die Armen
die Armee des Königs hat Angst
wir holen den prallen **Beutel**
von des fetten Edelmanns Wanst

Babumm Babumm wir ergeben uns gleich
nehmt alles von uns was ihr _____wollt_____
doch verschont unser Leben das wollen wir nicht geben
hier bitte sehr nehmt unser Gold ...

Gestalten (pl.)	shapes; forms
schleichen	to creep
krachen	to crack; bang
eine auf's Dach	to tell someone off
blasen	to blow
Speichen (pl)	spokes
ergeben	to give oneself up
wetzen	to sharpen (knife)
die Gurgel	throat
Hotzenplotz	robber in Otfried Preußler books
der Mäusefurz	lit. "mouse fart"
das Gesetz	law
Gendarmen verlachen	to ridicule constables
verschonen	to spare
der Beutel	pouch; bag

E. Zum Inhalt. Beantworten Sie die Fragen.

1. <u>Wovor</u> sollen wir Angst haben?
2. Was passiert, wenn wir uns nicht gleich ergeben?
3. Was wird <u>herausgeschnitten</u>?
4. Was wird <u>entzweigeschnitten</u>?
5. Wen <u>verschonen</u> die Räuber?
6. Wen nicht?
7. Auf wen beziehen sich „wir" und „ihr" in der letzten Strophe?

 F. Zur Diskussion. Beantworten Sie die Fragen zu zweit oder in Gruppen.

1. Gefällt Ihnen das Lied? Warum oder warum nicht?
2. Die FSK (*rating*) des Films ist „ohne Altersbeschränkung". Finden Sie, dass das Lied für Kinder oder Kleinkinder <u>geeignet</u> ist? Warum oder warum nicht?

DER FILM (CLIPS 1-2)

A. Abscheid. In diesem Clip <u>verabschiedet</u> sich Tiffany auf dem Friedhof (*cemetery*) von ihren verstorbenen Eltern. Sehen Sie den Clip an. Passen Sie auf Folgendes auf: den Ort, die Atmosphäre und Tiffanys Stimme.

aufpassen

„Abschied"

1. Clip

ERZÄHLER Man kann viel Spaß haben im Leben, wenn man zu <u>dritt</u> ist. Aber es gibt andere Menschen, die sind allein. Versteht ihr? Ganz allein.

TIFFANY Liebe Mama, lieber Papa! Gleich kommt die Kutsche und nimmt mich mit fort. Da wollte ich euch nur noch „Auf Wiedersehen" sagen.

Ihr fehlt mir so. Jeden Abend und jeden Morgen und den ganzen Tag. Ich wünschte, wir <u>wären</u> wieder zusammen zu Hause. Ich hab' euch sehr lieb. Ihr <u>passt</u> doch weiter auf mich <u>auf</u>, auch wenn ihr im Himmel seid, oder? Ich pass auf dich auf, Pimpernella.

B. Zum Inhalt. Beantworten Sie die Fragen.

1. Wie fühlt sich Tiffany? Wie würden Sie ihre Stimme (*voice*) beschreiben?
2. Wer ist Pimpernella?
3. Sehen Sie das Bild an. Beschreiben Sie die Szene. Welche Farben sehen/ <u>erkennen</u> Sie? Wie sind die <u>Stimmung</u> (*mood*) und die <u>Atmosphäre</u>?
4. In dieser Szene verwendet Tiffany die ihr-Verbform (2. Person Plural), weil sie ihre verstorbenen Eltern anspricht. Wie viele dieser ihr-Verbformen können Sie finden?

C. **Ihre Gefühle und Erfahrungen.** Beantworten Sie die Fragen schriftlich.

1. Können Sie an die letzte Situation denken, als Sie sich ganz allein gefühlt haben? Was haben Sie gemacht?
2. Was war Ihr Lieblingskuscheltier oder Lieblingsspielzeug, als Sie Kind waren? Wie haben Sie es genannt?

D. **Richtig oder falsch?** Die Räuber finden Tiffany in der Kutsche. Was werden sie machen? Was wird passieren? Bevor Sie den Clip sehen, geben Sie an, ob die Sätze wahrscheinlich richtig (R) oder falsch (F) sind.

angeben

1. _F_ Die Räuber sind froh, Tiffany in der Kutsche zu finden.
2. _F_ Tiffany hat viel Angst vor den Räubern.
3. _T_ Tiffany hat kein Geld und kein Gold in ihrem Koffer.
4. _F_ Tiffany will nicht mitgenommen werden.
5. _F_ Die Räuber haben schon genug Gold.

E. **Der Überfall.** Sehen Sie den Clip an.

„Der Überfall"

2. Clip

MALENTE	Flinn, komm jetzt! Hier gibt es nichts zu holen. Abmarsch! **Marschi ma kullo!** Was ist das bloß für ein Tag. Ein Räuber dümmer als der andere und in der einzigen Kutsche ist nichts als ein **krakeelender Fiesel**. Womit habe ich das verdient?	TIFFANY	Stehen bleiben, hab' ich gesagt! Nehmt mich gefälligst mit. Immerhin bin ich eure Beute!
		RÄUBER	Der war gut!
		TIFFANY	Wenn ihr nicht wollt, dann gibt es eben kein Gold! Tja, Fräulein Pimpernella. Die Herren Räuber scheinen wohl schon genug Gold zu haben!
TIFFANY	Hey, ihr Diebe! Stoppt! Ihr könnt mich doch hier nicht einfach alleine lassen!	RÄUBER	Gold!
FLINN	Wir sind keine Diebe, wir sind Räuber!		
DONNER-JAKOB	Räuber!		

Malentes Redewendungen (*idioms*)

Marschi ma kullo	son of a gun
krakeelender Fiesel	scrappy little brat

F. **Zum Inhalt.** Beantworten Sie die Fragen zum Clip.

1. Beschreiben Sie Malente. Wie ist seine Laune (*mood*)? Mag er Kinder?
2. Gibt es einen Unterschied zwischen einem Dieb und einem Räuber?   *zwischen + Dat.*
3. Warum lachen die Räuber, als Tiffany sagt, sie sei ihre Beute?
4. Tiffany verwendet in dieser Szene viermal die ihr-Verbform, weil sie die drei Räuber anspricht. Finden Sie die vier Verben! Welches ist ein Befehl (*command*)?

der Unterschied = difference

A. Ein mutiges Mädchen. Inwiefern ist Tiffany mutig? Was macht sie, was für ein Kind besonders mutig ist? Ergänzen Sie die Sätze mit einem Wort aus dem Wortkästchen.

entführt • Überfall • Kutsche • Räuberhöhle • Waisenhaus • verabschieden

Tiffany ...

- muss sich von den Eltern *verabschieden*.
- wird ins *Waisenhaus* geschickt.
- muss alleine in einer *Kutsche* mitten in der Nacht durch den Wald fahren.
- erlebt einen *Überfall*.
- wird von Räubern *entführt*.
- wird zur *Räuberhöhle* gebracht.

B. Fräulein Pimpernella. Lesen Sie den Text unten und erklären Sie, wie Tiffany bei der Kutschfahrt vor ihrer Entführung ihre Angst bewältigt (*to overcome*). Was macht Tiffany?

„Dicht. Hier kommt keiner rein, Fräulein Pimpernella. Wir sind vollkommen sicher hier drinnen. Aber wenn Sie Angst haben, liebe Pimpernella, können Sie sich ruhig neben mich setzen. Natürlich kann ich auch einen Arm um Sie legen, wenn Sie sich dann besser fühlen. Ja bitte, so ist es jetzt besser, oder? ... Fräulein Pimpernella, was suchen Sie denn dort unten? Sie machen Ihr schönes Kleid noch ganz, ganz schmutzig. Pimpernella! Das geht doch nicht! So, das ist gut. Hab' keine Angst, ich pass' auf dich auf!"

1. Mit wem redet Tiffany?
2. Wie versucht Tiffany, Pimpernella zu beruhigen?
3. Wie fühlt sich Tiffany wirklich? Hat sie Angst?
4. Was haben Sie als Kind gemacht, wenn Sie Angst hatten?
5. Wer hat Sie beruhigt? Ihre Eltern? Ein Stofftier?
6. Haben Sie auch mit einem beliebten Stofftier gesprochen?

C. Bildbeschreibung. Dieses Bild zeigt Tiffany in der Kutsche. Das Bild wurde geviertelt. Beschreiben Sie einem Partner/einer Partnerin einen Teil mit so vielen Details wie möglich, dass Ihr Partner/Ihre Partner raten kann, welchen Teil des Bildes Sie beschreiben.

Nützliche Vokabeln und Redemittel

Ich sehe ... (+ Akk.)

Es gibt ... (+ Akk.)

oben, unten, links, rechts

in der Mitte	middle
in der Ecke	corner
das Fenster	window
der Koffer	suitcase
der Knopf	button
der Sitz	seat
der Stiefel	boot
die Tür	door
der Türgriff	door handle
der Unterrock	petticoat; underskirt
der Vorhang	curtain

Zum Film: Die zweite Nacht

VOR DEM SEHEN

A. Der Erpresserbrief

Einen Erpresserbrief mit Forderungen (*demands*) von Geld und anderen
Bedingungen (z.B. ein Flugzeug) schreibt ein Entführer. In diesem Film
müssen die Räuber einen Erpresserbrief schreiben, um an das Gold von
Tiffanys „Vater", dem reichen Maharadscha, zu kommen. Da die Räuber
weder schreiben noch lesen können, hilft Tiffany ihnen den Brief zu schreiben.
Malente, der Tiffany den Brief diktiert, scheint damit Probleme zu haben.

Lesen Sie den Dialog und beantworten Sie die Fragen.

MALENTE   Schreib: „Lieber Herr Maharadscha!"
TIFFANY   Mhm, „Lieber" geht nicht. Das ist doch kein normaler
        Brief. Das ist ein Erpresserbrief.
MALENTE   Ich bin ja auch Räuber und kein Erpresser! Dann schreib:
        „Sehr geehrter Herr Maharadscha ..."
TIFFANY   Nee, zu höflich. Ich schreibe einfach „Maharadscha".

1. Was ist los mit Malentes Anrede (*salutation*)?
2. Welche Alternative schlägt Tiffany vor?

vorschlagen

B. Sie sind dran! Beantworten Sie die Fragen schriftlich.

dran

1. Wie oft und wem schreiben Sie Briefe?
2. Was für Briefe schreiben Sie und zu welchem Zweck (*purpose*)?
3. Welche Briefe müssen formeller oder höflicher sein und warum?
4. Wem schreiben Sie oft E-Mails?
5. Ist der Schreibstil Ihrer E-Mails meistens locker (*informal; casual*)?
6. Haben Sie beim Schreiben auch manchmal Schwierigkeiten mit
   der Formalität?

C. Das Waisenhaus. Gregory und Nikolas sind Waisenkinder. Gregory will
aus dem Waisenhaus fliehen. Nikolas hat Angst.

„Die Tante hat aber gesagt, wir können nicht abhauen. Dann geht es uns
nämlich wie den drei Brüdern, die damals abgehauen sind. Die sind von Wölfen
gefressen worden. Und wenn Vollmond ist, hört man sie noch immer schreien."

Diskutieren Sie die Fragen mit einem Partner/einer Partnerin

1. Glauben Sie, dass Gregory und Nikolas es tatsächlich wagen (*dare*)
   werden zu fliehen?
2. Wie werden sie sich im dunklen Wald fühlen, wenn sie tatsächlich
   fliehen?
3. Wo ist es wohl schlimmer? Im Waisenhaus mit den anderen Kindern
   oder im Wald?
4. Was ist vermutlich mit den drei Waisenkindern passiert, die versuchten,
   aus dem Waisenhaus zu fliehen? Wer waren wohl diese Waisenkinder?
5. Was würden Sie machen, wenn Sie in dieser Lage wären? Im
   Waisenhaus bleiben oder fliehen? Warum?

D. Wer isst was? Schreiben Sie den Buchstaben der richtigen Person in die Lücke.

ecklige

1. __b__ eklige Rübenmatsche   a. die wunderliche Tante
2. __c__ eklige Beeren   b. die Kinder im Waisenhaus
3. __a__ leckere Süßigkeiten   c. Nikolas und Gregory

E. Leckereien, Bäckereien, Konditoreien. Beantworten Sie die Fragen zum Text.

Wortbildung mit der wunderlichen Tante!

„Meine grandiose Rübenzuckermaschine! Worauf habe ich denn Appetit? Eine Buttercremetorte? Nein, nein. Pfefferminzbonbons? Nein, nein. Eine Zuckerstange! Eine Zuckerstange … Und als Nachtisch eine Marmeladen**schicht**torte. Der Nachtisch! … Eine **Eierschnee**zucker**schaum**karamell**erdbeer**sahnetorte! Lecker, lecker, lecker, lecker!"

der Eierschnee	whipped egg whites	**die Erdbeere**	strawberry
die Schicht	layer	**der Schaum**	foam

1. Wie würden diese fünf Leckereien von der Rübenzuckermaschine auf Englisch heißen? Übersetzen Sie sie!
   - Butter + creme + torte =
   - Pfeffer + minz + bonbons =
   - Zucker + stange =
   - Marmeladen + schicht + torte =
   - Eier + schnee + zucker + schaum + karamell + erdbeer + sahne + torte =
2. Was essen **Sie** am liebsten als Nachtisch?
3. Erfinden Sie Ihre eigene Süßigkeit, indem Sie die Wortteile kombinieren! Unten sind auch andere Zutaten (*ingredients*).

Aprikose	apricot	**Brombeere**	blackberry
Erdnuss	peanut	**Haselnuss**	hazelnut
Heidelbeere	blueberry	**Himbeere**	raspberry
Johannisbeere	red currant	**Kirsche**	cherry
Karamell	caramel	**Kokosnuss**	coconut
Marzipan	marzipan	**Milchschokolade**	milk chocolate
Pfirsich	peach	**Zartbitterschokolade**	dark or semisweet chocolate

Wissenwert! Lust auf Eis?

<u>Je</u> südlicher ein Land liegt, <u>desto</u> mehr Eis essen seine **Einwohner**. Stimmt nicht, <u>das</u> **Gegenteil** ist der Fall: In Finnland essen die Menschen am meisten Eis, in Portugal am wenigsten. Und Deutschland liegt mit einem jährlichen **Verbrauch** von rund acht Litern Markeneis im europäischen Mittelfeld. Vanille, Erdbeere und Schokolade - das sind die liebsten **Sorten** der Deutschen. In den **Abverkauf**szahlen aller Markeneis**hersteller** führt zwar Schokolade die Rangliste an, aber in anderen **Umfragen** liegt mal Vanille, mal Erdbeere vorn. Stracciatella erfreut sich aber immer größerer Beliebtheit, sie kommt dem dritten Platz von Jahr zu Jahr näher.

die Einwohner (pl.)	residents
das Gegenteil	opposite
der Verbrauch	consumption
die Sorte	kind; type
der Abverkauf	sale
der Hersteller	manufacturer
die Umfrage	survey

 F. Alles über Eis. Lesen Sie den Text über Eis und die Top-10-Liste. Dann beantworten Sie die Fragen.

1. Wo isst man mehr Eis: in Finnland oder in Portugal?
2. Essen die Deutschen mehr Eis als die Portugiesen?
3. Welche Eissorte wird jedes Jahr beliebter?
4. Wie heißt sie auf Englisch?
5. Welche Eissorte schmeckt Ihnen am besten?
6. Welche Sorte auf der Top-10-Liste, die Sie noch nicht probiert haben, würden Sie gern probieren?
7. Welche Sorte wäre in den USA eventuell weniger beliebt? Warum meinen Sie das?
8. Welche Sorten sieht man auf dem Bild?
9. Welche sieht für Sie am leckersten aus?
10. Fragen Sie einen Partner/eine Partnerin, welche Eissorte ihm/ihr am besten schmeckt.
11. Welche Sorte schmeckt ihm/ihr nicht?
12. Was meinen Sie: Wo verzehrt man im Durchschnitt (*on average*) mehr Eis? In den USA oder in Deutschland?

Wissenwert! Eissorten-Top-Ten 2012 Die beliebtesten Klassiker

1. Vanille
2. Schokolade
3. Haselnuss
4. Erdbeer
5. Joghurt
6. Stracciatella
7. Latte Macchiato
8. Sahne-Kirsch (Amarena)
9. Fior di Latte*
10. Mango

* lit. "milk's flower", a pure, unflavored fresh cream and sugar ice cream

Wissenswert! Konditoreien und Bäckereien

Was findet man in einer Konditorei und einer Bäckerei? Beim Bäcker gibt es Brot, Brötchen und Brezeln, aber auch verschiedene Kuchen und andere frische selbstgemachte süße Backwaren, wie Berliner, Schokocroissants, Nussschnecken und Muffins. In der Konditorei kauft man leckere Torten, Kuchen und Pralinen, die beispielsweise mit Nougat, Marzipan oder Pistazien gefüllt sind. Was schmeckt Ihnen besser, frisches Brot aus der Bäckerei oder leckerer Kuchen aus der Konditorei? Brot und Backwaren sind nicht nur in Deutschland lecker, sondern auch in Österreich und in der Schweiz!

Wissenswert! Die österreichische Kaffeekultur

Das Kaffeehaus ist ein wichtiges Stück österreichischer Tradition. Vor allem ist die Wiener Kaffeehauskultur bekannt. Es gibt zahlreiche Kaffeevariationen, die sich meistens auf die Milchmenge oder Wassermenge beziehen. Mögen Sie Ihren Kaffee mit viel, wenig oder ohne Milch (*Milchkaffee, Goldener, Brauner, Schwarzer*)? Halb Kaffee und halb Milch nennt man in Österreich eine *Melange*. Der Einspänner wird mit Mokka und Schlagobers (das östr. Wort für Schlagsahne) zubereitet. Vielleicht schmeck Ihnen ein *Kapuziner* (schwarzer Kaffee mit Schlagobers)? Die Kaffeebohnen der Sorte Mokka enthalten keinen Kakao, trotzdem schmeckt der Mokka ein bisschen nach Schokolade. In Österreich heißt der Espresso *kleiner Schwarzer* oder *Mokka.* Auch interessant ist ein *Kaffee Verkehrt*. Verkehrt bedeutet „backwards". Bei diesem Kaffee ist das Verhältnis Kaffee zu Milch verkehrt, also zweimal so viel Milch wie Kaffee. Auf Französisch nennt man dieses Getränk *café au lait,* auf Italienisch *caffè e latte*. Entdecken Sie die vielen, traditionellen Kaffeesorten das nächste Mal, wenn Sie in Österreich sind! Genießen Sie auch die tolle Atmosphäre in den vielen schönen Cafés in Wien, zum Beispiel im Café Central.

der Einspänner   die Melange   Café Central Wien

DER FILM (CLIPS 3-7)

A. Bildbeschreibung. Was sagt Tiffany wohl? Wie reagieren die Räuber darauf?

B. An das Gold kommen. Nun sehen Sie den Clip an. Ergänzen Sie dabei den Dialog mit den Adjektiven/Adverbien aus der Liste.

kleines • klug • lange • leicht
niedlich (cute) • weg

„Wie kommen wir an das Gold?"

3. Clip

MALENTE	Wie kommen wir an dein Gold, _____kleines_____ Mädchen?
TIFFANY	Das ist eigentlich ganz _____leicht_____. Einen Brief. Wir brauchen einen Entführerbrief. Damit mein Papi weiß, dass ihr mich entführt habt.
DONNER-JAKOB	Einen Brief?
FLINN	Von uns?
TIFFANY	Ja, dass er das Lösegold zu euch schicken soll. Und wenn ihr das Gold habt, lasst ihr mich laufen.
FLINN	Klingt gut! Wirklich sehr _____klug_____!
TIFFANY	Ähm, das Dumme ist nur …
MALENTE	Was ist das Dumme?
TIFFANY	… dass mein Papa so weit _____weg_____ ist. Leider sehr weit weg. Das mit dem Schicken kann also ein bisschen dauern.
DONNER-JAKOB	Wie „bisschen dauern"?
TIFFANY	Na ja, so … ein bis zwei …
FLINN	Minuten?
DONNER-JAKOB	Stunden?
MALENTE	Tage?
TIFFANY	Ähm … Wochen?
DONNER-JAKOB	So _____lange_____?
MALENTE	Wo ist der denn, dein Papa?
TIFFANY	In in in in … Indien!

DONNER-JAKOB	In-in-in-in-Indien?
FLINN	Wo liegt das, In-in-in-in-Indien?
MALENTE	„In Indien", du Waschbär!
DONNER-JAKOB	Guck mal einer an! „In-in-in-in-Indien!"
MALENTE	Kann man hier nicht einmal in Ruhe nachdenken?
FLINN	Was denkst du denn, Malente?
MALENTE	Ich denke darüber nach, wie wir an unser Gold kommen.
TIFFANY	Mit einem Brief. Hab' ich doch gesagt.
FLINN	Genau. Mit einem Brief.
MALENTE	Ruhe! Verdammt doch mal!
DONNER-JAKOB	Das Dumme ist nur …
TIFFANY	Was ist denn das Dumme?
FLINN	Er kann doch gar nicht schreiben.
DONNER-JAKOB	Na, du auch nicht.
TIFFANY	Ich aber! Ich kann schreiben!
DONNER-JAKOB	Zwei Wochen, Malente. Die Kleine stört doch keinen.
FLINN	Und sie kann Kaffee machen!
TIFFANY	Das war Fräulein Pimpernella!
DONNER-JAKOB	_____niedlich_____, was, Malente?
TIFFANY	Jungs, ich bitte um Tinte und Papier!

Zum Inhalt. Beantworten Sie die Fragen zum Clip.

1. Warum schreiben sie den Erpresserbrief?
2. Wie lange wird es laut Tiffany dauern, bis ihr Papa den Brief bekommt?
3. Warum dauert es so lange?
4. Warum fragt Tiffany nach Tinte und Papier?
5. Welcher Bruder scheint Tiffany zu mögen?
6. Das Wort *doch* kommt mehrmals im Dialog vor. Was bedeutet es? Versuchen Sie diese Sätze zu übersetzen:
   „Mit einem Brief. Hab' ich doch gesagt."
   „Er kann doch gar nicht schreiben."
   „Die Kleine stört doch keinen."
7. Was finden Sie an dieser Szene lustig?

D. **Die Schatzkammer.** Während die Räuber arbeiten, findet Tiffany den Schlüssel für die Schatzkammer, wo sie spielt. Beschreiben Sie die Schatzkammer. Welche Gegenstände sehen Sie? Was macht Tiffany?

E. **Kleine Räuberin.** Sehen Sie diesen Clip an.

„Eine richtige kleine Räuberin"

4. Clip

TIFFANY	Teddybär, Teddybär, du bist raus. Teddybär, Teddybär, lauf nach Haus. Teddybär, Teddybär, <u>dreh dich um</u>. Teddybär, Teddybär, <u>mach dich krumm.</u> Teddybär, Teddybär, wie alt bist du? Hundertfünf. Eins, zwei, drei, vier, fünf, sechs ... Ich bin eine kleine indische Prinzessin! Ha! Huch! Aua!
FLINN	Guckt euch das an!
DONNER-JAKOB	Eine richtige kleine Räuberin.
TIFFANY	Habt ihr viel Gold! Was macht ihr denn damit?
FLINN	Äh, rauben.
RÄUBER	Wieso?

TIFFANY	Und dann? Wenn ihr es geraubt habt, was macht ihr dann damit?
RÄUBER	Äh ...
FLINN	Wie „machen"?
DONNER-JAKOB	Keine Ahnung.
MALENTE	Das liegt hier eben so rum.
FLINN	In unserer Schatzkammer. Hier haben wir's doch hingebracht.
TIFFANY	Hm!
DONNER-JAKOB	Und für dich haben wir was mitgebracht, Prinzessin.
FLINN	Eine Kleinigkeit.
MALENTE	Aber nicht kaputt machen!

F. Fragen zum Clip. Diskutieren Sie die Fragen zu zweit oder in einer Gruppe.

1. Wie reagieren die Räuber auf Tiffanys Frage, was sie mit dem geraubten *stolen* Gold machen?

2. Und was machen sie tatsächlich mit dem Gold und den anderen Schätzen?

3. Was bedeutet „Kleinigkeit"? Was haben die Räuber für Tiffany mitgebracht? Wissen Sie das schon? Wenn nicht, was raten Sie?

4. Was würden **Sie** mit dem ganzen Gold machen?

5. Kennen Sie das Teddybär-Lied? Wie geht das Lied auf Englisch? Erinnern Sie sich noch? Haben Sie etwas Ähnliches gesungen, als Sie ein Kind waren?

 G. Die Waisenkinder. In diesem Clip hören wir, wie die Tante mit den Waisenkindern redet. Beschreiben Sie das Bild. Wie sehen die Kinder aus? Haben sie Angst vor der Tante?

H. Die wunderliche Tante. Nun lesen Sie den Text zum Clip. Was für einen Eindruck (*impression*) macht die wunderliche Tante? Welche Wörter im Text scheinen liebevoll und sanft (*gentle*) zu sein?

I. Ohne Rübe keine Liebe. Sehen Sie den Clip an.

„Ohne Rübe keine Liebe!"

5. Clip

TANTE	Meine Kinder. Ihr süßen Waisenkinder, die ich euch so liebe! Ich habe großen **Kummer**.
NIKOLAS	Hey, Gregory! Aufwachen! Die Tante hat schon wieder großen Kummer und wir sind schon wieder zu spät. **Beeil dich**! Hast du gehört, wir brechen ihr das Herz und haben sie unfassbar **enttäuscht**. Wach auf!
GREGORY	Hey, fass mich nicht an! Uah! Wie kann man seinen besten Freund zu nachtschlafender Zeit ... bloß so quälen?
TANTE	Wie heißt die goldene Regel? Du!
KIND	Ohne **Rübe** keine Liebe.
TANTE	Ich verstehe dich nicht.

KIND	Ohne Rübe keine Liebe.
TANTE	Sehr richtig! Wiederholt das! Alle!
KINDER	Ohne Rübe keine Liebe.
TANTE	Eine einfache Sache, oder? Möchte man meinen. Wie viele **Zuckerrüben** siehst du hier? Ist das alles, was ich euch bedeute? Kein bisschen mehr, hm? Wie kann ich euch da lieben ... ihr lieben Kinderlein?

der Kummer	heartache
(sich) beeilen	to hurry
enttäuschen	to disappoint
die Rübe	beet
die Zuckerrübe	sugar beet

J. Zum Inhalt. Beantworten Sie die Fragen zum Clip.

1. Wie klingt die wunderliche Tante? Wie ist ihre Stimme?

2. Hat sie die Kinder wirklich lieb?

3. Erkären Sie, wie die „goldene Regel" der Tante lautet.

4. Was verstehen die meisten Menschen unter diesem Begriff?

unfassbar

anfassen

K. Lesen und schreiben lernen. Sehen Sie den Clip an.

1. Erkennen Sie den Text im ersten Bild?
2. In welchem Jahr wurde der Text verfasst?
3. Wie sagt man „Leben, Freiheit und das Streben nach Glückseligkeit" auf Englisch?
4. Welcher Räuber wird diesen Text vorlesen?
5. Nun beschreiben Sie das zweite Bild.
6. Welcher Räuber wird diesen zweiten Text schrieben?

L. Sehen Sie den Clip an

„Lesen und schreiben lernen"

6. Clip

TIFFANY	Guten Morgen, liebe Räuber!
FLINN	Morgen, Prinzessin!
DONNER-JAKOB	Morgen, Tiffany.
MALENTE	Pah!
TIFFANY	Heute lernen wir lesen und schreiben!
FLINN	Au ja!
DONNER-JAKOB	Klasse!
FLINN	Anfangen!
MALENTE	Pah!
TIFFANY	Und so geht das ABC: A
DONNER-JAKOB	Unglaublich!
TIFFANY	B
FLINN	Genial!
TIFFANY	C
DONNER-JAKOB	Das ist ja ...
FLINN	Oh!
DONNER-JAKOB	Aha!
FLINN	Aha!
MALENTE	Mmh.
DONNER-JAKOB	He, ich kann schreiben! Guck mal!
FLINN	AB CAB CAB CAB CAB. He, ich kann lesen!
TIFFANY	Toll!
MALENTE	Pah! „Wir halten diese Wahrheiten für selbstverständlich, dass alle Menschen gleich sind, und dass sie von ihrem Schöpfer gewisse ...' Hmpf, Sauklaue. ‚... unveräußerliche Rechte bekommen haben, worunter sind: Leben, Freiheit und das Streben nach Glückseligkeit." Hmpf.
TIFFANY	Jungs, das ist eine glatte Eins (A+)!

M. Alles klar? Beantworten Sie die Fragen schriftlich oder diskutieren Sie die Fragen mit einem Partner/einer Partnerin.

1. Wer kann nach der kurzen Leselektion Wörter mit maximal drei Buchstaben schreiben?
2. Wer kann schon komplizierte Texte lesen?
3. Was halten Sie von Malente? Wie ist er im Vergleich zu seinen Brüdern?
4. Freut sich Malente, Lesen und Schreiben zu lernen?
5. Warum wird es Ihrer Meinung nach wichtig sein, dass die Räuber lesen können?

N. Bildbeschreibung. Was hängt am Baum? Was finden die Räuber über Tiffany heraus? Wie haben sie wahrscheinlich darauf reagiert? Welcher Räuber wird besonders böse sein?

O. Das Waisenkind Tiffany. Sehen Sie den Clip an.

„Das Waisenkind Tiffany"

7. Clip

TIFFANY	Guten Abend, liebe Räuber! Na, ordentlich was geraubt heute?
MALENTE	Was steht da drauf?
TIFFANY	Da steht: „Gesucht! Das Waisenkind ... Tiffany".
MALENTE	Wie bitte?
TIFFANY	Gesucht. Das Waisenkind ... Tiffany.
MALENTE	Du glaubst wohl, du kannst dich hier einnisten wie eine **Made im Speck**, uns die Haare vom Kopf **fressen** und alles durcheinander bringen?
TIFFANY	Ich wollte auch ein Räuber sein.
MALENTE	Hältst du uns für reichlich blöd, was? Wir sind ja nur die **bescheuerten** Räuber. Wir lassen uns nicht von einem Waisenkind **rumschubsen**.
DONNER-JAKOB	Malente ...
TIFFANY	Stimmt, ich bin ein Waisenkind. Kein Gold, nix wert. Und jetzt gehe ich ins Waisenhaus. Da gehören Waisenkinder wohl hin.
DONNER-JAKOB	Tiffany, du kannst doch nicht ...
TIFFANY	**Leb wohl**, Donnerjakob. Danke, dass ich in eurem Bett schlafen durfte.
DONNER-JAKOB	Malente! Um Himmels willen, das Kind geht!

MALENTE	Pah!
FLINN	Ins Waisenhaus, Malente. Tiffany geht ins Waisenhaus!
MALENTE	Pah! ... Ah! Herrlich, diese Ruhe!
DONNER-JAKOB	Toll, die Ruhe. Schön ruhige Ruhe.
FLINN	Donnerjakob?
DONNER-JAKOB	Was? Ach so, äh ...
FLINN	He, Malente, die kleine Tiffany ist alleine im Wald. Sie hat ihre Puppe nicht mit. Soll sie etwa dahin, da, da ... ins Waisenhaus?
MALENTE	Lass mich in Ruhe! Es ist mitten in der Nacht. Und was geht mich dieser **Lügenfiesel** an?
FLINN	Hm? Stimmt. Hast ... hast Recht, Malente. Was gehen dich diese Kinder an. Sind ja nur Waisenkinder. He Malente! „Ohne Rübe keine Liebe!"
MALENTE	**Herrgottssakrament** noch mal! Marschi ma kullo!

angehen (handwritten note)

Made im Speck	maggot on bacon
fressen	to feed off of
bescheuert	stupid
rumschubsen	to push around
leb wohl	good bye
Lügenfiesel	little liar/rat
Herrgottsakrament	for God's/Heaven's sake (curse)

P. **Zum Inhalt.** Beantworten Sie die Fragen zum Clip.

1. Was hat Tiffany in der Räuberhöhle vergessen?
2. Wer macht sich Sorgen um Tiffany?
3. Warum wollen Flinn und Donnerjakob Tiffany davon abhalten, ins Waisenhaus zu gehen?
4. Flinn scheint ziemlich viel über die wunderliche Tante und ihre „goldene Regel" zu wissen. Warum? Was meinen Sie?
5. Versuchen Sie, wie Flinn die Stimme der wunderlichen Tante nachzuahmen, als sie sagt „Ohne Rübe keine Liebe!" Wer in der Klasse kann es am besten?

NACH DEM SEHEN

 A. Die zweite Nacht. Besprechen Sie zu zweit oder in einer Gruppe die Handlung in diesem zweiten Teil des Films.

1. Was ist passiert?
2. Was war spannend? Traurig? Eklig?
3. Welche Szene(n) fanden Sie lustig?
4. Was war Ihre Lieblingsszene und warum?
5. Welchen Eindruck haben Sie von den Figuren?
6. Erklären Sie, welcher Räuber Ihnen am besten gefällt und warum.
7. Welcher Räuber ist am grimmigsten? Welcher ist am nettesten zu Tiffany?
8. Wann musste Tiffany beweisen, wie mutig sie ist?
9. Wie geht die Geschichte weiter? Wird Tiffany tatsächlich ins Waisenhaus gehen?

B. Die Figuren und die Orte. Was wissen wir schon über die Figuren und die Orte? Füllen Sie die Tabellen mit Details aus.

Die Figuren

Tiffany	die Räuber	die Tante	der Gendarm	die Waisenkinder

Die Orte (der Schauplatz = setting)

der Wald	die Räuberhöhle	das Waisenhaus	das Tantenzimmer

Zum Film: Die dritte Nacht

VOR DEM SEHEN

A. **Gregory und Nikolas**. Lesen Sie das Zitat von Gregory und beantworten Sie die Fragen.

„Ich glaube, ich spinne! Wir sind reich! Davon können wir doch leben. Wir kaufen ein Haus. Nein, besser noch, ein Boot! Und dann fahren wir immer rum. Oder eine Kutsche mit Schlafkabinen! Quatsch! Eine Kutsche und ein Boot!"

1. Warum ist Gregory so aufgeregt, als Tiffany ihm fünf **Taler** schenkt?
2. Glaubt Gregory, dass er viel Geld hat?
3. Was würden Sie sich kaufen, wenn Sie richtig viel Geld bekommen würden? Ein Haus? Ein Boot? Ein Auto?
4. Fragen Sie einen Partner/eine Partnerin, was er/sie sich kaufen würde.
5. Machen Sie in der Klasse eine Liste von den fünf populärsten Antworten.

> **Wissenswert!**
> Ein **Taler** ist eine alte Münze. Das Wort Taler ist mit dem englischen Wort *dollar* verwandt!

B. **Schlaf, Kindlein, schlaf**. Beantworten Sie die Fragen zum Schattenspiel.

1. Beschreiben Sie das Bild. Vergleichen Sie die Tante mit ihrem Schatten. Wie sieht sie aus?
2. Wählen Sie zwei Adjektive, die diese Szene beschreiben.
3. Wie würden Sie sich fühlen, wenn Sie eins dieser Kinder wären?
4. Lesen Sie das Zitat. Warum will die Tante, dass die Kinder gut schlafen?

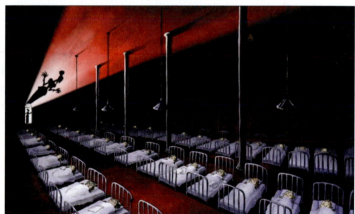

„Schlaft ... Schlaft, meine süßen kleinen Kinderlein. Morgen geht es wieder in die Rüben. Da müsst ihr ausgeruht sein. Träumt schön ..."

DER FILM (CLIPS 8-9)

A. **Raten Sie mal!** In dieser Szene sind Tiffany, Gregory und Nikolas im Wald.

- Wer will ins Waisenhaus gehen? _____
- Wer hat viel Angst davor? _____
- Wer wird mutig sein? _____

Während die Waisenkinder im Wald sind, sind Donnerjakob, Flinn und Malente in ihrer Räuberhöhle.

- Wer will Tiffany vor dem Waisenhaus retten? _____
- Wer sagt: „Ich hab' Angst."? _____
- Wer sagt: „Zusammen schaffen wir das."? _____

B. Zurück ins Waisenhaus. Sehen Sie den Clip an.

„Zurück ins Waisenhaus"

8. Clip

TIFFANY	Ich gehe ins Waisenhaus.
NIKOLAS	Tiffany, **du spinnst**.
TIFFANY	Kinder, die keine Eltern mehr haben, die müssen ins Waisenhaus. So ist das.
GREGORY	Hey, warte mal! Wir drei müssen zusammen bleiben.
NIKOLAS	Du kannst uns nicht alleine lassen.
GREGORY	Willst du dich freiwillig von der schrecklichen Tante herumkommandieren lassen? Da, schau genau hin. Willst du wirklich da hin?
TIFFANY	Da sind wenigstens andere Waisenkinder. So wie wir.
NIKOLAS	Ohne diese Hexe wär's gar nicht so schlecht mit den anderen Kindern.
TIFFANY	Wie viele Kinder wohnen denn da?
NIKOLAS	Ungefähr 20. Oder 80.
GREGORY	**Quatsch**! 300 mindestens. Oder 765.
TIFFANY	Und nur eine Tante?
GREGORY	Eine.
TIFFANY	Nur eine Tante ...
GREGORY	Aber die ist **mordsgefährlich**.
NIKOLAS	Die wohnt ganz oben im **Turm**.

GREGORY	Weiß der Teufel, was sie da immer macht.
TIFFANY	Also los!

....

FLINN	Da, ich sehe sie. Die geht tatsächlich ins Waisenhaus!
DONNERJAKOB	Da sind auch noch zwei andere.
FLINN	Wir müssen da hin, Malente!
MALENTE	Das kann ich nicht, Brüder ... ins Waisenhaus. Zur bösen Tante. Ich **trau'** mich nicht. Ich ... ich hab' Angst.
FLINN	Zusammen schaffen wir das. Es geht um Tiffany! Was, Donnerjakob?
DONNERJAKOB	Flinn hat Recht, Bruder. Los geht's!
MALENTE	Mhm. Los geht's!

du spinnst	you're crazy
Quatsch!	nonsense
mordsgefährlich	very dangerous
der Turm	tower
(sich) trauen	to have the courage

C. Bilder vergleichen. Vergleichen Sie diese Bilder zu zweit oder in Gruppen. Welche Gefühle haben die Kinder? Die Räuber? Machen Sie eine Liste von Ihren Ideen.

D. Was passiert in dieser Szene? Kreuzen Sie die richtigen Sätze an.

1. ☑ Die Räuber gehen doch nicht ins Waisenhaus, um Tiffany zu retten.
2. ☐ Die Tante freut sich, die Räuber wieder zu sehen.
3. ☑ Die Tante hat Angst vor den Räubern.
4. ☑ Tiffany ist glücklich, Pimpernella wieder zu haben.
5. ☑ Malente sagt nichts Böses zu Tiffany.

Die drei Räuber. Sehen Sie den Clip an.

„Die drei Räuber"

9. Clip

TANTE	Ich fass' es nicht! Der schlaue kleine Malente und seine beiden Brüder: der dumme Donnerjakob und der Volltrottel Flinn. Na, ihr Ausreißer! Ihr seid aber groß geworden! Na ja, nach 30 Jahren ...	MALENTE	Außerdem wollten wir fragen, ob du ...
		TIFFANY	Wie bitte?
		MALENTE	... ob du wieder zu uns zurück-kommst. Wir vermissen dich. Das Leben ist so schön bunt, wenn du da bist. Und dein ... dein Lachen, weißt du, das kitzelt so schön in den Räuberohren. Ja.
DONNER-JAKOB	Wir haben dir deine Puppe mitgebracht, Tiffany.		
FLINN	Pimpernella. Die hattest du vergessen, Tiffany.	TIFFANY	Ach, Malente!

bunt

F. **Zum Inhalt.** Beantworten Sie die Fragen zum Clip.

1. Wie ändert sich Malente in dieser Szene?
2. Malente sagt: „Wir vermissen dich. Das Leben ist so schön bunt, wenn du da bist." Glauben Sie, dass er das wortwörtlich (*literally*) und/oder eher symbolisch meint?
3. Kitzeln bedeutet *to tickle*. Was kitzelt so schön in den Räuberohren?
4. Welche Geräusche finden Sie persönlich besonders schön?
5. Was oder wer macht Ihr Leben „schön bunt"?

NACH DEM SEHEN

A. **Bildbeschreibung.** Beschreiben Sie das Bild.

1. Warum jubeln alle?
2. Tiffany sagt dem Gendarm, dass es keine Räuber gäbe, nur Waisenkinder. Was meint sie damit?

B. **Ende gut, alles gut?** Beantworten Sie die Fragen zum Ende des Films.

1. Fassen Sie das Ende des Films schriftlich oder mündlich zusammen!
2. Wie finden Sie das Ende? Stört es Sie, dass die Tante sich umgebracht hat?
3. Die Tante sagte: „In diesem Film ist kein Platz für das Böse." Warum meint sie das?
4. Finden Sie das Ende passend für ein Märchen?
5. Haben Sie Vorschläge für ein alternatives Ende?

Synthese
DISKUSSION

👥 **A.** **Standbilder diskutieren**

Hier sieht man das Waisenhaus hinter dem Rübenacker und den Blick aus der Räuberhöhle. Vergleichen Sie diese Bilder. Denken Sie dabei insbesondere an die Farben. Wie verkörpern sie einige der Themen des Filmes, nämlich Mut, Solidärität und Freiheit?

B. Ein Vergleich. Beantworten Sie die Fragen zum Thema Märchen.

1. Inwiefern spielt die Zahl Drei eine wichtige Rolle im Film? Kennen Sie andere Märchen, in denen die Zahl Drei oder andere Zahlen vorkommen?

2. Wer ist böse in diesem Film? Was passiert mit der wunderlichen Tante am Ende des Films? Mit welcher Märchenfigur kann man die Tante vergleichen?

3. Welche anderen Märchen oder Geschichten kennen Sie, in denen die Hauptfigur ein Waisenkind ist? Kommt das häufig in der Jugendliteratur vor?

4. Vergleichen Sie *Die drei Räuber* und *Hänsel und Gretel* (oder eine andere Geschichte). Welche Ähnlichkeiten fallen Ihnen ein?

5. Schauen Sie sich den Buchdeckel an. Welche Märchen erkennen Sie?

C. Themen im Film

Machen Sie mit einem Partner/einer Partnerin ein paar Notizen zu jedem Thema. Dann wählen Sie ein Thema aus und besprechen Sie es.

	Märchen	Freiheit/Unabhängigkeit	Solidarität/Freundschaft
Figuren			
Orte			
Situationen			
Szenen			
Dokumente			

SPRECHAKTE: HÖFLICHKEIT

Es gibt viele Beispiele von Höflichkeitsformen in dem Film. Manche sind echt, andere hingegen ironisch, sarkastisch oder herablassend (*condescending*). Lesen Sie folgende Zitate und identifizieren Sie zuerst, **warum** es höflich ist. Danach überlegen Sie sich, **wie** es wirkt (z.B. echt oder herablassend).

- Die Herren Räuber scheinen wohl schon genug Gold zu haben! (Tiffany)
- Lieber Herr Maharadscha … (Malente)
- Sehr geehrter Herr Maharadscha … (Malente)
- Guten Abend, liebe Räuber! Na, ordentlich was geraubt heute? (Tiffany)
- Ich versichere Ihnen, Gnädigste … (Gendarm)
- Ach, haben sich die Herrschaften auch bequemt, aufzustehen? (Tante)
- So, Herr Specht, das war's. Ich habe Sie oft genug verwarnt. Jetzt schreibe ich Sie auf. Wegen Ruhestörung. Anzeige gegen Specht. (Gendarm to a woodpecker!)
- Willkommen, liebe Zuschauer, zur Vorführung: „Die dümmsten Waisenkinder der Welt". Mein lieber Nikolas! Herzallerliebster Gregory! (Tante)
- Hier gibt es keine Räuber, Herr Gendarm, nur Waisenkinder. (Tiffany)

umschreiben

Nun schreiben Sie diese Zitate etwas höflicher um.
Beispiel: Ruhe! Verdammt doch mal! (Malente) → Würdet ihr bitte etwas ruhiger sein?

- Lass mich in Ruhe! (Malente) →
- Tiffany, du spinnst. (Nikolas) →
- Aber nicht kaputt machen! (Malente) →

INTERNETRECHERCHE MIT PRÄSENTATION

1. Suchen Sie im Internet nach einem Märchen der Brüder Grimm, dessen englische Fassung Sie schon kennen. Einige Möglichkeiten sind *Schneewittchen/Snow White, Aschenputtel/Cinderella, Der gestiefelte Kater/Puss in Boots, Rotkäppchen/Little Red Riding Hood, Dornröschen/Sleeping Beauty, Rumpelstilzchen/Rumpelstiltskin* und *Rapunzel*. Vergleichen Sie die zwei Fassungen. Welche Ähnlichkeiten und Unterschiede stellen Sie fest? Welche Fassung gefällt Ihnen besser und warum?

Tipp
Alle Märchen der Brüder Grimm gibt es bei http://gutenberg.spiegel.de/

2. Was ist die Deutsche Märchenstraße? Seit wann gibt es sie? Wo beginnt und endet sie und warum? Wie viele Kilometer ist sie lang? Durch welche Orte und Landschaften führt sie? Beschreiben Sie einige Sehenswürdigkeiten und Veranstaltungen, die man erleben kann.

SCHREIBPROJEKTE

1. **Ein Erpresserbrief!** Helfen Sie Malente und schreiben Sie einen Erpresserbrief an Tiffanys fiktiven Vater, den Maharadscha. Was würden Sie von ihm verlangen?

Maharadscha!

Wir haben deine Tochter entführt …

_____
_____
_____

Und keine Polizei! Verstanden?

Die drei Räuber

2. **Brief an die Eltern.** Schreiben Sie aus Tiffanys Perspektive einen Brief an ihre Eltern. Sagen Sie ihnen, was Sie erlebt haben und wie es Ihnen und natürlich auch Fräulein Pimpernella geht.

3. **Die vier Räuber?** Schreiben Sie einige Elemente der Filmstory um. Was wollen Sie ändern? Wollen Sie …

- einen neuen Anfang oder ein neues Ende?
- zusätzliche (*additional*) Figuren oder weniger Figuren?
- Räuberinnen statt Räuber?
- einen wunderlichen Onkel statt einer wunderlichen Tante?
- ein Waisenkind, das ein Junge ist?
- eine Großstadt und keinen Wald?
- eine modernere Geschichte?

Liebe Eltern,

_____
_____
_____

Eure Tiffany

4. **Ein neuer Märchenschatz!** Schreiben Sie Ihr eigenes Märchen.

Es war einmal …	*mögliche Adjektive*
eine Studentin/ein Student	klug/dumm
eine Lehrerin/ein Lehrer	böse/nett
eine Hexe/ein Wolf	schön/hässlich
eine Mutter/ein Vater	gefährlich/gefahrlos
eine Königin/ein König	reich/arm
eine Prinzessin/ein Prinz	leise/laut
ein Riese/ein Zwerg	klein/groß
ein Jäger/ein Räuber	lustig/ernst

Strukturen: Wiederholung
DIAGNOSTICS (DIAGNOSTIK)

In order to improve your accuracy in using German, whether speaking or in writing, it is important to be aware of the areas that challenge you. The following diagnostic will help you determine areas that you need to work on. It is divided into three main parts (nouns, pronouns, and cases, verbs and tenses, and word order) and includes examples incorporating a wide variety of vocabulary and structures. Check your answers when you are done.

A. Nouns, pronouns, and cases (*Hauptwörter, Pronomen und Kasus*). Choose the most logical answer.

1. Willi schreibt ____B____ an seine Oma.
   a. ein Brief   b. einen Brief   c. einem Brief   d. eines Briefes

2. Seine Oma schreibt ____C____ eine E-Mail zurück!
   a. er   b. ihn   c. ihm   d. ihr

3. Louisa bekommnt einen neuen Laptop von ____X____ Eltern.
   a. ihre   b. ihrer   c. ihrem   d. ihren

4. ____A____ Laptop war sehr teuer.
   a. Der   b. Die   c. Das   d. Den

5. Hast du einen Kuli, _____ ich benutzen kann?
   a. das   b. der   c. den   d. dem

6. Nein, leider habe ich _____ dabei.
   a. einer   b. keiner   c. einen   d. keinen

7. Meine Schwester, mit _____ ich heute Tennis spielen wollte, ist krank.
   a. wem   b. dem   c. wer   d. der

8. Ich werde _____ eine Hühnersuppe bringen, damit sie sich besser fühlt.
   a. sie   b. ihr   c. sich   d. ihnen

9. Guck mal, Nils! Opa hat _____ ein Geschenk mitgebracht!
   a. mich   b. dich   c. uns   d. ihn

10. Danke, Opa, für ____X____ Geschenk!
    a. den   b. das   c. die   d. der

11. _____ Sommer arbeite ich gern im Garten.
    a. Am   b. Im   c. Zum   d. Um

12. Wann hast du Geburtstag? Ich habe ____a____ 15. Mai Geburtstag.
    a. am   b. im   c. zum   d. um

13. Alina steht morgens _____ 7 Uhr auf.
    a. am   b. im   c. zum   d. um

14. Kommt ihr _____ Nachmittag zu Besuch?
    a. am   b. im   c. zum   d. um

15. _____ Freitag gehen wir ins Kino.
    a. Nächsten   b. Nächster   c. Nächste   d. Nächstes

16. Benjamins Freundin, _____ Eltern aus der Schweiz kommen, ist sehr nett.
    a. denen   b. deren   c. dessen   d. diesen

17. Weißt du, _____ Klara gestern in der Altstadt gesehen hat?
    a. wen   b. mit wem   c. wem   d. wessen

18. Die Polizei weiß noch nicht, _____ das Auto gestohlen hat.
    a. wen   b. wer   c. wem   d. wessen

19. Hast du einen _____ Regenschirm dabei? Ich habe meinen vergessen!
    a. großer   b. großen   c. großes   d. große

20. Ohne _____ wasserdichte Hose soll man nicht snowboarden gehen.
    a. einen   b. einer   c. eine   d. einem

B. Verbs and tenses (*Verben und Zeitformen*). Complete the exercises.

1. ___fahrt___ er auch mit? (fahren)
2. Wann ___wart___ ihr gestern angekommen? (sein)
3. Um 18 Uhr _____ ihr unbedingt zu Hause sein! (müssen)
4. Warum ___vergesst___ du immer deine Hausaufgaben? (vergessen)
5. Ist sie sicher, dass der Film um 20 Uhr ___anfangt___? (anfangen)
6. Wann hast du das letzte Mal mit deinen Eltern ___gesprochen___? (sprechen)
7. Rate mal, wen ich gerade ___gesehen___ habe! (sehen)
8. Hast du Jana auch zur Party ___eingeladen___? (einladen)
9. Wir haben den ganzen Sommer in Deutschland ___verbringt___. (verbringen)
10. Mama, ___nimm___ mich auch ___mit___! (mitnehmen)
11. Der Wolf _____ von dem Jäger _____.
    a. wird ... schießen   b. ist ... geschossen.
    c. wurde ... geschossen.
12. Schneewittchen _____ sieben Zwerge _____.
    a. wird ... getroffen   b. hat ... getroffen   c. ist ... getroffen
13. Die goldene Kugel _____ ins Wasser _____.
    a. ist ... gefallen   b. hat ... gefallen   c. wird ... gefallen
14. Aschenputtel _____ von ihren Stiefschwestern _____.
    a. ist ... beschimpft   b. wurde ... beschimpft
    c. wird ... beschimpfen
15. Morgen _____ Rotkäppchen ihrer Oma den Korb _____.
    a. soll ... bringen   b. hat ... gebracht   c. wird ... gebracht
16. Eines Tages _____ ich meinen Prinzen _____!
    a. hat ... geheiratet   b. werde ... heiraten   c. wird ... heiraten
17. Das Männlein _____ nicht Kaspar, sondern Rumpelstilzchen.
    a. heißen   b. heiß   c. hieß
18. Was _____ du an seiner Stelle gemacht?
    a. hast   b. hättest   c. hattest
19. Wenn ich mehr Geld _____, _____ ich ein neues Auto kaufen.
    a. hätte/würde   b. habe/wurde   c. hatte/werde

20. Es _____ schade _____, wenn wir den Zug verpasst hätten.

   (a.) ist…gewesen   b. sei…gewesen   c. wäre…gewesen

C. Word order (*die Wortstellung*)

Mark the sentences as correct (R) or incorrect (F), then see if you can correct some or most of the mistakes.

1. __R__ Morgen, ich fliege nach Deutschland.
2. __R__ Um sechs Uhr muss ich aufstehen.
3. __R__ Wissen Sie, wo wir können ein günstiges Hotel finden?
4. __F__ Sie hatte gestern keine Zeit, ihre Hausaufgaben zu machen.
5. ____ Wussten Sie, dass der Tennisspieler Roger Federer kommt aus der Schweiz?
6. ____ Gustav Klimt war ein berühmter Künstler, der aus Österreich kam.
7. ____ Das Kind ist müde, denn es hat nicht genug geschlafen.
8. ____ Er hat keine Lust am Samstag Abend zu gehen in die Kneipe.
9. ____ Emma, schenkst du Peter diesen Hund ? – Ja, ich schenke ihm ihn.
10. ____ Sie will morgen Nachmittag in die Stadt fahren.
11. ____ Warum einlädst du mich zu deiner Geburtstagsparty nicht?
12. ____ Mit uns geht er nicht ins Museum, weil er die Ausstellung schon gesehen hat.
13. ____ Entweder er wird sein Geld sparen oder kauft er ein neues Fahrrad.
14. ____ Wann habt ihr euch kennen gelernt?
15. ____ Der kranke König wartete lange Zeit auf seinen Sohn, aber er nicht kam.
16. ____ Er begegnete im Wald einem Zwerg gestern.
17. ____ Der Frosch gab der Prinzessin die goldene Kugel.
18. ____ Der Junge hat 50 Taler gestohlen von seinem Vater.
19. ____ Reichst du mir die Butter? –Ja, ich reiche sie dir.
20. ____ War die Prüfung, die ihr habt geschrieben, schwer oder leicht?

REVIEW: NOMINATIVE & ACCUSATIVE (DER NOMINATIV & DER AKKUSATIV)

A. Overview. There are four cases in German. In this chapter we will review the nominative and accusative. As you probably recall, the nominative case is used with subjects and the accusative case with (direct) objects. To find the part of the sentence in the nominative case, ask the questions "*wer*" or "*was*". To determine an object, you need to ask "*wen*" or "*was*". Underline either the nominative case or the accusative case in the sentences below using the questions as cues. Next, identify whether the underlined phrase is in the nominative (N) or accusative (A).

N	The robber has two brothers. (**Who** has two brothers?)
A	One robber carries an ax. (**What** does he carry?)
N	Tiffany is an orphan. (**Who** is an orphan?)
A	She has her doll, Pimpernella, with her. (**What** does she have with her?)

1. __N__ Ein kleines Waisenkind fährt in der Kutsche. (**Wer** fährt in der Kutsche?)
2. __A__ Tiffany mag den Kutscher, einen Frosch, nicht. (**Wen** mag sie nicht?)
3. __A__ Tiffany vermisst ihre Eltern. (**Wen** vermisst sie?)
4. __N__ Drei Räuber warten in der Nacht auf Kutschen. (**Wer** wartet in der Nacht?)
5. __A__ Sie wollen Gold und Edelsteine von den Reisenden. (**Was** wollen sie?)
6. __A__ Sie nehmen ihre Beute in ihre Räuberhöhle mit. (**Was** nehmen sie mit?)
7. __N__ Eines Tages finden die Räuber ein Mädchen. (**Wer** findet das Mädchen?)
8. __A__ Sie entführen das Mädchen. (**Wen** entführen sie?)
9. __A__ Tiffany und Pimpernella kochen Kaffee für die Räuber. (**Was** kochen sie?)
10. __N__ Tiffany bemalt die Wände der Räuberhöhle. (**Wer** bemalt die Wände?)

 B. **Definite and indefinite articles** (*bestimmte und unbestimmte Artikel*). The following table shows the definite and indefinite articles in the nominative and accusative for masculine, neuter, and feminine. Explain the chart to a partner. What do you notice about the articles? What do you know about how the nominative and accusative cases work? Write a few sample sentences with a partner.

ACHTUNG!

Don't forget that the same endings you use with *ein* and *einen* or *keine* apply to any of possessive pronouns: ***mein, dein, Ihr, euer, sein,* or *ihr!***

	Singular			Plural
	Masc.	**Neut.**	**Fem.**	**All genders**
NOM	der	das	die	die
	ein	ein	eine	keine
ACC	den	das	die	die
	einen	ein	eine	keine

C. **Pronouns in nominative and accusative** (*Pronomen im Nominativ und Akkusativ*). Below is table with the pronouns in the nominative and accusative cases. What do you notice about the patterns?

ACHTUNG!

Do you know the Old English forms for the nominative case? (I, we, thou, ye, he/she/it, and they.) "Ye" was the plural form and also the informal singular. Do you know what the modern 2nd person plural pronoun is? Actually, there are several. It depends on where you live because there is a lot of regional variation, such as "you guys," "y'all" or "youse guys!" What do you say when you are speaking to a bunch of friends?

	Singular		Plural	
	NOM	**ACC**	**NOM**	**ACC**
1	ich	mich	wir	uns
2	du	dich	ihr	euch
	Sie	Sie	Sie	Sie
3	er (man)	ihn	sie	sie
	sie	sie		
	es	es		

D. **Lost in translation?** First, underline the subject of each sentence (in the nominative case) and circle any direct objects (in the accusative case). Then, translate the sentences into English. What do you notice about word order flexibility in German? Why do you think it is that way? Does it have something to do with the cases?

1. Die Räuber rauben viele Kutschen im Wald.
2. Ein kleines Mädchen finden sie in der Kutsche.
3. Sie entführen das Mädchen, Tiffany.
4. Ihre Puppe, Fräulein Pimpernella, bringt Tiffany mit.
5. Ihren Koffer bringt sie auch mit.
6. Tiffany vermisst ihre Eltern.
7. Sie ist traurig aber mutig.
8. Der Räuber Malente hat ein Beil.
9. Tiffany hat aber keine Angst.
10. Am Ende haben die Räuber Tiffany sehr lieb.

E. **Fill in the blanks.** Complete the text with the appopriate pronoun. Then identify the number (singular or plural), person (1st, 2nd, or 3rd), and for 2nd person, whether it is formal or informal.

Hallo, liebe Studenten und Studentinnen! __Ich__ heiße Tiffany. __Ich__ bin ein Waisenkind und bin auf dem Weg zum Waisenhaus. Das Waisenhaus wird von einer bösen Tante geleitet. Ich kenne __sie__ noch nicht, aber __ich__ weiß schon, dass __sie__ böse ist. __Ich__ wünsche mir, dass etwas passiert, damit ich doch nicht dahin gehen muss. Ach, was haben __sie__ gesagt, Fräulein Pimpernella? __Sie__ möchten eine Geschichte hören? Aber natürlich erzähle __ich__ Ihnen gerne eine Geschichte. Möchten __Sie__ die Geschichte des Maharadschas hören? Das ist nämlich mein Lieblingsmärchen. Pimpernella! Hast __du__ auch etwas da draußen gehört? __Ich__ glaube, das sind Räuber! Vielleicht nehmen sie __mir__ mit! __Ich__ werde ihnen erzählen, dass __ich__ die Tochter eines reichen Maharadschas bin, von dem sie Gold bekommen können. Die Räuber sehen sehr grimmig aus. Aber einer lächelt ein bisschen—ich denke, dass __ihn__ wahrscheinlich sehr nett ist. Na, Pimpernella? Hast __du__ Lust, den Wald zu entdecken? Ich trage __dich__, Pimpernella, denn ich weiß, dass __du__ nicht sehr weit gehen kannst. Manno, __ich__ bin auch ein bisschen müde. Vielleicht trägt der nette Räuber __mich__ auch. __Es__ ist sehr dunkel im Wald. Findest __du__ nicht, Pimpernella? Ach, Pimpernella! Bist __du__ schon eingeschlafen?

F. **Und wer sind Sie?** Answer the following questions paying special attention to the noun cases. When you are done, ask a partner the questions. Make sure you change the verbs to the 2nd person *du*-form!

1. Wie heißen Sie?
2. Woher kommen Sie?
3. Was ist Ihr Lieblingsmärchen?
4. Haben Sie ein Kuscheltier in Ihrem Zimmer?
5. Für welche Hobbys interessieren Sie sich?
6. Wem schicken Sie oft SMS-Nachrichten?
7. Welches Buch haben Sie neulich gelesen?
8. Was war der letzte Film, den Sie gesehen haben?
9. Essen Sie lieber Milchschokolade oder Zartbitterschokolade?
10. Was für Sport treiben Sie?

G. **Accusative prepositions** (*Präpositionen mit Akkusativ*). The accusative case is not only used in sentences with a direct object, it is also used when following a preposition that requires the accusative. The chart lists the accusative prepositions with examples.

Accusative prepositions

bis	until, up to, as far as	Er ist bis nächsten Donnerstag auf Geschäftsreise. „Tschüss, bis nächste Woche!" Dieser Zug geht bis Freiburg.
durch	through, by means of	Die alte Frau guckt durch das Fenster. Durch reines Glück hat das schwächere Team gewonnen.
entlang*	along, down	Den Fluss entlang geht er täglich spazieren. Sie läuft leise den Flur entlang.
für	for	Wir sind für Gleichberechtigung (*equal rights*). Für welchen Kandidaten bist du?
gegen	against	Wir sind gegen die Misshandlung von Tieren. Deutschland spielt morgen gegen Brasilien.
ohne	without	Ohne Reisepass kann man nicht ins Ausland fliegen. Fahrt bloß nicht ohne mich los!
um	around, at (time)	Die Radler fahren gleich um die Ecke. Um 20:15 Uhr fährt der Zug nach Hamburg ab.

*__entlang__ comes after the noun!

H. **Prepositional phrases.** Underline the accusative prepositional phrases (preposition + noun phrase) in these film quotations.

1. In diesem Film ist kein Platz für das Böse.
2. Ihr könnt mich ja mitnehmen und mich gegen das Gold von meinem Papa tauschen.
3. Es geht um Tiffany!
4. Anzeige gegen Specht. Name?
5. Ohne diese Hexe wär's gar nicht so schlecht mit den anderen Kindern.
6. Und für dich haben wir was mitgebracht, Prinzessin.
7. Wo kommt er her um diese Zeit?
8. Für jeden Räuber einen Turm aus Dankbarkeit.
9. Das ganze Zimmer ist voller Torten! Die stapeln sich bis zur Decke.
10. „Ohne Rübe keine Liebe!"
11. Natürlich kann ich auch einen Arm um Sie legen, wenn Sie sich dann besser fühlen.

I. **Was meinen Sie?** Answer the questions using a sentence containing an accusative prepositional phrase.

1. Sind Sie für oder gegen ein Rauchverbot in Restaurants und Kneipen?
2. Sorgen Sie sich um die Umwelt (*environment*)?
3. Was machen Sie gegen Luftverschmutzung (*air pollution*)?
4. Gehen Sie gern den Strand entlang, wenn Sie Urlaub machen?
5. Fahren Sie lieber durch eine Großstadt oder um sie herum?
6. Um wie viel Uhr müssen Sie an Wochentagen aufstehen?

7. Bis wann lernen Sie meistens?

8. Ohne welches Kleidungsstück würden Sie nicht in Urlaub gehen?

9. Durch welchen Staat würden Sie gern eine Autoreise machen?

10. Für wen würden Sie viel riskieren?

Lektüre
DIE STERNTALER

von den Brüdern Grimm

German fairy tales are most often associated with the Brothers Grimm. Familiar characters include witches, princes and princesses, kings and queens, children, evil stepmothers, ravens, donkeys, and eagles. In the folk tale you are about to read, a poor orphaned girl gives away everything she has. The word "Taler" refers to old coins. What do you think "Sterntaler" means? Look at the picture and skim the vocabulary words in the following section. These words all come from the text. What do you think will happen in the story? Refer back to the vocabulary words (bolded in the text) if necessary while reading.

VOR DEM LESEN

A. Wortschatz. Was passt zusammen?

1. __d__ das Kämmerchen
2. __h__ das Mützchen
3. __c__ das Leibchen
4. __f__ das Röcklein
5. __g__ der Leib
6. __a__ der Wald
7. __b__ der Stern
8. __e__ der Himmel

   a. forest
   b. star
   c. bodice; camisole
   d. small room
   e. sky; heaven
   f. little skirt
   g. body
   h. little cap; bonnet

9. __k__ arm
10. __l__ reich
11. __m__ fromm
12. __i__ mitleidig
13. __j__ funkelnd

   i. compassionate
   j. sparkling; twinkling
   k. poor
   l. rich
   m. pious; good

14. __q__ sterben (stirbt, starb, gestorben)
15. __s__ schenken
16. __r__ verlassen (verlässt, verließ, verlassen)
17. __t__ begegnen
18. __o__ jammern
19. __n__ frieren (fror, gefroren)
20. __p__ bedecken

   n. to freeze
   o. to moan; complain
   p. to cover
   q. to die
   r. to leave
   s. to give as a gift
   t. to meet; encounter

ACHTUNG!

The suffixes -*chen* and –*lein* are diminutives. A diminutive in German is called "Verkleinerungsform" (That's a pretty long word for a suffix that makes things smaller!). Nouns with these suffixes are always neuter.

B. Grammatik. Welches Pronomen passt?

1. **Das** Mädchen ist ein Waisenkind, denn ___es___ (es/sie) hat keine Eltern. Die Eltern haben ___es___ (ihr/ihm) nichts hinterlassen. ___Es___ *ihm* (Es/Sie) ist arm.

2. **Die** Mutter ist gestorben, denn ___sie___ (er/sie) war krank.

3. **Das** Kind friert, denn ___es___ (es/sie) hat kein Hemd. **Das** Mädchen schenkt dem Kind ___sein___ (ihr/sein) Hemd.

4. **Der** Mann ist hungrig, denn ___er___ (er/sie) hat nichts zu essen. **Das** Mädchen schenkt ___ihm___ (ihr/ihm) sein Brot.

C. Am Ende der Geschichte. Welche Voraussagungen (*predictions*) werden stimmen (R) und welche nicht (F)?

> **ACHTUNG!**
> das Mädchen
> = es/ihm/sein

Das Mädchen
F ~~R~~ bleibt am Ende der Geschichte noch arm.
T ~~R~~ wird am Ende der Geschichte reich.
F ___ wird am Ende der Geschichte sterben.

DIE STERNTALER

Es war einmal ein kleines Mädchen, dem war Vater und Mutter **gestorben**, und es war so **arm**, dass es kein **Kämmerchen** mehr hatte, darin zu wohnen, und kein Bettchen mehr hatte, <u>darin</u> zu schlafen, und endlich gar nichts mehr als die Kleider auf dem **Leib** und ein Stückchen Brot in der Hand, das ihm ein **mitleidiges** Herz **geschenkt** hatte. Es war aber gut und **fromm**. Und weil es so von aller Welt **verlassen** war, ging es im Vertrauen auf den lieben Gott <u>hinaus</u> ins Feld.

Da begegnete ihm ein armer Mann, der sprach: „Ach, gib mir etwas zu essen, ich bin so hungrig." Es reichte ihm das ganze Stückchen Brot und sagte: „Gott segne dir's", und ging weiter. Da kam ein Kind, das **jammerte** und sprach: „Es friert mich so an meinem Kopfe, schenk mir etwas, <u>womit ich ihn</u> **bedecken** kann". Da tat es sein **Mützchen** ab und

gab es ihm. Und als es noch eine Weile gegangen war, kam wieder ein Kind und hatte kein **Leibchen** an und **fror**: da gab es ihm seins; und noch weiter, da bat eins um ein **Röcklein**, das gab es auch von sich hin. Endlich gelangte es in einen **Wald**, und es war schon dunkel geworden, da kam noch eins und bat um ein Hemdlein, und das fromme Mädchen dachte: „Es ist dunkle Nacht, da sieht dich niemand, du kannst wohl dein Hemd weggeben", und zog das Hemd ab und gab es auch noch hin.

Und wie es so stand und gar nichts mehr hatte, fielen auf einmal die **Sterne** vom **Himmel**, und waren lauter blanke Taler; und ob es gleich sein Hemdlein <u>weggegeben</u>, so hatte es ein neues an, und das war vom allerfeinsten Leinen. Da sammelte es sich die Taler hinein und war reich für sein Lebtag.

NACH DEM LESEN

It freezes me so
womit = with which

weggegeben
to given away

hinaus = out into
reichte = handed
abtaten = to remove

A. Leseverständnis. Beantworten Sie die Fragen zum Text.

1. Wie ist das Mädchen zu Beginn des Märchens?
2. Wem begegnet das Mädchen und was gibt es ab?
3. Warum verschenkt das Mädchen wohl seine Sachen?
4. Wie ist das Mädchen zum Schluss des Märchens?
5. Was ist die Lehre oder die Moral der Geschichte?
6. Das Märchen ist vor allem für die Weihnachtszeit passend. Warum?
7. Vergleichen Sie das Sterntaler-Mädchen und Tiffany. <u>Inwiefern</u> sind sie ähnlich? *to what extent in what way*
8. Haben Sie einmal etwas weggegeben oder verschenkt? Was und wem?

1. Schreiben Sie allein als Hausaufgaben oder zu zweit im Deutschkurs eine moderne Fassung dieses Märchens!

2. Stellen Sie sich vor, Sie verfilmen dieses Märchen. Erklären Sie, wie Sie– der Regisseur/die Regisseurin–die Geschichte ändern oder ausbauen werden. Füllen Sie zuerst die Tabelle aus. Danach überlegen Sie sich, welche Elemente der Geschichte Sie ändern wollen und wie.

	Dieses Märchen	Meine Änderungen
die Figuren	• ein frommes, armes Mädchen; es ist ein Waisenkind • ein armer Mann; arme Kinder	
die Handlung	• das Mädchen ist großzügig und verschenkt alles, was es hat • am Ende hat es nichts mehr • das Mädchen wird am Ende belohnt; es bekommt Geld vom Himmel und wird nie wieder arm sein	
der Ort & die Umstände (*conditions*)	• ein Feld; ein Wald • es ist sehr kalt und dunkel	
der Zeitraum	• vor langer Zeit (18. Jh.)	

Wortschatz
WÖRTER ZUM FILM

aufwachsen (wächst auf, wuchs auf, ist aufgewachsen)	*to grow up*
bewältigen	*to overcome*
eklig	*disgusting; icky*
entführen	*to kidnap; abduct*
erpressen	*to blackmail*
fliehen (floh, ist geflohen)	*to flee; escape*
die Höhle, -n	*cave; lair*
lecker	*delicious*
der Nachtisch, -e	*dessert*
die Puppe, -n	*doll*
(jdn.) retten	*to save (someone)*
der Schatz, -ë	*treasure*
die Süßigkeit, -en	*sweets; candy*
der Turm, -ë	*tower*
der Überfall, -ë	*hold-up; ambush*
das Waisenkind, -er	*orphan*
der Wald, -ër	*woods; forest*
der Zucker, -	*sugar*

MÄRCHEN

die Fee, -n	*fairy*
gruselig	*spooky*
die Hexe, -n	*witch*
der Riese, -n	*giant*
sammeln	*to collect*
das Schloss, -ër	*castle*
der Wunsch, -ë	*wish*
der Zwerg, -e	*dwarf*

ADJEKTIVE

böse	*bad; wicked*	lieb	*nice; sweet-natured*
einsam	*lonely*	lustig	*funny*
entschlossen	*determined*	mutig	*brave*
entspannt	*relaxed*	neugierig	*curious*
ernst	*serious*	ordentlich	*neat; tidy*
freundlich	*friendly*	schlau	*clever*
gestresst	*stressed*	selbstbewusst	*self-confident*
glücklich	*happy*	sparsam	*thrifty*
grimmig	*fierce*	stolz	*proud*
hilfsbereit	*helpful*	stur	*stubborn*
launisch	*moody*	traurig	*sad*
ungeduldig	*impatient*	vernünftig	*rational; reasonable*
unruhig	*anxious; fidgety*	vorsichtig	*cautious*
unsicher	*unsure*	zuverlässig	*dependable*

ÜBUNGEN

A. Synonyme. Verbinden Sie das Wort links mit dem passenden Synonym rechts.

1. _g_ eklig
2. _f_ der Riese
3. _a_ das Schloss
4. _k_ lecker
5. _c_ retten
6. _h_ der Wunsch
7. _i_ schlau
8. _j_ die Puppe
9. _l_ entführen
10. _d_ freundlich
11. _b_ fliehen
12. _e_ der Überfall

a. ein Palast
b. weglaufen
c. sichern; erlösen
d. sympathisch; nett
e. überraschender Angriff
f. ein Gigant
g. widerlich; scheußlich
h. ein Verlangen; eine Bitte
i. klug; intelligent
j. ein Spielzeug
k. appetitlich
l. verschleppen

B. Assoziationen. Was assoziieren Sie mit diesen Adjektiven? Denken Sie nicht lange darüber nach, sondern lassen Sie sich spontan etwas einfallen!

1. lustig _____
2. einsam _____
3. stur _____

4. mutig _____

5. ungeduldig _____

6. traurig _____

7. gestresst _____

8. ernst _____

9. sparsam _____

10. zuverlässig _____

C. Wie sind diese Tiere? Verbinden Sie ein Tier mit einem passenden Adjektiv.

1. _____ ein Löwe	a. entspannt
2. _____ eine Katze	b. schlau
3. _____ ein Fuchs	c. lieb
4. _____ ein Faultier (*sloth*)	d. stolz
5. _____ ein Kaninchen	e. neugierig

D. Sätze schreiben. Bilden Sie logische Sätze aus den Satzteilen und Ihren eigenen Ideen/Wörtern. (Tipp: vergessen Sie nicht, auf die Verbformen zu achten!)

1. die drei Räuber / Tiffany / entführen / aus der Kutsche

2. die wunderliche Tante / Süßigkeiten / leckere / essen

3. fliehen / aus dem Waisenhaus / die Waisenkinder

4. Märchen / gruselige / erzählen / die Brüder Grimm

5. im Wald / der Riese / grimmige / eine Höhle / haben

E. Tiffanys Geschichte. Erzählen Sie einem Partner oder einer Partnerin Tiffanys Geschichte. Versuchen Sie, so viele Wörter wie möglich aus der Liste zu verwenden.

F. Eine Geschichte improvisieren! Schreiben Sie eine Kurzgeschichte (8-10 Sätze) mit diesen Wörtern aus der Wortschatzliste.

**eklig • lustig • der Nachtisch • neugierig
sammeln • unsicher • der Wald • der Zwerg**

chapter ②
Jenseits der Stille

Jenseits der Stille

EINLEITENDE FRAGEN

▶ Beschreiben Sie das Poster. Wie sieht das Mädchen aus? Wie fühlt es sich in diesem Moment?

▶ Was halten Sie von dem Titel? Welche Assoziationen haben Sie zum deutschen oder englischen Titel *Beyond Silence*?

▶ Welche Information vermittelt der Untertitel? Was könnte in dem Film passieren?

▶ Welchem Filmgenre würden Sie diesen Film zuordnen, z.B. einem Drama oder Actionfilm, einer Komödie oder einem Liebesfilm? Warum?

▶ Die Regisseurin Caroline Link drehte 2001 den Film *Nirgendwo in Afrika* (*Nowhere in Africa*), der 2003 mit einem Oscar in der Kategorie *Bester fremdsprachiger Film* ausgezeichnet wurde. Haben Sie diesen Film gesehen? Wenn ja, wie fanden Sie ihn?

Vorbereitung und Hintergrund
FILMDATEN

Originaltitel	*Jenseits der Stille*
Produktionsland	Deutschland
Erscheinungsjahr	1996
Regie	Caroline Link
Drehbuch	Caroline Link
Darsteller	Sylvie Testud (Lara), Tatjana Trieb (Lara als Kind), Howie Seago (Martin), Emmanuelle Laborit (Kai), Sibylle Canonica (Clarissa), Matthias Habich (Gregor), Alexandra Bolz (Marie), Hansa Czypionka (Tom)
Altersfreigabe	FSK 6
Länge	108 Minuten

DIE FIGUREN

A. Mein Stammbaum. Aus wessen Perspektive ist der Stammbaum geschrieben? Beschreiben Sie die Beziehungen der Familienmitglieder, damit Ihr Partner oder Ihre Partnerin die richtige Person erraten kann.

Beispiel: Opa Robert ist der Vater meines Vaters. (Lara oder Marie)

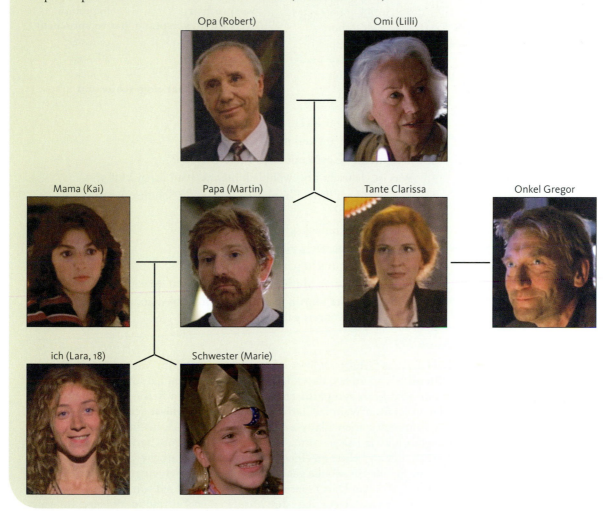

Opa (Robert) Omi (Lilli)

Mama (Kai) Papa (Martin) Tante Clarissa Onkel Gregor

ich (Lara, 18) Schwester (Marie)

DIE HANDLUNG

A. Eine Zusammenfassung. Lesen Sie die Synopse des Films und achten Sie dabei auf die Menschen in Laras Leben. Danach beantworten Sie die Fragen zum Text.

Mainburg, Bayern 1984

Wir sehen die achtjährige Lara und ihre Tante Clarissa auf einem **vereisten** See Schlittschuh fahren. Zu Hause muss Lara zwischen der Oma und den **taubstummen** Eltern (Kai und Martin) am Telefon **dolmetschen**, sowie mit der Lehrerin in der Schule und dem Berater bei der Bank. Zu Weihnachten im Haus der Großeltern hört Lara den Großvater am Klavier mit Clarissa auf der Klarinette ein Jazzstück spielen, von dem sie fasziniert ist. In einer Rückblende zeigt der Film, wie Clarissa und der Großvater früher zusammen musizierten. Clarissa schenkt Lara ihre alte Klarinette zu Weihnachten. Laras **schwangere** Mutter **verspricht** Lara, Fahrrad fahren zu lernen, wenn das neue Baby da ist. Der Musiklehrer in der Schule versucht Laras Talent zu **fördern**. Nachdem Marie geboren ist, erzählt der Vater von einem Konzert mit Clarissa, bei dem der Großvater ihn aus dem Wohnzimmer zog und in seinem Kinderzimmer **einschloss**, da er über das Konzert gelacht hatte.

vereist	icy	versprechen	to promise
taubstumm	deaf-mute	(verspricht, versprach, hat versprochen)	
dolmetschen	to interpret (translate orally)	fördern	to foster; advance
schwanger	pregnant	einschließen (schloss ein, hat eingeschlossen)	to lock

1. In welchem Jahr ist Lara geboren?
2. Wo wohnen Lara und ihre Familie?
3. Was macht sie gern mit ihrer Tante Clarissa?
4. Was ist vielleicht ungewöhnlich (*unusual*) an ihren Eltern?
5. Wie hilft Lara ihren Eltern, wenn sie in der Schule oder auf der Bank sind?
6. Welches Instrument spielt Clarissa?
7. Spielte Clarissa auch, als sie jünger war?
8. Welches Instrument schenkt Clarissa Lara?
9. Wann wird Laras Mutter Kai Fahrrad fahren lernen?
10. Warum musste Martin in seinem Zimmer bleiben, während Clarissa ein Konzert gab?

Berlin 1994

Bei Clarissas Geburtstagsfeier streiten Clarissa und ihr Vater. Martin wird **wütend**, als er erfährt, dass Clarissa Lara eingeladen hat, den Sommer bei ihr und Laras **sympathischem** Onkel Gregor in Berlin zu verbringen. Martin schüttet Wein in Clarissas Gesicht und **verlässt** den Raum. In Berlin angekommen spielen Clarissa und Lara ein Jazzstück in einem Café. Nachdem Gregor und Clarissa gestritten haben, verlässt Gregor Clarissa. Lara lernt Tom kennen, der als Lehrer an einer **Gehörlos**enschule arbeitet. Tom lädt Lara in seine Schule ein, wo die gehörlosen Kinder die Schwingungen der Musik fühlen. Auf einem Date tanzen beide nach einem Lied von Gloria Gaynor. Lara erfährt von Gregor, dass ihre Mutter einen Fahrradunfall hatte. Ihr Vater kritisiert, dass die Mutter nie hätte Rad fahren sollen. Vor seiner **Abreise** zur Gallaudet School in Washington, D.C. verbringen Lara und Tom eine Nacht zusammen. Während Lara in Gregors Wohnung in Berlin ist, **meldet** sich Laras kleine Schwester Marie und sagt, dass sie ganz alleine mit dem Zug nach Berlin gefahren ist. Clarissa fährt Marie die 500 km wieder nach Hause und bittet Martin, Lara in Berlin zu besuchen. Während Lara die **Aufnahmeprüfung** in der Musikhochschule macht, beobachtet Martin Lara zum ersten Mal beim Spielen.

wütend	furious	gehörlos	deaf; without hearing
sympathisch	friendly; personable		
verlassen	to leave	die Abreise	departure
(verlässt, verließ, hat verlassen)		(sich) melden	to contact; report
		die Aufnahmeprüfung	admission test

1. Wie alt ist Lara?
2. Wo wohnen Clarissa und Gregor?
3. Freut sich Martin, dass Lara den Sommer bei seiner Schwester verbringen will?
4. Was machen Clarissa und Lara zusammen, nachdem Lara in Berlin angekommen ist?
5. Was macht Gregor, nachdem er und Clarissa gestritten haben?
6. Wo arbeitet Tom?
7. Ist Tom gehörlos?
8. Interessiert sich Tom für Lara?
9. Warum muss Clarissa Marie nach Hause fahren?
10. Wer taucht bei Laras Aufnahmeprüfung auf (*to show up*)?

B. Wer ist wer? Füllen Sie die fehlenden Informationen in die Tabelle ein.

Name	Beziehung zu Lara	zur Person (Eigenschaften) (characteristics)	zur Handlung
Kai	Mutter	gehörlos	
Martin			lachte beim Konzert seiner Schwester
Marie	Schwester		fährt alleine mit dem Zug nach Berlin
Clarissa			
Gregor	Onkel	sympathisch	
Tom	Freund		wird ein Semester in D.C. studieren

C. Der Filmablauf. Erklären Sie die logische Reihenfolge dieser Bilder (1-4). Besprechen Sie danach die Reihenfolge mit einem Partner/einer Partnerin.

a. _____

b. _____

c. _____

d. _____

D. Wem sagt sie das? Lesen Sie die Zitate von Lara und raten Sie, wem sie das vermutlich (*presumably*) gesagt hat.

> **Das sagt Lara …**
>
> ihrem Vater (2) • ihrer Mutter • dem ungeborenen Baby
> ihrer Schwester Marie • dem Bankberater • Tom • Clarissa

a. _____ Meine Eltern sind die Kunden, nicht ich.

b. _____ Du brauchst keine Angst zu haben. Hier draußen ist es nicht ganz still. Wenn du kommst, bin ich da, und dann spiele ich dir 'was auf meiner neuen Klarinette vor.

c. _____ Was weißt du denn überhaupt, was wichtig ist? Du bist ja taub. Du weißt noch nicht mal, was Musik ist.

d. _____ Was ist denn mit Marie? Kann sie nicht für dich telefonieren?

e. _____ Bist du gar nicht taub?

f. _____ Ich hab dich furchtbar lieb. Das weißt du, ja?

g. _____ Warum habt ihr kein Baby? Gregor und du?

h. _____ Ich liebe dich, seit ich auf der Welt bin. Du wirst mich niemals verlieren.

DER HINTERGRUND: FAMILIE

A. Die Familie. Füllen Sie die Spalte „ich" in der Tabelle mit Informationen über Ihre Familie aus. Interviewen Sie danach Ihren Partner oder Ihre Partnerin und ergänzen Sie die Tabelle.

Beispiele: Wie heißen deine Eltern? Wo wohnen deine Großeltern mütterlicherseits? Hast du einen Lieblingsonkel?

	ich	mein Partner/ meine Partnerin
Eltern/Stiefeltern - Namen, Wohnort, seit wann verheiratet?		
Geschwister - Namen, Alter?		
Großeltern mütterlicherseits - Namen, Wohnort?		
Großeltern väterlicherseits - Namen, Wohnort?		
Lieblingstante - Name, Schwester von …?		
Lieblingsonkel - Name, Bruder von …?		
Cousins (Vetter)/Kusinen		
Nichten/Neffen		
?		

B. Bildbeschreibung. Beschreiben Sie das Bild mit einem Partner/einer Partnerin. Welche Figuren sind auf dem Bild zu sehen? Wo sind sie? Was machen sie? Wie fühlen sie sich? Wann findet diese Szene im Film statt?

C. Wichtige Vokabeln zur Familie. Schreiben Sie einen kurzen Aufsatz (ca. 10 Sätze) über eine fiktive oder eine berühmte Familie. Verwenden Sie dabei die Wörter aus der Vokabelliste unten. Versuchen Sie kreativ zu sein!

die Mutter (pl. Mütter)	mother	die Enkeltochter	granddaughter
die Stiefmutter	stepmother	der Enkelsohn	grandson
der Vater (pl. Väter)	father	das Enkelkind (pl. Enkelkinder)	grandchild
der Stiefvater	stepfather		
die Schwiegermutter	mother-in-law	die Tante (pl. Tanten)	aunt
der Schwiegervater	father-in-law	der Onkel (pl. Onkel)	uncle
die Tochter (pl. Töchter)	daughter	die Kusine (pl. Kusinen) Cousin (pl. Cousins)	female cousin
der Sohn (pl. Söhne)	son	der Vetter (pl. Vetter)	male cousin
die Geschwister	siblings	die Nichte (pl. Nichten)	niece
die Schwester (pl. Schwestern)	sister	der Neffe (pl. Neffen)	nephew
die Stiefschwester, Halbschwester	stepsister, half-sister	heiraten	to marry
		verheiratet	married
der Bruder (pl. Brüder)	brother	die Ehe	marriage
der Stiefbruder, Halbbruder	stepbrother, half-brother	die Hochzeit	wedding
		die Ehefrau	wife
der Zwilling (pl. Zwillinge)	twin	der Ehemann	husband
die Zwillingsschwester	twin sister	sich scheiden lassen (lässt, ließ, hat sich scheiden lassen)	to divorce
der Zwillingsbruder	twin brother		
der Drilling/Vierling (pl. Drillinge/Vierlinge)	triplet/quadruplet	geschieden	divorced (adj.)
		ledig	single
adoptieren/adoptiert	to adopt/adopted (adj.)	schlürfen	to slurp
mütterlicherseits	maternal (on the mother's side)	gemein	mean
		(sich) kümmern um	to concern oneself
väterlicherseits	paternal (on the father's side)	das Gleichgewicht	balance
		die Schuld	fault; guilt
die Großeltern	grandparents	die Geräusche	sounds
die Großmutter	grandmother	der Käfig	cage
der Großvater	grandfather		

D. Das Familienleben. Lesen Sie diese Dialogauszüge zwischen Lara und ihrem Vater. Wie reden sie manchmal miteinander? Schreiben Sie hinter den Dialogauszug, ob Martin oder Lara spricht.

- „Du klingst wie ein Fisch, der durchs Wasser schlabbert. Du! Du **schlürfst!**"

- „Du sollst verdammt noch mal übersetzen, was ich dir sage!"

- „Was soll denn das? Gib mir meine Klarinette wieder! Was? Die Musik lenkt mich vom Lernen ab? So ein Quatsch!" Lernen ist überhaupt nicht wichtiger. Was weißt du denn überhaupt, was wichtig ist? Du bist ja taub. Du weißt noch nicht mal, was Musik ist. Bist du **gemein**! Du hast dich noch nie um meine Schule **gekümmert**. Du nicht und Mami auch nicht. Du willst doch bloß nicht, dass ich Klarinette kann. Ich hasse dich!"

- „Manchmal wünschte ich, du wärst auch taub. Dann wärst du ganz in meiner Welt."

- „Sie hätte nie Rad fahren lernen sollen. Das war ein Fehler. Sie hatte Probleme mit dem **Gleichgewicht**."

- „Willst du damit sagen, es ist meine **Schuld**? Schau mich an! Sprich mit mir, verdammt noch mal! Das kannst du nicht glauben!"

- „Was soll ich? Die Musik stört dich. Du willst keine Musik in deinem Haus! In deinem Haus!"

- „Ich halt' die Stille nicht mehr aus in diesem Haus, die **Geräusche**, die du machst, wenn du Zeitung liest, wenn du isst, wenn du dir die Zähne putzt. Wie ein **Käfig** ist dieses Haus geworden! Ich hab' genug!"

E. Was stimmt? Raten Sie mal, welche Aussagen richtig (R) oder falsch (F) sind.

		R	F
1.	Lara hat keine Probleme in der Schule.	☐	☐
2.	Lara will wie Clarissa sein.	☐	☐
3.	Martin versteht sich gut mit seiner Schwester Clarissa.	☐	☐
4.	Lara will lieber Saxophon spielen.	☐	☐
5.	Laras Mutter kann sehr gut Fahrrad fahren.	☐	☐
6.	Am ersten Tag in Berlin lernt Lara Tom kennen.	☐	☐
7.	Tom kann die Gebärdensprache, weil er gehörlos ist.	☐	☐
8.	Lara will doch nicht auf die Musikhochschule in Berlin.	☐	☐
9.	Lara und ihr Vater haben oft Streit mit einander.	☐	☐
10.	Laras Vater versteht ihre Musik nicht, weil er taub ist.	☐	☐

DER HINTERGRUND: GEHÖRLOSIGKEIT UND DIE GEBÄRDENSPRACHE

A. Vorurteile (*prejudices*) **und Missverständnisse** (*misunderstandings*). Lesen Sie den kurzen Text über Gehörlose und die Gebärdensprache (*sign language*). Ergänzen Sie die Vorurteile mit den Vokabeln aus der Liste.

10 Vorurteile und 10 Antworten (Auszug aus dem Flyer: „Mit den Händen sprechen, mit den Augen hören. Was ist Gehörlosigkeit?")

> **Fahrrad fahren • gefährlich • geistig • Gefühle • international Lippen • Pantomime • primitive • taubstumm • Witze**

1. Gehörlose sind _____.
   Gehörlose sind nicht stumm. Sie können sprechen, und zwar sowohl in Lautsprachen als auch in Gebärdensprachen. Gehörlose sind normalerweise bilingual.

2. *Gehörlose sind _____ zurückgeblieben.*
   Gehörlosigkeit hat keine **Auswirkungen** auf die Intelligenz eines Menschen. Gehörlose Menschen sind genauso intelligent wie hörende.

3. *Gebärdensprache ist _____.*
   Jedes Land hat seine eigene Gebärdensprache.

4. *Für Gehörlose ist es kein Problem von _____ abzulesen.*
   Von den Lippen kann nur ca. 1/3 der sprachlichen Informationen abgelesen werden.

5. *Gebärdensprache ist eine _____ Form der Kommunikation.*
   Gebärdensprachen sind vollwertige, **anerkannte** Sprachen mit einer eigenen Grammatik.

6. *Gebärdensprache ist _____.*
   Beim Gebärden muss man sich genauso wie beim Sprechen an die **Regeln** der jeweiligen Gebärden- oder Lautsprache halten.

7. *Mit Gebärdensprache kann man nicht über _____ reden.*
   Mit Gebärdensprachen kann man wie mit Lautsprachen über alles reden, über Gefühle, Philosophie, Fußball und Politik.

8. *In Gebärdensprache gibt es keine _____.*
   Mit Gebärdensprache lassen sich wie Lautsprachen **Witze** erzählen oder Gedichte vortragen.

9. *Es ist für gehörlose Kinder _____ mit Gebärdensprache aufzuwachsen.*
   Es ist ganz im Gegenteil **entwicklungsfördernd**.

10. *Gehörlose können kein _____.*
    Gehörlose können Fahrrad, Auto oder Ski fahren.

die Auswirkungen (pl.)	effects; impacts
anerkannt	recognized
geistig	mentally
die Regeln	rules
die Witze	jokes
entwicklungs-fördernd	promoting development

B. Sie sind dran! Diskutieren Sie zu zweit oder in einer Gruppe einige Antworten auf die Vorurteile. Was fanden Sie besonders interessant? Über welche Antworten waren Sie überrascht und warum?

C. Die Gebärdensprache. Auch Sie können die deutsche Gebärdensprache lernen—und natürlich auch gesprochenes Deutsch beherrschen!

1. In der Gebärdensprache verwendet man Mimik (*facial expression*) um wichtige Informationen mitzuteilen, die in Lautsprachen mit Wörtern ausgedrückt werden. Benutzen Sie auch viel Mimik und Gestik (*gestures*) beim Sprechen? Schauen Sie sich die folgenden Bilder an. Welche Aussage vermitteln die Gesten auf den Bildern? Warum glauben Sie das?

a.

b.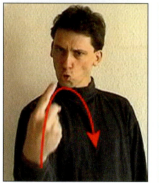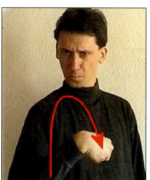

c.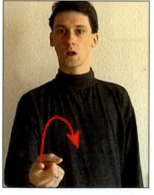

    i.   ____ Du kommst zu mir.
    ii. ____ Kommst du zu mir?
    iii. ____ Komm her!

2. Namen, Fremdwörter und Fachbegriffe werden meistens mit dem Fingeralphabet buchstabiert. Diese Frau stellt sich vor. Sie gebärdet „Mein Name" und dann buchstabiert sie ihren Namen. Wie heißt sie?

3. Üben Sie Ihren Namen und den Namen eines Partners/einer Partnerin!

4. Nun buchstabieren Sie die Namen von diesen Figuren im Film mit dem Fingeralphabet: Lara, Clarissa, Martin, Kai, Marie. Kann Ihr Partner/Ihre Partnerin raten, welche Namen Sie buchstabieren?

5. Welche Buchstaben hat das deutsche Fingeralphabet, die das englische Fingeralphabet nicht hat?

6. Ordnen Sie die Fragen den passenden Bildern zu. Woher wissen Sie die Antwort?
   • Bist du hörend?
   • Bist du verheiratet?

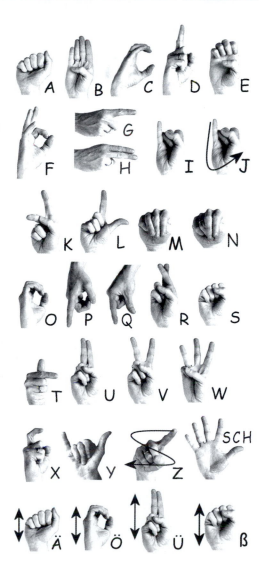

Zum Film: Die Menschen in Laras Leben

Vor dem Sehen

A. **Die Lautmalerei**. Lesen Sie den Text über Onomatopoesie und beantworten Sie dann die Fragen.

„Bei der Lautmalerei werden Geräusche, Klänge oder Naturlaute sprachlich nachgeahmt. Zum Beispiel wird das Krähen eines Hahns mit dem Wort ‚Kikeriki‘ beschrieben. ... Töne und Geräusche werden durch die Lautmalerei so zu einem klingenden Wort. Und diesen Klang könnt ihr hören! Wenn ihr euch die Worte ‚Klatsch Klatsch, Brumm Brumm, Schnapp Schnapp‘ oder ‚Kikeriki‘ laut vorsagt, dann werdet ihr merken, dass ihr damit automatisch ein bestimmtes Geräusch oder einen bekannten Laut verbindet. ... Lautmalerei kennen wir außerdem als Kunstform in der Sprache der Comics und Trickfilme, bekannte Beispiele sind Wörter wie ‚Peng‘, ‚Puff‘, ‚Bumm‘, ‚Schlürf‘, ‚Zitsch‘, oder ‚Uff‘“. Quelle: http://www.wdr.de/tv/wissenmachtah/bibliothek/lautmalerei.php5

1. Wie sagt man Lautmalerei auf Englisch?
2. Denken Sie über das Wort *Lautmalerei* nach. Was fällt Ihnen ein?
3. Wie würden Sie dieses Wort buchstäblich (*literally*) ins Englische übersetzen?
4. Lassen Sie sich ein paar Beispiele der Lautmalerei auf Englisch einfallen.
5. Haben Sie oder Ihre Eltern ein Haustier? Was für eins? Was sagt er/sie?
6. Erfinden Sie ein lautmalerisches Wort auf Deutsch. Welchen Klang beschreibt es? Vergleichen Sie Ihr Wort mit dem eines Partners/einer Partnerin!

Der Film (Clips 1-9)

A. **Geräusche**. Welche Geräusche wären einem Gehörlosen besonders schwierig zu erklären? Welche Adjektive würden Sie benutzen, um diese Geräusche zu beschreiben?

- ein bellender Hund
- eine Tür, die zugeschlagen wird
- ein galoppierendes Pferd
- ein weinendes Baby
- ein schnell vorbeifahrender Zug
- ein Flugzeug beim Start (*takeoff*)

B. **Laras Vater**. In den ersten vier Clips, die Sie jetzt sehen, beschreibt Lara ihrem Vater verschiedene Geräusche. Nachdem Sie die vier Clips gesehen haben, beantworten Sie die Fragen.

„Gewitter"

1. Clip

LARA   Es gibt ein **Gewitter**, Papa. Das ist so laut. Der **Donner** macht Peng! Bumm! Brsch! Ich sag' dir, draußen ist der Teufel los.

MARTIN   Oh ja, das war sicher sehr laut. Das kann ich mir gut vorstellen.

LARA   Nein, Papa. Das war nicht laut. Der **Blitz** ist leise, wie der **Mond.** Nur der Donner macht Krach. Der ist furchtbar laut.

MARTIN   Ahhh, der Donner? Was täten wir ohne dich und deine Ohren?

das Gewitter	thunderstorm
der Donner	thunder
der Blitz	lightning
der Mond	moon
die Glocke	bell; chime
verschlucken	to swallow up

„Fahnen"

2. Clip

Martin schaut auf die wehenden Fahnen.

LARA   Ja, sie machen ein Geräusch! Sie klingen wie **Glocken**. Um so mehr Wind, um so lauter läuten sie.

„Schnee"

3. Clip

MARTIN   Siehst du diese schöne Nacht? Schau' sie dir gut an ... die Dinge verändern sich schnell. Bald ist Frühlingsanfang ... der Schnee wird schmelzen. Wie klingt der Schnee? Was sagt er dir?

LARA   Er sagt „knirsch, knirsch und brr, brr".

MARTIN   Was ist das? „knirsch" und „brr"? Was sind das für komische Wörter?

LARA   Also, ehrlich gesagt, sagt der Schnee nicht viel. Man sagt sogar, dass der Schnee alle Geräusche **verschluckt**. Wenn Schnee liegt, ist alles viel leiser.

MARTIN   Ehrlich? Der Schnee macht die Welt leise? Das ist schön.

„Der Sonnenaufgang"

4. Clip

Martin schaut auf den Sonnenaufgang.

LARA   Kein Geräusch, Papa. Sie tut es geräuschlos.

C. Fragen. Beantworten Sie die Fragen zu den Clips.

1. Welche Rolle spielt Lara für ihren Vater in diesen Szenen?
2. Wie ist Laras Beziehung zu ihrem Vater?

D. Tante Clarissa. In den folgenden zwei Clips sehen wir Lara als Kind und als junge Frau mit ihrer Tante Clarissa. Beschreiben Sie die Bilder. Wo sind Lara und Clarissa? Was machen sie? Was für eine Beziehung haben sie?

E. Keine Angst. Sehen Sie den 5. und 6. Clip an und beantworten Sie danach die Fragen.

Wissenswert! The suffix -los

The suffix **-los** is used to make an adjective from a noun whose meaning indicates a lack or absence of the noun. Examples include:

das Gehör → gehörlos
das Geräusch → geräuschlos
die Sprache → sprachlos
die Hilfe → hilflos
die Arbeit → arbeitslos
die Kosten → kostenlos
der Sinn → sinnlos

Can you make adjectives from these nouns? Notice that for some nouns you need to add an "-s" or omit an "-e". Check your words in a dictionary.

der Zweifel →
die Bedeutung →
die Stimme →
die Macht →
die Gefahr →

„Keine Angst. Ich mach' dich schön"

5. Clip

CLARISSA	Schau mal. Das ist meine Lieblingsfarbe. Probier mal.
LARA	Mama **schminkt sich** nie.
CLARISSA	Als ich so klein war wie du, da hatte ich viel kürzere Haare. Soll ich sie dir **abschneiden**?
LARA	Nein.
CLARISSA	Das wäre doch schön. Ist ja gut, ist ja gut. Ich mach' nichts, was du nicht willst. Siehst du? Die **Frisur** habe ich damals gehabt.
LARA	Ist das Papa?
CLARISSA	Ja, das sind wir alle vor ungefähr 20 Jahren. Schau mal die Oma.
LARA	Du hast ihn nicht gern gehabt?
CLARISSA	Wen meinst du? Martin? Hat er das gesagt? Das stimmt nicht. Als wir klein waren, waren wir uns sehr nah.
LARA	Und dann?
CLARISSA	Na, du kennst doch deinen Vater. Du weißt doch, was er für ein **Dickschädel** sein kann. Die

Oma hat ihn immer in Schutz genommen. Bei der durfte er alles. Ich erinnere mich noch genau. An seinem 15. Geburtstag hat er das gesamte Porzellan vom Kaffeetisch geschmissen. Stell dir mal vor—alles kaputt. Und Oma hat nicht einmal mit der Wimper gezuckt. Er war immer ihr Liebling. Ich, ich hatte überhaupt keine Chance.

LARA   Aber du hast nie seine Sprache gelernt.

CLARISSA   Doch, ich konnte es mal ein bisschen. Als wir klein waren, da haben wir uns unsere eigenen Fantasiezeichen ausgedacht. Aber die Ärzte haben gesagt, dass es ein **Fehler** ist. Dass diese Zeichensprache vom Sprechen lernen abhält. **Angeblich**.

LARA   Du siehst schön aus in dem Kleid.

CLARISSA   Na, was ist? Ab damit? Keine Angst. Ich mach' dich schön.

(sich) schminken	to put makeup on
abschneiden	to cut off
(schnitt ab, hat abgeschnitten)	
die Frisur	hairstyle
der Dickschädel	stubborn person
der Fehler	mistake
angeblich	supposedly

„Sie sind alle gegen uns"

6. Clip

LARA   Wo ist eigentlich Gregor hingefahren?

CLARISSA   Er sucht 'ne Wohnung.

LARA   Oh ...

CLARISSA   Er sagt, er kriegt Zahnschmerzen von meiner Musik.

LARA   Sie sind alle gegen uns.

CLARISSA   Alle!

LARA   Clarissa?

CLARISSA   Hm?

LARA   Warum habt ihr kein Baby? Gregor und du?

CLARISSA   Ich weiß nicht, an wem es liegt. Es hat nie geklappt. Vielleicht will die Natur keinem Baby eine Mutter wie mich zumuten. Ach, ich hab alles falsch gemacht. Martin hat dich, Kai und Marie. Ein richtiges Zuhause. Ich hab gar nichts.

LARA   Das ist doch nicht wahr. Clarissa, du hast so viel. Du bist schön und stark und machst wunderbare Musik. Ich wollte immer so sein wie du.

F. Was meinen Sie? Beantworten Sie die Fragen schriftlich oder mündlich.

1. Wie würden Sie die Beziehung zwischen Lara und ihrer Tante charakterisieren?

2. Hat Lara Clarissa als Vorbild? Will Clarissa, dass Lara wie sie wird? Begründen Sie Ihre Antworten!

3. Ist Clarissa eifersüchtig auf ihren Bruder Martin? Warum oder warum nicht?

4. Glauben Sie, dass Clarissa eine gute Mutter gewesen wäre? Warum, warum nicht?

5. Haben Sie eine Tante oder einen Onkel, mit der/dem Sie eine sehr enge Freundschaft haben? Was unternehmen Sie zusammen? Wie bleiben Sie mit einander in Kontakt?

G. Laras Mutter. Machen Sie die Übung, bevor Sie den Clip über Laras Mutter ansehen. Verbinden Sie die Wörter mit der passenden Bedeutung.

1. _____ erwachsen   a. sound
2. _____ der Spiegel   b. enraptured
3. _____ der Mund   c. to imagine
4. _____ sich vorstellen   d. brush
5. _____ der Ton   e. mouth
6. _____ die Bürste   f. mirror
7. _____ verzückt   g. grown up

H. Musik! Sehen Sie den Clip an.

„Musik!"

7. Clip

KAI   Als ich klein war, habe ich fest geglaubt, dass alle Menschen, wenn sie groß sind, singen können. Ich dachte, wenn ich **erwachsen** bin, dann kann ich das auch. Ich hab' mich oft vor einen **Spiegel** gestellt und meinen **Mund** bewegt und mir **vorgestellt**, dass daraus wunderschöne **Töne** schlüpfen. Töne, die die Menschen so **verzückt** aussehen lassen, so glücklich. Musik! Ich hab getanzt vor dem Spiegel und meine **Bürste** vor dem Mund gehalten als Mikrofon.

LARA   Was ist'n das, Mama? Du bist dir nicht sicher, ob mir diese Musik gefällt. Es ist ein Klarinettenkonzert. Du hast davon in der Zeitung gelesen. Doch sicher. Das ist bestimmt sehr gut! Aber wieso zwei Karten? Ja, wir machen uns einen schönen Abend zusammen. Ich fände es wunderbar, wenn du mitkommst. Ja! Danke.

I. Fragen. Beantworten Sie die Fragen zum Clip.

1. Was sehen Sie auf dem Bild? Was schenkt Kai Lara?
2. Welche Einstellung hat Laras Mutter zur Musik?
3. Wie unterscheidet sich ihre Einstellung von der Einstellung des Vaters?
4. Überlegen Sie sich etwas, woran **Sie** als Kind fest geglaubt haben, was aber in Wirklichkeit nicht wahr war. Waren Sie enttäuscht, als Sie die Wahrheit erfahren haben?

J. Tom! Beantworten Sie die Fragen unten, bevor Sie den Clip über Laras Freund Tom zum ersten Mal sehen. Prüfen Sie Ihre Antworten, nachdem Sie den Clip angeschaut und den Text dazu gelesen haben.

a. Wie ist Tom aufgewachsen?
   ☐ In einer großen Familie.   ☐ Alleine mit seinem Vater.

b. Warum kann Tom die Gebärdensprache?
   ☐ Weil sein Vater gehörlos war.   ☐ Weil er eine gehörlose Freundin hatte.

c. Wo arbeitet Tom?
   ☐ In einem Kinderheim.   ☐ In einer Schule für gehörlose Kinder.

d. Welche Pläne hat Tom für die Zukunft? Er studiert ... auf einer speziellen Universität in den USA.
   ☐ zwei Monate   ☐ ein Semester

K. Bist du gar nicht taub? Sehen Sie den Clip an.

„Bist du gar nicht taub?"

8. Clip

LARA	Bist du gar nicht taub?
TOM	Ich? Nee. Du? ... Mein Vater ist gehörlos. Er hat mich alleine groß gezogen. ... Und jetzt bin ich Lehrer an einer Gehörlosenschule. Eigentlich sollten wir Artikulation üben heute. Und du? Warum kannst du so gut Gebärdensprache?
LARA	Bei mir ist es so ähnlich. Meine Eltern.
TOM	Pass auf! Hier ist es **glatt**. Ich bring Johanna jetzt heim. Kommst du noch mit?
LARA	Ok!
TOM	In zwei Monaten bin ich eh weg. Ich gehe für ein Semester nach Washington an die Gallaudet-Schule, 'ne Universität nur für Gehörlose. Die studieren da alles. Medizin, Kunstgeschichte, Jura. Alles in Gebärdensprache. Bei den **Amis** ist das schon längst anerkannt als **vollwertige** Sprache. Die sind da bestimmt 20 Jahre weiter als wir.

LARA	Ich hab' mir immer gewünscht einen Vater zu haben, auf den ich **stolz** sein kann. Einer, der mich gegen die Welt **verteidigt** und mir vorm Schlafengehen ein Lied vorsingt!
TOM	Einer, der nicht verstehen kann, was du an Guns 'n Roses besser findest als an Beethoven.
LARA	Genau. ... Halb sieben. Ich muss heim.
TOM	Was? Schon halb sieben? Das ist aber spät! Kommst du mich mal besuchen in der Schule? Ich bin jeden Tag da.
LARA	Vielleicht.

glatt	slippery
die Amis (*slang*)	Americans
vollwertig	full-fledged
stolz	proud
verteidigen	to defend

L. Diskutieren. Besprechen Sie die Fragen zu zweit oder in einer Gruppe.

1. Tom erzählt Lara, dass er bald an die Gallaudet-Schule geht. Warum ist es ihm wichtig, dort zu studieren? Wie vergleicht er den Status der Gebärdensprache in den USA und in Deutschland? Wo ist es wohl für Gehörlose besser und warum?

2. Was sagen Tom und Lara über ihre Väter? Verstehen sie sich gut mit ihnen? Warum oder warum nicht?

M. Bildbeschreibung. Beschreiben Sie das Bild von Tom und Lara. Wie sehen sie aus? Wie fühlen sie sich? Warum? Was diskutieren sie? Wer ist optimistisch? Wer eher pessimistisch?

N. Wörter einfügen. Sehen Sie den Clip an und schreiben Sie das passende Wort in die Lücken.

„Keinen Abschied mehr"

9. Clip

LARA Kann ich nicht in deiner
_____ wohnen?
Irgendwo muss ich mich auf die
_____ vorbereiten.
Und ich will hier weg.

TOM Die Wohnung hat schon ein Freund
_____ für das
Semester. Ich kann ihn nicht hängen
lassen. Hey! Was ist denn mit dir?
Warum bist du nur so furchtbar
_____, kleine Lara?

LARA Das Traurigste im Leben sind
Trennungen und der
_____. Ich will keinen
Abschied mehr nehmen. Ich hab' genug
davon.

TOM Oh! Du bist mich noch nicht los.
Unsere _____ fängt

gerade erst an. Ich finde, wir sind ein
ziemlich gutes _____.
Eine Klarinettistin und ein
Gehörlosenlehrer, das passt doch
_____.

LARA Ich will nicht, dass du
_____.

TOM Ich bin doch schon fast wieder da.

> **Geschichte**
> **großartig**
> **Paar**
> **Prüfung**
> **Tod**
> **traurig**
> **weggehst**
> **Wohnung**
> **vermietet**

NACH DEM SEHEN

A. Alles klar? Schreiben Sie die passenden Namen in die Lücken.

> **Lara • Martin • Kai • Marie • Clarissa • Tom**

1. _____s Vater begleitete sie am Klavier.
2. _____ wollte als Kind singen können.
3. _____ lässt sich die Haare abschneiden.
4. _____ fliegt bald in die USA.
5. _____ hat einen jüngeren Bruder.
6. _____ hat eine ältere Schwester.
7. _____ arbeitet mit Kindern.
8. _____ will Musikerin werden.
9. _____s Eltern und Schwester können seine Sprache nicht.
10. _____ hat Probleme in der Ehe.

B. Liebes Tagebuch …! Schreiben Sie aus Laras Sicht zwei Tagebucheinträge.
Im ersten Eintrag beschreibt die junge Lara ihre Gefühle, als ihre Schwester
geboren wird. Im zweiten beschreibt die erwachsene Lara, wie sie sich fühlt,
als sie Tom kennen lernt.

Zum Film: Kommunikation

VOR DEM SEHEN

A. Assoziationen. Diskutieren Sie in einer Gruppe Ihre Assoziationen zum Thema „Kommunikation". Welche Wörter oder Begriffe fallen Ihnen ein? Tragen Sie Ihre Ideen in ein Assoziogramm/eine Mindmap ein!

B. Kommunikation. Diskutieren Sie die folgenden Fragen in der Gruppe oder zu zweit.

1. Welche Probleme hätten Sie als Student/in, wenn Sie ...
   - nicht sprechen könnten?
   - nicht hören könnten?
   - nicht sehen könnten?
2. Kennen Sie einen Studenten/eine Studentin, der/die gehörlos oder sehbehindert ist? Wie kommt er oder sie zurecht?
3. Beschreiben dieses Gerät. Wie sieht es aus? Wer benutzt es im Film? (Tipp: „to telescript" heißt auf Deutsch *fernschreiben*.)
4. Welche anderen moderneren Kommunikationsmittel können Gehörlose heute benutzen?
5. Welche Kommunikationsmittel benutzen Sie mit Ihren Eltern, Ihren Freunden und Ihren Lehrern?
6. Kommunizieren Sie mit Ihren Freunden anders als mit Ihren Eltern?

DER FILM (CLIPS 10-13)

A. Wer sagt das im Film? Schreiben Sie den richtigen Namen in die Lücke.

> **Lara • Marie • Oma • Clarissa • Tom (2)**

a. _____ Ach, Engelchen. Ich beneide dich so. Du sprichst diese Zaubersprache, als wäre es ein Kinderspiel. Hätte ich nicht auf diesen Dickkopf gehört, könnten meine Hände jetzt vielleicht auch fliegen.

b. _____ Aber du hast nie seine Sprache gelernt.

c. _____ Doch, ich konnte es mal ein bisschen. Als wir klein waren, da haben wir uns unsere eigenen Fantasiezeichen ausgedacht. Aber die Ärzte haben gesagt, dass es ein Fehler ist. Dass diese Zeichensprache vom Sprechen lernen abhält. Angeblich.

d. _____ Warum kannst du so gut Gebärdensprache?

e. _____ Ich gehe für ein Semester nach Washington an die Gallaudet-Schule, 'ne Universität nur für Gehörlose. Die studieren da alles. Medizin, Kunstgeschichte, Jura. Alles in Gebärdensprache.

f. _____ Hey! Seit wann kann Clarissa unsere Sprache?

B. **Clips anschauen.** Sehen Sie die drei Clips an, in denen Lara für ihre Eltern dolmetscht.

„Das Telefon"

10. Clip

LARA   Das Telefon! Es läutet! Lara Bischoff, guten Morgen. Hallo Omi! Es ist Omi. Ihre Rosen welken. Mami meint, dass deine Wohnung vielleicht zu warm ist. Du sollst aspor ... Aspirin ins Wasser tun. Ob wir Weihnachten kommen? Ob wir Weihnachten kommen? Ja, klar kommen wir! Oma will mit dir sprechen. Ich weiß nicht, ob er noch da ist. Ich glaub', er ist schon weg. Ich muss jetzt los in die Schule. Mama, komm! Mmm, ja, Omi. Tschüß!

„Liebesfilm"

11. Clip

Es gibt in diesem Clip keinen Dialog zwischen Lara und ihrer Mutter. Achten Sie besonders darauf, was Laura für ihre Mutter macht und wie sie sich fühlt.

C. **Fragen.** Beantworten Sie die Fragen zu den Clips.

1. Woher weiß Lara in dem ersten Clip, dass das Telefon klingelt?
2. Wie erklärt Lara ihrer Mutter das Wort Aspirin in dem ersten Clip?
3. Was macht Lara für ihre Mutter in dem zweiten Clip?
4. Gefällt ihr das? Warum oder warum nicht?
5. Was hätten Sie an Laras Stelle in dem zweiten Clip gemacht?

D. **„Sag ihr ..."** Sehen Sie den dritten Clip an, in dem Lara für ihre Eltern dolmetscht.

„Frau Mertens"

12. Clip

MERTENS   Schön, dass Sie gekommen sind. Lara ist eine wunderbare Schülerin, aber bitte verstehen Sie meine Besorgnis. Lara kann unmöglich versetzt werden, wenn sie nicht besser wird im Lesen und Schreiben.

LARA   Mein Lesen wird langsam besser, aber es ist noch nicht ganz perfekt.

MERTENS   Ja, und außerdem kann sie nicht ständig früher aus dem Unterricht verschwinden.

MARTIN   Sag ihr, dass wir uns freuen, dass sie dich ab und zu früher gehen lässt. Es ist schwer, hier einen guten Dolmetscher zu finden.

LARA   Bald sind Sommerferien. Dann muss ich ja nicht mehr früher aus dem Unterricht.

MERTENS   Aber sag ihnen, dass es wirklich mein letztes Wort ist. Das nächste Mal lass ich dich einfach nicht mehr gehen.

KAI   Sie sind eine wunderbare Lehrerin. Lara mag Sie sehr.

LARA   Sie findet Sie ganz nett.

GÄRTNER   Na, endlich kriege ich Sie zu Gesicht. Ihre Tochter ist wirklich ein außerordentliches Talent. Für den Elternabend reserviere ich Ihnen zwei Karten in der allerersten Reihe. Einverstanden?

LARA   Das ist mein Musiklehrer. Er findet es schade, dass du mir immer das Klarinettenspielen verbietest! Wir müssen jetzt das Baby abholen. Gibt es noch Fragen?

MERTENS   Lara, hast du ihnen meine Bedenken auch wirklich alle deutlich gemacht?

LARA   Ich habe ihnen alles gesagt. Nicht Wort für Wort, aber so ziemlich.

E. Die Dolmetscherin. Beantworten Sie die Fragen zum Clip und diskutieren Sie Ihre Ideen zu zweit.

1. Beschreiben Sie die Situation in der Schule bei Frau Mertens. Wie fühlen sich Laras Eltern? Ist es ihnen unangenehm, dass sie nur mit Hilfe der Tochter mit Frau Mertens sprechen können?
2. Was macht Lara? Was für eine Dolmetscherin ist sie?

F. Einen Streich spielen. Haben Sie je Ihrer Mutter oder Ihrem Vater einen Streich gespielt (*to play a joke on*)? Was haben Sie gemacht? Was ist passiert? War er oder sie böse auf Sie?

G. Spaß muss sein! In diesem Clip sehen Sie, wie Marie und eine Freundin ein bisschen Spaß mit Kai haben! Sehen Sie den Clip an.

„Aua! Aua!"

13. Clip

MARIE	Aua, Mama. Aua, aua! Hilfe! Aua! Aua!	LARA	Bist du total verrückt geworden?
BETTINA	Nichts. Lauter, komm beeil dich!	MARIE	Hey!
MARIE	Aua! Aua, Mama! Aua! Hilfe! Aua! Aua, Mama! Aua! Aua, Hilfe!	LARA	Schämst du dich nicht?
		MARIE	Nö, wieso denn?
LARA	Marie! Hast du dir weh getan? ... Was soll'n der Mist?	KAI	Lara?
MARIE	Bettina meint, dass vielleicht unsere Eltern gar nicht wirklich taub sind. Sie meint, dass sie vielleicht Spione sind, die uns einer geschickt hat, um uns zu überwachen! Wir haben Mama gerade getestet!	MARIE	Sie findet das lustig. Sie hat sich als Kind auch immer so komische Sachen vorgestellt. ... Siehste (= *siehst du*), fand sie gar nicht so schlimm! Nur du musst dich wieder so aufregen! Geh doch wieder dudeln auf deiner doofen Klarinette!

H. Fragen. Beantworten Sie die Fragen zum Clip.

1. Wie finden Sie Maries Verhalten ihrer Mutter gegenüber?
2. Wie reagiert Lara auf Marie und Bettinas Streich (*trick, joke*)?
3. Wie reagiert Kai darauf?
4. Wie hätten Sie an Kais Stelle darauf reagiert?

NACH DEM SEHEN

A. Diskussionsfragen

1. Welche Situationen in diesen Clips fanden Sie realistisch? Welche weniger?
2. Findet Lara, dass dieses ständige Dolmetschen eine Belastung (*burden*) ist? Warum meinen Sie das? Wie hätten Sie an Laras Stelle reagiert?
3. Hat Marie eine andere Einstellung als Lara zu der Gehörlosigkeit ihrer Eltern?

B. Dialog und Rollenspiel

1. Lesen Sie in einer Gruppe die Szene mit Marie und ihrer Freundin Bettina. Versuchen Sie dabei, die passenden Gefühle darzustellen (*to portray*). Zum Beispiel, Marie und Bettina finden ihren Streich lustig, aber Lara regt sich auf.

2. Nun schreiben Sie zu dritt oder zu viert einen kurzen Dialog zwischen Lara, ihren Eltern und der Lehrerin Frau Mertens, dem Musiklehrer, Herrn Gärtner, dem Bankberater oder einer anderen Person aus dem Film. Wenn Sie mit dem Dialog fertig sind, spielen Sie Ihren Kommilitonen den Dialog vor!

Zum Film: Die Musik

VOR DEM SEHEN

 A. Ein Interview. Führen Sie ein Interview mit einem Partner/einer Partnerin und stellen Sie die folgenden Fragen. Verwenden Sie dabei die Musikstile und Redewendungen in den Wortkästchen.

1. Bist du musikalisch?
2. Spielst oder spieltest du ein Instrument?
3. Welches Instrument würdest du gern spielen können?
4. Hörst du gern klassische Musik?
5. Welche Art von Musik gefällt dir am besten?
6. Wie oft gehst du ins Konzert?
7. Wie oft hörst du Musik?
8. Wie oft kaufst du Musik im Internet, z.B. bei iTunes?
9. Was ist dein Lieblingssong?
10. Welche Bands oder Sänger waren populär, als du 8 oder 9 Jahre alt warst?

Einige Musikstile

Blues
Country
Gospel
Hip-Hop
Jazz
klassische Musik
Heavy Metal
Popmusik
Punk
Rap
Rockmusik
Techno

Redewendungen: Wie oft?

jeden Tag/einmal am Tag
jede Woche/zweimal die Woche
jeden Monat/dreimal im Monat
jedes Jahr/viermal im Jahr
sehr oft/nicht sehr oft
alle zwei Tage/Wochen/Monate/Jahre (*every other ...*)

DER FILM (CLIPS 14–15)

 A. Die Rolle der Musik. Musik spielt natürlich eine sehr große Rolle im Film. Überlegen Sie sich diese Rolle und diskutieren Sie das Thema mit einem Partner/einer Partnerin. Machen Sie sich Notizen.

**Aufnahmeprüfung • Duett • gebärdet • Klezmermusik
melancholisch • Schwingungen** (*vibrations*)

B. Wörter einfügen. Als 18-Jährige macht Lara viele neue Erfahrungen mit Musik. Füllen Sie die Lücken mit einem Wort aus der Liste.

1. Lara spielt ein _____ mit ihrer Tante in einem Restaurant in Berlin.
2. Clarissa findet die Stücke, die Lara spielt, zu _____.
3. Tom bringt die _____ der Musik seinen Schülern bei.
4. Tom _____ den Songtext zum Lied von Gloria Gaynor „I Will Survive".
5. Lara hört zum ersten Mal _____ auf einem Konzert.
6. Lara spielt ihre Musik für die Kommission bei der _____.

C. **Musik in meinen Ohren**. Sehen Sie die zwei Clips an.

„I Will Survive"

14. Clip

TOM   Das ist Gloria Gaynor. Das habe ich geliebt, als ich 14 war.

„The song inside"

15. Clip

(Giora Feidman war ein berühmter Klarinettist)

FEIDMAN   Listen, the sound of the picture. Can you hear it? He's a great artist, Chagall. He knows that el mundo is music. You want to know the truth of music?

LARA   Yes. I want to learn it.

FEIDMAN   Learn? You don't need it! You have it inside! Listen to the song inside.

NACH DEM SEHEN

A. Musik und Kunst. Diskutieren Sie die folgenden Fragen in einer Gruppe oder zu zweit.

1. Warum interessiert sich Lara für Klezmermusik? Wie finden Sie diese Musikart?

2. Vergleichen Sie die Szenen mit dem Gloria Gaynor Song und mit Giora Feidman. Welche Ähnlichkeiten gibt es zwischen den Szenen? Welche Unterschiede?

3. Was zeigen die beiden Bilder? Erklären Sie die Unterschiede in den Bildern und in der Musik. Was geschieht hier mit Lara?

4. Kennen Sie den Song „I Will Survive" von Gloria Gaynor? Wenn nicht, suchen Sie den Songtext im Internet. Welche Parallelen sehen Sie zwischen dem Gaynor Songtext und der Filmstory?

5. Wie fühlt sich Lara in diesen Momenten? Inwiefern sind diese Erfahrungen anders als alles, was sie bisher (*up to now*) erlebt hat?

6. Wie ändert sich Laras Leben nach diesen Erfahrungen?

Gaynor-Lied im Park mit Tom

Feidman-Konzert

Paul Klee (1879-1940) ist einer der bedeutendsten Künstler des 20. Jahrhunderts. Sein Vater war ein Musiklehrer aus Deutschland, und seine Mutter war eine Sängerin aus der Schweiz. Er verbrachte seine Kinder- und Jugendjahre in Bern. Obwohl Klee in der Schweiz geboren war, dort zur Schule ging und dort begraben wurde, war er kein eingebürgerter (*naturalized*) Schweizer. Später studierte er an der Münchener Akademie. Er war mit dem russischen Künstler Wassily Kandinsky befreundet. Beide lehrten in den 20er Jahren am Bauhaus in Weimar. Klees Werk wird dem Expressionismus, Konstruktivismus, Kubismus, Primitivismus und dem Surrealismus zugeordnet. Wie finden Sie die Werke von Paul Klee?

Paul Klee, „*Senecio*" (1922)

Wissenswert! documenta

Wenn Sie sich für aktuelle Kunst interessieren, dann planen Sie eine Reise nach Kassel! Die documenta ist eine weltweit bedeutende Ausstellung von zeitgenössischer (*contemporary*) Kunst, die alle fünf Jahre in Kassel veranstaltet wird und jeweils 100 Tage dauert. 1955 fand die erste documenta statt.

Synthese
DISKUSSION

 A. Ein Standbild diskutieren. Das Filmfoto zeigt Lara und Martin im Winter. Beschreiben Sie den Gesichtsausdruck von beiden. Wie fühlt sich Martin? Was denkt Lara wohl an dieser Stelle? Zeigt dieses Foto den Konflikt, in dem die Familie sich befindet?

B. Fragen zur Diskussion

1. Wie interpretieren Sie den Titel des Films „Jenseits der Stille"?
2. Clarissa sagt vor der ganzen Familie: „Lara muss nicht das Leben einer Behinderten leben, nur weil ihre Eltern behindert sind." Was meinen Sie? Wie stellen Sie sich das Leben von Kindern gehörloser Eltern vor?

Halten Martin und Kai sich für Behinderte? Lebt Lara tatsächlich das Leben einer Behinderten?

3. Wie realistisch ist oder soll der Film sein? Glauben Sie, dass der Film eine realistische Darstellung (*representation*) der Gehörlosigkeit bietet? Oder geht es mehr um Unterhaltung (*entertainment*)?

SPRECHAKTE: SICH BEI JEMANDEM FÜR ETWAS BEDANKEN (*TO THANK SOMEONE FOR SOMETHING*)

Rollenspiel. Sie haben ein paar Minuten Vorbereitungszeit. Überlegen Sie sich die Situation und was Sie sagen wollen. Bei genügend Zeit tauschen Sie die Rollen.

sich bedanken	to say thank you
danke	thanks; thank you
danke schön	thank you
vielen Dank	thank you very much
danke sehr	thank you very much
danke vielmals	many thanks
herzlichen Dank	many thanks; thank you very much
danke im Voraus	thanks in advance
ja, bitte	yes, thanks (when offered something)
danke, gleichfalls!	thanks, you too!
ich bedanke mich	I would like to thank; I am grateful

1. Situation

Person A: Sie sind die 8-jährige Lara und haben eine Klarinette von Clarissa geschenkt bekommen. Bedanken Sie sich bei Ihrer Tante für das Geschenk.

Person B: Sie sind Tante Clarissa und nehmen den Dank Ihrer 8-jährigen Nichte Lara an.

2. Situation

Person A: Sie sind die 18-jährige Lara gleich nach der Aufnahmeprüfung und wollen sich bei Ihrem Onkel Gregor für seine Hilfe und Unterstützung bedanken.

Person B: Sie sind Onkel Gregor und nehmen den Dank Ihrer 18-jährigen Nichte Lara an.

INTERNETRECHERCHE MIT PRÄSENTATION

1. Was ist Klezmermusik? Lernen Sie mehr über die historische Entwicklung der Klezmermusik aus dem Internet!

2. Es gibt zahlreiche deutsche, österreichische und Schweizer Künstler. Informieren Sie sich im Internet über einen berühmten Maler oder eine berühmte Malerin.

3. **Hörgeschädigte,** Gehörlose und **Sehbehinderte** können Filme anschauen, aber wie? Filme werden für Gehörlose **untertitelt** und mündlich beschrieben für Blinde und Sehbehinderte. Erfahren Sie mehr aus dem Internet darüber.

hörgeschädigt	hearing impaired
sehbehindert	visually impaired
untertitelt	subtitled

Danach schauen Sie sich ein paar Clips aus diesem Kapitel nochmals an—das erste Mal ohne Ton (mit deutschen Untertiteln für Hörgeschädigte) und ein zweites Mal ohne Bild. Berichten Sie im Kurs über Ihre Erfahrungen und was Sie durch Ihre Recherche gelernt haben.

1. Was wird **nach** der Aufnahmeprüfung passieren? Schreiben Sie einen Brief von Lara an Tom in Washington, in dem sie ihm von der Prüfung und ihren Zukunftsplänen erzählt! (Tipp: Fangen Sie mit „Lieber Tom" an und beenden Sie den Brief mit „Deine Lara".)
2. Vergleichen Sie zwei Figuren im Film. Inwiefern sind sie sich ähnlich oder unterscheiden sie sich? Mögliche Vergleiche sind Clarissa und Lara, Kai und Martin, oder Lara und Tom.
3. Als Kind wollte Lara, dass ihre Mutter Fahrrad fahren konnte. Sie sagte ihr sogar: „Alle richtigen Mütter können Fahrrad fahren." Nach ihrem Tod wirft Martin seiner Tochter vor (*to reproach; accuse*), dass Kai nie hätte Rad fahren lernen sollen, und dass es ein Fehler gewesen sei. Soll Lara sich für den Tod ihrer Mutter schuldig (*guilty*) fühlen? Warum oder warum nicht?

Strukturen: Dativ
OVERVIEW OF THE DATIVE CASE (DER DATIV)

German has more flexible word order than English, a key difference between the two Germanic languages. This flexibility comes from German having more cases (nominative, accusative, dative, and genitive), which enables words and phrases to be moved around in a sentence while maintaining their function (e.g., subjects or objects). Most of you have seen the classic example: *The dog bit the boy. The boy bit the dog.* In English, the subject of the sentence has to precede the verb and the object follows the verb in order for the sentence to make sense. In German, on the other hand, the **nominative** and **accusative** case markings allow this sentence to have more than one word order possibility: *Der Hund biss den Jungen. (Wen biss der Hund? Den Jungen oder das Mädchen?) Den Jungen biss der Hund.* Similarly, in English, we tend to use **prepositions** instead of **indirect objects**: *I gave the book to her. I gave her the book. Her I gave the book to.** (* = not a possible form) In German, the **dative** case is used to indicate the indirect object — in other words, to show to whom the book was given. Thus, the parts of the sentence can be shifted, but have the same meaning: *Ich gab ihr das Buch. Ihr gab ich das Buch.*

We will start with an overview of how the dative case is used.

Type	Function	Example
1. indirect object	the indirect object of a verb such as *geben*, *schenken*, *erzählen*, or *zeigen*	Meine Eltern schenken **mir** ein Auto.
2. verbs	the object of a verb requiring the dative case, such as *danken*, *glauben*, *helfen*, or *passen*, or impersonal verbs like *gefallen* and *schmecken*	Kann ich **Ihnen** helfen? Ich danke **dir**! Warum glaubt er **mir** nicht? Schmeckt **dir** auch frisches Brot?
3. prepositions (see ch. 6 for two-way prepositions)	the object of a dative or "two-way" preposition that shows location **not** motion	Kommst du *mit* **uns** ins Kino? Die Katze liegt *unter* **dem** Bett.
4. adjectives	with some adjectives to express how the speaker feels	Es geht **mir** nicht gut. **Mir** ist übel.
5. reflexive (see ch. 7)	a pronoun that refers back to the subject of the clause	Ich wasche **mir** die Haare. Wir entspannen **uns** am Strand.

A. Dative Objects (Dativobjekte). Underline all of the dative objects in these sentences. Then indicate which type each one is. Guess if you are not sure!

1. Laras neue Schwester schläft in der Krippe.
2. Verkäuferin: Kann ich Ihnen helfen?
3. Beim Fahrrad fahren wird es der Mutter schwindlig. (*dizzy*)
4. Tom fragt Lara, was sie nach dem Film machen will.
5. Clarissa schreibt ihrer Nichte eine Notiz.
6. Marie, wasch dir die Hände vor dem Essen!
7. Laras Musik gefällt ihrer Tante nicht.
8. Die Musik ist ihr viel zu melancholisch.
9. Es ist ihm manchmal unangenehm (*uncomfortable*), mit der ganzen Familie zusammen zu sein.
10. Martin hört seiner Tochter beim Klarinette Spielen zu.

Indirect objects (Dativobjekte). **Indirect objects** are often paired with **direct objects** (Akkusativobjekte), so both the dative and accusative cases are used in a sentence.

- Gregor leiht <u>seiner Frau</u> <u>sein Auto</u>. (leihen = *to loan*)
  (3rd pr. sg, dat), (n, sg, acc)
- Lara schreibt <u>ihrem Vater</u> <u>einen Brief</u>.
  (3rd pr. sg, dat), (m, sg, acc)

  Verbs to know:
- empfehlen (*to recommend*)
- erklären (*to explain*)
- erzählen (*to tell, narrate*)
- geben (*to give*)
- leihen (*to loan*)
- schenken (*to give as a gift*)
- schicken (*to send*)
- zeigen (*to show*)

	NOM sg/pl	DAT sg	DAT pl
1	ich	mir	uns
2	du/ihr Sie	dir Ihnen	euch Ihnen
3	er der kein	ihm dem keinem	ihnen den (+n) keinen (+n)
	sie die keine	ihr der keiner	
	es das kein	ihm dem keinem	

Other verbs can be used with just an accusative direct object or with both an accusative and a dative object, for example:

kaufen to buy   **sagen** to say   **schreiben** to write

B. Fill in the blanks with the correct pronoun.

1. Clarissa gibt _____ ihre alte Klarinette. (*her*)
2. Tom schenkt _____ eine Puppe. (*her*)
3. Lara erzählt _____ von der Schule. (*them*)
4. Lara spielt _____ ein Lied vor. (*him*)
5. Leihst du _____ deine Klarinette?, fragt Marie. (*me*)

Dative/accusative objects (Dativ- und Akkusativobjekte). Sometimes a verb requires a **dative object but no accusative object**.

Verbs to know:
- antworten (*to answer*)
- danken (*to thank*)
- folgen (*to follow*)

- gehören (*to belong to*)
- glauben (*to believe*)
- gratulieren (*to congratulate*)
- helfen (*to help*)
- passen (*to fit, as in a piece of clothing*)
- passieren (*to happen*)
- stehen (*to suit, as in a color*)

C. Translate the underlined dative object into English. The first one has been completed for you.

1. Lara glaubt <u>ihrer Tante</u> Clarissa. *her aunt*
2. Sie hilft <u>ihnen</u> mit dem Dolmetschen. _____
3. Der Bankberater dankt <u>ihren Eltern</u>. _____
4. Lara antwortet <u>ihrem Vater</u> nicht. _____
5. Kai sagt, „Lara gehört <u>dir</u> nicht, Martin." _____
6. Lara gratuliert <u>ihr</u> zum Geburtstag. _____
7. Warum folgt Lara <u>dem Mann</u>? _____
8. Was <u>dieser Familie</u> passiert, ist traurig. _____
9. „Diese Farbe steht <u>dir</u> nicht!" sagt Marie. _____
10. „Und das Kleid passt <u>dir</u> auch nicht!" _____

Change the underlined indirect objects into the appropriate dative pronoun.

11. Lara glaubt <u>ihrer Tante</u> Clarissa. *ihr*
12. Der Bankberater dankt <u>ihren Eltern</u>. _____
13. Lara antwortet <u>ihrem Vater</u> nicht. _____
14. Warum folgt Lara <u>dem Mann</u>? _____
15. Was <u>dieser Familie</u> passiert ist, ist traurig. _____

Now change the underlined dative pronouns into an appropriate noun and article based on the cues in parentheses.

16. Sie hilft <u>ihnen</u> mit dem Dolmetschen. *ihren Eltern*
17. Lara gehört ihm nicht. (*her father*) _____
18. Lara gratuliert <u>ihr</u> zum Geburtstag. (*her aunt*) _____
19. Diese Farbe steht <u>ihr</u> nicht. (*her sister*) _____
20. Das Kleid passt <u>ihr</u> auch nicht! (*her sister*) _____

D. Interview mit einem Partner/einer Partnerin. Ask your partner the following questions. Write down your own answers and your partner's.

1. Welche Farbe steht dir am besten?
2. Welche Farbe steht dir nicht?
3. Wer erzählte dir Geschichten, als du ein Kind warst?
4. Wem schreibst du oft SMS-Nachrichten? (auch „simsen")
5. Wem schickst du oft E-Mails?
6. Wer hat dir etwas zum Geburtstag geschenkt?
7. Wem hast du neulich etwas geschenkt?
8. Wer hilft dir, wenn du deine Hausaufgaben nicht verstehst?
9. Wem hilfst du mit den Hausaufgaben?
10. Welches Restaurant in der Nähe empfiehlst du?

E. An der schönen, blauen Donau! Do you know the tune to the song "The Blue Danube"? Singing the dative prepositions to this song is a classic mnemonic device. Ask your teacher to sing it for you!

Dative prepositions

aus	out of, from	Er kommt aus Berlin.
		Der Schrank ist aus Holz.
		Alle gehen schnell aus dem Klassenzimmer.
außer	except for, besides	Außer mir lernen alle Spanisch.
		Er hat alles außer seinem Reisepass mitgebracht.
bei	at	Er arbeitet bei McDonald's.
	with	Sie wohnt bei ihrer Tante.
mit	with	Ich gehe mit meiner Freundin in die Stadt.
	by	Wir fahren mit der Straßenbahn.
nach	after	Nach der Arbeit bin ich immer müde.
		Sie geht nach dem Frühstück an die Uni.
	to (place, farther away)	Sie fliegen nach Hawaii.
seit	since	Seit letztem Monat wohne ich in Chicago.
	for	Wir lernen seit zwei Jahren Deutsch.
von	from	Er ist ein guter Freund von mir.
	of	Hast du von diesem Film schon gehört?
	by	Das Buch wurde von Caroline Link geschrieben.
zu	to (place, nearby)*	Ich muss heute zur Bank und zur Post.
	to (person)	Wir fahren zu Oma und Opa.

*Ich gehe bald **nach** Hause. (*to go home*)
Ich war den ganzen Tag **zu** Hause. (*at home*)
Wir gehen **zu** Fuß. (*to walk*)

F. Dative prepositions (Präpositionen mit Dativ). Underline the prepositional phrases (preposition + noun phrase) in these film quotations.

Lara, als Kind

1. Oma will mit dir sprechen.
2. Bald sind Sommerferien. Dann muss ich nicht mehr früher aus dem Unterricht.
3. Ich fahr dich morgen nach Hause.
4. Das habe ich von einem Freund, der unterrichtet an einem Gymnasium.
5. Und jetzt kommt die Lara Bischoff aus der Klasse 3C.

Lara, als 18-Jährige

6. Ich war was trinken mit ein paar Freundinnen.
7. Bettina schläft heute bei uns. Ihre Eltern sind weg.
8. Warum reden eigentlich alle Eltern immer nur von Schulaufgaben?
9. Du kommst den Sommer über zu uns.
10. Irgendetwas muss sie mit ihrem Talent machen.
11. Die Studenten kommen aus der ganzen Welt.
12. Du glaubst doch selber nicht, dass Papa von dir Geld nimmt.
13. Was macht die Arbeit mit den Kindern?
14. Naja, im Sommer hat sie dann genug zu tun, wenn Lara bei uns wohnt.
15. Wie bitte? Lara zieht zu euch?
16. Ich gehe für ein Semester nach Washington an die Gallaudet-Schule.

17. Ist doch erst Viertel nach sieben.

18. Hey, gehst du morgen mit mir ins Kino?

19. Man muss vorsichtig sein mit den Träumen.

20. Deine Mutter hatte gestern Abend einen Unfall, mit dem Fahrrad.

21. Lara. Komm mal her zu mir.

22. Einer muss bei Papa bleiben.

23. Hey! Was ist denn mit dir?

24. Die Wohnung hat ein Freund von mir vermietet für das Semester.

25. Ich esse überhaupt nichts, was grün ist. Außer Kaugummi!

26. Er sagt, er kriegt Zahnschmerzen von meiner Musik.

27. Nach 12 Jahren mit deiner Tante kann ich bei jedem Krach schlafen.

28. Ja, was ist es genau, was du von mir willst, Clarissa?

29. Deine ganzen privaten Probleme lenken dich nur von deiner Musik ab.

30. Dafür fährst du 500 km mit dem Zug?

31. Mach's gut, Marie. Grüß Martin von mir.

32. Nein, es geht ihr nicht gut. Sie vermisst dich. Komm, ich bring dich zu ihr.

G. More dative prepositions. Fill in the blank with the appropriate dative preposition.

1. Lara fährt im Sommer _____ ihrer Tante und ihrem Onkel.

2. _____ ihnen kann sie jeden Tag Klarinette spielen.

3. Clarissa hilft ihr _____ der Musik.

4. Lara bringt nicht viel _____ ihrer Klarinette mit.

5. Eines Tages lernt Lara Tom kennen. Er war _____ einer Schülerin, Johanna, zusammen.

6. Lara geht _____ Tom ins Kino.

7. _____ dem Film essen sie Schnitzel im Park.

8. Tom wird in ein paar Monaten _____ Washington fliegen.

9. Lara hat sehr viel Spaß _____ ihm.

10. Lara muss _____ dem Tod ihrer Mutter _____ Hause gehen.

11. Lara hat ihre Mutter _____ einigen Monaten nicht gesehen.

12. Lara hatte Karten für ein Konzert _____ ihrer Mutter als Geschenk bekommen.

13. Lara will nicht mehr _____ ihrem Vater wohnen.

14. Sie will zurück _____ Berlin.

15. Gregor wohnt nicht mehr _____ Clarissa. Er zieht _____ der Wohnung aus.

16. Marie fährt alleine _____ dem Zug _____ Mainburg _____ Berlin.

17. Clarissa muss Marie _____ dem Auto _____ Hause fahren.

18. Martin erscheint _____ der Aufnahmeprüfung.

19. Lara spricht _____ ihm in der Gebärdensprache.

20. Martin hört die Musik nicht, aber er spürt sie _____ seinen Händen.

H. Was passt zusammen? Connect the sentence parts to complete these film quotes.

1. Du bist dir nicht sicher,   a. auf der Klarinette vor.

2. Sie spielt uns ein Stück   b. helft Mami in der Küche.

3. Leihst du uns   c. wenn es euch allen nicht passt.

4. Wenn es euch langweilig ist,   d. ob mir diese Musik gefällt.
5. Ich kann ja auch ausziehen,   e. deine Klarinette?

----

6. Was? Du hast es ihnen   f. drei Stücke mitgebracht?
7. Ich hab' ihm gesagt, dass ich   g. mit dem zeitgenössischen Stück an?
8. Fräulein Bischoff, Sie haben uns   h. auf ein Fest gehe nach der Schule.
9. Wenn Sie nichts dagegen haben,   i. ihm geben sondern dir.
   fange ich   j. noch gar nicht gesagt?
10. Ich will es nicht

I. **Wie geht es Ihnen?** Another common use of the dative is with adjectives. Some, but not all, express how a person is feeling.

• Ist Ihnen kalt? Nein, <u>mir</u> ist warm!	**egal** — equal; the same
• Der Vortrag ist <u>mir</u> **langweilig**.	**fremd** — foreign; strange
• Die Party hat <u>uns</u> viel **Spaß gemacht**.	**klar** — clear
• Ist <u>dir</u> **schlecht**? Leg dich bitte hin!	**langweilig** — boring
• Die Bonbons sind <u>mir</u> zu **süß**.	**leid tun** — to be sorry
• Ist <u>euch</u> der Dativ **klar**?	**peinlich** — embarrassing
• Das war <u>mir</u> sehr **peinlich**.	**schlecht** — bad; poor
• Meine Familie ist <u>mir</u> sehr **wichtig**.	**Spaß machen** — to have fun
• In England fährt man links. Das ist <u>mir</u> zu **fremd**!	**süß** — sweet
• Ist es <u>dir</u> **egal**, welchen Film wir sehen!	**übel** — sick
• Tut <u>ihm</u> das Bein noch **weh**?	**weh tun** — to hurt
• Mann, das hab' ich völlig vergessen. Tut <u>mir</u> **leid**!	**(tat weh, hat wehgetan)**
• Es geht <u>mir</u> ... gut / schlecht / so lala.	**wichtig** — important

Strukturen: Wortstellung
OVERVIEW OF WORD ORDER IN GERMAN

We have already seen how the German case system leads to more flexible word order, though there are some basic principles to follow. Let us explore these some more.

What are the possible word order combinations for this sentence? What elements of the sentence have to stay together for it to make sense? In this sentence, only the noun phrase functions as a unit.

<u>Ich</u> schenke <u>dir</u> einen Roman.
Dir schenke ich einen Roman.
Einen Roman schenke ich dir.
Schenke ich dir einen Roman?

Now try this with a sentence containing more elements. What elements have to stay together?

<u>Ich</u> besuche morgen meine Schwester in Atlanta.
Meine Schwester besuche ich morgen in Atlanta.
Morgen besuche ich meine Schwester in Atlanta.
In Atlanta besuche ich morgen meine Schwester.
Besuche ich morgen meine Schwester in Atlanta?

What do you notice about the verb in all of these examples? Except for the questions, the verb is always the second element of the sentence! Also, you

Achtung!
General time before **specific time,** and **general place** before **specific place!**

might have noticed that the reference to time comes before place. In fact, German follows the same general rule as English of time-manner-place, unless place is the first element of the sentence, of course. It is time to try this yourself! How many grammatical combinations can you make with the following sentence? Notice which elements have to stay together.

<u>Marie</u> <u>fährt</u> <u>nach der Schule</u> <u>mit dem Zug</u> <u>nach Berlin</u>.
   S   V   time   manner   place

Now that we have had an overview of word order, we can take a step back and look at some basic rules of word order.

FAQs (Häufig gestellte Fragen)

- ***When does the verb come at the end of a clause or sentence?***
  - with modal verbs: *Sie kann Klarinette spielen.*
  - in the future tense: *Er wird in Washington studieren.*
  - when it is a participle: *Marie ist nach Berlin gekommen.*
  - in dependent clauses and indirect questions following *dass, weil, ob, wenn,* etc.:
    Weißt du, wann wir eine Prüfung haben?
    Bist du sicher, dass die Prüfung schon morgen ist?

- ***When does the verb come at the beginning of a clause or a sentence?***
  - when it is a question: *Kommst du morgen auf die Party?*
  - as the first word of a clause following a dependent clause
    Wenn ich morgen nicht arbeite, lerne ich für die Prüfung.
    Weil ich keine Hausaufgaben habe, gehe ich ins Kino.

- ***When does the conjugated verb come in the second position?***
  - actually, most of the time except in questions! (Note which elements stay together!)
    *Lara **will** nächstes Jahr auf eine Musikhochschule in Berlin gehen.*
    *Auf eine Musikhochschule in Berlin **will** Lara nächstes Jahr gehen.*
    *Nächstes Jahr **will** Lara auf eine Musikhochschule in Berlin gehen.*

- ***What are dependent and independent clauses?***
  - an independent clause means that it can stand alone; the verb is in second position; here we see two independent clauses joined by a coordinating conjuction
    *Sie geht einkaufen, und (sie) **besucht** ihre Freundin in der Stadt.*
    *Morgen arbeite ich und (ich) **lerne** Deutsch.*
  - a dependent clause is typically connected to an independent clause by a subordinating conjuction; in dependent clauses the finite verb comes last; in spoken language, dependent clauses frequently occur without an independent clause (see 3rd example)
    Ich lerne morgen, weil ich mich auf die Prüfung vorbereiten muss.
    Weißt du, wie das Wetter morgen sein soll?
    „Warum kommst du nicht mit?" - „Weil ich keine Zeit habe!"

- ***What is meant by finite and non-finite verbs? What is an infinitive?***
  - a finite verb is inflected, or conjugated, for number or person
  - a non-finite verb is not conjugated
  - the infinitive a non-finite form of the verb found in the dictionary and at the end of an infinitive phrase

- ***What is a past participle?***
  - a verb form that occurs together with an auxiliary verb in the perfect tenses and in the passive voice in German and English. In German, past participles typically – but not always – have a *ge-* prefix.

Er hat mit seiner Chefin <u>gesprochen</u>.
Oma hat mich gestern <u>angerufen.</u>
Sie ist leider nicht <u>mitgekommen</u>.
Hast du meinen Brief <u>bekommen?</u>
Wir haben gestern <u>telefoniert</u>.

A. Satzteile. <u>Underline</u> the elements of these sentences that need to stay together and rearrange them to create a different word order. Write down the new sentences.

Example: <u>Lara</u> <u>besucht</u> <u>Tom</u> <u>in seiner Schule</u>. ➔ *In seiner Schule besucht Lara Tom.*

1. Ich wollte Marie noch eine Geschichte vorlesen!
2. Ihre Tochter ist ein außerordentliches Talent.
3. Clarissa hat bald Geburtstag.
4. Großvater will uns alle zum Essen einladen.
5. Er kippt mir Rotwein ins Gesicht!
6. Clarissa will mich nur für die Aufnahmeprüfung anmelden.
7. Ich behandle dich wie ein Baby.
8. Du willst keine Musik in deinem Haus!
9. Clarissas Freund Walter wird in Spanien Aufnahmen für ein Reisemagazin machen.
10. Nach 12 Jahren mit deiner Tante kann ich bei jedem Krach schlafen.

B. Zum Inhalt. Write 10 sentences about the content of the film. Try to include time, manner, and place and use multiple word order combinations.

Lektüre

JENSEITS DER STILLE

von Caroline Link und Arno Meyer zu Küingdorf (Aufbau, 1997)
The following excerpt is from Arno Meyer zu Küingdorf's novel *Jenseits der Stille* adapted from Caroline Link's screenplay. It contains mostly material from chapter 8 where Lara meets Tom in Berlin for the first time.

VOR DEM LESEN

A. Den Text überfliegen. Überfliegen (*skim*) Sie schnell den Text und beantworten Sie die Fragen.

1. Aus wessen Sicht (*point of view*) ist der Text geschrieben?
2. Welche Zeitformen werden im Text verwendet? Welche kommt am häufigsten vor?
3. Gibt es im Text viel Dialog? Wer redet mit wem?
4. Es gibt im Grunde drei „Teile" des Textes. Was kommt am Anfang (1), in der Mitte (2) und am Ende (3) des Textes?
   ____ Lara und Tom lernen sich im Park besser kennen.
   ____ Lara besucht Tom an seiner Schule.
   ____ Lara ist allein und vermisst ihre Familie.
5. Nun suchen Sie die Stellen im Text, wo der zweite Teil sozusagen beginnt und endet.

B. Vokabeln. Verbinden Sie die Wörter links mit der passenden englischen Übersetzung rechts. Alle Wörter stammen aus dem Text.

1.	Schaufenster	a.	_5_	gesture
2.	Marktplatz	b.	____	homesickness
3.	Heimweh	c.	____	sign language
4.	Lichtstrahl	d.	____	market place/square
5.	Geste	e.	____	ray of light
6.	Zeichensprache	f.	____	shop window

7.	scherzen	g.	_11_	to observe
8.	folgen	h.	____	to stare at
9.	beherrschen	i.	____	to notice
10.	anstarren	j.	____	to follow
11.	beobachten	k.	_9_	to master
12.	bemerken	l.	____	to joke

13.	neugierig	m.	____	to tell, narrate
14.	überraschen	n.	_15_	to treat (pay for)
15.	spendieren	o.	____	to surprise
16.	bummeln	p.	____	to spend, as in time
17.	erzählen	q.	____	curious
18.	verbringen (verbrachten)	r.	____	to stroll

19.	ungewohnt	s.	____	to yell
20.	umgehen	t.	____	unfamiliar, unaccustomed
21.	vertraut	u.	_21_	familiar, trusted
22.	lachen	v.	____	to cry
23.	quieken	w.	____	to laugh
24.	schreien	x.	____	to squeak
25.	weinen	y	_20_	to deal with, handle

26.	Dutzend	z.	____	unsure
27.	Unterricht	i.	____	to giggle
28.	Boden	ii.	____	dozen
29.	kichern	iii.	_31_	hesitant
30.	unsicher	iv.	____	floor
31.	zögernd	v.	____	class

32.	lauschen	vi.	____	to dance
33.	spüren	vii.	____	to hum, drone
34.	dröhnen	viii.	____	to listen
35.	tanzen	ix.	____	to jump
36.	hüpfen	x.	_33_	to sense
37.	springen (sprangen)	xi.	____	to hop

Tips to avoid using a dictionary!

Start with the words you recognize or that are cognates, then decode the others. Do you know one part of a compound noun? Can you break down the verb into chunks? Does a prefix or a suffix help?

„TOM" AUS *JENSEITS DER STILLE*

Traurig ließ ich mich durch die Stadt treiben. Ich **mochte** Clarissa, und ich mochte Gregor. Berlin erschien mir kalt, grau und unfreundlich. Meine Blicke streiften die Schaufenster, ohne den **Gegenständen**, die hinter den Scheiben lagen, Beachtung zu schenken. **Ziellos** lief ich durch die Straßen, bis ich zu einem kleinen Platz kam, an dem viele Stände aufgebaut worden waren. Ich fühlte mich an unseren Marktplatz erinnert. Zum ersten Mal verspürte ich Heimweh. Ich sehnte mich nach dem fröhlichen Gesicht meiner Mutter, nach den warmen Händen meines Vaters und nach dem frechen Grinsen meiner Schwester. Ich vermisste die nette, freundliche Art der Menschen bei uns und die **Behäbigkeit**, mit der die Tage abliefen. Plötzlich fühlte ich mich fremd und einsam.

Aber dann passierte etwas, das sich wie ein Lichtstrahl in meinen düsteren Horizont schob. Ich sah einen Mann, der einem kleinen Mädchen etwas zu erklären versuchte. Die Art, wie er mit ihm redete, fesselte meinen Blick. Er sprach mit seinen Händen zu der Kleinen. Leicht und schwungvoll schrieben seine Hände Wörter und Gefühle in die Luft. Diese wunderschönen Gesten! Er redete in meiner zweiten Sprache zu ihr. Mit meiner Zeichensprache. Jeder, der diese Sprache beherrscht, spricht seinen eigenen Stil, manche drücken sich umständlich aus, andere kommen sofort zum Thema, schneller, als man es oft mit Worten ausdrücken könnte. Menschen, die reden können, haben diese **Verbundenheit** untereinander nicht. Gehörlose aber sind sich, auch wenn sie sich das erste Mal sehen, sehr nahe, und es findet sofort ein intensiver Austausch statt, ohne viele Floskeln.

Ich spielte Detektiv und beobachtete die beiden. Mein Herz öffnete sich. Wie **unbeschwert** die beiden miteinander scherzten und **plauderten**. Der Mann nahm das Mädchen auf seine Schultern. Sie verließen den kleinen Marktplatz und bogen in eine Seitenstraße ein. Ich konnte nicht anders. Ich musste ihnen folgen. Schließlich gingen sie in ein **Spielzeuggeschäft**. Sie sahen sich Puppen an. Ich stand draußen vor dem Fenster und starrte hinein. Ich musste es tun. Der Mann, der gerade mit einer Handpuppe herumalberte, bemerkte mich. Er zog die Augenbrauen hoch. Ich gab mich zu erkennen. Auch ich gehörte dem **Geheimbund** derjenigen an, die die Gebärdensprache beherrschen.

„Blöd, wenn man so angestarrt wird, was? Ich habe euch beobachtet."

Meine Hände vollführten die Bewegungen, als ob es das Selbstverständlichste auf der Welt wäre.

Der Mann lächelte.

„Ich habe es bemerkt", signalisierte er zurück.

Ich ging in den Laden. Nun registrierte mich auch das kleine Mädchen. Es sah mich offen an, ihre Hände sprachen zu mir.

„Hallo. Ich bin Johanna. Wer bist du?"

„Lara."

„Hallo. Tom."

„Eigentlich wollten wir in den Park ... Ich darf nur mal kurz **gucken**", deutete das Mädchen mit einem schnellen Seitenblick zu dem Mann. Er beugte sich zu ihr herunter.

„Mal kurz gucken. Genau. Und ‚kurz' ist jetzt gleich um."

Johanna wendete sich den Spielsachen zu. Wir sahen uns neugierig an. War der Mann der Vater des Mädchens? Dafür war er eigentlich zu jung. Das Hemd hing über der Jeans, er trug eine bequeme gelbe Jacke, und seine dicken schwarzen Haare hatte er zum **Pferdeschwanz** gebunden.

Eine **Verkäuferin** unterbrach unsere gegenseitige Musterung.

„Kann ich helfen?", fragte sie.

„Danke, wir schauen uns bloß um", antwortete Tom laut.

Er konnte sprechen. Mir blieb die Spucke weg.

„Bist du gar nicht gehörlos?", fragte ich überrascht.

„Ich?" Tom war ebenso überrascht wie ich. „Nein! Du?"

Wir lachten beide. Johanna kam aus einer Ecke des Ladens zurück. Sie hatte nicht das gefunden, was sie suchte. Nun hatte ich durch **Zufall** jemanden entdeckt, mit dem ich in meinen beiden Sprachen reden konnte. Berlin war wieder eine tolle Stadt. Ich hatte keine Pläne, also blieben wir noch etwas zusammen. Wir gingen zu dritt in einen Park, Tom spendierte eine Runde Eis bei einem Italiener.

„Mein Vater ist gehörlos. Er hat mich allein **großgezogen**. Und jetzt bin ich Lehrer an einer Gehörlosenschule" erzählte er, während wir über die Wiesen bummelten, „Johanna ist eine meiner Schülerinnen. Eigentlich sollten wir ja Artikulation üben heute ..."

Die ganze Zeit, während er sprach, deutete er die Worte für Johanna, die ihn aufmerksam musterte. Sie wandte sich zu mir und deutete auf Tom und machte ein „Top-Zeichen", um auszudrücken, dass er ein ziemlich guter Lehrer sei.

„Und du? Warum kannst du so gut die Zeichensprache?"

Ich erzählte ihm von meinen Eltern und von meinem Zuhause. Wir brachten Johanna zusammen in die Schule zurück und ich freute mich über diese unbeschwerte Zeit, die wir verbrachten. Niemand wollte etwas von mir, und niemand stellte irgendwelche Ansprüche an mich. Clarissa war selten **entspannt**. Ich hatte bei ihr ständig das Gefühl, **unter Druck** zu stehen, etwas leisten zu müssen. Draußen wurde es langsam dunkel, die Straßenlampen schalteten sich an, und wir ließen uns durch die Stadt treiben.

„ ... in zwei Monaten bin ich sowieso weg", meinte Tom. „Ich gehe für ein Semester nach Washington. Da gibt es eine Universität nur für Gehörlose. Die studieren da alles. Medizin, Kunstgeschichte, Jura. Alles in Zeichensprache. Die Amerikaner sind uns mindestens zwanzig Jahre voraus ... Sie haben die Gebärdensprache längst als vollwertige Sprache anerkannt."

Anfang des 17. Jahrhunderts erfand ein spanischer **Mönch** die Grundformen der Gebärdensprache, die ein französischer **Abt** später weiter entwickelte. Einer seiner Bewunderer war König Ludwig XVI. Im 19. Jahrhundert schlug dann die Stimmung um. Die Gebärdensprache wurde **verboten**, Gehörlose wurden darauf gedrillt, von den Lippen zu lesen und selbst mühsam Sätze zu formulieren. In Europa kam es erst in den letzten zwanzig Jahren wieder zu einer **Anerkennung** der Gebärdensprache, und das ermöglichte den Gehörlosen wieder ein **angemessenes** Leben zu führen. Helen Keller, eine beeindruckende taubblinde amerikanische Autorin, erfasste das Problem mit dem Satz:

„Blindheit schließt Menschen von Dingen aus, Taubheit schließt Menschen von Menschen aus."

Die Art, wie Tom mit seiner Situation umging, war ungewohnt für mich. Er sprach so selbstverständlich über sich, Gehörlosigkeit, seine Pläne und die Schule. Das kannte ich von zu Hause nicht. Meine Eltern hatten sich mit ihrer Gehörlosigkeit eingerichtet, sich ihre eigene Welt geschaffen, und ihr Interesse an der Welt der Hörenden war nicht allzu groß. Sie hatten genug Verletzungen erlitten und gelernt, sich zu schützen.

Tom schien völlig anders mit seiner Situation als Kind gehörloser Eltern umgehen zu können. Er war neugierig auf alles und machte keinen Unterschied, ob jemand nun hörte oder nicht.

„Ich habe mir immer gewünscht, einen Vater zu haben, auf den ich **stolz** sein kann. Einer, der mich gegen die Welt **verteidigt** und mir vor dem Schlafengehen Lieder vorsingt", erzählte ich. Ich hatte nicht das Gefühl, als müsse ich vor Tom irgendetwas **verbergen**. Er war mir vertraut, und wenn er mich aus seinen dunklen Augen ansah, wurde ich ganz schwach in den Knien.

„Einer, der nicht verstehen kann, was du an Guns 'n Roses besser findest als an Beethoven?"

„Genau. Schön, dass du mich verstehst", antwortete ich.

Seine Augen waren grün-grau, die Iris war gesprenkelt, und seine Wimpern waren länger als meine.

Er war nahe an meinem Gesicht. Ich erschrak innerlich, obwohl er nur aus Lächeln und Freundlichkeit zu bestehen schien. Ein Blick auf meine Uhr erinnerte mich an meine Verpflichtungen.

„Um Gottes willen. Es ist schon spät. Ich muss heim."

Tom nickte nur leise. Er protestierte weder, noch versuchte er mich zu überreden zu bleiben. Nur seine beiden Grübchen auf den Wangen vertieften sich.

„Hmm ... ganz schön spät", lachte er.

Er hielt mich am Arm fest, bevor ich davonlaufen konnte.

„Kommst du mich mal besuchen? In der Schule, meine ich? Ich bin jeden Tag da."

„Vielleicht", antwortete ich ausweichend, und dann ging er in die eine Richtung davon und ich in die andere. Ob er sich umdrehte? Ich drehte mich nicht um, aber meine Schritte wurden schneller und schneller, und dann lief ich in langen Sätzen nach Hause. Diese Augen. (…)

Die Gehörlosenschule sah aus wie jede andere Schule. Bunte Kinderzeichnungen und selbstgemachte Basteleien schmückten lange, freundliche Gänge. Kinder rannten die Flure entlang und gestikulierten eifrig mit den Händen. Es war **keineswegs** stiller als in einer normalen Schule, die Kinder lachten und quiekten, schrien und weinten. Wie sollte ich hier Tom nur finden? Ein Junge lief an mir vorbei, ich wollte ihm etwas hinterherrufen, besann mich aber gerade noch rechtzeitig darauf, dass er mich nicht würde hören können. Ich lief ihm ein paar Schritte nach und fasste ihn an der Schulter. Er **drehte** sich zu mir **um** und lächelte, sein Gesicht zeigte **keinerlei** Erschrecken. Wenn man bei Hörenden von hinten seine Hand auf die Schulter legt, zucken sie zusammen, oder sie fahren überrascht herum. Bei Gehörlosen ist es vollkommen normal, jemanden mit einer Berührung auf sich aufmerksam zu machen. Ich ließ meine Hände sprechen. „Entschuldige. Kennst du einen Lehrer, der Tom heißt? Er unterrichtet eine vierte Klasse!"

Der dunkelhaarige Junge nickte und deutete auf eine Tür, hinter der laute Musik ertönte. Ich dankte ihm und klopfte an die Tür. Nichts passierte, die Musik war wohl zu laut. Ich holte tief Luft und drückte die **Klinke** herunter und betrat das Klassenzimmer. Ich war in einer kleinen Turnhalle gelandet. Es herrschte **ohrenbetäubender Lärm**. Ein Dutzend Kinder saß in einem Kreis um Tom, der mir den Rücken zuwandte. Nachdem ein Kind nach dem anderen zu mir blickte, machte auch er sich endlich die Mühe zu schauen, wer den Unterricht störte. Ich hob zaghaft meine Hand, um ihn zu grüßen. Er strahlte, sprang auf und zog mich in das Zimmer.

„Hallo!"

Wie sollte ich etwas sagen, bei dem Lärm?

„Hallo!", schrie ich. „Ich dachte, ich besuche dich mal ..."

Er lächelte und drehte die Musik leiser. Die Kinder rutschten neugierig auf dem Boden herum. Er buchstabierte ihnen meinen Namen in Gebärdensprache.

„Das ist L - A - R - A. Sie ist uns besuchen gekommen!"

Seine Mundwinkel verzogen sich zu einem breiten Lächeln.

„Vielleicht möchte sie ja auch Lehrerin werden!"

Die Kinder ruckelten unruhig herum, zwei kicherten, einer stieß seinen Nachbarn an. Ich fühlte mich nicht ganz wohl in meiner Haut. Ich war unsicher, weil ich so einfach hier hereingeplatzt war. Tom schien bester Laune. Er hob seine Hand, sofort wurde es leise. Er zeigte auf mich und deutete dann auf den Fußboden.

„Leg dich hin!", sagte er in einem unmissverständlichen Tonfall.

Ich stutzte. Ich hatte wohl nicht richtig gehört. Meine Augen suchten Toms Blick. Er sah mich fest an.

„Was soll ich?"

Die Kinder schienen das Spiel bereits zu kennen. Nur ich wusste nicht, worum es ging. Sie sahen mich amüsiert an, so, als würde sie meine Reaktion abwarten.

„Du sollst dich auf den Boden legen!", wiederholte Tom seine Aufforderung. Auf den Bauch! Oder willst du nicht mitmachen?"

Die Blicke der Kinder wanderten zwischen mir und ihm hin und her. Er übersetzte seine Worte in Gebärdensprache. Ich wurde nicht schlau aus ihm. War das der Tom, der mich am Abend zuvor so nett verabschiedet hatte? Ich legte mich zögernd auf den Boden. Die Kinder kicherten ganz ungeniert. Tom gab ihnen ein Zeichen, und sie warfen sich blitzschnell, über den ganzen Raum verteilt, auf den Boden. Ich verstand noch immer nicht. Aus Toms Augen blitzte der Schalk.

mögen/mochte	to like	**entspannt**	relaxed
der Gegenstand	object	**unter Druck**	under pressure
ziellos	aimless	**der Mönch**	monk
die Behäbigkeit	slower-paced atmosphere	**der Abt**	abbot (superior of an abbey of monks)
die Verbundenheit	solidarity; bond		
unbeschwert	untroubled; lighthearted	**verbieten** **(verbot, hat verboten)**	to ban; forbid
plaudern	to chat		
das Spielzeuggeschäft	toy store	**die Anerkennung**	recognition; approval
der Geheimbund	secret society	**angemessen**	adequate; decent
gucken	to look	**stolz**	proud
der Pferdeschwanz	ponytail	**verteidigen**	to defend
die Verkäuferin	saleswoman	**verbergen** **(verbirgt, verbarg, hat verborgen)**	to hide
der Zufall	coincidence		
großziehen **(zog groß, hat großgezogen)**	to raise; bring up	**keineswegs**	in no way

„Warte einfach ab!", meinte er und stellte den Kassettenrecorder lauter.

Wir lagen alle flach auf dem hölzernen Parkettboden, den Kopf auf den verschränkten Händen. Niemand gab ein Geräusch von sich. Was für ein lustiger Unterricht. Diese Schule gefiel mir. Die Musik begann leise zu spielen. Ich beobachtete die Kinder - sie zeigten keine Reaktion. Langsam wurden die Töne lauter. Ein Junge hob seinen Kopf, lauschte, fast wie ein Reh im Wald, duckte sich wieder, legte sein Ohr auf den Boden. Spürte er schon die Vibrationen? Die Musik? Andere Kinder taten das gleiche. Die Musik war nun dröhnend laut. Auch ich spürte die Vibrationen in meinen Fingerspitzen, in meinen Füßen und in meinem Bauch.

Die Kinder erhoben sich bereits, der Junge, der als erster aufmerksam geworden war, wiegte sich im **Takt** der Musik. Die anderen taten es ihm nach. Manche tanzten, andere hüpften, sprangen, **bewegten sich** miteinander. Fasziniert sah ich ihnen zu. Sie konnten nicht hören, aber sie spürten die Musik mit ihrem Körper. Tom stand am Rand und zeigte auf mich.

„Arme Lara. Ich glaube, sie kann Musik nicht spüren!"

Er legte sich zu mir auf den Boden. Die Kinder tanzten lachend um uns herum.

(sich) umdrehen	to turn around
keinerlei	no ... whatsoever
die Klinke	handle
ohrenbetäubend	deafening; earsplitting
der Lärm	noise
der Takt	beat
(sich) bewegen	to move

NACH DEM LESEN

A. Adjektivübung. Was oder wen beschreiben die folgenden Adjektive?

1. ____ traurig, ziellos, fremd, einsam
2. ____ kalt, grau, unfreundlich
3. ____ fröhlich
4. ____ warm
5. ____ frech
6. ____ selten entspannt
7. ____ ohrenbetäubend
8. ____ neugierig, unruhig
9. ____ bester Laune
10. ____ lustig

a. Tom
b. der Unterricht
c. das Grinsen Laras Schwester, Marie
d. Berlin
e. die Hände Laras Vaters
f. die Kinder in Toms Klassenzimmer
g. Lara
h. das Gesicht Laras Mutter
i. Clarissa
j. der Lärm im Klassenzimmer

B. W-Fragen. Schreiben Sie fünf Fragen zum Inhalt.

1. Wer _____?
2. Was _____?
3. Wo _____?
4. Wann _____?
5. Warum _____?

C. Laras Gefühle. Wie verstehen Sie folgende Stellen? Finden Sie Laras Gefühle eher positiv (**p**), negativ (**n**) oder neutral (**nt**)?

1. _____ Traurig ließ ich mich durch die Stadt treiben.
2. _____ Plötzlich fühlte ich mich fremd und einsam.
3. _____ ... ich freute mich über diese unbeschwerte Zeit, die wir verbrachten.
4. _____ ... wenn er mich aus seinen dunklen Augen ansah, wurde ich ganz schwach in den Knien.

5. _____ Diese Augen.
6. _____ Ich fühlte mich nicht ganz wohl in meiner Haut.
7. _____ Diese Schule gefiel mir.
8. _____ Fasziniert sah ich ihnen zu.

D. **Der Film und der Text.** Beantworten Sie die Fragen.

1. Was erfahren wir durch den Text über Lara, was im Film vielleicht nicht deutlich war?
2. Vergleichen Sie Tom und Lara. Was haben Sie gemeinsam? Inwiefern sind sie anders?
3. Welche Stelle im Text finden Sie … und warum?
   - am wichtigsten
   - am interessantesten
   - am verwirrendsten (*most confusing*)
   - am lustigsten

 E. **Diskussionsfragen.** Besprechen Sie die Fragen mit einem Partner/einer Partnerin.

1. Würden Sie diesen Roman lesen? Warum oder warum nicht?
2. Haben Sie einmal ein Buch zum Film gelesen? Welches?
3. Hat Ihnen das Buch oder der Film besser gefallen? Warum?

Wortschatz

GEHÖRLOSIGKEIT

dolmetschen	*to interpret*
die Gebärdensprache, -n	*sign language*
gehörlos (taub)	*deaf*
hörgeschädigt	*hearing impaired*
hören	*to hear*
der Untertitel, -	*subtitle*
der Lärm	*noise*
die Zukunft, -̈e	*future*
die Möglichkeit, -en	*possibility*

DIE MUSIK

das Instrument, -e	*instrument*
das Konzert, -e	*concert*
das Lied, -er (der Song, -s)	*song*
musikalisch	*musical*
der Takt, -e	*beat*
üben	*to practice*

DIE FAMILIE

geschieden	*divorced*
heiraten	*to marry*
ledig	*single; unmarried*
mütterlicherseits	*on the mother's side*

(sich) scheiden lassen	*to divorce*
(lässt, ließ, hat sich scheiden lassen)	
(sich) trennen	*to separate*
väterlicherseits	*on the father's side*
verheiratet	*married*

VERBEN MIT DEM DATIV

danken	*to thank*
empfehlen	*to recommend*
(empfiehlt, empfahl, hat empfohlen)	
erklären	*to explain*
erzählen	*to tell*
gefallen	*to please; appeal to*
(gefällt, gefiel, hat gefallen)	
gehören	*to belong to*
glauben	*to believe*
helfen (hilft, half, hat geholfen)	*to help*
passen	*to fit*
stehen (stand, hat gestanden)	*to suit*

ÜBUNGEN

A. Laras Story. Ergänzen Sie die Lücken mit Wörtern aus dem Wortschatz, um Laras Geschichte zu erzählen.

Lara wuchs mit zwei _____ (1) Eltern auf. Das heißt, dass ihre Eltern nicht _____ (2) konnten. Lara hatte eine sehr enge Beziehung zu ihrer Tante _____ (3), also der Schwester ihres Vaters. Lara kommunizierte mit ihren Eltern in der _____ (4) –das ist eine Sprache mit Zeichen und Gesten. Oft musste Lara für ihre Eltern _____ (5), zum Beispiel auf der Bank, in der Schule mit ihrer Lehrerin oder wenn ihre Mutter einen Film ohne Untertitel anschaute. Als Lara acht Jahre alt war, fing sie an (wie ihre Tante), Klarinette zu spielen. Lara _____ (6) mehrere Stunden am Tag, bis sie richtig gut spielen konnte. Manchmal vernachlässigte sie ihre Hausaufgaben, weil sie lieber Klarinette spielen wollte! Mit 18 zog Lara zu ihrer Tante und ihrem Onkel nach Berlin, um sich auf die Aufnahmeprüfung in der Musikschule vorzubereiten. Später _____ (7) sich ihre Tante und ihr Onkel, weil sie Probleme in der Ehe hatten. In Berlin lernte Lara einen Mann, Tom, kennen. Tom unterrichtete an einer Schule für Gehörlose, also natürlich konnte er auch die _____ (8). Mit Tom hatte Lara viel Spaß—sie _____ (9) einfach gut zu einander. Leider kam Lara aber mit ihrem Vater, Martin, nicht besonders gut klar. Weil er _____ (10) war, konnte er ihre Musik nicht _____ (11) und deshalb auch nicht verstehen, warum Musik ihr so wichtig war. Martin tauchte bei der Aufnahmeprüfung auf und sah zum ersten Mal, wie sie spielte. Hoffentlich wird die Beziehung zwischen Vater und Tochter in der _____ (12) besser sein als in der Vergangenheit.

B. Gemeinsamkeiten und Unterschiede. Beantworten Sie die Fragen.

1. Lara hatte eine schwierige Beziehung zu ihrem Vater. Wie verstehen Sie sich mit Ihren Eltern? Kommen Sie mit ihnen klar?

2. Lara und Tom hatten ziemlich viel gemeinsam. Mit welchen Ihrer Freunde oder Freundinnen haben Sie viel gemeinsam? Was haben Sie gemeinsam?

3. Als Kind wollte Lara lieber Klarinette spielen als Hausaufgaben machen. Was haben Sie gern als Kind gemacht? Mochten Sie die Schule? Was waren Ihre Lieblingsfächer, als die in dem Alter waren?

4. Mit ihrer Tante sah Lara viele Sehenswürdigkeiten in Berlin. Was war die erste Großstadt, die Sie besucht haben? Wie alt waren Sie? Was haben Sie gesehen?

5. In Deutschland werden die meisten Filme aus den USA synchronisert (*dubbed*) statt untertitelt. Sehen Sie lieber synchroniserte Filme oder Filme mit Untertiteln? Warum?

C. Neue Situation. Ergänzen Sie die Lücke mit dem passenden Verb.

1. „Die Blumen sind wunderschön. Ich _____ dir, Schatz!"

2. „Mama, _____ du mir eine Gute-Nacht-Geschichte?"

3. „Herr Meier, können Sie mir das nochmals _____? Das habe ich nicht so gut verstanden."

4. „Kinder, _____ mir, die Tüten aus dem Auto zu holen!"

5. „Diesen Wein aus Frankreich kann ich Ihnen _____ ."

D. Ratgeber. Besprechen Sie die folgenden Situationen mit einem Partner/einer Partnerin oder schreiben Sie Ihre Ideen auf.

1. Ein Austauschstudent aus Deutschland besucht Ihre Uni. Was soll er alles machen? Was würden Sie ihm empfehlen?

2. Eine Nachbarin kann ihren Hausschlüssel nicht finden. Was machen Sie? Wie würden Sie ihr helfen?

3. Sie haben Ihre Hausaufgaben nicht fertig. Was ist passiert? Was würden Sie ihrem Professor/ihrer Professorin erzählen?

4. Ihr Mitbewohner/ihre Mitbewohnerin hat für Sie ein schönes Abendessen gekocht. Was sagen Sie ihm/ihr? Wie bedanken Sie sich bei ihm/ihr?

5. Eine Freundin/ein Freund besucht Sie zum ersten Mal. Sie/er kann allerdings Ihre Wohnung/Ihr Zimmer nicht finden. Wie erklären Sie ihr/ihm den Weg?

E. Ähnlich, aber doch anders! Welches Verb ist das Richtige?

1. gehören (*to belong*) **oder** 2. gehört (*participle of* hören)

a. Hast du schon _____ (___)? Der Präsident wird unsere Stadt besuchen.

b. Hey, lass die Finger von meinem Kuchen! Er _____ (___) mir!

c. Entschuldigen Sie, _____ (___) Ihnen dieses Portemonnaie?

d. Das hab' ich dir schon zigmal gesagt! Hast du es jetzt _____ (___)?

3. passen (*to fit*)   **oder**   4. stehen (*to suit*)

  a. Wow, diese Farbe _____ (___) dir wunderbar, Schatz!

  b. Die Jacke vom letzten Jahr _____ (___) dem Kind nicht mehr.

  c. Dieser Hosenanzug _____ (___) Ihnen sehr gut, Frau Jung.

  d. Der linke Schuh _____ (___) mir, aber der rechte ist zu klein.

5. gefallen (*to appeal to or please*) **oder**   6. Gefallen (*favor*)

  a. Tust du mir einen _____ (___)? Legst du die Wäsche zusammen?

  b. Der Roman _____ (___) ihr nicht, weil er zu langweilig war.

  c. Wie _____ (___) Ihnen die Stadt, Frau Schulz?

  d. Könnten Sie mir bitte einen _____ (___) tun und mir einen Kaffee holen?

7. passen (*to fit*)   **oder**   8. passieren (*to happen*)

  a. Dein Terminvorschlag _____ (___) mir sehr gut. Bis dann!

  b. Was ist gestern _____ (___)? Erzähl mir alles!

  c. Wie siehst du denn aus? Was ist dir _____ (___)?

  d. Wir _____ (___) gut zu einander, findest du nicht, Schatz?

chapter ③

Das Wunder von Bern

Das Wunder von Bern

EINLEITENDE FRAGEN

▶ Beschreiben Sie den Jungen auf dem Filmplakat. Wie sieht er aus? Welche Kleidung trägt er? Aus welcher Zeit kommt die Kleidung wohl?

▶ Ein Untertitel des Films lautet: „Jedes Kind braucht einen Vater." Wo könnte der Vater sein?

▶ Sehen Sie den unteren Teil des Plakats. Wo könnte die Geschichte spielen?

▶ Die beiden anderen Untertitel lauten: „Jeder Mensch braucht einen Traum, jedes Land braucht eine Legende." Was könnte das bedeuten?

▶ Betrachten Sie die Farben auf dem Plakat. Welche Farben dominieren hier? Warum wohl?

Vorbereitung und Hintergrund
FILMDATEN

Originaltitel	*Das Wunder von Bern*
Produktionsland	Deutschland
Erscheinungsjahr	2003
Regie	Sönke Wortmann
Drehbuch	Rochus Hahn, Sönke Wortmann
Darsteller	Louis Klamroth (Matthias „Mattes" Lubanski), Peter Lohmeyer (Richard Lubanski), Johanna Gastdorf (Christa Lubanski), Mirko Lang (Bruno Lubanski), Birthe Wolter (Ingrid Lubanski), Sascha Göpel (Helmut Rahn), Peter Franke (Sepp Herberger), Katharina Wackernagel (Annette Ackermann), Lucas Gregorowicz (Paul Ackermann), Andreas Obering (Herbert Zimmermann)
Altersfreigabe	FSK 6
Länge	118 Minuten

A. Was passt? Fügen Sie die folgenden Wörter in die Beschreibungen ein:

Bergmann (*miner*) / Fußballspieler / Kneipe (*bar*) / Nationaltrainer / sechzehn Jahre alt / Sportreporter / verheiratet (*married*) / zehn Jahre alt

Lesen Sie die Informationen zu den Personen im Film und beantworten Sie dann die Fragen.

Matthias (Mattes) Lubanski (_zehn Jahre alt_) steht im Mittelpunkt der Geschichte. Für seinen großen Freund Helmut Rahn ist er das **Maskottchen**. Er möchte selbst Fußballer werden. Seinen Vater hat er noch nie gesehen.

Richard Lubanski war ___Bergmann___ und kommt nach elf Jahren aus sowjetischer **Kriegsgefangenschaft** zurück. Nach seiner **Rückkehr** hat er große Probleme mit seiner Familie und ist aggressiv und kalt gegenüber seinen Kindern.

towards

Matthias' Mutter hat die Familie mit einer _____ **ernährt**. Nach Richards Rückkehr hilft sie ihrem Mann und den Kindern mit viel **Geduld,** wieder eine richtige Familie zu sein.

Ingrid Lubanski (_sechzehn Jahre alt_) hilft wie Mattes und Bruno in der Kneipe mit. Sie tanzt gern und trägt modische Kleider.

Maskottchen	mascot
Kriegsgefangenschaft	prisoner of war
Rückkehr	return
ernährt	supported
Geduld	patience
berichtet	reports
Weltmeisterschaft	soccer World Cup
Hochzeitsreise	honeymoon
Stürmer	forward

Paul Ackermann arbeitet als ___Sportreporter___ für die Süddeutsche Zeitung, Er **berichtet** über die **Weltmeisterschaft** aus der Schweiz und sagt seine **Hochzeitsreise** ab, was seine Frau Annette nicht sehr froh macht.

Annette Ackermann kommt aus einer reichen Familie, die ihr Haus finanziert. Sie ist mit Paul Ackermann ___verheiratet___, mit dem sie in die Schweiz fährt, statt eine Hochzeitsreise nach Nordafrika zu machen.

Helmut Rahn ist der **Stürmer** von Rot-Weiß Essen und einer der besten ___Fußballspieler___ in der deutschen Nationalmannschaft.

Sepp Herberger ist der ___Nationaltrainer___ der deutschen Mannschaft und liebt Disziplin und Teamgeist.

B. Interesse für Fußball.

1. Wer unter den Personen im Film interessiert sich wohl für Fußball? Warum meinen Sie das?

2. Welche Personen interessieren sich wohl nicht für Fußball? Warum wohl nicht?

3. Glauben Sie, dass sich nur die Männer in diesem Film für Fußball interessieren? Warum, warum nicht? Welche der Frauen könnte sich für Fußball interessieren?

DIE HANDLUNG

die Kriegsgefangenschaft	the state of being a prisoner of war (POW)
die Rückkehr	return
der Besatzungssoldat	occupation soldier
die Abwesenheit	absence
die Schwierigkeit	problem
die Dienstreise	business trip
das Verhältnis	relationship
entscheidend	decisive

Während der Bergarbeiter Richard Lubanski aus Essen als Soldat an der Front und später in sowjetischer **Kriegsgefangenschaft** war, hat seine Familie gelernt, ohne ihn zu leben. Über 12 Jahre hat ihn seine Familie nicht gesehen. Bei seiner **Rückkehr** 1954 muss er feststellen, dass sein älterer Sohn Bruno seine Rolle in der Nazizeit sehr kritisch sieht, seine Tochter Ingrid mit den britischen **Besatzungssoldaten** (dem ehemaligen Feind) flirtet und sein elfjähriger Sohn Matthias („Mattes"), der in seiner **Abwesenheit** geboren wurde, Helmut Rahn als Vorbild und Vaterfigur ansieht. Richard Lubanski versteht seine Familie nicht mehr.

Auch Helmut Rahn hat **Schwierigkeiten**, denn er wird nicht von seinem Trainer Sepp Herberger aufgestellt. Im Turnier gelingt es der deutschen Mannschaft, als Außenseiter bis ins Endspiel zu kommen. Zu dieser doppelten Vatergeschichte kommt die Geschichte des frisch verheirateten Münchner Sportreporters Paul Ackermann hinzu, der seine zunächst desinteressierte Frau Annette mit auf die **Dienstreise** in die Schweiz nimmt.

Langsam verbessert sich das **Verhältnis** zwischen Richard und Sohn Mattes, und auch Helmut Rahn wird bei wichtigen Spielen aufgestellt. Im Endspiel gegen Ungarn schießt er das **entscheidende** Tor zum 3:2-Endstand, wodurch die deutsche Mannschaft am 4. Juli 1954 Fußballweltmeister wird.

 A. Familie oder Fußball? Teilen Sie die Personen in die zwei Handlungsstränge (plot strands) ein. Welche Person ist Teil der Familiengeschichte, welche Person ist Teil der Fußballgeschichte?

Familiengeschichte	Fußballgeschichte

Ein dritter Handlungsstrang—der Zweite Weltkrieg (*WWII*). In dieser Liste entscheiden Sie, in welche der drei Handlungsstränge die Wörter gehören.

Wörter	Zweiter Weltkrieg	Familiengeschichte	Fußballgeschichte
der Bergarbeiter			
der Soldat	✓		
die Front	✓		
die Kriegsgefangenschaft			
die Rückkehr			
der Sohn		✓	
die Tochter		✓	
der Besatzungssoldat			
der Feind			
das Vorbild			
die Vaterfigur			
der Trainer			✓
das Turnier			
das Endspiel			
der Sportreporter			
die Dienstreise			
das Verhältnis			
das Tor			

B. Fragen zur Handlung. Beantworten Sie die Fragen schriftlich oder mündlich.

1. Wo war Richard Lubanski in Kriegsgefangenschaft?
2. Was macht die Tochter Ingrid?
3. Welche Rolle spielt Helmut Rahn für Mattes?
4. Wer ist Paul Ackermann?
5. Wer schießt das Siegestor im Endspiel?

👥👥👥 **C. Bilder beschreiben.** Hier sind einige Bilder aus dem Film. Beschreiben Sie, welche Figuren Sie sehen und was hier wohl geschieht.

👥👥 **D. Sätze finden.** Suchen Sie jetzt zwei bis drei Sätze über die Filmfiguren aus den Informationen über die Figuren und die Handlung und schreiben Sie sie in die Tabelle.

Beispiel Christa	*Sie spricht beim Abendbrot über den Vater.* *Sie hat eine Gaststätte.* *Sie hofft, dass die Familie komplett ist.*
Bruno	
Mattes	
Ingrid	
Helmut Rahn	
Paul Ackermann	
Annette Ackermann	
Sepp Herberger	

DER HINTERGRUND: DIE STADT ESSEN

Das Wunder von Bern spielt in Essen, einer der größten Städte Deutschlands. Essen liegt im Zentrum des Ruhrgebiets, das mit mehr als acht Millionen Einwohnern das wichtigste Industriegebiet in Europa ist. In diesem Teil finden Sie Hintergrundinformationen zum Ruhrgebiet.

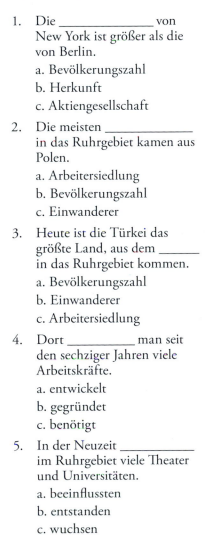

A. Vor dem Lesen. Diskutieren Sie in Gruppen.

1. Welche Industriestädte kennen Sie in den USA? Was wird dort produziert?
2. In welchen US-Staaten werden die meisten Industrieprodukte hergestellt?
3. Was sind die bekanntesten amerikanischen Industrieprodukte?
4. Zeichnen Sie Essen und das Ruhrgebiet in die Deutschlandkarte ein.

B. Wortübungen. Fügen Sie die Wörter aus der Liste in die Sätze ein. Raten Sie, wenn Sie es nicht wissen.

1. Die _____ von New York ist größer als die von Berlin.
   a. Bevölkerungszahl
   b. Herkunft
   c. Aktiengesellschaft

2. Die meisten _____ in das Ruhrgebiet kamen aus Polen.
   a. Arbeitersiedlung
   b. Bevölkerungszahl
   c. Einwanderer

3. Heute ist die Türkei das größte Land, aus dem _____ in das Ruhrgebiet kommen.
   a. Bevölkerungszahl
   b. Einwanderer
   c. Arbeitersiedlung

4. Dort _____ man seit den sechziger Jahren viele Arbeitskräfte.
   a. entwickelt
   b. gegründet
   c. benötigt

5. In der Neuzeit _____ im Ruhrgebiet viele Theater und Universitäten.
   a. beeinflussten
   b. entstanden
   c. wuchsen

Substantive

die AG = Aktiengesellschaft	stock holding company
die Arbeitersiedlung	workers' living quarters
die Bevölkerungszahl	population number
der Einwanderer	immigrant
die Herkunft	origin; ancestry
das Industrieunternehmen	industrial enterprise
der Koks	a specific kind of coal
der Stahl	steel
der Wirtschaftsboom	economic boom
die Zeche	mine

Verben

anwerben (wirbt an, warb an, hat angeworben)	to recruit
beeinflussen	to influence
benötigen	to need
entstehen (entstand, ist entstanden)	to start up
entwickeln	to develop
gründen	to found
prägen	to mold; to mark
steigen (stieg, ist gestiegen)	to climb
unterbringen (brachte unter, hat untergebracht)	to house
wachsen (wächst, wuchs, ist gewachsen)	to grow

Andere Wörter

entlang	along
entscheidend	decisive

C. Den Text lesen. Beantworten Sie die Fragen, nachdem Sie den Text gelesen haben.

Essen und das Ruhrgebiet: Kulturhauptstadt Europas 2010

Mythos Ruhr - das ist der Mythos von Kohle und Stahl, von harter Arbeit und Solidarität und natürlich auch der vom Fußball, vom Zusammenleben unterschiedlicher Kulturen und Religionen, von millionenfacher Einwanderung, von **Heimatverbundenheit**, vom Wirtschaftsboom durch das „schwarze Gold" und dem Ende einer entscheidenden europäischen und globalen Epoche - der Industrialisierung. In den Jahren nach der Industriellen Revolution bis in die 1960er Jahre hat dieser Mythos die kulturelle Identität der Menschen geprägt. Durch die unterschiedliche Herkunft der Menschen, die ihre Kulturen mitbrachten, durch die Eigeninitiative von Arbeitern, durch expandierende Industrieunternehmen und großzügige **Mäzene** hat sich eine ganz eigene Kulturlandschaft entwickelt.

Anfang des 19. Jahrhunderts waren Duisburg und Dortmund die größten Städte mit mehr als 5.000 Einwohnern. Die Industrie der Friedrich Krupp AG hat Essen über viele Jahre stark beeinflusst. Die Familie Krupp wohnte seit dem 16. Jahrhundert in Essen, wo Friedrich Krupp 1811 eine **Gussstahlfabrik** gründete. Mit dem wirtschaftlichen Abbau der Kohle ab Anfang des 19. Jahrhunderts entlang der Ruhr begann für das Ruhrgebiet die Industrialisierung. Innerhalb weniger Jahre sind so über 220 Zechen entstanden, bis 1850 waren es fast 300. Aus der Kohle hat man vor allem Koks **gewonnen**, welcher in den Hochöfen der Eisen- und Stahlhütten zur **Roheisen- und Stahlerzeugung** benötigt wurde.

Insgesamt hat es etwa 3.200 Zechen im Ruhrrevier gegeben.

die Heimatverbundenheit	connection with one's origin
Mäzene	patrons
die Gussstahlfabrik	steel plant
gewinnen (gewann, hat gewonnen)	to win; to exploit (in this context)
die Roheisen- und Stahlerzeugung	iron and steel production
der Dienstleistungssektor	service sector
das Ballungszentrum	population center

Aufgrund der wirtschaftlichen Expansion wurden Arbeitskräfte angeworben, und die Bevölkerungszahlen stiegen explosionsartig. Qualifizierte Facharbeiter der Bergwerke wurden vielfach in Arbeitersiedlungen, sogenannten Zechenkolonien, untergebracht. Seit 1970 hat die Stadt sich immer stärker zu einem **Dienstleistungssektor** entwickelt. 1972 wurde Essen Universitätsstadt und 2010 gemeinsam mit dem Ruhrgebiet Europäische Kulturhauptstadt. Heute ist der Ruhrbezirk mit mehr als 8 Millionen Einwohnern zum größten industriellen **Ballungszentrum** Europas gewachsen.

1. Welches der folgenden Wörter definiert den Mythos Ruhr <u>nicht</u>?
   a. Kohle und Stahl
   b. verschiedene Kulturen und Religionen
   c. Hightech Industrie
   d. Wirtschaftsboom

2. Welche der folgenden Fakten über die Geschichte des Ruhrgebiets sind <u>nicht</u> richtig?
   a. Duisburg war eine der größten Städte im Ruhrgebiet.
   b. Ein wichtiger Industrieller war Friedrich Krupp.
   c. Bis 1850 gab es fast 300 Zechen im Ruhrrevier.
   d. Die Krupps gründeten eine Gussstahlfabrik in Dortmund.

3. Welche der folgenden Aussagen über Essen heute sind <u>nicht</u> richtig?

    a. Die Bergarbeiter wohnen in Arbeitersiedlungen.

    b. 2010 fand die Berlinale in Essen statt.

    c. Essen entwickelt seinen Dienstleistungssektor.

    d. Essen ist eine Universitätsstadt.

D. Alles klar? Beantworten Sie die Fragen zum Text.

1. Was hat der Mythos Stahl für die Menschen bis in die sechziger Jahre geprägt?

2. Wer hat die Kulturlandschaft des Ruhrgebiets entwickelt?

3. Was hat die Stadt Essen über viele Jahre stark beeinflusst?

4. Wie viele Zechen sind in Essen bis 1859 entstanden?

5. Was hat man aus Kohle gewonnen (*mined*)?

6. Wie hat sich die Stadt Essen seit 1970 entwickelt?

7. Wie groß ist das Ruhrgebiet heute?

DER HINTERGRUND: DEUTSCHE KRIEGSGEFANGENE

A. Ihre Gefühle und Erfahrungen

1. Was wissen Sie über russische Straflager in Sibirien, die GULAG-Lager?

2. Waren Sie schon einmal beim „National Cemetery" in Arlington, Virginia?

3. Welche Gefühle haben Sie, wenn Sie die Gräber sehen?

4. Sehen Sie sich die „Veteran's Day" Paraden an?

5. Wie feiern Sie den vierten Juli, den amerikanischen Unabhängigkeitstag? Fühlen Sie sich patriotisch an diesem Tag?

die Gefangenschaft	captivity	**der Friedhof**	cemetery
die Wehrmacht	Nazi army	**(sich) vornehmen**	to plan
einrücken	to draft	**(nimmt vor, nahm vor, hat vorgenommen)**	
die Erinnerung	memory		
die Nachricht	news	**empfangen (empfängt, empfing, hat empfangen)**	to receive; received
die Forschung	research	**die Parkoberfläche**	surface of the park
das Grab	grave	**der Feind**	enemy

B. Wörter für Definitionen suchen. Finden Sie ein passendes Wort aus der Liste.

1. der Opponent in einem Krieg

2. dorthin kommt man, wenn man tot ist

3. ein Professor/eine Professorin macht es, wenn er/sie keine Kurse gibt

4. Name der Nazi-Armee

5. etwas Altes, von früher, an das man denkt

6. ein Soldat muss in den Krieg gehen

3,3 Millionen deutsche Soldaten waren in sowjetischer **Gefangenschaft**, von denen nach Zwangsarbeit, Hunger und Krankheit knapp zwei Millionen Gefangene aus der Sowjetunion nach Deutschland zurückkehrten, die letzten im Januar 1956. Alle anderen sind in den Lagern ums Leben gekommen. Herbert Zachl aus Wartberg lernte seinen Vater Alois nie wirklich kennen. Als Alois Zachl im Jahr 1944 zur Deutschen **Wehrmacht einrücken** musste, war der kleine Herbert erst zwei Jahre alt. „Die einzige **Erinnerung**, die ich an meinen Vater hatte, war ein vergilbtes Porträtfoto aus Russland, auf dem er abgebildet war", erzählt Zachl. Das Bildkärtchen war den Zachls im Jahr 1947 von einem ehemaligen Soldaten mit einer schlechten **Nachricht** überbracht worden: Alois Zachl war zwei Jahre zuvor in russischer Kriegsgefangenschaft gestorben. Zachl hatte ihm am Totenbett im Lazarett das Bildchen gegeben, damit er es nach Wartberg bringt, erzählte der fremde Soldat.

Zurückkehrender deutscher Soldat

Die Archive der ehemaligen Sowjetunion wurden 1993 für die **Forschung** freigegeben. Auf der Suche nach dem **Grab** seines Vaters schrieb Herbert Zachl an Zeithistoriker Stefan Karner, der für ihn Dokumente über seinen Vater fand. Alois Zachl war in einem Lager in der südrussischen Stadt Taganrog in der Nähe von Rostov am Don gestorben; die genaue Lage des **Friedhofs** war Zachl aber nicht bekannt. „Damals habe ich mir **vorgenommen**, die Stadt Taganrog einmal zu besuchen", sagt Herbert Zachl. Im letzten April war es soweit, Zachl reiste in die Stadt, in der sein Vater gestorben war. Zachl: „Ich dachte mir, vielleicht habe ich Glück und finde den Friedhof."

Er hatte Glück. Die Stadtregierung von Taganrog war enorm kooperativ, Zachl wurde vom Bürgermeister der 300.000-Einwohner-Stadt empfangen. Mit Stadträtin Tatjana Shcherbakova fuhr er dann zu dem Ort, wo in den 40er-Jahren die Kriegsgefangenen begraben wurden. „Es war ein Schock", sagt Zachl. Denn heute ist dort ein Park. Dass unter der Parkoberfläche bis zu 1.200 Kriegsgefangene begraben sind, daran erinnert nichts. „Stalin hat den Friedhof Ende der 40er planieren lassen, eine Erinnerung an die ehemaligen Feinde war unerwünscht." Zachl will sich nun gemeinsam mit dem Schwarzen Kreuz[1] dafür einsetzen, dass in Taganrog eine Gedenktafel an die Toten erinnert.
Oberösterreichische Nachrichten, 4. Mai 2004

[1]Das österreichische Schwarze Kreuz pflegt Grabstätten für Soldaten.

C. Richtig oder falsch? Welche der folgenden Sätze sind richtig (R) oder falsch (F)?

1. Die letzten deutschen Soldaten kamen 1945 aus Russland zurück.
2. Herbert Zachl hat seinen Vater nicht gekannt.
3. Herbert hatte nur ein Foto von seinem Vater.
4. Der Vater war in Stalingrad gefallen.
5. Herbert wollte das Grab seines Vaters suchen.
6. Die Regierung in Russland war nicht kooperativ.
7. Stalin hatte kein Interesse an der Erinnerung an den Zweiten Weltkrieg.
8. Herbert Zachl möchte eine Tafel für die gefallenen Soldaten anfertigen lassen (herstellen lassen).

D. Fragen zum Text

1. Wann wurde Herbert Zachl geboren?
2. Wann musste Vater Alois Zachl zur Wehrmacht einrücken?
3. Wer brachte die Nachricht, dass Vater Alois gestorben war?
4. Wo ist das Grab des Vaters?
5. Was möchte Herbert Zachl für seinen Vater tun?
6. Haben Sie Verwandte, die im Krieg waren? In welchen Ländern waren sie?

DER HINTERGRUND: BERN UND DIE SCHWEIZ

A. Wintersport

1. Sind Sie schon einmal Ski gefahren? Wo?
2. Machen Sie lieber Ski Alpin oder Langlauf?
3. Wo kann man in den USA Ski fahren?
4. Welche Schweizer Skigebiete kennen Sie?
5. Welche Städte kennen Sie in der Schweiz?

B. Bern in der Schweiz

Bern ist die Hauptstadt der Schweiz und liegt mit dem Kanton (*county*) Bern im Zentrum der Schweiz. Das Wahrzeichen oder Symbol der Stadt ist der Uhrturm, auf Schweizerdeutsch „Zytglogge". Der Name Bern kommt von dem Wort Bär, wie es das Wappen der Stadt zeigt. Auch New Bern in North Carolina hat den Berner Bär im Stadtwappen. Im Kanton Bern liegen einige der höchsten Schweizer Berge, unter ihnen der Eiger und die Jungfrau. Auf die Jungfrau kann man mit der Jungfraubahn fahren, Europas höchste Eisenbahn. Der Bahnhof Jungfraujoch liegt auf 3.454 Meter Höhe. Jedes Jahr kommen mehr als 700.000 Touristen, um auf dem Großen Aletschgletscher zu wandern oder Ski zu fahren.

C. Bahninformationen.

Informieren Sie einen Freund/eine Freundin darüber, wie er/sie auf den Jungfraugipfel fahren kann. Beantworten Sie seine/ihre Fragen mit Hilfe des Bahnfahrplans.

1. Wie lange dauert die Fahrt von Bern zum Jungfraujoch?
2. Wie lange dauert die Fahrt von Bern nach Interlaken?
3. Wann muss man abfahren, um zu Mittag auf dem Jungfraujoch zu sein?
4. Wie oft fährt die Bahn von Interlaken zur Jungfraustation?
5. Kann man den Eigergletscher von der Bahn aus sehen?

Jungfraujoch via Lauterbrunnen – Wengen

Interlaken Ost – Lauterbrunnen – Wengen – Kleine Scheidegg – Jungfraujoch

Bern					6 04	6 34	7 04		8 04	8 34	9 04		10 04	10 34	11 04		12 04
Thun					6 22	6 54	7 22		8 22	8 54	9 22		10 22	10 54	11 22		12 22
Spiez	o				6 31		7 02	7 31		8 31	9 02	9 31		10 31	11 02	11 31		12 31
Spiez			5 56	6 33	7 03	7 33	8 05	8 33	9 03	9 33	10 05	10 33	11 03	11 33	12 05	12 33
Interlaken West			6 14	6 52	7 23	7 52	8 24	8 52	9 23	9 52	10 24	10 53	11 23	11 53	12 24	12 52
Interlaken Ost	o		6 19	6 57	7 28	7 57	8 28	8 57	9 28	9 57	10 28	10 57	11 28	11 57	12 28	12 57
		135		137	139	141	143	145	147	149	151	153	155	157	159	161	163
Interlaken Ost [26]		✕ 6 00		6 35	7 05 🚻 7 35	8 05 🚻 8 35	9 05 🚻 9 35	10 05 🚻 10 35	11 05 🚻 11 35	12 05 🚻 12 35	13 05
Wilderswil		6 05		6 40	7 10	7 40	8 10	8 40	9 10	9 40	10 10	10 40	11 10	11 40	12 10	12 40	13 10
Zweilütschinen		6 11		6 46	7 16	7 46	8 16	8 46	9 16	10 16	10 46	11 16	11 46	12 16	12 46	13 16
Lauterbrunnen	o	✕ 6 20		6 55	7 25 🚻 7 55	8 25 🚻 8 55	9 25 🚻 9 55	10 25 🚻 10 55	11 25 🚻 11 55	12 25 🚻 12 55	13 25
	325	329	333	335	337	339	341	343	345	347	349	351	353	355	357	359	361	363
Lauterbrunnen	4 50	5 41	6 25	6 45	7 07	7 37	8 07	8 37	9 07	10 07	10 37	11 07	11 37	12 07	12 37	13 07	13 37
Wengwald	x	4 58	5 49	6 33	6 54	7 16	7 46	8 16	8 46	9 16	9 46	10 16	10 46	11 16	11 46	12 16	12 46	13 16	13 46
Wengen	o	5 04	5 55	6 39	6 59	7 21	7 51	8 21	8 51	9 21	9 51	10 21	10 51	11 21	11 51	12 21	12 51	13 21	13 51
Wengen					7 24	7 54 🚻 8 24	8 54 🚻 9 24	9 54 🚻 10 24	10 54 🚻 11 24	11 54 🚻 12 24	12 54 🚻 13 24	13 54
Allmend	x				7 29	7 59	8 29	8 59	9 29	10 29	10 59	11 29	11 59	12 29	12 59	13 29	13 59
Wengernalp					7 39	8 09	8 39	9 09	9 39	10 09	10 39	11 09	11 39	12 09	12 39	13 09	13 39	14 09
Kleine Scheidegg	o				7 50	8 20 🚻 8 50	9 20 🚻 9 50	10 20 🚻 10 50	11 20 🚻 11 50	12 20 🚻 12 50	13 20 🚻 13 50	14 20
	537	539	541	543	545	547	549	551	553	555	557	559	561	563
Kleine Scheidegg				8 00	8 30 🚻 9 00	9 30 🚻 10 00	10 30 🚻 11 00	11 30 🚻 12 00	12 30 🚻 13 00	13 30 🚻 14 00	14 30
Eigergletscher	o			8 10	8 40	9 10	9 40	10 10	10 40	11 10	11 40	12 10	12 40	13 10	13 40	14 10	14 40
Eigergletscher				8 10	8 40	9 10	9 40	10 10	10 40	11 10	11 40	12 10	12 40	13 10	13 40	14 10	14 40
Jungfraujoch	o			8 52	9 22 🚻 9 52	10 22 🚻 10 52	11 22 🚻 11 52	12 22 🚻 12 52	13 22 🚻 13 52	14 22 🚻 14 52	15 22

DER HINTERGRUND: FUSSBALL

A. Persönliche Fragen

1. Interessieren Sie sich für Sport?
2. Treiben Sie selbst Sport? Welchen?
3. Hat Ihre Familie Sie dabei unterstützt?
4. Was haben Sie gemacht, als Sie so alt wie Mattes waren?
5. Spielen Sie jetzt Fußball? Seit wann spielen Sie?

B. Fußballwörter. Lesen Sie die Fußballwörter und finden Sie dann heraus, wie gut Sie Fußball verstehen.

angreifen (griff an, hat angegriffen)	to attack	der Schiedsrichter	referee
der Angriff	the attack	schießen (schoss, hat geschossen)	to shoot
berühren	to touch		
entscheiden (entschied, hat entschieden)	to decide	der Strafraum	penalty space
		der Strafstoß, der Freistoß	penalty kick
gegnerisch	opposing	das Tor	goal
hindern	to prevent	der Torwart	goalkeeper; goalie
der Mittelstürmer	front forward player	der Verteidiger	defender; defense

C. Schreiben Sie die passenden Wörter in die Lücken. Manche Wörter können mehrfach verwendet werden.

1. Dieser _____ hindert den Gegner, ein Tor zu schießen.
2. Nach einem Foul kann der Schiedsrichter einen _____ geben.
3. Nur der Torwart darf den _____ vor dem Tor betreten.
4. Der _____ plant den Angriff auf das gegnerische Tor.
5. Der _____ entscheidet, ob es ein Tor ist oder nicht.
6. Der _____ darf den Ball mit der Hand berühren, wenn der Ball sich im Strafraum befindet.

D. Fußballquiz: Testen Sie Ihr Wissen! Beantworten Sie die Fragen.

1. Wo fand die Fußballweltmeisterschaft 2010 statt?
   a. in Ungarn
   b. in Südafrika
   c. in Russland

2. Welches Land hat fünf Mal eine Fußballweltmeisterschaft gewonnen?
   a. England
   b. Italien
   c. Brasilien

3. Wie oft war das deutsche Männer-Team in einem Endspiel der Fußballweltmeisterschaft?
   a. einmal
   b. siebenmal
   c. zwölfmal

4. Die erste Frauen-Fußballweltmeisterschaft wurde 1991 in China ausgetragen. Welches Land hat zweimal den Titel „Weltmeister im Frauenfußball" erhalten?
   a. Deutschland
   b. China
   c. USA

5. Welcher Fußballspieler war schon mit 17 Jahren Weltmeister?
   a. Edson Arantes do Nascimento oder Pelé (Brasilien)
   b. Lothar Matthäus (Deutschland)
   c. Diego Armando Maradona (Argentinien)

Zum Film: Die Familie Lubanski

VOR DEM SEHEN

A. Erste Eindrücke. Sehen Sie den Vorspann und den Beginn des Films. Die vier Standfotos kommen aus dem Vorspann, den Sie damit rekonstruieren können. Beschreiben Sie jedes der Bilder und benutzen Sie dabei die folgenden Wörter.

der Förderturm	shaft tower	**der Speicher**	attic
die Brieftaube	carrier pigeon	**Rot-Weiss Essen**	Essen soccer club
das Zechenviertel	mining district	**Alemania Aachen**	Aachen soccer club

DER FILM (CLIPS 1-5)

A. Familiendialog. Beschreiben Sie die Personen auf dem Bild. Wer sind sie und was machen sie? Sehen Sie dann den Filmclip an.

„Bei Lubanskis in Essen"

1. Clip

CHRISTA   Was ist mit der **Lehrstelle**?
BRUNO   Ich bin nicht hingegangen.
CHRISTA   Wie bitte? Was soll das heißen? Du bist nicht hingegangen?

BRUNO   Dass ich nicht da war.
CHRISTA   Seit Wochen **rede** ich an den Hartwig **hin**, dass er dich nimmt, und du hast es nicht mal nötig hinzugehen?

BRUNO	Mama, ich habe dir gesagt, ich arbeite nicht für einen Mann, der die Nazis **unterstützt** hat.
CHRISTA	Freitag und Samstag hilfst du in der **Wirtschaft** mit!
BRUNO	Das geht nicht. Da **üben** wir „Negermusik".
CHRISTA	**Schlag dir aus dem Kopf**! Du arbeitest. Und damit basta!
BRUNO	Hör mal langsam auf, mich wie ein kleines Kind zu **behandeln**, ja?

die Lehrstelle	apprenticeship
hinreden (*slang*)	to talk
unterstützen	to support
die Wirtschaft	bar or restaurant
üben	to practice
die Negermusik (*racist slang*)	Jazz music
(sich) etwas aus dem Kopf schlagen (schlägt, schlug, hat geschlagen)	to get something out of your head
behandeln	to treat

 B. Richtig oder falsch? Beantworten Sie die Fragen, nachdem Sie den Clip gesehen haben.

	Richtig	Falsch
Bruno ist nicht zur Lehrstelle gegangen.		
Hartwig ist Kommunist.		
Christa kennt Hartwig nicht.		
Bruno spielt morgen Musik.		
Die Mutter nennt seine Musik „Negermusik".		
Bruno wählt die Nazis.		

 C. Fragen zum Clip

1. Was hat Bruno nicht gemacht?
2. Wo ist er nicht gewesen?
3. Was für ein Mann ist Hartwig nach Brunos Meinung?
4. Was soll Bruno morgen in der Wirtschaft machen?
5. Warum kann er das nicht?
6. Was für Musik spielt Bruno? Was für Musik ist das wohl?

D. Politische Parteien in Deutschland. Lesen Sie den Text und machen Sie die Übungen mit einem Partner/einer Partnerin.

1954 war die Lage in Deutschland komplizierter als heute. Es gab schon die konservative CDU (Christdemokratische Union) als Regierungspartei und die liberale SPD (Sozialdemokratische Partei Deutschlands) als Oppositionspartei. 1954 gab es noch weitere politischen Parteien, unter anderem die KPD (Kommunistische Partei Deutschlands), die 1956 verboten wurde, aber auch rechtsradikale Parteien wie der BHE (Bund der Heimatvertriebenen und Entrechteten). Bruno hat Angst vor Alt-Nazis wie Hartwig und glaubt, dass seine Mutter auch zu ihnen gehört.

1. Schreiben Sie die Namen der politischen Parteien (CDU, SPD, KPD, BHE) in die Liste.

linksradikal	liberal	konservativ	rechtsradikal

2. Welche Parteien werden Brunos Meinung nach die Mutter und Hartwig wählen?
3. Welche Partei würde Christa wohl wählen?
4. Warum glauben Sie das?
5. Warum ist Christa eher eine positive als eine negative Figur?

E. Bildbeschreibung. Beschreiben Sie Richard Lubanski in der Heimkehrerszene auf dem Bahnhof, seine Kleidung und seinen Gesichtsausdruck. Was geschieht noch auf dem Bahnhof in Essen-Katernberg? Was machen die anderen Menschen?

„Ein Ersatzvater (*substitute father*) für Richard Lubanski"

2. Clip

MATTES Kann ich nicht doch mitkommen?
RAHN Nein. Weil ich mit dem Fritz Walter auf einer Bude schlafe. Und wenn du **schnarchst**, dann schläft er schlecht. Und wenn er schlecht schläft, dann spielt er schlecht. Und dann **scheiden** wir **aus**. Willst du das?
MATTES Nee.
RAHN Siehst du.

MATTES Aber du hast doch gesagt, dass du die großen Spiele ohne mich nicht gewinnen kannst.
RAHN Das ist auch wieder richtig. Trotzdem geht das nicht. Was wird denn dein Vater dazu sagen?
MATTES Ich würde lieber dich als Vater haben.
RAHN So was darfst du nicht sagen, Mattes. Dein Vater hat eine echt schwere Zeit hinter sich, und der braucht dich jetzt hier. Es wird bestimmt bald wieder besser.
MATTES Ja.

schnarchen	to snore
ausscheiden	to eliminate
(schied aus, ist ausgeschieden)	

 1. Wo findet dieser Dialog statt?
2. Warum kann Mattes nicht mit ins Trainingslager kommen?
3. Warum möchte Mattes mitkommen?
4. Wen möchte Mattes als Vater haben?
5. Wie reagiert Helmut Rahn darauf?

G. Bildbeschreibung. Beschreiben Sie das Bild. Wo sind wir hier? Welche Atmosphäre zeigt das Bild? Sehen Sie den Clip an.

„Die Entschädigung"

3. Clip

BEAMTER Tja, Herr Lubanski. Dass die Regierung ihren **Kriegsheimkehrern** eine **Entschädigung** zahlt, hat schon seine Richtigkeit. Nur sind Sie von einer falschen Anzahl von Jahren ausgegangen.

LUBANSKI Nee, damit **vertut** man sich nicht. Elf Jahre und vier Monate.

BEAMTER Nach meinen **Unterlagen** sind Sie in der Sowjetrepublik wegen schweren **Diebstahls** und Sabotage zu fünf **zusätzlichen** Jahren verurteilt worden. Das kann dann nicht mehr als Kriegsgefangenschaft gewertet werden. Und damit haben Sie für diese Zeit keinen weiteren **Anspruch** auf einen **Ausgleich**.

LUBANSKI Wir haben aus der Küche eine Dose braunen Zucker geklaut, weil wir am **Krepieren** waren.

BEAMTER Das bezweifle ich nicht, Herr Lubanski. Doch ändert das nichts am **Sachverhalt**.

LUBANSKI Wissen Sie, wie viele von uns da drüben verhungert sind? Hundert tausende. Hunderte, bei denen ich allein zusehen durfte. Sabotage, Diebstahl! Das war wohl alles ein Witz gewesen.

BEAMTER Herr Lubanski, ich habe die **Vorschriften** nicht gemacht. Und Sie sind nicht der erste, der sich **beschwert**. Dabei können Sie noch froh sein, dass Sie überhaupt …

LUBANSKI Froh sein? Ich kann froh sein? Wissen Sie, wer froh sein kann? Sie! Sie können froh sein, dass Sie nicht einen Tag in Russland gewesen waren. Und Sie können froh sein, dass ich Ihnen nicht **die Fresse poliere**.

H. Wortschatztraining

Schreiben Sie vor den Wörtern, wer sie benutzt, der Beamte (B) oder Richard (R).

B der Kriegsheimkehrer	war veteran	____	krepieren	to die; to croak (slang)
____ die Entschädigung	indemnities			
____ vertun	miscalculate	____	der Sachverhalt	facts
____ die Unterlagen	documents	____	die Vorschriften	regulations
____ der Diebstahl	theft	____	(sich) beschweren	complain
____ zusätzlich	additional	____	die Fresse polieren	beat up; lit. to polish the mouth (slang)
____ der Anspruch	claim			
____ der Ausgleich	compensation			

I. Fragen zum Dialog

1. Wer ist schwerer zu verstehen, der Beamte oder Richard? Warum ist das so?
2. Wen repräsentiert der Beamte?
3. Was sagen die Unterlagen des Beamten über Richard Lubanski aus?
4. Warum argumentiert Richard über die fünf zusätzlichen Jahre?
5. Was hat Richard gestohlen? Warum hat er das gestohlen?
6. Was hat er in Russland gesehen?
7. Warum soll der Beamte froh sein?
8. Was sagt dieser Dialog über Richard Lubanski aus?

J. Bildbeschreibung. Richard und Christa.
Beschreiben Sie das Bild und sehen Sie den Clip an.

„Richard und Christa streiten"

4. Clip

CHRISTA	Richard, hör sofort auf damit.
RICHARD	Willst du dich auch gegen mich stellen?
CHRISTA	Was soll das denn heißen?
RICHARD	Ich will wissen, ob du dich auch gegen mich stellst.
CHRISTA	Gegen mich, für mich. Es geht doch nicht um dich. Ob es den Kindern gut geht oder nicht.
RICHARD	Willst du mir **Vorwürfe** machen? Guck doch mal, wohin deine **Erziehung** geführt hat. Der älteste ist ein **Großmaul** mit kommunistischen **Flausen**, das Mädchen ist eine Soldatenhure, und der Kurze ein **Spinner**, der in die Schweiz **abhauen** will.
CHRISTA	Wegen dir!
RICHARD	Ich versuche nur, ihm etwas Disziplin beizubringen. Damit er **tüchtig** ist und was wird im Leben.
CHRISTA	Was glaubst du denn, wo ich in den letzten Jahren gewesen bin? Ich habe die Familie durchgebracht. Nebenbei habe ich den Haushalt gemacht. Und die Kinder großgezogen, und jetzt kommst du und machst alles schlecht und stellst die „Ordnung" wieder her.
RICHARD	Ich sag ja nicht, dass alles schlecht ist.
CHRISTA	Ich will dir mal was sagen. Bevor du kamst, waren wir eine halbwegs glückliche Familie, und seit du da bist, sind die Kinder **verstört**, traurig und **verzweifelt**.
RICHARD	Willst du, dass ich wieder zurück ins

	Lager gehe. Willst du das?
CHRISTA	Hör doch mal auf mit deinem **Selbstmitleid**. Kannst du nicht einmal, ein einziges Mal an andere denken? Seitdem du da bist, **beschäftigen** sich alle pausenlos mit deinen **Launen**, mit deinen **Stimmungen**, mit deinen Gefühlen. Hast du jemals ein Wort der **Anerkennung** für uns gefunden? Bruno spielt mit seiner Kapelle ein paar Mark ein. Ingrid hilft bis zum Umfallen in der Wirtschaft, so wie der Kleine mit seinem Zigarettenverkauf zum Haushaltsgeld **beiträgt**. So viel zum Thema Disziplin. Und ich sag dir noch was. Wer am wenigsten von uns Disziplin hat, das bist du.

der Vorwurf	accusation
die Erziehung	education
das Großmaul (*slang*)	big mouth
die Flausen (**pl.**) (*slang*)	nonsense
der Spinner (*slang*)	nutcase
abhauen (*slang*)	to scram
tüchtig	capable
verstört	disturbed
verzweifelt	desperate
das Selbstmitleid	self pity
beschäftigen	to occupy
die Laune	bad mood
die Stimmung	good mood
die Anerkennung	recognition
beitragen (trägt bei, trug bei, hat beigetragen)	to contribute

K. Der Streit. Beantworten Sie die Fragen zum Text.

1. Was geschieht am Beginn der Szene?
2. Worum geht es Christa in diesem Streit?
3. Worum geht es Richard in diesem Streit?
4. Was hält Richard von Bruno, Ingrid und Mattes?
5. Was hat Christa in den letzten Jahren gemacht?
6. Was hält Christa von Richard?

L. Bildbeschreibung. Beschreiben Sie das Bild, bevor Sie den Dialog lesen. Wo sind Mattes und Richard und was machen sie? Sehen Sie dann den Clip an.

„Richards Gefangenschaft"

5. Clip

MATTES Hast du denn gar nichts zu essen gekriegt?

VATER Nee, haben wir nicht. Es ist so, dass ... Wo wir nie genug zu essen hatten, war ... Die Russen hatten ja selber nix. Wir hatten ja alles **verwüstet** und verbrannt. Ich konnte mit meinen Fingern um meinen **Oberschenkel** fassen. Das Wichtigste war, dass man morgens aufstehen konnte. Dann hast du als erstes deinen Kameraden neben dir **berührt**, ob er noch warm war. Ob er noch lebt. Vielleicht konnte man seine **Stiefel** ja noch gebrauchen. Irgendwann fingen sie an, die, die nicht mehr arbeitsfähig waren, nach Hause zu schicken. Viele von uns wollten sich krank machen, weil sie nach Hause wollten. Sie haben Salzwasser getrunken und sind daran krepiert. Und die, die die Dystrophie noch nicht erwischt hatte, die noch laufen konnten, die haben sie in Arbeitsbrigaden gesteckt. Mich haben sie als Spezialist in den **Tagebau** nach Sibirien geschickt.

MATTES Hast du denn nie an zu Hause gedacht?

VATER Ich hab' nicht mehr an zu Hause geglaubt. Ich hab' nicht an euch gedacht. Ich hab' nur noch die Winter gezählt und ans Essen gedacht. Ab und zu haben die Bauern uns was zugesteckt. Und auf dem Rückmarsch hat mich ein Russe mit sich nach Hause genommen. Er hat mir ein Bild gezeigt mit so einem schwarzen Band drum. Es war ein Bild von seinem Sohn.

verwüsten	to devastate
der Oberschenkel	thigh
berühren	to touch
der Stiefel	boot
der Tagebau	open-cast mining

NACH DEM SEHEN

A. **Zusammenfassung der Handlung.** Schreiben Sie für jedes Standfoto einen Satz, mit dem Sie die Handlung festhalten.

1.

BEISPIEL: Bruno und Mattes sitzen in der Kneipe der Mutter neben einem Plakat der KPD. Bruno hat eine Zigarette von Mattes gekauft und will ihm das Geld morgen geben.

2.

3.

4.

5.

Zum Film:
Die Fußballweltmeisterschaft 1954

VOR DEM SEHEN

 A. In der Schweiz. Der zweite Teil des Films spielt in der Schweiz. Was fällt Ihnen zu den folgenden Themen über die Schweiz ein?

- Geographie
- Politik
- Kultur
- Sprachen
- persönliches Interesse

B. Bildbeschreibung. Trainingslager Spiez. Beschreiben Sie das Bild. Was ist zu sehen? Was ist auf diesem Foto anders als im Ruhrgebiet? Wo sind die Männer? Wie sieht die Landschaft aus?

DER FILM (CLIPS 6-10)

A. Raten Sie, welche der Filmfiguren die folgenden Sätze sagt, Helmut Rahn, Mattes, Paul Ackermann, Annette Ackermann oder Sepp Herberger.

1. _____ „Der Ball ist rund, und ein Spiel dauert neunzig Minuten."
2. _____ „Kann man in unserer Elf Angriff und Offensive koordinieren?"
3. _____ „Schließlich gewinne ich nur, wenn du dabei bist!"
4. _____ „Und wenn wir schon mal da sind, könnten wir kurz nach Ägypten."
5. _____ „Wenn ich es nicht gut genug mache, nimmst du vielleicht einen anderen Taschenträger."

B. Beschreiben Sie das Bild. Beginnen Sie mit Helmut Rahns Kleidung und beschreiben Sie dann Mattes. Wohin gehen die beiden wohl?

C. Sehen Sie jetzt den 6. Clip an und fügen Sie die fehlenden Wörter aus dieser Liste in den Text ein: Bier, Maskottchen, Pfennig, Taschenträger, vergessen.

„Helmut Rahn"

6. Clip

MATTES	Mensch, Boss! Du siehst furchtbar aus!
RAHN	Ja, ist gestern Abend bisschen später geworden. Wir hatten, äh, eine **Besprechung.**
MATTES	Eine Besprechung? Worüber?
RAHN	Hab' ich _____.
MATTES	Wir müssen uns wirklich beeilen.
RAHN	Mensch Mattes, du bist echt 'ne **Landplage**! Erst werde ich beinahe **gesteinigt** und dann noch gehetzt. Kannst du nicht Sturm klingeln, wie jeder normale Mensch? Dein Vorgänger, der Mischa, der war da **auf Zack**! Ich weiß noch jedes Mal, nach jedem besonders großen Spiel stand der nachher mit zwei Flaschen _____ da! Und zwar eiskalt! He, **Kötel**! Bist doch jetzt nicht **beleidigt** oder was?
MATTES	Ne, aber wenn ich es nicht gut genug mache, nimmst du vielleicht einen anderen _____.
RAHN	Mattes! Jetzt rede mal nicht so einen **Blödsinn**, Mattes! Du bist doch mein _____! Schließlich gewinne ich nur, wenn du dabei bist! Haben wir ja in Aachen wieder gesehen. Glaubst du wohl nicht, was? Es stimmt aber wirklich! Immer wenn du dabei bist, kann ich die ganz engen Spiele noch **umbiegen**. Jedes Mal. OK? Komm, beeil dich. Sonst muss ich noch 50 _____ in die Mannschaftskasse blechen.
MATTES	Sag ich doch.

die Besprechung	meeting
die Landplage	menace
steinigen	to stone
auf Zack (sein) (*slang*)	quick
der Kötel (*slang*)	little guy
beleidigt	offended
der Blödsinn	nonsense
umbiegen (bog um, hat umgebogen)	to turn around

Beantworten Sie die Fragen zum Clip

1. Warum hat sich Rahn heute verspätet?
2. Was hat Mattes' Vorgänger anders oder besser gemacht?
3. Warum ist Mattes beleidigt?
4. Warum braucht Rahn Mattes beim Fußballspiel?

D. Beschreiben Sie zuerst Annette und Paul Ackermann, bevor Sie den Dialog lesen. Was für Kleidung tragen die beiden? Wie sieht die Wohnung aus im Vergleich zu der Wohnung der Lubanskis? Sehen Sie den Clip an.

„Annette Ackermann"

7. Clip

PAUL ACKERMANN	Sag mal, was hast du eigentlich gegen Fußball? Ich meine, ich bin Sportjournalist.
ANNETTE ACKERMANN	Du hast auch deine guten Seiten.
PAUL ACKERMANN	Komm doch einfach mal mit ins Stadion, zu **1860**.
ANNETTE ACKERMANN	Das hat mir gerade noch gefehlt. Ach hier, das hab' ich gesucht.
PAUL ACKERMANN	Was ist das?
ANNETTE ACKERMANN	Marokko. Vater hat uns nicht nur das Haus, sondern auch eine Hochzeitsreise **spendiert,** und da wollte ich dich fragen, ob du mitkommst. Falls du zwischen zwei **Fußballübertragungen** mal Zeit hast.

PAUL ACKERMANN	Hochzeitsreise?
ANNETTE ACKERMANN	Du hast mir einen **Antrag** gemacht, ich habe ihn angenommen, und dann haben wir geheiratet.
PAUL ACKERMANN	Stimmt.
ANNETTE ACKERMANN	Und wenn wir schon mal da sind, könnten wir kurz nach Ägypten. Die Pyramiden angucken.
PAUL ACKERMANN	Das hört sich mehr nach **Kreuzzug** an als nach Urlaub.
ANNETTE ACKERMANN	Ich wusste, dass du dich freust.

1860	Munich soccer club
spendieren	to offer to pay
die Fußballübertragung	soccer broadcast
der Antrag	proposal
der Kreuzzug	crusade

E. Entscheiden Sie jetzt, welche der folgenden Wörter für Paul positiv sind und welche für Annette.

	Paul	Annette
Fußball		
Sportjournalist		
Stadion		
Hochzeitsreise		
Marokko		
Pyramiden		

Brauchen die beiden eine Eheberatung (*marriage counseling*)? Was meinen Sie?

F. Die Pressekonferenz

1. Welche Personen sitzen auf einer normalen Fußballpressekonferenz? Welche der Personen sind meistens nicht auf einer Fußballpressekonferenz?
   die Ehefrau
   der Fußballspieler
   der Fußballtrainer
   der Journalist
   der Kameramann
   die Putzfrau
   der Tourist
   der Zuschauer

2. Sehen Sie jetzt die Szene der Pressekonferenz in der Schweiz an.

„Paul Ackermann auf der Pressekonferenz"

8. Clip

die Niederlage	defeat
gefährden	to endanger
der Zusammenhalt	cohesion

| ACKERMANN | Herr Herberger. Die **Niederlage** gegen die Ungarn war ein Schock. **Gefährdet** diese Taktik den **Zusammenhalt** unserer Mannschaft im Entscheidungsspiel gegen die Türken nicht? Kann man in unserer Elf Angriff | und Offensive koordinieren? Wollte sagen Defensive und Verteidigung. Äh ... Was geschieht mit dem Mittelfeld, was wird sein? |
| | | HERBERGER | Wissen Sie, junger Mann, der Ball ist rund und das Spiel dauert neunzig Minuten. |

Fragen. Beantworten Sie die Fragen.

1. Was ist der Unterschied zwischen Offensive und Angriff?
2. Was ist der Unterschied zwischen Defensive und Verteidigung?
3. Welchen Eindruck (*impression*) macht Ackermann hier?

H. **Bildbeschreibung.** Beschreiben Sie die Szene mit der Putzfrau auf dem Standfoto. Was macht sie und was macht Sepp Herberger. Wo ist sie im Raum und wo ist Herberger? Zu welcher Tageszeit spielt die Szene?

„Die Putzfrau"

9. Clip

PUTZFRAU	Stopp! **Grüezi**, Herr Herberger.
HERBERGER	Grüezi.
PUTZFRAU	Sie, ich wollt' Sie nicht erschrecken, aber ich hab' da grad geputzt und ich wäre Ihnen sehr dankbar, wenn Sie nicht gleich drüberlaufen täten.
HERBERGER	Geputzt? Um die Zeit?
PUTZFRAU	Ja, wann denn sonst?
HERBERGER	Darf ich mich so lange hier hinsetzen, bis der Boden trocken ist?
PUTZFRAU	Ja klar. Haben Sie heute verloren?
HERBERGER	Und wie!
PUTZFRAU	Sind Sie jetzt dann nicht mehr in der **Konkurrenz**?
HERBERGER	Doch, doch. Wir haben eine **Schlacht** verloren, nicht den Krieg. Sagen Sie, junge Frau, haben Sie Kinder?

PUTZFRAU	Ich? Neun Stück. Und Sie?
HERBERGER	22. Und einer macht mir großen **Ärger**.
PUTZFRAU	Sicherlich Ihr Lieblingskind. Die machen immer am meisten Ärger.
HERBERGER	Und da fällt es dann besonders schwer, ihn zu **bestrafen**.
PUTZFRAU	Ach **Quatsch**.
HERBERGER	Wie?
PUTZFRAU	**Blödsinn**. Sie sind jetzt nicht in Deutschland. Da muss man immer bestraft werden.
HERBERGER	Aber wer nicht für mich ist, ist gegen mich.
PUTZFRAU	Man muss auch mal **fünfe grad sein lassen**.
HERBERGER	Ohne Fleiß kein Preis.
PUTZFRAU	Wenn der Apfel reif ist, fällt er von selber vom Stamm.
HERBERGER	Früher Vogel fängt den Wurm.
HERBERGER	Der Ball ist rund, und ein Spiel dauert neunzig Minuten.

Wissenswert!
Begrüßungen und Verabschiedungen!

Es gibt viele Arten, wie man andere Menschen begrüßt oder sich von anderen verabschiedet. Haben Sie diese Begrüßungen und Verabschiedungen schon gehört? Wo gebraucht man sie?

Grüß Gott • Ade • Moin, moin
Ciao • Servus

Wie begrüßen Sie Ihre Freunde? Wie verabschieden Sie sich von ihnen?

Grüezi	Guten Tag (Swiss German)
die Konkurrenz	competition
die Schlacht	battle
bedrücken	to bother
der Ärger	trouble
bestrafen	to punish
der Quatsch, der Blödsinn	nonsense
Fünfe grad sein lassen	to turn a blind eye

In der Schweiz gibt es vier Landessprachen: Deutsch, Französisch, Italienisch und Rätoromanisch. Durch die Verteilung der Landessprachen kann man auch die Nachbarländer erkennen. Deutschland liegt im Norden, Österreich im Osten, Italien im Süden und Frankreich im Westen. Das Deutsch, das in der Schweiz gesprochen wird, nennt man Schweizerdeutsch oder *Schwyzerdütsch* und es ist ganz anders als das Deutsch, das in Deutschland und Österreich gesprochen wird. *Schwyzerdütsch* stammt aus dem alten Alemannischen, und es gibt noch dazu unterschiedliche, regionale Dialekte innerhalb der Schweiz. Weil es so viele Dialekte gibt, wird Hochdeutsch in der Schweiz geschrieben (z.B. in Zeitungsberichten). Deshalb können fast alle deutschsprechenden Schweizer Hochdeutsch verstehen, aber *Schwyzerdütsch* ist oft sehr schwierig für andere deutschsprechende Leute. Die Schweizer sind oft mehrsprachig, weil die Schweiz ein kleines Land ist. Die Schweiz hat auch eine große Anzahl von Menschen mit Migrationshintergrund, die verschiedene Sprachen wie Spanisch, Serbisch, Kroatisch, Portugiesisch und Türkisch zu Hause sprechen. Deshalb wird oft Englisch als die internationale Sprache miteinander gesprochen. Mit so vielen Sprachen in einem so kleinen Land gibt es oft Diskussionen über Identität, Staatsbürgerschaft und welche zweite und dritte Sprache in den Schulen unterrichtet werden sollte.

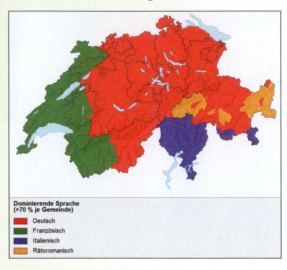

Dominierende Sprache
(>70 % je Gemeinde)
- Deutsch
- Französisch
- Italienisch
- Rätoromanisch

Quelle für das Bild:
http://www.bfs.admin.ch/bfs/portal/de/index/themen/01/05/blank/key/sprachen.html. Cartography: SFSO, ThemaKart

I. Die Szene mit der Putzfrau. Lesen Sie den Text und sprechen Sie ihn nach. Versuchen Sie, die Figuren zu imitieren.

 J. Fragen

1. Was bedrückt Sepp Herberger?
2. Wer ist wohl Herbergers Lieblingskind?
3. Welchen Rat gibt ihm die Putzfrau?
4. Was bemerken Sie an der Aussprache der Putzfrau?
5. Was bedeutet „Gruezi"? Wo sagt man „Gruezi"?

K. Was passt? Sepp Herberger war nicht nur für seinen meisterhaften Trainingsstil bekannt, sondern auch für seine humorvollen und sarkastischen Pressekonferenzen, in denen er seine Sprichwörter einführte. Seine bekanntesten Sprüche sind „Der Ball ist rund, und ein Spiel dauert neunzig Minuten" und „Nach dem Spiel ist vor dem Spiel".

📡 Finden Sie das englische Äquivalent für die deutschen Sprichwörter.

1. Man muss auch mal fünfe grade sein lassen.	a. When the apple is ripe, it will fall on its own from the tree.
2. Ohne Fleiß kein Preis.	b. The early bird catches the worm.
3. Wenn der Apfel reif ist, fällt er von selbst vom Stamm.	c. He who does not want to hear must feel.
4. Wer nicht hören will, muss fühlen.	d. The ball is round and a game lasts ninety minutes.
5. Der Ball ist rund, und ein Spiel dauert neunzig Minuten.	e. Sometimes you have to turn a blind eye to something.
6. Früher Vogel fängt den Wurm.	f. No pain, no gain.

L. Bilder sortieren. Die drei Standfotos kommen aus der Siegestorszene, die Sie damit rekonstruieren können. Sehen Sie sich die Sequenz an, und bringen Sie dann die Bilder vor und nach dem Siegestor in die richtige Reihenfolge. Beschreiben Sie jedes Bild mit zwei Sätzen.

Das Siegestor

10. Clip

M. Reportage. Auf welches der Bilder passt der folgende Radiokommentar des Fußballreporters Herbert Zimmermann am besten?

ZIMMERMANN: „Aus dem Hintergrund müsste Rahn schießen. Rahn schießt. Tor! Toor! Tooor!"

A. Wer hat was gemacht? Schreiben Sie jetzt, welche der Personen zu den folgenden Sätzen passt:

Annette Ackermann, Paul Ackermann, Sepp Herberger, Mattes Lubanski, Richard Lubanski, Helmuth Rahn

_____ hat das Siegestor geschossen.

_____ hat ihr Interesse am Fußballspiel entdeckt.

_____ hat früher Fußball gespielt.

_____ hat seine Karriere als Sportjournalist begonnen.

_____ hat der deutschen Mannschaft zum Sieg verholfen.

_____ hat das Weltmeisterspiel in Bern gesehen.

Synthese
DISKUSSION

 A. Standbilder diskutieren. Richard und Mattes

Hier sind Vater und Sohn am Ende der Geschichte vereinigt. Welche Gefühle haben beide, während draußen der Sieg der deutschen Mannschaft gefeiert wird? Wie drückt diese Szene das Thema des Films aus?

B. Fragen

1. Vergleichen Sie Ihr Leben mit dem Leben von Mattes. Hatten Sie ein Idol?

2. Kennen Sie ähnliche Situationen in amerikanischen Familien, wo der Vater als Soldat Probleme mit seiner Familie hat? Kennen Sie solche Situationen persönlich oder aus Filmen?

3. Diskutieren Sie, in welcher amerikanischen Stadt oder in welchem amerikanischen Staat eine Fußball-WM stattfinden sollte.

4. Diskutieren Sie, wie man das Ruhrgebiet für Touristen attraktiv machen könnte.

SPRECHAKTE: SICH ENTSCHULDIGEN

 Auf dem Filmfoto sehen wir eine harmonische Szene mit Richard und Mattes. Beide sehen ein, dass sie Fehler gemacht haben. Gehen Sie die verschiedenen Szenen im Film noch einmal durch, in denen es zu Konflikten kommt und schreiben Sie einen Dialog, in dem sich beide entschuldigen.

Szenen:
Das Geburtstagsessen mit den Kaninchen
Richards Reaktion, nachdem Mattes von der Familie weglaufen wollte
Richards Verhältnis zu Bruno
Richards Verhältnis zu Ingrid
Mattes' Beziehung zu Rahn
Richards und Mattes' Interesse an Fußball

Dialog:
Es tut mir leid, dass ich ...
Ich entschuldige mich
Ich werde es nicht wieder tun
Kannst du mir verzeihen
Ich hätte es nicht tun sollen

INTERNETRECHERCHE MIT PRÄSENTATION

1. Suchen Sie im Internet Informationen über die letzte Fußballweltmeisterschaft (WM). Wer hat gewonnen, wer hat verloren? Welchen Platz haben die USA erreicht?
2. Welche Länder sind oft auf den ersten Plätzen der Fußballweltmeisterschaft?
3. Wo fand die Fußballweltmeisterschaft in den letzten zwanzig Jahren statt?
4. Welche Fußballmannschaft in Deutschland oder in den USA finden Sie am interessantesten?
5. Welche Fußballspiele sehen Sie gern?

SCHREIBPROJEKTE

A. Mattes' Brief. Mattes schreibt einen Brief an seine Mutter, in dem er ihr von seiner Reise in die Schweiz erzählt und von dem Fußballspiel Deutschland-Ungarn. Was wird er ihr wohl noch schreiben? Denken Sie an die Szene mit Richard.

B. Eine Filmkritik

Der legendäre Sieg der deutschen Nationalelf beim Endspiel um die Fußball-Weltmeisterschaft 1954 gilt als „Das Wunder von Bern". In dem gleichnamigen Film von Sönke Wortmann geht es zwar auch um die **Vorbereitungen** der deutschen Nationalspieler und die Weltmeisterschaftsspiele, aber die **Sportereignisse** bilden nur den Hintergrund für eine Familiengeschichte, und mit dem „Wunder von Bern" ist hier weniger das Endspiel am 4. Juli 1954 gemeint, als das, was sich zur gleichen Zeit auf einer Autofahrt nach Bern abspielt: Der **Spätheimkehrer** Richard Lubanski findet endlich Zugang zu seinem elfjährigen Sohn Matthias und damit auch seinen Platz in der Familie, die elf Jahre ohne ihn leben musste, sowie in der deutschen Nachkriegsgesellschaft, in der ihm so vieles fremd ist.

Die beiden sehr überzeugenden Darsteller Peter Lohmeyer und Louis Klamroth sind übrigens auch im wirklichen Leben Vater und Sohn.

Sönke Wortmann und Rochus Hahn erzählen die Geschichte humorvoll, geraten aber hin und wieder ins **Pathetische**. Mit viel Liebe zum Detail haben die Filmemacher sich in „Das Wunder von Bern" um ein authentisches **Zeitkolorit** bemüht. **Aufgesetzt** wirkt die Spiegelung der Beziehung von Richard und Matthias durch die väterliche **Sorge** Sepp Herbergers um Helmut Rahn. Und dass Sepp Herberger einen Teil seiner berühmten Sprüche („der Ball ist rund, und ein Spiel dauert neunzig Minuten") einer weisen Putzfrau verdanken soll, ist auch keine ganz gelungene Pointe.

die Vorbereitung	preparation
das Sportereignis	athletic event
der Spätheimkehrer	(in this context) war veteran
pathetisch	emotional
das Zeitkolorit	color
aufgesetzt	misplaced
die Sorge	concern

Machen Sie eine Liste von positiven und negativen Wörtern aus der Kritik zu diesem Film.

Positiv	Negativ
Beispiel: Lohmeyer und Klamroth sind **überzeugend**.	Beispiel: Die Geschichte ist hin und wieder **pathetisch**.

C. **Ihre eigene Kritik schreiben.** Schreiben Sie jetzt je zwei Sätze darüber, was Ihnen persönlich an dem Film gefallen hat und was Ihnen nicht gefallen hat.

1. Positiv:
2. Negativ:

Strukturen: Perfekt
OVERVIEW OF THE PRESENT PERFECT (DAS PERFEKT)

Achtung:

Irregular participles are often irregular in English (e.g., *gegangen* = gone) and regular participles are often regular in English as well (e.g., *unterstützt* = supported). For more information about regular and irregular verb forms, see Chapter 4 (*Die Welle*).

The present perfect is used in German to talk about events in the past and is sometimes called the conversational past. It is made up of an auxiliary verb (*haben* or *sein*) and a participle.

The auxiliary (or "helping") verb *haben* is used with verbs that contain an object. In the following example, *Kuchen* is the object of the verb *essen*.

Er hat den Kuchen gegessen. (He ate the cake.)

The auxiliary verb *sein* is used with verbs expressing movement and change in condition, like *aufstehen, sterben* etc. We use *sein* with verbs like *gehen, fahren*, and *ankommen* (to arrive). Note the use of *sein* in these examples. *Sie ist gestern nach Wien gefahren.* (She drove to Vienna yesterday.) *Wir sind früh nach Hause gegangen.* (We went home early.)

Notice that in English these sentences are typically expressed using the simple past tense (I went) instead of the present perfect tense (I have gone).

Here are two examples from the film. Christa asks Bruno: „Du bist nicht hingegangen?" to which he responds: „Ich arbeite nicht für einen Mann, der die Nazis unterstützt hat." This short dialogue contains two forms of past participles:

irregular—participles ending in –en (*hingegangen*)
regular—participles ending in –t (*unterstützt*)

A. Finding the present perfect. First, circle the past participle and underline the auxiliary verb in the following examples. Second, indicate whether the participle is regular (R) or irregular (I).

1. _____ Mattes hat seinen Vater noch nie gesehen.
2. _____ Viele Soldaten sind in sowjetischen Lagern gestorben.
3. _____ In welchem Jahr hat Deutschland eine Fußballweltmeisterschaft gewonnen?
4. _____ Helmut Rahn hat gesagt, dass er nicht ohne Mattes gewinnen kann.
5. _____ Richard hat während seiner Gefangenschaft eine Dose Zucker gestohlen.
6. _____ Christa zu Richard: „Was glaubst du, wo ich in den letzten Jahren gewesen bin?"
7. _____ Christa hat die Familie durchgebracht.
8. _____ Sie hat auch den Haushalt gemacht.
9. _____ Annette und Paul Ackermann haben geheiratet.
10. _____ Helmut Rahn hat das Siegestor geschossen.

B. Bildbeschreibung: Christa und Richard. Describe the picture. What is Richard holding in his hand? What did he just do? Answer this question in the perfect tense.

C. Partizipien finden. Complete the table. Write the infinitive of each verb and then determine whether it is regular or irregular.

Participle	Infinitive	Regular/Irregular?
aufgebaut		
durchgebracht		
gefunden		
gemacht		
geschmissen		
gewesen		
großgezogen		

D. Lubanskis in Essen. Complete the dialogue by inserting the correct verbs from the table above. When you are done, read or act out the scene!

Christa: Frag dich mal, warum der Mattes weg will! Wegen dir!
Richard: Wegen mir? Ich versuch nur, ihm etwas Disziplin beizubringen, damit er tüchtig wird und es zu was bringt im Leben!

Christa: Ach, so ist das! Was glaubst du denn, wo ich in den letzten Jahren
_____ bin? Ich hab' die Familie _____,
ich hab' die Kneipe _____, von der wir jetzt leben,
und nebenbei hab' ich den Haushalt _____ und die
Kinder _____. Und jetzt kommst du und machst alles
schlecht und stellst die so genannte Ordnung wieder her!

Richard: Dann geh' ich doch am besten gleich zurück ins Lager! Willst
du das?

Christa: Mein Gott, hör doch mal endlich auf mit deinem ewigen
Selbstmitleid! Kannst du nicht einmal, ein einziges Mal nur für
zehn Sekunden an andere denken? Seitdem du wieder da bist,
beschäftigen sich alle pausenlos mit deinen Gefühlen, deinen
Stimmungen, deinen Launen. Und du? Niemand hat dir Vorwürfe
_____, dass du nicht mehr unter Tage arbeiten
kannst. Aber hast du jemals ein Wort der Anerkennung für uns
_____? Bruno spielt mit der Kapelle ein paar Mark
ein, Ingrid hilft bis zum Umfallen in der Wirtschaft mit, und
sogar der Kleine trägt mit seinem Zigarettenverkauf zum Haus-
haltsgeld bei. So viel zum Thema Disziplin! Und ich sag' dir noch
was, Richard: Wer am wenigsten Disziplin von uns allen hat, das
bist du!

 E. Situations. Christa and Bruno argue about him taking an apprenticeship.
Read through their dialogue, then use it as a model to act out the other
situations. Pay special attention to the present perfect verb forms!

Modell: Mutter, Sohn/ Lehrstelle   hingehen (participle: hingegangen;
aux. sein)

Mutter: Was ist mit der Lehrstelle?
Sohn: Ich bin nicht **hingegangen**.
Mutter: Was soll das heißen? Du bist nicht **hingegangen**?
Sohn: Dass ich nicht da war.

1. Sie/Ihr Freund/Party hingehen (hingegangen/sein)

   Sie: Was ist mit der Party?
   Ihr Freund: Ich ....

2. Vater/Sohn/Schule fahren (gefahren/sein)

   Vater: Was ist mit der Schule?
   Sohn: Ich ...

3. Chef/Angestellter/Konferenz (geflogen/sein)

   Chef: Was ist mit der Konferenz?
   Angestellter: Ich ...

4. Sie/Zimmerkollege/Brief (geschickt/haben)

5. Sie/Vater/Auto (repariert/haben)

6. Sie/Bruder/Hausaufgaben (gemacht/haben)

7. Sie/Schwester/Pizza (eingekauft/haben)

F. Ein Brief aus Ostberlin. Bruno writes his first letter from East Berlin. Insert the participles of the verbs given into the blanks.

Liebe Eltern,

herzliche Grüße aus dem demokratischen Berlin! Als ich nach Berlin _____ bin, habe ich in einem Jugendlager _____. (kommen / wohnen) Ich habe viele andere Leute aus Westdeutschland _____, die auch in die DDR _____ sind. (treffen / kommen) Wir haben viele bürokratische Prozeduren _____. (erleben) Ich habe einen neuen Personalausweis _____. (bekommen) Ich habe auch eine Schule _____, wo ich Marxismus-Leninismus _____ habe. (besuchen / lernen) Nach zwei Wochen habe ich eine Wohnung mit Rudolf aus Bebra _____. (finden) Er ist schon zwei Wochen vor mir in die DDR _____. (kommen)

Alles Gute,
Euer Bruno

G. Christas Geburtstagsgeschenk. Write complete sentences with the parts given below. Use the perfect tense.

1. Christa / bekommen / von ihrem Mann / eine Flasche Parfüm
2. Richard / einladen / die Familie / zum Mittagessen
3. er / schenken / Mattes / einen neuen Fußball
4. Richard / kaufen / Bruno / ein Feuerzeug
5. die Kinder / sich bedanken / beim Vater / für die Geschenke
6. Mattes / zeigen / seinen Kaninchen / den Fußball / nicht
7. die Kaninchen / da sein / in ihrem Stall / nicht
8. Mattes / fragen / Herrn Tiburski / nach den Kaninchen

H. Ihre Sportinteressen. Discuss the questions with a partner.

1. Welche Sportarten hast du in deinem Leben getrieben?
2. Wie oft hast du gespielt?
3. Hast du oft gewonnen oder verloren?
4. Hast du gern gespielt?
5. Was hast du am liebsten gespielt?

Spiele: Baseball/Tennis/Football/Eishockey/Basketball etc.

I. Ihre Sportaktivitäten. Which sports did you play in high school or in college?

Sportart	habe oder bin?	High School	College
Baseball gespielt			
amerikanischen Fußball gespielt			
Fußball gespielt			
gewandert			
Fahrrad gefahren			
Langlauf gemacht			
Gymnastik gemacht			
geschwommen			
Tennis gespielt			
Basketball gespielt			
Theater gespielt			
Motorrad/Moped gefahren			
in keinem Verein (Club) gewesen			
Lacrosse gespielt			

Lektüre 1
FUSSBALLWELTMEISTERSCHAFT 1954

> **aus Christof Siemes *Das Wunder von Bern***
> **(Kiepenheuer und Witsch, 2003)**
>
> No athletic event transformed Germany more than the 1954 Soccer World Cup
> victory. In the novel about the movie *Das Wunder von Bern* the ZEIT journalist
> Christoph Siemes tells the story of the arduous journey of Sepp Herberger's team
> and its triumphant victory over Hungary. The story is obviously about soccer, but
> Siemes also writes about the era of the first post-WWII generation—their music,
> their fashion, their struggles and joys—and about the Ruhr district where soccer,
> coal, and steel dominate.

VOR DEM LESEN

 A. Fragen. Beantworten Sie die Fragen, bevor Sie den Text lesen.

1. Haben Sie ein Haustier? Was für eins?
2. Hatten Sie ein Haustier, als Sie so alt wie Mattes waren?
3. Wenn nicht, hätten Sie gern eins gehabt? Was für eins und warum?
4. Nennen Sie einige Vor- und Nachteile, ein Haustier zu haben.
5. Was für Haustiere hat Mattes im Film?

MATTES' KANINCHEN

„Atze! Blacky! Ich muss euch mal was zeigen!"
Die ganze Zeit hat Matthias seinen neuen Ball wie
ein Spielführer auf dem Weg zum Anpfiff unter
dem Arm mit sich getragen. Jetzt nimmt er ihn in
beide Hände und streckt ihn der Kiste mit dem
Maschendraht entgegen.
„Guckt mal, was Papa mir . . ."
Matthias stutzt. Wo sind die Kaninchen? Haben sie
sich so weit im Stroh verkrochen, dass er sie auf den
ersten Blick nicht sehen kann? Selbst wenn, sie sind
doch inzwischen so dick geworden, dass der Käfig
schon halb voll Stroh sein müsste, damit sie darin
verschwinden könnten, und selbst dann würde
wohl immer noch irgendwo ein schwarzweißes
Schlappohr raushängen.
„Atze! Blacky! Wo seid ihr denn?"
Matthias tritt ganz dicht an den Käfig heran und
späht durch die Maschen ins Halbdunkel. Er
rüttelt an der Tür, doch die ist fest verschlossen.
Auch unter dem Stall, der auf vier hüfthohen
Pfosten steht, findet sich keine Spur von den
Hasen. Suchend blickt Matthias noch einmal über
den ganzen Hof, dann läuft er, langsam unsicher
werdend, wieder an den Zaun.
„Herr Tiburski, haben Sie meine Kaninchen

gesehen?"
„. . . ein wahres Trommelfeuer der Jugoslawen. Aber
langsam scheinen sie zu resignieren, an Turek und
Co. prallt alles ab. Morlock und auch Fritz Walter
ackern unermüdlich, sie sind Verteidiger, Läufer,
Stürmer, ganz nach Bedarf. . ."
„Herr Tiburski!!"
„Wat denn?"
„Haben Sie meine Kaninchen gesehen?"
„Nee, Junge, hab' ich nich."
„Wo können die denn sein?"
Zum ersten Mal richtet Tiburski sich auf und blickt
Matthias an. Sogar das Radio stellt er ein bisschen
leiser, wenn die Jugos zuschlagen, wird es schon laut
genug werden, deren **Sprengsätze** hat man doch
auf dem Balkan auch immer gehört.
„Is da vielleicht 'n Loch im Draht? Oder hasse die
Tür nich richtich zugemacht?"
„Neee."
„Dann weiß ich auch nich. Oder doch, wart' mal.
Hat deine Mutter nich heute Geburtstach?"
„Ja. Wieso?"
„Na, denk' doch mal nach!"
Tiburski schnappt sich wieder seine **Hacke** und
treibt sie mit noch mehr Wut als zuvor in die Erde.

Die Kette seines Lachens rasselt wieder leise, als Matthias sich umdreht und mit leerem Blick in den Hof starrt. Was haben die Hasen mit Mamas Geburtstag zu tun? Er hat sie doch geschenkt bekommen, vor zwei Jahren schon. Warum sollte Mama sie jetzt bekommen? Und Papa hat ihr doch Parfum geschenkt, vorhin beim Essen. Beim Essen? Matthias bleibt abrupt stehen. Auf den grauen Steinplatten vor ihm sind dunkle Flecken, ganz feucht noch. Ist das nicht Blut? Direkt daneben stehen die **Mülltonnen**, und plötzlich ist es Matthias, als **sackte** alles, was er in seinem Kopf und Oberkörper hat, in seinen Magen, wo es sich zu einem Klumpen ballt, so schwer, dass er fast in den Knien einknickt. Zitternd streckt er eine Hand aus und hebt den Deckel vom Mülleimer. Ein Schwarm Fliegen **stiebt** heraus, ärgerlich brummend. So viele sind es, dass Matthias erst gar nicht sehen kann, wovon sie sich widerwillig erhoben haben. Erst nach und nach erkennt er ein paar grau-rote, feucht glänzende **Stränge**, die sich zu einem **Klumpen** ballen, und dann sieht er auch den **Zipfel** eines schwarz-weißen **Fells**. Und überall Blut.
Im selben Moment wie den Deckel lässt Matthias auch den Fußball fallen, der noch dreimal schwach auftippt, bevor er mit einem kratzenden Geräusch über den ganzen Hof rollt und erst auf dem **Gulli** am hinteren Ende des Hofes zur Ruhe kommt. Matthias hört, sieht all das nur, als steckte sein Kopf in einer gewaltigen Glasschüssel. Was sich eben noch in seinem Magen zusammengeballt hat, strebt nun mit aller Macht wieder auseinander, nach oben, Matthias muss würgen, kalter Schweiß steht auf seiner Stirn, er schluckt und schluckt, aber das Feuer in seinem Inneren wird nicht kleiner. Dann endlich löst sich der Schrei.

der Maschendraht	wire fence
spähen	to peer
der Sprengsatz	explosive
die Hacke	hoe
die Mülltonne	garbage can
zusammensacken	to collapse
auseinanderstieben (stob auseinander, ist auseinandergestoben)	to disperse
der Strang	strand
der Klumpen	lump
der Zipfel	edge
das Fell	fur
der Gulli	drain, sewer

NACH DEM LESEN

A. Richtig (R) oder falsch (F)?

1. _____ Mattes will seinen Kaninchen seinen neuen Fußball zeigen.
2. _____ Der Nachbar der Lubanskis heißt Atze Blacky.
3. _____ Herr Tiburski hört Radio.
4. _____ Herr Tiburski hat Mattes Kaninchen gestohlen.
5. _____ Mattes' Mutter hat heute Geburtstag.
6. _____ Richard hat Christa Parfum zum Geburtstag geschenkt.
7. _____ Der Fußball ist in der Mülltonne.
8. _____ Bei der Mülltonne gibt es viele Fliegen.
9. _____ Mattes ist froh am Ende dieses Texts.
10. _____ Die Lubanskis haben die Kaninchen gegessen.

B. Was passt? Fügen Sie das richtige Partizip in die Lücken ein. Schreiben Sie dann den Infinitiv hinter den Satz.

geschenkt (2X) • gesehen • getragen • verkrochen
verschlossen • zugemacht • zusammengeballt

1. Matthias hat seinen neuen Ball wie ein Spielführer unter dem Arm getragen.
Infinitiv tragen

2. Die Kaninchen haben sich weit im Stroh _____.
   Infinitiv _____

3. Mattes rüttelt an der Tür, doch die ist fest _____.
   Infinitiv _____

4. Herr Tiburski, haben Sie meine Kaninchen _____?
   Infinitiv _____

5. Hat Mattes die Tür nicht richtig _____?
   Infinitiv _____

6. Mattes hat die Kaninchen _____ bekommen.
   Infinitiv _____

7. Richard hat Christa doch Parfum _____.
   Infinitiv _____

8. Das Essen hat sich in Mattes Magen _____.
   Infinitiv _____

C. Diskussion. Vergleichen Sie diese Szene mit der entsprechenden Szene im Film.

1. Welche Teile dieser Geschichte sind anders als im Film?

2. Gibt es mehr Informationen im Film oder im Buch? Würden Sie das erwarten? Warum?

3. Welche Szene ist Ihrer Meinung nach effektiver, die Filmszene oder die Buchszene? Warum?

D. Zur Sprache

1. Wer spricht in diesem Text mit einem starken regionalen Dialekt?

2. Welche Laute (*sounds*) sind anders als in der Standardsprache? Können Sie den Unterschied hören?

3. Wie schreibt man diese Wörter in der Standardsprache?
   a. wat _____
   b. nix _____
   c. hasse _____
   d. Geburtstach _____

4. Warum schreibt der Autor den Dialog im Dialekt?

5. Kennen Sie andere Bücher, in denen es deutlich ist, dass die Figuren im Dialekt sprechen?

6. Welche Rolle spielen Sprache und Dialekt in diesem Film? Bei welchen anderen Figuren bemerkt man einen deutlichen Dialekt? Hat der Regisseur das mit Absicht (*purposely*) gemacht? Wenn ja, warum? Was meinen Sie?

Wortschatz
IM RUHRGEBIET

anwerben (wirbt an, warb an, hat angeworben)	*to recruit*
die Arbeitersiedlung, -en	*workers' living quarters*
der Lehrstelle, -n	*apprenticeship*
der Stahl	*steel*
die Zeche, -n	*mine*
steigen (stieg, ist gestiegen)	*to climb*

FUSSBALLWÖRTER

die Fußballübertragung , -en	*soccer broadcast*
die Niederlage, -n	*defeat*
der Schiedsrichter, -	*referee*
der Torwart, -e	*goalkeeper, goalie*
üben	*to practice*
der Verteidiger, -	*defense*

ALLGEMEINE WÖRTER

die Abwesenheit ,-en	*absence*
beeinflussen	*to influence*
behandeln	*to treat*
beleidigt	*offended*
beschweren	*complain*
der Blödsinn	*nonsense*
empfangen (empfängt, empfing, hat empfangen)	*to receive*
entscheiden (entschied, hat entschieden)	*to decide*
entwickeln	*to develop*
die Erziehung, -en	*education*
die Hochzeitsreise, -n	*honeymoon*
die Laune, -n	*mood*
die Nachricht, -en	*news*
die Rückkehr	*return*
die Schwierigkeit, -en	*problem; difficulty*
das Selbstmitleid	*self-pity*
unterstützen	*to support*
verzweifelt	*desperate*
wachsen (wächst, wuchs, ist gewachsen)	*to grow*
wählen	*to vote; choose*

ÜBUNGEN

A. Was passt? Finden Sie die Wörter aus der Liste für die folgenden Definitionen:

1. Nicht da sein, nicht präsent sein:
2. Ein anderes Wort für Unsinn:
3. Etwas, was man per E-Mail oder mit der Post erhält:
4. Was Kinder an der Schule oder in der Familie bekommen:
5. Eine Reise am Beginn einer Ehe:
6. Wenn Menschen ein neues Parlament bestimmen:

B. Synonyme. Suchen Sie die Synonyme für die folgenden Wörter in der Wortliste.

1. bekommen:
2. bestimmen:
3. helfen:
4. ein Problem:
5. entwickeln:

C. Was passt? Schreiben Sie die passenden Wörter über das Ruhrgebiet in diesen Text.

Im Ruhrgebiet wurden im neunzehnten Jahrhundert viele Menschen aus Osteuropa _____, die dann in den großen _____ der Firmen wohnten. Die _____ und _____-Werke suchten alle Arbeiter und es war einfach, eine _____ zu finden.

D. Vervollständigen Sie diesen Text mit den passenden Wörtern über Fußball.

Bei einer _____ im Fernsehen geht es oft sehr spannend zu. Besonders vor dem Strafraum versuchen die _____, gefährliche Angriffe zu blockieren. Der _____ muss viel _____, damit er die Bälle halten und eine Niederlage vermeiden kann.

E. Beantworten Sie die Fragen in ganzen Sätzen. Fragen Sie danach Ihren Partner/Ihre Partnerin oder eine Reihe von StudentInnen im Kurs.

1. Wo würdest du gern deine Hochzeitsreise verbringen? Warum?
2. Wann hast du oft gute und wann schlechte Laune?
3. Was würde mehr Spaß machen, Torwart oder Schiedsrichter zu sein? Warum?
4. Wer unterstützt dich, wenn du Schwierigkeiten hast? Wen unterstützt du?
5. Welche Person beeinflusst dich in deinem Leben und wie? Warum hat diese Person einen großen Einfluss auf dich?

Die Welle

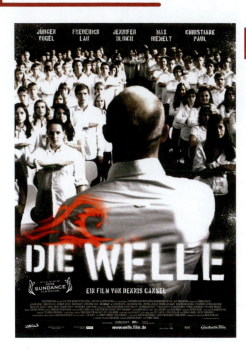

▶ Beschreiben Sie die Menschen auf dem Plakat. Wie alt sind sie? Wo sind sie? Was tragen sie? Was für eine Handbewegung machen sie?

▶ Was ist eine Welle? Wo findet man Wellen? Warum heißt dieser Film wohl *Die Welle*?

▶ Wer war Ihr Lieblingslehrer oder Ihre Lieblingslehrerin an der High School? Warum hatten Sie diesen Lehrer oder diese Lehrerin gern?

▶ Kennen Sie jemanden, der an Ihrer High School gemobbt (*bullied*) oder gehänselt (*picked on*) wurde?

▶ Was studieren Sie? Haben Sie sich schon ein Hauptfach und ein Nebenfach ausgesucht?

Vorbereitung und Hintergrund
FILMDATEN

Originaltitel	*Die Welle*
Produktionsland	Deutschland
Erscheinungsjahr	2008
Regie	Dennis Gansel
Drehbuch	Dennis Gansel und Peter Thorwart
Darsteller	Jürgen Vogel (Rainer), Christiane Paul (Anke), Jennifer Ulrich (Karo), Max Riemelt (Marco), Frederick Lau (Tim)
Altersfreigabe	FSK 12
Länge	102 Minuten

DIE FIGUREN

A. Wer ist wer im Film? Lesen Sie die Kurzbeschreibungen der Hauptfiguren im Film.

Rainer Wenger ist Lehrer an einem Gymnasium. Er ist locker, engagiert und bei den Schülern sehr beliebt. In einer Projektwoche experimentiert er mit einem autoritären Stil, um seinen Schülern die Gefahren (*dangers*) der Diktatur beizubringen. Was passiert, als das Experiment so groß wird, dass Rainer es nicht mehr stoppen kann?

Karo ist intelligent, begabt und populär. Nach dem Abitur will sie mit ihrem Freund Marco nach Spanien ziehen. Aber während der Projektwoche distanziert sich Karo von Marco und wird aus der Gruppe ausgeschlossen. Warum will sie nicht mitmachen?

Marco ist Karos Freund. Die Schule scheint er nicht zu mögen. Er ist sportlich und Mitglied der Wasserballmannschaft, deren Trainer Rainer ist. Obwohl seine Freundin gegen die Welle ist, findet Marco das Projekt gut.

Lisa und Karo sind beste Freundinnen. Meistens steht Lisa im Schatten ihrer Freundinnen wie Karo, die schon einen Freund haben und nicht so schüchtern wie Lisa sind. Durch die Welle lernt Lisa, ihre Meinung zu äußern. Sie genießt auch die Gelegenheit, Marco besser kennen zu lernen.

Wie Marco spielt Sinan Wasserball. Aber zwischen den Beiden gibt es mehr Unterschiede als Gemeinsamkeiten (*similarities*). Sinan steht meistens am Rand in der Schule und in der Wasserballmannschaft. Die Gemeinschaft (*community*) der Welle verstärkt die Zusammenarbeit nicht nur in der Schule, sondern auch in der Schwimmhalle.

Tim ist Außenseiter und wird oft gehänselt. Tim ist total begeistert von der Welle und glaubt, dass er endlich von seinen Klassenkameraden akzeptiert wird. Für Tim wird die Welle das Wichtigste in seinem Leben. Am Ende der Projektwoche kann er sich ein Leben ohne die Welle nicht mehr vorstellen.

Anke Wenger ist Rainers Frau. Sie ist Lehrerin am selben Gymnasium wie ihr Mann. Sie unterstützt Rainer am Anfang des Experiments, bis sie merkt, wie sehr er sich verändert. Sie macht sich Sorgen um ihn und um ihre Beziehung.

B. Wer ist das? Ergänzen Sie die Lücken mit dem jeweils richtigen Namen. Raten (*guess*) Sie, wenn Sie ihn nicht wissen.

1. _____ ist eifersüchtig (*jealous*) auf Karo, weil sie einen Freund hat.

2. _____ wird von den Klassenkameraden ausgeschlossen (*excluded*).

3. _____ hätte lieber Anarchie als Autokratie für die Projektwoche unterrichtet.

4. _____ interessiert sich für Marco, aber traut sich nicht, ihm das zu sagen.

5. _____ kommt nicht damit zurecht, dass die Welle vorbei ist.

6. _____ weiß nicht, ob Rainer noch alles unter Kontrolle hat.

7. _____ versteht sich mit Karos Vater, aber nicht mit der eigenen Mutter.

8. _____ ist eine fleißige Studentin, die sich für andere Kulturen interessiert.

9. _____ kommt Tim zu Hilfe, als er auf dem Schulgelände belästigt (*harassed*) wird.

10. _____ glaubt fest daran, dass das Projekt ein Erfolg (*success*) sein wird.

C. Konflikte. Welche Konflikte wird es geben?

1. Karo und Lisa werden …

2. Karo und Marco werden …

3. Rainer und seine Frau werden …

4. Karo und Rainer werden …

DIE HANDLUNG

A. Die Projektwoche. Lesen Sie die Zusammenfassung des Inhalts und machen Sie die Übungen.

die Staatsform	form of government
die Entstehung	emergence; onset
greifbar	concrete; vivid
verheerend	devastating
(sich) entwickeln	to develop
die Bewegung	movement
ausschließen	to exclude
(schloss aus; hat ausgeschlossen)	
drangsalieren	to harass; bully
abbrechen	to call off; abort
(brach ab, hat abgebrochen)	

Deutschland. Heute. Der Gymnasiallehrer Rainer Wenger (Jürgen Vogel) startet während einer Projektwoche zum Thema „**Staatsformen**" einen Versuch, um den Schülern die **Entstehung** einer Diktatur **greifbar** zu machen. Ein pädagogisches Experiment mit **verheerenden** Folgen.

Was zunächst harmlos mit Begriffen wie Disziplin und Gemeinschaft beginnt, **entwickelt sich** binnen weniger Tage zu einer richtigen **Bewegung**. Der Name: DIE WELLE. Bereits am dritten Tag beginnen Schüler Andersdenkende **auszuschließen** und zu **drangsalieren**.

Als die Situation bei einem Wasserballturnier schließlich eskaliert, beschließt der Lehrer, das Experiment **abzubrechen**. Zu spät. Die Welle ist längst außer Kontrolle geraten.

Beantworten Sie die Fragen und begründen Sie Ihre Antworten!

1. Nennen Sie zwei Begriffe (*terms*), die zum Thema der Projektwoche wichtig sind.
2. Entwickelt sich das Experiment langsam oder schnell?
3. Nehmen alle Schüler an der Bewegung teil (*to participate*)?
4. Warum entscheidet sich der Lehrer, das Experiment abzubrechen?
5. Ist das Experiment erfolgreich?
6. Was für verheerende Folgen könnte es geben? Lassen Sie sich ein paar Ideen einfallen.
7. Was wissen Sie schon über Diktatur?
8. Hätten Sie dieses Thema interessant gefunden, als Sie an der High School waren?

B. Bildbeschreibung und Brainstorming. Beschreiben Sie das Bild mit so vielen Details wie möglich. Beschreiben Sie die Farben und was sie bedeuten könnten. Welche Gedanken machen Sie sich über diesen Film aufgrund des Fotos?

C. Chronologie des Films. Ergänzen Sie die Tabelle, um zu erklären, was jeden Tag passiert.

Karo • **Autokratie** (f) • **Hemden** (pl.) • **Welle** (f) • **Diktatur** (f) **„Anarchos"** (pl.) • **Logo** (n) • **gegangen** • **Waffe** (f) • **Schuluniform** (f) ~~Prügelei~~ • ~~Projektwoche~~

Am Freitag vor der Projektwoche	tragen sich die Schüler in ein Thema für die *Projektwoche* ein.
Am Montag	diskutieren sie das Thema _____. glauben sie, dass eine _____ nicht mehr möglich wäre.
Am Dienstag	entscheiden sie sich für eine _____.
Am Mittwoch	tragen sie ihre weißen _____. nennen sie sich die _____.
Am Donnerstag	sprühen sie überall das _____. gibt es Ärger mit den _____.
Am Freitag	endet das Wasserballspiel in einer *Prügelei.* schlägt Marco _____.
Am Samstag	sagt Rainer, sie sind zu weit _____. bringt Tim eine _____ in die Schule mit.

D. Die Phasen der Welle. Wie eine Wasserwelle bewegt sich die Gruppe „die Welle" im Laufe der Projektwoche. Verbinden Sie die Wellenphasen (1-4) mit den Phasen des Experiments (a-d).

1. _____ Die Welle wird **ausgelöst**.
   a. Es ist zu spät um **zurückzukehren**.
2. _____ Die Welle **baut** sich **auf**.
   b. Das Experiment gerät völlig außer Kontrolle.

3. ____ Die Welle **überschwemmt**.
    c. Das ist nur ein harmloses Experiment.

4. ____ Die Welle **bricht**.
    d. Die Schüler entdecken die **Kraft** der **Gemeinschaft**.

auslösen	to be triggered	**zurückkehren**	to turn back
aufbauen	to build up	**die Kraft**	power
überschwemmen	to overflow	**die Gemeinschaft**	community
brechen (bricht, brach, hat/ist gebrochen)	to break; collapse		

DER HINTERGRUND: DIE SCHULE UND DAS STUDIUM

A. Persönlicher Wortschatz zum Thema. Welche Begriffe assoziieren Sie mit der Schule oder dem Studium? Tragen Sie sie in eine Mindmap ein. Besprechen Sie nachher Ihre Mindmap mit einem Partner/einer Partnerin.

B. Das deutsche Bildungssystem (*educational system*). Beantworten Sie die Fragen.

1. Was wissen Sie schon über das deutsche Bildungssystem?
2. Welche Begriffe kennen Sie schon?

die Ausbildung	education in a formal process: knowledge, training, and skills education
die Bildung	education in a formative sense: development, literacy, general knowledge
die Arbeit	work or employment
der Beruf	profession, vocation, or career
der Job	job
die Stelle	position
der Bereich	area, field, or domain; level or stage
das Fach	subject; academic area of study; discipline
die Hochschule	institution of higher education; tertiary institution
die Universität (die Uni)	university or college

* berufsvorbereitende Maßnahmen

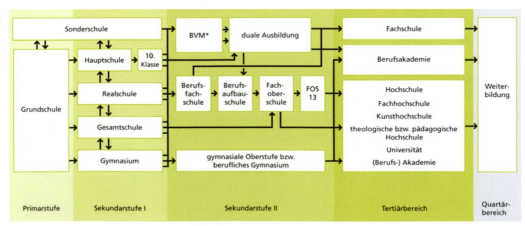

Quelle: http://ausbildung.info/zweiter-bildungsweg

3. Schauen Sie sich die schematische Darstellung des deutschen Bildungssystems an. Markieren Sie, ob die Aussagen richtig (R) oder falsch (F) sind.

1. _____ Die Hauptschule gehört zur Primarstufe.
2. _____ Eine Hochschule ist auf der gleichen Stufe wie eine amerikanische High School.
3. _____ Das Gymnasium beginnt nach der Grundschule.
4. _____ Zum Tertiärbereich gehören die Hochschulen, Fachschulen und die Universität.
5. _____ Nach der Grundschule gehen Kinder automatisch in die Realschule.
6. _____ Die Hauptschule geht bis zur 9. Klasse.
7. _____ Die Weiterbildung gehört zur Sekundarstufe.
8. _____ Nur diejenigen, die das Gymnasium absolvierten, dürfen an der Uni studieren.

C. An der Uni. Lesen Sie den kurzen Text zum Tertiärbereich und beantworten Sie die Fragen. Was bedeutet tertiär? Mit welchem englischen Wort ist es verwandt?

1. Wie viele Studenten studieren ungefähr an deutschen Hochschulen?
2. Was für mögliche Hochschulen gibt es in Deutschland für Studierende?
3. Wie viel Euro bezahlen Studenten an deutschen Hochschulen?
4. Bezahlt man in Deutschland mehr oder weniger Studiengebühren als in den USA?
5. Wie hoch sind die jährlichen Studiengebühren an Ihrer Universität?
6. Warum sind Ihrer Meinung nach Studiengebühren ein kontroverses Thema? Machen Sie eine kurze Liste von einigen Vor- und Nachteilen von Studiengebühren.
7. Nennen Sie ein paar Unterschiede und Ähnlichkeiten zwischen dem deutschen und dem amerikanischen Bildungssytem.

Mit dem Abitur (oder der „allgemeinen Hochschulreife"), das an einem Gymnasium erworben wird, kann man an allen Hochschulen studieren. Mit über 400 Hochschulen gibt es laut *Deutsche Welle* viele Möglichkeiten für die mehr als zwei Millionen Studenten in Deutschland. Neben den „wissenschaftlich orientieren Universitäten ... gibt es die praxisorientierten Fachhochschulen und berufsbezogenen Akademien." Die ‚Hochschullandschaft' wird auch durch „Musikhochschulen, Kunstakademien sowie Film- und Medienhochschulen bereichert". Studenten an deutschen Hochschulen bezahlen Studiengebühren bis zu 500 Euro pro Semester. Studiengebühren sind ein kontroverses Thema in Deutschland.

Quelle: http://www.dw-world.de/dw/article/0,,5847595,00.html

Wichtige Wörter zum Thema Studium

die Klasse	group of students; class	sich anmelden/sich eintragen	to register
der Kurs	course; class		
das Proseminar	introductory (undergraduate) seminar	sich für etwas anmelden sich in etwas eintragen (trägt ein, trug ein, hat eingetragen)	
das Seminar	seminar		
der Unterricht	class	lernen	to learn; study for a test or class
im Unterricht sein	to be in class		
die Vorlesung	lecture course	studieren	to study; to study a subject or field
das Studienfach	field of study		
der Studiengang	degree program		

D. Studium und Studienfächer. Sehen Sie sich die Liste der Studienfächer an und beantworten Sie die Fragen.

1. Für welche Fächer interessieren Sie sich?
2. Welche Kurse belegen Sie dieses Semester?

3. Müssen Sie für Ihre Kurse viel lernen?

4. Während der Projektwoche lernen die Schüler über Autokratie und Anarchie. Welche Fächer beschäftigen sich mit solchen Themen?

5. Karo lernt gern Spanish, Marco treibt gern Sport, Dennis führt die Regie des Schülertheaters und Mona macht bei der Schülerzeitung mit. Für welche Studienrichtungen würden diese Schüler sich interessieren?

Anglistik (*English Studies*)
Archäologie (*Archaeology*)
Architektur (*Architecture*)
Betriebswirtschaft (*Business Administration*)
Biologie (*Biology*)
Elektrotechnik (*Electrical Engineering*)
Geographie (*Geography*)
Germanistik (*German Studies*)
Geschichte (*History*)
Informatik (*Computer Science*)
Internationale Beziehungen (*International Relations*)
Journalistik (*Journalism*)
Literaturwissenschaft (*Literature*)
Kunst (*Art*)
Maschinenbau (*Mechanical Engineering*)
Mathematik (*Mathematics*)
Medienwissenschaften (*Media Studies*)
Medizin (*Medicine*)
Musik/Musikwissenschaft (*Music/Musicology*)
Pädagogik (*Education*)
Pharmazie (*Pharmacy*)
Philosophie/Ethik (*Philosophy/Ethics*)
Physik (*Physics*)
Politikwissenschaft (*Political Science*)
Psychologie (*Psychology*)
Rechtswissenschaften (*Law*)
Soziale Arbeit (*Social Work*)
Sport (*Physical Education*)
Sprachwissenschaft (*Linguistics*)
Statistik (*Statistics*)
Theater, Film & Regie (*Film & Theater Studies*)
Volkswirtschaft/Wirtschaftswissenschaften (*Economics*)
Wirtschaftsingenieurwesen (*Industrial Engineering*)

Zum Film: Ein harmloses Experiment?
Die Welle wird ausgelöst
VOR DEM SEHEN: AUTOKRATIE UND DIKTATUR

A. Rainers Fragen. Verbinden Sie die Fragen mit der entsprechenden Antwort.

1. ____ Was ist Autokratie?   a. Einen Führer, Mann!

2. ____ Habt ihr Beispiele für solche   b. Disziplin, Herr Wenger.
   Systeme?

3. _____ Was hat jede Diktatur?

c. Wenn ein Einzelner oder eine Gruppe über die Masse herrscht.

4. _____ Was ist noch wichtig in einer Diktatur?

d. Kommt, Männer.

5. _____ Hab' ich dir das Wort erteilt?

e. Drittes Reich.

6. _____ Entweder du machst mit oder du gehst. Also?

f. Nein.

B. Was gehört wohin? Zur **Entstehung** einer Diktatur oder zu den **Grundvoraussetzungen** für autokratische Systeme? Tragen Sie folgende Ideen in die Tabelle ein.

- **Macht** durch **Gemeinschaft**
- hohe Inflationen
- einen **Führer**/eine **Leitfigur**
- Macht durch **Handeln**
- hohe **Arbeitslosigkeit**
- extremer **Nationalismus**

die Entstehung	emergence; onset	**der Führer**	leader
Grundvoraussetzungen	fundamental prerequisites	**die Leitfigur**	central figure
die Macht	power	**die Arbeitslosigkeit**	unemployment
die Gemeinschaft	community	**der Nationalismus**	nationalism
das Handeln	action	**die Disziplin**	discipline
die Ungerechtigkeit	injustice		

Welche sozialen Strukturen begünstigen die Entstehung einer Diktatur?	Was sind die Grundvoraussetzungen für ein autokratisches System?
soziale Ungerechtigkeit	Macht durch Disziplin

C. Das Klassenzimmer, die Klasse. Machen Sie die folgenden Übungen zu den Bildern.

1. Bringen Sie die Bilder von Rainers Klasse/Klassenzimmer in die richtige Reihenfolge (1-4).
2. Nun beschreiben Sie die Bilder. Wie verändert sich das Klassenzimmer im Laufe der Projektwoche? Wie verändern sich die Schüler? Welche anderen Veränderungen fallen Ihnen auf?
3. Vergleichen Sie dieses Klassenzimmer mit einem (typischen?) Klassenzimmer einer amerikanischen High School.

aufpassen	to pay attention
aufstehen	to stand up
beschäftigt	busy; occupied
chaotisch	chaotic
desinteressiert	uninterested
entspannt	relaxed
interessiert	interested
konzentriert	focused
nach vorne	facing forward
ordentlich	orderly; neat
organisiert	organized
in Reihen	in rows
unordentlich	disorderly /messy

a. _____ Karo erscheint ohne weißes Hemd.

b. _____ Rainer wundert sich, dass sich so viele für Autokratie interessieren.

c. _____ Die Welle braucht ihren eigenen Gruß.

d. _____ Sie machen ein paar Lockerungsübungen ... links, rechts, links, rechts im Gleichschritt.

DER FILM (CLIPS 1-2)

A. Autokratie. Suchen Sie im Text nach den Antworten auf folgende Fragen.

1. Ferdi nimmt das Thema nicht ernst. Was sagt er? Verstehen Sie seinen Witz?
2. Lisa antwortet etwas unsicher. Welches Wort zeigt, dass sie unsicher ist?
3. Woher wissen wir, dass Mona das Thema ernst nimmt? Was sagt sie?
4. Bomber, Kevin und Jens benutzen Umgangsprache. Wer sagt was:
   - Nazideutschland war Scheiße.
   - Genau. Scheißnazis!
   - ein paar bekloppte Ossis

5. Wer kommt aus dem Osten?
6. Wer identifiziert sich als Türke?
7. Wer kann den Begriff Autokratie erklären?
8. Marco beantwortet eine Frage mit „keine Ahnung". Was bedeutet das?

B. **Autokratie.** Sehen Sie den Clip an.

„Autokratie"

1. Clip

RAINER	**Autokratie.** Was ist das? Na komm schon. Ihr habt euch das Thema ausgesucht. Irgendwas müsst ihr euch davon versprochen haben.
KEVIN	Na ja, keinen Stress hoffentlich.
RAINER	Jens, was versteht man unter autokratischen Staatsformen?
JENS	So was wie Monarchie vielleicht?
RAINER	Nicht unbedingt. Ferdi, fällt dir was dazu ein?
FERDI	Das sind Autorennen in Kratern.
RAINER	Das war aber wirklich ein ganz Sparsamer. Lisa, enttäusch mich nicht.
LISA	Mm, Diktatur vielleicht.
RAINER	Unter anderem, ja. Karo?
KARO	Ich glaube, Autokratie ist, wenn ein Einzelner oder eine Gruppe über die Masse herrscht.
RAINER	Genau. „Autokratie" leitet sich aus dem Griechischen ab und bedeutet „Selbstherrschaft". Also, „auto" von selbst und „kratie" von **herrschen** und Macht. In einer Autokratie hat ein Einzelner oder eine Gruppe, die die **Regierung** stellt, so viel Macht, dass sie die **Gesetze** ändern können, wie sie es wollen. Habt ihr Beispiele für solche Systeme? … Na kommt schon. Irgendeine Diktatur wird euch einfallen.
SINAN	Drittes Reich.
BOMBER	Och nee, nicht schon wieder.
RAINER	Also, ich hab' mir das Thema auch nicht ausgesucht, aber wir müssen die Woche irgendwie rumkriegen. Ich hab euch ein paar Zettel ausgedruckt.
BOMBER	Nicht die Scheiße schon wieder durchkauen.
MONA	Oh, Mann, das ist aber ein wichtiges Thema.
BOMBER	Nazideutschland war Scheiße. Langsam hab' ich es auch kapiert.
KEVIN	Genau. Scheißnazis!

BOMBER	So was passiert hier eh nicht mehr.
MONA	Ach ja? Und die Neonazis?
BOMBER	Wir können uns nicht dauernd für eine Sache **schuldig** fühlen, die wir gar nicht getan haben.
MONA	Es geht aber nicht um Schuld. Es geht darum, dass wir mit unserer Geschichte eine bestimmte **Verantwortung** haben.
SINAN	Also, ich bin Türke.
JENS	Die Verantwortung klar. Ich meine, das weiß doch jeder.
RAINER	Was weiß jeder?
JENS	Ja, vielleicht ein paar bekloppte **Ossis** nicht.
DENNIS	Was soll das denn jetzt heißen? Ich komm aus dem „Osten".
JENS	Du weißt, was ich meine—hier. **Glatzen.** Rainer, können wir nicht bitte was anderes machen?
RAINER	Was?
JENS	Lass uns über die Bush-Regierung sprechen.
RAINER	Warte mal, ich find das gerade interessant. Ihr seid also der Meinung, dass die Diktatur in Deutschland nicht mehr **möglich** wäre, ja?
JENS	Auf keinen Fall. Dazu sind wir viel zu **aufgeklärt.**
RAINER	Marco, was meinst du?
MARCO	Keine Ahnung.

die Autokratie	autocracy
herrschen	to rule
die Regierung	government
das Gesetz	law
schuldig	guilty
die Verantwortung	responsibility
die Ossis	East Germans (*pej.*)
Glatzen (*slang*)	skinheads
möglich	possible
aufgeklärt	enlightened

C. Fragen. Beantworten Sie die Fragen zum Clip.

1. Warum ist Mona der Meinung, dass sie sich mit dem Thema beschäftigen (*to address or deal with*) sollen?
2. Warum denkt Sinan, dass er für die Nazi-Geschichte keine Verantwortung hat?
3. Warum glaubt Jens, dass eine Diktatur in Deutschland nicht mehr möglich wäre?
4. Wie nennen (*to call*) die Schüler ihren Lehrer?
5. Welche Form benutzt Rainer mit seinen Schülern <u>nicht</u>: Sie, du, ihr?

D. Eine Leitfigur. Nennen Sie einige bekannte Leitfiguren in der Politik, die einen positiven Ruf (*reputation*) und einige, die einen negativen Ruf haben. Mit wem wird das Wort „Führer" assoziiert?

E. Heil Rainer. Sehen Sie den Clip an.

„Herr Wenger"

2. Clip

RAINER	Aber was ich meine ist, was hat jede Diktatur? Wir haben vorhin schon darüber gesprochen.	KEVIN	Ich mach' das. Ich werde euer Führer.
KEVIN	Einen Führer, Mann!	MARCO	Vergiss es. Rainer, mach du das.
MONA	Ein Führer?	RAINER	Ok, also stimmen wir ab. Wer ist dafür, dass ich während der Projektwoche eure Leitfigur bin?
RAINER	Ja, „Führer" ist jetzt ein bisschen vorbelastet. Aber jede Diktatur hat eine zentrale Leitfigur. Spielen wir das Ganze mal durch. Also, wer könnte das hier bei uns sein?	MONA	Und was soll das bringen?
		RAINER	Oder anders gefragt? Wer ist dagegen? Gegenstimmen? Enthaltungen? Gut.
DENNIS	Als Lehrer, du, natürlich.	KEVIN	Heil Rainer!
RAINER	Ich?	RAINER	So eine Leitfigur verdient natürlich auch Respekt. Deswegen möchte ich, dass ihr mich während der gesamten Zeit mit Herr Wenger ansprecht.
DENNIS	Wer denn sonst?		
RAINER	Ich dachte, irgendjemand von euch möchte vielleicht mal den Ton angeben.		

F. Herr Wenger. Beantworten Sie die Fragen zum Clip.

1. Was hat jede Diktatur?
2. Wer ist dafür, dass Rainer der Führer ist?
3. Wer ist dagegen?
4. Warum enthielt sich (*abstained*) Mona?
5. Was ändert sich sofort, nachdem Rainer die Leitfigur wurde?

 G. Zum Thema Diktatur. Diskutieren Sie die Fragen in der Gruppe oder zu zweit.

1. Was assoziieren Sie mit einer Diktatur? Machen Sie eine Liste von einigen Namen, Ländern und Ideen (Ideologien), die Ihnen dazu einfallen. Von welchen bekannten Diktaturen (*dictatorships*) oder Diktatoren (*dictators*) haben Sie schon gehört?
2. Was bedeuten diese Wörter: Pressefreiheit, Reisefreiheit, Meinungsfreiheit?
3. Können Sie sich vorstellen, ohne diese Freiheiten zu leben? Was würde Ihnen am meisten fehlen?
4. Nun lesen Sie den folgenden Text und beantworten Sie die Fragen.

Diktatur

Diktatur ist eine Regierungsform, die wesentliche Elemente der Demokratie nicht enthält. Es gibt zwar häufig Parlamente und Regierungen, aber keine freien **Wahlen** und meistens auch keine Opposition. Politische **Gegner** und **Gegnerinnen** einer Diktatur werden **unterdrückt**, sehr oft durch **Folter** oder willkürliche Verhaftungen. Es gibt keine freie Presse und keine Reisefreiheit; die Zeitungen sowie Fernseh- und Rundfunkstationen werden vom diktatorischen Regime **überwacht** und **zensuriert**.

An der Spitze einer Diktatur steht der Diktator (meistens nehmen Männer diese Position ein). Die bekanntesten Diktaturen im 20. Jahrhundert waren der Nationalsozialismus in Deutschland (1933–1945) und der Kommunismus in der UdSSR (1917–1991). Es gab aber in vielen anderen Ländern auch Diktaturen – und es gibt heute noch welche.

Faschismus war eine Herrschaftsform, die vor allem in der ersten Hälfte des 20. Jahrhunderts in vielen europäischen Ländern verbreitet war. Faschistische Systeme waren Diktaturen, ihre **VertreterInnen** und **Anhängerschaft** waren gegen die Demokratie eingestellt. Es gab nur eine politische Partei (andere Parteien waren verboten), massiven Terror und **Gewalt** gegen Andersdenkende, keine **Meinungsfreiheit** und keine freie Presse. Viele politische Gegner und Gegnerinnen des Faschismus wurden **eingesperrt**, gefoltert und **ermordet**.

Eine besonders brutale Form von Faschismus war der Nationalsozialismus. Von den Nazis wurden, im Unterschied zu anderen faschistischen Diktaturen, systematisch Millionen von Menschen ermordet (Holocaust).

Der Kommunismus ist ein Herrschafts- und Politikkonzept, das von der Überlegung ausgeht, dass es kein **Privateigentum** an Produktionsmitteln gibt und dass der gesamte Besitz allen **gemeinsam** gehört. Das Konzept des Kommunismus geht auf Karl Marx (1818–1883) zurück und wurde von Wladimir Iljitsch Lenin (1870–1924) **weiterentwickelt** (deshalb spricht man oft auch vom Marxismus-Leninismus).

Quelle: http://www.politik-lexikon.at/

die Wahl	election; choice	**die Gewalt**	violence
der/die Gegner/in	opponent	**die Meinungsfreiheit**	freedom of speech
unterdrücken	to oppress; suppress	**einsperren**	to imprison
foltern	to torture	**ermorden**	to murder; assassinate
überwachen	to control; oversee	**das Privateigentum**	private property
zensurieren	Aus., Sw. to censor; Ger. *zensieren*	**der Besitz**	possession
		gemeinsam	shared; mutual
der/die Vertreter/in	representative	**weiterentwickeln**	to advance; develop further
die Anhängerschaft	followers		

1. _____ und _____ sind zwei Grundrechte, die wir in den USA haben, die in einer Diktatur unterdrückt werden.

2. Einsperrung, Folter und Ermordung sind mögliche Folgen (*consequences*), _____ oder _____ einer faschistischen Partei zu sein.

3. Nationalsozialismus war eine Form von _____. Während der Nazi-Zeit wurden _____ von _____ systematisch ermordet.

4. Wie sagt man das auf Deutsch?

   radio station _____   fascism _____

   century _____   dissenters _____

NACH DEM SEHEN

A. Wer hat das gesagt? Kreisen Sie den richtigen Namen ein.

1. Rainer oder Tim   „Schenk' ich euch. Ihr seid doch meine Homies".

2. Sinan oder Kevin   „Das ist der Wagen meiner Mutter. Hat mein Vater ihr zum Hochzeitstag geschenkt. V 8, 190 KW, 240 Spitze. Würde ich sagen, knallen wir mit dem Baby mal über die Bahn, oder?"

3. Sinan oder Karo   „Alter, ich bin schon zweimal hängen geblieben. Weißt du, was los ist, wenn ich mein Abi nicht schaffe?"

4. Marco oder Tim   „Wir trainieren echt hart. Keine Ahnung, warum es nicht läuft. Aber bei dieser Ernst-Barlach-Gesamtschule müssen wir endlich mal wieder gewinnen."

5. Lisa oder Karo   „Guck mal. Was hältst du davon? Da ziehen wir hin. Gracia ist das angesagteste Viertel in Barcelona. Bis zum Stadion sind es nur 7 Stationen."

B. Wer wohnt wo? Schreiben Sie den Namen in die Lücke.

a. Karo   b. Kevin   c. Marco   d. Rainer   e. Tim

1. ___

4. ___

2. ___

5. ___

3. ___

C. (Haus)Aufgabe! Beantworten Sie die Fragen und verwenden Sie die Vokabeln.

1. Beschreiben Sie jedes Haus oder Gebäude mit ein paar Adjektiven. Welches gefällt Ihnen am besten? Warum?

2. Welche Häuser sehen Ihrer Meinung nach eher typisch deutsch aus? Welche nicht? Warum?

3. Vergleichen Sie diese Häuser mit denen in Ihrer Umgebung (*surrounding area*). Gibt es solche Häuser auch bei Ihnen? Wie sehen die Häuser in Ihrer Nachbarschaft aus?

4. Bringen Sie ein Foto von Ihrem Haus mit und beschreiben Sie es.

das Einfamilienhaus	single-family residence	**die Wohnung**	apartment
das Fachwerkhaus	half-timbered house	**der Wohnblock**	block of apt. buildings
das Gebäude	building	**das Wohnhaus**	apartment building
das Hausboot	houseboat	**die Villa**	mansion
die Nachbarschaft	neighborhood	**das Hof**	yard
in der Stadt	in the city	**auf dem Land**	in the country
in einem Vorort	in a suburb	**in einem Dorf**	in a village/small town
in einer Großstadt	in a big city	**in einer Siedlung**	subdivision; development

Zum Film: Die Kraft der Gemeinschaft: Die Welle baut sich auf

VOR DEM SEHEN

A. Das Schulleben. Machen Sie die Übungen zu den Bildern.

1. Verbinden Sie die Aktivitäten mit dem passenden Bild. Auf welchem Bild ...

1. ___ wird Wasserball gespielt?

2. ___ skatet ein Junge?

3. ___ fährt man Rad?

4. ___ unterhält sich ein Paar im Café?

5. ___ geht man Shopping?

6. ___ wird ein Theaterstück geprobt?

a.

b.

c.

d.

e.

f.

2. Disktutieren Sie mit einem Partner oder einer Partnerin, welche Aktivitäten Ihnen Spaß machen.

B. **Sie sind dran!** Beantworten Sie die Fragen zu Ihren High School-Erfahrungen schriftlich oder interviewen Sie einen Partner/eine Partnerin.

1. Wie hießen Ihre besten Freunde, als Sie an der High School waren?
2. Sind Sie noch mit vielen Freunden aus der High School in Kontakt?
3. Hatten Sie einen Lieblingslehrer oder eine Lieblingslehrerin? Wenn ja, warum hatten Sie diesen Lehrer/diese Lehrerin gern?
4. Was waren Ihre Lieblingsfächer?
5. An welchen Vereinen oder Aktivitäten nahmen Sie teil? (z.B. Theater, Sprachclubs, Schach, Debatte, Chor, Orchester oder Sport)
6. Gab es Cliquen an Ihrer High School?
7. Musste man sich besonders anziehen, um cool oder populär zu sein?
8. Was war total im Trend, z.B., Smartphones, iPods oder Lesegeräte (wie Kindle oder Nook)?
9. Hatten Sie an Ihrer High School einen Dresscode oder Schuluniformen?
10. Gab es Probleme mit Mobbing (*bullying*)?

DER FILM (CLIPS 3-4)

A. Schuluniformen? Diskutieren Sie in der Gruppe oder zu zweit.

1. Was halten die Schüler von Schuluniformen? Sind sie dafür oder dagegen? Machen Sie ein Pluszeichen (+) neben die Aussagen, die dafür sind und ein Minuszeichen (-) neben diejenigen, die dagegen sind.

   Uniformen ...
   sind Scheiße.
   sind total fascho-mäßig.
   sind eine Art Dresscode.
   eliminieren soziale Unterschiede.
   eliminieren die Individualität.
   können teuer sein.
   Mit Uniformen ...
   gehört man zu einer Gruppe.
   hat man morgens weniger Stress.
   Durch Uniformen ...
   erkennt man eine Gemeinschaft.

2. Was meinen Sie? Wie ist Ihre Meinung zu Schuluniformen?

B. **Eine Art Schuluniform.** Sehen Sie den Clip an.

„Eine Art Schuluniform"

3. Clip

RAINER	Wir waren doch bei Gemeinschaft stehen geblieben. Wodurch kann man Gemeinschaft erkennen? Tim?
TIM	Am Gemeinschaftssinn, Herr Wenger.
RAINER	Ja, das ist richtig, aber ich meine mehr so optisch. Lisa?
LISA	An der Kleidung, Herr Wenger?
RAINER	Genau, gemeinsame Kleidung. Man könnte auch sagen, Uniformität.
DOMINIK	Aber Uniformen sind Scheiße.
RAINER	Dominik?
DOMINIK	Also, ich meine, Uniformen sind doch total fascho-mäßig.
RAINER	Ich meine auch nicht unbedingt militärische Uniformen. Uniformen gibt es ja überall, im Supermarkt, bei McDonald's, Stewardessen, Politessen. Selbst Anzüge sind so eine Art Dresscode. Oder was hast du da an? Trägst du nicht auch so 'ne Art Uniform? Du gehörst damit auch zu einer Gruppe, oder nicht? Lisa?
LISA	Ja, aber Uniformen erfüllen ja einen anderen **Zweck**. Sie eliminieren ja soziale Unterschiede.
MONA	Ja, aber sie eliminieren auch jegliche Individualität.
RAINER	Mona, stehst du bitte auf? Lisa, erklärst du das doch noch mal genauer?
LISA	Na ja, ich meine, wir alle stressen uns jeden Morgen damit, was wir anziehen sollen. Das wäre überhaupt nicht nötig, wenn wir alle dieselbe Uniform tragen würden.
RAINER	Karo?
KARO	Ich hab gehört, in Hamburg wird darüber diskutiert, ob wieder Schul-uniformen **eingeführt** werden sollen.
RAINER	Macht das denn Sinn? Sinan.
SINAN	Ja klar, aber die müsste **billig** sein. Damit sie sich jeder **leisten** kann.
RAINER	Marco, das kannst du uns auch erzählen.
MARCO	Ich meinte, Stephon Marbury von den New York Knicks, der hat einen

	Basketballschuh für 14,99 Dollar entwickelt, den „Starbury One". Ja, er kommt selbst aus dem Ghetto und wollte halt, dass sich die Kids Schuhe leisten können und nicht die überteuerte Nike Air kaufen müssen.
RAINER	Das ist ein gutes Beispiel. Wie kann er die so billig auf den Markt werfen?
MONA	Weil die in Arbeitslagern in China produziert werden?
MARCO	Nein, sie stecken einfach nicht so viel Geld in die **Werbung**. Nike gibt ja hunderte von Millionen für Werbedeals aus.
SINAN	David Beckham hat von Adidas **zig** Millionen bekommen.
RAINER	Was haltet ihr denn davon, wenn wir während der gesamten Projektwoche so eine Art Schuluniform einführen?
MONA	Was?
KARO	Und was?
RAINER	Was weiß ich. Eine einfache Jeans und ein weißes Hemd. So was hat doch jeder.
KASCHI	Also, ich hab kein weißes Hemd.
JENS	Ja, also dann kauf dir eben eins.
KASCHI	Also bitte, ich meine, für so was **gebe** ich kein **Geld aus.**
JENS	Komm schon, so was kostet doch nichts.
RAINER	Jens, stehst du bitte auf?
JENS	Also, ich hab zwei weiße Hemden zu Hause. Du könntest eins davon haben.
RAINER	Das nenne ich Teamgeist, Jens. Sehr gut. Dann machen wir das so...

der Zweck	purpose
einführen	to introduce
billig	inexpensive
sich leisten	to afford
die Werbung	advertising
zig	umpteen
Geld ausgeben	to spend money

C. Pro und Kontra. Machen Sie die Übungen zum Clip.

1. Welche Argumente sind für (F) und welche gegen (G) Uniformen?

   _____ Sie eliminieren soziale Unterschiede.

   _____ Sie eliminieren Individualität.

   _____ Es gibt morgens keinen Stress damit, was man anziehen soll.

   _____ Nicht alle können sich Uniformen leisten.

   _____ Dadurch erkennt man die Gemeinschaft einer Gruppe.

2. An wie viele Argumente für und gegen Schuluniformen können Sie denken? Machen Sie zuerst eine Liste von Vor- und Nachteilen von Schuluniformen. Danach ergänzen Sie die Sätze. Wenn Sie damit fertig sind, besprechen Sie in der Klasse die Vor- und Nachteile von Schuluniformen!

   • Einerseits finde ich, dass Schuluniformen gut sind, weil ...
   • Andererseits bin ich der Meinung, dass Schuluniformen nicht gut sind, weil ...

3. Welche wahren Personen, Produkte oder Marken (*brands*) und Orte gibt es im Dialog? Ergänzen Sie die Tabelle.

Personen	Produkte/Marken	Orte
1. NY Knicks	1. McDonald's	1. Hamburg
2.	2	2.
3.	3.	3.
	4.	

D. Dialog. Setzen Die die fehlenden Wörter aus der Liste in die Lücken ein.

Arm • **auslegen** • **Handeln** • **Kreativität** • **zusammen**

E. Macht durch Handeln. Sehen Sie den Clip an und prüfen Sie, ob Sie den Dialog richtig ergänzt haben.

„Macht durch Handeln"

die Stufe	phase; stage
zur Verfügung stellen	to make available

4. Clip

RAINER   Damit kommen wir zur nächsten **Stufe** Macht durch _____. Was nützen all die guten Ideen, wenn man nur auf dem Hintern sitzen bleibt und nicht danach handelt? Ich möchte, dass ihr eure ganze _____ der Welle **zur Verfügung stellt**, für die gesamte Gemeinschaft.

KASCHI   Ok, dann mach' ich uns ein Profil bei MySpace.

RAINER   Klasse.

TIM   Das wollte ich schon machen.

RAINER   Das könnt ihr doch auch _____ machen.

TIM   Nee, dann mach' ich was Eigenes.

KASCHI   Dann bau du doch einfach 'ne Homepage.

LISA   Na ja, wenn Sinan uns das Logo macht, dann können wir auch so Buttons machen. Meine Tante hat eine Maschine dafür.

MAJA   Wir könnten so Tattoos machen, hier so am _____.

FERDI   Postkarten, die wir in Kneipen _____.

JENS   Wir machen Hüte für jeden.

F. Macht durch Handeln. Diskutieren Sie das Thema zu zweit.

1. Was können die Schüler für die Welle tun? Machen Sie eine Liste von den Vorschlägen der Schüler:

   a. _____
   b. _____
   c. _____
   d. _____
   e. _____
   f. _____

2. Welche Ideen finden Sie am besten? Warum? Haben Sie andere Ideen, wie die Schüler kreativ sein können? Schreiben Sie eine zweite Liste.

NACH DEM SEHEN

A. Macht durch Handeln. Vergleichen Sie, wie Karo und Rainer auf die lebendige Diskussion zum Thema reagieren. Wer sieht begeistert aus? Wer skeptisch? Wer macht sich Sorgen? Wer freut sich über das Klassengespräch? Wer nicht? Was hätten Sie an Karos Stelle gedacht? An Rainers?

B. Einen eigenen Namen haben. Schauen Sie sich das Bild an. Welchen Namen hätten Sie gewählt? Oder hätten Sie einen ganz anderen Namen vorgeschlagen? Welcher Name war der populärste? Der zweit populärste? Der unpopulärste?

Zum Film: Zu spät um zurückzukehren: Die Welle überschwemmt

VOR DEM SEHEN

A. Was wird passieren? Schreiben Sie Ihre Voraussagungen (*predictions*) zu den folgenden Fragen.

Wer wird ...

1. _____ das Rathaus besprühen (*spraypaint*)?
2. _____ sich Sorgen um die Welle machen?
3. _____ ein Flugblatt (*flyer*) gegen die Welle machen?
4. _____ Schüler zwingen (*to force*), ein weißes Hemd zu tragen?
5. _____ seine Freundin schlagen?

a. Karo
b. Marco
c. Tim
d. Bomber
e. Frau Wenger

Raten Sie mal, wer das sagen wird.

1. _____ Ich bin ein Mädchen. Ich weiß, wie   a. Karo
wir ticken. Los! Komm, Marco!

2. _____ Tut mir leid, Rainer. Aber ich glaub',   b. Marco
du hast die ganze Sache nicht mehr
unter Kontrolle. Überhaupt nicht mehr.

3. _____ Ich hab' hier ein pädagogisches Ziel.   c. Tim
Sie sollten mal sehen, wie die Schüler
wirklich aus sich rauskommen. Die
sind wirklich hoch motiviert.

4. _____ Das ist nur eine Gaspistole. Immer mit   d. Lisa
der Ruhe. Hab' ich aus dem Internet.
Ist doch kinderleicht.

5. _____ Ich könnte mir das richtig gut vorstellen,   e. Rainer
so, einen normalen Job zu machen, die
richtige Frau zu heiraten, zwei, drei Kinder
zu bekommen.

B. Was passiert in dieser Szene? Ergänzen Sie die Sätze mit Wörtern aus der Liste.

(auf jdn.) richten	to aim at	**(der) Fußgängertunnel**	pedestrian underpass
(jdm.) begegnen	to encounter	**(das) Hirn**	brain
(die) Pistole	handgun	**(die) Schlägerei**	brawl; fight
böse	mad	**irre**	crazy

1. Kevin, Kaschi, Tim, Sinan und Bomber gehen in den
_____, wo sie den „Anarchos"
_____.

2. Die Anarchos sind _____, weil
die „Welle-Faschos" ihre Zeichen übersprüht haben. Sie
provozieren eine _____.

3. Alle sind schockiert, als Tim eine
_____ auf einen Anarcho
richtet. Tim sagt: „Renn um dein Leben oder ich blas dir
das _____ weg."

4. Bomber fragt Tim, ob er völlig
_____ sei, mit einer Pistole
rumzulaufen. Tim erklärt, sie sei nur eine Gaspistole.

A. **Karo und Marco.** Lesen Sie den folgenden Dialog zwischen Karo und Marco, bevor Sie den Clip anschauen. Wessen Meinung finden Sie vernünftiger (*more reasonable*)? Hat Karo Recht, sich um die Welle Sorgen zu machen?

B. **Mach doch mal die Augen auf.** Sehen Sie den Clip an.

„Was hast du gegen die Welle?"

5. Clip

MARCO — Was hast du eigentlich gegen die Welle?

KARO — Mensch, Marco, mach doch mal die Augen auf. Die Welle **entwickelt** sich zu einer echt komischen Sache.

MARCO — Du **steigerst** dich da in was **rein**.

KARO — Ach ja? Dann guck dir das mal an. Allein wie die Seite schon aussieht.

MARCO — Ja, die hat Tim gemacht. Der **schießt** gern mal übers Ziel **hinaus**.

KARO — Hier. „Gestern hat mich so 'n Typ im weißen Hemd von der Seite angemacht, von wegen, wenn ich nicht der Welle **beitrete**, werde ich alle meine Freunde **verlieren**, denn bald würden alle dazu**gehören**. Ich sagte einfach bloß, ich will es mir **überlegen**. Und er voll aggressiv, wenn es dann mal nicht zu spät ist." Zu spät für was, Marco? Merkst du nicht, was hier abgeht? Hier werden Schüler unter Druck gesetzt.

MARCO — Ja, aber, der Eintrag ist anonym gepostet. Woher willst du wissen, dass das kein Fake ist?

KARO — Ein Fake? Leon hat einen Kleinen aus der Sechsten nicht in die Schule gelassen, nur weil er euren bekloppten Welle-Gruß nicht machen wollte.

MARCO — Tut mir leid, aber dein Bruder war schon immer **bescheuert**.

KARO — Aber nicht so. Und ich werde doch auch **behandelt** wie eine **Aussätzige**, bloß weil ich kein weißes Hemd trage.

MARCO — Warum ziehst du's denn nicht einfach an?

KARO — Ganz einfach. Weil ich nicht will.

MARCO — Ich will aber. Die Welle bedeutet mir nämlich was.

KARO — Und was?

MARCO — Gemeinschaft. Du kennst das vielleicht. Du hast eine eigene Familie. Ich nicht. Kommst du jetzt mit oder nicht?

sich entwickeln	to develop; evolve
sich in etwas reinsteigern	to obsess about something
hinausschießen	to overshoot
beitreten	to join
verlieren	to lose
gehören	to belong
sich überlegen	to think over
bescheuert (*slang*)	stupid
behandeln	to treat
der/die Aussätzige	leper

C. **Was hast du gegen die Welle?** Beantworten Sie die Fragen zum Clip.

1. Warum macht sich Karo Sorgen? Warum ist Marco die Welle so wichtig? Machen Sie eine Liste von ihren Argumenten. Wessen Argument finden Sie vernünftiger? Warum?

2. Schreiben Sie eine E-Mail von Karo an die Schulleiterin Frau Kohlhage, in der sie ihre Sorgen und Zweifel (*doubts*) erklärt.

A. Karo versucht, die Welle zu stoppen. Bringen Sie folgende Sätze in die richtige Reihenfolge.

1. _____
2. _____
3. _____
4. _____
5. _____

   a. Stattdessen muss Karo das Flugblatt fotokopieren.

   b. Später sammeln einige Welle-Mitglieder die Flugblätter. Sie wollen, dass Marco mit Karo redet.

   c. Beim Wasserballspiel gibt es eine Prügelei. Das Spiel wird abgebrochen.

   d. Karo versucht, eine E-Mail an alle Schüler zu senden. Doch wird der Versand abgebrochen.

   e. Karo und Mona treffen sich vor der Schwimmhalle. Sie haben vor, die Flugblätter beim Wasserballspiel zu verteilen.

B. Gefühle. Beschreiben Sie in einem ganzen Satz, wie die Figuren sich in diesem Moment fühlen.

1. Sinan und Marco feiern auf der Strandparty.

_____

2. Tim wacht vor Rainers Haus auf.

_____

3. Rainers Wagen wurde beschmutzt.

_____

4. Marco streitet sich mit Karo.

_____

5. Karo wurde von Marco geschlagen.

_____

Gefühle/Emotionen beschreiben

Er/sie fühlt sich ...

aufgeregt	excited; nervous	**besorgt**	anxious; worried
begeistert	enthusiastic	**betrübt**	saddened
erleichtert	relieved	**erregt**	agitated
freudig	joyful	**jämmerlich**	miserable
froh	glad	**traurig**	sad
fröhlich	happy; cheerful	**verblüfft**	stunned
geborgen	secure	**verwirrt**	dazed; confused
glücklich	happy	**unsicher**	unsure
hoffnungsvoll	hopeful	**wütend**	enraged
ruhig	calm		

Zum Film: Außer Kontrolle geraten: Die Welle bricht

VOR DEM SEHEN

A. Zu weit! Wann wird es Marco klar, dass die Welle zu weit gegangen ist? Was macht er, nachdem es ihm klar wurde? Mit wem redet er darüber?

B. Die SMS. Die anderen Schüler ahnen noch nicht, dass etwas los ist. Rainer schickt allen Welle-Mitgliedern eine SMS. Wo waren die Schüler oder was machten sie, als sie die SMS bekamen?

„SMS VON RAINER
Morgen, 12 Uhr, Schulaula. Es geht um die Zukunft der Welle."

Wer ...

1. _____ spielt Videospiele?	a.	Maja & Dennis
2. _____ sieht mit seiner Familie Fern?	b.	Lisa
3. _____ arbeitet als Kellnerin?	c.	Kaschi, Kevin & Bomber
4. _____ videochattet?	d.	Sinan

C. Und Sie? Führen Sie ein Interview mit einem Partner/einer Partnerin.

1. Hast du ein Profil bei Facebook? Wie viele „Freunde" hast du?
2. Postest du oft Einträge bei Facebook, Twitter oder anderen sozialen Netzwerken?
3. Hast du ein Handy? Ist es ein Smartphone? Mit wem sprichst du täglich?
4. Wie oft schreibst du E-Mails? Mehrmals am Tag? Täglich? Wöchentlich?
5. Wem schickst du oft SMS-Nachrichten?
6. Was bedeuten folgende Abkürzungen?
7. Schreib eine SMS an den Kurs mit folgenden Informationen:
   - morgen eine Stunde später
   - im Filmraum/Klassenzimmer
   - der Lehrer/die Lehrerin wird nicht dort sein
   - du selbst wirst einen Film zeigen
   - nenne den Titel des Films

a.	Gute Nacht	___ bb
b.	Alles klar?	___ 8ung
c.	Hab' dich lieb	___ WE
d.	Bis bald	___ akla
e.	Achtung	___ hdl
f.	Wochenende	___ gn8

DER FILM (CLIPS 6-7)

A. Wortfeld. Suchen Sie im Text nach Wörtern, die sich auf eine Diktatur beziehen und unterstreichen Sie diese Wörter.

überrollen	to roll over; defeat	**foltern**	to torture
plattmachen (*slang*)	to crush	**die Regel**	rule
der/die Verräter/in	traitor	**ausschließen**	to exclude
durchgedreht	crazy	**fähig**	capable
töten	to kill	**spüren**	to sense; feel
erhängen	to hang	**korrigieren**	to correct; fix
enthaupten	to behead		

B. Zu weit gegangen. Sehen Sie den Clip an.

„Es ist vorbei"

6. Clip

RAINER	Von hier aus wird die Welle ganz Deutschland überrollen! Und wer sich uns in den Weg stellt, der wird von der Welle plattgemacht!
TIM	Richtig so!
RAINER	Bring mir den Verräter nach vorne! Marco, ich frag dich jetzt hier vor allen. Bist du für uns oder gegen uns?
MARCO	Bist du jetzt komplett durchgedreht oder was?
RAINER	Was machen wir jetzt mit dem Verräter? Huh? Was sollen wir mit dem Verräter machen? Bomber, sag du. Na los, sag! Du hast ihn doch auch hier hochgebracht!
BOMBER	Ja, klar, weil Sie es gesagt haben.
RAINER	Weil ich es gesagt habe, ja? Und würdest du ihn auch töten, wenn ich es sage? Wir können ihn ja auch erhängen oder enthaupten. Oder vielleicht foltern wir ihn, dass er sich zu unseren Regeln bekennt. So was macht man nämlich in einer Diktatur! ... Habt ihr gemerkt, was hier gerade passiert ist? Alles ok, Marco?
MARCO	Alles klar.
RAINER	Könnt ihr euch noch erinnern, was für eine Frage letzte Woche im Raum stand? Ob so was wie eine Diktatur bei uns noch möglich ist? Das war genau das. Faschismus. Wir alle haben uns für was Besseres gehalten, besser als alle anderen. Aber was noch viel schlimmer ist—wir haben alle, die nicht unserer Meinung waren, aus unserer Gemeinschaft ausgeschlossen. Wir haben sie verletzt ... und ich will nicht wissen, zu was wir noch alles fähig gewesen wären. Ich muss mich bei euch entschuldigen. Wir sind zu weit gegangen. Ich bin zu weit gegangen. Die Sache ist hier zu Ende.
DENNIS	Und was heißt das jetzt? Für die Welle?
RAINER	Dass es vorbei ist.
DENNIS	Einfach so?
RAINER	Ja. Einfach so.
TIM	Nein, das ist nicht vorbei.
RAINER	Doch, Tim. Es ist vorbei.
DENNIS	Aber nicht alles an der Welle ist schlecht! Wir haben es doch alle gespürt. Ja, wir haben Fehler gemacht. Aber die können wir korrigieren.
RAINER	Nein, Dennis. So was kann man nicht korrigieren. Ich will, dass ihr jetzt alle nach Hause geht. Es gibt sicherlich genug, worüber ihr nachdenken müsst.

C. Es ist vorbei. Beantworten Sie die Fragen zum Clip.

1. Beschreiben Sie Rainers Rede in diesem Clip. Wie klang (*sounded*) seine Stimme? Wie haben die Schüler auf ihn und seine Worte reagiert?
2. Glauben Sie, dass Rainer und Marco die Szene zusammen geplant haben, damit die anderen Schüler endlich bemerken würden, was passiert ist? Wenn ja, warum? Wenn nein, warum nicht?

D. Die Welle lebt! In diesem Clip sehen Sie, wie die Situation eskaliert.

„Die Welle—das war mein Leben"

7. Clip

TIM	Halt! Alle bleiben sitzen und die Türen zu! Keiner geht nach Hause!
RAINER	Leg die Waffe weg.
TIM	Sie haben uns **belogen**. Die Welle lebt. Die ist nicht tot. Sagen Sie es. Die Welle lebt!
BOMBER	Das ist doch nur eine Gaspistole.
TIM	Ja, jetzt **nimmst** du mich **ernst**. Denkst du, ich weiß nicht, wie du mich immer **verarscht** hast? Wie ihr mich verarscht habt?
TIM	Die Welle. Das war mein Leben.

RAINER	Tim, ganz ruhig. Ganz ruhig. Leg die Waffe weg.
TIM	Noch einen Schritt weiter und ich schieß' Ihnen ins Gesicht.
RAINER	Und dann? Was ist dann? Dann gibt's keinen Herrn Wenger mehr, der deine Welle anführen kann. Ist es das, was du willst?

belügen	to tell a lie
ernst nehmen	to take seriously
verarschen (*slang*)	to make a fool of

E. Meinungsäußerung. Diskutieren Sie Ihre Meinungen mit einem Partner/ einer Partnerin. Sind Sie der gleichen Meinung?

1. Ich finde, dass … / Wir finden, dass …
   - ☐ Tim Recht hat: Herr Wenger hat sie belogen.
   - ☐ Tim sich irrt: Herr Wenger hat sie nicht belogen.
2. Ich bin der Meinung, dass … / Wir sind der Meinung, dass …
   - ☐ Tim von den anderen Schülern schlecht behandelt wurde.
   - ☐ Tim von den anderen Schülern nicht so schlecht behandelt wurde.
3. Dass Tim sich erschossen hat, hat mich … /Dass Tim sich erschossen hat, hat uns …
   - ☐ sehr überrascht.
   - ☐ nicht sehr überrascht.

Die Meinung äußern

Meiner Meinung nach …
Ich bin der Meinung, dass …
Ich glaube (nicht), dass …
Ich bin fest davon überzeugt, dass …
Ich bin mir nicht sicher, ob …
Ich weiß nicht, ob …
Ich stimme ihm/ihr (nicht) zu.
Wir sind (nicht) einverstanden.
Ich bin der gleichen Meinung.

NACH DEM SEHEN

A. Alles klar? Geben Sie an, ob die Sätze richtig (R) oder falsch (F) sind.

1. _____ Rainer las Auszüge (*excerpts*) aus den Aufsätzen vor.
2. _____ Rainer fragte Marco, ob er für oder gegen sie war.
3. _____ Marco wurde verletzt (*hurt*).
4. _____ Dennis wollte nicht, dass die Welle vorbei war.
5. _____ Karo saß in der Aula (*auditorium*) neben Lisa.
6. _____ Bomber glaubte, dass Tim eine echte Pistole hatte.
7. _____ Tim bedrohte Marco mit seiner Waffe.
8. _____ Bomber starb in der Aula.
9. _____ Rainer wurde von zwei Polizisten festgenommen.
10. _____ Karo und Marco umarmten sich.

B. In der Aula. Vergleichen Sie die zwei Bilder. Überlegen Sie sich die „W-Fragen": wer, wie, wo, wann, was.

Synthese
DISKUSSION

 A. Ein Standbild diskutieren. Beschreiben Sie dieses Standbild genau. Es drückt den Konflikt des Films zwischen den beiden Figuren Rainer und Karo aus. Wie würden Sie diesen Konflikt beschreiben? Mit welchen Adjektiven kann man den Gesichtsausdruck der beiden beschreiben? Warum wird Rainers Gesicht in der Fensterscheibe gespiegelt? Was soll das über den Charakter von Rainer zeigen?

B. Fragen zur Diskussion. Diskutieren Sie folgende Fragen mit einem Partner/einer Partnerin.

1. Wie hat Ihnen der Film gefallen? Mochten Sie ihn? Warum oder warum nicht?
2. Mit welcher Figur identifizieren Sie sich am meisten und warum?
3. Hätten Sie bei diesem Experiment mitgemacht? Warum oder warum nicht?
4. Fanden Sie Aspekte des Films unglaubhaft oder unrealistisch? Welche?
5. Wäre es Ihrer Meinung nach besser, wenn der Film ein Happy-End hätte?
6. Ab welchem Zeitpunkt hätte Rainer Wenger Ihrer Meinung nach das Experiment abbrechen sollen?
7. Was kann man Ihrer Meinung nach gegen Amokläufe (*killing rampages*) in den USA tun?

SPRECHAKTE: UMGANGSSPRACHE

Wissenswert! Umgangssprache!

Umgangssprache refers to everyday, colloquial speech that you use with friends and family. It differs from other more formal registers or styles that you would likely use when talking to your professors, your doctor, a judge, or in most service encounters (e.g., ordering food in a restaurant or making a hotel reseveration). *Umgangssprache* typically has more slang, and since it is spoken, shares characteristics with general spoken language—contractions, elisions (omitting a sound to make pronunciation easier), and more connected speech.

Im Film verwenden die Schüler viel Umgangssprache. Ein Beispiel ist von Bomber, der sagt „Langsam hab' ich es auch kapiert". Welche Merkmale (*features*) der Umgangsprache gibt es in dem Satz von Bomber?

hab' (= habe)
kapiert (= verstanden)

1. Nennen Sie einige Merkmale der Umgangssprache in den folgenden Sätzen aus dem Film.
   - Schenk' ich euch. Ihr seid doch meine Homies. (Tim)
   - Alter, ich bin schon zweimal hängen geblieben. Weißt du, was los ist, wenn ich mein Abi nicht schaffe? (Sinan)
   - V8, 190 KW, 240 Spitze. Würde ich sagen, knallen wir mit dem Baby mal über die Bahn, oder? (Kevin)
   - Nee, dann mach' ich was Eigenes. (Tim)
   - Tut mir leid, aber dein Bruder war schon immer bescheuert. (Marco)

2. Erklären Sie, mit wem Sie informeller oder formeller reden! Warum ist das der Fall (*case*)? Wie reden Sie zum Beispiel mit Ihren Freunden? Welche Slangwörter benutzen Sie regelmäßig (*regularly*)?

Internetrecherche mit Präsentation

1. Sammeln Sie Informationen zu Amokläufen in Deutschland. Was sind die schlimmsten Fälle der vergangenen fünf Jahre?

2. Lernen Sie mehr über das Abitur, zum Beispiel: Was muss man machen, um das Abitur zu erreichen? In welchem Alter macht man das Abitur? In wie vielen Fächern muss man das Abitur schreiben? Ist es unterschiedlich in den einzelnen deutschen Bundesländern?

3. Marco vergleicht Karo mit Sophie Scholl. Berichten Sie im Kurs über Sophie Scholl und die Widerstandsgruppe „Die Weiße Rose".

Schreibprojekte

1. Schreiben Sie einen Tagebucheintrag aus der Perspektive einer der Figuren im Text.

2. Es ist 30 Jahre später, und die ehemaligen Schüler schreiben einen Rückblick über die Projektwoche und ihre Folgen. Schreiben Sie Ihren Rückblick aus der Perspektive einer der Figuren.

3. Schreiben Sie ein alternatives Ende zum Film.

4. Erzählen Sie eine Szene aus der Perspektive einer der Nebenfiguren, zum Beispiel Frau Wenger, Frau Kohlhage (die Schulleiterin) oder Mona.

5. Welche Unterschiede und Gemeinsamkeiten bemerken Sie zwischen dem Film *Die Welle* und dem graphischen Roman von Stefani Kampmann (Ravensburger Buchverlag, 2007) nach dem Roman von Morton Rhue? Warum gibt es Ihrer Meinung nach solche Unterschiede bzw. Gemeinsamkeiten? Einige Seiten aus diesem Roman können Sie hier lesen.

Strukturen: Präteritum

Even if you listen carefully during *Die Welle*, you will not hear the simple past tense much because the simple past is used more often in writing than in speaking. But there are some verbs that occur frequently in the simple past tense, even in spoken language.

SEIN, HABEN, AND THE MODAL VERBS (*MODALVERBEN*)

Sein & haben are two of the most frequently used verbs in German. Learning the simple past tense of these verbs is actually easier than the present tense because the stem is the same throughout the whole paradigm. The **modal verbs** are conjugated just like *haben*, so we will work on them all together.

	sein	haben	wollen	sollen	können	müssen	dürfen
ich + er/sie/es	war	hatte	wollte	sollte	konnte	musste	durfte
du	warst	hattest	wolltest	solltest	konntest	musstest	durftest
wir + sie + Sie	waren	hatten	wollten	sollten	konnten	mussten	durften
ihr	wart	hattet	wolltet	solltet	konntet	musstet	durftet

A. Fill in the blanks. You will notice that the 1st and 3rd person forms (singular & plural) are actually the same. Practice by filling in the blanks in these lines drawn from the film.

1. Anke Wenger   Rainer, _____ (sein) du schon bei der Kohlhage?
2. Jens' Aufsatz   Eigentlich _____ (haben) ich immer alles, was ich _____ (wollen). Doch was ich am meisten _____ (haben), _____ (sein) Langeweile.
3. Rainer   Den _____ (müssen) ich heute rausschmeißen.
4. Dennis   Ihr _____ (wollen) doch, dass sie die Rolle spielt.
5. Lisa   Dennis meinte, ich _____ (sein) sogar richtig gut.
6. Marco   Kevin _____ (wollen) von Anfang an nicht mitmachen.

REGULAR VERBS (*REGELMÄßIGE VERBEN*)

The simple past tense form of **regular** verbs is also easy to learn since the endings are the same as the ones we just worked on. Take a look at some high-frequency regular verbs you probably know. As you might have noticed above, the verb endings are:

ich + er/sie/es	-te
du	-test
wir + sie + Sie	-ten
ihr	-tet

ACHTUNG!

Regular verbs **never** have a vowel change in the past tense or in the participle, **always** have a **-t** in the simple past tense form, and the past participle **always** ends in **-t**.

Examples: spiel**te**/gespiel**t**, mach**te**/gemach**t**, such**te**/gesuch**t**

How is that for regular?

	machen	meinen	fragen	spielen	kaufen	studieren
ich + er/sie/es	machte	meinte	fragte	spielte	kaufte	studierte
du	machtest	meintest	fragtest	spieltest	kauftest	studiertest
wir + sie + Sie	machten	meinten	fragten	spielten	kauften	studierten
ihr	machtet	meintet	fragtet	spieltet	kauftet	studiertet

A. Ready to give it a try? All of the verbs are regular, even if they are not on the chart.

1. Rainer _____ (studieren) Pädagogik und Sport an der Uni.
2. Marco _____ (sagen) Lisa, dass er Angst hatte, Karo zu verlieren.
3. Jens und Lisa _____ (kaufen) weiße Hemden.
4. Mona und Karo _____ (machen) bei der Schülerzeitung mit.
5. Maja _____ (spielen) eine Hauptrolle im Theaterstück.
6. Dennis _____ (meinen), dass Ferdi sich an den Text halten sollte.
7. Kevin _____ (spielen) gern Videospiele mit seinen Kumpeln.
8. Am Ende des Films _____ (leben) Tim nicht mehr.

B. Your turn! Now write a few sentences about the film or your own experiences using these regular verbs in the simple past tense:

brauchen • diskutieren • tanzen • lernen • proben

1. _____
2. _____
3. _____
4. _____
5. _____

IRREGULAR VERBS (UNREGELMÄßIGE VERBEN)

A. The **irregular** verbs have a stem-vowel change (called *ablaut*) in the simple past tense (and often in the participle). The good news is that the 1st and 3rd person still share the same verb form! There are even patterns of verbs you can learn, which is why the format of this chart is different and the participle is given. See if you can recognize the patterns and complete the chart by filling in the missing verbs.

Infinitive	ich + er/sie/es	du	wir + sie + Sie	ihr	participle
schreiben	schrieb	schriebst	schrieben	schriebt	geschrieben
bleiben					geblieben
fliegen	flog	flogst	flogen	flogt	geflogen
ziehen					gezogen
verlieren					verloren
trinken	trank	trankst	tranken	trankt	getrunken
schwimmen					geschwommen
finden*					gefunden
helfen	half	halfst	halfen	halft	geholfen
nehmen					genommen
sterben					gestorben
kommen					gekommen
essen	aß	aßt	aßen	aßt	gegessen
geben					gegeben
lesen					gelesen
tragen	trug	trugst	trugen	trugt	getragen
fahren					gefahren
einladen					eingeladen
gehen	ging	gingst	gingen	gingt	gegangen
fangen					gefangen
schlafen	schlief	schliefst	schliefen	schlieft	geschlafen
laufen					gelaufen
rufen					gerufen

*In the "*ihr*" form, put an -e- between the d_t (*fandet*)

B. Time to practice. Complete the sentences.

1. Rainer _____ (schwimmen) jeden Morgen.
2. Lisa _____ (helfen) Mona mit Mathe.
3. Viele _____ (trinken) Bier auf der Party.
4. Die Welle-Mitglieder _____ (gehen) zu weit.
5. Er _____ (laufen) schnell nach Hause.
6. Karo und Marco _____ (fahren) Rad.
7. Marco _____ (ziehen) nicht nach Barcelona.
8. Die Schüler _____ (schreiben) Aufsätze über die Welle.
9. Zu Hause _____ (lesen) Rainer ihre Aufsätze.
10. Die Projektwoche _____ (beginnen) an einem Montag.

ACHTUNG!

Did you know that **ALL** irregular verbs in English date back to a proto-Germanic language? That's why you can often guess that a German verb is irregular if the same verb (i.e., cognate) is irregular in English.

Your turn again! Now write a few sentences on topics of your choice using these irregular verbs in the simple past tense:

> **tragen** • **schlafen** • **essen** • **sprechen** • **gehen**

1. _____
2. _____
3. _____
4. _____
5. _____

MIXED VERBS (MISCHVERBEN)

The last type of verb you need to know about is called a **mixed verb**. Mixed verbs have a stem-vowel change like the irregular verbs but have a **-t** like the regular verbs, so they are irregular irregular verbs! But they are high-frequency verbs, so they are easy to remember.

	wissen gewusst	kennen gekannt	denken gedacht	bringen gebracht	nennen* genannt	mögen** gemocht	tun*** getan
ich + er/sie/es	wusste	kannte	dachte	brachte	nannte	mochte	tat
du	wusstest	kanntest	dachtest	brachtest	nanntest	mochtest	tat(e)st
wir + sie + Sie	wussten	kannten	dachten	brachten	nannten	mochten	taten
ihr	wusstet	kanntet	dachtet	brachtet	nanntet	mochtet	tatet

* also *brennen* and *rennen*

** *mögen* is actually a modal verb but has both a stem-vowel and a consonant change

*** *tun* only partially fits the profile of a mixed verb

A. **Fill in the blanks.** Use the past tense form of the appropriate verb.

> **wissen** • **bringen** • **denken** • **nennen** • **tun** • **kennen** • **mögen**

1. Karo _____ nicht, dass Marco und Lisa sich küssten.
2. Die Gruppe _____ sich die Welle.
3. Tim _____ eine Pistole in die Schulaula mit.
4. Bomber _____, dass Tims Pistole nicht echt war.
5. Sinan und Marco _____, dass Kevin wieder mitmachen sollte.
6. _____ Rainer nicht, dass die Welle außer Kontrolle geriet?
7. Marco _____ Karos Eltern sehr gut.
8. Tim _____, wer das Graffiti am Rathaus machte.
9. Die Schüler _____ Rainers Kurse sehr.
10. Es _____ Marco leid, dass er Karo geschlagen hatte.

B. What were you thinking? Answer the questions using the simple past tense forms of **denken**, **wissen**, or **finden**. You will also need to change the underlined verb to the simple past tense.

Examples:

Karo <u>ist</u> gemein zu Lisa. *Ich dachte, dass Karo gemein zu Lisa war.*

Rainer <u>ist</u> ein guter Lehrer. *Ich dachte nicht, dass Rainer ein guter Lehrer war.*

- Marco <u>liebt</u> Karo.
- Lisa <u>hat</u> Marco sehr gern.
- Karos Eltern <u>sind</u> merkwürdig (*odd*).
- Kevin <u>gibt</u> sich viel Mühe (*effort*) in der Schule.
- Rainer versteht den Ernst der Sache (*seriousness of the matter*) nicht.

1. _____
2. _____
3. _____
4. _____
5. _____

C. All together now: Regular, irregular, and mixed verbs. First identify if the underlined verbs are regular (R), irregular (I), or mixed (M). Second, change the verbs into the simple past tense.

1. Stephon Marbury hat einen Basketballschuh <u>entwickelt</u>. Er <u>kommt</u> selbst aus dem Ghetto. David Beckham hat von Adidas zig Millionen <u>bekommen</u>.

entwickeln = ___	Stephon Marbury _____ einen Basketballschuh.
kommen = ___	Er _____ selbst aus dem Ghetto.
bekommen = ___	David Beckham _____ von Adidas zig Millionen.

2. Rainer <u>nimmt</u> die Sache nicht ernst. Es <u>gibt</u> allerdings ein pädagogisches Ziel. Die Schüler <u>interessieren</u> sich für das Projekt.

nehmen = ___	Rainer _____ die Sache nicht ernst.
geben = ___	Es _____ allerdings ein pädagogisches Ziel.
interessieren = ___	Die Schüler _____ sich für das Projekt.

3. Tim hat die Webseite <u>gemacht</u>. Karos Bruder Leon hat einen Kleinen aus der Sechsten nicht in die Schule <u>gelassen</u>. Die Welle <u>bedeutet</u> Marco etwas.

machen = ___	Tim _____ die Webseite.
lassen = ___	Leon _____ einen Kleinen nicht in die Schule.
bedeuten = ___	Die Welle _____ Marco etwas.

4. Marco <u>liebt</u> Karo. Er hat sie trotzdem <u>geschlagen</u>. Er <u>weiß</u> nicht warum. Rainer <u>schickt</u> allen Welle-Mitgliedern eine SMS.

lieben = ___	Marco _____ Karo.
schlagen = ___	Trotzdem _____ er sie.
wissen = ___	Er _____ nicht warum.
schicken = ___	Rainer _____ allen Welle-Mitgliedern eine SMS.

5. Bomber <u>bringt</u> Marco nach vorne. Rainer <u>sagt</u>, dass die Welle zu weit <u>geht</u>. Tim akzeptiert das nicht.

bringen = ___   Bomber _____ Marco nach vorne.
sagen = ___   Rainer _____,
gehen = ___   dass die Welle zu weit _____.
akzeptieren = ___   Tim _____ das nicht.

Strukturen: Befehle
OVERVIEW OF COMMANDS (BEFEHLE)

Commands (or imperatives) are used to tell people what to do, like, "Read this now!" or "Finish your homework!" Commands can only be used in the 2nd person form because they involve person-to-person communication. German has 2nd person informal singular (*du*) and plural (*ihr*) and the formal singular and plural (*Sie*). Commands are actually kind of easy in German if you understand the steps.

> **Take the VERB STEM**
> (everything before the –en)

⬇

> **Does the stem vowel change in the 2nd person?**

⬅ No!
You're done! Just add the plural endings (-t for informal and -en for formal).

➡ Yes!
If you're using the "du" form, change the vowel but do NOT add the umlaut!

⬇

DU	Pass auf! Hör gut zu! Schreib das auf!
IHR	Passt auf! Hört gut zu! Schreibt das auf!
SIE	Passen Sie auf! Hören Sie gut zu! Schreiben Sie das auf!

⬇

DU	Gib mir die DVD! Fahr langsamer! Lauf mit!
IHR	Gebt mir die DVD! Lauft mit! Fahrt langsamer!
SIE	Geben Sie mir die DVD! Laufen Sie mit! Fahren Sie langsamer!

> **ACHTUNG!**
> Some verbs, such as atmen and warten, add an –e in the 2nd per. sing. imperative ("atme" and "warte"). Reflexive verbs still need the reflexive pronoun, for example, "setz dich," "trau dich" or "beruhigt euch."

A. **Let's practice!** First, label each verb according to whether it follows the left (L) or right (R) side of the flow chart. Then make command forms.

____ machen	_____ die Musik lauter! (*du*-form)
____ nehmen	_____ eure Jacke mit! (*ihr*-form)
____ sagen	_____ Sie das bitte noch einmal.
____ hängen	_____ das Poster an die Wand! (*du*-form)
____ bleiben	_____ noch ein bisschen! (*ihr*-form)

B. **More practice!** Underline each command and label the forms (*du, ihr, Sie*).

Example:
du   *Dann <u>kauf</u> dir eben eins.* (Jens)

1. ____ Regeln Sie das unter sich. (Frau Dr. Kohlhage)
2. ____ Lisa, enttäusch mich nicht. (Rainer)
3. ____ Warte mal, ich find das gerade interessant. (Rainer)
4. ____ Marco, ich weiß, dass du müde bist vom Training, aber setz dich mal gerade hin.
5. ____ Streck mal die Wirbelsäule durch, stell mal die Füße parallel und atme mal ganz tief ein. (Rainer)
6. ____ Kommt, steht auf! (Rainer)
7. ____ Hör zu, Mann. (Sinan)
8. ____ Lass mich in Ruhe. (Marco)
9. ____ Lisa, setz dich einfach noch mal hin. Atme ganz tief durch. Überleg dir vorher deine Antwort, und zwar knapp. Ich weiß, dass du das kannst. Versuch es noch mal, ok?
10. ____ Mona? Steh bitte auf. (Rainer)
11. ____ Lasst mich in Ruhe, ihr Wichser. (Tim)
12. ____ Hey, hey, bleib doch mal ganz ruhig. (Punk)
13. ____ Hey, jetzt wartet mal. (Lisa)
14. ____ Also, jetzt trau dich mal, Lisa. (Dennis)
15. ____ Hey, beruhigt euch mal. Die Welle ist eine Bewegung. (Sinan)
16. ____ Jetzt mach dir nicht so viele Gedanken. Sie hätte auch mitkommen können. (Lisa)
17. ____ Nee, jetzt geh nicht ran. Glaub mir... Ich weiß, wie wir ticken. (Lisa)
18. ____ Los! Komm, Marco! (Lisa)
19. ____ Tim, hör auf mit der Scheiße. Vergiss es, Mann. Wir müssen hier weg. Hey! (Sinan)
20. ____ Gib mir dein Handy. Hast du Video? (Kaschi)
21. ____ Nimm die Pistole runter. (Sinan)
22. ____ Karo, warte doch mal. (Marco)
23. ____ Frag dich lieber mal, was mit euch eigentlich los ist. (Karo)
24. ____ Lass mich. Fass mich nicht an! Fass mich nicht an! Hau ab! (Karo)
25. ____ Tim, ganz ruhig. Ganz ruhig. Leg die Waffe weg. (Rainer)

C. **Giving advice.** What advice would you give the characters at the beginning or the end of the movie? Use commands and write complete sentences. Pay attention to singular/plural and formal/informal.

1. Tim, _____!
2. Marco, _____!
3. Karo, _____!

ACHTUNG!

German speakers sometimes use the pronoun "du" with the command for emphasis, as in „Sag **du** mir nicht, was ich machen soll". (Rainer) Notice also how **mal** is used to make a command sound less harsh.

4. Herr Wenger, _____!

5. Frau Wenger, _____!

6. Kevin und Bomber, _____!

7. Mona, _____!

8. Lisa, _____!

9. Karo und Marco, _____!

10. Sinan, _____!

 D. More advice! Choose one of the situations below and write five commands. When you are done, act out one of the situations with a partner or two.

1. One of your friends is struggling in his Spanish class. He is not a very serious student and has not developed good study habits, especially in a foreign language. That is why he is turning to you for help!

2. Two of your friends are planning a trip for spring break. They are deciding where to go, how to get there, and what to do while they're there. What advice do you have for them?

3. Your history professor has asked her class for ideas about how to make class more interesting for students and encourage students to be more engaged during class. What advice do you give her?

Lektüre 1
DIE WELLE, ROMAN NACH DEM FILM

von Kerstin Winter (Ravensburger, 2008)

Kerstin Winter's novel is based on the screenplay *Die Welle*, by Dennis Gansel and Peter Thorwart, that retells the story of a history teacher in California, Ron Jones, who conducted an experiment in 1967 with his high school students to disprove their belief that democratic societies would not give in to fascism. Jones' movement was called "The Third Wave". Winter's novel, like others in the popular genre "das Buch zum Film", expands on the film by providing insights into the characters' thoughts and actions. In this excerpt, we read what happens outside after the scene in the school auditorium.

VOR DEM LESEN

A. Den Text überfliegen. Machen Sie die Übungen.

1. Suchen Sie 10 Wörter im Text, die mit englischen Wörtern verwandt sind, und tragen Sie sie in die Liste ein.

   1. _____   2. _____
   3. _____   4. _____
   5. _____   6. _____
   7. _____   8. _____
   9. _____   10. _____

2. Nun suchen Sie nach einigen unbekannten Wörtern im Text. Wenn sie nicht schon im Vokabelkästchen sind, schlagen Sie sie im Wörterbuch nach und schreiben Sie Ihre Anmerkungen an den Seitenrand (*margin*).

3. Aus wessen Perspektive ist dieser Text? Gibt es einen Ich-Erzähler oder ist er in der dritten Person? Gibt es Dialog im Text? Wer wird zitiert (*quoted*)?

4. Worüber berichtet das Team der Lokalnachrichten?
5. Auf welche Schüler beziehen sich diese Beschreibungen?
   - eine zarte Blondine mit Locken (*curly hair*)
   - ein hübsches Mädchen mit langen rotbraunen Haaren
   - einen athletisch gebauten Jungen
   - einen großen Jungen türkischer Herkunft

„EPILOG" AUS *DIE WELLE: ROMAN NACH DEM FILM*

Das Team der **Lokalnachrichten** traf kurz nach der Ambulanz ein und hatte so Zeit und Gelegenheit, das Equipment aufzubauen und mit der Kamera erste **Eindrücke** festzuhalten. „Momentaufnahmen" und „dramatische Bilder" galt es zu filmen, und man würde die **Zuschauer** nicht **enttäuschen**. Es boten sich dankbare Motive und der Kameramann hielt sie alle fest. Eine zarte Blondine mit noch etwas pausbäckigem Gesicht und engelhaften Locken, die im Schneidersitz auf dem Boden saß und laut und hemmungslos weinte.

Ein hübsches Mädchen mit langen rotbraunen Haaren, das langsam auf einen athletisch gebauten, sehr bleichen Jungen im weißen Hemd zutrat. Sie schlossen einander stumm in die Arme.

Eine aufgeregte ältere Frau - die Schulleiterin, wie man hörte -, die unter beinahe hysterischem Geschrei in die von der Polizei abgesperrte **Aula** zu gelangen versuchte.

Eine **schwangere** Frau, die vollkommen **stumm** und reglos am Randstein auf der gegenüberliegenden Straßenseite stand und zur Schule hinüberblickte.
Ein großer Junge, vermutlich türkischer Herkunft, der die Hände vors Gesicht schlug. Und ein anderer, in dem der Kameramann den Sohn eines stadtbekannten Industriellen zu erkennen glaubt, der ihm den Arm um die Schultern legte.

Eltern, die ihre Kinder in die Arme schlossen.

Ein schlichter **Sarg** in hässlichem Amtsgrau.

Eine **Trage** mit einem massigen Jungen, dessen Schulter bandagiert war.

Und überall weiße Hemden.

Dann rief die Reporterin, man würde ihn jetzt herausbringen. Der Kameramann beeilte sich, zu ihr zu kommen, während sie sich noch rasch das Haar aus dem Gesicht strich und ihm dann zunickte. *Los jetzt.*

„Guten Tag, meine Damen und Herren, wir senden live vom Schauplatz einer unfassbaren Tragödie, die sich vor nur wenigen Minuten hier, in der Aula des Marie-Curie-Gymnasiums, abgespielt hat. Bei einer Art Abschlussveranstaltung einer Projektwoche der Schule **schoss** ein siebzehnjähriger Junge einen Mitschüler **an** und **tötete** danach **sich selbst**. Die genauen Umstände sind noch nicht geklärt. Es heißt jedoch, dass der Lehrer, der dieses Projekt leitete, eine nicht unerhebliche Rolle in der Entwicklung spielte, die zu diesem dramatischen Ereignis geführt hat ..."

Der Kameramann schwenkte an der Reporterin vorbei und zoomte auf den kleinen Trupp, der nun aus der Aula trat. Zwei Polizisten führten einen Mann, Ende dreißig, in **Handschellen** zum Streifenwagen, der mit Blaulicht am Straßenrand parkte. Der Mann schien unter Schock zu stehen; er blickte sich verwirrt um, als befände er sich in Trance. Aber er bot ein wenig spektakuläres Bild und daher richtete der Kameramann sein **Objektiv** lieber wieder auf den Sarg. Tote Schüler brachten **Quoten**.

die Lokalnachrichten (pl.)	local news
der Eindruck	impression
die Zuschauer (pl.)	audience
enttäuschen	to disappoint
die Aula	auditorium
schwanger	pregnant
stumm	silent; silently
der Sarg	coffin
die Trage	stretcher
jdn. anschießen	to shoot someone
sich selbst töten	to kill oneself
die Handschellen (pl.)	handcuffs
das Objektiv	lens
die Quoten	ratings

NACH DEM LESEN

A. Wer ist das? Tragen Sie die Namen der Figuren in die Lücken ein.

| Anke Wenger | Rainer Wenger | Karo | Marco |
| Lisa | Sinan | Bomber | Kevin |

a. _____ eine zarte Blondine mit noch etwas pausbäckigem Gesicht und engelhaften Locken, die im Schneidersitz auf dem Boden saß und laut und hemmungslos weinte

b. _____ ein hübsches Mädchen mit langen rotbraunen Haaren

c. _____ ein athletisch gebauter, sehr bleicher Junge im weißen Hemd

d. _____ eine schwangere Frau, die vollkommen stumm und reglos am Randstein auf der gegenüberliegenden Straßenseite stand und zur Schule hinüberblickte

e. _____ ein großer Junge, vermutlich türkischer Herkunft, der die Hände vors Gesicht schlug

f. _____ ein anderer (Junge) eines stadtbekannten Industriellen

g. _____ eine Trage mit einem massigen Jungen, dessen Schulter bandagiert war

h. _____ ein Mann, Ende dreißig, in Handschellen

B. Fragen zum Inhalt. Beantworten Sie die Fragen.

1. Wie reagieren die Figuren? Wer weint? Wer ist stumm? Wer schreit? Wer umarmt wen?

2. Warum sind die ersten Eindrücke für das Team der Lokalnachrichten so wichtig?

3. Was bedeuten folgende Ausdrücke?
   - hemmungslos weinen
   - vollkommen stumm und reglos
   - vermutlich türkischer Herkunft

4. Warum richtete der Kameramann sein Objektiv wieder auf den Sarg?

C. Zur Diskussion. Besprechen Sie in einer Gruppe oder zu zweit.

1. Ist es Ihrer Meinung nach problematisch, dass das Team der Lokalnachrichten gekommen ist, um „Momentaufnahmen" und „dramatische Bilder" zu filmen?

2. Hält der Text sich an die letzte Szene im Film? Hätten Sie die Szene—die Personen, die Stimmung oder die Umgebung—anders beschrieben? Wenn ja, wie?

Lektüre 2
MOBBING IN DER SCHULE

von Karl Gebauer (Beltz, 2009)
Bullying (in German "Mobbing") at school affects children and teens mentally and physically. Fear, anxiety, and physical attacks become part of their daily lives. In this excerpt from *Mobbing in der Schule*, a self-help book from pedagogy expert Dr. Karl Gebauer, a mother describes her daughter's turbulent experiences in school.

VOR DEM LESEN

A. **Zum Text**

1. Überfliegen Sie den Text, um folgende Fragen zu beantworten.
   a. In welcher Klasse war Steffi, als das Mobbing angefangen hat?
   b. Wie alt war Steffi, als Martina ihr Geburtstagsgeld verlangt hat?
   c. Was machte Steffi während ihrer „schwierigen Phase"?
   d. Geht es ihr heute besser?

2. Was musste Steffi **nicht** ertragen?
   a. Sie wurde wegen ihrer Akne beschämt.
   b. Sie wurde geschlagen.
   c. Sie wurde mit einer Pistole bedroht.
   d. Sie wurde mit einem Messer bedroht.

B. **Zur Grammatik.** Suchen Sie im Text nach der Vergangenheitsform dieser Verben, um die Tabelle zu ergänzen.

	Präteritumsform	Subjekt des Satzes
a. schreien	schrie	sie (Steffi)
b. können		die Ärzte
c. geben		Steffi
d. anrufen		Steffi
e. erzählen		Martina
f. gehen		Steffi
g. trinken		Steffi
h. anschließen		Steffi

„ICH NEHME MIR DAS LEBEN"— WENN MOBBING SEHR GEFÄHRLICH WIRD

„Meine Tochter ist heute 18 Jahre alt. In der 5. Klasse wurde sie gemobbt. Während ihrer Grundschulzeit war sie ein eher **zurückhaltendes** Mädchen; sie konnte aber sehr wild sein. Nachdem sie in die 5. Klasse gekommen war, **klagte** sie über Bauchschmerzen; nachts wachte sie oft auf und schrie dann laut. ... Die Ärzte konnten keine **Ursache** finden.

An ihrem 11. Geburtstag hatte sie von ihren Großeltern Geld bekommen. An diesem Tag kam ihre Mitschülerin Martina und forderte von unserer Tochter 30DM. Steffi gab ihr das Geld. [...]

Martina war mir **unsympathisch**. Man konnte bei ihr keine Emotionen wahrnehmen. Aber ich habe meine Tochter von dem Mädchen nicht los bekommen. Steffi erklärte mir das so: ‚Wenn ich nicht Martinas Freundin sein will, dann bin ich ihre **Feindin**'. Wenig später kam es zu einem starken **Leistungsabfall** in allen Fächern. Aufgeschreckt bin ich, als sie mich bei meiner Arbeitsstelle anrief und mir mitteilte: ‚Ich gehe nicht mehr zur Schule. Ich nehme mir das Leben.'

Ich bin sofort in die Schule gegangen. Die Lehrerin hat Martina zum Gespräch geholt. Die hat dann alles erzählt, was sie mit Steffi gemacht haben. Da waren auch noch andere daran beteiligt. Sie haben sie jeden Tag **gehänselt**, z.B. auch in den Pullover geguckt. Steffi hatte Akne. Diesen körperlichen Makel haben sie dann ausgenutzt, um Steffi immer wieder zu beschämen und zu **demütigen**. Steffi hat sich dann **geschminkt**, um perfekt auszusehen. Als

Martina erzählte, was sie sonst noch alles gemacht haben, da habe ich einen solchen **Hass** entwickelt, ich hätte sie **verprügeln** können. Steffi wurde auch geschlagen und hat sich nicht **gewehrt**. An der Bushaltestelle ist Steffi z.B. von Mitschülern mit einem Messer **bedroht** worden. Steffi wollte nicht mehr in der Klasse bleiben. [...]

Es kam dann noch eine sehr schwierige Phase. Sie ging in die Disco, trank Alkohol, schloss sich einer Clique an. [...] Zum Glück hat sie diese Zeit **überwunden**. [...]

Heute hat sie eine Freundin, mit der sie auch in die Disco geht. In der Schule kommt sie gut klar. Wir hoffen, dass alles gut wird."

zurückhaltend	reserved
klagen	complain
die Ursache	cause
unsympathisch	unappealing; unlikable
der Feind/die Feindin	enemy
der Leistungsabfall	decreased effort or performance
hänseln	to pick on
demütigen	to humiliate
sich schminken	to put on makeup
der Hass	hatred
verprügeln	to beat up
sich wehren	to defend oneself
bedrohen	to threaten
überwinden	to overcome

NACH DEM LESEN

A. Fragen zum Text

1. Was hat Steffi gemacht, um mit ihrer Situation zurecht zu kommen (*to cope with*)?
   a. Gelderpressung   ___ sich nicht wehren
   b. Beschämung wegen Akne   ___ in die Disco gehen und Alkohol trinken
   c. Schläge   ___ ihr Geburtstagsgeschenk abgeben
   d. keine Lust auf die Schule   ___ sich schminken

2. Steffi erklärt ihrer Mutter, dass sie entweder Martinas Freundin oder Feindin sein muss. Was meinte sie damit? Können Sie ihr Dilemma verstehen? Warum ja oder nein?

3. Was hätte Steffi vielleicht anders gemacht, um mit ihrer Situation zurecht zu kommen? Was hätten Steffis Eltern vielleicht früher machen sollen?

 B. Zur Diskussion/zum Schreiben

1. Welche Maßnahmen (*measures*) gab es an Ihrer Schule, um Schüler gegen Mobbing zu schützen? Haben Sie Vorschläge, wie Schulen Mobbing besser verhindern können?

2. Tim spielt im Film die Rolle eines Außenseiters, der schließlich gewalttätig (*violent*) wurde. Warum ist er am Ende des Filmes ausgeflippt? Sind die anderen Schüler Ihrer Meinung nach zum Teil verantwortlich für Tims Zusammenbruch (*breakdown*)? Welche Rolle spielt Mobbing im Film?

Wortschatz

AUTOKRATIE UND DIKTATUR

die Anarchie, -n	*anarchy*
die Autokratie, -n	*autocracy*
die Diktatur, -en	*dictatorship*
der Diktator, -en	*dictator*
die Gemeinschaft, -en	*community*
das Gesetz, -e	*law*
das Grundrecht, -e	*basic right*
die Kraft, -ë	*strength*
die Macht, -ë	*power*
die Regierung, -en	*government*
die Schuld, -en	*guilt; debt (pl.)*
die Verantwortung, -en	*responsibility*

DIE SCHULE UND DAS STUDIUM

das Abitur	*final secondary-school exam*
das Bildungssystem, -e	*educational system*
die Fachhochschule, -n	*technical college*
das Gymnasium, Gymnasien	*college prep secondary school*
das Hauptfach, -ër	*major (academic field of study)*
die Hochschule, -n	*college or university*
das Nebenfach, -ër	*minor (academic field of study)*
die Note, -n	*grade*
das Praktikum, Praktika	*internship*
die Schuluniform, -en	*school uniform*
der Schüler, - / die Schülerin, -innen	*pupil (K-12 student)*
der Student, -en/ die Studentin, -innen	*student (university)*
das Studienfach, -ër	*field of study*
das Studiengebühr, -en	*tuition*
die Universität, -en (die Uni, -s)	*college or university*

ALLGEMEINE WÖRTER

aufbauen	*to build up*
behandeln	*to treat*

(jdn.) bedrohen	to threaten (someone)
(etwas) beitreten (tritt bei, trat bei, ist beigetreten)	to join
entwickeln	to develop
gewalttätig	violent
(sich etwas) leisten	to afford (something)
das Mobbing (no pl.)	bullying
(sich) überlegen	to think over

ÜBUNGEN

A. Den Text ergänzen. Ergänzen Sie die Sätze mit Wörtern aus der Liste.

In der Projektwoche lernen die Schüler bei Rainer Wenger über _____, einen politischen Begriff, der Selbstherrschaft bedeutet. In einer _____ haben die Menschen keine Grundrechte. Stattdessen hat die Regierung die _____, die _____ zu ändern. Während der Nazi-Zeit wurden viele unschuldige Menschen ermordet. Manche Deutschen sind der Meinung, dass sie eine bestimmte _____ mit ihrer Geschichte haben.

B. Was ist das? Geben Sie das passende Wort aus der Liste an.

1. Bevor sie an einer Hochschule studieren dürfen, müssen GymnasiastInnen dieses Examen bestehen: _____.
2. Bestimmte Kleidungsstücke, die Schüler häufig an privaten oder kirchlichen Schulen in den USA tragen: _____.
3. Wer fleißig lernt, bekommt gute _____.
4. Um an einer Universität studieren zu können, muss man _____ bezahlen.
5. Um praktische Erfahrung zu sammeln, machen Studenten öfters ein _____.

C. Synonyme. Welches Wort passt am besten? Suchen Sie nach Synonymen für die fettgedruckten Wörter.

1. Weil ich leider diesen Monat **kein Geld übrig** habe, kann ich den Ausflug mit meinen Freunden nicht machen. _____
2. Der Mann, der neulich ausgeflippt war, wurde langsam **aggressiver**. _____
3. Eine gute Beziehung entwickelt sich nicht von heute auf morgen. Die muss man **fördern und wachsen lassen**. _____
4. Sie entschied sich, **Mitglied** des Reitervereins **zu werden**. _____
5. Ich weiß nicht genau, was ich machen will. Ich muss noch ein bisschen darüber **nachdenken.** _____

D. Wortspiel. Wörter beschreiben und raten! Suchen Sie sich drei Wörter aus der Liste aus, die Sie einem Partner/einer Partnerin beschreiben werden. Überlegen Sie sich zuerst, wie Sie die Wörter am besten beschreiben können, natürlich ohne das Wort zu erwähnen! Ihr Partner/Ihre Partnerin muss das Wort erraten!

chapter ⑤
Almanya – Willkommen in Deutschland

Almanya–Willkommen in Deutschland

EINLEITENDE FRAGEN

- ▶ Welche Personen sehen Sie auf dem Plakat? Wo sind sie?
- ▶ Wie würden Sie die Personen auf dem Foto beschreiben? Wie fühlen sie sich?
- ▶ Was bedeutet „Almanya"? Aus welcher Sprache kommt das Wort wohl?
- ▶ Was bedeutet „Willkommen in Deutschland"? Warum kommt die Familie nach Deutschland?
- ▶ Woran sieht man, dass der Film eine Komödie ist?

Vorbereitung und Hintergrund
FILMDATEN

Originaltitel	*Almanya – Willkommen in Deutschland*
Produktionsland	Deutschland
Erscheinungsjahr	2011
Regie	Yasemin Samdereli
Drehbuch	Nesrin und Yasemin Samdereli
Darsteller	Vedat Erincin (Hüseyin), Fahri Ögün Yardim (der junge Hüseyin), Lilay Huser (Fatma), Demet Gül (die junge Fatma), Aykut Kayacik (Veli), Aycan Vardar (der junge Veli), Ercan Karacayli (Muhamed), Kaan Aydogdu (der junge Muhamed), Siir Eloglu (Leyla), Aliya Artuc (die junge Leyla), Denis Moschitto (Ali), Petra Schmidt-Schaller (Gabi), Aylin Teze (Canan), Rafael Koussouris (Cenk)
Länge	101 Minuten
FSK	ab 6 Jahren

DIE FIGUREN

A. Die zweite Generation. Hier sehen Sie die zweite Generation als Kinder etwa 1965 und als Erwachsene heute. Raten Sie, wer die Kinder der zweiten Generation sind und schreiben Sie die Namen in die Lücken.

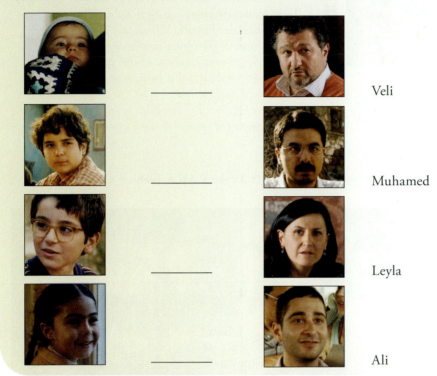

Veli

_____

Muhamed

_____

Leyla

_____

Ali

_____

B. Ein gutes Leben? Schauen Sie die Bilder von Hüseyin und Fatma Yilmaz etwa 1965 und heute an. Was für einen Eindruck (*impression*) machen sie? Denken Sie, dass sie ein gutes Leben gehabt haben?

C. Die Familie Yilmaz. Können Sie die Figuren auf dem Familienfoto der Yilmaz erkennen (*recognize*)? Schreiben Sie die Namen der Figuren auf das Bild. Hüseyin ist der Vater. Fatma ist die Mutter. Veli ist der älteste Sohn. Muhamed ist der zweite Sohn, der eine Brille trägt. Leyla ist die Tochter. Wo ist Ali?

D. Drei Generationen. Schauen Sie das Bild der drei Generationen der Familie Yilmaz an. Einige Figuren sind älter, und es gibt drei neue Personen! Ali ist mittlerweile geboren und ein Mann geworden. Seine Frau ist Gabi und ihr Sohn heißt Cenk. Canan ist die Tochter von Leyla.

Schreiben Sie die Namen von allen Figuren auf das Bild. (*Note: The letter "c" in the names Cenk and Canan are pronounced similar to the English letter "j" as in John.*)

Hüseyin • Fatma • Veli • Muhamed • Leyla • Ali • Gabi • Cenk • Canan

E. Eine schöne Familie. Zeichnen Sie den Familienstammbaum der Familie Yilmaz. Beginnen Sie mit Hüseyin und Fatma Yilmaz und zeichnen Sie Veli, Muhamed, Leyla, Ali, Gabi, Canan und Cenk in die Lücken ein.

Hüseyin & Fatma Yilmaz

_____ _____ _____ _____

_____ _____

F. Eine schönes Bild. In diesem Film erzählt Canan dem kleinen Cenk die Geschichte ihrer Familie. Hier spricht sie über das Familienbild von oben. Lesen Sie den Text und beantworten Sie die Fragen.

„Und das sind wir heute, viele Jahre später mit der ganzen Familie. Ich ganz links und Opa ganz rechts. Das ist das letzte Bild, das es von uns gibt. Kurz nachdem dieses Foto gemacht wurde, hat sich alles verändert. Ich denke oft darüber nach, wie mein Leben verlaufen wäre, wenn ich in der Türkei auf die Welt gekommen wäre und nicht in Deutschland. Dass ich aber *made in Germany* bin, verdanke ich eigentlich dem deutschen Wirtschaftswunder."

1. Wie hat sich alles verändert, nachdem das Foto gemacht wurde? Was denken Sie?

2. Canan sagt, dass ihr Leben ganz anders wäre, wenn sie in der Türkei geboren wäre und nicht in Deutschland. Was für einen Einfluss hat ein Geburtsort (*birthplace*) auf ein Leben?

3. Canan war *made in Germany* und verdankt das dem deutschen Wirtschaftswunder. Warum wohl? Was denken Sie?

G. Die Nebenfiguren. Raten Sie, wer die Nebenfiguren auf dem Poster sind.

> **der Beamte, der Politiker, der Polizist, der Verkäufer,
> die Nachbarin, der Nachbar, die Ärztin, die Rentnerin**

DIE HANDLUNG

A. Ein Bild zeichnen. *Almanya – Willkommen in Deutschland* ist eine Integrationsgeschichte, die die Geschichte der türkischen Familie Yilmaz damals und heute erzählt. Hier beginnt Canan dem kleinen Cenk die Geschichte seiner Familie zu erzählen. Lesen Sie die Handlung und zeichnen Sie ein Bild von dem idyllischen Leben in der Türkei.

„Eigentlich **begann** alles in einem kleinen Dorf im Süd-Osten der Türkei. Das war ein wunderschönes Dorf in einem kleinen Tal. Die Menschen dort **lebten** ein einfaches, ruhiges Leben. Sie **bestellten** ihre Felder, **hüteten** ihre Ziegen, und alles ging seinen gewöhnten Gang. Nur ein junger Mann namens Opa **erlebte** aufregende Zeiten. Denn er hatte ein Auge auf die Tochter des Dorfoberhauptes **geworfen**. Er **entführte** sie, und sie **gründeten** eine Familie. Eine fünfköpfige Familie **durchzubringen** war in diesen Zeiten nicht leicht. So sehr Hüseyin (Opa) sich auch **bemühte**, es **reichte** kaum zum Leben. So wie viele andere Menschen damals, **verließ** auch Hüseyin seine Heimat und kam als Gastarbeiter nach Deutschland – nach Almanya – wo alles anders war."

ZUM FILM: Hüseyin und seine Familie wohnten und arbeiteten in Deutschland. Hüseyins Kinder gründeten Familien, und ihre Kinder gründeten auch Familien in Deutschland. Hüseyin und seine Frau Fatma **wurden** sogar deutsche Staatsbürger. Er kaufte ein Haus in der Türkei und plante eine Reise. Die ganze Familie sollte zusammen in die Türkei reisen und helfen, das Haus zu **renovieren**. Während sie da sind, lernen sie viel über ihre Geschichte, aber nicht alle **kehren** nach Deutschland **zurück**.

beginnen **(begann, hat begonnen)**	to begin	**durchbringen** **(brachte durch, hat durchgebracht)**	to pull through
leben	to live	**sich bemühen**	to make an effort
bestellen	to till (fields)	**reichen**	to be enough
hüten	to herd	**verlassen** **(verlässt, verließ, hat verlassen)**	to leave
erleben	to experience		
werfen **(wirft, warf, hat geworfen)**	to throw	**werden** **(wird, wurde, ist geworden)**	to become
entführen	to kidnap	**renovieren**	to renovate
gründen	to start	**zurückkehren**	to return (to a place)

B. **Beantworten Sie die Fragen**

1. In welchem Land begann die Geschichte?
2. Was machten die Menschen in dem kleinen Dorf?
3. Wie viele Kinder hatte Opa?
4. Warum kam Hüseyin (Opa) als Gastarbeiter nach Deutschland?
5. Blieben sie lange in Deutschland?
6. Warum sollte die ganze Familie zurück in die Türkei?
7. Kehrten alle nach Deutschland zurück?
8. Warum blieben einige in der Türkei? Was denken Sie?

DER HINTERGRUND

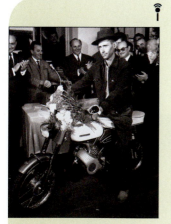

A. **Gastarbeiter in Deutschland.** Lesen Sie den Text über die Geschichte der Gastarbeiter in Deutschland.

Den wirtschaftlichen Boom nach dem Zweiten Weltkrieg in der Bundesrepublik Deutschland nennt man das **Wirtschaftswunder**. Die BRD brauchte Arbeitskräfte und sie luden sogenannte **Gastarbeiter** aus verschiedenen Ländern ein. Im Jahre 1955 schloss die BRD **Anwerbeabkommen** mit Italien und bald danach mit Griechenland, Spanien, der Türkei, Marokko, Portugal, Tunesien und Jugoslawien. Es wurde erwartet, dass die Arbeiter für maximal zwei Jahre in der BRD arbeiten würden. Aber das passierte nicht. Viele Arbeiter blieben und noch andere kamen, und Deutschland ist zum **Einwanderungsland** geworden. Zwischen 1955 und 1973 stieg die Zahl der ausländischen Arbeiter von 500.000 auf 4.000.000. Die Mehrheit der Arbeiter kam aus der **Türkei**. Im September 1964 feierte die Presse die Ankunft des millionsten Gastarbeiters der BRD, Armando Rodrigues de Sá. Er bekam ein Moped als Geschenk und wurde von dem damaligen Bundesinnenminister begrüßt. Der Film *Almanya- Willkommen in Deutschland* erzählt die fiktive Integrationsgeschichte von Hüseyin Yilmaz, einem türkischen Mann, der angeblich der 1.000.001. Gastarbeiter in Deutschland war.

das Wirtschaftswunder	economic miracle
der Gastarbeiter	foreign or "guest" worker
das Anwerbeabkommen	recruitment agreement
das Einwanderungsland	immigration country
die Türkei	Turkey (the country)

B. Was passt? Suchen Sie die Definition und schreiben Sie den richtigen Buchstaben in die Lücke.

1. _____ das Wirtschaftswunder
2. _____ das Einwanderungsland
3. _____ die Gastarbeiter
4. _____ das Anwerbeabkommen
5. _____ die Türkei

a. Arbeiter, die für eine Zeit in einem fremden Land arbeiten
b. Ein Land, in dem viele Einwanderer wohnen
c. Ein Land, aus dem viele Gastarbeiter in Deutschland stammen
d. Ein Vertrag zwischen Deutschland und anderen Ländern um Gastarbeiter anzuweben
e. Der wirtschaftliche Aufschwung in der BRD der 50er Jahre

C. Beantworten Sie die Fragen

1. Wofür stehen die Buchstaben BRD?
2. Wie heißt der wirtschaftliche Boom in der BRD?
3. Aus welchen Ländern kamen die Gastarbeiter?
4. Wie viele Ausländer gab es 1973 in Deutschland?
5. Was bekam der millionste Gastarbeiter als Geschenk?
6. Worum geht es in dem Film *Almanya – Willkommen in Deutschland*?
7. Was denken Sie? Wird es Hüseyin Yilmaz in Deutschland gut gehen?

D. Der amerikanische Traum. Lesen Sie den Text über den amerikanischen Traum und beantworten Sie die Fragen.

Viele Einwanderer verlassen ihre Heimat, weil sie davon träumen, ein besseres Leben zu haben. Man versteht das sehr gut in den USA, weil die USA ein Einwanderungsland sind. Obwohl es schon seit den sechziger Jahren Einwanderer in Deutschland gibt, ist die Idee relativ neu, dass Deutschland ein offizielles Einwanderungsland ist.

Doch auch in den USA gibt es immer noch Schwierigkeiten, denn man diskutiert heute die Möglichkeit einer bewaffneten (*armed*) Grenze zwischen den USA und Mexiko. Martin Luther King Jr. hielt im Jahre 1962 die Rede „Ich habe einen Traum", die den amerikanischen Traum für alle Menschen ausdrückte, die schon lange in den USA wohnten.

1. Was ist Ihrer Meinung nach der amerikanische Traum? Kreuzen Sie alle Antworten an, die Sie richtig finden.
   ☐ Alle Menschen können ihr Leben verbessern.
   ☐ Alle Menschen dürfen einwandern (*immigrate*).
   ☐ Alle Menschen haben Gleichberechtigung (*equality*).

2. Was meinen Sie? Haben Sie andere Ideen?

E. Eine wichtige Rede. Lesen Sie den folgenden Ausschnitt aus der übersetzten Rede „Ich habe einen Traum" und beantworten Sie danach die Fragen.

Ausschnitt aus „Ich habe einen Traum"

MARTIN LUTHER KING JR: Deswegen sage ich ihnen, meine Freunde, dass ich immer noch einen Traum habe, obwohl wir den Schwierigkeiten von heute und morgen entgegensehen. Es ist ein Traum, der seine Wurzel tief im amerikanischen Traum hat, dass sich diese Nation eines Tages erheben wird und der wahren Bedeutung seines Glaubensbekenntnisses, wir halten diese Wahrheiten als offensichtlich, dass alle Menschen gleich geschaffen sind, gerecht wird. Ich habe einen Traum, dass eines Tages die Söhne von früheren Sklaven und die Söhne von früheren Sklavenbesitzern auf den roten Hügeln von Georgia sich am Tisch der Bruderschaft gemeinsam niedersetzen können. Ich habe einen Traum, dass eines Tages selbst der Staat Mississippi, ein Staat, der in der Hitze der Ungerechtigkeit und in der Hitze der Unterdrückung schmort, zu einer Oase der Freiheit und Gerechtigkeit transformiert wird. Ich habe einen Traum, dass meine vier kleinen Kinder eines Tages in einer Nation leben werden, in der sie nicht wegen der Farbe ihrer Haut, sondern nach dem Wesen ihres Charakters beurteilt werden. (1963)

1. Wie sagt man das auf Deutsch? Unterstreichen Sie die Sätze im Text.
   a. I have a dream
   b. We hold these truths to be self-evident, that all men are created equal
   c. I have a dream that my four little children will one day live in a nation where they will not be judged by the color of their skin but by the content of their character.

2. Raten Sie, was die folgenden Wörter auf Englisch bedeuten.
   a. Wurzeln
   b. Wahrheiten
   c. Bruderschaft
   d. Ungerechtigkeit
   e. Unterdrückung
   f. Freiheit
   g. Gerechtigkeit

3. Was ist Ihr Traum von einer besseren Welt?

F. Was meinen Sie? Diskutieren Sie die folgenden Fragen zu zweit.

1. Ist der amerikanische Traum universal? Können Einwanderer in allen Ländern einen ähnlichen Traum haben?
2. Glauben Sie an den amerikanischen Traum? Wie kann man Ihrer Meinung nach den amerikanischen Traum am besten erfüllen?

G. Der Einbürgerungstest muss bestanden werden, um die deutsche Staatsbürgerschaft erhalten (*receive*) zu können. Man muss nachweisen (*prove*), dass man Kenntnisse der Rechts- und Gesellschaftsordnung und der Lebensverhältnisse hat. Auf dem Test gibt es 33 Fragen aus unterschiedlichen Bereichen sowie „Leben in der Demokratie", „Geschichte und Verantwortung" und „Mensch und Gesellschaft". Hier sind 5 aus den über 300 Fragen aus dem Fragenkatalog. Sie können die anderen Fragen online auf der Webseite für das Bundesamt für Migration und Flüchtlinge finden.

Bitte kreuzen Sie an. Es gibt nur eine richtige Antwort.

1. In Deutschland dürfen Menschen offen etwas gegen die Regierung sagen, weil ...
   ☐ hier Religionsfreiheit gilt.
   ☐ die Menschen Steuern zahlen.
   ☐ die Menschen das Wahlrecht haben.
   ☐ hier Meinungsfreiheit gilt.

2. In Deutschland können Eltern bis zum 14. Lebensjahr ihres Kindes entscheiden, ob es in der Schule am ...
   ☐ Geschichtsunterricht teilnimmt.
   ☐ Religionsunterricht teilnimmt.
   ☐ Politikunterricht teilnimmt.
   ☐ Sprachunterricht teilnimmt.

3. Deutschland ist ein Rechtsstaat. Was ist damit gemeint?
   ☐ Alle Einwohner / Einwohnerinnen und der Staat müssen sich an die Gesetze halten.
   ☐ Der Staat muss sich nicht an die Gesetze halten.
   ☐ Nur Deutsche müssen die Gesetze befolgen.
   ☐ Die Gerichte machen die Gesetze.

4. Welches Recht gehört zu den Grundrechten in Deutschland?
   ☐ Waffenbesitz
   ☐ Faustrecht
   ☐ Meinungsfreiheit
   ☐ Selbstjustiz

5. Wen müssen Sie in Deutschland auf Verlangen in Ihre Wohnung lassen?
   ☐ den Postboten / die Postbotin
   ☐ den Vermieter / die Vermieterin
   ☐ den Nachbarn / die Nachbarin
   ☐ den Arbeitgeber / die Arbeitgeberin

Wissenswert!
BEVÖLKERUNG MIT MIGRATIONSHINTERGRUND IN DEUTSCHLAND, ÖSTERREICH UND IN DER SCHWEIZ

Im Jahre 2011 hatten 19,5% der insgesamt 81,8 Millionen Einwohner in Deutschland einen Migrationshintergrund. Davon waren 10,7% Deutsche und 8,8% Ausländer. In Österreich haben 18,9% der insgesamt 8,4 Millionen Einwohner einen Migrationshintergrund in Österreich. Davon waren 5,2% Österreicher und 13,7% Ausländer. Und im Jahr 2012 hatten 34,7% der insgesamt 6,736 Millionen Einwohner in der Schweiz einen Migrationshintergrund. Davon waren 12,6% Schweizer und 22,1% Ausländer. Ausländer/innen sind Personen, die die Staatsbürgerschaft des Landes nicht haben. Dazu zählen auch Staatenlose und Personen mit ungeklärter Staatsangehörigkeit. Sie können manchmal im Land geboren oder zugewandert sein. In Deutschland und Österreich kommen die meisten Ausländer aus der Türkei, aus dem ehemaligen Jugoslawien und aus anderen europäischen Ländern. In der Schweiz kommen die meisten Ausländer aus dem ehemaligen Jugoslawien, aus Italien und aus Deutschland.

• In welchem Land gibt es die meisten Einwohner mit einem Migrationshintergrund?
• Warum würde man wohl nach Deutschland, Österreich oder in die Schweiz einwandern?
• Warum gibt es wohl so viele Deutsche in der Schweiz?
• Informieren Sie sich weiter auf diesen Webseiten: http://www.bpb.de; http://www.statistik.at; http://www.bfs.admin.ch

Zum Film: Fremde Länder

Vor dem Sehen

 A. Identität und Migration. Beantworten Sie die folgenden Fragen mit einem Partner/einer Partnerin.

1. Jeder Mensch hat bestimmte Ideen, was Identität bedeutet. Welche Eigenschaften, Leute, Objekte, Geräusche, Gerüche oder Ideen gehören zu Ihrer Identität und zu Ihrer Kultur? Machen Sie eine Liste Ihrer Ideen und diskutieren Sie sie mit einem Partner oder mit einer Partnerin.

2. In dem Film wird ein wichtiger Teil der deutschen Geschichte und der Welt erzählt – die Geschichte der Migration. Kamen Ihre Vorfahren (*ancestors*) aus anderen Ländern? Würden Sie selbst Ihre Heimat verlassen? Warum oder warum nicht?

B. Integration. Unten finden Sie verschiedene Fragen zum Thema Integration mit möglichen Antworten. Kreuzen Sie alle Antworten an, die Sie richtig finden. Diskutieren Sie dann die Fragen.

1. Warum würde man seine Heimat verlassen, um in einem fremden Land zu arbeiten?
   - ☐ Es gibt keine Arbeit in der Heimat.
   - ☐ Man will ein besseres Leben.
   - ☐ Man will mehr Geld verdienen.
   - ☐ Man will die Familie zusammmen führen (*bring together*).

2. Wie kann man seine Kultur bewahren (*preserve*), wenn man in einem fremden Land lebt?
   - ☐ Man spricht seine Muttersprache zu Hause.
   - ☐ Man hält (*keeps*) Kontakt zu Freunden und Verwandten im Heimatland.
   - ☐ Man übt seine Religion aus (*practice*).

3. Wie kann man sich besser integrieren?
   - ☐ Man lernt die neue Sprache.
   - ☐ Man findet neue Freunde oder heiratet jemanden aus dem neuen Land.
   - ☐ Man arbeitet.

4. Welche Probleme können bei der Integration entstehen?
   - ☐ Xenophobie – Ausländerfeindlichkeit
   - ☐ Gleichstellung (*equality*) aller Menschen
   - ☐ Ghettos und Rassentrennung (*segregation*)
   - ☐ Diaspora (ein Gebiet, in dem eine konfessionelle Minderheit lebt)

5. Welche Vorteile hat Integration?
   - ☐ Leute lernen neue Kulturen kennen.
   - ☐ Man kann in verschiedene Welten eintauchen (*immerse*).
   - ☐ Man lernt andere Perspektiven kennen.

DER FILM (CLIPS 1-2)

A. Vokabeln zum Clip. Nachdem Sie die ersten dreißig Minuten des Films angesehen haben, schreiben Sie die passenden Wörter in die Lücken.

blaues	blue	**renovieren**	to renovate
Bundeskanzlerin	chancellor	**Staatsbürger**	citizens
erzählt	tells	**Supermarkt**	supermarket
Großeltern	grandparents	**schwanger**	pregnant
Koffer	suitcases	**warten**	to wait

1. Hüseyin und Fatma werden deutsche _____.
2. In der Schule wird Cenk gehänselt, weil er aus der Ost-Türkei stammt. Er bekommt ein _____ Auge.
3. Es gibt ein feierliches Abendessen bei den _____.
4. Hüseyin will, dass alle zusammen in die Türkei reisen, um sein neues Haus zu _____.
5. Canan _____ Cenk die Geschichte seiner Familie.
6. Canan ist _____.
7. Muhamed umarmt eine riesige Coca-Cola Flasche im _____.
8. Hüseyin und Fatma öffnen einen Brief von der _____.
9. Alle packen ganz viele Sachen in ihre _____ ein.
10. Sie fahren zum Flughafen und müssen vier Stunden _____.

B. Was sind wir denn jetzt, Türken oder Deutsche? Zu Hause bei seinen Großeltern in Deutschland hört Cenk die Geschichte seiner Familie zum ersten Mal. Beantworten Sie Cenks Frage.

CENK: Was sind wir denn jetzt? Türken oder Deutsche?

1. Warum weiß Cenk nicht, ob sie Türken oder Deutsche sind?
   - ☐ Er wurde in der Schule von einem türkischen Jungen aus Istanbul gehänselt, weil seine Familie aus der Ost-Türkei stammt.
   - ☐ Seine Eltern sind in Deutschland geboren, aber die Familie seines Vaters kommt aus der Türkei.
   - ☐ Seine türkischen Großeltern haben einen deutschen Pass.
   - ☐ Opa sagt, dass sie eine türkische Familie sind.

C. Türken oder Deutsche? Sehen Sie den Clip an.

„Türken oder Deutsche?"

1. Clip

CENK	Was sind wir denn jetzt? **Türken** oder **Deutsche**?
MUTTER	Deutsche.
VATER	Türken.
MUTTER	Naja, Dede und Nene haben jetzt einen deutschen **Pass**.
OPA	Das ist nur ein Stück Papier! Wir sind immer noch Türken. Und du auch!

CANAN	Cenk, man kann ja auch **beides** sein. So wie du.
CENK	Nein, das geht nicht. **Entweder** die eine **Mannschaft** oder die andere. Wenn Oma und Opa Türken sind, warum sind sie denn hier?

CANAN	Naja, weil die Deutschen sie **gerufen** haben.	
CENK	Gerufen?	
CANAN	Ja, also nicht nur sie, **sondern** auch ganz viele andere Türken. Und Italiener und Jugoslawen und so. Sie wurden alle gerufen.	
CENK	**Echt?**	

Türken (der Türke, die Türkin)	Turks
Deutsche (der Deutsche, die Deutsche)	Germans
der Pass	passport
beide	both
entweder/oder	either/or
die Mannschaft	team
gerufen (rufen, rief, hat gerufen)	called
sondern	but/rather
echt	really

D. Beantworten Sie die Fragen zum Clip

1. Sind sie Türken oder Deutsche? Was denken seine Verwandten (*relatives*)?

   Mutter:
   Vater:
   Opa:
   Canan:

2. Wie findet Cenk die Antworten?

3. Warum sind seine Oma und sein Opa in Deutschland?

 E. Das Leben eines Gastarbeiters. Sehen Sie den Clip zu Hüseyins Leben als Gastarbeiter in Westdeutschland an. Welchen Eindruck macht dieser Clip? Was macht Hüseyin in Deutschland? Machen Sie eine Liste.

„Das Leben eines Gastarbeiters"

2. Clip

F. Beantworten Sie die Fragen zum Clip

1. Wo arbeitet Hüseyin in Deutschland? Ist die Arbeit schwierig oder einfach?

2. Was bedeutet es, dass es auch historisches Filmmaterial (*footage*) von Gastarbeitern gibt, die die gleiche Arbeit wie Hüseyin machen?

3. Was macht Hüseyin mit seinem Geld?

4. Was sieht Hüseyin bei der Arbeit, was ihn traurig macht?

G. Fremde Menschen. Achten Sie auf das Lied *Fremde Menschen* von Julia von Miller, das im Hintergrund spielt.

Zählst du die Stunden?
Fühlst du den Wind?
Bald fällt das erste **Laub**.
Hast du auch **Kummer?**
Wein nicht mein Kind.
Denn die Rosen **erblühen** auf dem **Stahl**.
Fremde Länder, fremde Straßen, fremde Lichter
Und die **Hoffnung** auf ein kleines Glück.
Fremde Städte, fremde Menschen, und Gesichter
Aber einmal kommt er doch zurück.

zählen	to count
bald	soon
das Laub	foliage
der Kummer	heartache
erblühen	to bloom
der Stahl	steel
die Hoffnung	hope

H. Was passt? Hören Sie das Lied an und merken Sie sich, was Sie im Clip sehen. Schreiben Sie den richtigen Buchstaben in die Lücke.

1. _____ Zählst du die Stunden?

2. _____ Fühlst du den Wind? Bald fällt das erste Laub.

3. _____ Hast du auch Kummer? Wein nicht mein Kind.

4. _____ Denn die Rosen erblühen auf dem Stahl.

5. _____ Fremde Länder, fremde Straßen, fremde Lichter. Und die Hoffnung auf ein kleines Glück.

6. _____ Fremde Städte, fremde Menschen, fremde Gesichter. Aber einmal kommt er doch zurück.

a. Fatma und die kleinen Kinder holen das Geld ab.

b. Gastarbeiter arbeiten auf dem Bau.

c. Hüseyin bekommt einen Brief von seiner Familie.

d. Hüseyin liegt im Bett und schaut Fotos seiner Familie an. Er kommt nach Hause und umarmt seine Familie.

e. Hüseyin schaut eine deutsche Familie an.

f. Hüseyin zählt das Geld, das er verdient hat.

I. Beantworten Sie die Fragen zum Lied

1. Worum geht es in dem Lied?
2. Nennen Sie Beispiele aus dem Lied, die darstellen, wie die Zeit vergeht.
3. Woher wissen wir, dass die Person im Lied traurig ist?
4. Machen Sie eine Liste von den fremden Dingen, die erwähnt werden.
5. Inwiefern kann das Lied als optimistisch verstanden werden?

J. Ein neues Lied schreiben. Schreiben Sie jetzt ein neues Lied, in dem Sie die Wörter im Lied nach dem Muster in der Tabelle unten ersetzen (*replace*). Das Thema „fremd" bleibt gleich, aber die Umstände können sich ändern. Zum Beispiel könnte das neue Lied „Fremde Orte" oder „Fremdes Essen" heißen.

Fremde Menschen	Neuer Titel:
Zählst du die Stunden?	1. Zählst du …
Fühlst du den Wind?	2. Fühlst du …
Bald fällt das erste Laub.	3. Bald fällt …
Hast du auch Kummer?	4. Hast du …
Wein nicht mein Kind.	5. Wein nicht, mein …
Denn die Rosen erblühen auf dem Stahl.	6. Denn die … erblühen …
Fremde Länder, fremde Straßen, fremde Lichter	7. Fremde …, fremde …, fremde …
Und die Hoffnung auf ein kleines Glück.	8. Und die Hoffnung auf …
Fremde Städte, fremde Menschen, und Gesichter	9. Fremde …, fremde …, fremde …
Aber einmal kommt er doch zurück.	10. Aber einmal …

NACH DEM SEHEN

A. Was ist passiert? Setzen Sie die Aussagen zum Inhalt in die richtige Reihenfolge.

1. _____ Muhamed träumte von Jesus Christus und Coca-Cola.
2. _____ Opa entführte Oma, und sie gründeten eine Familie zusammen.
3. _____ Hüseyin verließ seine Heimat und kam als Gastarbeiter nach Deutschland.
4. _____ Hüseyin brachte seine ganze Familie mit nach Deutschland.

B. Wer hat das gesagt? Lesen Sie die Zitate aus dem Film und schreiben Sie die Nummer in das passende Bild.

(sich) Träume merken	to remember dreams	**ein Auge werfen auf**	to cast an eye on
Blicke in die Zukunft	insight into the future	**seltsam aussehen**	to look strange
ausgerechnet	of all things	**verlassen**	to leave
(sich) erinnern	to remember	**(verlässt, verließ, hat verlassen)**	
außer	except	**die Heimat**	homeland

1. CANAN: In der letzten Nacht vor ihrer Abreise nach Almanya hielt Oma alle dazu an, sich ihre **Träume** gut **zu merken**, denn sie glaubte, dass Träume **Blicke in die Zukunft** sein könnten. Aber **ausgerechnet** in dieser Nacht konnte **sich** niemand an seine Träume **erinnern**. Niemand **außer** Onkel Muhamed.

_____

2. CANAN: Nur ein junger Mann namens Opa durchlebte dringende Zeiten, denn er hatte ein **Auge** auf die Tochter des Dorfoberhauptes **geworfen**. Nicht die Dicke, die Schöne, die in der Mitte. Das war Oma.

_____

3. OMA: Das **sieht** aber **seltsam aus**.
   LEYLA: Es sieht genauso aus wie bei uns.
   MUHAMED: Nein, überhaupt nicht. Guck noch mal hin! Es sieht ganz anders aus.

_____

4. CANAN: So wie viele andere Menschen damals **verließ** auch Hüseyin seine **Heimat** und kam als Gastarbeiter nach Deutschland – nach Almanya – wo alles anders war.

_____

C. **Beantworten Sie die Fragen zum Film**

1. Wovon hat Onkel Muhamed geträumt? Wovor hatte er Angst?
2. Wie hat Opa die Oma kennen gelernt?
3. Was haben die Kinder gedacht, als sie in Deutschland angekommen sind?
4. Was war in Deutschland anders als in der Türkei?
5. Wie findet Cenk die Geschichte?

D. **Wie, dass, weil, wenn.** Was lernt Cenk über sich und seine Familie im ersten Teil des Films? Schreiben Sie drei Sätze mit subordinierenden Konjunktionen (*subordinating conjunction*) **dass**, **weil** und **wie**. Achten Sie auf die Wortstellung.

BEISPIEL: Er findet heraus, <u>wie</u> Oma und Opa sich kennen gelernt <u>haben</u>.

1.
2.
3.

E. **Dialog schreiben.** Schreiben Sie einen neuen Dialog zwischen Cenk und Canan, der seine Frage „Was sind wir denn, Türken oder Deutsche?" mit anderen Worten beantwortet. Helfen Sie ihm, seine Vergangenheit besser zu verstehen.

F. **Interview führen.** Viele Menschen oder Familien haben eine Migrationsgeschichte. Schauen Sie sich die Themen und Fragen an und führen Sie ein Interview mit einem Freund oder Familienmitglied über ihre Migrationsgeschichte. Verwenden Sie die Vokabelliste und die Fragen in der Tabelle.

Themen und Fragen für das Interview

HEIMAT
Woher kommst du oder woher kamen deine **Verwandten**?
Was sind die Gründe, warum man seine Heimat verlassen würde?
Wo ist deine Heimat?

ARBEIT
Wo arbeitest du?
Gefällt dir die Arbeit?
Was für Arbeit gibt es für Ausländer in deiner Heimat oder hier?

TRÄUME
Wovon träumst du?
Träumst du von einer besseren Welt?
Kannst du deine Träume in deiner Heimat **erfüllen**?

ASSIMILATION
Wie können **verschiedene** Menschen **nebeneinander** wohnen?
Muss es eine **Leitkultur** geben?
Was kann man machen, um seine Kultur zu **bewahren**, wenn man in einem **fremden** Land wohnt?

SPRACHE
Welche Sprachen kannst du sprechen?
Welche Sprache sprichst du zu Hause?
Welche Sprachen sprechen deine **Nachbarn**?
Sprachen deine **Vorfahren** andere Sprachen?

IDENTITÄT
Was bestimmt deine Identität? Dein Land? Deine Sprache? Deine **Staatsangehörigkeit**?

der Verwandte, die Verwandte	relative
von etwas träumen	to dream of something
erfüllen	to fulfill
verschieden	different
nebeneinander	side by side
die Leitkultur	defining culture
bewahren	to preserve
fremd	foreign
die Nachbarn (der Nachbar, die Nachbarin)	neighbors
die Vorfahren	forefathers
Staatsangehörigkeit	citizenship

G. Ein Gespräch. Gespräche sind oft spontan und man hat keine Zeit, sich zu überlegen, was man sagen will. Hier haben Sie die Gelegenheit, ein ‚spontanes' Gespräch mit ein bisschen Vorbereitungszeit zu führen.

1. Vorbereitung: Arbeiten Sie zu zweit und schreiben Sie alle Wörter und Ideen auf, die Ihnen einfallen, wenn Sie die folgenden Wörter sehen. Lassen Sie Ihren Gedanken freien Lauf!

> **Heimat • Arbeit • Träume • Assimilation • Sprache • Identität**

2. Machen Sie Kärtchen mit diesen Wörtern. Wählen (*choose*) Sie ein Kärtchen und führen Sie ein spontanes Gespräch von mindestens einer Minute über das Wort. Es ist egal, was Sie sagen, solange es mit dem Wort verbunden ist. Versuchen Sie, die ganze Zeit zu sprechen, auch wenn es schwierig ist. Versuchen Sie, ohne eine Vokabelliste Fragen zu stellen und darauf zu reagieren.

Zum Film: Unterschiede

Vor dem Sehen

Der Film (Clip 3)

A. Stereotypen und Staatsbürger. Der deutsche Beamte (*clerk*) spricht mit Herrn und Frau Yilmaz, einem türkischen Ehepaar, das die deutsche Staatsangehörigkeit beantragt (*apply*). Lesen Sie den Dialog über Stereotypen.

„Stereotypen und Staatsbürger"

3. Clip

BEAMTER	So, Herr und Frau Yilmaz, verpflichten Sie sich als baldige deutsche *Staatsbürger*, die deutsche Kultur als *Leitkultur* zu übernehmen? Das bedeutet, Sie werden Mitglied in einem *Schützenverein*, essen zweimal in der Woche *Schweinefleisch*, Sie sehen jeden Sonntag *Tatort*, und verbringen jeden zweiten Sommer auf *Mallorca*. Sind Sie bereit diese Pflichten auf sich zu nehmen?
FATMA	Ja, natürlich – muss alles richtig haben.
HÜSEYIN	Aber!
BEAMTER	Ich gratuliere. Sie sind jetzt Deutsche!

B. Was passt? Suchen Sie die passende Definition für jedes Wort und schreiben Sie den Buchstaben in die Lücke.

Definitionen

1. __*a*__ ein deutscher Staatsbürger
2. _____ die Leitkultur
3. _____ der Schützenverein

a. deutscher Pass

b. historische Sportvereine, die Schießsport ausüben

c. eine spanische Insel, wo viele Deutsche Urlaub machen

4. _____ das Schweinefleisch   d. beliebtes Fleisch in Deutschland

5. _____ Tatort   e. die dominierende Kultur in einem Land (in diesem Fall, die deutsche Kultur und Sprache)

6. _____ Mallorca   f. eine bekannte Fernsehsendung in Deutschland

C. Beantworten Sie die folgenden Fragen

1. Beschreiben Sie Hüseyins Traum.
2. Welche Stereotypen über Deutsche werden im Clip gezeigt?
3. Kennen Sie andere Stereotypen über Deutsche?
4. Woher kennen Sie diese Stereotypen? Aus Filmen und Fernsehsendungen? Von Ihrer Familie? Aus Deutschkursen?
5. Welche Stereotypen kennen Sie über Amerikaner?

DER FILM (CLIP 4)

A. Alles war anders. Lesen Sie das Zitat aus dem Film und sehen Sie sich das Bild an. Beschreiben Sie, was Sie sehen und beantworten Sie die Fragen dazu.

„Sie kamen in Deutschland an und sofort wurde klar, dass hier alles anders war."

1. Was schauen die Figuren an?
2. Was ist in Deutschland anders als in der Türkei?

B. Was ist passiert? Am Flughafen gibt es eine vierstündige Verspätung. Cenk will wieder die Geschichte hören, und Canan erzählt sie ihm. Setzen Sie die Sätze in die richtige Reihenfolge.

1. _____ Wenige Wochen nach ihrer Ankunft und ohne ein einziges Wort Deutsch zu sprechen werden die Kinder eingeschult.
2. _____ Sie sehen ihre neue Wohnung in Deutschland an.
3. _____ Ein neues Kind kommt auf die Welt.
4. _____ Die Familie kommt in Deutschland an.
5. _____ Leyla will Müllfrau werden.

C. Wer hat das gesagt? Hat Veli, Muhamed oder Fatma das gesagt?

1. _____ Die Männer hier haben keine Schnauzbärte!
2. _____ Das sind hier alles Riesen!
3. _____ Eine Riesenratte! O nein! Hier gibt's Riesenratten!
4. _____ Was ist das für ein komischer Stuhl?
5. _____ Da sollen wir zu dritt schlafen?
6. _____ Eine Holzfigur? Sie beten eine Holzfigur an?

D. Bildbeschreibung. Beschreiben Sie das Bild. Was hält die Familie von dem Fahrer? Was sehen sie, als sie im Taxi sind?

E. Ein Riesenratte. Sehen Sie den Clip an und lesen Sie den Text

„Eine Riesenratte!"

4. Clip

MUHAMED	Siehst du? Das sind ja alle Riesen!	HÜSEYIN:	Die Deutschen gehen mit ihren Hunden spazieren.
FATMA	Wieso hält er denn jetzt?		
HÜSEYIN	Eh ...	FATMA	Sie gehen mit ihnen spazieren? Können die Hunde das nicht alleine?
TAXIFAHRER	Son brimske. Jeje.		
FATMA	Was?		
HÜSEYIN	**Keine Ahnung**.	HÜSEYIN:	Sie lassen die Tiere sogar in ihren Betten schlafen.
MUHAMED	Eine **Riesenratte**! O Nein! Hier gibt's Riesenratten!		
FATMA	Wo?	FATMA	Mensch und Tier in einem Bett? **Allmächtiger, steh uns bei.**
MUHAMED	Eh, sie **fressen** uns bestimmt **auf**.		
HÜSEYIN	Das ist doch keine Ratte, du Holzkopf! Das ist ein Hund!		
VELI	Warum hat er keine richtigen Beine?		
LEYLA	Und warum ist die Ratte an einem **Seil**?		

keine Ahnung	no idea
die Riesenratte	giant rat
auffressen **(frisst auf, fraß auf, hat aufgefressen)**	to devour
das Seil	rope
Allmächtiger, steh uns bei	Lord protect us

F. Beantworten Sie die Fragen zum Clip

1. Welche Sprache spricht der Taxifahrer? Wo haben Sie diese Sprache im Film schon gehört?
2. Welche Sprache spricht die Familie Yilmaz?
3. Warum hat die Regisseurin das gemacht?
4. Was ist die „Riesenratte"?
5. Was machen die Deutschen mit ihren Hunden?

G. Fragen schreiben. Im Dialog gibt es viele Fragen. Schreiben Sie fünf neue Fragen über diesen Clip und andere Stereotypen auf, die im Film erwähnt werden.

BEISPIEL: (aus dem Text) Mensch und Tier in einem Bett?
→ (neue Frage) Er hat keinen Schnurrbart?

1. Wieso hält er denn jetzt?
   Wieso _____?

2. Warum hat er keine richtigen Beine?
   Warum _____?

3. Was?
   Was _____?

4. Können die Hunde das nicht alleine?
   [Verb _____] _____?

NACH DEM SEHEN

 A. Unterschiede. In dem Film sehen Sie Deutschland durch die Perspektive der Familie Yilmaz kurz nach ihrer Ankunft. Verwenden Sie die Stichwörter über Unterschiede. Schreiben Sie mindestens fünf Sätze, die beschreiben, was die Familie über Deutschland denkt.

> **der Schnurrbart, mit dem Hund spazieren gehen, das Lätzchen** (*bib*)**, eine Gabel, ein Riese, ein tief ausgeschnittenes Kleid, die Toilette/das Klo, das Kruzifix**

BEISPIEL: In Deutschland haben die Männer keine Schnurrbärte wie in der Türkei.

 B. Was meinen Sie? Diskutieren Sie die Fragen in der Gruppe oder zu zweit.

> Wie wahr sind Stereotypen? Wie entstehen sie? Was halten Sie davon?
> *Beispiel: Ich finde, dass manche Stereotypen wahr sind. Zum Beispiel …*
> *Beispiel: Ich bin der Meinung, dass Stereotypen nachteilig sind, weil …*

C. Eine fremde Stadt. Stellen Sie sich vor, Sie sind ein Außerirdischer (*alien*) und schauen zum ersten Mal eine Stadt in den USA an. Wo sind sie? Was fällt Ihnen auf? Sprechen Sie mit einem Partner oder einer Partnerin, der/die raten muss, in welcher Stadt Sie gelandet sind.

D. Der erste Deutsche. Als Muhamed seinen neuen Bruder Ali zum ersten Mal sieht, sagt er „Da ist er – der erste Deutsche – sieht aus wie einer. Echt hässlich!" Wie verstehen Sie diese Szene? Wie fühlt sich Muhamed? Wie unterscheidet sich Alis Leben vom Leben seiner beiden Brüder?

E. Ein Brief an Ali. Schreiben Sie einen Brief an das neue Baby aus der Perspektive von Veli, Muhamed oder Leyla. Beschreiben Sie Ihr neues Leben in Deutschland. Was wollen Sie ihm sagen? Was muss das Baby wissen? Was soll oder darf es machen oder nicht machen? Verwenden Sie dabei Modalverben.

Zum Film: Integration

VOR DEM SEHEN

Fortsetzung der Geschichte

CENK	Wann sind wir endlich da? Mir ist langweilig.
HÜSEYIN	Cenk, willst du den Rest von Geschichte hören?
CENK	Geht's denn noch weiter?
HÜSEYIN	Natürlich!
CANAN	Also … wo war ich denn? Unsere Familie lebte bereits in Deutschland und war seitdem nicht mehr

zurückgekehrt. **Umso** länger sie weg von der Heimat waren, **desto** größer wurde der **Einfluss** von der fremden Kultur. [...] Um dem Einfluss der Deutschen entgegen zu wirken, **beschloss** Opa einen **Urlaub** in der Türkei. Der sollte sie zu ihren **Wurzeln zurückführen**.

CANAN	Die Distanz zwischen der neuen und alten Heimat **betrug** 2.521 Kilometer. Sie brauchten ganze drei Tage und drei Nächte. Kaum angekommen wurde es klar, dass die Zeit sich nicht einfach **zurückdrehen** lässt. Die Dinge hatten **sich verändert.** Sie hatten sich verändert. Es waren nur **Kleinigkeiten,** aber sie **häuften sich** und **führten dazu**, dass Opa, ganz anders als geplant, ein Haus in Deutschland kaufte und nicht in der Türkei.

zurückkehren	to return (to a place)
umso / desto	the (longer) the (bigger)
der Einfluss	influence
beschließen **(beschloss, hat beschlossen)**	to decide
der Urlaub	vacation
die Wurzeln (pl)	roots
zurückführen	to bring or lead back to
betragen **(beträgt, betrug, hat betragen)**	to add up to
zurückdrehen	to turn back
(sich) verändern	to change
Kleinigkeiten	small things; odds and ends
(sich) häufen	to accumulate or pile up
zu etwas führen	to lead to

A. **Beantworten Sie die Fragen zur Geschichte**

1. Was passierte, je länger sie in Deutschland blieben?
2. Warum beschloss Opa, einen Urlaub in der Türkei zu machen?
3. Warum sind sie gefahren und nicht geflogen? Was denken Sie?
4. Was wurde ihnen klar, als sie angekommen sind?
5. Wie haben sie sich verändert?
6. Was hat Opa ganz anders als geplant gekauft?

DER FILM (CLIPS 5-6)

A. **Was ist passiert?** Schauen Sie sich den dritten Teil des Films an (51:00-1:10:00) und bringen Sie die Sätze in die richtige Reihenfolge.

1. _____ Hüseyin und Cenk sind beim Friseur und planen die Rede.
2. _____ Die Familie Yilmaz fliegt in die Türkei.
3. _____ Hüseyin stirbt, und die ganze Familie trauert.
4. _____ Sie fahren im Bus, und Canan erzählt Cenks Geschichte weiter.
5. _____ Leyla sieht Müllfrauen und freut sich.
6. _____ Sie essen im Restaurant, und Ali verträgt das Essen nicht.
7. _____ Die Familie fährt zusammen in einem Bus.
8. _____ Hüseyin weiß schon, dass Canan schwanger ist.
9. _____ Sie kaufen Obst und Brot von einem Straßenverkäufer.
10. _____ Im Bus lesen sie den Brief von der Bundeskanzlerin.

B. **Die neue Heimat.** Die Kinder gewöhnen sich langsam an ihre neue Heimat in Deutschland. Bringen Sie die Sätze in die richtige Reihenfolge.

1. _____ Hüseyin kauft ein Haus in Deutschland und nicht in der Türkei.
2. _____ Sie packen viele Geschenke ein und fahren in die Türkei.
3. _____ Hüseyin beschließt, einen Urlaub in der Türkei zu machen, damit sie ihre Wurzeln wiederfinden können.
4. _____ Die Kinder wollen Weihnachten feiern.
5. _____ Sie merken, dass sie sich verändert haben und dass die Zeit sich nicht zurückdrehen lässt.
6. _____ Leyla sagt ihrem Vater, dass er seinen Schnauzbart abrasieren soll.

C. **Das erste Weihnachten.** Das erste Weihnachten in Deutschland ist ein Wendepunkt in der Geschichte. Beschreiben Sie die Bilder. Was passiert in diesem Clip? Was wollen die Kinder, und was macht die Mutter?

D. **Weihnachten.** Sehen Sie den Clip an und lesen Sie den Dialog.

„Weihnachten"

5. Clip

VELI	Bitte.
MUHAMED	Bitte.
LEYLA	Bitte.
FATMA	Also, ich gehe da jetzt rein und dann mit der **Glocke läuten**?
VELI	**Geschenke.** Du musst erst die Geschenke um den Baum legen und dann mit der Glocke läuten. OK?
MUHAMED	Unser erstes **Weihnachten**!
LEYLA	**Geschafft**!
MUHAMED	O nein! Wir dürfen die Geschenke doch vorher nicht sehen.
VELI	Sie sind ja gar nicht **verpackt**!
FATMA	Dann macht eure Augen eben zu! (*Die Glocke läutet.*)
MUHAMED	Möchtest du Karten spielen?
VELI	Nein. **Keine Lust**.
LEYLA	Papa? Kannst du deinen **Schnauzbart** nicht wegmachen?

HÜSEYIN	Wie so? Richtige Männer tragen immer einen Schnauzbart. Es gehört sich so.
LEYLA	Aber hier macht das niemand. Das ist nicht schön.
VELI	Opsga hüttensachen?
MUHAMED	Konstdamata.
VELI	Watmata. Dökmata?
MUHAMED	Nö.
VELI	Jö ...

die Glocke	bell
läuten	to ring
das Geschenk	present; gift
Weihnachten	Christmas
Geschafft! (schaffen)	We did it!
verpacken	to wrap
keine Lust	I don't want to.
der Schnauzbart	mustache

E. **Beantworten Sie die Fragen zum Clip**

1. Was haben die Kinder in den Schaufenstern (*shop windows*) gesehen?
2. Was für Geschenke gibt es unter dem Baum?
3. Was wollen die Kinder, dass ihre Mutti für sie macht?
4. Warum will Leyla, dass ihr Vater seinen Schnauzbart wegmacht?
5. Warum will Hüseyin den Schnauzbart behalten?
6. Was bedeutet es, dass Hüseyin und Fatma Veli und Muhamed nicht verstehen?
7. Warum beschließt Hüseyin, in die Türkei zu reisen?

Wissenswert! Der Ramadan

Ein sehr wichtiges Fest in der muslimischen Welt ist der Ramadan – Ramazan Bayram auf Türkisch. Im neunten Monat des islamischen Mondkalenders wird gefastet. Fasten gehört zu den fünf Säulen des Islam – zu den Hauptpflichten, die ein Muslim als Gottesdienst durchführt. Das Ramadanfest (Zuckerfest) feiert den Abschluss des Fastenmonats Ramadan.

Haben Sie schon mal gefastet?

F. O Tannenbaum. Einen schön geschmückten Weihnachtsbaum in das Wohnzimmer zu stellen, ist ein typischer Weihnachtsbrauch in christlichen Familien. Beantworten Sie die Fragen zum Thema Weihnachtsbaum.

1. Suchen Sie im Internet einen typischen deutschen Weihnachtsbaum, wie die Bäume, die sie im Film sehen.
2. Suchen oder zeichnen Sie dann einen typischen amerikanischen Weihnachtsbaum.
3. Was sind die Unterschiede?
4. Was kommt oben drauf?
5. Was für Lichter gibt es? Kerzen oder Lichterketten?
6. Wie schmückt (*decorate*) man den Weihnachtsbaum?
7. Was für Weihnachtsgeschenke liegen unter dem Baum?
8. Wie wird Weihnachten in Deutschland gefeiert? Machen Sie eine Internetrecherche. Was ist, zum Beispiel, ein Weihnachtsmarkt, und wer ist Knecht Ruprecht?

G. Geschichte. Lesen Sie den Text und beantworten Sie die Fragen.

Der Weihnachtsbaum hat eine lange Geschichte. Der immergrüne Baum ist ein Symbol für ein neues Leben, und die Kerzen symbolisieren die Hoffnung auf mehr Licht in der düsteren Winterzeit. Auswanderer aus Europa nahmen den Brauch mit in die USA. Der Baum ist ein religiöses Symbol, um die Geburt von Jesus Christus zu feiern.

1. Was bedeutet der Weihnachtsbaum und Weihnachten für Sie?
2. Feiert man Weihnachten bei Ihnen zu Hause? Wenn ja, wie?
3. Warum ist Weihnachten neu für die Familie Yilmaz?
4. Welche Feiertage gibt es für Muslime? Sieht man die im Film?

H. Heimat. Die Familie Yilmaz fährt zurück in die Türkei, um ihre Wurzeln wiederzufinden. Sie merken aber, dass sie sich verändert haben. Wie haben sie sich verändert? Fatma betet im Auto auf der Fahrt, dass Allah sie gesund in der Heimat ankommen lassen möge. Was bedeutet Heimat für sie? Wo ist jetzt ihre Heimat?

I. Ruckfahrt in die Türkei. Beantworten Sie die Fragen.

1. Beschreiben Sie die Reise von Deutschland in die Türkei. Was für einen Wagen fährt die Familie? Was sehen sie auf der Straße? Wo schlafen sie? Was für andere Leute gibt es dort? Wo essen sie?
2. Wie unterscheidet sich ihr Roadtrip von Roadtrips heutzutage?
3. Als sie in der Türkei ankommen, hören sie den islamischen Gebetsruf, und sie sehen am Horizont Moscheen und Minarette. Welche anderen Unterschiede gibt es?
4. Was halten Fatma und Veli von der Toilette?
5. Wie findet Muhameds Freund sein Geschenk?

J. Coca-Cola. Sehen Sie den Clip an und lesen Sie den Dialog.

„Coca-Cola"

6. Clip

MUHAMED	Für dich aus Deutschland!
EMYRA	Danke!
MUHAMED	Das ist Coca-Cola, Mann! Echte deutsche Cola!
EMYRA	Eine einzige **Flasche**? Das ist alles, was ich bekomme?
MUHAMED	Weiß du, wie schwer es war, die hierher zu **schleusen**?
EMYRA	Yeman hat von seinem Cousin **ein ferngesteuertes Auto** bekommen! Und du **Geizhals** schenkst mir nur eine Flasche. Du hättest mir mindestens einen ganzen **Kasten** mitbringen können. Ihr habt **dort drüben** doch so viel Geld! Hier! (*Muhamed geht nach Hause*)
VELI	Hä. Was ist denn mit dir los?
FATMA	War Emyra nicht da?
MUHAMED	Er wollte lieber ein ferngesteuertes Auto. Dabei habe noch nicht mal ich eins. Er sagte, ich bin **geizig**.
HÜSEYIN	Geizig? Es fängt genau schon an.

Es geht nur noch um Geld Geld Geld. Als ob in Deutschland einer steht, der **Münzen** scheißt.

FATMA	Hüseyin (*Der Strom fällt aus*)
FATMA	**Stromausfall**!
HÜSEYIN	Dieser verfluchte **Unsinn**. Wozu bezahlen wir den Strom, wenn sie den **ausschalten**, wie sie lustig sind? Es ist schon **das zweite Mal** heute.

die Flasche	bottle
schleusen	to bring over
ein ferngesteuertes Auto	remote-control car
der Geizhals	cheapskate
der Kasten	case
dort drüben	over there
geizig	cheap
die Münzen	coins
der Stromausfall	power outage
der Unsinn	nonsense
ausschalten	to turn off
das zweite Mal	the second time

K. Beantworten Sie die Fragen zum Clip

1. Warum schenkt Muhamed Emyra nur eine Flasche Cola?
2. Was will Emyra lieber haben?
3. Was wirft Emyra Muhamed vor? (*accuses him of*)
4. Wie reagiert Hüseyin darauf?

NACH DEM SEHEN

A. Wer hat das gesagt? Am Anfang des Films hören Muhamed und Fatma von ihren Freunden viele Vorurteile über Deutschland. Welches Zitat passt zu welchen Freunden?

Fatmas Freunde	Muhameds Freunde	Zitate aus dem Film
		Wusstest du, dass es in Deutschland überall Coca-Cola gibt?
		In Deutschland soll es doch so kalt sein.
		Die sind alle Ungläubige da.
		In Deutschland soll es nur Kartoffeln geben.
		Deutsche essen Schweinefleisch und Menschen.
		Den toten Mann am Kreuz haben sie auch aufgegessen.
		Am Sonntag trifft man sich in einer Kirche, und sie essen von ihm und trinken von seinem Blut.
		In Deutschland soll es so dreckig sein.

B. Was meinen Sie? Diskutieren Sie diese Fragen mit einem Partner oder mit einer Partnerin.

1. Welchen Einfluss haben diese Ideen über Deutschland auf Muhamed und Fatma?
2. Welche Beispiele sehen wir im Film?
3. Inwiefern stimmt das, was sie sagen? Inwiefern stimmt es nicht?

C. Hüseyins Tagebuch. Am Anfang der Reise wollte Hüseyin, dass die Familie ihre Wurzeln in der Türkei wiederfindet. Aber schließlich entscheidet er sich, ein Haus in Deutschland zu kaufen. Was ist in der Türkei passiert, das seine Meinung geändert hat? Schreiben Sie einen Tagebucheintrag aus Hüseyins Perspektive, der die Situation erklärt.

Zum Film: Verständigung und Versöhnung

VOR DEM SEHEN

 A. Was wissen Sie über Hüseyin? Machen Sie eine Liste von dem, was Sie über ihn und sein Leben erfahren haben.

BEISPIEL: Er kommt aus der Türkei.

 B. Hüseyin spielt viele Rollen im Film. Er ist jung, alt, Gastarbeiter, Ehemann, Vater, Schwiegervater und Opa. Was für eine Beziehung hat er zu den anderen Figuren? Geben Sie Beispiele.

1. Fatma
2. Veli, Muhamed, Leyla, Ali und Gabi
3. Cenk und Canan
4. In der Türkei
5. In Deutschland

 C. Lösungen. Es gibt immer noch einige Probleme im Film, die noch nicht gelöst (*resolved*) sind. Schreiben Sie Ihre Ideen für eine Lösung neben dem Problem auf. Verwenden Sie das Futur (**werden + Infinitiv**).

BEISPIEL: Hüseyin ist gestorben. → Die Familie **wird** ihn **begraben**.

1. Keiner weiß, dass Canan schwanger ist. →
2. Veli und Muhamed streiten sich. →
3. Hüseyin muss eine Rede vor der Bundeskanzlerin halten. →
4. Die Familie hat das Haus noch nicht gesehen. →

DER FILM (CLIPS 7-8)

A. Was ist passiert? Sehen Sie den letzten Teil des Films an und setzen Sie die Sätze in die richtige Reihenfolge.

1. __1__ Hüseyin stirbt.
2. ____ Die Familie trauert.

3. ____ Muhamed entscheidet sich, in der Türkei zu bleiben, um das Haus aufzubauen.

4. ____ Die Familie findet heraus, dass Hüseyin nicht in einem muslimischen Friedhof beerdigt werden kann, weil er einen deutschen Pass hat.

5. ____ Fatma überredet sie, Hüseyin in das Dorf zu bringen, um ihn dort zu beerdigen.

6. ____ Cenk hält eine Rede vor der Bundeskanzlerin.

7. ____ Nach der Beerdigung essen alle zusammen in dem Haus, das nur eine Fassade ist.

8. ____ Canan erzählt ihrer Mutter und Oma, dass sie schwanger ist, und Veli erzählt Muhamed, dass seine Frau sich von ihm trennen möchte.

9. ____ Hüseyin wird im Dorf beerdigt.

B. Wo ist jetzt Opa? Sehen Sie den Clip an und lesen Sie den Dialog zwischen Cenk und Ali.

„Wo ist jetzt Opa?"

7. Clip

CENK	Wo ist jetzt Opa?	**komm mal her**	come here
ALI	**Komm mal her.** Opa ist hier. Und hier. **Sterben** ist nichts **Schlimmes**. Es ist ganz normal. Wir Menschen werden **geboren**. Wir werden groß. Wir leben unser Leben. Und **irgendwann** gehen wir wieder.	**sterben** (stirbt, starb, ist gestorben)	to die
		schlimm	bad
		geboren (gebären) (gebar, ist geboren)	born
		irgendwann	eventually
CENK	Wohin denn?	**(sich) erinnern**	to remember
ALI	Setz dich. **Erinnerst** du **dich** daran, als wir über Wasser gesprochen haben? Und dass es eine **Formveränderung** war? Also, bei normalen Temperaturen so wie jetzt, da ist das Wasser **flüssig**. Wenn es dann zu kalt ist, dann **wird es zu Eis**. Wenn man es **kocht**, dann **verdampft** es. Ja? Und **steigt** in den **Himmel**. Also, was ich sagen will, ist, dass, **egal** wie das Wasser **aussieht**, egal welche Form es hat, es bleibt **immer da**. Verstehst du, was ich meine?	**die Formveränderung**	change of shape
		flüssig	fluid
		zu Eis werden (wird, wurde, ist geworden)	to become ice
		kochen	to boil
		verdampfen	to evaporate
		steigen (stieg, ist gestiegen)	to climb
		der Himmel	sky; heaven
		egal	no matter
		aussehen (sieht aus, sah aus, hat ausgesehen)	to look like
CENK	Ja. Opa ist verdampft.		
ALI	Ja. Ja so etwa.	**immer da**	always there

C. Beantworten Sie die Fragen zum Clip

1. Welche Metapher benutzt Ali, um Cenk den Tod seines Großvaters zu erklären?

2. Welche Formveränderungen kann Wasser durchmachen?

3. Versteht Cenk, was sein Vater ihm sagt?

4. Wie finden Sie diese Szene?

D. Beerdigung. Sehen Sie den Clip an. In diesen Szenen gibt es keine Wörter außer Gebeten. Wir sehen die Umgebung, Erinnerungen und die Gegenwart durch die Augen und Gedanken von Fatma, der Ältesten in der Familie, und Cenk, dem Jüngsten in der Familie.

„Beerdigung"

8. Clip

E. Bildbeschreibung. Sehen Sie sich die Bilder von dem Clip an. Fatma erinnert sich an ihre Jugend, und sie sieht ihren Mann und sich damals, als sie sich kennen gelernt haben. Was bedeutet das für sie?

F. Die Vergangenheit wird Gegenwart. Cenks Vergangenheit wird endlich ein Teil seiner Gegenwart, als er seine Verwandten mit ihrer vergangenen Jugend sieht. Welche Verwandten sieht er? Wer sind die Leute auf den Bildern? Was bedeutet das für ihn? Wen hält seine Mutter in den Armen?

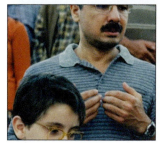

NACH DEM SEHEN

A. Wir sind jeder Mensch. Lesen Sie das Ende von Canans Geschichte.

CANAN: Ein **kluger** Mann antwortete einmal auf die Frage „wer oder was sind wir?": wir sind die Summe **all dessen,** was vor uns **geschah.** All dessen, was unter unseren Augen **getan** wurde, all dessen, was uns angetan wurde. Wir sind

jeder Mensch und jedes Ding, **dessen Dasein** uns so **beeinflusste** oder von uns
beeinflusst wurde. Wir sind alles, was geschieht, nachdem wir nicht mehr sind,
was nicht geschähe, wenn wir nicht gekommen wären.

klug	clever	**tun**	to do
all dessen	of everything	**(tat, hat getan)**	
geschehen	to happen	**dessen**	whose
(geschieht, geschah, ist geschehen)		**das Dasein**	presence
		beeinflussen	to influence

B. Was meinen Sie? Diskutieren Sie die Fragen mit einem Partner oder mit
einer Partnerin.

1. Der kluge Mann, den Canan zitiert, ist der Schriftsteller Salman
   Rushdie. Haben Sie von ihm gehört?
2. Wie würden Sie die Frage „Wer oder was sind wir?" beantworten?
3. Canan ist schwanger. Wie wird ihr Kind die Vergangenheit verstehen?
   Was wissen wir schon über ihr Baby?
4. Wie verstehen Sie das Zitat von Max Frisch am Ende des Films, „Wir
   riefen Arbeitskräfte, es kamen Menschen."?

C. Ein Gespräch. Gespräche sind oft spontan, und man hat keine Zeit, sich zu
überlegen, was man sagen will. Man muss sein Bestes tun. Hier haben Sie die
Gelegenheit, ein ‚spontanes' Gespräch (mit ein bisschen Vorbereitungszeit) zu
führen.

> **sterben • die Vergangenheit • Integration • die Zukunft**

1. Vorbereitung: Arbeiten Sie zu zweit und schreiben Sie alle Wörter und
   Ideen auf, die Ihnen einfallen, wenn Sie die folgenden Wörter sehen.
   Lassen Sie Ihren Gedanken freien Lauf!
2. Schreiben Sie die Wörter auf kleine Kärtchen. Wählen (*choose*) Sie ein
   Kärtchen und führen Sie ein spontanes Gespräch für mindestens eine
   Minute darüber. Es ist egal, was Sie sagen, solange es mit dem Wort
   verbunden ist. Versuchen Sie, die ganze Zeit zu sprechen, auch wenn es
   schwierig ist.

D. Früher im Film haben Hüseyin und Fatma einen Brief von der
Bundeskanzlerin mit der Post erhalten. Lesen Sie den Dialog zu dieser
Szene und beantworten Sie die Fragen danach.

Ein Brief von der Bundeskanzlerin

FATMA   Hüseyin, schau mal, was wir per Post bekommen
haben. Eine **Einladung**. Für **Einwanderer**. Dabei
sind wir doch jetzt Deutsche.

HÜSEYIN   Deutschland sagt Danke. Die wollen, dass ich eine
Rede halte? Und auch noch vor der **Bundeskanzlerin**!
Sind sie verrückt geworden?
Das mache ich **auf keinen
Fall**!

FATMA   Allmächtiger! Vor Angela
Merkel? Hüseyin. Hüseyin?
Hüseyin!

die Einladung	invitation
der Einwanderer,	immigrant
die Einwanderin	
die Bundeskanzlerin	Federal Chancellor
Auf keinen Fall!	No way!

1. Was steht in dem Brief?
2. Was will die Bundeskanzlerin?
3. Will Hüseyin die Rede halten?
4. Wie heißt die Bundeskanzlerin?
5. Will Fatma, dass Hüseyin die Rede hält?

E. Wer hat das gesagt? Welches Zitat passt zu Hüseyin, Cenk oder Gabi? Schreiben Sie den richtigen Namen in die Lücke.

1. _____ Ich sage am besten zu Frau Bundeskanzlerin. Hey Angela! Wo Problem? Hm? Du kommst aus dem Osten. Ich auch. Wir beide Ossis.

2. _____ Ich lebe seit 45 Jahren hier. Manchmal war es gut und manchmal schlecht, aber jetzt bin ich glücklich.

3. _____ Hier steht, dass die Bundeskanzlerin anwesend sein wird. Und sie würde sich freuen, wenn du als eine Million und erster Ausländer etwas zum Anlass sagen würdest.

F. Angela Merkel. Lesen Sie den Text über Angela Merkel und beantworten Sie die Fragen.

Angela Merkel wurde am 22. November 2005 Bundeskanzlerin Deutschlands. Sie ist am 17. Juli 1954 in Hamburg geboren, aber ihre Familie zog einige Wochen später ins brandenburgische Quitzow um und später nach Templin. Sie studierte Physik an der Universität Leipzig. Nach der friedlichen Revolution im Herbst 1989 engagierte sie sich beim Demokratischen Aufbruch und wurde 1990 Regierungssprecherin dieser Gruppe in der CDU und wurde in den Deutschen Bundestag gewählt. 1991-1994 war sie die Bundesministerin für Frauen und Jugend und 1994-1998 die Bundesumweltministerin. 1991 wurde sie Parteichefin der CDU (Christlich Demokratische Union Deutschlands) und im Jahre 2005 Bundeskanzlerin.

1. Wann wurde Angela Merkel Bundeskanzlerin Deutschlands?
2. Wann hat sie Geburtstag?
3. Wo ist sie geboren, und wo ist sie aufgewachsen?
4. Was studierte sie an der Universität in Leipzig?
5. Für welche Gruppe wurde sie die Regierungssprecherin?
6. In welchem Jahr gewann sie einen Sitz im Deutschen Bundestag?
7. Zu welcher politischen Partei gehört sie?

Synthese
DISKUSSION

A. Bildbeschreibung. Beschreiben Sie die Bilder, die ein Gespräch zwischen der ersten und der dritten Generation zeigen. Was zeigen die Gesten und die Gesichtsausdrücke bei den drei Menschen? Was für eine Zukunft werden sie haben?

B. Was meinen Sie? Beantworten Sie die Fragen zu zweit.

1. Welche Figur magst du am liebsten? Warum?

2. Welche Figur magst du am wenigsten? Warum?

3. Welche Figur hat die meisten Probleme?

4. Haben die verschiedenen Generationen unterschiedliche Meinungen zu der Vergangenheit?

5. Wie würdest du die Beziehung zwischen Hüseyin und Fatma beschreiben?

6. Welche Unterschiede zwischen den zwei Söhnen und zwischen der Tochter und ihren Brüdern werden gezeigt?

7. Woher kommen die Partner von Canan und Ali? Warum hat die Regisseurin das gemacht?

8. Welche Reisevorbereitungen treffen die Enkel? Was packen sie ein? Vergleichen Sie das mit den Vorbereitungen, die Oma trifft. Wie unterscheiden sie sich?

9. Der Film ist ein sogenannter Integrationsfilm. Nenne Beispiele aus dem Film, die die Integration der Familie Yilmaz zeigen.

10. Wie war es damals, eine ausländische Familie in Deutschland zu sein? Welche Probleme gibt es im Film für die Familie Yilmaz? Wie reagieren die Deutschen auf die Familie Yilmaz?

11. Wie findest du die Musik in dem Film? Welche Musik begleitet die Erfahrungen der Figuren? Was könnte das symbolisieren?

12. Was ist die „Moral" der Geschichte? Was kann man aus dieser Geschichte lernen? Vermittelt der Film eine Botschaft (*message*)?

SPRECHAKTE

A. Ich bin Cenk. Cenk hält eine Rede vor der Bundeskanzlerin. Lesen Sie den Text vom Film.

SPRECHER	Unter dem Motto „Deutschland sagt Danke" **lud** heute die Bundeskanzlerin 200 Immigranten der ersten Stunde zu einem **Empfang** im Schloss Bellevue **ein**. Für viel **Aufmerksamkeit** sorgte jedoch ein **ungewöhnlicher Redner**.
CENK	Ich bin Cenk. Hüseyin Yilmaz ist mein Opa. Er ist vor kurzem gestorben, aber ich weiß, was er sagen wollte. Wir haben zusammen **geübt**. Sehr **geehrte** Frau Bundeskanzlerin, ich danke Ihnen sehr, dass ich als eine Million und erster Ausländer, der nach Deutschland kam, um zu arbeiten, heute vor Ihnen sprechen darf. Ich lebe seit 45 Jahren hier. Manchmal war es gut und manchmal schlecht, aber jetzt bin ich glücklich ...

einladen	to invite	**ungewöhnlich**	unusual
(lädt ein, lud ein, hat eingeladen)		**der Redner**	speaker
der Empfang	reception	**üben**	to practice
die Aufmerksamkeit	attention	**geehrte**	esteemed

B. Fortsetzung der Rede. Schreiben Sie Cenks Rede zu Ende.

C. Eine Rede halten. Schreiben Sie selber eine Rede an den US-Präsidenten über Ihr Leben bis jetzt in den USA und über Ihre Hoffnungen für die Zukunft. Fassen Sie Ihre Ideen zusammen, bevor sie beginnen. Die Tabelle hilft Ihnen, Ihre Gedanken zu organisieren und die Länge der Rede zu bestimmen.

1. der Einstieg - ein Viertel der Redezeit	2. der Hauptteil	3. der Schluss- 1/8 der Redezeit
- Erklären Sie, warum Sie die Rede halten. - Beginnen Sie mit einem Beispiel, einer Anekdote, einem Witz oder einem Zitat. - Achten Sie auf das Publikum. Sie müssen die Zuhörer überzeugen.	- Was sind Ihre Ziele? Teilen Sie Ihre Gedanken in Ziele. Sie brauchen nur drei oder vier Ziele für eine kurze Rede. Beispiele: Problembeschreibung Gegenmeinung Alternativen vorschlagen	- Fassen Sie Ihre Ideen zusammen (erstens, zweitens, drittens). - Verabschieden Sie sich mit einer positiv formulierten Idee.

INTERNETRECHERCHE MIT PRÄSENTATION

Führen Sie eine Internetrecherche zu den folgenden Themen.

1. „Gastarbeiter" in Deutschland, ihre Geschichte und Integration in die deutsche Kultur
2. Die türkische Kultur in Deutschland, ihre Geschichte und die Situation heute
3. Religionsfreiheit in Deutschland, die Geschichte, auch für Deutschland vor 1945
4. Die deutsche Staatsbürgerschaft beantragen: Wie macht man das? Ist es anders als in den USA?
5. Die Fernsehsendung *Türkisch für Anfänger*: Sehen Sie eine Folge und berichten Sie darüber.
6. Fatih Akin – der prominenteste türkisch-deutsche Filmregisseur
7. Emine Sevgi Özdamar – die prominenteste türkische Schriftstellerin in Deutschland

SCHREIBPROJEKTE

Schreiben Sie einen Aufsatz zu den folgenden Themen.

1. Beschreiben Sie das Leben für jede Hauptfigur in der Zukunft. Stellen Sie sich vor, Sie produzieren eine Fortsetzung (*sequel*) über die Familie.
2. Cenk will mehr von seiner Geschichte hören. Schreiben Sie einen Brief an Cenk, in dem Sie ihm die Vergangenheit der Familienmitglieder erklären.

Strukturen
MODAL VERBS (MODALVERBEN) IN THE PRESENT TENSE (PRÄSENS)

Modal verbs are some of the most commonly used verbs in German. Their conjugation is mixed (it shares features with regular and irregular verbs) and they usually appear with an infinitive, which is placed at the end of the sentence.

Examples:
*Leyla **will** Müllfrau **werden**.*
   (Leyla wants to become a garbage collector.)
*Sie **müssen** vier Stunden am Flughafen **warten**.*
   (They have to wait for four hours at the airport.)

Below is a chart summarizing the conjugation of the modal verbs in the present tense.

	Modals in the Present Tense					
	können (can)	müssen (must)	dürfen (may)	mögen (to like to)	wollen (to want to)	sollen (should)
ich	kann	muss	darf	mag	will	soll
du	kannst	musst	darfst	magst	willst	sollst
er/sie/es	kann	muss	darf	mag	will	soll
wir	können	müssen	dürfen	mögen	wollen	sollen
ihr	könnt	müsst	dürft	mögt	wollt	sollt
sie/Sie	können	müssen	dürfen	mögen	wollen	sollen

A. Recognizing patterns. Look at the chart and answer the questions.

1. What do you notice about the first (*ich*) and the third person (*er/sie/es*) verb conjugations?
2. What do you notice about the singular (*ich/du/er/sie/es*) conjugations in the verbs whose infinitives have an umlaut (*können, müssen, dürfen, mögen*)? How are they different in the plural (*wir/ihr/sie/Sie*) forms?
3. How are wollen and sollen different than the others?

B. True or false? Read the sentences from the film and decide whether they are true (T) or false (F).

1. _____ Leyla darf keine Zigaretten rauchen.
2. _____ Ali kann sehr gut Türkisch sprechen.
3. _____ Hüseyin will mit der Familie zusammen in die Türkei fahren.
4. _____ Hüseyin soll eine Rede vor der Bundeskanzlerin halten.
5. _____ Das Haus in der Türkei muss gebaut werden.

C. Circle the correct modal verb.

1. Cenk (kann/will) die Geschichte von Canan hören.
2. In Deutschland (soll/muss) es nur Kartoffeln geben.
3. Hüseyin (kann/darf) nicht auf einem islamischen Friedhof beerdigt werden.
4. Ali (muss/mag) scharfes Essen nicht.
5. Canan (darf/muss) ihrer Mutter erzählen, dass sie schwanger ist.
6. Fatma (kann/darf) ihren Mann sehen, nachdem er gestorben ist.

D. Fill in the blank with the correct modal verb and conjugation.

1. Cenk: Was sind wir denn jetzt? Türken oder Deutsche?
   Canan: Cenk, man _____ ja auch beides sein. So wie du.

2. Canan: Opa beschließt, einen Urlaub in der Türkei zu machen. Der _____ sie zu ihren Wurzeln zurückführen.

3. Fatma: Also, ich gehe da jetzt rein und dann mit der Glocke läuten?
   Veli: Geschenke. Du _____ erst die Geschenke um den Baum legen und dann mit der Glocke läuten. OK?

4. Ali: Also, was ich sagen _____ , ist, dass, egal wie das Wasser aussieht, egal welche Form es hat, es bleibt immer da. Verstehst du, was ich meine?

5. Cenk: Ich danke Ihnen sehr, dass ich als eine Million und erster Ausländer, der nach Deutschland kam, um zu arbeiten, heute mit Ihnen sprechen _____ .

E. A good life. Muhamed is staying in Turkey to build the house his father bought. What does he have to do in order to have a good life? Use the modal verbs *müssen, sollen, dürfen* and *wollen*.

→ Was muss/soll/darf/will er machen, um ein gutes Leben führen zu können?
Beispiel: *Er muss das Haus renovieren.*

F. Tolerance. Although it is not emphasized in the film, there is a considerable amount of xenophobia in Germany and throughout the world. What can one (*man*) do to help people understand each other better? Use the modal verbs *können, müssen, dürfen,* and *sollen*.

→ Was kann man machen, damit Menschen sich besser verstehen?
Beispiel: *Man kann die Sprache lernen.*

MODAL VERBS IN THE PAST TENSE (PRÄTERITUM; IMPERFEKT)

To form the simple past tense of modal verbs, you add the correct endings and drop the umlaut if there is one. The placement of the infinitive at the end of the sentence stays the same.

Examples:
*Leyla **wollte** Müllmann **werden**.*
   Leyla wanted to become a garbage collector.

*Sie **mussten** vier Stunden am Flughafen **warten**.*
   They had to wait for four hours at the airport.

	könnentgt (can)	müssen (must)	dürfen (may)	mögen (to like to)	wollen/sollen (to want to; should)
ich	konnte	musste	durfte	mochte	wollte/sollte
du	konntest	musstest	durftest	mochtest	wolltest/solltest
er/sie/es	konnte	musste	durfte	mochte	wollte/sollte
wir	konnten	mussten	durften	mochten	wollten/sollten
ihr	konntet	musstet	durftet	mochtet	wolltet/solltet
sie/Sie	konnten	mussten	durften	mochten	wollten/sollten

A. Recognizing patterns. Look at the chart on the previous page and answer the questions below.

1. Are there any umlauts in the *preterite* (simple past tense) of modal verbs?
2. What do you notice about the first (*ich*) and the third person (*er/sie/es*) verb conjugations?

B. Present to past. Rewrite the following sentences using the simple past forms of the modal verbs.

1. Leyla darf keine Zigaretten rauchen.

   Leyla _____ keine Zigaretten rauchen.

2. Ali kann sehr gut Türkisch sprechen.

   Ali _____ sehr gut Türkisch sprechen.

3. Hüseyin will mit der Familie zusammen in die Türkei fahren.

   Hüseyin _____ mit der Familie zusammen
   in die Türkei fahren.

4. Fatma mag den deutschen Pass.

   Fatma _____ den deutschen Pass.

5. Hüseyin soll eine Rede vor der Bundeskanzlerin halten.

   Hüseyin _____ eine Rede vor der Bundeskanzlerin
   halten.

6. Das Haus in der Türkei muss gebaut werden.

   Das Haus in der Türkei _____ gebaut werden.

C. Simple past. Fill in the blanks with the most appropriate modal verb in the simple past tense.

1. Hüseyin _____ ein besseres Leben.
2. Ali _____ das türkische Essen nicht essen.
3. Muhamed _____ nur eine Flasche Cola einpacken.
4. Hüseyin _____ die Rede nicht halten, weil er gestorben ist.
5. Cenk _____ die Rede halten, weil er mit seinem Opa geübt hat.

D. The characters. Write your own sentences about characters in the film using modal verbs in the simple past tense.

→ BEISPIEL: *Veli **wollte** zu Weihnachten ein Feuerwehrauto **bekommen**.*

E. Your past. Think about your own past and answer the questions using modal verbs in the simple past tense.

1. Was durften Sie nicht tun, als Sie Kind waren?
2. Was mussten Sie machen?
3. Was konnten Sie sehr gut oder nicht so gut machen?
4. Was oder wen mochten Sie sehr?
5. Was wollten Sie am liebsten machen?

F. Truth game. Write four sentences about yourself. Three of them should be true and one of them should be false. The others in your group have to guess which one is false!

→ BEISPIEL: *Ich kann Französisch, Englisch, Spanisch, Deutsch und Chinesisch sprechen. Ich muss jeden Tag meine Mutter anrufen. Ich will reich sein. Als ich Kind war, durfte ich nicht fernsehen. Welcher Satz ist falsch?*

INFINITIVE CONSTRUCTIONS (INFINITIVSÄTZE)
OVERVIEW OF INFINITIVE CONSTRUCTIONS

An infinitive phrase has the preposition *zu* in it plus an infinitive. Infinitive clauses in German function in a similar way as infinitive clauses in English.

Examples:

Das ist schwer zu sagen. That is hard to say.

Opa beschließt, einen Urlaub in der Türkei zu verbringen.
Grandpa decided to take a trip to Turkey.

Other ways to create infinitive phrases include *um ... zu, statt ... zu* and *ohne ... zu*.

um zu + infinitive	in order to
ohne zu + infinitive	without
statt zu + infinitive	instead of

Examples:

Beamter: Verpflichten Sie sich, die deutsche Kultur als Leitkultur <u>zu übernehmen</u>?
Do you promise <u>to accept</u> the German culture as the leading culture?

Muhamed bleibt zurück in der Türkei, <u>um</u> das Haus **<u>zu</u>** bauen
Muhamed is staying in Turkey <u>in order to</u> build the house.

Die Familie fuhr in die Türkei, <u>um</u> das neue Haus <u>zu</u> renovieren, <u>ohne zu</u> wissen, dass es nicht fertig war.
The family went to Turkey, <u>in order to</u> renovate the house, <u>without knowing</u> that it was not finished.

Sie begraben Hüseyin im Dorf <u>statt</u> zum ausländischen Friedhof <u>zu</u> fahren.
They bury Hüseyin in the village <u>instead of driving</u> to the cemetery for foreigners.

 A. Questions. Ask your partner the following questions and use *zu* + infinitive in your answers.

→ Example: S1 *Was findet Hüseyin schwer?*
     S2 *Er findet es schwer, seine Familie zu verlassen.*

	Hüseyin	Canan
Er/Sie findet es schwer	seine Familie verlassen	ihrer Mutter erzählen, dass sie schwanger ist.
Er/Sie findet es schön	zusammen in die Türkei fahren	Zeit mit der Familie verbringen
Er/Sie hat vor	das Haus renovieren	die Prüfungen bestehen
Es macht ihm/ihr Spaß	mit Cenk tanzen	Cenk die Geschichte erzählen

B. Fill in the blanks with *zu, um, ohne,* **or** *statt.*

1. Fatma freut sich, deutsche Staatsbürgerin _____ werden.
2. Hüseyin will, dass alle in die Türkei reisen, _____ das Haus zu renovieren.
3. Die junge Familie zieht nach Deutschland, _____ zu wissen, wie das Leben dort wirklich ist.
4. Als junger Mann kauft Hüseyin ein Haus in Deutschland, _____ ein Haus in der Türkei zu kaufen.

C. Infinitive clauses. Combine the sentences with an infinitive clause.

Example: *Fatma packt viele Sachen ein. Sie schenkt ihren Freundinnen viel.*
→ *Fatma packt viele Sachen ein, um ihren Freunden viel zu schenken.*

um zu ...

1. Muhamed bleibt in der Türkei. Er baut das Haus auf.
2. Hüseyin geht nach Deutschland. In Deutschland verdient er mehr Geld.
3. Die Kinder wollen Weihnachten feiern. Sie bekommen schöne Geschenke.
4. Hüseyin fährt mit seiner Familie in die Türkei. Sie finden ihre Wurzeln.

ohne zu ...

1. Fatmas Freundinnen schenken ihr Reis. Sie wissen nicht, dass es auch Reis in Deutschland gibt.
2. Muhamed bringt eine Flasche Cola. Er weiß nicht, dass Emyra einen ganzen Kasten will.
3. Muhamed bleibt in der Türkei. Er weiß nicht, was er mit seinem Leben machen will.
4. Muhamed erzählt seiner Schwester, dass es keine Müllfrauen gibt. Er weiß nicht, dass es auch Müllfrauen gibt.

statt zu...

1. Hüseyin kauft ein Haus in Deutschland. Er kauft kein Haus in der Türkei.
2. Hüseyin schickt sein Geld nach Hause. Er behält nicht viel für sich.
3. Hüseyin geht nach Deutschland. Er bleibt nicht in der Türkei.
4. Canan fährt mit in die Türkei. Sie bleibt nicht zu Hause.

D. What do you think? Answer the following questions and replace the underlined words with infinitive constructions.

Example:
Warum würde man seine Heimat verlassen?
um ein besseres Leben **zu** haben = (**um** ___ **zu** + infinitive = in order to)

z.B. um _____ zu _____.

1. Warum verlässt Hüseyin seine Heimat?
2. Warum lernt man neue Sprachen?
3. Warum bleibt Cenks Onkel Muhamed in der Türkei?

E. Which one? Complete the following sentences using **um zu, statt zu,** or **ohne zu.**

Example: Die Deutschen sprechen eine komische Sprache im Film, **um zu** zeigen, wie schwierig es ist, eine Fremdsprache **zu** lernen.

1. Hüseyin und Fatma werden deutsche Staatsbürger,
2. Muhamed denkt, dass die Deutschen Riesenratten haben,
3. Muhamed denkt, dass die Deutschen Menschenfresser sind,
4. Die Familie verlässt ihre Heimat,
5. Die Brüder müssen in einem Bett schlafen,

F. Your turn. Complete the sentences using infinitive constructions.

1. Es macht Spaß ...
2. Es ist leicht ...
3. Ich habe Lust ...
4. Ich habe keine Lust ...
5. Es ist Zeit ...
6. Meistens versuche ich ...

 G. Interview. Answer the questions and then record your partner's answers in an interview.

> **Achtung!**
>
> Infinitive clauses are not used with modal verbs as the main verb, even if that is how you say it in English. For example, you translate *"I want to see a movie"* as *"Ich will einen Film sehen"* with no *zu*. However, you would say *"I don't have time to see a movie"* as *"Ich habe keine Zeit, einen Film zu sehen"*.

	Sie	Partner/Partnerin
Warum lernen Sie Deutsch?		
Was machen Sie am Wochenende am liebsten?		
Was machen Sie eher nicht am Wochenende?		
Welches Land würden Sie gerne besuchen und warum?		
Was nehmen Sie immer auf eine Reise mit?		

ADJECTIVAL NOUNS (SUBSTANTIVIERTE ADJEKTIVE) ADJECTIVAL NOUNS AND WEAK MASCULINE NOUNS

In German, verbs are *conjugated* and adjectives and certain nouns are *declined* (they change their ending according to the case). One group of nouns is called adjectival nouns. They are adjectives that are used as nouns and generally refer to people or abstract concepts. Another group is the so-called "weak masculine nouns" – they are exceptions to adjectival nouns.

Adjectival nouns are formed by turning adjectives into nouns, such as:

Adjective		Noun
deutsch (*German*)	→	der Deutsche/die Deutsche (*German*)
fremd (*foreign*)	→	der Fremde/die Fremde (*foreigner*)
verwandt (*related*)	→	der Verwandte/die Verwandte (*relative*)

A. Conversion. Using the pattern, convert the following adjectives into adjectival nouns. Remember that both the masculine and feminine end in an **e** and that they are capitalized.

1. alt (*old*)   → der _Alte_ / die _Alte_
   (*impolite: old man/lady*)

2. angestellt (*employed*)   → der _____ / die _____
   (*employee*)

3. bekannt (*known*)   → der _____ / die _____
   (*acquaintance*)

4. best (*best*)   → der _____ / die _____
   (*the best*)

5. blau (*blue*)   → der _____ / die _____
   (*the blue one*)

6. erwachsen (*grown*)   → der _____ / die _____
   (*adult*)

7. gefangen (*captive*)   → der _____ / die _____
   (*prisoner*)

8. geliebt (*loved*)   → der _____ / die _____
   (*lover*)

9. groß (*great*)   → der _____ / die _____
   (*great*)

10. reich (*rich*)   → der _____ / die _____
    (*rich person*)

11. verletzt (*injured*)   → der _____ / die _____
    (*injured person*)

12. verlobt (*engaged*)   → der _____ / die _____
    (*fiancé(e)*)

13. Make up your own!   → der _____ / die _____

B. Take note. Adjectival nouns take the same endings that they would as adjectives in the same grammatical construct. Imagine that each noun is followed by *Mann* or *Frau* and see that the endings are the same when they are followed by definite and indefinite articles:

Masculine	Feminine	Plural
der Deutsche (Mann) ein Deutscher (Mann)	die Deutsche (Frau) eine Deutsche (Frau)	Deutsche (no article) die Deutschen keine Deutschen
den Deutschen einen Deutschen	die Deutsche eine Deutsche	Deutsche (no article) die Deutschen keine Deutschen
dem Deutschen einem Deutschen	der Deutschen einer Deutschen	Deutschen (no article) den Deutschen keinen Deutschen

C. Fill in the blanks with the correct endings.

1. Nur Deutsch _____ müssen die Gesetze befolgen.
2. Muhamed denkt, dass die Deutsch _____ Riesenratten haben.
3. Sie wurden von den Deutsch _____ gerufen.
4. Der erste Deutsch _____. Sieht aus wie einer. Echt hässlich!
5. Der Film spielte mit Stereotypen über Deutsch _____ (*acc*).

D. Take note. Weak masculine nouns decline in a different way than adjectival nouns. They add a **-(e)n** throughout the plural and in all singular cases other than the nominative. This group of exceptions include some male nationalities ending in **–e**, other commonly used words (usually stemming from Greek and other foreign languages), and some exceptions that do not end in **e** such as:

der Architekt, der Bär, der Herr*, das Herz, der Jude, der Junge, der Kollege, der Kunde, der Mensch, der Nachbar, der Name*, der Präsident, der Student, der Türke

N	der Student, der Name	die Studenten, die Namen
A	den Studenten, den Namen	die Studenten, die Namen
D	dem Studenten, dem Namen	den Studenten, den Namen

E. Fill in the blanks with the correct endings.

1. Ich habe den Name _____ von dem Student _____ vergessen.
2. Sie hat sich in ihren Kolleg _____ verliebt.
3. Sind sie Deutsche oder Türk _____?
4. Man wird bald einen neuen Präsident _____ wählen.
5. Hast du die neuen Nachbar _____ kennengelernt?
6. Das Mädchen hat einen kuscheligen Teddybär _____.

Lektüre 1

SPRACHPOLIZEI UND SPIELPOLYGLOTTE

von Yoko Tawada (Konkursbuchverlag, 2007)

Yoko Tawada (1960) is a Japanese writer who lives in Germany and writes in German and in Japanese. She received her Masters in German Literature at the University of Hamburg and her Ph.D. in German Literature at the University of Zürich. She has received numerous prizes for her writing such as the Lessing Prize in 1994, the Adelbert von Chamisso Prize in 1996, and the Goethe Medal in 2005.

The following reading, an excerpt from *Sprachpolizei und Spielpolyglotte*, is dedicated to the poet Ernst Jandl. Tawada is well known for her playful and witty approach to language, which is relevant to the way in which language was approached in the film *Almanya - Willkommen in Deutschland.* Find more information about Yoko Tawada on her website: http://yokotawada.de.

VOR DEM LESEN

A. Eine schwere Sprache. Schwierigkeiten mit der deutschen Sprache werden im Film auf ganz kreative Weise dargestellt. Canan sagt: „Wie viele andere Menschen damals, verließ auch Hüseyin seine Heimat und kam als Gastarbeiter nach Deutschland – nach Almanya, wo alles anders war, vor allem die Sprache".

Beantworten Sie die Fragen.
1. Wie wird die deutsche Sprache in dem Film dargestellt?
2. Welche Sprache spricht die türkische Familie Yilmaz?
3. Welche Sprache spricht sie im Film?
4. Welche Sprache sprechen die Deutschen im Film?
5. Welche Sprache sprechen die Menschen in Deutschland?
6. Wann wird Türkisch gesprochen?

B. Bildbeschreibung. Schauen Sie die Bilder von Hüseyin an, als er in Deutschland ankam und die Sprache zum ersten Mal hörte. Auf der linken Seite sehen wir sein Gesicht, als er die Fremdsprache hörte. Auf der rechten Seite sehen wir sein Gesicht, als er eine Sprache hörte, die er verstand.

1. Welche Sprache ist das auf der linken Seite?
2. Welche Sprache ist das auf der rechten Seite?
3. Welche Sprache spricht Hüseyin?
4. Hat diese Methode Ihrer Meinung nach erfolgreich dargestellt, wie schwierig es ist, eine neue Sprache zu lernen?

„Sehr verrettet Gestbereuter... merci früh kawuderlich ve enoelsym ..."

„Sehr verehrter Gastarbeiter, dieser Tag ist ein wichtiger Tag für alle und wir hoffen auf eine erfolgreiche Zusammenarbeit".

C. Mühe, Mut und Müdigkeit. Lesen Sie die Sätze und beantworten Sie die Fragen.

Ich gebe mir <u>Mühe</u>, die deutsche Sprache zu lernen, aber mein Deutsch ist immer noch schlecht!

1. Was bedeutet Mühe hier?
2. Geben Sie sich Mühe, die deutsche Sprache zu lernen?

Man braucht viel <u>Mut</u>, in einem anderen Land zu wohnen, wenn man die Sprache nicht kennt.

3. Was bedeutet hier Mut?
4. Brauchen Sie viel Mut, Deutsch zu sprechen?

Man wird der Grammatik <u>müde</u>.

1. Werden Sie manchmal der deutschen Grammatik müde?
2. Inwiefern (*to what extent*) wäre Englisch schwieriger als Deutsch zu lernen?
3. Welche Sprache wäre Ihrer Meinung nach schwieriger zu lernen, Deutsch oder Japanisch? Warum?
4. Finden Sie, dass grammatische Regeln auch einen guten Zweck (*purpose*) haben können? Wie oder wozu?

D. Sich beschweren. Wie beschwert man sich auf Deutsch über die deutsche Sprache?

Man beschwert sich   *to complain*
- <u>bei</u> jemandem   *to someone*
- <u>über</u> etwas   *about something*

1. Beschreiben Sie ein Problem mit der deutschen Sprache. Bilden Sie Sätze mit Wörtern aus der Liste.
   - Die deutsche Grammatik ist ...
   - Das Genus (*gender*) ist ...
   - Die Deklination (*declension*) ist ...
   - Präpositionen sind ...
   - Bestimmte und unbestimmte Artikel sind ...
   - ...

> **Wissenswert! The Awful German Language**
>
> Did you know that American author Mark Twain wrote a humorous and satirical essay called "The Awful German Language" (1880), in which he describes his exasperation with compound nouns, adjective endings, and separable verbs? Look it up and see if you agree with him.

problematisch	problematic
zu kompliziert	too complicated
mühsam	troublesome
ermüdend	exhausting
unnötig	unnecessary
schwierig	hard
unmöglich	impossible
der Fehler	mistake

2. Nun nennen Sie ein paar Beispiele.

→ Es gibt zu viele Regeln!

→ Warum ist ein Mädchen *das* Mädchen, wenn ES eine Frau ist?

→ Warum können Menschen essen, aber Tiere müssen fressen?

→ Man beschwert sich <u>über</u> etwas, man macht sich lustig <u>über</u> etwas, man lacht <u>über</u> etwas. Das ist über-verwirrend!

3. Machen Sie eine Liste von Elementen der deutschen Sprache, die für Sie besonders schwierig sind oder die Sie widersprüchlich (*contradictory*) finden.

SPRACHPOLIZEI UND SPIELPOLYGLOTTE

Hat die japanische Sprache auch Grammatik, oder sprechen die Leute ohne **Regeln**?

Wie meinen Sie das?

Gibt es einen Genus? Nein? Gibt es Plural und Singular?

Nein? Gibt es eine Deklination? Nein? Gibt es Präpositionen?

Nein? Bestimmte und unbestimmte Artikel? Nein?

„Gibt es Botanik in Japan oder wachsen die **Pflanzen** ohne Regeln?"

Gibt es feminine und maskuline Wörter? Haben einige Wörter eine **Gebärmutter** im **Leib**? Ist der Rock männlich, während die Hose weiblich ist? Gibt es ein Genus beim **Verzehren** eines Satzes? Gibt es einen bestimmten **Geschmack**, wenn ich ein Frau-Wort auf die eigene **Zunge** lege? Wie schmeckt eine Tafel Schokolade als Wort? Du sagst, du möchtest eine Tafel Schokolade haben. Möchtest du **eigentlich** eine Tafel haben oder eine Schokolade? Gab es zuerst die Schokolade oder die Tafel, die noch nicht Schokolade geworden ist? Eine Tafel ist keine Tasse, kein **Gefäß**. Sie ist ein flacher, **viereckiger** Traum, mit dem man der Lust ein **Maß** gibt. Dinge werden in eine Form gepresst, damit sie gezählt und kontrolliert werden können. Eine Tafel Schokolade ist **erlaubt**, zwei Tafeln Schokolade werden von manchen schon als **Sünde** angesehen. Dennoch kennt der Appetit kein Ende. Die meisten essbaren Dinge sind **unzählbar**: Honig, Nudeln, Gemüse. Sie werden mit einem

Löffel, mit einer Dose oder auf einer **Waage** gemessen.

Mehl, Milch und **Mus**: Wie viel davon brauche ich? Mühe, Mut und Müdigkeit: Wie viel Mühe gibt man sich, um eine Sprache kennen zu lernen? Wie viel Mut braucht der Mensch, um eine Sprache zu verlassen? Wie müde bist du von der Grammatik? Wie viel Mut musst du haben, um ein ausgedachtes Wort auszusprechen?

die Regel	rule
die Pflanze	plant
die Gebärmutter	uterus
der Leib	body
verzehren	to devour
der Geschmack	taste
die Zunge	tongue
eigentlich	actually
das Gefäß	container
viereckig	square
das Maß	measurement
erlauben	to allow
die Sünde	sin
unzählbar	innumerable
die Waage	scale
messen (misst, maß, hat gemessen)	to measure
das Mehl	flour
das Mus	purée

NACH DEM LESEN

A. **Beantworten Sie die Fragen zum Text**

1. Welche Fragen stellt Yoko Tawada über die deutsche Sprache?

2. Welche Frage stellt sie über das Erlernen der deutschen Sprache?

3. Warum können Wörter wie „der Rock" und „die Hose" für Deutschlernende verwirrend (*confusing*) sein?

4. Wie misst man Brot, Kuchen, Kaffee, Marmelade, Milch oder Salz? Ein Glas, ein Löffel, eine Prise (*pinch*), eine Scheibe, ein Stück, eine Tasse.

5. Was ist Ihrer Meinung nach der Hauptpunkt dieses Textes?

6. Wie würden Sie Fragen am Ende des Textes beantworten?

7. Wie verstehen Sie den Titel?

B. Lichtung. Ernst Jandl (1925-2000) was an Austrian poet known for his experimental poems and use of word play in German. *lichtung,* published in 1966, is one of Jandl's most well-known poems. Lesen Sie das Gedicht und beantworten Sie die Fragen.

lichtung

manche meinen

lechts und rinks

kann man nicht velwechsern

werch ein illtum

- Ernst Jandl (1966)

1. Jandl verwechselt (*switches*) zwei Buchstaben. Wissen Sie, welche Buchstaben verwechselt werden?

2. „Lechts und rinks" kann man anders schreiben. Zum Beispiel, fährst du nach _____ oder nach _____?

3. Wie schreibt man das ganze Gedicht mit den „richtigen" Buchstaben?

__ichtung

manche meinen

__echts und __inks

kann man nicht ve__wechse__n

we__ch ein i__ __tum

4. Verstehen Sie alle Wörter? Welche nicht?

5. Welche Wirkung (*effect*) hat es, wenn ein Dichter Buchstaben verwechselt?

6. Welche politische Bedeutung haben die Wörter links und rechts?

7. Wie könnten Sie das Gedicht in anderen Worten schreiben?

8. Welche Botschaft (*message*) wollte Jandl mit dem Gedicht vermitteln (*to communicate*)?

9. Welche Aspekte oder Merkmale (*features*) in Tawadas Text erinnern Sie an Jandl?

10. Warum war Jandl Ihrer Meinung nach eine Inspiration für Tawada?

Lektüre 2
MERKEL HÄLT MULTI-KULTI FÜR „ABSOLUT GESCHEITERT"

Just after enjoying the success of the multicultural German soccer team in the 2010 World Cup, German politicians began to discuss and worry about the role of immigrants in Germany's economic performance. This turned into a debate about how Germany should deal with its immigrant population, many of whom have migrant backgrounds („*mit Migrationshintergrund*") and are Muslim, and many who have not integrated into German society. It became clear that Germany could do much more to integrate immigrants into the social and economic mainstream. Many politicians, including Chancellor Angela Merkel, voiced their opinions. Even though Merkel admitted that Islam is now part of Germany, she notoriously declared that multiculturalism had "failed, absolutely failed." In response to this discussion, Merkel incorporated a national integration plan mandating language courses and helping immigrants find employment. The following excerpt is from *Die Welt Online* and reports on the debate just after Merkel said those infamous words.

VOR DEM LESEN

 A. Multikulturalismus. Beantworten Sie die Fragen.

1. Was sollen Zuwanderer (*immigrants*) Ihrer Meinung nach machen?
   - ☐ die deutschen Gesetze achten
   - ☐ die deutsche Sprache beherrschen (*master*)
   - ☐ sich integrieren, z.B. muslimische Mädchen müssen am Schwimmunterricht teilnehmen
   - ☐ andere Ideen?

2. Was bedeutet Multikulturalismus für Sie? Wie multikulturell ist Ihre Familie/Verwandtschaft, Ihre Nachbarschaft, Ihre Stadt, Ihre Universität oder Ihr Deutschkurs?

MERKEL HÄLT MULTI-KULTI FÜR „ABSOLUT GESCHEITERT"

In der Integrationsdebatte hat sich Bundeskanzlerin Angela Merkel **dafür ausgesprochen**, Zuwanderer stärker **in die Pflicht zu nehmen**. Es sei wichtig, Zuwanderer zu **fördern** und zu **fordern**, sagte die CDU-Vorsitzende auf dem Deutschlandtag der Jungen Union in Potsdam. Das Fordern sei in der Vergangenheit aber **zu kurz gekommen**.

Merkel sagte, Zuwanderer müssten nicht nur die deutschen Gesetze **achten**, sondern auch die deutsche Sprache **beherrschen**. „Darauf muss absoluter **Wert gelegt werden**", sagte sie. Muslimische Mädchen müssten an **Schulreisen** ebenso teilnehmen wie am **Schwimmunterricht**. Den „Multikulti-Ansatz" erklärte sie für „absolut **gescheitert**".

(sich) **für etwas aussprechen**	to pronounce
in die Pflicht nehmen	to take responsibility
fördern	to support; foster
fordern	to demand
zu kurz kommen (kam, ist gekommen)	not enough
achten	to respect
beherrschen	to command
Wert auf etwas legen	to value something
die Schulreise	field trip
der Schwimmunterricht	swimming lessons
scheitern	to fail

Merkel **hob hervor**, in Zukunft werde der **Anteil** an Menschen mit Migrationshintergrund in Deutschland weiter **steigen**. Der Großteil der deutschen Traditionen sei vom christlich-jüdischen Erbe **geprägt**. Bundespräsident Christian Wulff habe aber recht mit seiner **Aussage**, dass der Islam heute auch zu Deutschland gehöre. „Wer ignoriert, dass hier 2500 Imame in Moscheen ihre **Gottesdienste abhalten**, der **lügt sich in die Tasche**", rief die Kanzlerin den Delegierten der Jungen Union zu. Die Welt Online, 16. Oktober 2010.

hervorheben (hob hervor, hat hervorgehoben)	to raise (a point)
der Anteil	percentage
steigen (stieg, ist gestiegen)	to grow (climb)
prägen	to influence (imprint)
die Aussage	statement
Gottesdienst abhalten (hält ab, hielt ab, hat abgehalten)	to go to church
sich (etwas) in die Tasche lügen	to kid oneself

NACH DEM LESEN

A. **Beantworten Sie die Fragen zum Text**

1. Wofür hat sich Bundeskanzlerin Angela Merkel ausgesprochen?
2. Was ist wichtig?
3. Wo war die Bundeskanzlerin, als sie das sagte?
4. Was war das Problem in der Vergangenheit?
5. Was sollen Zuwanderer laut (*according to*) Merkel machen?
6. Wie erklärte sie den Multikulti-Ansatz?
7. Was wird in Deutschland steigen?
8. Wovon ist der Großteil der deutschen Traditionen geprägt?
9. Was hat Bundespräsident Wulff gesagt?

B. **Absolut gescheitert?** Lesen Sie das Zitat von Merkel und beantworten Sie die Fragen.

„Und natürlich war der Ansatz (approach) zu sagen, jetzt machen wir mal hier Multi-kulti, und leben so nebeneinander her und freuen uns übereinander. Dieser Ansatz ist gescheitert. Absolut gescheitert."

1. Was bedeutet Multi-kulti?
2. Angela Merkel sagt, dass Mulit-kulti absolut gescheitert ist. Worauf oder auf wen bezieht sich dieser Kommentar? Was denken Sie?
3. Halten Sie eine multikulturelle Gesellschaft für möglich? Können Leute aus verschiedenen Ländern mit verschiedenen Sitten nebeneinander leben und sich über einander freuen?
4. Finden Sie, dass die Situation in Deutschland anders ist als in den USA? Sind Zuwanderer gefordert sich zu integrieren? Wie werden sie in der Gesellschaft gefördert?
5. Gibt es Beispiele in dem Film *Almanya*, die Ihre Meinung unterstützen?

Wortschatz

WORTLISTE

beeinflussen	*to influence*
bewahren	*to preserve*
der Deutsche, die Deutsche (die Deutschen)	*the German*
das Einwanderungsland, -ër	*country of immigration*
erfüllen	*to fulfill or achieve*
(sich) erinnern	*to remember*
fremd	*foreign*
der Gastarbeiter, die Gastarbeiterin	*foreign worker*
gehören (dat.)	*to belong to*
die Gleichberechtigung	*equal rights, equality*
gründen	*to start*
die Heimat, die Heimatländer	*homeland*
die Hoffnung, -en	*hope*
der Multikulturalismus	*multiculturalism*
nebeneinander	*side by side*
die Staatsangehörigkeit, -en	*citizenship*
sterben (stirbt, starb, ist gestorben)	*to die*
von etwas träumen	*to dream of something*
die Türkei	*Turkey (country)*
der Türke, die Türkin (die Türken)	*the Turk*
unabhängig	*independent*
(sich) verändern	*to change*
verlassen (verlässt, verließ, hat verlassen)	*to leave*
verschieden	*different*
der Verwandte (die Verwandte, die Verwandten)	*the relative*
die Vorfahren (pl.)	*ancestors*
das Wirtschaftswunder, -	*economic miracle*
zurückkehren	*to return (to a place)*

ÜBUNGEN

A. Drei Kategorien. Ordnen Sie die Wörter in drei Kategorien: Substantive, Verben und Adjektive. Welche Wörter finden Sie interessant? Welche sind schwierig oder einfach für Sie und warum?

B. Welches Substantiv passt? Suchen Sie die passenden Substantive in der Liste. Benutzen Sie jedes Wort nur einmal.

> **Einwanderungsland • Gleichberechtigung • Hoffnung**
> **Staatsangehörigkeit • Türkei • Vorfahren • Wirtschaftswunder**

1. Alle Menschen haben das Recht auf _____.
2. Es waren nur Kleinigkeiten, aber sie häuften sich und führten dazu, dass Opa, ganz anders als geplant, ein Haus in Deutschland kaufte und nicht in der _____.
3. Es wurde erwartet, dass die Arbeiter für maximal zwei Jahre in der BRD arbeiten würden. Aber das passierte nicht. Viele Arbeiter blieben, und noch andere kamen, und Deutschland ist zum _____ geworden.

4. Kamen Ihre _____ aus anderen Ländern?

5. Den wirtschaftlichen Boom in der Bundesrepublik Deutschland nach dem Zweiten Weltkrieg nennt man das _____.

6. Der deutsche Beamte spricht mit Herrn und Frau Yilmaz, einem türkischen Ehepaar, das die deutsche _____ beantragt (*apply*).

7. Fremde Länder, fremde Straßen, fremde Lichter und die _____ auf ein kleines Glück.

C. Welches Verb passt? Suchen Sie die passenden Verben in der Liste. Benutzen Sie jedes Wort nur einmal.

> beeinflusst • bewahren • erfüllen • erinnern • gehören
> gründeten • sterben • träumte • verändert • verließ

1. So wie viele andere Menschen damals, _____ auch Hüseyin seine Heimat und kam als Gastarbeiter nach Deutschland – nach Almanya – wo alles anders war.

2. Welche Eigenschaften, Leute, Objekte, Geräusche, Gerüche oder Ideen _____ zu Ihrer Identität und zu Ihrer Kultur?

3. Kannst du deine Träume in deiner Heimat _____?

4. Komm mal her. Opa ist hier. Und hier. _____ ist nichts Schlimmes. Es ist ganz normal. Wir Menschen werden geboren. Wir werden groß. Wir leben unser Leben. Und irgendwann gehen wir wieder.

5. Wir sind jeder Mensch und jedes Ding, dessen Dasein uns so beeinflusst oder von uns _____ wurde.

6. Kaum angekommen wurde es klar, dass die Zeit sich nicht einfach zurückdrehen lässt. Die Dinge hatten sich _____.

7. Er entführte sie und sie _____ eine Familie.

8. Aber ausgerechnet in dieser Nacht konnte sich niemand an seine Träume _____. Niemand außer Onkel Muhamed.

9. Muhamed _____ von Jesus Christus und Coca-Cola.

10. Man kann seine Kultur _____, wenn man Kontakt zu Freunden und Verwandten in dem Heimatland hält.

D. Welches Adjektiv passt? Suchen Sie die passenden Adjektive in der Liste. Benutzen Sie jedes Wort nur einmal.

> fremden • nebeneinander • unabhängig • verschiedene

1. Wie können _____ Menschen nebeneinander wohnen?

2. „Und natürlich war der Ansatz zu sagen, jetzt machen wir mal hier Multi-kulti, und leben so _____ her und freuen uns über einander."

3. Warum würde man seine Heimat verlassen, um in einem _____ Land zu arbeiten?

4. Alle Menschen, _____ von den Umständen der Geburt, können durch harte Arbeit ihr Leben verbessern.

👥 **E. Eine Geschichte schreiben.** Wählen Sie eine der Gruppe von den Wörtern unten und schreiben Sie eine kurze Geschichte dazu, die alle Wörter in der Liste beinhaltet (*contain*). Sie dürfen auch einen kurzen Dialog schreiben.

1. erfüllen, sich erinnern, fremd, die Heimat, verlassen
2. die Türkei, Deutschland, nebeneinander, sich verändern, zurückkehren
3. bewahren, eine Familie gründen, Staatsangehörigkeit, von etwas träumen
4. das Einwanderungsland, beeinflussen, der Multikulturalismus, unabhängig sein, verschieden

👥 **F. Ihre Wahl.** Nun schreiben Sie eine kurze Geschichte oder einen Dialog mit fünf Wörtern Ihres Wahl aus der Liste!

G. Rollenspiel. Wählen Sie eine Idee unten und schreiben Sie einen Dialog dazu. Lesen Sie den Dialog vor der Klasse. Verwenden Sie Wörter aus der Vokabelliste und aus dem Kapitel.

1. Muhamed redet über sein Leben mit einem neuen Freund, den er in der Türkei kennen gelernt hat.
2. In einem informellen Gespräch mit Angela Merkel versucht Cenk, die Geschichte seiner Familie zu erklären.
3. Canans neues Baby wird älter und zieht nach England um. Es (sie) versucht, seiner (ihrer) Mutter zu erklären, warum er (sie) nicht in Deutschland bleibt.
4. Erfinden Sie eine neue Situation und schreiben Sie einen Dialog dazu.

🎙 **H. Welche Präposition gehört dazu?** Viele Wörter auf der Liste gehören mit verschiedenen Präpositionen zusammen. Schreiben Sie die richtige Präposition in die Lücke. Jede Präposition darf nur einmal verwendet werden.

> **an • auf • in • nach • von • von • zu**

1. Ich fliege _____ die Türkei.
2. Ich kehre nicht _____ Deutschland zurück.
3. Er hofft _____ ein gutes Leben in dem neuen Land.
4. Sie erinnerte sich _____ ihre Jugend.
5. Er träumte _____ einem besseren Leben.
6. Wir gehören _____ einer Kultur, die von vielen anderen Kulturen beeinflusst wurde.
7. Die Frau möchte unabhängig _____ ihrer Familie sein.

👥 **I. Der richtige Artikel.** Schreiben Sie den richtigen Artikel oder die richtige Endung in die Lücke und erklären Sie warum.

1. Er kauft ein Haus in _____ Türkei. Erklären Sie Ihre Antwort.
2. Er bleibt in Deutschland. Erklären Sie, warum hier kein Artikel verwendet wird:
3. Fremde Länder, fremde Leute, fremde Straßen und die Hoffnung auf ein klein _____ Glück (*n*). Warum verlangt *auf* den Akkusativ in diesem Beispiel?

4. Er erinnert sich gern an sein _____ Heimat (*f*). Warum verlangt *an* den Akkusativ in diesem Beispiel?

5. Er hatte komische Träume von schrecklich _____ Monstern. Warum verlangt *von* den Dativ?

J. Spontan reagieren. Wählen Sie ein Wort aus der Liste und zeigen Sie es einem Partner. Der Partner muss spontan einen Satz damit schreiben oder sagen.

K. Wortspiel. Machen Sie Vokabularkärtchen (*flashcards*) für jedes Wort aus der Liste. Versuchen Sie, das Wort innerhalb einer Minute auf Deutsch zu definieren, ohne das Wort selber zu verwenden. Ihr Partner/Ihre Partnerin (oder die Gruppe) muss raten, welches Wort das ist. Die Gruppe, die die meisten Wörter richtig rät, gewinnt!

chapter ⑥
Lola rennt

Lola rennt

EINLEITENDE FRAGEN

▶ Wen sehen Sie auf dem Filmposter? Was macht sie? Wie sieht sie aus? Welchen Eindruck macht die Frau auf Sie?

▶ Warum sehen wir drei Bilder von Lola? Warum erscheint Lola zweimal auf dem dritten Bild? Warum ist der Hintergrund verschwommen (*blurred*)? Wie wirkt das Plakat?

▶ Warum rennt Lola wohl? Woher kommt sie? Wohin muss sie rennen?

▶ Was könnte das Thema des Films sein? Warum meinen Sie das?

▶ Warum rennen Sie manchmal sehr schnell? Zum Spaß oder weil Sie sich verspätet haben?

Vorbereitung und Hintergrund
FILMDATEN

Originaltitel	*Lola rennt*
Produktionsland	Deutschland
Erscheinungsjahr	1998
Regie	Tom Tykwer
Drehbuch	Tom Tykwer
Darsteller	Franka Potente (Lola), Moritz Bleibtreu (Manni), Herbert Knaup (Papa), Nina Petri (Jutta Hansen), Joachim Krol (Penner), Heino Ferch (Boss)
Altersfreigabe	FSK 12
Länge	80 Minuten

♔♛ DIE FIGUREN

A. Versuchen Sie, jede der sechs Personen im Film zu beschreiben. Benutzen Sie dafür die Informationen aus den Filmdaten und der Handlung. Die Personen in der Tabelle erscheinen in der Reihenfolge des Films (*order of appearance*). Raten Sie (*guess*) den Namen, das Alter und die Beziehung (*relationship*) zu Lola. Auch den Beruf können Sie raten. Die Haarfarbe ist auf dem Bild zu sehen.

	Name	Beziehung zu Lola	Beruf
1.	_____	_____	_____
2.	_____	_____	_____
3.	_____	_____	_____
4.	_____	_____	_____
5.	_____	_____	_____
6.	_____	_____	_____

Die Handlung

Der Film hat eine einfache (*simple*) Handlung. Lola und Manni sind ein Paar. Manni hat Geldprobleme: Er hat 100.000 DM in der U-Bahn verloren, wo ein Penner das Geld findet. Es gehört seinem Boss, dem Manni es in 20 Minuten geben muss. Lola will helfen und bittet ihren Vater um Geld. Aber Lolas Papa hat Probleme mit seiner Freundin Jutta und kann nicht helfen. Als Lola nicht da ist, überfällt (*robs*) Manni einen Supermarkt. Nach dieser ersten Version zeigt der Film eine zweite Version, die auch nicht gut endet, und dann eine dritte Version. Sehen Sie, was mit Lola und Manni in den drei Varianten passiert.

1. Wer ist Manni?
2. Was sind Mannis Probleme?
3. Was sind Papas Probleme?
4. Was macht Manni, um Geld zu bekommen?

A. Wer könnte das gesagt haben? Manni, Lola, Jutta oder Papa?

1. Geh. Geh nach Hause. Lass mich in Ruhe.
2. Ich brauche hunderttausend Mark. Jetzt sofort.
3. Sag mal, schämst du dich gar nicht? Weißt du eigentlich, was hier gerade los ist?
4. Du warst nicht da. Ich hab' auf dich gewartet.

Der Hintergrund: Technomusik

Tipp!

Die Musik können Sie im Internet finden. Suchen Sie nach Franka Potente & Thomas D, 'Wish (Komm zu mir)' und hören Sie die Musik. Der Text ist auf Englisch und Deutsch.

Mit der Technomusik und dem Focus auf Berlin in den neunziger Jahren wurde *Lola rennt* zu einem der international bekanntesten deutschen Filme. *Lola rennt* vermittelt ein authentisches Gefühl der Zeit nach der Wiedervereinigung (*reunification*) in Deutschland. Berlin wollte modern, schnell und international sein. Der Film zeigt das moderne Berlin mit der Technomusik der damals populären Love Parade und der Begeisterung für Technik und Tempo. Der Berliner Marathon ist heute einer der größten Straßenläufe der Welt.

A. Welcher der folgenden Sätze passt zu welcher Liedstrophe?

Fragen

1. Passt dieses Lied in den Kontext des Films? Was will es zeigen?
2. Kennen Sie andere solche Lieder? Kennen Sie Technomusik?
3. Was ist das wichtigste Wort in jeder Strophe? Können Sie es auf deutsch übersetzen?
4. Warum gibt es ein englischsprachiges Lied in diesem Film? Warum ist das Lied nicht auf deutsch?

B. Übersetzen Sie das Lied ins Deutsche. Können Sie auch einen Reim finden? „I wish, I was" ist Konjunktiv (*subjunctive*) auf deutsch.

der Fremde	stranger	**nie**	never
das Raumschiff	spaceship	**unbegrenzt**	unlimited
der Herrscher	ruler	**der Atem**	breath

DER HINTERGRUND: BERLIN

A. Was passt?

Verbinden Sie die deutschen Wörter mit dem entsprechenden englischen Wort.

a.	der Fernsehturm	1. cathedral
b.	der Dom	2. television tower
c.	der Bahnhof	3. burning; fire
d.	der Brand	4. train station

e.	das Gebäude	5. memorial
f.	das Denkmal	6. gate
g.	das Mahnmal	7. building
h.	das Tor	8. emblem
i.	das Wahrzeichen	9. historical monument

j.	die Krypta	10. border
k.	die Kirche	11. burial vault
l.	die Gegenseite	12. island
m.	die Lage	13. opposite
n.	die Grenze	14. dome; cupola
o.	die Wiedervereinigung	15. church
p.	die Insel	16. location
q.	die Kuppel	17. reunification

r.	einweihen	18. to design
s.	ermorden	19. to dedicate
t.	entwerfen	20. to murder

u.	bekannt	21. prominent; major; important
v.	bedeutend	22. damaged
w.	beschädigt	23. well known

B. Berliner Attraktionen. Lolas Geschichte spielt in Berlin. Hier ist eine kurze Einführung in die Hauptsehenswürdigkeiten (*main attractions*) Berlins. Lesen Sie die Texte und schreiben Sie dann die Nummer der Sehenswürdigkeit (außer dem Bahnhof Friedrichstraße) von der Karte unten neben das Foto.

1. Der Berliner Fernsehturm ist das höchste Bauwerk Deutschlands und das vierthöchste Europas. Er steht im historischen Zentrum Berlins neben der mittelalterlichen Marienkirche, dem Roten Rathaus und westlich des Alexanderplatzes. Der Berliner Fernsehturm zählt zu den fünfzehn beliebtesten Sehenswürdigkeiten Deutschlands.

2. Der Gendarmenmarkt, der schönste Platz Berlins, ist in der historischen Mitte der Stadt. Zentrales Gebäude ist das Konzerthaus (rechts im Bild), das an der Nordseite vom Französischen Dom und gegenüber vom fast identischen Deutschen Dom steht.

3. Das Mahnmal für die ermordeten Juden Europas, kurz Holocaust-Mahnmal genannt, soll an die während des Nationalsozialismus im Holocaust ermordeten Juden erinnern. Das Bauwerk im Zentrum Berlins in der Nähe des Brandenburger Tores wurde von Peter Eisenman entworfen. Das Mahnmal wurde am 10. Mai 2005 feierlich eingeweiht (*inaugurated; dedicated*). Im ersten Jahr kamen über 3,5 Millionen Besucher.

4. Der Bahnhof Friedrichstraße liegt an der S-Bahn zwischen Friedrichstraße und Spree. Unter ihm befindet sich der U-Bahnhof Friedrichstraße. Wegen seiner zentralen Lage nahe dem Boulevard Unter den Linden, dem Brandenburger Tor und dem Reichstag ist er ein beliebter Ausgangspunkt für Touristen. Er ist der wichtigste Regionalbahnhof Berlins.

5. Das Brandenburger Tor, ist das Wahrzeichen der Stadt Berlin. Gebaut von 1788 bis 1791 im klassizistischen Stil, bildet es mit dem Pariser Platz das Ende der Straße Unter den Linden. Das Brandenburger Tor markierte die Grenze zwischen Ost- und Westberlin und damit die Grenze zwischen dem Warschauer Pakt und der NATO. Dieses Symbol des Kalten Krieges wurde 1990 zum Sinnbild der Wiedervereinigung (*reunification*) Deutschlands und Europas.

6. Der Berliner Dom steht auf dem nördlichen Teil der Museumsinsel. Der von 1894 bis 1905 errichtete Dom gehört zu den bedeutendsten (*most important*) protestantischen Kirchenbauten in Deutschland. In der Krypta des Doms sind viele Mitglieder (*members*) der preußischen Königs- und der deutschen Kaiserfamilie, den Hohenzollern, begraben.

7. Der Reichstag ist seit 1999 Sitz des Deutschen Bundestags (*parliament*). Er wurde von 1884 bis 1894 gebaut. Durch den Reichstagsbrand von 1933 und durch den Zweiten Weltkrieg beschädigt (*damaged*), wurde das Gebäude in den sechziger Jahren wiederhergestellt (*rebuilt*) und von 1991 bis 1999 mit einer neuen Kuppel (*dome*) versehen.

8. Karl Friedrich Schinkel errichtete von 1825 bis 1828 das Alte Museum auf der Berliner Museumsinsel. Es enthält (*contains*) die Antikensammlung der Staatlichen Museen zu Berlin und ist ein Höhepunkt des deutschen Klassizismus.

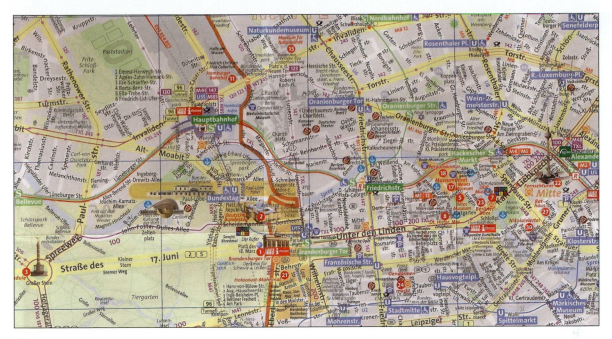

C. Attraktionen beschreiben. Schreiben Sie jetzt unter jede Sehenswürdigkeit, warum man sie besuchen sollte.

Fernsehturm *Man kann alles von hier sehen.*	Gendarmenmarkt	Holocaust Mahnmal	Bahnhof Friedrichstraße
Brandenburger Tor	Berliner Dom	Reichstag/Deutscher Bundestag	Altes Museum

Machen Sie jetzt eine Liste der drei für Sie interessantesten Attraktionen Berlins, die jeder Besucher gesehen haben sollte. Warum sind diese Attraktionen wichtig?

Zum Film: Die erste Runde

VOR DEM SEHEN

 A. Fragen. Beantworten Sie die folgenden Fragen zu den Bildern.

1. „*Lola rennt*" ist ein experimenteller Film. Was passiert in der ersten Szene?

2. Was sehen Sie auf dem Titelbild? Was ist der Punkt in dem O?

3. Welche symbolische Bedeutung haben die Uhr und die Spirale? Was kann das für den Film bedeuten?

4. Welche anderen Informationen erhalten wir im Vorspann über das Tempo und den Ton des Films? Gibt Ihnen die Musik weitere Informationen?

5. Was könnte ein Thema des Films sein?

DER FILM (CLIPS 1-4)

A. Bildbeschreibung. Beschreiben Sie, was passiert ist. Diskutieren Sie das Standfoto zu zweit.

B. Was passt? Fügen Sie die richtigen Verben aus der Vokabelliste in Mannis Geschichte ein.

Das Telefon klingelt. Manni ist in einer Telefonzelle. Er hat sein Geld _____ und hat Angst vor seinem Boss, dem er das Geld in zwanzig Minuten _____ muss. Lola rennt zum Büro ihres Vaters. Dort bittet die Geliebte des Vaters, Jutta Hansen, ihn, seine Familie zu _____. Lola stürmt in das Büro ihres Vaters und bittet ihn dringend um 100.000 DM. Der Vater sagt ihr, dass er seine Familie verlassen und eine andere Frau _____ wird. Lola rennt zu Manni, der den Revolver in die Hand nimmt und in den Supermarkt hineingeht. Ein Sicherheitsbeamter mit einer Pistole _____ Manni. Lola kommt und schlägt ihm auf den Kopf. Der Mann fällt zu Boden. Manni steckt das Geld aus den Kassen in einen Plastiksack, und sie rennen aus dem Supermarkt. Polizisten mit Pistolen rufen: „Stehen bleiben!" Manni wirft den Plastiksack in die Luft. Ein Polizist blickt auf die Tasche, ein Schuss geht los und trifft Lola in die Brust.

bedroht	threatens
geben	give
heiraten	marry
verlassen	leave
verloren	lost

C. Sehen Sie den Clip an und fügen die Wörter aus der Vokabelliste in den Text ein.

„Mannis Problem"

1. Clip

Wir haben die Dinger dahin gefahren, und ruck-zuck (*quickly*) kamen diese Typen. Die haben bezahlt, und das war's schon. Absolut simpel. Zurück an der _____ haben sie uns auch einfach nur durchgewinkt (*waved through*). Und dann hat Lollo mich abgesetzt da draußen. Dann war ich bei diesem komischen... _____..., und der war auch ruckzuck fertig. Alles was absolut _____. Nur du nicht. Du warst nicht da. Ich hab auf dich gewartet. 'ne halbe Ewigkeit. Da war nix, keine _____, nichts. Nicht mal'n Taxi konnte ich mir rufen.

Also bin ich zur _____ gegangen. In der Bahn, da war so'n _____, der...der ist hingefallen irgendwie, und dann waren da plötzlich _____, und ich bin raus- wie immer halt...so'n alter Reflex.

die Grenze	border
die Kontis (pl)	ticket checkers
der Penner	bum
pünktlich	punctual
die Telefonzelle	phone booth
die U-Bahn	subway
der Zyklop	cyclop

D. Bilder ordnen. Sortieren Sie die Bilder. Welches Bild kommt zuerst?

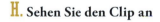

E. Fragen. Beantworten Sie die Fragen zu Mannis Geschichte.

1. Was ist passiert? Wo ist Manni gewesen?
2. Wie viel Geld hat er erhalten?
3. Wen hat er gesucht?
4. Was hat er dann gemacht?
5. Was ist mit dem Geld in der U-Bahn passiert?

F. Bildbeschreibung. Wo ist Lola auf dem Bild? Was macht sie? Was passiert auf der Straße?

G. Lolas Geschichte. Ordnen Sie die Sätze.

_____ Lolas Moped wird gestohlen.
_____ Lola ist mit einem Taxi gefahren.
_____ Sie ist zu spät zu Manni gekommen.
_____ Lola ist ein Stück hinter dem Dieb hergelaufen.
_____ Lola kauft Zigaretten.
_____ Der Taxifahrer kannte Berlin nicht.

H. Sehen Sie den Clip an

„Lola und Papa 1. Runde – Teil 1"

2. Clip

LOLA	Pass auf. Wenn ich dir jetzt sage, dass ich deine Hilfe brauche, dass ich sie wirklich so sehr brauche wie noch nie in meinem Leben und dass du der einzige bist, der mir jetzt helfen kann - hilfst du mir dann?
	PAPA Du siehst ja furchtbar aus.
	LOLA Hilfst du mir?

PAPA	Was ist denn passiert?
LOLA	Ich kann dir das so schnell alles gar nicht erklären, das **dauert** jetzt zu lang. Also hilfst du mir?
PAPA	Ja ... was denn ... **meinetwegen** ...
LOLA	Du darfst mich nicht **anschreien**, OK? Du musst mir einfach glauben, ja?
PAPA	Was denn, verdammt!
LOLA	Ich brauche hunderttausend Mark. Jetzt sofort.
PAPA	Was?
LOLA	Hunderttausend. Ich brauche hunderttausend Mark, und zwar in den nächsten ... fünf Minuten ... sonst ...
PAPA	Sonst was?
LOLA	Sonst passiert was Furchtbares!
PAPA	Ich verstehe kein Wort. Was ist denn heute hier los?
LOLA	Bitte, Papa, bitte, bitte!! Du musst mir helfen, bitte!
PAPA	Ich habe keine hunderttausend Mark!
LOLA	Meine **Lebensversicherung**! Du hast gesagt, du hättest mal eine **abgeschlossen**!
PAPA	Na und? Die ist doch keine hunderttausend wert.
LOLA	Papa, bitte!! Ich mein's ernst! Das ist kein **Witz**!
PAPA	Doch, das ist ein Witz, wirklich Lola, ein echter Witz, ich meine, das kann nicht dein Ernst sein ...
LOLA	Doch! Wenn du mir nicht hilfst, dann **stirbt** er!
PAPA	Wer stirbt?

LOLA	Manni!
PAPA	Manni? Wer ist Manni?
LOLA	Das ist mein Freund! Seit über einem Jahr!
PAPA	Den kenne ich ja gar nicht. Wieso stirbt der, wenn du
LOLA	DAS IST DOCH JETZT **EGAAAL**!!
PAPA	Also gut. Komm mit.
LOLA	Hilfst du mir, ja?
PAPA	Natürlich helfe ich dir.

dauern	to take (time)
meinetwegen	because of me
anschreien	to yell at
die Lebensversicherung	life insurance
abschließen, schloss ab, hat abgeschlossen	to buy; take out (insurance)
der Witz	joke
sterben (stirbt, starb, ist gestorben)	to die
egal	makes no difference

Wissenswert !

Die Deutsche Mark oder DM war das offizielle Geld in Deutschland bis zur Einführung des Euros 2001.

Haben Sie einmal etwas mit deutschem Geld gekauft? Was?

I. Fragen. Beantworten Sie jetzt die Fragen zu dem Text.

1. Was braucht Lola?
2. Was wird passieren, wenn sie das Geld nicht bekommt?
3. Woher möchte sie das Geld nehmen?
4. Kennt Lolas Vater Manni? Warum? Warum nicht?
5. Sollte Lolas Vater ihr helfen? Warum? Was meinen Sie?

J. **Sätze verbinden.** Sehen Sie jetzt den zweiten Teil von dem Filmclip an, und verbinden Sie dann die beiden Teile der Sätze mit einander.

„Lola und Papa 1. Runde – Teil 2"

3. Clip

1. Du kommst jetzt mit mir zur Tür

2. Du sagst deiner Mutter,

3. Ich werde eine andere Frau heiraten, sie wird Kinder von mir haben,

4. Weil da endlich mal jemand mich meint ... und nicht immer nur **rummeckert**:

5. Na und! Na und? Ich hab es so **satt**, Lola,

6. Aber schön Papis **Kohle absahnen**,

7. Was soll's,

a. so'n **Kuckucksei** wie dich hätt ich sowieso nie in die Welt gesetzt!

b. das gefällt euch, was?

c. immer nur der **Depp vom Dienst** zu sein und immer nur der **Buhmann**.

d. und dann gehst du nach Hause und legst dich ins Bett.

e. und ich werde versuchen, glücklich zu sein.

f. dass ich heute nicht mehr nach Hause komme, und morgen werd ich auch nicht kommen und danach auch nicht mehr.

g. Du musst doch immer nur arbeiten, du hast doch nur deine Zahlen im Kopf, du bist doch immer nur der Chef!

absahnen (*slang*)	to get money, *lit.* to skim the cream	**das Kuckucksei**	cuckoo's egg
		rummeckern (*slang*)	to complain
der Buhmann	bogeyman	**satt haben** (*slang*)	to be fed up
der Depp vom Dienst	idiot, *lit.* "idiot on call"	**wert**	worth
die Kohle (*slang*)	money		

K. **Fragen.** Beantworten Sie jetzt die Fragen zum zweiten Teil des Clips.

1. Wie reagiert der Vater auf Lolas Bitte?
2. Was ist sein Plan?
3. Warum ist er so ärgerlich?
4. Was ist ein Kuckucksei?
5. Was würden Sie an Lolas Stelle jetzt machen?

L. **Bildbeschreibung.** Beschreiben Sie mit ein oder zwei Sätzen bei jedem Bild, was bei dem Überfall auf den Supermarkt geschieht. Hier sind einige Wörter für die Übung:

der Split-Screen	
der Revolver	
die Fensterscheibe	windowpane
der Wachmann	security guard
zielen	to aim

„Der Überfall"

4. Clip

NACH DEM SEHEN

 A. Lola oder Manni. Wer hat das gemacht?

1. _____ wird von den Kontis kontrolliert.
2. _____ hat ein Taxi genommen.
3. _____ ist in einer Telefonzelle.
4. _____ rennt zum Büro des Vaters.
5. _____ ist ein Kuckucksei.
6. _____ wirft den Plastiksack in die Luft.
7. _____ fährt Autos über die Grenze.
8. _____ hat eine Lebensversicherung.
9. _____ überfällt einen Supermarkt.
10. _____ ist zu spät gekommen.

B. Tagebuch. Schreiben Sie zwei kurze Tagebucheinträge darüber, was passiert ist, einen aus Mannis Perspektive und einen aus Lolas Perspektive.

Zum Film: Die zweite und dritte Runde

VOR DEM SEHEN

 A. Diskussion. Diskutieren Sie in einer Gruppe, was Lola und Manni jetzt machen könnten. Was würden Sie tun, wenn der erste Versuch nicht funktioniert hat?

B. Persönliche Fragen. Diskutieren Sie die Fragen zu zweit.

1. Was machen Sie, wenn Sie kein Geld haben? Wen fragen Sie? Würden Sie arbeiten gehen? Wo? Bekommen Sie genug Geld von zu Hause für Ihre Aktivitäten?
2. Sprechen Sie mit Ihrem Freund oder Ihrer Freundin über Geld? Sind das oft problematische Diskussionen?
3. Arbeiten Sie mehr dafür, um Geld zu verdienen, oder ist Ihre Arbeit Ihre Motivation?
4. Diskutieren Sie Ihre Beziehung oft? Zweifeln Sie auch manchmal daran?

ZUM FILM (CLIPS 5–7)

A. Beschreiben Sie das Bild. Was ist mit Manni gerade passiert? Warum liegt er auf der Straße? Wie liegt er auf der Straße? Wo steht Lola? Was ist mit dem Krankenwagenfahrer passiert?

B. Was passt? Fügen Sie die Verben aus der Vokabelliste in ihrer grammatisch richtigen Form in den Text ein.

beschimpfen	to insult
streiten	to argue
überqueren	to cross
verlangen	to demand
verlassen	to leave
(verlässt, verließ, hat verlassen)	

Lola rennt, die zweite Runde. Im Büro _____ der Vater mit seiner Geliebten. Lola stürmt in das Büro und bittet den Vater dringend um Hilfe, aber er will in Ruhe gelassen werden. Lola _____ die Geliebte des Vaters und bekommt von ihm eine Ohrfeige. Lola _____ wütend den Raum, greift nach Schusters Revolver, geht zum Vater zurück und bedroht ihn mit der Waffe. Lola _____ von dem Kassierer 100.000 DM und lässt sich das Geld in eine Plastiktüte packen. Vor der Bank stehen bereits Polizisten und sagen ihr, sie soll weggehen. Lola kommt zum Supermarkt und schreit: „Manniiii...". Er hört sie und will die Straße _____. In dem Augenblick biegt der Krankenwagen um die Ecke und überfährt Manni.

C. Sehen Sie jetzt den Clip an und fügen Sie dann Mannis Antworten aus der Liste in den Text ein.

„Manni und Lola"

5. Clip

LOLA	Manni?		LOLA	Du glaubst es.
MANNI	Mmh ...		MANNI	Gut, ich glaub's.
LOLA	Liebst du mich?		LOLA	Siehst du.
MANNI	_____		MANNI	Was?
LOLA	Wie kannst du sicher sein?		LOLA	Du bist dir nicht sicher.
MANNI	Bin's halt.		MANNI	Na, spinnst du jetzt oder was?
LOLA	Aber ich könnt auch irgend 'ne andere sein.		LOLA	Und wenn du mich nie getroffen hättest?
MANNI	Nee.			
LOLA	Wieso nicht?			
MANNI	_____			
LOLA	Die beste was?			
MANNI	Na, die beste Frau.			
LOLA	Von allen, allen Frauen?			
MANNI	Na klar!			
LOLA	Woher willst du das wissen?			
MANNI	_____			

Mannis Antworten

A. **Das weiß ich halt.**
B. **Es fühlt, dass da gerade jemand ziemlich blöde Fragen stellt.**
C. **Ja, sicher.**
D. **Na ja, mein Herz.**
E. **Weil du die Beste bist.**

MANNI	Wie, was wär dann?			Information, auf Wiederhören, bis zum nächsten Mal?
LOLA	Dann würdest du jetzt dasselbe einer anderen erzählen.		MANNI	Genau.
MANNI	Ich brauch's ja nicht zu sagen, wenn du's nicht hören willst.		LOLA	Und du machst alles, was dein Herz dir sagt?
LOLA	Ich will überhaupt nichts hören. Ich will wissen, was du fühlst.		MANNI	Na, das sagt ja nichts, also, ja was weiß ich, das, ... es fühlt halt.
MANNI	OK, ich fühle, dass du die Beste bist.		LOLA	Und, was fühlt es jetzt?
LOLA	Dein Gefühl, wie ist denn das, dein Gefühl?		MANNI	_____
MANNI	_____		LOLA	Mann, du nimmst mich überhaupt nicht ernst.
LOLA	Dein Herz sagt, guten Tag Manni, die da, die ist es?		MANNI	Lola, was ist denn los? Willst du irgendwie weg von mir?
MANNI	Genau.		LOLA	Ich weiß nicht, ich muss mich halt entscheiden, glaube ich.
LOLA	Und du sagst, vielen Dank für die			

 D. Fragen. Beantworten Sie die Fragen.

1. Warum stellt Lola so viele Fragen?
2. Worüber denkt sie nach?
3. Welche Fragen könnte Lola noch stellen?
4. Was würden Sie Manni fragen?
5. Möchte Manni weg von Lola?

E. Sehen Sie den Clip an und beantworten Sie die Fragen zum Dialog.

„Lola und Papa – Teil 2"

6. Clip

JUTTA	Was wollen Sie denn? Sie sehen doch, dass Sie **stören**.		PAPA	Gut. Hauptsache, du **verschwindest**. Wie viel?
PAPA	Lola?		LOLA	Nein, nicht so ... ich brauche ... viel mehr.
LOLA	Hallo, Papa.		PAPA	Viel mehr? Was heißt viel mehr?
PAPA	Lola! ... Wieso ... **klopfst** du nicht an?		LOLA	Viel, viel mehr.
LOLA	Was macht ihr denn hier?		JUTTA	Sag mal, **schämst** du dich gar nicht? Weißt du eigentlich, was hier gerade los ist?
PAPA	Was willst du denn hier?			
JUTTA	Ist das deine Tochter?		LOLA	Das ist mir **scheißegal**. Ich kenne dich nicht, du **blöde Kuh**, ich habe andere **Sorgen**!
PAPA	Mach die Tür zu. Was willst du hier?			
LOLA	Ich ... ich brauch deine Hilfe.			
PAPA	Ich kann jetzt nicht! Das siehst du doch.			
LOLA	**Trotzdem**! Es geht nicht anders.			
PAPA	Verdammt noch mal, was machst du **ausgerechnet** jetzt in meinem Büro? Ich habe hier ein Problem, verstehst du?			
LOLA	Wer is'n die **Tussi**?			
PAPA	Das **geht** dich nix **an**. Lola. Geh. Geh nach Hause. Lass mich in Ruhe.			
LOLA	Ich kann nicht.			
PAPA	Warum nicht?			
LOLA	Ich brauch Geld.			
PAPA	Dann geh arbeiten.			
LOLA	Das werde ich auch, aber ich brauche jetzt Geld, jetzt gleich.			

stören	to bother
klopfen	to knock
trotzdem	despite everything
ausgerechnet	figures
die Tussi (*slang*)	bimbo; broad
angehen	to concern
verschwinden (verschwand, ist verschwunden)	to disappear
schämen	to be ashamed
scheißegal (*slang*)	not my problem
die blöde Kuh (*slang*)	stupid girl, *lit.* stupid cow
die Sorge	worry

F. Fragen

1. Was ist anders als im Dialog in Runde 1?
2. Vergleichen Sie Juttas Verhalten (*behavior*) mit ihrem Verhalten in Runde 1.
3. Verhält sich Lola anders als in Runde 1?
4. Warum ist sie so aggressiv am Ende der Szene?

G. Sehen Sie den Clip an und fügen Sie dann die fehlenden Sätze aus der Liste ein.

„Manni und Lola – Teil 2"

7. Clip

A. Alles ist so unendlich traurig
B. Du bist aber nicht gestorben
C. Ich würde mit dir ans Meer fahren und dich ins Wasser schmeißen
D. Und der ist so supersensibel
E. „Was für eine tolle Frau"

MANNI Lola? Wenn ich jetzt sterben würde, was würdest du machen?

LOLA Ich würde dich nicht sterben lassen.

MANNI Na ja, wenn ich todkrank wär, und es gäbe keine **Rettungsmöglichkeit**.

LOLA Ich würde eine finden.

MANNI Jetzt sag doch mal. Ich lieg jetzt im Koma und der Arzt sagt, ein Tag noch.

LOLA _____.
Schocktherapie.

MANNI Ja gut, aber wenn ich dann trotzdem tot wäre?

LOLA Was willst'n jetzt hören?

MANNI Sag doch mal.

LOLA Ich würde nach **Rügen** fahren und deine Asche in den Wind **streuen**.

MANNI Und dann?

LOLA Was weiß ich? So 'ne blöde Frage.

MANNI Ich weiß es. Du würdest mich vergessen.

LOLA Nee.

MANNI Doch, doch. Klar. Sonst kannst du nicht weiterleben. Ich mein, klar würdest du **trauern**. Die ersten Wochen bestimmt. Ist ja auch nicht schlecht. Alle sind total mitfühlend und echt betroffen … und …
_____. Und du kannst einem am Anfang nur **tierisch leid tun**. Und du kannst allen zeigen, wie stark du eigentlich

bist. „_____
", werden die dann alle sagen. „Die **reißt** sich echt **am Riemen** und ist nicht hysterisch, heult den ganzen Tag rum oder so." Und dann kommt auf einmal dieser unheimlich nette Typ mit den grünen Augen. _____, hört den ganzen Tag zu und lässt sich so richtig schön voll **labern**. Und dem kannst du dann erzählen, wie schwer du es gerade hast und dass du dich jetzt echt erst mal um dich selbst **kümmern** musst und dass du nicht weißt, wie es weitergehen wird, und bäh bäh bäh. Und dann **hockst** du plötzlich bei ihm auf dem **Schoß**, und ich bin gestrichen von der Liste. So läuft das nämlich.

LOLA Manni.

MANNI Was.

LOLA _____.

die Rettungsmöglichkeit	way to save someone
Rügen	island in the Baltic north of Berlin
streuen	to scatter
trauern	to mourn
tierisch (*slang*)	totally
jd. tut jdm. leid	to feel sorry for someone
(sich) am Riemen reißen (*slang*)	to pull yourself together
labern (*slang*)	to talk
kümmern	to take care
hocken (*slang*)	to sit
der Schoß	lap
schmeißen (*slang*)	to throw

H. Fragen. Beantworten Sie die folgenden Fragen zum Dialog.

1. Was würde Lola machen, wenn Manni sterben würde?
2. Was glaubt Manni, würde Lola machen, wenn er sterben würde?
3. Was fühlt Manni in dieser Szene?

I. Deutscher Slang. Lernen Sie deutschen Slang. Hier sind einige Slangwörter aus *Lola rennt*. Versuchen Sie mit Hilfe Ihres Lexikons eine neutrale deutsche Version der englischen Übersetzung zu finden. Schreiben Sie die Übersetzung in die dritte Spalte.

Deutsches Slangwort	Englische Übersetzung	Deutsche Standardsprache
absahnen	to rake in	
hocken	to sit	
die Kohle	money	
die Kontis	ticket checkers	
labern	to talk	
rummeckern	to gripe	
ein Penner	a bum	
am Riemen reißen	to pull yourself together	
ruckzuck	quickly	schnell
es satt haben	to be fed up	
Scheiße bauen	to mess up	
scheißegal	I don't give a shit	
schmeißen	to throw	
tierisch	like an animal	
eine Tussi	a bimbo, broad	

J. Hochdeutsch schreiben. Schreiben Sie Ihre Übersetzung von der dritten Spalte in die Lücken in dem Text.

Lola erzählt: Für Manni ist zuerst alles gut gegangen. Die Autos fuhren (*ruckzuck*) __schnell__ durch die Grenze, und er hat das Geld bekommen. Doch als Lola nicht da war, nahm er die Tasche mit dem Geld. In der U-Bahn hat er dann aber (*Scheiße gebaut*) _____, als (*die Kontis*) _____ kamen. Er hat (*die Kohle*) _____ vergessen und (*ein Penner*) _____ hat sie mitgenommen. Jetzt ist ihm alles (*scheißegal*) _____. Als Lola zu ihrem Vater rennt, ist dort (*eine Tussi*) _____, die mit ihrem (*Alten*) _____ (*labert*) _____ und (*seine Kohle*)_____ (*absahnen*) _____ will. (*Die blöde Kuh*) _____ (*meckert nur rum*) _____ statt sich (*am Riemen zu reißen*) _____ wie Lola. Lola hat jetzt alles (*satt*) _____ und (*schmeißt*) _____ die Bücher und Bilder des Vaters auf den Boden. Der (*hockt*) _____ da wie (*ein Idiot*) _____.

K. Fügen Sie die konjugierten Verben in den Text ein

Lola rennt, die dritte Runde. lm Büro des Vaters wird sein Gespräch mit der Geliebten _____, denn Herr Meier wartet auf ihn. Lola sieht ihren Vater wegfahren und ruft ihm nach. Manni sieht den Penner auf einem Fahrrad vorbeifahren und rennt ihm hinterher. Lolas Vater und Herr Meier fahren auf eine Kreuzung zu. Der Penner rast bei Rot über die Kreuzung. Meiers Auto _____ frontal mit dem BMW _____. Lolas Vater und Herr Meier sind bewusstlos. Lola rennt über eine Straße. Ein LKW-Fahrer _____ und beschimpft Lola. Sie sieht ein Spielkasino, geht hinein und kauft einen Chip für 100 DM. Lola _____ auf 20, _____ zuerst 3.500 DM und dann 100.000 DM. Manni bekommt seine Tasche zurück, aber gibt dem Penner dafür seine Pistole. Vor dem Supermarkt sieht Lola Manni und Ronnie. Manni sieht unbesorgt aus, er kommt auf Lola zu, küsst sie, sagt: „Es ist alles OK, komm."

bremst	brakes
gewinnt	wins
setzt	sets
unterbrochen	interrupted
stößt zusammen	crashes
unterbrochen	interrupted

L. Fragen. Beantworten Sie die Fragen.

1. Wie viel Geld hat Lola bei sich, als sie ins Casino geht?
2. Auf welche Zahl setzt Lola ihre Chips?
3. Wie oft setzt sie auf diese Zahl?
4. Wie viel Geld gewinnt sie?
5. Was macht sie, damit die Kugel ins Ziel kommt?
6. Spielen Sie selbst um Geld? Welches Spiel spielen Sie?
7. Haben Sie schon einmal Geld beim Spielen gewonnen oder verloren?
8. Wie realistisch ist die 3. Variante von *Lola rennt*?

NACH DEM SEHEN

A. Die Varianten vergleichen. Suchen Sie drei Szenen aus *Lola rennt* und finden Sie möglichst viele Unterschiede zwischen der 1. Variante und der 2. Variante.

	1. Variante	2. Variante
Lola am Beginn des Films		
Lola und Herr Meier		
Lola und der Fahrradfahrer		
Lola und der Krankenwagen		
Lola und Herr Schuster		
Lola und Manni am Ende des Films		

Zum Film: Lolas Berlin

VOR DEM SEHEN

 A. Fragen. Beantworten Sie die Fragen.

1. Welche Elemente aus Berlin werden im Film gezeigt: der Verkehr, die Menschen oder wichtige Gebäude?
2. Könnte der Film auch in New York spielen? Oder ist *Lola rennt* ein Berliner Film?
3. Sind Lola und Manni typische Berliner? Wieso?
4. Sind Sie schon einmal in Berlin gewesen? Würde es Sie interessieren, einmal nach Berlin zu fahren? Warum?

DER FILM (LOLA IN DER STADT BERLIN)

A. Ein Berliner Film. Lesen Sie den Text über Berlin.

Lola rennt spielt in Berlin am Ende des letzten Jahrhunderts. 1992 wurde Berlin wieder Deutschlands Hauptstadt, was es schon von 1871 bis 1945 gewesen war. Während der Zeit der deutschen Teilung war Ostberlin die Hauptstadt der DDR (Deutsche Demokratische Republik), während Bonn am Rhein Westdeutschlands Hauptstadt war. Tom Tykwer wollte mit *Lola rennt* einen gesamtdeutschen und Gesamt-Berliner Film machen, der keinen Unterschied mehr zwischen dem kommunistischen Ostberlin und Westberlin macht. Lola läuft durch Westberlin und durch Ostberlin. Wie der Vorspann zeigt, ist ihr Haus fast im Zentrum von Berlin, neben der Spree und dem zentralen Bahnhof Friedrichstraße. Deshalb ist es kein Wunder, dass viele Szenen in der Nähe von Lolas Haus in Berlin Mitte spielen, wie die dreimal gezeigte Szene in der Friedrichstraße und die Szene am Gendarmenmarkt. Die Friedrichstraße verläuft von links im Bild (Norden) nach rechts (Süden) vorbei am Bahnhof Friedrichstraße.

 B. Bildbeschreibung. Beantworten Sie die Fragen zu den Fotos.

1. Wo genau ist Lola auf den drei Bildern?
2. Sehen Sie einen Unterschied in der Kameraposition auf diesen Bildern?
3. Welches Bild wird aus der Froschperspektive gefilmt und welches aus der Vogelperspektive?

Lola in der Friedrichstraße

Lola am Gendarmenmarkt

C. Unterschiede. Andere Szenen in *Lola rennt* spielen in weit voneinander entfernten Stadtteilen, z.B. vor Bolles Supermarkt in Westberlin nahe dem Schloss Charlottenburg. Beschreiben Sie die Unterschiede in der Straßenszene von 1999 und von 2012.

Osnabücker Str. / Tauroggener Str. 1999

Osnabücker Str. / Tauroggener Str. 2012

NACH DEM SEHEN

A. Szenenvergleich. Vergleichen Sie die Szenen in den drei Varianten. Beschreiben Sie die Unterschiede in den Szenen, wo Lola durch die Straßen von Berlin läuft. Alle Varianten wurden aber an derselben Stelle gefilmt. Wie ändert sich die Kameraposition jedes Mal? Sehen Sie die Szenen noch einmal an, wenn nötig.

Szene	Wo?	Variante 1	Variante 2	Variante 3
Lolas Haus	Albrechtstraße 13	Lola rennt.	Lola läuft langsam, sie hinkt (*limps*).	Lola rennt.
U-Bahn-Brücke	Oberbaumbrücke			
Straße mit Straßeninsel & U-Bahn	Friedrichstraße zwischen Französische Straße und Behrensstraße			
Straße mit Garagenausfahrt & Herr Meyer	Wallstraße zwischen Grünstraße und Roßstraße			
Platz vor der Bank	Bebelplatz			
Bank (innen)	Oberfinanzdirektion			
Bolle/Telefonzelle	Berlin-Charlottenburg Ecke Tauroggener / Osnabrücker Straße			

Synthese
DISKUSSION

A. Ein Standbild. Diskutieren Sie das Bild in einer Gruppe. Dieses ist die letzte Szene mit Lola und Manni in Berlin vor Bolle. Beschreiben Sie Mannis und Lolas Gesichtsausdruck. Warum lächelt Manni und Lola nicht? Was sagt uns das über die Beziehung der beiden in dem Film?

B. Diskussionsfragen. Besprechen Sie die folgenden Fragen in kleinen Gruppen oder mit einem Partner/einer Partnerin.

1. Welche der Figuren gefällt dir besser, Lola oder Manni?
2. Kennst du andere Filme mit den beiden Schauspielern Franka Potente und Moritz Bleibtreu?
3. Warum glaubst du, dass Berlin heute so populär ist? Findest du selbst Berlin auch interessant?
4. Welches der Enden hat dir am besten gefallen? Warum? Warum glaubst du, dass der Film drei verschiedene Enden hat?
5. Wäre es besser, wenn der Film nur ein Ende hätte?
6. Kennst du andere Filme, die verschieden enden?

SPRECHAKTE: SLANG BENUTZEN

1. Schreiben Sie einen kurzen Dialog über die folgende Situation, in der Sie die Slangwörter aus dem Film benutzen können.

hocken („Ich hock nur zu Haus rum.")
labern („Ich laber immer viel mit meinen Freunden.")
meckern („Wir meckern immer über die Uni.")
schmeißen („Meine Freunde schmeißen viel mit Kohle rum.")

die Kohle („Unser Nachbar hat viel Kohle.")
am Riemen reißen („Ich muss mich dieses Jahr am Riemen reißen.")
es satt haben („Ich hab die Uni satt.")
scheißegal („Mir ist alles scheißegal.")
tierisch („Meine Eltern arbeiten tierisch viel.")

2. Sich kennen lernen (in der Kneipe, in der Uni, in der Bahn).
   • Fragen Sie nach dem Namen.
   • Fragen Sie, woher die Person kommt.
   • Fragen Sie, was die Person macht, ob sie studiert.
   • Fragen Sie nach ihren Interessen.
   • Andere Fragen

INTERNETRECHERCHE MIT PRÄSENTATION

1. Suchen Sie die Techno-Songs im Film. Warum war Techno so populär im Berlin der neunziger Jahre? Was war die Love Parade?
2. Finden Sie amerikanische und deutsche Rezensionen zum Film und geben Sie eine Zusammenfassung.
3. Tom Tykwer gilt als filmischer Innovator. Was ist formal neu und interessant an dem Film?
4. Erklären Sie die Rouletteregeln. Wie viel Geld kann man gewinnen?
5. Wo gibt es Casinos in den USA? Kennen Sie Leute, die spielen?
6. Welche anderen bekannten Berlin-Filme gibt es noch? Suchen Sie sowohl deutsche als auch amerikanische Filme.

Wissenswert!
Casinos befinden sich schon seit dem 19. Jahrhundert in klassischen deutschen Kurorten wie Baden Baden. Spielen kann man aber nur im Frack (*tuxedo*) und im Abendkleid.

SCHREIBPROJEKTE

1. Stellen Sie sich vor, Sie begegnen Lola auf Ihrem Spaziergang in Berlin. Was fragen Sie sie?

2. Der Film wurde 1999 produziert. Was könnte mit den fiktiven Figuren Manni und Lola in der Zwischenzeit passiert sein? Schreiben Sie einen Aufsatz mit dem Titel „Manni und Lola heute".

3. Ein Vorschlag (*proposal*) für Touristen in Berlin. Beschreiben Sie jetzt einen touristischen Spaziergang durch Berlin, in dem Sie die Attraktionen aus dem Teil „Lola und Berlin" verbinden. Beginnen und beenden Sie den Spaziergang am Bahnhof Friedrichstraße. Zeichnen Sie die Tour auf der Karte ein, und benutzen Sie dafür die folgenden Präpositionen.

> entlang / hinunter / um die Ecke / geradeaus / nach rechts / nach links / gegenüber / neben

Ein Spaziergang durch Berlin
Wir beginnen am Bahnhof Friedrichstraße.

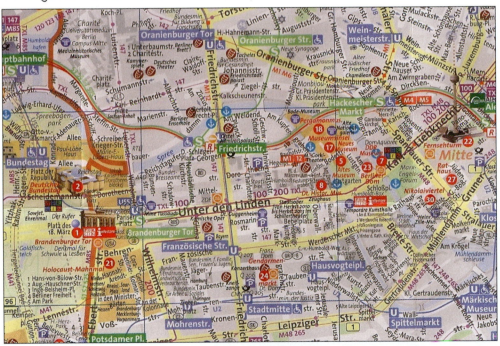

Strukturen: Wechselpräpositionen
TWO-WAY PREPOSITIONS (WECHSELPRÄPOSITIONEN)

The "two-way" prepositions got their name because they take either the accusative or the dative case depending on whether they show motion (accusative) or location (dative). In German they are called *Wechselpräpositionen* because they change case depending on how they are being used in the sentence.

Ich lege das Buch <u>auf den Tisch</u>. (accusative: motion)
Das Buch liegt <u>auf dem Tisch</u>. (dative: location)

Below are examples of these prepositions in context. Read through the examples and do the following: First, underline the prepositional phrase in each sentence. A prepositional phrase consists of the preposition and the article and noun that follow it. The prepositional phrases have been underlined in the examples above. Second, make a list of the verbs used in the dative and accusative sentences. Do you notice any patterns or commonalities? What do these verbs mean? Can you recognize whether there is motion or location from the meaning of the verbs?

an (at, on, to)	Lola geht an die Tür. (accusative: motion) Manni wartet an der Telefonzelle. (dative: location)
auf (at, to, on, upon)	Herr Meier fährt aus der Garage auf die Straße. (accusative; motion) Manni liegt auf der Straße. (dative: location)
hinter (behind)	Die blinde Frau geht hinter die Telefonzelle. (accusative: motion) Die Kollegen warten hinter der Tür. (dative: location)
in (in, into)	Manni wirft die Geldtasche in die Luft. (accusative: motion) Der Penner sitzt in der U-Bahn. (dative: location)
neben (beside, near, next to)	Die Kunden legen sich neben die Kassen. (accusative: motion) Die blinde Frau steht neben der Telefonzelle. (dative: location)
über (about, above, across, over)	Lola läuft über den Gendarmenmarkt. (accusative: motion) Das Flugzeug fliegt über der Stadt. (dative: location)
unter (under, among)	Manni fällt unter den Krankenwagen. (accusative: motion) Manni liegt unter dem Krankenwagen. (dative: location)
vor (in front of, before; ago (time))	Manni läuft vor den Krankenwagen. (accusative: motion) Manni wartet vor dem Supermarkt. (dative: location)
zwischen (between)	Lola geht zwischen die Nonnen. (accusative: motion) Herr Schuster steht zwischen den Leuten im Vorspann. (dative: location)

 A. Der Berliner Hauptbahnhof. Describe where you can find the following in Berlin's Central Station. (Tip: For each question, determine first whether you are describing a location or a motion toward something.)

1. An welchem Gleis (*track*) warten die Menschen?
2. Wo steht der Intercity Express (der weiß-rote Zug)?
3. Wo steht die S-Bahn (der orange-rote Zug)?
4. Wie kommt man vom Untergeschoss (*lower level*) zum Obergeschoss?
5. Wo ist das Starbucks Café?
6. Wo hängt das Vattenfall Schild (*sign*)?

B. Now help a tourist find his way in the station. Describe where he will have to go to get to the various locations.

1. Ich suche das Gleis, wo meine Freunde warten.
2. Ich suche den Intercity Express.

3. Ich suche die S-Bahn.

4. Wie komme ich zum Untergeschoss (*lower level*)?

5. Ich möchte einen Kaffee trinken.

C. Lolas Lauf durch Berlin. Use the correct preposition. Careful: There are dative and accusative prepositions in this text.

Lola beginnt den Lauf _____ (**auf/vor**) der Wohnung ihrer Mutter. Sie läuft die Treppe hinunter und dann _____ (**über/um**) den Hof. Von dort geht es _____ (**hinter/über**) die Straße und _____ (**in/an**) der U-Bahn-Station vorbei. Sie läuft dann durch eine Gruppe von Nonnen. _____ (**über/auf**) dieser Straße trifft sie Mike, der ihr ein Fahrrad verkaufen will. In Variante 2 trifft sie auch den Penner _____ (**an/vor**) der Ecke. Ihr Ziel ist ihr Vater, der _____ (**in/an**) der Bank mit seiner Freundin spricht. Lola ist _____ (**nter/über**) einer langen U-Bahnbrücke und fast gegen das Auto von Herrn Meier, einem Geschäftspartner ihres Vaters, gelaufen. (**Unter/Vor**) _____ der Sicherheitstür der Bank steht Herr Schuster, der Lola die Tür öffnet. Später sieht Lola einen Krankenwagen, der in einer Version durch eine Glasscheibe fährt, die zerbricht. Manni hat die ganze Zeit _____ (**in/auf**) einer Telefonzelle _____ (**in/vor**) dem Supermarkt gewartet. Als Lola nicht kam, ist er _____ (**an/in**) den Supermarkt gegangen (Variante 1) und hat ihn beraubt.

D. Der erste Tag in Berlin. What do you do on your first day in Berlin? Answer the questions using one of the words in parentheses and the appropriate two-way preposition.

1. Wohin fahren Sie vom Hauptbahnhof? (das Hotel / die Universität / ein Restaurant)

2. Wo wohnen Sie in Berlin? (das Studentenheim / das Privatzimmer / das Hotel)

3. Wohin legen Sie Ihre Sachen im Zimmer? (der Schrank / das Bett / der Schreibtisch)

4. Wo steht Ihr Bett? (das Fenster / die Tür / der Schreibtisch)

5. Wohin stellen Sie Ihren Koffer? (das Fenster / das Bett / der Schrank)

6. Wohin gehen Sie am ersten Tag? (das Museum / die Universität / der Zoo)

7. Wo essen Sie am ersten Tag in Berlin? (das Restaurant / die Cafeteria / das Zimmer)

8. Wohin gehen Sie am Abend? (die Kneipe / das Bett / die Straße)

E. Ein Unfall. In the following pictures you see different scenes depicting accidents in the film *Lola rennt*. Imagine that you witnessed these accidents and are explaining to the police (in one or two sentences) what happened. Where is Lola in the pictures? Where is Manni? Who is in the cars?

Lektüre
EMIL UND DIE DETEKTIVE

von Erich Kästner (Dressler-Verlag, 1929)
Erich Kästner (1899-1974) was a popular writer of German children's literature, and also a satirist and poet. Among his most well-known books are *Pünktchen und Anton, Emil und die Detektive,* and *Das doppelte Lottchen.* All three were made into films (with multiple remakes). American audiences may be familiar with the Disney movie *The Parent Trap,* which is based on Kästner's novel *Das doppelte Lottchen.* Kästner spent many years in Berlin. His book *Emil und die Detektive* is one of the first German children's books to showcase Berlin as a modern city fascinated with speed. While the protagonist Emil is on his way to visit his grandmother in Berlin, the money he is supposed to take to her is stolen. Soon, a gang of Berlin street kids become fast friends with Emil, among them the Professor, Krummbiegel, Gustav, and his cousin Pony Hütchen. They all work together to find the thief. The use of cars, taxis, streetcars, and trains (remember, this was 1929!), and a famous footrace of hundreds of children running after the thief made *Emil und die Detektive* an exciting children's book that is still popular today. This excerpt is divided into four sections. Answering the questions preceding each section will help your reading comprehension.

VOR DEM LESEN

A. Bahnfahren. Verbinden Sie die Wörter links mit der passenden englischen Übersetzung rechts.

1. das Abteil
2. der Bahnsteig
3. der Fahrschein

a. _____ luggage
b. _____ ticket
c. _____ track

4.	das Gepäck	d. ____	platform
5.	das Gleis	e. ____	compartment

6.	der Koffer	f. ____	ticket counter
7.	der Mitreisende	g. ____	luggage rack
8.	der Schalter	h. ____	luggage
9.	der Zug (die Bahn, die Eisenbahn)	i. ____	fellow traveler
10.	das Gepäcknetz	j. ____	train

11.	abfahren	k. ____	to get in; board
12.	ankommen	l. ____	to get off
13.	aussteigen	m. ____	to arrive
14.	einsteigen	n. ____	to change; transfer
15.	umsteigen	o. ____	to depart

B. Verreisen

1. Sind Sie einmal als Kind allein verreist? Wohin sind Sie gereist?
2. Ist etwas Aufregendes (*exciting*) passiert, als Sie gereist sind? Was ist passiert?
3. Haben Sie einmal etwas auf einer Reise verloren? Was haben Sie verloren? Was haben Sie dann gemacht?
4. Haben Sie einmal Ihren Ausweis oder Ihr Geld verloren? Erzählen Sie.
5. Was kann man machen, wenn man etwas verliert, aber kein Handy (*cell phone*) hat?
6. Hat man Ihnen einmal etwas gestohlen? Sind Sie zur Polizei gegangen?

EMIL UND DIE DETEKTIVE (AUSZUG)

I. Die Reise nach Berlin kann losgehen

Dann kaufte die Mutter am **Schalter** den Fahrschein (Holzklasse natürlich) (*wooden seats*) und eine Bahnsteigkarte. Und dann gingen sie auf den Bahnsteig 1 - bitte sehr, Neustadt hat vier Bahnsteige - und warteten auf den Zug nach Berlin. Es fehlten nur noch ein paar Minuten. „Lass nichts liegen, mein Junge! Und setz dich nicht auf den Blumenstrauß! Und den Koffer lässt du dir von jemandem ins Gepäcknetz heben. Sei aber höflich und bitte erst darum!"

„Den Koffer krieg ich selber hoch. Ich bin doch nicht aus Pappe!"

„Na schön. Und verpass nicht auszusteigen. Du kommst 18.17 Uhr in Berlin an. Am Bahnhof Friedrichstraße. Steige ja nicht vorher aus, etwa am Bahnhof Zoo oder auf einer anderen Station!"

„Nur keine Bange, junge Frau."

„Und sei vor allem zu den anderen Leuten nicht so frech wie zu deiner Mutter. Und wirf das

Papier nicht auf den Fußboden, wenn du deine **Wurststullen** isst. Und - verliere das Geld nicht!"

Emil fasste sich **entsetzt** an die Jacke und in die rechte Brusttasche. Dann **atmete** er **erleichtert** auf und meinte:

„Alle Mann an Bord." …

Dann kam der Personenzug nach Berlin, mit Heulen und Zischen, und hielt. Emil fiel der Mutter noch ein bisschen um den Hals. Dann kletterte er mit seinem Koffer in ein Abteil. Die Mutter reichte ihm die Blumen und das

1. Emil geht mit seiner Mutter zum Bahnhof. Sie fährt nicht mit, doch sie gibt ihm viele Regeln (*rules*). Was sagt Sie ihm alles?
2. Was meinen Sie, warum die Mutter so viel für ihn macht?
3. Wie reagiert Emil auf die Mutter?

Stullenpaket nach und fragte, ob er Platz hätte. Er nickte.

„Also, Friedrichstraße aussteigen!" (....)

Die Mitreisenden sahen so weit ganz **Vertrauen erweckend** und nicht gerade wie Räuber und Mörder aus. … Und am Fenster, neben Emil, las der Herr im **steifen Hut** die Zeitung. Plötzlich legte er das Blatt beiseite, holte aus seiner Tasche eine Ecke Schokolade, hielt sie dem Knaben hin und sagte: „Na, junger Mann, wie wär's?"

„Ich bin so frei", antwortete Emil und nahm die Schokolade.

II. Emil steigt an der falschen Station aus

Emil war, während er schlief, von der Bank gefallen, lag jetzt am Boden und war sehr erschrocken. Er wusste nur noch nicht recht, weswegen. Sein Herz pochte wie ein **Dampfhammer**. Da hockte er nun in der Eisenbahn und hatte fast vergessen, wo er war. Dann fiel es ihm, **portionsweise**, wieder ein. Richtig, er fuhr nach Berlin. Und war eingeschlafen. Genau wie der Herr im steifen Hut. … Emil setzte sich mit einem Ruck bolzengerade und flüsterte: „Er ist ja fort!" Die Knie zitterten ihm. Ganz langsam stand er auf und klopfte sich mechanisch den Anzug sauber. Jetzt war die nächste Frage: Ist das Geld noch da? Und vor dieser Frage hatte er eine **unbeschreibliche** Angst.

Lange Zeit stand er an die Tür gelehnt und wagte nicht, sich zu **rühren**. Dort drüben hatte der Mann, der Grundeis hieß, gesessen und geschlafen und geschnarcht. Und nun war er fort. Natürlich konnte alles in Ordnung sein. Denn eigentlich war es **albern**, gleich ans Schlimmste zu denken. Es mussten ja nun nicht gleich alle Menschen nach Berlin-Friedrichstraße fahren, nur weil er hinfuhr. Und das Geld war gewiss noch an Ort und Stelle. Erstens steckte es in der Tasche. Zweitens steckte es im Briefumschlag. Und drittens war es mit

einer **Nadel** am Futter befestigt. Also, er griff sich langsam in die rechte innere Tasche. Die Tasche war leer! Das Geld war fort! Emil **durchwühlte** die Tasche mit der linken Hand. Er befühlte und presste das Jackett von außen mit der rechten. Es blieb dabei: Die Tasche war leer, und das Geld war weg. (...)

1. Emil schläft ein, nachdem er die Schokolade gegessen hat. Warum wohl?
2. Kann man daraus etwas lernen? Was hat Ihnen Ihre Mutter immer gesagt?
3. Wovor hat Emil Angst, als er aufwacht?
4. Und jetzt kommt die Frage, was er machen soll. Die Antwort finden Sie in Kapitel III.
5. Was hätten Sie an Emils Stelle (*place*) jetzt gemacht?

III. Eine Autodroschke wird verfolgt (*followed*)

Der Mann im steifen Hut faltete die Zeitung wieder zusammen, **musterte** die Vorübergehenden, winkte dann, blitzartig, einer leeren Autodroschke, die an ihm vorbeifuhr. Das Auto hielt, der Mann stieg ein, das Auto fuhr weiter. Doch da saßen die Jungen schon in einem andern Auto, und Gustav sagte zu dem Chauffeur: „Sehen Sie die **Droschke**, die jetzt zum Prager Platz einbiegt? Ja? Fahren Sie hinterher, Herr Chauffeur. Aber vorsichtig, dass er es nicht merkt."

Der Wagen zog an, überquerte die Kaiserallee und fuhr, in gemessenem Abstand, hinter der anderen Droschke her.

„Was ist denn los?" fragte der Chauffeur.

„Ach, Mensch, da hat einer was **ausgefressen**, und dem gehen wir nicht mehr von der **Pelle**", erklärte Gustav. „Aber das bleibt unter uns, verstanden?"

„Wie die Herren wünschen", antwortete der Chauffeur und fragte noch: „Habt ihr denn auch Geld?"

1. Emil wird jetzt Detektiv und verfolgt den Mann im steifen Hut. Hätten Sie das auch gemacht oder wären Sie zur Polizei gegangen?
2. Welche Namen der Kinder finden Sie im Text?
3. Haben die Jungen genug Geld für die Taxifahrt? Was kostet sie?

„Wofür halten Sie uns eigentlich?", rief der Professor **vorwurfsvoll**.

„Na, na", **knurrte** der Mann.

„IA 3733 ist seine Nummer", gab Emil bekannt.

„Sehr wichtig", meinte der Professor und notierte sich die Ziffer.

„Nicht zu nahe ran an den Kerl!", warnte Krummbiegel.

„Schon gut", murmelte der Chauffeur.

So ging es die Motzstraße entlang, über den Viktoria-Luise Platz und die Motzstraße weiter. Ein paar Leute blieben auf den Fußsteigen stehen, blickten dem Auto nach und lachten über die komische Herrenpartie.

„Ducken!", flüsterte Gustav. Die Jungen warfen sich zu Boden und lagen wie **Kraut und Rüben** durcheinander.

„Was gibt's denn?", fragte der Professor.

„An der Lutherstraße ist rotes Licht, Mensch! Wir müssen gleich halten, und der andre Wagen kommt auch nicht rüber."

Tatsächlich hielten beide Wagen und warteten hintereinander, bis das grüne Licht wieder aufleuchtete und die Durchfahrt freigab. Aber niemand konnte merken, dass die zweite Autodroschke besetzt war. Sie schien leer. Die Jungen duckten sich geradezu vorbildlich. Der Chauffeur drehte sich um, sah die **Bescherung** und musste lachen.

Während der Weiterfahrt krochen sie vorsichtig wieder hoch.

„Wenn die Fahrt nur nicht zu lange dauert", sagte der Professor und musterte die Taxameteruhr. Der Spaß kostete schon 80 Pfennige.

Die Fahrt war sogar sehr schnell zu Ende. Am Nollendorfplatz hielt die erste Autodroschke, direkt vor dem Hotel Kreid. Der zweite Wagen hatte rechtzeitig gebremst und wartete, außerhalb der Gefahrenzone, was nun werden würde.

Der Mann im steifen Hut stieg aus, zahlte und verschwand im Hotel.

„Gustav, hinterher!", rief der Professor nervös. „Wenn das Ding zwei Ausgänge hat, ist er **futsch**." Gustav verschwand.

Dann stiegen die anderen Jungen aus. Emil zahlte. Es kostete eine Mark. Der Professor führte seine Leute rasch durch das eine Tor, das an einem Lichtspieltheater vorbei in einen großen Hof führt der sich hinter dem Kino und dem Theater am Nollendorfplatz ausbreitet. Dann schickte er Krummbiegel vor, er möge Gustav abfangen.

„Wenn der Kerl in dem Hotel bleibt, haben wir Glück", urteilte Emil. „Dieser Hof hier ist ja ein wundervolles Standquartier."

„Mit allem Komfort der Neuzeit", stimmte der Professor bei, „Untergrundbahnhof gegenüber, **Anlagen** zum Verstecken, Lokale zum Telefonieren. Besser geht's gar nicht."

„Hoffentlich benimmt sich Gustav **gerissen**", sagte Emil.

„Auf den ist Verlass", antwortete Mittenzwey der Ältere. „Der ist gar nicht so **ungeschickt**, wie er aussieht."

„Wenn er nur bald käme", meinte der Professor und setzte sich auf einen Stuhl, der verlassen auf dem Hofe stand. Er sah aus wie Napoleon während der Schlacht bei Leipzig.

Und dann kam Gustav wieder. „Den hätten wir", sagte er und rieb sich die Hände. „Er ist also richtig im Hotel abgestiegen. Ich sah, wie ihn der Boy im Lift hochfuhr. Einen zweiten Ausgang gibt's auch nicht. Ich habe mir die Bude von allen Seiten aus betrachtet. Wenn er nicht übers Dach davonwandert, ist er in der **Falle**." (....)

Vokabeln: Teil III

mustern	to check; to inspect
die Droschke	taxi cab (horsedrawn) (*archaic*)
ausfressen, (frisst aus, fraß aus, hat ausgefressen) (*slang*)	to behave badly; to plan a prank; be mischievous
die Pelle (*slang*)	skin
vorwurfsvoll	reproachful
knurren	to grunt
Kraut und Rüben (*slang*)	topsy turvy, *lit.* cabbage and turnips
die Bescherung (*slang*)	mess, *lit.* gift giving on Christmas Eve
futsch (*slang*)	disappeared
die Anlage	park
gerissen (*slang*)	tricky
ungeschickt	awkward
die Falle	trap

IV. Herr Grundeis kriegt eine Ehrengarde (*honor guard*)

„Halt!", rief [Pony Hütchen] plötzlich und blieb auf einem Beine stehen. „Ich wollte doch noch was fragen! Was wollen denn die furchtbar vielen Kinder auf dem Nollendorfplatz draußen? Das sieht ja aus wie eine Ferienkolonie!"

„Das sind Neugierige, die von unsrer **Verbrecherjagd** gehört haben. Und nun wollen sie dabei sein", erklärte der Professor.

Da kam Gustav durchs Tor gerannt, hupte laut und brüllte „Los! Er kommt!" Alle wollten **davonstürzen**.

„Achtung! Zuhören!", schrie der Professor. Wir werden ihn also einkreisen. Hinter ihm Kinder, vor ihm Kinder, links Kinder, rechts Kinder! Ist das klar? Weitere Kommandos geben wir unterwegs. Marsch und raus!"

Sie liefen, rannten und **stolperten** durchs Tor. Pony Hütchen blieb, etwas beleidigt, allein zurück. Dann schwang sie sich auf ihr kleines **vernickeltes** Rad, murmelte wie ihre eigene Großmutter: „Die Sache gefällt mir nicht. Die Sache gefällt mir nicht!", und fuhr hinter den Jungen her.

Der Mann im steifen Hut trat gerade in die Hoteltür, stieg langsam die Treppe herunter und wandte sich nach rechts, der Kleiststraße zu. Der Professor, Emil und Gustav **jagten** ihre Eilboten zwischen den verschiedenen Kindertrupps hin und her. Und drei Minuten später war Herr Grundeis umzingelt. Er sah sich, höchlichst **verwundert**, nach allen Seiten um. Die Jungen unterhielten sich, lachten, **knufften** sich und hielten gleichen Schritt mit ihm. Manche starrten den Mann an, bis er verlegen wurde und wieder geradeaus guckte.

Sssst!, pfiff ein Ball dicht an seinem Kopf vorbei. Er zuckte zusammen und beschleunigte seinen Gang. Doch nun liefen die Jungen ebenfalls rascher. Er wollte geschwind in eine Seitenstraße abbiegen. Doch da kam auch schon ein Kindertrupp **dahergestürmt**.

„Mensch, der hat ein Gesicht, als wollte er dauernd **niesen**", rief Gustav.

„Lauf ein bisschen vor mir", riet Emil, „mich braucht er jetzt noch nicht zu erkennen. Das erlebt er noch früh genug." Gustav machte breite Schultern und stieg vor Emil her wie ein Boxkämpfer, der vor Kraft nicht laufen kann. Pony Hütchen fuhr neben dem Umzuge und klingelte vergnügt. Der Mann im steifen Hut wurde sichtlich nervös. Er ahnte dunkel, was ihm **bevorstünde**, und stiefelte mit Riesenschritten.

1. Die Jungen wissen jetzt, dass der Mann im steifen Hut Grundeis heißt und in einem Hotel wohnt. Wie sollen sie ihn fangen? Haben Sie eine Idee?
2. Emils Berliner Kusine heißt Pony Hütchen. Warum heißt sie wohl so?
3. Was sieht Pony vor dem Hotel?
4. Warum kann Grundeis nichts machen, als die Kinder hinter ihm herlaufen?
5. Was macht er schließlich, um vor den Kindern wegzulaufen?

Aber es war umsonst. Er entging seinen Feinden nicht.

Plötzlich blieb er wie angenagelt stehen, drehte sich um und lief die Straße, die er gekommen war, wieder zurück.

Da machten auch sämtliche Kinder kehrt; und nun ging's in umgekehrter Marschordnung weiter.

Da lief ein Junge - es war Krummbiegel - dem Mann in die Quere, dass er stolperte.

„Was fällt dir ein, du **Lausejunge**?", schrie er. „Ich werde gleich einen Polizisten rufen!"

„Ach ja, bitte, tun Sie das mal!", rief Krummbiegel. „Darauf lauern wir schon lange. Na, so rufen Sie ihn doch!"

Herr Grundeis dachte nicht daran zu rufen, im Gegenteil. Ihm wurde die Geschichte immer

Vokabeln: Teil IV

die Verbrecherjagd	hunting for criminals
davonstürzen	to run away
stolpern	to stumble
vernickelt	nickel-plated
jagen	to hunt
verwundert	surprised
knuffen	to punch
daherstürmen	to storm on
niesen	to sneeze
bevorstünde	to be in store for;
(*inf.* **bevorstehen,**	to impend
stand bevor, hat bevorgestanden)	
der Lausejunge	rascal
brüllen	to bark
kitzlich (*slang*)	difficult, *lit.* ticklish
(usual spelling **kitzlig**)	
zerstreuen	to scatter; to distract
der Umstand	condition

unheimlicher. Er bekam förmlich Angst und wusste nicht mehr, wohin. Schon sahen Leute aus allen Fenstern. Schon rannten die Ladenfräuleins mit ihren Kunden vor die Geschäfte und fragten, was los wäre. Wenn jetzt ein Polizist kam, war's aus.

Da hatte der Dieb einen Einfall. Er erblickte eine Filiale der Commerz- und Privatbank. Er durchbrach die Kette der Kinder, eilte auf die Tür zu und verschwand.

Der Professor sprang vor die Tür und **brüllte**: „Gustav und ich gehen hinterher! Emil bleibt vorläufig noch hier, bis es so weit ist! Wenn Gustav hupt, kann's losgehen! Dann kommt Emil mit zehn Jungen hinein. Such dir inzwischen die richtigen aus, Emil. Es wird eine **kitzliche** Sache!"

Dann verschwanden auch Gustav und der Professor hinter der Tür.

Emil summten vor Herzklopfen die Ohren. Jetzt musste sich's entscheiden! Er rief Krummbiegel, Gerold, die Brüder Mittenzwey und noch ein paar andere zu sich und ordnete an, dass die übrigen der große Trupp, sich **zerstreuten**.

Die Kinder gingen ein paar Schritte von dem Bankgebäude fort, aber nicht weit. Was nun geschah, konnten sie sich unter keinen **Umständen** entgehen lassen.

Pony Hütchen bat einen Knaben, ihr Rad zu halten, und trat zu Emil.

„Da bin ich", sagte sie. „Kopf hoch. Jetzt wird's ernst. O Gott, o Gott, ich bin gespannt. Wie ein Regenschirm."

„Denkst du etwa, ich nicht?", fragte Emil.

NACH DEM LESEN

A. Fragen zum Inhalt

1. Was soll Emil nicht verlieren? Warum nicht?
2. Was machte Grundeis, als er die Zeitung gelesen hatte?
3. Zeichnen Sie die Route des Taxis in die Karte ein. Der Nikolsburger Platz ist unten links auf dem Stadtplan.
4. In welchem Hotel blieb Grundeis?
5. Warum ist das Hotel ein wunderbares Standquartier?
6. Warum hat der Professor wohl seinen Namen?

B. Fragen zur Interpretation

1. Wie geht die Geschichte Ihrer Meinung nach weiter?
2. Was hätten Sie an Emils Stelle getan oder nicht getan?
3. Kästner schreibt Kindergeschichten mit einer Moral. Was ist die Moral in dieser Geschichte?
4. Was ist gleich oder ähnlich (Personen oder Dinge) in *Emil und die Detektive* und *Lola rennt*?
5. Was sind die Unterschiede zwischen *Emil und die Detektive* und *Lola rennt*?

C. Kästnerfilme. Es gibt drei Kästnerfilme zu *Emil und die Detektive,* von 1931, 1954 und 2001. Beschreiben Sie die Filmplakate. Sehen Sie einen der Filme und beschreiben Sie die Unterschiede zur Geschichte.

Wortschatz

MANNI UND LOLA

bremsen	to brake
die Grenze, -n	border
die Kohle (*slang*)	cash; money
labern (*slang*)	to jabber
der Penner, -	bum
pünktlich	on time
streiten (stritt, hat gestritten)	to argue
trauern	to mourn
die U-Bahn (Untergrundbahn)	subway
verlassen (verlässt, verließ, hat verlassen)	to leave
verlieren (verlor, hat verloren)	to lose
zusammenstoßen (stößt zusammen, stieß zusammen, ist zusammengestoßen)	to crash

PAPA UND JUTTA

bedrohen	to threaten
beschimpfen	to insult
der Buhmann	bogeyman
heiraten	to marry
(sich) kümmern um	to take care of
sterben (stirbt, starb, ist gestorben)	to die
schmeißen (*slang*) (schmiss, hat geschmissen)	to throw or fling
schämen	to be ashamed
stören	to bother

unterbrechen (unterbricht, unterbrach, hat unterbrochen)	to interrupt
verlangen	to demand
verschwinden (verschwand, ist verschwunden)	to disappear

ÜBUNGEN: LOLA UND MANNI

A. Was passt? Schreiben Sie die richtigen Wörter in die Lücken in Lolas und Mannis Geschichte. Passen Sie auf die Verbformen auf!

Manni und Lola sind ein Paar. Doch Manni hat Probleme, denn er hat 100.000 DM von seinem Boss _____. Lola will ihm helfen. Zuerst fragt sie ihren Vater, der aber seine eigenen Probleme mit seiner Freundin hat und seine Familie _____ will. Manni beraubt einen Supermarkt, wobei Lola hilft, doch die Polizei kommt und erschießt Lola. Lola und Manni haben eine zweite Chance, doch wieder hat der Vater keine Zeit, denn er _____ sich mit seiner Freundin. Lola beraubt die Bank ihres Vaters, doch am Ende überfährt ein Krankenwagen Manni. Lola und Manni bekommen eine dritte Chance. Lola geht in ein Spielcasino und gewinnt 100.000 DM. Ein _____ hat Mannis Geld in der _____ gefunden, doch Manni findet den Penner und bekommt sein Geld zurück. Lola und Manni haben jetzt 100.000 DM für sich selbst.

B. Synonyme. Verbinden Sie das Wort links mit dem passenden Synonym rechts.

1. ____ bremsen   a. Zug unter der Straße
2. ____ verlassen   b. ohne Wohnung
3. ____ streiten   c. rechtzeitig
4. ____ verlieren   d. einen Unfall haben
5. ____ zusammenstoßen   e. etwas nicht mehr haben
6. ____ pünktlich   f. argumentieren
7. ____ der Penner   g. weggehen
8. ____ die U-Bahn   h. anhalten

ÜBUNGEN: PAPA UND JUTTA

C. Was passt? Schreiben Sie die richtigen Wörter in die Lücken in Papas und Juttas Geschichte. Vergessen Sie nicht, die Verben zu konjugieren!

Lolas Vater und seine Freundin Jutta streiten in seinem Büro in der Bank. Lola läuft zum Vater und _____ 100.000 DM von ihm. Sie sagt, dass ihr Freund Manni _____ muss, wenn der Vater ihr das Geld nicht gibt. Der Vater und Jutta haben aber ihre eigenen Probleme. Jutta möchte den Vater _____. Jutta ist ärgerlich und sagt, dass Lola sie und den Vater bei seinen Problemen _____. Lola _____ Jutta als dumm und egoistisch. Sie weiß, dass sie ihre Probleme selbst lösen muss und beraubt die Bank des Vaters.

D. Ein Streit (*fight, argument*). Lolas Eltern haben Probleme. Er arbeitet zu viel, und sie möchte mehr in der Freizeit machen. Schreiben Sie einen Dialog, in dem Sie einige der folgenden Wörter benutzen: **beschimpfen, heiraten, sich kümmern um, stören, unterbrechen, verlangen, verschwinden**

chapter ⑦
Im Juli

Im Juli

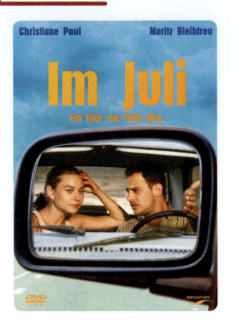

▶ Beschreiben Sie das Filmplakat. Worüber redet das Paar? Was für eine Beziehung haben die beiden?

▶ Was assoziieren Sie mit dem Monat Juli? Was machen Sie gern im Sommer?

▶ Haben Sie schon einmal eine lange Autofahrt gemacht? Mit wem und wohin sind Sie gefahren?

▶ Beschreiben Sie Ihren Traumurlaub. Wo würden Sie ihn verbringen und mit wem?

▶ Welche Stadt würden Sie lieber besuchen: Hamburg oder Istanbul? Begründen Sie Ihre Antwort!

Vorbereitung und Hintergrund
FILMDATEN

Originaltitel	*Im Juli*
Produktionsland	Deutschland
Erscheinungsjahr	2000
Regie	Fatih Akin
Drehbuch	Fatih Akin
Darsteller	Moritz Bleibtreu (Daniel), Christiane Paul (Juli), Mehmet Kurtuluş (Isa), Idil Üner (Melek), Jochen Nickel (Leo), Branka Katić (Luna)
Altersfreigabe	FSK 12
Länge	95 Minuten

DIE FIGUREN

A. Raten Sie mal! Welche Beschreibung passt zu wem?

1. ____

2. ____

3. ____

4. ____

5. ____

6. ____

a. Er ist **arbeitslos** und muss die **Leiche** seines vor kurzem verstorbenen Onkels in die Türkei schmuggeln.

b. Sie ist eine **verführerische** Frau, die einen Kleinbus fährt.

c. Er ist ein **ernster**, schüchterner **Referendar**, der bald Lehrer wird. Er mag Jazz und trinkt gern Tee.

d. Ihr Name bedeutet „Engel" auf Türkisch. Sie fliegt bald nach Istanbul, wo sie sich mit ihrem Freund treffen wird.

e. Sie ist eine spontane, **abenteuerlustige Schmuck**verkäuferin in Hamburg.

f. Er ist **LKW-Fahrer** und hat eine Tätowierung von Che Guevara.

arbeitslos	unemployed
die Leiche	corpse
verführerisch	alluring; seductive
ernst	serious
schüchtern	shy
der Referendar	student teacher
abenteuerlustig	adventurous
der Schmuck	jewelry
der LKW-Fahrer	truck driver

DIE HANDLUNG

A. Wovon handelt der Film? Lesen Sie die folgende Zusammenfassung des Films. Verfassen Sie danach Fragen zum Inhalt mit den angegebenen Fragewörtern.

(sich) in jdn. verlieben	to fall in love with someone
verbringen (verbrachte, hat verbracht)	to spend time
begegnen + (Dat.)	to meet; encounter
das Glück	happiness; luck
bezaubernd	enchanting, captivating
(sich) entscheiden (entschied, hat entschieden)	to decide
enttäuscht	disappointed
der Zufall	coincidence; chance
die Panne	break down
verstecken	to hide
der Lastkraftwagen (LKW)	truck
der Frachtkahn	barge
das Ziel	goal; destination
die Brücke	bridge

1. Die Geschichte handelt von einer Frau, die **sich** in einen Mann **verliebt**, der sich in eine andere Frau verliebt.

Wer verliebt sich in wen?

2. Daniel wohnt in Hamburg. Er ist Referendar und wird bald Lehrer. Juli wohnt auch in Hamburg, wo sie Schmuck auf einem Straßenmarkt verkauft. Es ist Sommer. Daniel hat vor, die Ferien in Hamburg zu **verbringen**.

Wer _____ ?

Wo _____ ?

3. Von Juli kauft Daniel einen „Maya-Ring" mit einer Sonne drauf. Juli erzählt ihm, dass der Ring ihm **Glück** bringen wird. Bald wird er einem Mädchen **begegnen**, das auch eine Sonne trägt.

Was _____ ?

Wem _____ ?

4. An diesem Abend lernt Daniel Melek kennen, eine Frau aus Berlin, die am nächsten Morgen in die Türkei fliegt. Daniel findet Melek **bezaubernd**.

Woher _____ ?

Wie _____ ?

5. Daniel entscheidet sich spontan, mit dem Auto seines Nachbarn in die Türkei zu fahren, um sich dort mit Melek zu treffen.

Wohin _____ ?

Womit _____ ?

6. Juli ist **enttäuscht**, als sie Daniel mit Melek sieht. Sie will weg von Hamburg. Sie wartet am Straßenrand auf den ersten Wagen, der sie mitnimmt, egal wohin.

Warum _____ ?

Wo _____ ?

7. Aus reinem **Zufall** ist Daniel der Erste, der anhält. Juli sagt, dass sie auch nach Istanbul fahren will. Sie fahren zusammen los.

Wer _____ ?

Wohin _____ ?

8.	In Bayern hat der Wagen eine **Panne**. Daniel und Juli fahren ein Stückchen mit einem **LKW**-Fahrer, Leo, mit. Danach **verstecken** sie sich in einem **Frachtkahn**.
	Mit wem _____?
	Wo _____?
9.	Später müssen Daniel und Juli versuchen, getrennt ans **Ziel** zu gelangen. Daniel fährt mit einer Frau, Luna, nach Budapest, wo sie zusammen essen.
	Wie _____?
	Wohin _____?

B. Der Maya-Ring. Was sagte Juli, als sie Daniel den Ring verkaufte? Ergänzen Sie das Zitat mit Substantiven aus der Liste.

> (die) Sonne • (das) Glück • (die) Legende • (das) Mädchen

„Das ist ein ganz alter Maya-Ring: Die _____ sagt, dass der Träger dieses Rings sein _____ erkennen kann. Sehr bald wird ein _____ auf dich zukommen. Sie wird auch eine _____ tragen, genau wie du. Diese Person, und nur diese, ist bestimmt, dein Glück zu sein!"

C. Bildbeschreibung. Beschreiben Sie diese zwei Standfotos mit vielen Details. Welche Szene kommt wahrscheinlich zuerst? Warum meinen Sie das?

DER HINTERGRUND: URLAUB

A. Warum machen Sie Urlaub? Markieren Sie, was Ihnen sehr wichtig (+), ziemlich wichtig (ü) oder nicht sehr wichtig (-) ist.

_____ **Sehenswürdigkeiten** besichtigen
_____ neue Menschen kennen lernen
_____ Kulturen und Traditionen entdecken
_____ neue Traditionen kennenlernen
_____ exotische Speisen essen
_____ sich **ausruhen**
_____ **Abenteuer** erleben
_____ fremde Länder besuchen
_____ Fremdsprachen lernen
_____ einfach weg von Zuhause sein
_____ Sport treiben

die Sehenswürdigkeiten	places of interest
(sich) ausruhen	to rest
das Abenteuer	adventure
die Städtereise	city tour
der Strand	beach
genießen (genoss, hat genossen)	to enjoy
das Meer	ocean; sea
(sich) entspannen	to relax; unwind
schnorcheln	snorkeling
der Langlauf	cross-country skiing
das Fallschirmspringen	skydiving
das Nachtlokal	night club
der Spaziergang	walk

B. Mein Traumurlaub. Was wäre für Sie der Traumurlaub? Ein Strandurlaub? Ein Aktivurlaub? Eine Städtereise? Warum? Wo würden Sie Ihren Urlaub verbringen und was würden Sie dort machen? Mit wem würden Sie gern Urlaub machen? Schreiben Sie ein paar Notizen auf und diskutieren Sie Ihren Traumurlaub zu zweit oder in einer Gruppe.

Strandurlaub	Aktivurlaub	Städtereise
den **Strand genießen** und in der Sonne liegen	Trekking und Wanderungen machen; Skifahren, snowboarden und **Langlauf** machen	in Restaurants, Cafés und **Nachtlokale** gehen
im **Meer** schwimmen	eine Kanutour oder Mountainbiketour machen	Museen und Sehenswürdigkeiten besichtigen
sich (mich) **entspannen**	auf Safari gehen	shoppen und **Spaziergänge** machen
schnorcheln	Bungee-Jumping machen oder **Fallschirmspringen**	moderne und historische Teile der Städte besuchen
exotische Getränke trinken	Expeditionen und Exkursionen machen	die besondere Atmosphäre einer Stadt genießen

Die beliebtesten Reiseziele 2012

„Die beliebtesten Urlaubsländer sind die Reise-Klassiker der Deutschen: Türkische Riviera, Mallorca und die Kanaren. Allein in diesen drei Regionen verbringen mehr als 50 Prozent der deutschen Urlauber ihre Ferien. Gut erholt zeigen sich die Krisengebiete des arabischen Frühlings von 2011: Ägypten hat sich die Nummer Vier in der Rangliste der beliebtesten Urlaubsländer zurückerobert. Doppelt so viele Buchungen als im selben Zeitraum 2011 zeigen wieder gewonnenes Vertrauen. Nach Tunesien kehren im Sommer sogar drei Mal mehr Gäste zurück als in den vergangenen Sommerferien. Das reicht für Platz zehn".

Rang	Reiseziel
1	Türkische Riviera
2	Mallorca
3	Kanarische Inseln
4	Ägypten
5	Griechische Inseln
6	Norditalien
7	Österreich
8	Bayern
9	Tunesien
10	Spanien (Festland)

Mein Traumurlaub

Wo:

Was:

Warum:

Mit wem:

Wann:

 C. Beliebteste Urlaubsziele. Besprechen Sie die Fragen zu zweit.

1. Wohin würden Sie gerne reisen und warum?
2. Wohin würden Sie nicht reisen und warum nicht?
3. Wo haben Sie letztes Jahr die Frühlingsferien (*spring break*) verbracht oder wo verbringen Sie sie dieses Jahr?
4. Wie reisen viele Leute innerhalb der USA? Ins Ausland? (z.B. mit dem Zug, mit dem Flugzeug, mit dem Auto, mit dem Fahrrad, usw.)
5. Mit wem würden Sie gern eine lange Autoreise unternehmen? Mit wem nicht?
6. Haben Sie jemals im Urlaub etwas Wichtiges verloren oder ist Ihnen etwas gestohlen worden? Zum Beispiel Ihr Pass, Ihr Portemonnaie oder Ihr Handy?
7. Würden Sie in den USA oder in einem anderen Land per Anhalter fahren (*hitchhike*)?
8. Machen Sie eine Umfrage im Kurs: Was sind wohl die beliebtesten Reiseziele der Amerikaner? Warum fahren sie dort hin?
9. Vergleichen Sie diese Umfrage mit den Urlaubszielen der Deutschen. Warum fahren sie dort hin?
10. Welche Ziele der Deutschen würden Sie selbst gern besuchen?
11. Was würde Ihnen mehr Spaß machen: ein Wochenende in Berlin oder an der Nordsee zu verbringen? Warum?
12. Würden Sie lieber nach Afrika oder Asien reisen? Warum?

Wissenswert! Der Glacier Express

Der schönste Weg vom Matterhorn ins Oberengadin ist mit dem Glacier Express, dem Panoramazug, der quer durch die Schweizer Alpen fährt. Die Fahrt dauert siebeneinhalb Stunden. Natürlich könnte man schneller dahinreisen, aber auf keinen Fall schöner! Man fährt durch 91 Tunnels und über 291 Brücken. Auf dem Weg von Zermatt am Fuss des Matterhorns bis zum weltbekannten Kurort St. Moritz sieht man Bergseen, Steilwände, unberührte Wälder und typische Bergdörfer. Der Glacier Express, der seit 1930 verkehrt, zählt „heute zu den fünf weltweit bekanntesten, touristischen Marken der Schweiz". Hätten Sie auch Lust, mit dem Glacier Express zu fahren? Wie wäre es mit einem Urlaub in den Alpen?

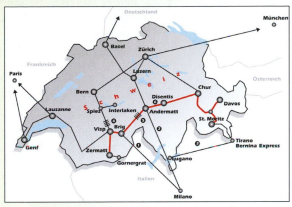

DER HINTERGRUND: DIE LIEBE

A. Brainstorming. Welche Begriffe assoziieren Sie mit der Liebe? Tragen Sie sie in ein Assoziogramm oder eine Liste ein. Besprechen Sie nachher Ihre Ideen mit einem Partner/einer Partnerin.

B. Eine Beziehung aufbauen. Besprechen Sie die Fragen zu zweit oder in einer Gruppe.

1. Wo treffen sich Studenten auf Ihrem Campus, um neue Leute kennen zu lernen?
2. Was macht man am besten beim ersten Date?
3. Wie lange dauert es, bis Sie eine Person richtig gut kennen?
4. Kennen Sie das Gefühl, Schmetterlinge im Bauch zu haben?
5. Haben Sie Freunde oder Geschwister, die schon verlobt oder verheiratet sind?
6. Haben Sie einen festen Freund oder eine feste Freundin?
7. Glauben Sie an die Liebe auf den ersten Blick?
8. Wie lange soll man vor der Hochzeit verlobt sein?
9. Denken Sie, dass Sie in 10 Jahren verheiratet sein werden?
10. Wo würden Sie gern Ihre Flitterwochen verbringen?

Die Liebe

Wie baut man eine Beziehung auf?

Sie ...	They ...
lernen einander kennen	get to know each other
flirten mit einander	flirt with each other
verabreden sich (die Verabredung/das Date)	arrange to go out
gehen mit einander aus	go out
halten Händchen	hold hands
kuscheln	cuddle; snuggle
küssen	kiss
haben Schmetterlinge im Bauch	have butterflies
haben eine (feste) Freundin/einen (festen) Freund	have a (steady) girlfriend/boyfriend
verlieben sich in jemanden	fall in love with someone
sind verliebt	are in love
verloben sich mit jemandem	get engaged to someone
sind verlobt	are engaged
planen eine Hochzeit	plan a wedding
heiraten jemanden	marry someone
sind verheiratet	are married
machen eine Hochzeitsreise/fahren in die Flitterwochen	go on a honeymoon

Wie erklärt man seine Gefühle?

Ich hab' dich gern.	You mean a lot to me. (typically among friends)
Ich hab' dich lieb.	I love you./I really care about you. (typically between parents/children)
Es ist schön, dass es dich gibt.	I'm happy to have you in my life. (used with friends, family & love relationships; often on birthday cards)
Ich liebe dich.	I love you. (used rarely; usually only among partners in a committed relationship and not between parents/children)

C. *Before Sunrise: Zwischenstopp in Wien* (Richard Linklater, 1995) ist ein bekannter Liebesfilm, der auch in Europa spielt. Ergänzen Sie die Synopsis mit Wörtern aus der Liste.

> Beziehung • festen • Hochzeit • kennenzulernen • Liebesgeschichte • verlieben • verloben

Before Sunrise erzählt von der kurzen aber leidenschaftlichen (*passionate*) _____ zwischen der französischen Studentin Céline (Julie Delpy) und dem

Amerikaner Jesse (Ethan Hawke). Sie treffen sich zufällig auf einer Zugreise durch Europa und beschließen spontan, einen Zwischenstopp in Wien einzulegen. Sie haben nur 14 Stunden, um sich _____, bevor sie wieder Abschied nehmen müssen. Kann man sich in so kurzer Zeit _____? Sie _____ sich nicht und planen keine _____, jedoch hoffen beide auf ein Wiedersehen. Sie versprechen einander, sich in genau sechs Monaten am gleichen Bahnsteig auf dem Wiener Bahnhof zu treffen. Werden sie sich

Ethan Hawke und Julie Delpy in *Before Sunrise*

wiedersehen? Vielleicht hat Céline schon einen _____ Freund. Oder Jesse wird sich die Flugkarte nicht leisten können. Wird diese _____ ein Happy-End haben?

Zum Film: Die Liebesgeschichte
VOR DEM SEHEN

A. Daniel und Juli. Beantworten Sie die Fragen zum Bild.

1. Wo sind sie?
2. Was machen sie?
3. Wie fühlen sie sich?
4. Was ist gerade passiert?
5. Was wird gleich passieren?

B. Daniel und Melek. Beantworten Sie die Fragen zu dem Bild.

1. Wo sind sie?
2. Was machen sie?
3. Wie fühlen sie sich?
4. Was ist gerade passiert?
5. Was wird gleich passieren?

DER FILM (CLIPS 1-3)

A. Schicksal? Lesen Sie die zwei Zitate von Daniel. Wie fühlt sich Daniel? Warum sind beide Szenen sehr wichtig für die Handlung?

1. Daniel zu Melek auf dem Balkon seiner Wohnung

   „Weißt du, das ist völlig **verrückt**, dass wir uns heute kennengelernt haben, eigentlich, weil ... Ich habe gewusst, dass wir uns heute treffen würden. Ich meine, vielleicht habe ich es auch nicht gewusst, ich habe es einfach nur **gehofft**. Das ist so wie, als könnte man sein **Schicksal** für einen Tag selbst in die Hand nehmen. Und ich stand da und habe auf dich gewartet und gewartet und dann dachte ich schon, du kommst nicht und dann warst du da. Melek? Melek?"

2. Daniel zu Juli im Auto seines Nachbarn

   „Der Ring**zauber**, es hat **geklappt**. Ich weiß, es ist komplett verrückt und liegt jenseits jeder Logik, aber es hat geklappt. ... Also **pass auf**: Sie ist heute morgen in die Türkei geflogen, ja und sie will ihren Urlaub dort verbringen und alles, was ich weiß, ist, dass sie am Freitag um Punkt zwölf auf einem Platz unter der Bosporus-Brücke stehen wird und und ... Juli, sie ist so ... "

verrückt	crazy	**der Zauber**	magic; spell
hoffen	to hope	**klappen** (slang)	to work; function
das Schicksal	fate; destiny	**aufpassen**	to pay attention

B. Fragen zu den Zitaten. Beantworten Sie die Fragen zu zweit.

1. Beschreiben Sie Daniels Gefühle in diesen Szenen.
2. Ist Daniel wirklich davon überzeugt (*convinced*), dass er Melek wegen des Rings getroffen hat?
3. Glaubt Daniel an Liebe auf den ersten Blick?
4. Daniel sagt Juli, „es liegt jenseits jeder Logik", dass er sein Glück gefunden hat. Ist Daniel wohl ein Mensch, der sich eher auf Logik und Vernunft (*reason*) oder Gefühle und Emotionen verlässt? Begründen Sie Ihre Antwort.
5. Und wie sind Sie? Wie treffen Sie Entscheidungen? Sind Sie ein „Kopfmensch", der sich auf Logik verlässt (*to rely*) oder eher ein „Gefühlsmensch", der stark nach seinen Emotionen handelt (*to act*)?

C. Juli und Leo. Lesen Sie den Dialog zwischen Juli und Leo. Sind Sie überrascht von Leos Wunsch, dass Juli mit ihm kommt? Scheint Juli davon überrascht zu sein?

LEO	Sag mal, hast du das vorhin eigentlich **ernst** gemeint mit dem Glauben an die individuelle Freiheit. Ich meine, dass wir das **gemeinsam** haben?
JULI	Klar habe ich es ernst gemeint.
LEO	Echt?
JULI	Ja!
LEO	Willst du mit mir gehen?
JULI	Was?
LEO	Äh, ich meine, kommst du mit mir?
JULI	Wohin?
LEO	Bis ans Ende der Welt oder so?
JULI	Das geht nicht.
LEO	Glaubst du, er ist der Richtige?
JULI	Ja.
LEO	Würde er für dich **kämpfen**?
JULI	Ich würde es mir **wünschen**.

ernst	serious
gemeinsam	in common
kämpfen	to fight
wünschen	to wish

    1.   Warum will Leo, dass Juli mit ihm kommt? Glaubt er an Liebe auf den ersten Blick?

    2.   Wieso glaubt Juli, dass Daniel der Richtige ist, wenn sie ihn fast gar nicht kennt?

E. **Die Liebeserklärung** (*declaration of love*). In den ersten zwei Clips sehen Sie, wie Juli Daniel eine Liebeserklärung beibringen will. Was soll Daniel Melek sagen, wenn er sie sieht? Schreiben Sie ein paar Ideen auf.

F. **Meine Herzallerliebste!** Sehen Sie die Clips an.

„Meine Herzallerliebste"

1. Clip

JULI	Was wirst du machen, wenn du sie triffst?
DANIEL	Wie, was werde ich machen?
JULI	Was wirst du ihr sagen?
DANIEL	Keine Ahnung.
JULI	Du weißt es nicht.
DANIEL	Was soll ich denn sagen?
JULI	Na ja, so was wie: Meine Herzallerliebste! Ich bin tausende von Meilen gegangen. Ich habe Flüsse überquert, Berge versetzt. Ich habe gelitten und Qualen über mich ergehen lassen. Ich bin der

Versuchung widerstanden und bin der Sonne gefolgt, um dir gegenüber stehen zu können und um dir zu sagen, dass ich dich liebe!

DANIEL	Ist das nicht zu kitschig?
JULI	Mhmh!

"My darling, I've traveled thousands of miles, I've crossed rivers and moved mountains. I've suffered and endured agonies. I've resisted temptation, and I've followed the sun, so that I could stand before you and tell you that I love you!"

„Yes, we are married!"

2. Clip

DANIEL	Juli, hör zu: Ich habe ein riesengroßes Problem. Ich muss, ich habe keinen **Pass** mehr, ich habe gar nichts mehr und ich muss über diese Grenze. Du musst mir helfen!
JULI	Wieso hast du keinen Pass mehr?
DANIEL	Ist doch jetzt scheißegal! Hör zu, du musst ihm irgendwas erzählen, erzähl ihm irgendwas! Erzähl ihm, wir sind verheiratet, wir sind **verheiratet**, ok? No problem, this is my wife, you know, ring? We are married!
JULI	Wir sind doch aber gar nicht verheiratet.
DANIEL	Juli, bitte!
JULI	Nee, so geht das doch nicht. Wir können doch den Mann nicht

	einfach **anlügen**!
DANIEL	Bitte!
JULI	Ok! Daniel Bannier, willst du mich zu deiner Frau haben?
DANIEL	Was?
JULI	Na, willst du oder willst du nicht?
DANIEL	Ja, ich will, verdammt!
JULI	Jetzt musst du mich fragen.
DANIEL	Juli, willst du mich zu deinem Mann haben?
JULI	Ja, ich will!
DANIEL	Ok, gut! Was noch?
JULI	Ich will den Text hören!
DANIEL	Welchen Text?
JULI	Den Text, den ich dir beigebracht habe. Die Berg-Predigt!
DANIEL	Juli, warum denn jetzt?
JULI	Das gehört zur Zeremonie!

DANIEL	Also: meine Herzallerliebste, ist doch richtig, oder? Ich bin über Brücken gegangen, war falsch, oder? Ich, ich, ich bin ...
JULI	Du kannst ihn nicht!
DANIEL	Ich kann ihn nicht, aber ich werde ihn lernen!
JULI	**Versprichst** du mir das?
DANIEL	Ich versprech es dir!
JULI	Ok. Yes, we are married!

| DANIEL | Danke! |
| GRENZER | Kiss! |

der Pass	passport
verheiratet (adj.)	married
anlügen	to lie to
(log an, hat angelogen)	
versprechen	to promise
(verspricht, versprach, hat versprochen)	

G. Fragen zu den Clips. Beantworten Sie die Fragen zu zweit.

1. Lernt Daniel tatsächlich den Text, den Juli ihm auf dem Frachtkahn beigebracht hatte? Wie hätte er den Text auswendig lernen sollen, wenn er ihn nur einmal gehört hat?

2. Wie finden Sie die Liebeserklärung? Daniel meint, sie wäre etwas kitschig. Sind Sie auch der Meinung?

3. Was passierte an der Grenze? Ist das Paar in Julis Augen wirklich verheiratet?

H. Grammatikübung. Worauf oder auf wen beziehen sich die folgenden Pronomen? Die Sätze in der Tabelle kommen aus der Grenzszene. *(Refer back to the text if necessary.)*

		auf wen? (eine Person)	worauf? (ein Ding)
1.	du musst <u>mir</u> helfen		
2.	du musst <u>ihm</u> irgendetwas erzählen	den Grenzer	_____
3.	willst <u>du</u> oder willst <u>du</u> nicht		
4.	du musst <u>mich</u> fragen		
5.	<u>den</u> ich dir beigebracht habe	_____	den Text
6.	den ich <u>dir</u> beigebracht habe		
7.	du kannst <u>ihn</u> nicht		
8.	ich werde <u>ihn</u> lernen		
9.	versprichst du <u>mir</u> das		
10.	<u>ich</u> verspreche es dir		

I. Eine ziemlich lange Geschichte. Daniel trifft Melek zufällig an einem Busbahnhof in der Nähe von Istanbul. Lesen Sie den Dialog.

MELEK	Hey, was machst du denn hier? Wieso bist du hier? Was machst du denn hier?
DANIEL	Melek?
MELEK	Das gibt's doch gar nicht!
DANIEL	Ich bin auf dem Weg nach Istanbul.
MELEK	Was machst du denn in Istanbul?
DANIEL	Das, das ist eine ziemlich lange Geschichte!
MELEK	Ok, dann erzähl sie, aber ganz kurz!

DANIEL	Ich habe ein Mädchen kennen gelernt, habe mich in sie verliebt und fahre jetzt nach Istanbul, um sie dort zu treffen.
MELEK	Wo in Istanbul wirst du sie denn treffen?
DANIEL	Unter der Brücke.
MELEK	Bist du dir sicher, dass sie da auch sein wird?
DANIEL	Ich hoffe es.

J. Diskussionsfragen. Diskutieren Sie die folgenden Fragen mit einem Partner/einer Partnerin.

1. Über wen spricht Daniel, wenn er sagt, er habe sich in ein Mädchen verliebt? Wer ist das Mädchen? Melek oder Juli? Was meinen Sie?
2. Halten Sie es für möglich, dass Daniel und Melek sich nur zufällig treffen?
3. Warum ist Melek am Busbahnhof? Wohin reist sie? Was muss sie erledigen und für wen?
4. Beschreiben Sie das Bild. Wie reagiert Melek darauf, Daniel zu sehen?
5. Schauen Sie sich das Bild nochmals an, wo Daniel und Melek am Strand sind. Inwiefern sieht Daniel in diesem Bild anders aus?

K. Übung macht den Meister. Worauf oder auf wen beziehen sich folgende Pronomen? Die Sätze kommen aus dem Dialog, den Sie gerade gelesen haben. *(Refer back to the text if necessary.)*

		auf wen? (eine Person)	worauf? (ein Ding)
1.	wieso bist <u>du</u> hier	Daniel	_____
2.	dann erzähl <u>sie</u>		
3.	habe mich in <u>sie</u> verliebt		
4.	um <u>sie</u> dort zu treffen		
5.	wo wirst du <u>sie</u> denn treffen		
6.	bist <u>du</u> dir sicher		
7.	dass <u>sie</u> da auch sein wird		

L. Lückentext. Ergänzen Sie den Dialog mit dem passenden Partizip, bevor Sie den Clip sehen.

M. Ich liebe dich! Sehen Sie den Clip an.

„Ich liebe dich!"

3. Clip

DANIEL Na?
JULI Du hast es _____.
DANIEL Es ist schön, dich zu sehen!
JULI Wo ist denn deine Verabredung?
DANIEL Meine Herzallerliebste! Ich bin tausende von Meilen _____. Ich habe Flüsse _____, Berge _____. Ich habe _____ und ich hab' Qualen über mich ergehen lassen. Ich bin der Versuchung _____ und ich

bin der Sonne _____, um dir gegenüber stehen zu können und dir zu sagen: ich liebe dich!

DANIEL Also, wir machen das alte Spiel: Der Erste, der anhält, soll entscheiden, wo wir hinfahren, ok?
JULI Soll ich dir mal was sagen? Ich liebe dich!
DANIEL Was?
JULI Ich liebe dich!
DANIEL Es ist ganz komisch. Ich glaube, ich habe da gerade etwas gehört, was akustisch ganz ...

JULI	Ich liebe dich!
DANIEL	Ich habe doch gerade _____ , es ist sehr schwer, dich zu verstehen, ich habe nichts _____!
JULI	Ich liebe dich!
DANIEL	So muss das klingen!

gefolgt   geschafft
gegangen   überquert
gehört   versetzt
gelitten   widerstanden
gesagt

N. Das Perfekt. Geben Sie an ob die Partizipien *(participles)* regelmäßig oder unregelmäßig sind. [*See the explanation about regular and irregular verbs in the grammar section of* Die Welle, *Chapter 4.*]

		regelmäßig?	unregelmäßig?
1.	widerstanden		✓
2.	gehört		
3.	gegangen		
4.	überquert		
5.	geschafft		
6.	gesagt		
7.	gelitten		
8.	versetzt		

NACH DEM SEHEN

A. Was stimmt? Kreuzen Sie die richtige Antwort an.

der Hafen   harbor   **(sich) verabschieden**   say goodbye
die Jugendherberge   hostel   **zufällig**   by chance

		Richtig	Falsch
1.	Daniel hat nicht genug Geld, um den Ring zu kaufen.		✓
2.	Daniel zeigt Melek den Hamburger Hafen.		
3.	Melek übernachtet in einer Jugendherberge.		
4.	Melek erzählt Daniel von ihrem Freund.		
5.	Daniel ist traurig, weil er sich von Melek verabschieden muss.		
6.	Juli ist enttäuscht, dass Daniel Melek getroffen hat.		
7.	Daniel und Juli rauchen auf dem Frachtkahn einen Joint.		
8.	Daniel und Juli „heiraten" an einem Grenzübergang.		
9.	Daniel trifft Melek nur zufällig am Busbahnhof wieder.		
10.	Daniel und Juli bleiben in der Türkei.		

B. Eine alternative Liebeserklärung! Was soll Daniel seiner Geliebten sagen? Helfen Sie ihm, die richtigen Worte zu finden.

Mein liebstes / Meine liebste / Mein liebster _____
                    [Honigbienchen, Prinzessin, Schatz]

Wenn du bei mir bist ...

        scheint _____ immer
                    [die Sonne, der Mond]
        leuchten _____ heller
                    [die Sterne, meine Augen]
    spüre ich deine _____
                    [Wärme, Haut]
    schenkst du mir deine _____
                    [Liebe, Küsse]
        habe ich _____ Schmetterlinge im Bauch
                    [1000, so viele]

Du bist meine _____
                    [Süße, Biene]
        und ich _____
                    [liebe dich, hab' dich lieb]

Dein _____
                    [Schatz, Tiger, Kuschelbär]

Zum Film: Die Abenteuergeschichte
VOR DEM SEHEN

A. Deutschland. Beantworten Sie die folgenden Fragen. Schauen Sie auf die Europakarte im Buch oder suchen Sie im Internet, wenn Sie die Antwort nicht wissen.

1. Kennen Sie die 16 Bundesländer von Deutschland? In welchem Bundesland/welchen Bundesländern sind Sie schon gewesen, oder welche/s würden Sie gern besuchen und warum?
2. Wie heißt die Hauptstadt von Deutschland?
3. Welche drei Städte gelten als Bundesländer?
4. Was ist das nördlichste Bundesland in Deutschland? Das südlichste?
5. Welches ist von der Fläche (*area*) her das größte Bundesland? Das kleinste?
6. An welche neun Länder grenzt Deutschland?

B. Europa. Verbinden Sie die Hauptstadt mit dem Land, in dem sie sich befindet. Schauen Sie auf die Europakarte im Buch oder suchen Sie im Internet, wenn Sie die Antwort nicht wissen.

a. _____ Amsterdam
b. _____ Ankara
c. _____ Athen
d. _____ Berlin
e. _____ Bern
f. _____ Budapest

1. die Schweiz
2. die Niederlande
3. die Türkei (liegt in Europa und Asien)
4. Ungarn
5. Deutschland
6. Griechenland

g.	_____ Bukarest	7.	Großbritannien
h.	_____ Dublin	8.	Portugal
i.	_____ Lissabon	9.	Rumänien
j.	_____ London	10.	Frankreich
k.	_____ Madrid	11.	Irland
l.	_____ Paris	12.	Spanien

m.	_____ Prag	13.	Kroatien
n.	_____ Rom	14.	Österreich
o.	_____ Sofia	15.	Tschechien
p.	_____ Warschau	16.	Bulgarien
q.	_____ Wien	17.	Italien
r.	_____ Zagreb	18.	Polen

C. Auf der Landkarte. Suchen Sie diese Länder auf der Europakarte und tragen Sie die Hauptstädte auf die Karte ein!

D. Reisen. Beantworten Sie die folgenden Fragen.

1. Wie viele Kilometer sind es ungefähr von Hamburg nach Istanbul?
2. Wie kommt man am besten von Deutschland in die Türkei?
3. Auf welcher Autoroute kommt man wohl am schnellsten in die Türkei?
   a. über Polen, die Ukraine, Rumänien und Bulgarien
   b. über Österreich, Ungarn, Rumänien und Bulgarien
   c. über die Schweiz, Italien, Slowenien, Kroatien, Serbien und Bulgarien
4. Wie kommt man am besten ...
   a. von Berlin nach Hamburg?
   b. von Hamburg nach Oslo?
   c. durch die Berliner Innenstadt?
   d. von New York nach Frankfurt?
   e. von Ihnen zu Hause an Ihre Uni?
5. Besprechen Sie mit einem Partner/einer Partnerin, wohin Sie meistens
   a. zu Fuß gehen.
   b. mit dem Fahrrad fahren.
   c. mit dem Bus fahren.

Wie kommt man dahin?

- mit dem Auto
- mit dem Fahrrad
- mit dem Schiff
- mit der U-Bahn
- zu Fuß
- mit dem Bus
- mit dem Flugzeug
- mit der Straßenbahn
- mit dem Zug

E. Europäische Flüsse. Ergänzen Sie die fehlenden Informationen.

km	entspringt in (*originates from*)	mündet in (*flows into*)
• 866	• Tschechien	• die Ostsee
• 2845	• den Schweizer Alpen	• das Schwarze Meer

Name	fließt durch	ist ___ km lang	entspringt in	mündet in
die Donau	Deutschland, Österreich, Slowakei, Ungarn, Kroatien, Serbien, Rumänien, Bulgarien, Moldawien, Ukraine		dem Schwarzwald in Deutschland	
die Elbe	Deutschland, Tschechien	1094		die Nordsee
die Oder	Tschechien, Polen (bildet die Grenze zwischen Deutschland und Polen)		Tschechien	
der Rhein	die Schweiz, Österreich, Deutschland, die Niederlande	1233		die Nordsee

Der Film (Clips 4-5)

A. Finden Sie das romantisch? Beantworten Sie die Fragen mit ja (J) oder nein (N).

1. _____ unter einem Sternenhimmel spazieren zu gehen
2. _____ ins Kino zu gehen
3. _____ ein Haus zu renovieren
4. _____ ein Auto zu klauen (*to steal*)
5. _____ jemandem Schokolade zu schenken
6. _____ die Flitterwochen in den Bergen zu verbringen

Was finden Sie romantisch?

B. Sehen Sie den Clip an, in dem Daniel und Juli ein Auto klauen, damit Sie zusammen nach Istanbul fahren können.

„Ist das nicht romantisch!"

4. Clip

DANIEL	Du weißt, was du da tust, ja? Ok, hast du es? Was machst du denn da jetzt?
JULI	Die lag hier rum.
DANIEL	Juli, **beeil** dich bitte verdammt noch mal! Hey, bist du **verrückt**! Du machst das ganze Ding kaputt, Mann!
JULI	**Vertrau** mir, ok?
DANIEL	Ok! Ok! Hast du dir **weh getan**?
JULI	Nein, ist schon ok.
DANIEL	Ach, du Scheiße. Juli! Bleib mal ganz **ruhig** jetzt, ich glaube, da **guckt** gerade jemand. Oh, Scheiße, der guckt hierher! Der guckt hierher! Der guckt hierher! Der guckt hierher! Ganz ruhig!
JULI	Ist das nicht romantisch!
DANIEL	Was?

JULI	Ich habe noch nie mit jemandem ein Auto geklaut!
DANIEL	Juli, tu mir bitte einen **Gefallen** und wirf dieses Ding an und lass uns zusehen, dass wir hier wegkommen, bitte, bitte, bitte, bitte, bitte ...
JULI	Ok. Na, wer sagt es denn!
DANIEL	Das ist ja unglaublich!
JULI	Gib mir fünf!
DANIEL	Du bist die Beste!

(sich) beeilen	to hurry
verrückt	crazy
vertrauen	to trust
(sich) weh tun	to hurt oneself
(tat weh, hat wehgetan)	
ruhig	calm
gucken	to look
der Gefallen	favor

ihm
ihr
ihr
mir
sich

C. Übungen zum Clip. Machen Sie die Übungen mit einem Partner/einer Partnerin.

1. Unterstreichen Sie alle Verben im Clip, die Befehle (*imperative*) sind.
2. Ersetzen Sie das unterstrichene Wort mit dem passenden Pronomen aus dem Wortkästchen.
   a. „Beeil dich bitte!"
      Daniel will, dass Juli _____ beeilt.
   b. „Vertrau mir!" Juli sagt, dass Daniel _____ vertrauen soll.
   c. „Hast du dir weh getan?"
      Juli antwortet: „Nein, ich habe _____ nicht weh getan."

d. „Tu mir bitte einen Gefallen!"

Juli soll _____ einen Gefallen tun.

e. „Gib mir fünf!"

Daniel soll _____ fünf geben.

D. Ein verrücktes Abenteuer. Diskutieren Sie die Fragen.

1. Warum findet Juli es romantisch, ein Auto zu klauen? Was meinen Sie? Ist das romantisch, abenteuerlich, gefährlich oder lächerlich (*ridiculous*)?

2. Wann haben Sie zuletzt etwas Verrücktes gemacht? Was haben Sie gemacht? Was es gef Was haben Sie gemacht? Was es gefährlich? Was ist passiert?

E. Was wissen Sie über Physik? Verbinden Sie die Wörter links mit der richtigen Bedeutung rechts.

1. _____ der Wagen   a. ramp
2. _____ Gewicht   b. hour
3. _____ wiegt   c. car
4. _____ eine Tonne   d. to overcome
5. _____ beschleunigen   e. to weigh
6. _____ Rampe   f. ton
7. _____ Grad   g. weight
8. _____ überwinden   h. to accelerate
9. _____ Stunde   i. degree

F. Daniels verrücktes Abenteuer. Sehen Sie den Clip an.

„Und zack über den Fluss"

5. Clip

DANIEL	No passport, no Bulgaria, no passport, no Bulgaria! Langsam habe ich wirklich echt **die Schnauze voll**, weißt du das! Wenn die Bulgaren schon so eine Scheiße machen, was sollen dann erst die Türken machen? Die Türken sind doch bestimmt dreimal so schlimm wie die Bulgaren oder fünfmal so schlimm wahrscheinlich!	JULI	Der Grenzfluss hier soll die Donau sein. Diese **Pfütze** hier ist nicht die Donau!
		DANIEL	Also Entschuldigung. Meiner Meinung nach war der Grenzfluss nicht die Donau!
		JULI	Doch, es war die Donau!
		DANIEL	Bist du dir sicher?
		JULI	Nein!
JULI	Hey, warte doch mal! Setz doch mal ein Stück zurück! Wohin führt denn der?	DANIEL	Siehst du! Also könnte das hier doch durchaus der Grenzfluss sein!
		JULI	Ok, nehmen wir an, das hier ist der Grenzfluss, und?
DANIEL	Das werden wir gleich sehen! Guck mal!	DANIEL	Ich setze einfach mit dem Auto rüber!
JULI	Sieht tot aus!	JULI	Wie meinst du denn das jetzt?
DANIEL	Ja, ja, aber das mein' ich jetzt nicht!	DANIEL	Ja, klar, ich nehme einfach von da hinten Schwung, den weg runter, auf die Rampe zu und zack über den Fluss!
JULI	Was meinst du denn?		
DANIEL	Das da müsste Bulgarien sein!		
JULI	**Quatsch!**	JULI	Du hast doch **nicht mehr alle Tassen im Schrank**!
DANIEL	Wieso Quatsch?		

DANIEL	Juli, wir brauchen das Auto!
JULI	Wir schaffen das auch ohne Auto!
DANIEL	Hey, es ist Mittwoch Abend, wir sind noch nicht einmal in Bulgarien. Am Freitag muss ich Punkt 12 in Istanbul sein und ohne Karre schaffe ich das nicht!
JULI	Du schaffst es aber auch nicht, wenn du dabei drauf gehst. Hast du es auch mal von dem Standpunkt aus überlegt? Vernünftige Lehrer machen das nicht!
DANIEL	Also: Der Wagen ist mein Gewicht x, ok? X wiegt ungefähr eine halbe Tonne, der zu überwindende Weg

sind ungefähr 25 Meter. Die Frage muss also lauten: Wie schnell muss ich x beschleunigen, um bei einer Rampe von 10 Grad 25 Meter Weg zu überwinden, richtig? Richtig! Gut, die Lösung lautet: 96,41 km pro Stunde.

die Schnauze/ Nase voll haben	to be fed up (*col.*)
Quatsch!	nonsense!
die Pfütze	puddle
nicht alle Tassen im Schrank haben	to "have a screw loose" (*col.*)

G. Fragen zum Clip. Beantworten Sie die Fragen zu zweit oder in einer Gruppe.

1. Was finden Sie unglaublicher? Dass Daniel unverletzt war oder dass er tatsächlich glaubt, es wäre möglich mit dem Auto über den Fluss zu springen?
2. Glauben Sie, dass eine Hollywood-Version dieser Szene anders wäre?
3. Was würden Sie machen, wenn Sie der Regisseur/die Regisseurin wären?
4. Erzählen Sie von einer unglaublichen Situation, die Sie in einem Film gesehen haben.

NACH DEM SEHEN

A. Eine abenteuerliche Reise. Was ist alles auf dem Weg nach Istanbul passiert? Tragen Sie das passende Wort aus dem Wortkästchen in die Lücken ein.

(das) Auto
(das) Dach
(die) Droge
(der) Fluss
(das) Gefängnis
(das) Kornfeld
(der) LKW-Fahrer
(der) Ring
halluzinieren
heiraten

1. Ein _____ interessiert sich für Juli.
2. Daniel und Juli _____, nachdem sie einen Joint rauchen.
3. Luna gibt eine _____ in Daniels Cola.
4. Daniels _____, Geld und Pass werden gestohlen.
5. Daniel wacht in einem _____ auf.
6. Daniel hält sich auf dem _____ eines Kleinbusses fest.
7. Daniel und Juli _____ an der ungarisch-rumänischen Grenze.
8. Daniel und Juli klauen ein _____.
9. Daniel versucht, mit dem Auto über einen _____ zu „fliegen".
10. Daniel landet mit Isa im _____.

 B. Bildbeschreibung. Beschreiben Sie das Bild und erklären Sie, wie es zum Thema Abenteuer passt.

C. Dialoge. Bringen Sie die Dialoge zwischen Daniel und Juli in die richtige Reihenfolge (1-3) und erklären Sie dabei den Kontext jeder Szene—Wo sind sie? Was machen sie? Wie fühlen sie sich? Was denken sie?

a. _____ DANIEL: „Alle doof! Was die können, kann ich schon lange. Cool. Was gibt es denn da zu **kichern**?"
JULI: „Nichts, ich finde es nur so süß, wie du cool sagst".

b. _____ JULI: „Ich habe kaum Geld, ich kann mir die **Fähre** nicht leisten".
DANIEL: „Ist doch nicht mein Problem".

c. _____ JULI: „Dann fahr doch zurück, Mann! Geh doch zurück an die Elbe, lies eine Zeitung oder ein Buch oder **weiß der Geier** was! Geh doch zurück in dein verdammtes, **ödes** Leben!"
DANIEL: „Du willst doch nur, dass ich sie **verpasse**!"

kichern	to giggle; snicker
die Fähre	ferry
weiß der Geier	heaven knows (*col.*)
öde	bleak; dull
verpassen	to miss

 D. Ihr eigenes Abenteuer! Erzählen Sie, was Ihnen einmal auf einer Reise passiert ist. Hatten Sie z.B. auch mal keinen Pass, kein Geld, kein Auto oder kein Zimmer? Wie haben Sie darauf reagiert?

Synthese
DISKUSSION

 A. Ein Standbild diskutieren

Beschreiben Sie die Szene mit allen Details. Warum drückt dieses Bild den Konflikt und den Humor des Films sehr gut aus? Beschreiben Sie die Gesten und den Gesichtsausdruck von Daniel, Juli und dem Grenzbeamten. (Anmerkung: Der Grenzbeamte wird von dem Regisseur des Films, Fatih Akin, gespielt.)

 B. Diskussionsfragen. Diskutieren Sie die folgenden Fragen mit einem Partner/einer Partnerin.

1. In der ersten Szene des Films wird Daniel auf einer einsamen Landstraße in Bulgarien von Isa beinahe überfahren aber schließlich mitgenommen. Warum fängt der Film gerade in Bulgarien an? Wer erzählt wem seine Geschichte? Was hat der Film mit Schicksal (*fate*) zu tun?

2. Wie finden Sie das Ende des Films? Romantisch? Kitschig? Lustig? Unglaublich? Blöd? Was wäre ein (vielleicht besseres) alternatives Ende zum Film?

3. Wie hätten Sie sich in der Szene an der Grenze verhalten? Stellen Sie sich vor, Sie sind Juli oder Daniel.

4. Inwiefern passt der Titel „Im Juli" zum Film? Was wäre Ihrer Meinung nach ein guter, alternativer Titel?

5. Vergleichen Sie diesen Film mit einem anderen, der auch von einer Reise bzw. einem Roadtrip handelt.

SPRECHAKTE: VORSTELLUNGEN (INTRODUCTIONS)

Es gibt verschiedene Arten, wie man sich vorstellen kann. Lesen Sie folgende Szenen mit einem Partner/einer Partnerin laut. Danach tun Sie, als ob Sie die anderen Studenten in der Klasse zum ersten Mal kennen lernten. Stellen Sie sich auf verschiedene Arten vor!

a) Kurz und knapp

DANIEL	Ich bin Daniel.
ISA	Isa.
DANIEL	Isa.

b) Mit Nachname und Kompliment

JULI	Wie ist denn dein Name?
DANIEL	Daniel, Daniel Bannier.
JULI	Das ist aber ein schöner Name!
DANIEL	Und wie heißt du?
JULI	Ich heiße Juli.
DANIEL	Juli?
JULI	Wie der Monat!

c) Ganz locker, mit Kompliment

DANIEL	Ich heiße übrigens Daniel.
MELEK	Melek.
DANIEL	Melek, freut mich. Ist ein schöner Name. Wo kommt denn der her?
MELEK	Aus der Türkei.
DANIEL	Bist du Türkin?
MELEK	Mhm.

d) Zu dritt, mit Kompliment

LEO	Also, ich bin Leo.
DANIEL	Daniel. Freut mich.
JULI	Ich heiße Juli.
LEO	Juli.
JULI	Wie der Monat.
LEO	Juli, schöner Name.
JULI	Danke, ich finde Leo aber auch nicht schlecht. Erinnert mich irgendwie an Löwe.
LEO	Ich glaube, das kommt auch daher.

e) Mehrsprachiger Versuch

DANIEL	Sprechen Sie Deutsch? English. Do you speak English?
LUNA	No!
DANIEL	My name is Daniel. Ich heiße Daniel, also mein Name! What's your name?
LUNA	Luna.
DANIEL	Luna. Like the moon.

1. Benutzen Sie einen kostenlosen Routenplaner im Internet, um eine Autoreise zu Ihrem Wunschziel in Europa zu planen. Geben Sie einfach den Start und das Ziel ein! Berichten Sie dann im Kurs, wohin Sie fahren, wie viele Kilometer die Reise lang ist, wie lange die Reise dauert, durch welche Länder Sie fahren und was Sie auf dem Weg machen können.

2. Recherchieren Sie über Hamburg oder Istanbul. Erklären Sie, welche Stadt Sie lieber besuchen würden und warum. Geben Sie die wichtigsten Informationen zu den Städten an und benutzen Sie viele Bilder.

SCHREIBPROJEKTE

1. Stellen Sie sich vor, dass Daniel oder Juli einen Blog über die Reise nach Istanbul führte. Schreiben Sie aus Daniels oder Julis Perspektive einen Blog-Eintrag.

   Reiseblog von Hamburg nach Istanbul
   > Raststätte Bayern
   > Donauhafen Wien
   > Auf dem Schiff, Donau
   > Auf dem Land, Ungarn
   > Grenze Ungarn/Rumänien
   > Grenze Rumänien/Bulgarien
   > Raststätte Türkei
   > Istanbul

2. Melek hat nur eine kleine Rolle im Film. Schreiben Sie eine neue Szene, in der Melek an die Grenze kommt und mit Isa redet.

3. Haben Sie auch einmal eine abenteuerliche Reise erlebt? Schreiben Sie einen Aufsatz über eine wirkliche Reise, die Sie gemacht haben, oder über eine fiktive Reise.

Strukturen: Pronomen
OVERVIEW

Pronouns can be thought of as placeholders in a sentence, because they take the place of a noun or a noun phrase (a word or group of words that function as a noun in a sentence). Because they replace nouns, they have to include the same information carried by the noun: **gender** and **number**. In the following examples, the three nouns are underlined. These can be replaced by a pronoun.

- The girl made a birthday card for her father.
- She made it for him.

Without a context, the second sentence might not make a lot of sense. But in a conversation or a written text, it would be clear who and what the speaker/writer is referring to. In fact, it would sound repetitive if we didn't replace nouns with pronouns in speaking and writing.

In German (and to a lesser extent in English), pronouns also change their **case** depending on their role in the sentence. For example, the pronouns in sentence two below need to reflect gender (both are masculine), number (both are singular) and case (*Freund* is in the **dative** case because it is the indirect object of *schenken* and *Pulli* is in the **accusative** case because it is the direct object of *schenken*).

> **Tipp!**
> ACC pronoun before DAT pronoun or noun!

- Ich schenke meinem Freund einen Pulli.
- Ich schenke ihn ihm.

Here is an overview of some different types of pronouns.

Type	Function	Example
1. personal	replaces nouns or noun phrases, such as "der Student"	**Er** lernt Deutsch. **Sie** hilft ihm mit der Grammatik.
2. relative	introduces a relative clause	Der Student, **der** krank ist, kommt nicht zum Unterricht.
3. interrogative	used to ask who or whose; the case changes depending on how the pronoun functions in the sentence	**Wer** hat das gesagt? **Wen** hat sie gestern gesehen? Mit **wem** hast du gesprochen? **Wessen** Kind hat sich den Arm gebrochen?
4. reflexive	refers back to the subject of the clause	Ich wasche **mir** die Haare. Wir entspannen **uns** am Strand.

PERSONAL PRONOUNS (PERSONALPRONOMEN)

You use personal pronouns all the time probably without even thinking about it. The chart below gives the personal pronouns (singular and plural) in the nominative, accusative and dative cases. Notice that the plural forms of "sie" are the same whether the pronoun refers to you (formal) or they.

Singular			Plural		
Nom	Acc	Dat	Nom	Acc	Dat
ich	mich	mir	wir	uns	uns
du	dich	dir	ihr	euch	euch
er	ihn	ihm	sie	sie	ihnen
sie	sie	ihr			
es	es	ihm			
Sie	Sie	Ihnen	Sie	Sie	Ihnen

A. Practice! Replace the underlined pronouns with the logical noun and article.

1. Nachbar Du brauchst ein bisschen Sonne!
   Daniel   Ach, hier scheint <u>sie</u> ja auch gerade!
2. Daniel   Kann ich dir deine Tasche abnehmen? Du hast <u>sie</u> sicher schon den ganzen Tag getragen.
3. Daniel   Das, das ist eine ziemlich lange Geschichte!
   Melek   Ok, dann erzähl <u>sie</u>, aber ganz kurz!
4. Daniel   Und grüß deinen Freund von mir!
   Melek   Mach' ich! Hab ich dir von <u>ihm</u> erzählt?

B. Substitutions. Now you can practice with a few substitution exercises. First, identify the gender, number and case of the underlined nouns. Then replace them with the appropriate pronouns. For plural, you do not need to give the gender.

Example

Juli verkauft Schmuck auf dem Straßenmarkt.
[Sie verkauft ihn auf dem Straßenmarkt.]
(f, sg, nom)   (m, sg, acc)
→sie   →ihn

1. Juli verkauft einen Ring mit einer Sonne drauf.
2. Daniel kauft den Ring von Juli.
3. Am gleichen Abend lernt Daniel Melek kennen.
4. Daniel verliebt sich sofort in Melek.
5. Melek fliegt am nächsten Morgen nach Istanbul.
6. Daniel und Juli fahren zusammen in die Türkei.
7. Daniel begegnet Luna.
8. Luna gibt Daniel Drogen und klaut sein Geld, seinen Pass und den Ring.
9. Glücklicherweise findet Daniel Luna wieder und bekommt den Ring zurück.
10. Wen liebt Daniel am Ende des Films—Melek oder Juli?

C. Your opinion. Answer the questions using a pronoun (there will be more than one correct way). Discuss your answers with a partner or interview a partner.

Example

Wie finden Sie Daniel? →Ich finde, dass er sehr sympathisch (*likeable*) ist.

1. Wie finden Sie Daniel?
2. Und Juli?
3. Was halten Sie von Daniels Idee, nach Istanbul zu fahren?
4. Was halten Sie von dem Wagen, den Daniel von seinem Nachbarn geliehen hat?
5. Und von dem Nachbarn? Was halten Sie von ihm?
6. Finden Sie die Szene lustig, als Daniel und Juli auf dem Frachtkahn waren?
7. Denken Sie, dass die Geschichte glaubhaft oder eher unglaubhaft ist?
8. Hätten Sie an Daniels Stelle den Ring von Juli gekauft?

> Was **halten** Sie von …
> Ich halte ihn/sie für …
> Wie **finden** Sie …
> Ich finde, dass …
> Was **denken** Sie?
> Ich denke, dass …

RELATIVE PRONOUNS (RELATIVPRONOMEN)

In **relative clauses**, the relative pronoun refers back to a noun or noun phrase in the previous clause, which determines the **gender** of the relative pronoun. **Case**, on the other hand, is determined by the role of the relative pronoun in the relative clause. Relative pronouns are mostly the same as definite articles, so there is not much new to learn (just the pronouns in italics in the chart). Here are a few examples (notice that the verb moves to the end of the relative clause since it is a subordinate clause).

- Daniel hat sich in eine Frau verliebt, die Melek heißt.
    (gender = f; case = nom. →Die Frau heißt Melek.)

- Der <u>Wagen</u>, <u>den</u> Daniel von seinem Nachbarn hat, sieht komisch aus.
  (gender = m; case = acc. →Er hat den Wagen von seinem Nachbarn.)
- <u>Der</u> Mann, mit <u>dem</u> Daniel und Juli gefahren sind, heißt Leo.
  (gender = m; case = dat. from mit →Sie sind mit dem Mann gefahren.)

	Singular			Plural
	Masc.	Neut.	Fem.	All genders
Nom	der	das	die	die
Acc	den	das	die	die
Dat	dem	dem	der	*denen*
Gen	*dessen*	*dessen*	*deren*	*deren*

A. Your turn. Fill in the blank with the appropriate relative pronoun.

Nominative
1. Juli ist die Frau, _____ sich in Daniel verliebt.
2. Melek ist die Frau, _____ schon einen Freund hat.
3. Daniel ist ein Lehrer, _____ ziemlich schüchtern ist.
4. Der Nachbar, _____ Daniel sein Auto leiht, kommt aus Jamaika.
5. Der LKW-Fahrer Leo, _____ Daniel und Juli mitnimmt, hat eine Tätowierung.

Accusative
1. Der Ring, _____ Daniel von Juli kauft, hat eine Sonne drauf.
2. Das Kleid, _____ Juli trägt, hat auch eine Sonne drauf.
3. Daniel verliebt sich sofort in Melek, _____ er auf der Straße sieht.
4. Am Strand trinken Daniel und Melek ein Bier, _____ sie umsonst bekommen.
5. Die Leiche, _____ Isa im Kofferraum versteckt, fängt langsam an zu stinken.

Dative
1. Die Frau, _____ Daniel auf der Straße begegnet, kommt aus Berlin.
2. Juli verkauft Daniel einen Ring, mit _____ er die Liebe seines Lebens findet.
3. Die Stadt, aus _____ Daniel und Juli kommen, hat einen großen Hafen.
4. Das Hotelzimmer, in _____ Daniel und Juli schlafen, hat nur ein Bett.
5. Der Mann, von _____ Daniel und Juli das Auto stehlen, wird böse sein!

Genitive
1. Isa, _____ Freundin in die Türkei fliegt, lernt Daniel in Bulgarien kennen.
2. Melek, _____ Freund in die Türkei fährt, lernt Daniel in Hamburg kennen.
3. Daniel, _____ Schüler im Unterricht kaum aufpassen, wird bald Lehrer.
4. Daniel und Juli fahren in einem LKW, _____ Fahrer Leo heißt.
5. Luna, _____ Freund Kellner in einer Kneipe ist, gibt Daniel eine Droge.

B. Complete the film quotes. Fill in the blanks with the appropriate relative pronouns in the nominative and explain why they are nominative.

1. Juli   Der erste Wagen, _____ mich mitnimmt, soll entscheiden, wohin ich fahre.
2. Daniel   Das sind die Leute, _____ zu Hause ihre Frauen und Kinder schlagen!
3. Juli   Die Kinder, _____ bei dir lernen, tun mir jetzt schon leid!
4. Daniel   Der Typ, _____ mich mitnimmt, hat ausgerechnet eine Leiche im Kofferraum.
5. Daniel   Der Erste, _____ anhält, soll entscheiden, wo wir hinfahren.

C. Gender and case. Explain the gender (M, N, F) and the case (N, A, D, G) of each of the underlined relative pronouns. Pay attention to any prepositions in front of the relative pronouns—these determine the case!

	Gender/Case
1. Juli ist eine Frau, die keine Angst hat.	_____/_____
2. Daniel ist ein Mann, der etwas schüchtern ist.	_____/_____
3. Juli, die Schmuck verkauft, ist eine spontane Frau.	_____/_____
4. Der Ring, den Daniel gekauft hat, soll ihm Glück bringen.	_____/_____
5. Der Nachbar, dessen Wagen Daniel benutzt, kommt aus Jamaika.	_____/_____
6. Leo ist ein LKW-Fahrer, mit dem Juli tanzt.	_____/_____
7. Daniel, der draußen wartete, musste Juli helfen.	_____/_____
8. Der Kleinbus, den Daniel dem Grenzbeamten schenkte, war von Luna.	_____/_____
9. Daniel fährt mit Isa, der die Leiche seines Onkels im Kofferraum hat.	_____/_____
10. Endlich findet Daniel die Brücke, von der Melek in Hamburg erzählte.	_____/_____

D. Sentence completions. Finish the sentences with a relative clause (noun genders are in parentheses). Try to vary the cases, too.

1. *Im Juli* ist ein Film (m), _____.
2. Juli ist eine Figur (f), _____.
3. Hamburg ist eine Stadt (f), _____.
4. Daniel kaufte einen Ring (m), _____.
5. Isa hat eine Freundin (f), _____.
6. Leo ist ein Mann (m), _____.
7. Luna ist eine Frau (f), _____.
8. Die Donau ist ein Fluss (m), _____.

INTERROGATIVE PRONOUNS (INTERROGATIVPRONOMEN)

Nom	wer/was	who/what
Acc	wen	who
Dat	wem	who (whom)
Gen	wessen	whose

They may look like question words but they behave like pronouns. Although we do not have to worry about gender, we do need to pay attention to case, which can be confusing for native speakers of English who are not used to declining adjectives, let alone question words!

A. Questions? Provide the appropriate interrogative pronoun for these questions pertaining to the film.

1. _____ kommt aus Hamburg? Aus Berlin?
2. _____ trägt Melek?
3. Mit _____ verkauft Juli Schmuck auf dem Straßenmarkt?
4. _____ klaut Daniels Ring und Pass?
5. _____ sieht Daniel im Busbahnhof?
6. _____ hat Isa im Kofferraum seines Wagens?
7. Mit _____ tanzt Juli in der Kneipe?
8. _____ Kleinbus fährt Daniel?
9. _____ sucht Daniel unter der Brücke in Istanbul?
10. Auf _____ wartet Juli unter der Brücke?

B. Film quotes. Fill in the logical question word.

1. Isa zu Daniel, „_____ bist du?" und „_____ willst du von mir?"
2. Melek zu Daniel, „_____wird denn jetzt eigentlich aus meinem Schlafplatz?"
3. Daniel zu Juli, „_____ löffelt _____?"
4. Daniel zu Juli, „_____ hörst du denn für Musik?"
5. Juli zu Daniel, „_____ wirst du ihr sagen?"
6. Juli zu Daniel, „_____ hat dir denn über die Grenze geholfen? Und _____ hat dir das Auto geklaut?"
7. Daniel zu Juli, „Und _____ hat mir diesen blöden, diesen blöden Ring hier verkauft?"
8. Melek zu Daniel, „_____ machst du denn in Istanbul?"

REFLEXIVE PRONOUNS AND VERBS (REFLEXIVPRONOMEN UND VERBEN)

Reflexive pronouns refer back to the subject of the sentence or phrase. In English, we sometimes use myself, himself, herself or ourselves as reflexives. For example, "We bought ourselves a new car." or "She found herself the perfect job." In German, the reflexive pronoun is determined by the subject (person). Determining the case is a little trickier because it depends on the verb and what else is going on in the sentence.

The top of this chart should look familiar since the first and second person reflexive pronouns are identical to the personal pronouns. But all of the third person reflexive pronouns are *sich* regardless of number or case (finally, some good news about pronouns!). For each of the following examples, point to the reflexive in the chart. See if you can figure out what is different in the accusative and dative examples.

Singular			Plural		
Nom	Acc	Dat	Nom	Acc	Dat
ich	mich	mir	wir	uns	uns
du	dich	dir	ihr	euch	euch
er (man)	**sich**	**sich**	**sich**	**sich**	**sich**
sie	**sich**	**sich**			
es	**sich**	**sich**			
Sie	**sich**	**sich**	**sich**	**sich**	**sich**

Accusative pronouns
- Ich wasche mich.
- Sie kämmt sich.
- Er rasiert sich.
- Sie zieht sich an.

Dative pronouns
- Ich wasche mir die Hände.
- Sie kämmt sich die Haare.
- Er rasiert sich das Gesicht.
- Sie zieht sich das Kleid an.
- Er putzt sich die Zähne.

As you have probably noticed, the examples of the dative reflexive pronouns already have a direct object in the **accusative** case (die Hände, die Haare, das Gesicht). Because of this direct object, the reflexive pronoun is in the **dative** case.

- sich waschen (*to wash*)
- sich rasieren (*to shave*)
- sich kämmen (*to comb*)
- sich anziehen (*to get dressed*)
- sich duschen (*to shower*)

- sich ETWAS waschen
- sich ETWAS rasieren
- sich ETWAS kämmen
- sich ETWAS anziehen
- sich ETWAS putzen (*to clean*)

A. Prom! Imagine that you are in high school and today is the day of the big dance. Describe what you would do to get ready for the dance. Try to use as many reflexive verbs as possible but you can also use other non-reflexive verbs.

REFLEXIVE VERBS WITH ACCUSATIVE PRONOUNS (REFLEXIVE VERBEN MIT AKKUSATIVPRONOMEN)

The following reflexive verbs have only an **accusative** pronoun.

- sich beeilen (*to rush*) — Daniel beeilt <u>sich</u>, damit er nicht spät kommt.
- sich erkälten (*to catch a cold*) — Juli hat <u>sich</u> am Wochenende erkältet.
- sich langweilen (*to be bored*) — Daniels Schüler langweilen <u>sich</u> im Unterricht!
- sich setzen (*to sit down*) — Setzt <u>euch</u>!
- sich hinsetzen (*to sit down*) — Isa, setz <u>dich</u> hin!
- sich hinlegen (*to lay down*) — Juli legt <u>sich</u> hin.
- sich aufregen (*to get upset*) — Daniel regt <u>sich</u> auf.
- sich abregen (*to calm down*) — Juli sagt, er soll <u>sich</u> abregen.

A few more . . .

- sich ETWAS **vorstellen** (*to imagine or picture something*)
  Stellen Sie sich vor, dass Sie eine Reise nach Istanbul machen!
- sich ETWAS **überlegen** (*to think over something*)
  Ich überlege mir noch, was ich in Istanbul machen will.
- sich ETWAS **merken** (*to keep something in mind; to memorize*)
  Er merkt sich alles, was er auf dem Weg sieht.
- sich ETWAS **leisten** (*to afford something*)
  Juli kann sich die Fähre nicht leisten.

A. More questions. Answer these questions on your own or with a partner.

1. Warum muss Daniel sich beeilen?
2. Wo, wann oder über wen regt sich Daniel auf?
3. Wo liegt Daniel, als er alleine aufwacht?
4. Auf wessen Auto legt sich Daniel?
5. Warum ist es wichtig, dass Daniel sich die Liebeserklärung merkt?

REFLEXIVE VERBS WITH PREPOSITIONS (REFLEXIVE VERBEN MIT PRÄPOSITIONEN)

Some reflexive verbs also require certain **prepositions**.

		Daniel …
sich freuen **über** [+acc] (*to be happy about*)		freut sich über den Ring.
sich freuen **auf** [+acc] (*to look forward to*)		freut sich auf die Reise.
sich interessieren **für** [+acc] (*to be in interested in*)		interessiert sich für Physik.
sich verlieben **in** [+acc] (*to fall in love with*)		verliebt sich in Melek.
sich verabschieden **von** [+dat] (*to say goodbye to*)		verabschiedet sich von Melek.
sich bewerben **um** [+acc] (*to apply for*)		bewirbt sich um ein Stipendium.
sich kümmern **um** [+acc] (*to take care of*)		kümmert sich um die Pflanzen.
sich unterhalten **mit/über** [+dat/acc] (*to talk with/about*)		unterhält sich mit Isa über seine Reise.
sich erinnern **an** [+acc] (*to remember*)		erinnert sich an seine Mutter.
sich sorgen **um** [+acc] (*to worry about*)		sorgt sich um sein Portemonnaie.
sich gewöhnen **an** [+acc] (*to get used to*)		gewöhnt sich an Juli.
sich fürchten **vor** [+dat] (*to be afraid of*)		fürchtet sich vor seinen Schülern!
sich treffen **mit** [+dat] (*to meet with*)		trifft sich mit Melek.

A. He said, she said ... It is best to learn the preposition (and case) along with the verb. Practice with some examples from the film!

1. Daniel   Jetzt pass mal auf, ja! Du hast mich eben gerade fast tot gefahren! Aber ich lebe noch, und du freust _____ darüber! Warum zeigst du mir nicht, dass du _____ ein bisschen darüber freust und nimmst mich ein Stückchen mit! Bitte!

2. Annette   Herr Bannier, ich unterhalte _____ gerade. Das sehen Sie doch!

3. Daniel   Ich habe _____ entschlossen, dieses Jahr mal in Hamburg zu bleiben.

4. Daniel   Ich habe gewusst, dass wir _____ heute treffen würden.

5. Daniel   Ich habe ein Mädchen kennen gelernt, habe _____ in sie verliebt und fahre jetzt nach Istanbul, um sie dort zu treffen.

6. Juli   Danke, ich finde Leo aber auch nicht schlecht. Erinnert _____ irgendwie an Löwe.

7. Juli   Der erinnert _____ irgendwie an einen Freund von mir!

8. Daniel   Juli, beeil _____ bitte, verdammt noch mal!

9. Juli   Mann, reg _____ ab!

10. Juli   Ich würde _____ freuen, weil ich dich dann endlich los wäre!

11. Daniel   Ich meine, das muss man _____ mal vorstellen: Eine Leiche im Kofferraum! Ist das ein Hobby von dir, oder was?

B. Reflexive verbs. Write complete sentences about the film using the verbs below.

1. (sich freuen auf)

2. (sich treffen mit)

3. (sich verlieben in)

C. Your turn! Answer the questions in complete sentences.

1. Wofür interessieren Sie sich?

2. Wovor fürchten Sie sich?

3. Mit wem unterhalten Sie sich gern?

4. Mit wem treffen Sie sich oft?

5. Worauf freuen Sie sich?

Lektüre 1

BACKPACKER IM EIGENEN LAND

von Wlada Kolosowa (*Zeit Online*, 2011)
Corinna von der Groeben, an art student from Bonn, gave up her apartment, bought a Bahncard 100, and spent a year traveling around Germany. In this interview, von der Groeben talks about her nomadic lifestyle, lack of privacy, and German hospitality. This article appeared in *Zeit Online*, which is associated with the weekly newspaper *Die Zeit*.

VOR DEM LESEN

 A. Stellen Sie sich vor, Sie machen eine einjährige Reise durch ein einziges Land.

1. Durch welches Land würden Sie reisen?

2. Wie reist man am besten durch das Land, das Sie gewählt haben? Mit dem Zug? Mit dem Flugzeug? Mit dem Auto?

3. Reisen Sie lieber alleine oder mit einer anderen Person (oder mehreren)? Mit wem?

4. Wo würden Sie übernachten? Bei Freunden? In Jugendherbergen? In Hotels?

5. Sind Sie schon mit dem Zug gefahren? Wohin?

6. Was würden Sie während einer langen Zugfahrt machen? Musik hören? Lesen? Videospiele spielen oder Filme anschauen? Mit Mitreisenden (*fellow travelers*) plaudern (*chat*)? Schlafen? Sich die Landschaft anschauen?

7. Was würden Sie machen, um anderen Leuten zu signalisieren, dass Sie nicht reden möchten?

8. Wie lange dauerte die längste Reise, die Sie je gemacht haben?

The German national railway system is operated by Deutsche Bahn AG (DB). German travelers can purchase one of several BahnCards that offer discounts, convenience and flexibility when traveling within Germany. According to the DB Web site, the holder of a BahnCard 100 can travel "ein ganzes Jahr in Deutschland mit der Deutschen Bahn – wohin Sie wollen, wann Sie wollen" without having to purchase tickets. In 2013, the BahnCard 100 cost €4090 for second class and €6890 for first class.

BACKPACKER IM EIGENEN LAND

ZEIT ONLINE: Du hast deine Wohnung aufgegeben und reist seitdem mit der Bahn durch Deutschland. Seit wann bist du unterwegs?

Corinna von der Groeben: Seit September habe ich die Bahncard 100 und dafür keinen festen Wohnsitz mehr. Insgesamt ein Jahr will ich **unterwegs** sein.

ZEIT ONLINE: Du bist aber an einer Universität eingeschrieben.

von der Groeben: Ich bin gerade in meinem Meisterschülerjahr an der Kunstakademie in Karlsruhe. Seit meinem Diplomabschluss im Sommer habe ich ein Jahr Zeit, um an Projekten zu arbeiten, die im Anschluss ausgestellt werden. Ich studiere also noch, kann meine Zeit aber frei einteilen. Die Bahnreise ist eine Mischung aus Freizeit und Arbeit: Ich gehe überall in Deutschland mit alten Klassenkameraden Mittag essen, die ich sonst nicht treffen würde. Aber ich treffe auch Künstler und arbeite mit ihnen zusammen. Außerdem kann ich ganz spontan zu Ausstellungen fahren. Einmal habe ich abends einen Artikel über ein Fotofestival in Leipzig gelesen und bin am nächsten Morgen aus Karlsruhe hingefahren. Das würde ich sonst nicht machen.

ZEIT ONLINE: Wird aus deinem Jahr auf **Schienen** ein Kunstprojekt?

von der Groeben: Das überlege ich mir noch. Ich fotografiere unterwegs und schreibe auch auf, wo ich war, bei wem ich übernachtet habe, ob ich gestresst bin oder Spaß habe. Aber das ist nicht das Hauptziel meiner Reise. Ich mache das eher für mich als für andere: Ich blogge nicht und auch aus Facebook bin ich vorher ausgetreten. Ich wollte Deutschland besser kennen lernen und rausfinden, wie es ist, Backpacker im eigenen Land zu sein.

ZEIT ONLINE: Wie kamst du auf die Idee?

von der Groeben: Ich war in Mexiko mit dem Rucksack unterwegs und dachte: Eigentlich ist es schade, dass man nur in fremden Ländern spontan und flexibel ist. Im eigenen Land bleibt man stets **am gleichen Fleck**. Manche Mexikaner kannten mehr deutsche Sehenswürdigkeiten als ich, ich habe wiederum mehr von Mexiko gesehen als die meisten von ihnen. Irgendwie paradox. Auch zu Hause gibt es so viel zu entdecken.

ZEIT ONLINE: Was war für dich die größte Überraschung im eigenen Land?

von der Groeben: Die **Lockerheit** und Gastfreundschaft der Deutschen. Wenn ich von meiner Reise erzählte, drückten mir Menschen, die ich erst seit zehn Minuten kannte, ihre Telefonnummer in die Hand und sagen: Schau vorbei, wenn du da bist. Solche Herzlichkeit und Spontaneität kenne ich eher von Menschen in Südamerika. Und das Beste: Diese neuen Freunde kannst du ja immer wieder besuchen. Anders als bei Rundreisen im Ausland bricht der Kontakt nicht nach zwei, drei E-Mails ab.

ZEIT ONLINE: Wie kommst du an deine Schlafplätze? Machst du Couchsurfing?

von der Groeben: Das musste ich noch nicht machen. Bisher hatte ich eher ein Überangebot an Schlafplätzen: Ich übernachte bei Freunden, Freundesfreunden oder werde weiter vermittelt. In Heidelberg, Berlin, München, Bonn, Leipzig, Frankfurt, Bremen, fast in jeder deutschen Stadt habe ich ein Bett.

ZEIT ONLINE: Gibt es noch blinde Flecken auf deiner Deutschlandkarte?

von der Groeben: Ich gehe die Reise ganz **entspannt** an: Schließlich will ich ja nicht einfach Städte von der Liste **abhaken**. Mir **fehlt** aber immer noch ein Teil vom Osten. Und auch die Nordsee will ich mir lieber für den Sommer aufheben.

ZEIT ONLINE: Ist dein Nomadenleben nicht manchmal auch **anstrengend**?

von der Groeben: Wenn du den ganzen Tag unterwegs bist, wünschst du dir schon, einfach für dich zu sein und nicht noch deinen Gastgebern erzählen zu müssen, wie dein Tag war. Aber wenn ich menschenmüde werde, wohne ich einfach ein paar Tage bei Leuten, die ich gut kenne. Ihnen kann ich auch sagen: Sorry, ich bin zu müde. Und einfach die Tür hinter mir schließen.

ZEIT ONLINE: Wenn du in der Bahn sitzt, hast du nicht viel **Privatsphäre**.

von der Groeben: Ich versuche mich nicht neben Leute zu setzen, die so aussehen als warteten sie nur auf die Gelegenheit, aus dem Nähkästchen zu **plaudern**. Schlimm sind auch solche, die mit ihrem Plausch das ganze Sechser**abteil** unterhalten. Sie darauf hinzuweisen finde ich aber unhöflich, eher wechsele ich den Platz. Ansonsten gilt: Kopfhörer rein und Buch auf. Dieses Signal verstehen die meisten.

ZEIT ONLINE: Hast du auch ein Signal für: „Jetzt möchte ich quatschen"?

von der Groeben: Auf der Strecke Berlin-Karlsruhe hat ein älterer Herr ein paar verstohlene Blicke in mein Kunstheft geworfen. Und ich habe auch über die Schulter auf den Artikel geguckt, den er getippt hat. Das ist wie beim Flirten: Man spürt, ob der andere Interesse hat. Ich habe dann ehrlich zu ihm gesagt: Was Sie schreiben, finde ich interessant. Wir haben uns letzlich vier Stunden über Kunst und Philosophie unterhalten.

ZEIT ONLINE: Abgesehen von geschwätzigen Mitfahrern – was stört dich beim Bahnfahren? Wie hast du das Schneechaos überlebt?

von der Groeben: Das war **mühsam**! Aber es ist **dämlich**, sich darüber **aufzuregen**. Das Schneechaos war ja überall gleich schlimm: Egal ob du im Bus oder im Auto sitzt. Bei Meckergesprächen über die Deutsche Bahn höre ich nicht mehr zu. <<Bahn macht mobil>> würde ich zwar nicht unterschreiben, aber seit ich unterwegs bin, rege ich mich viel weniger auf. Auf <<Sänk you for trävelling>> freue ich mich fast schon. Das hat etwas Vertrautes. Ich höre mir sogar gerne an, welches Schnitzel es im Bordrestaurant gibt. Was mich eher ärgert, sind Menschen, die ständig ihre Bahn Comfort Card zücken – das würde ich nie machen. Und was die **Verspätungen** angeht: Wenn ich einen wichtigen **Termin** habe, plane ich einfach eine Stunde **Puffer** ein. Das würde man mit Auto doch auch nicht anders machen. Wenn man reist, gehört es einfach dazu.

unterwegs	en route; on the go
die Schienen	tracks
am gleichen Fleck	in the same spot
die Lockerheit	looseness
entspannt	relaxed
abhaken	to check off
(sich) fehlen (+ Dat.)	to be missing or lacking
anstrengend	strenuous; exhausting
die Privatsphäre	privacy
plaudern	to chat
das Abteil	cabin; compartment
quatschen (*slang*)	to gab; shoot the breeze
mühsam	strenuous
dämlich (*slang*)	stupid; silly
(sich) aufregen	to get excited or worked up
die Verspätung	delay
der Termin	appointment
der Puffer	cushion

NACH DEM LESEN

A. Leseverständnis. Sind die Aussagen richtig (R) oder falsch (F)?

1. _____ Während ihrer Reise trifft sich Corinna nur mit Unbekannten.
2. _____ Corinna ist mit ihrem Studium noch nicht fertig.
3. _____ Über Facebook bleibt sie mit Freunden in Kontakt.
4. _____ Corinna findet es widersinnig, dass man die Sehenswürdigkeiten im eigenen Land kaum kennt.
5. _____ Von der Gastfreundschaft der Südamerikaner war Corinna überrascht.
6. _____ Corinna übernachtet meistens in Jugendherbergen.
7. _____ Viele Städte im Osten hat Corinna (zu diesem Zeitpunkt) noch nicht besucht.
8. _____ Corinna unterhält sich nicht mit anderen Leuten im Zug.

9. ____ Corinna versteht, dass es manchmal Verspätungen gibt.

10. ____ Extra Zeit einzuplanen gehört einfach zum Reisen.

 B. Diskussionsfragen. Diskutieren Sie die Fragen mit einem Partner/einer Partnerin oder in einer Gruppe.

1. Welche Städte in Deutschland würden Sie unbedingt (*absolutely*) besuchen, wenn Sie auch so eine Reise machen würden? In Europa? In den USA?

2. Was würden Sie auf solch eine lange Reise unbedingt mitnehmen? Worauf könnten Sie ein Jahr verzichten (*to do without*)? Worauf nicht?

3. Was wäre für Sie schwieriger: ein Jahr wenig Privatsphäre zu haben oder ein Jahr weit weg von Ihren Freunden und Ihrer Familie zu sein?

Lektüre 2
SEHNSUCHT

von Joseph von Eichendorff (1834)

Joseph von Eichendorff (1788-1857) was a German poet and novelist associated with German Romanticism, the dominant movement in literature, art, and music during the late 18th and early 19th centuries. He is best known for his novella *Aus dem Leben eines Taugenichts* (1826). Recurring themes in his works and others of this period include nature, love, and a longing for the exotic, distant and unfamiliar, themes which are embodied in this short lyric poem *Sehnsucht*. Note that some of the words von Eichendorff used in his poem are poetic terms and are no longer used in modern German, for example "Lauben" (foliage) is now "das Laub" and instead of "Felsenschlüfte" (ravines) we say "Schluchten."

VOR DEM LESEN

A. Die Sehnsucht—Assoziationen. Überlegen Sie sich spontan: Was assoziieren Sie mit dem Begriff „Sehnsucht"?

> **die Sehnsucht** (*longing, yearning, or craving*)
> **Sehnsucht nach etwas oder jemandem haben**
> **sich nach etwas oder jemandem sehnen**

B. Was passt zusammen? Verbinden Sie die Substantive links mit dem passenden Verb rechts. Überfliegen (*skim*) Sie schnell das Gedicht, um Ihre Antworten zu überprüfen.

1.	die Sterne	a.	verwildern
2.	das Herz	b.	rauschen
3.	die Mädchen, (pl.)	c.	scheinen
4.	die Brunnen und die Wälder	d.	lauschen
5.	zwei junge Gesellen	e.	entbrennen
6.	Lauben	f.	singen

der Brunnen	fountain; well	**Lauben**	foliage
entbrennen	to flare; inflame	**rauschen**	to whoosh; rustle
(entbrannte, ist entbrannt)		**scheinen (schien,**	to shine; gleam;
der Gesell	fellow	**hat geschienen)**	appear

C. Typisch romantisches Vokabular? Folgende Substantive, die im Gedicht vorkommen, sind typisch für Gedichte der romantischen Epoche. Warum? Fallen Ihnen andere Substantive ein, die auch zu diesem Stil passen?

> **wandern • Wald • Nacht • Mond(en)schein • Sterne**

Was für eine Stimmung rufen diese Adjektive hervor? Was verbinden Sie mit diesen Begriffen?

> **einsam • still • heimlich**

D. Welche Wörter reimen sich? Setzen Sie zuerst die fehlenden Buchstaben ein. Machen Sie danach Paare aus den Wörtern.

1. _____ terne
2. stand
3. Sommernacht
4. _____ ingen
5. _____ ergeshang
6. Mamorbildern
7. Gestein
8. lau _____ en

a. singen
b. _____ ondenschein
c. _____ wildern
d. Ferne
e. rauschen
f. _____ dacht
g. _____ and
h. entlang

B	g	ge	L
M	sch	S	ver

SEHNSUCHT

Es schienen so golden die Sterne,
Am Fenster ich einsam stand
Und hörte aus weiter Ferne
Ein Posthorn im stillen Land.
Das Herz mir im **Leib** entbrennte,
Da hab ich mir heimlich gedacht:
Ach, wer da mitreisen könnte
In der **prächtigen** Sommernacht!

Zwei junge Gesellen gingen
Vorüber am Bergeshang,
Ich hörte im Wandern sie singen
Die stille Gegend entlang:
Von schwindelnden **Felsenschlüften**,
Wo die Wälder rauschen so **sacht**,
Von **Quellen**, die von den Klüften
Sich **stürzen** in die Waldesnacht.

Sie sangen von **Marmorbildern**,
Von Gärten, die überm Gestein

In **dämmernden** Lauben verwildern,
Palästen im Mondenschein,
Wo die Mädchen am Fenster lauschen,
Wann der **Lauten Klang erwacht**
Und die Brunnen verschlafen rauschen
In der prächtigen Sommernacht.

der Leib	body
prächtig	glorious
Felsenschlüfte	ravines
sacht	gentle
die Quelle	spring
stürzen	to fall; plunge
das Mamorbild	marble statue
dämmern	to dawn
der Lauten Klang erwacht	the sound of the lute arises

NACH DEM LESEN

A. Leseverständnis. Beantworten Sie die Fragen zum Inhalt.

1. Was macht der Sprecher (das lyrische Ich/die Stimme des Gedichts) am Anfang des Gedichts? Wo steht das Ich? Wie fühlt es sich? Was sieht es? Was hört es?

2. Wie stellen Sie sich das Wetter und die Landschaft vor? Begründen Sie Ihre Antwort!

3. Welche Wörter werden mit _____ assoziiert?
   • die Laute (*lute*)   • der Geografie   • einer Reise
   • der Natur   • der Sehnsucht

4. Wo wird das lyrische Ich zuletzt genannt? In welcher Zeile des Gedichts?

5. Wovon handelt die zweite Hälfte des Gedichts nach dem Doppelpunkt (ab der 13. Zeile)?

B. Zur Interpretation. Diskutieren Sie die Fragen zu zweit.

1. Das Fenstermotiv kommt häufig in der Literatur und Kunst der romantischen Epoche vor. Wie verstehen Sie das Fenster als Motiv? Wofür ist es symbolisch?

2. Das Wort Sehnsucht kommt nicht im Gedicht vor, sondern nur im Titel. Welche Zeilen (*lines*) stellen diese Sehnsucht besonders gut dar?

3. Wie verstehen Sie die Zeile: „Ach, wer da mitreisen könnte?"

4. Kann solche Sehnsucht wie in diesem Gedicht erfüllt werden oder ist sie unerfüllbar?

5. Geht das Gedicht Ihrer Meinung nach nur um Sehnsucht nach etwas Äußerlichem oder eher um etwas Innerliches? Warum meinen Sie das?

6. Was wäre für Sie eine prächtige Sommernacht? Stellen Sie sich einen wunderschönen Abend vor. Wo sind Sie? Was machen Sie? Was sehen, hören und riechen Sie? Wonach sehnen Sie sich?

C. Caspar David Friedrich (1774–1840) ist ein einflussreicher deutscher Künstler der romantischen Zeit. Eines seiner bekanntesten Werke ist „Frau am Fenster" (1822), das seine Frau Caroline zeigt. Beschreiben Sie das Gemälde mit so vielen Details wie möglich. Inwiefern verkörpert (*embodies*) das Bild die Kernaussage (*essence*) des Gedichts? Welche Parallelen erkennen Sie?

D. Film, Gedicht und Gemälde. Welche Zusammenhänge oder Parallelen gibt es Ihrer Meinung nach zwischen dem Film, dem Gedicht und dem Gemälde?

Wortschatz

SUBSTANTIVE

das Abenteuer, -	*adventure*
das Glück	*happiness; luck*
die Leiche, -n	*corpse*
die Liebe, -n	*love*
der Pass, -¨e (der Reisepass)	*passport*
der Ring, -e	*ring*
das Schicksal, -e	*fate; destiny*
der Schmuck	*jewelry*
die Sehenswürdigkeit, -en	*sight; place of interest*
der Zufall, -¨e	*coincidence; chance*

ADJEKTIVE/ADVERBIEN

abenteuerlich/abenteuerlustig	*adventurous (things/people)*
anstrengend	*strenuous; exhausting*
entspannt	*relaxed*
ernst	*serious*
glücklich	*happy*
hoffentlich	*hopefully*
schüchtern	*shy*
verliebt (in jdn.)	*in love (with someone)*
verlobt (mit jdm.)	*engaged (to someone)*
verrückt	*crazy*
zufällig	*by chance; coincidentally*

VERBEN

(sich) beeilen	*to hurry*
(sich) entscheiden (entschied sich, hat sich entschieden)	*to decide*
(sich) entspannen	*to relax; unwind*
(sich auf etwas) freuen	*to look forward (to something)*
(sich über etwas) freuen	*to be happy (about something)*
heiraten	*to marry*
(sich auf etwas) hoffen	*to hope (for something)*
(sich in jdn.) verlieben	*to fall in love (with someone)*
(sich mit jdm.) verloben	*to get engaged (to someone)*
(sich) verabschieden	*to say goodbye*
verbringen (verbrachte, hat verbracht)	*to spend time*
verpassen	*to miss (e.g., a flight)*
versprechen (verspricht, versprach, hat versprochen)	*to promise*
(sich etwas) vorstellen	*to imagine (something)*
vertrauen	*to trust*
(sich etwas) wünschen	*to wish (for something)*

A. Die Wortbildung. Welche Ableitungen (*derivations*) folgender Wörter finden Sie in der Wortliste? Beispiel: abenteuerlich → das Abenteuer

glücklich →   hoffentlich →

verliebt →   verlobt →

entspannt →   zufällig →

B. Wie seid ihr? Beschreiben Sie einen guten Freund/eine gute Freundin. Danach beschreiben Sie, wie Sie sind.

Mein Freund/Meine Freundin ist …	Ich bin …
☐ abenteuerlich	☐ abenteuerlich
☐ anstrengend	☐ anstrengend
☐ entspannt	☐ entspannt
☐ ernst	☐ ernst
☐ glücklich	☐ glücklich
☐ schüchtern	☐ schüchtern
☐ verliebt in jemanden	☐ verliebt in jemanden
☐ verlobt mit jemandem	☐ verlobt mit jemandem

C. Daniels Verhalten. Beschreiben Sie, wie Daniel sich … verhält.

a. mit seinen Schülern   d. mit Juli unter der Bosporus–Brücke

b. mit Leo im LKW   e. mit Luna in der Kneipe

c. auf dem Frachtkahn mit Juli

D. Die Figuren. Ergänzen Sie die Sätze!

1. Juli hofft darauf, dass _____.
2. Daniel beeilt sich, damit _____.
3. Daniel verspricht Juli, dass _____.
4. Juli wünscht sich, dass _____.
5. Melek und Isa freuen sich darauf, _____.

E. Sie sind dran! Schreiben Sie die Sätze zu Ende.

1. Ich kann mich entspannen, wenn _____.
2. In den Ferien verbringe ich viel Zeit _____.
3. Ich freue mich sehr auf _____.
4. Ich freue mich darüber, dass _____.
5. Neulich habe ich _____ verpasst.
6. Ich bin traurig, wenn ich mich von _____ verabschiede.
7. Ich kann mich nicht entscheiden, ob ich _____.
8. Ich kann mir gut vorstellen, dass _____.

F. Typische Fehler. Ergänzen Sie die Sätze mit dem passenden Wort. Achten Sie auf die Form des Verbs, den Artikel und die Ajektivendungen.

1. **to spend:** verbringen oder ausgeben? (Zeit verbringen; Geld ausgeben)

   verbringen • verbrachte • ausgeben • ausgegeben

   Susanne hat € 100 für Schuhe _____.
   Gestern _____ Matthias viel Zeit mit seiner Familie.
   Jedes Jahr _____ wir unseren Urlaub auf Mallorca.
   Monatlich muss ich Geld für die Miete und Nebenkosten _____.

2. **to miss:** verpassen oder vermissen?

   verpasst • verpassen • vermisse • vermisst

   Hoffentlich werde ich den Bus nicht _____!
   Wenn sie bei der Arbeit ist, _____ sie ihre Kinder.
   Seinen Termin beim Zahnarzt hat er vergessen und auch _____!
   Ich _____ meinen Hamster, seitdem er gestorben ist.

3. **married:** geheiratet (Partizip) oder verheiratet (Adjektiv)?

   geheiratet • geheiratet • verheiratet • verheiratet

   Der Ring verrät, dass er _____ ist.
   Vor vier Jahren haben Alex und Tanya _____.
   Sie sind seit vier Jahren _____.
   Wir haben in einem Schloss am Rhein _____.

4. **the body:** die Leiche oder der Körper?

   Leiche • Leiche • Körper • Körper

   Wegen Allergien juckt sein ganzer _____.
   Die Kriminalbeamtin fand eine _____ im Schnee.
   Die _____ wird morgen beerdigt.
   Yoga soll gut für den _____ sein.

chapter ⑧
Sophie Scholl– Die letzten Tage

Sophie Scholl– Die letzten Tage

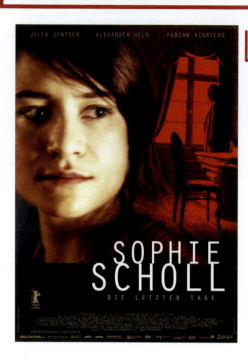

EINLEITENDE FRAGEN

▶ Welche Personen sehen Sie auf dem Plakat? Wohin sehen die Personen? Wie würden Sie den Blick (*glance*) von Sophie Scholl beschreiben?

▶ Haben Sie schon von Sophie Scholl gehört? Was wissen Sie über sie?

▶ Was könnten die Farben Rot und Orange auf dem Plakat symbolisieren?

▶ Was sehen wir auf dem rechten Teil des Plakats? Was könnte das Fenster symbolisieren?

▶ Was könnte der Untertitel „Die letzten Tage" bedeuten?

Vorbereitung und Hintergrund
FILMDATEN

Titel	*Sophie Scholl– Die letzten Tage*
Produktionsland	Deutschland
Erscheinungsjahr	2004
Regie	Marc Rothemund
Drehbuch	Fred Breinersdorfer
Darsteller/innen	Julia Jentsch (Sophie Scholl),
	Fabian Hinrichs (Hans Scholl),
	Alexander Held (Robert Mohr),
	Johanna Gastdorf (Else Gebel),
	André Hennicke (Dr. Roland Freisler),
	Florian Stettner (Christoph Probst),
	Johannes Suhm (Alexander Schmorell),
	Maximilian Brückner (Willi Graf),
	Jörg Hube (Robert Scholl),
	Petra Kelling (Magdalena Scholl)
Länge	116 Minuten
FSK	ab 12 Jahren

DIE FIGUREN

A. Fügen Sie die fehlenden Adjektive ein.

ältere • älterer • fanatischer • kritischen • junge
kommunistische • liberaler • Münchner

Sophie Scholl

eine _____ Frau

Hans Scholl

Sophies _____ Bruder

Robert Mohr

ein Gestapobeamter mit einem
_____ Blick (*expression*)

Else Gebel

eine _____ Frau

Dr. Roland Freisler

ein _____ Nazi

Christoph Probst

Hans' _____ Freund

Robert Scholl

Sophies und Hans'
_____ Vater

Magdalena Scholl

Roberts _____ Frau

DIE HANDLUNG

Sophie Scholl- Die letzten Tage ist ein historischer Film über die Nazizeit, der im Februar 1943 spielt. Er zeigt, wie die Münchner Studentin Sophie Scholl mit ihrem Bruder Hans Anti-Nazi-**Flugblätter** in der Universität verteilt. Beide werden vom Hausmeister (*custodian*) entdeckt und von dem Gestapo-**Beamten** Mohr verhört (*interrogated*) und schließlich exekutiert. Die Verhöre zwischen Sophie Scholl und Mohr stehen im Zentrum des Films.

A. Fakten ordnen. Bringen Sie jetzt die folgenden Inhaltselemente in die richtige Reihenfolge, beginnend mit 1.

das Flugblatt	leaflet
der Beamte	official
der Prozess	trial
der Vorsitzende	presiding judge
das Volksgericht	peoples' court
verurteilen	to sentence
der Stapel	pile; stack
der Lichthof	courtyard
das Verhör	interrogation
gestehen	to admit; confess
(gestand, hat gestanden)	
der Widerstand	resistance
verhaften	to arrest

_____ Ihre Zellenkollegin Else Gebel ist ihr einziger Partner während dieser Zeit.

_____ In einem Schau**prozess** wird sie vom **Vorsitzenden** des **Volksgerichts** Roland Freisler zum Tod **verurteilt**.

__1__ Die junge Studentin Sophie Scholl ließ einen **Stapel Flugblätter** gegen die Nazi-Diktatur in den **Lichthof** der Münchner Universität hinunterfallen.

_____ Tagelange **Verhöre** bei der Gestapo entwickeln sich zu Psycho-Duellen zwischen der Widerstandskämpferin Sophie Scholl und dem Gestapobeamten Robert Mohr; doch am Ende **gesteht** sie, die Blätter geschrieben zu haben.

_____ Sie wird zusammen mit ihrem Bruder Hans Scholl und dem Freund Christoph Probst als Teil der **Widerstand**sgruppe „Weiße Rose" **verhaftet**.

B. Fragen

- Wer sind die Hauptfiguren?
- Wer verhört Sophie Scholl?
- Wie endet der Prozess?

C. Bilder ordnen

Welche der fünf Aussagen die Handlung betreffend (siehe „A" oben) passt zu welchem Bild? Schreiben Sie die richtigen Zahlen unter die Bilder.

a. ___   b. ___   c. ___

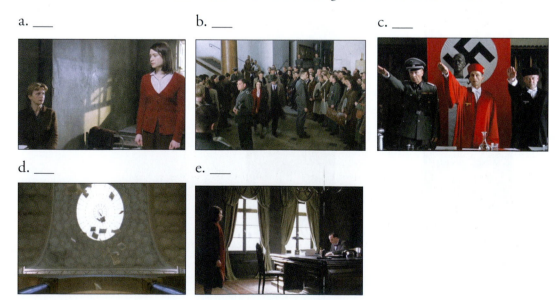

d. ___   e. ___

DER HINTERGRUND: DIE HISTORISCHEN PERSONEN

📡 **A. In die Liste schreiben.** Schreiben Sie den Beruf der Personen in die Liste und geben Sie ihr Alter an.

Name	Beruf	Alter
Sophie Scholl		
Hans Scholl		
Robert Mohr		
Else Gebel		
Christoph Probst		
Robert Scholl		
Magdalena Scholl		

- Sophie Scholl ist 21 Jahre alt und war als Schülerin im nationalsozialistischen „Bund Deutscher Mädel" (BDM), weil sie an Hitler glaubte. Jetzt ist sie Teil der Anti-Hitler-Gruppe „Weiße Rose". Sie studiert an der Münchner Universität.

- Christoph Probst ist 23 Jahre alt und studiert Medizin. Da er verheiratet ist und Vater von drei Kindern, ist er nicht so aktiv in der „Weißen Rose" wie die Scholls. Er hat an den Flugblättern mitgearbeitet.

- Der Gestapobeamte Robert Mohr, geboren 1897, ist von Sophie beeindruckt (*impressed*) und baut ihr eine „goldene Brücke".

- Hans Scholl, Sophies Bruder, ist drei Jahre älter und Gründer der „Weißen Rose" und einer der Autoren der Flugblätter. Hans studiert Medizin in München. Er war früher in der Hitler-Jugend und hat das letzte Jahr als Soldat in Russland verbracht.

- Die Eltern Robert und Magdalena Scholl haben Hans und Sophie politisch und religiös erzogen. Robert Scholl, 52, war als Bürgermeister wegen seiner Kritik an Hitler in Haft (*prison*) gekommen. Robert und die zehn Jahre ältere Hausfrau Magdalena versuchen, in den Gerichtsprozess zu kommen.

- Sophies zehn Jahre ältere Zellengenossin, die Sekretärin Else Gebel, ist Sophies einzige Ansprechpartnerin vor ihrer Exekution. Sie redet mit ihr über ihre Träume und Ängste. Else soll aufpassen, dass Sophie sich nicht umbringt (*kills herself*).

DER HINTERGRUND: WIDERSTAND GEGEN DEN NATIONALSOZIALISMUS

Die Geschichte von Sophie Scholl ist nur ein Teil des deutschen Widerstandes (*resistance*) gegen den Nationalsozialismus. Hier sind weitere bekannte Widerstandsaktionen.

📡 **A. In die Liste schreiben.** Sehen Sie sich die Liste mit den Informationen über die Widerstandsgruppen an und schreiben Sie die Namen der Gruppen in die rechte Spalte.

Die Namen der wichtigsten Widerstandsgruppen:

- das Attentat (*assassination attempt*) im Münchner Bürgerbräukeller
- das Attentat vom 20. Juli 1944
- der Widerstand in der Wehrmacht
- der „Kreisauer Kreis"
- die „Weiße Rose"
- die Jugendopposition
- die „Rote Kapelle"
- die Bekennende Kirche

Wann und Wo	Wer	Was	Name der Gruppe
1940er Jahre	die Organisation um Hans Schulze-Boysen, Arvid und Mildred Harnack	Zusammenarbeit mit der Sowjetunion gegen Nazi-Deutschland	
ab 1940, Gut Kreisau, Westpreußen	Helmuth James Graf von Moltke, Peter Yorck Graf von Wartenburg und Adam von Trott zu Solz	Diskussion über die politische Nachkriegsordnung nach Hitler	
während der Nazizeit	die Pastoren Martin Niemöller, Dietrich Bonhoeffer, Otto Dibelius	christliche Opposition	
Gegen Ende des Krieges, Hitler-Hauptquartier Wolfschanze	der Wehrmachtsoffizier Claus Schenck Graf von Stauffenberg	Attentat auf Hitler	
November 1939, München	Georg Elser	Attentat auf Hitler	
1942/43, München	Münchner Studenten	Flugblätter gegen das Nazi-Regime	
dreißiger und vierziger Jahre	Antinationalsozialistische Gruppen Edelweißpiraten und Swing-Jugend	um einen eigenen Lebensstil zu entwickeln	
Berlin, Leipzig, Wien und andere große Städte	Reichswehr	Putsch gegen Hitler, Codename „Walküre"	

 B. Fragen zu Mildred Harnack („Die Rote Kapelle")

1. Was ist mit Mildred Harnack geschehen? Wann und wie ist sie gestorben?

2. Wie viel wissen Sie über den Widerstand gegen den Nationalsozialismus? Nennen Sie einige wichtige Daten und Fakten.

3. War der Nationalsozialismus nur ein deutsches Problem, oder gab es ihn auch in anderen Ländern? In welchen?

4. Verstehen Sie die Gründe, warum die Deutschen sich für die Nazis begeistern (*to be enthusiastic about*) konnten?

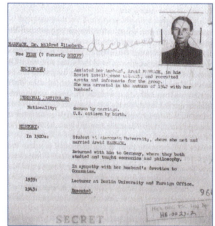

Wissenswert !

Historische Informationen zur deutschen Geschichte finden Sie auf der LeMO Webseite (Lebendiges virtuelles Museum Online). Sie finden dort Fotos und viele Originaldokumente.

DER HINTERGRUND: DAS FLUGBLATT DER WEIßEN ROSE

A. Lesen Sie das Flugblatt

Kommilitonen und Kommilitoninnen!

Erschüttert steht unser Volk vor dem Untergang der Männer von Stalingrad. Dreihundertdreißigtausend deutsche Männer hat die geniale Strategie des Weltkriegsgefreiten sinn- und verantwortungslos in Tod und Verderben gehetzt. Führer, wir danken dir! Studentinnen! Studenten! Auf uns sieht das deutsche Volk! Von uns erwartet es, wie 1813 die Brechung des napoleonischen, so 1943 die Brechung des national-sozialistischen Terrors aus der Macht des Geistes. Beresina und Stalingrad flammen im Osten auf, die Toten von Stalingrad beschwören uns!

"Students! Shaken and broken, our people behold the loss of the men of Stalingrad. Three hundred and thirty thousand German men have been senselessly and irresponsibly driven to death and destruction by the inspired strategy of our World

War I Private First Class. Fuhrer, we thank you! Students! The German people look to us. As in 1813 the people expected us to shake off the Napoleonic yoke, so in 1943 they look to us to break the National Socialist terror through the power of the spirit. Beresina and Stalingrad are burning in the East. The dead of Stalingrad implore us to take action. Up, up, my people, let smoke and flame be our sign!"

Das Flugblatt wurde von den westlichen Alliierten millionenfach nach Sophie Scholls Exekution über deutschen Städten abgeworfen.

Wissenswert !

The Battle of Stalingrad began with the German offensive in 1942. By November, the 6th Army occupied nearly 90 percent of the city (now Volgograd), which was soon encircled and retaken by a major Soviet counteroffensive. With casualties estimated of close to 2 million, the Battle of Stalingrad is considered one of the bloodiest battles in history.

The Battle of Berezina in 1812 with Napoleon's disastrous loss against the Russian army signifies the end of his empire.

B. Aufgaben

1. Beschreiben Sie das Bild der Schlacht von Beresina. Was zeigt der Vordergrund, der Mittelgrund und der Hintergrund? In welche Richtung marschiert die französische Armee?

2. Warum ist für die Nazis der Vergleich mit Napoleon in dem Flugblatt der „Weißen Rose" Landesverrat (*treason*)?

DER HINTERGRUND: JOSEF GOEBBELS, „WOLLT IHR DEN TOTALEN KRIEG?"

A. Bildbeschreibung. Was machen der Gestapo-Beamte und die SS-Soldaten? Wie reagieren die Männer auf die Rede von Goebbels?

1. Was machen der Gestapo-Beamte Lohner und die SS-Soldaten?
2. Wie reagieren die Männer auf die Rede von Goebbels?

Wissenswert!

Der „totale Krieg" wurde am 18. Februar 1943 von Reichspropagandaminister Joseph Goebbels in einer Rede im Berliner Sportpalast ausgerufen, die von allen Radiosendern übertragen (*transmitted*) wurde. Er bedeutete die totale Mobilisierung sämtlicher personeller und materieller Ressourcen für den „Endsieg". Alle Männer zwischen 16 und 65 sowie Frauen zwischen 17 und 45 Jahren wurden fortan zur Reichsverteidigung (*national defense*) herangezogen (*mobilized*).

„Wollt Ihr den totalen Krieg?"

Rede von Dr. Joseph Goebbels am 18. Februar 1943 im Berliner Sportpalast (Auszug)

Ein Volk, das die Stärke besitzt, ein solch großes Unglück zu ertragen und auch zu überwinden, ja, daraus noch zusätzliche Kraft zu schöpfen, ist unbesiegbar. Das Gedächtnis an die Helden von Stalingrad soll also auch heute bei meiner Rede vor Ihnen und vor dem deutschen Volke eine tiefe Verpflichtung für mich und für uns alle sein. Der Führer hat befohlen, wir werden ihm folgen. Wenn wir je treu und unverbrüchlich an den Sieg geglaubt haben, dann in dieser Stunde der nationalen Besinnung und der inneren Aufrichtung. Wir sehen ihn greifbar nahe vor uns liegen; wir müssen nur zufassen. Wir müssen nur die Entschlusskraft aufbringen, alles andere seinem Dienst unterzuordnen. Das ist das Gebot der Stunde. Und darum lautet die Parole: Nun, Volk, steh auf und Sturm, brich los! Ich frage Euch: Wollt Ihr den totalen Krieg? Wollt Ihr ihn wenn nötig totaler und radikaler, als wir ihn uns heute überhaupt noch vorstellen können?

A nation that has the strength to survive and overcome such a disaster, even to draw from it additional strength, is unbeatable. In my speech to you and the German people, I shall remember the heroes of Stalingrad, who put me and all of us under a deep obligation. The Führer has commanded, and we will follow him. In this hour of national reflection and contemplation, we believe firmly and unshakably in victory. We see it before us, we need only reach for it. We must resolve to subordinate everything to it. That is the duty of the hour. Let the slogan be: Now, people rise up and let the storm break loose! I ask you: Do you want total war? If necessary, do you want a war more total and radical than anything that we can even imagine today?

B. Adjektivendungen. Unterstreichen Sie die Adjektivendungen in der Goebbels-Rede und identifizieren Sie dann das Genus und den Kasus in den folgenden Konstruktionen aus der Rede. Passen Sie auf die unterstrichenen Stellen auf.

Genus: Maskulin / Neutrum / Feminin
Kasus: Nominativ / Akkusativ / Dativ / Genitiv

1. ein solch groß<u>es</u> Unglück   *Neutrum / Akkusativ*
2. zusätzliche Kraft   _____
3. vor dem deuts<u>chen</u> Volke   _____

4. eine tiefe Verpflichtung   _____

5. in dieser Stunde   _____

6. der nationalen Besinnung   _____

7. der inneren Aufrichtung   _____

8. den totalen Krieg   _____

Zum Film: Sophies Geschichte

VOR DEM SEHEN

A. Satzendungen finden. Die folgenden Sätze erklären die einzelnen Szenen des Films in der richtigen Reihenfolge. Verbinden Sie sie mit dem jeweils richtigen Ende.

1. _i_ Sophie hört mit ihrer Freundin Gisela im Radio Swing-Musik und geht dann zu ihren Freunden der „Weißen Rose", *wo die Flugblätter gedruckt werden.*

2. _____ Am Morgen gehen Hans und Sophie Scholl in die Universität, um Flugblätter zu verteilen, ...

3. _____ Der Rektor befragt Sophie und Hans Scholl, ...

4. _____ Sophie lernt Else Gebel im Gefängnis kennen und soll entlassen (*released*) werden, ...

5. _____ Mohr will Sophie eine geringere Strafe geben, ...

6. _____ Else erzählt Sophie, ...

7. _____ Bei der **Gestapo** diskutieren Sophie und Mohr ...

8. _____ Die Gerichtsverhandlung (*trial*) unter dem Nazi-Richter Roland Freisler beginnt, ...

9. _____ Im Gefängnis trifft Sophie ihre Eltern ein letztes Mal, ...

a. bevor sie hingerichtet (*executed*) wird

b. dass Christoph Probst auch im Gefängnis ist.

c. der alle drei zum Tode verurteilt (*sentenced*).

d. die versuchen, sich rauszureden (*talk themselves out of it*).

e. doch es gibt neue Beweise (*proof*) gegen sie.

f. über Gesetz (*law*) und Gewissen (*conscience*).

g. wenn sie die anderen Mitglieder der „Weißen Rose" verrät (*betrays*).

h. doch sie werden vom Hausmeister gesehen.

i. ~~wo die Flugblätter gedruckt werden.~~

> **Wissenswert!**
>
> Die Geheime Staatspolizei (**Gestapo**) hatte eigene Gefängnisse für politische Gefangene.

B. Sophie Scholls Personalien

Schreiben Sie zuerst Sophie Scholls Personalien in die Tabelle und dann die Personalien von einem Partner/einer Partnerin im Kurs.

Aus dem ersten Verhör von Sophie Scholl, Teil 1

1. Clip

MOHR	Scholl, Sophia Magdalena, aus Ulm, geboren am 9.5.1921 in Forchtenberg, evangelisch. Vater?		Forchtenberg.
		MOHR	**Ausbildung** zur **Kinderschwester** abgeschlossen?
SOPHIE	Robert Scholl, **Berufsbürgermeister** in	SOPHIE	Ja.

| MOHR | Immer noch mit **Zweitwohnsitz** wohnhaft in München 23 Franz-Joseph-Straße 13, Gartenhaus, bei Schmidt? |
| SOPHIE | Ja. |

der Berufsbürgermeister	professional mayor
die Ausbildung	education, training
die Kinderschwester	children's nurse
der Zweitwohnsitz	second residence

Name	Sophie Scholl	Ihr Partner/Ihre Partnerin
Geburtsdatum		
Geburtsort		
Religion		
Beruf des Vaters		
Ausbildung		
Wohnung in		

 C. Die Produktion und Verteilung der Flugblätter. Ordnen Sie die Bilder und beschreiben Sie, welche Personen und welche Handlungen für die Produktion und Verteilung der Flugblätter nötig sind.

abziehen (**zog ab, hat abgezogen**)	to copy; mimeograph
frankieren	to put postage on an envelope
tippen/ abschreiben (**schrieb ab, hat abgeschrieben**)	to type
falten	to fold
in den Briefumschlag stecken	to put into an envelope
die Strategie diskutieren	to discuss the strategy

a. _____

b. _____

c. _____

d. _____

e. _____

f. _____

DER FILM (CLIPS 2-3)

Aus dem ersten Verhör von Sophie Scholl, Teil 2

2. Clip

MOHR   Sie haben gegenüber dem Hausmeister der Universität zugegeben, dass Sie diese Flugblätter hier von der **Balustrade** geworfen haben.

SOPHIE   Die lagen auf dem **Marmorgeländer** herum. Ich habe ihnen im Vorbeigehen einen Stoß versetzt.

MOHR   Warum?

SOPHIE   Solche Späße liegen in meiner Natur. Ich habe es ja auch gleich zugegeben. Ich sehe aber ein, dass ich mit dem Hinunterstoßen der Zettel eine Dummheit gemacht habe. Ich **bereue** das, kann es aber nicht ändern.

MOHR   Fräulein Scholl, die Flugblätter, die Sie in der Universität abgeworfen haben, fallen unter die **Kriegssonderstrafrechtsverordnung**. Wollen Sie nachlesen, was auf Hochverrat und Feindbegünstigung steht? Gefängnis, **Zuchthaus** oder Todesstrafe.

SOPHIE   Ich habe damit nichts zu tun.

MOHR   Zigarette?

SOPHIE   Nein, danke.

MOHR   Sie rauchen aber?

SOPHIE   Gelegentlich.

MOHR   Die passen genau.

SOPHIE   **Zufall**.

MOHR   Warum nehmen Sie einen leeren Koffer mit in die Universität?

SOPHIE   Ich will nach Hause nach Ulm fahren, um Wäsche zu holen, die ich letzte Woche meiner Mutter gebracht habe.

MOHR   Ulm? So weit wollen Sie? Mitten in der Woche? Nur wegen Wäsche?

SOPHIE   Nein. Auch, weil ich meine Freundin und ihr neugeborenes Kind sehen möchte. Außerdem ist meine Mutter krank.

MOHR   Warum denn mitten in der Woche? Es sind doch Vorlesungen! Das wirkt **überstürzt**.

SOPHIE   Weil meine Freundin früher als geplant nach Hamburg fahren will, habe ich meine Reise vom Wochenende vorverlegt. Ich wollte den Schnellzug um 12.48 nehmen. Ich hatte mich am Holzkirchner Bahnhof mit dem Freund meiner Schwester verabredet. Sie

können ihn fragen.

MOHR   Name?

SOPHIE   Otto Aicher. Er ist mit dem Zug aus Solln um halb zwölf hier in München angekommen.

MOHR   Hatten Sie denn keine schmutzige Wäsche für Ulm?

SOPHIE   Nein, kleine Stücke wasche ich mit der Hand aus, und große Wäsche war nicht **angefallen**.

MOHR   Es gibt also bei Ihnen keinen **Bedarf** für frische Wäsche? Und Sie wollen mir im gleichen Atemzug erzählen, dass sie einen leeren Koffer extra für frische Wäsche mit sich führen?

SOPHIE   Ich wollte für die nächsten Wochen vorsorgen, wenn ich schon in Ulm bin.

MOHR   Was haben Sie in der Universität gemacht, wo Sie doch nach Ulm wollten?

SOPHIE   Ich hatte mich mit einer Freundin verabredet. Sie heißt Gisela Schärtling. Wir wollten heute um 12 Uhr im Seehaus im Englischen Garten zu Mittag essen.

MOHR   Obwohl Sie nach Ulm wollten?

SOPHIE   Ich habe mich gestern Abend **umentschieden** und bin in die Universität gegangen, um Gisela abzusagen.

die Balustrade	railing
das Marmorgeländer	marble rail
bereuen	to regret
die Kriegssonderstrafrechtsverordnung	special war penal code
das Zuchthaus	special prison; jail; penitentiary
der Zufall	coincidence
überstürzt	rushed
anfallen (fällt an, fiel an, ist angefallen)	to occur
der Bedarf	need
(sich) umentscheiden (entschied um, hat umentschieden)	to change one's mind

Zeitangaben	Wer	Wo	Was
11:30			
12:00			
12:48			

B. **Sehen Sie den Clip an und lesen Sie den Dialog**

In der Zelle (18. Februar 1943): Else Gebel

....

3. Clip

SOPHIE Haben Sie was von meinem Bruder gehört?

ELSE Dein Bruder war schon dran und wartet oben bei den Männern. Du bist momentan die Hauptverdächtige, weil du den Koffer getragen und die Flugblätter runtergestoßen hast. **Gestehe** denen bloß nichts!

SOPHIE Es gibt nichts zu gestehen. Wie lange sind Sie schon hier?

ELSE Seit einem Jahr und fünf Tagen. Sie haben mich mit einem Brief **erwischt**, mit Zitaten gegen Hitler.

SOPHIE Trotzdem arbeiten Sie für diese Leute.

ELSE Das wird einfach **befohlen**. Ich bin hier, damit du dich nicht umbringst.

SOPHIE Wieso sind Sie gegen die Nazis?

ELSE Mein Bruder und ich sind Kommunisten, obwohl er **ein hohes Tier** bei einer Versicherung ist. Aber die Kommunisten halten zusammen, das hat mir **imponiert**. Irgendetwas muss man tun.

gestehen (gestand, hat gestanden)	to admit; confess
erwischen	to capture
befehlen (befiehlt, befahl, hat befohlen)	to order
das hohe Tier (*slang*)	bigwig
imponiert	impressed

C. **In der Zelle.** Beantworten Sie die Fragen.

1. Wer ist Else?

2. Was erfahren wir über ihre Familie?

3. Warum ist sie im Gefängnis?

4. Beschreiben Sie die Gefängniszelle genau.

5. Welche Möbelstücke befinden sich in der Zelle?

6. Wo sitzt Sophie, wo steht Else, wo stehen Lohner und der Wärter?

7. Was für ein Formular füllt Lohner hier aus? Was bedeutet das für Sophie?

DER FILM (CLIPS 4-9)

A. Sehen Sie den Clip an und lesen Sie den Dialog

Bund Deutscher Mädel

4. Clip

MOHR Setzen Sie sich. Ihr Vater hat letztes Jahr sechs Wochen eingesessen, weil er unseren Führer als „**Gottesgeißel** der Menschheit" bezeichnet hat.

SOPHIE Er ist wegen **Heimtücke** in Haft gekommen, und man hat ihm die **Zulassung** zu seinem Beruf entzogen.

MOHR Ich frage mich, wie Ihr Vater dazu gestanden hat, dass Sie beim Bund Deutscher Mädel waren?

SOPHIE Unser Vater hat uns nie im politischen Sinne beeinflusst.

MOHR Typisch Demokrat! Warum waren Sie beim BDM?

SOPHIE Weil ich gehört hatte, Hitler will unserem Vaterland zu Größe, Glück und Wohlstand verhelfen und dafür sogen, dass jeder Arbeit und Brot hat. Und dass jeder einzelne ein freier und glücklicher Mensch ist.

MOHR Sie sind ledig?

SOPHIE Ich bin verlobt. Mit Fritz Hartnagel. Er steht als **Hauptmann** an der Ostfront.

MOHR Stalingrad?

SOPHIE Ja.

MOHR Wann haben Sie ihn zum letzten Mal gesehen?

SOPHIE Vor über einem halben Jahr.

die Gottesgeißel	penalty of God
die Heimtücke	insidiousness
die Zulassung	admission
der Hauptmann	captain

B. **Der Bund Deutscher Mädel.** Lesen Sie den Text und beantworten Sie die Fragen. Der Bund Deutscher Mädel (BDM) wurde im Juni 1930 als Teil der Hitlerjugend (HJ) gegründet. Für die Mädchen gab es attraktive Freizeitaktivitäten, und ältere Mädchen bekamen eine Einführung in den Beruf. Es wurden nationalsozialistische Propagandakurse mit Volks- und Rassenkunde, deutsche Volkstänze und Lieder, Kochkurse, sowie Sport unterrichtet.

1. Machen Sie eine Liste der Gründe, warum Sophie Mitglied im BDM wurde und warum deutsche Mädchen in den BDM eintraten.

2. Beschreiben Sie das Propagandaplakat des BDM.

3. Kann man das Plakat als gutes Propagandaplakat bezeichnen?

„Kennen Sie diese Marken?"

5. Clip

MOHR   Kennen Sie die?

SOPHIE   Mein Bruder hat so eine. Er ist **Feldwebel** bei der Wehrmacht.

MOHR   Und was ist mit den 190 Patronen in Ihrem Schreibtisch, Kaliber 9 Millimeter?

SOPHIE   Die gehören auch meinem Bruder.

MOHR   Wann haben Sie in der letzten Zeit Briefmarken gekauft?

SOPHIE   Vor 2 Wochen etwa.

MOHR   Wo? Wie viele?

SOPHIE   Beim Postamt 23 in der Leopoldstraße. Zehn Zwölfer. Vielleicht fünf Sechser, ich weiß ich nicht genau.

MOHR   Nicht mehr?

SOPHIE   Nein.

MOHR   Kennen Sie diese Marken?

SOPHIE   Nein.

MOHR   Wirklich nicht?

SOPHIE   Nein.

MOHR   Wir haben diese hier im Zimmer Ihres Bruders gefunden. Warum haben Sie uns **verschwiegen**, dass er derartige Mengen an Porto für **Postwurfsendungen** besitzt?

SOPHIE   Sie haben gefragt, wann und wo ich in letzter Zeit Marken gekauft habe.

MOHR   140 Stück! Wer von Ihnen wollte diese Marken wozu **verwenden**? Was sollte per Postwurfsendung zum Versand kommen?

SOPHIE   Grüße an Freunde und Familie. Wir schreiben viel.

MOHR   Also kennen Sie diese Marken.

SOPHIE   Ich **vermute** nur. Sie haben die Marken doch bei meinem Bruder gefunden. Nicht bei mir.

der Feldwebel	sergeant
verschweigen	to conceal
(verschwieg, hat verschwiegen)	
die Postwurfsendung	mass mailing
verwenden	to use
vermuten	to assume

D. **Fragen.** Beantworten Sie die Fragen zum Clip.

1. Wem gehört die Pistole? Und warum?
2. Kennen Sie diese Marken? Was zeigen sie? Wer hat sie benutzt?

E. **Sehen Sie den Clip an**

Das Flugblatt

6. Clip

MOHR   Besitzen Sie eine Schreibmaschine?

SOPHIE   Die im Zimmer meines Bruders gehört unserer Wohnungsgeberin. Sie hat sie uns geliehen, damit mein Bruder etwas tippen kann.

MOHR   Was?

SOPHIE   Einen Aufsatz über philosophische und theologische Fragen.

MOHR   Nicht dieses Flugblatt hier?

SOPHIE   Nein.

MOHR   Vielleicht philosophische und theologische Fragen wie: „Hitler kann den Krieg nicht gewinnen, nur noch verlängern." Oder: „Ein Verbrechertum (*gangsterism*) kann keinen deutschen Sieg erringen." Oder: „Das kommende Deutschland kann nur föderalistisch sein. Freiheit der Rede, Freiheit des Bekenntnisses."

SOPHIE   Das stammt nicht von Hans.

MOHR   Von Ihnen?

SOPHIE   Nein.

MOHR   Aber Sie glauben an so eine Ordnung der Welt.

SOPHIE   Ich bin und bleibe unpolitisch.

MOHR   Jedenfalls ist mit der Schreibmaschine aus Ihrer Wohnung laut Schriftvergleich diese Schmähschrift geschrieben worden, die auch Anfang des Monats an zahlreiche Empfänger, unter anderem in Augsburg und München, verschickt wurde.

SOPHIE   Davon weiß ich nichts.

MOHR   Sitzen bleiben. Passen Sie auf.

F. Ein Flugblatt schreiben

Schreiben Sie jetzt selbst ein Anti-Hitler-Flugblatt und benutzen Sie folgende Verben:

lügen (log, hat gelogen)	to lie
schweigen (schwieg, hat geschwiegen)	to remain silent
verachten	to despise
vernichten	to destroy
verraten (verrät, verriet, hat verraten)	to betray

Studenten und Studentinnen!

_____

_____

_____

G. Sehen Sie den Clip an

Das Geständnis

7. Clip

MOHR   Sie waren ja dabei, als bei Ihrem Bruder diese **Schmähschrift** gefunden wurde, die er **vernichten** wollte. Kennen Sie das Papier?

SOPHIE   Nein.

MOHR   Lesen Sie, bevor Sie was Falsches aussagen.

SOPHIE   „200 000 deutsche Brüder wurden geopfert für das Prestige eines militärischen **Hochstaplers**."

MOHR   An was erinnert Sie das? Doch wohl sehr genau an die Musik, die in den andern sechs Flugblättern spielt. Und die **Handschrift**?

SOPHIE   Kenne ich nicht.

MOHR   Jetzt hören Sie aber mal auf! Der **Urheber** dieses Pamphlets ist ein gewisser Christoph Probst, ein Freund von Ihnen aus Innsbruck. Wir haben bei Ihnen Briefe von ihm gefunden. Die Handschrift stimmt überein! Probst, auch Medizinstudent von Führers Gnaden. Familienmensch mit Gemüt und der Liebe zu den Bergen seiner Heimat. Auch so ein privilegierter **Nestbeschmutzer**, während andere an der Front **verrecken**! Wer außer Ihrem Bruder und dem Christoph Probst hat noch bei den Flugblättern geholfen?

SOPHIE   Lassen Sie diese **Unterstellungen**!

MOHR   Die Existenz dieser **Beweise** aus Ihrer Wohnung haben Sie mir **mutwillig verschwiegen**, obwohl Sie zu wahrheitsgemäßen und vollständigen **Aussagen** gezwungen sind!

SOPHIE   Ich kann nur zugeben, was ich weiß.

MOHR   Wollen Sie hören, was Ihr Bruder zu diesen Beweisen sagt, nachdem er, wie Sie, **um den heißen Brei herumgeredet** hat? „Nachdem ich geglaubt hatte, dass die militärische Lage nach der Niederlage an der Ostfront und dem ungeheuren Anwachsen der militärischen Macht Englands und Amerikas eine siegreiche Beendigung des Krieges unsererseits unmöglich macht, gelangte ich nach vielen, qualvollen Überlegungen zu der Ansicht, dass es nur noch ein Mittel zur Vermeidung weiterer sinnloser Opfer und der Erhaltung der europäischen Idee gäbe, nämlich die Verkürzung des Krieges. Andererseits war mir die Behandlung der von uns besetzten Gebiete und Völker ein **Gräuel**."

SOPHIE   Das ist bloß eine politische Erklärung, keinerlei **Stellungnahme** zu den **Vorwürfen**.

MOHR	Das ist **Wehrkraftzersetzung** und **Hochverrat**!
SOPHIE	Ich glaube auch nicht, dass mein Bruder solche Aussagen gemacht hat.
MOHR	Ach, Sie denken, dass Ihnen hier falsche Aussagen vorgehalten werden?
SOPHIE	Bevor es mir mein Bruder nicht selbst sagt, glaube ich nicht, dass er solche Angaben gemacht hat.
MOHR	Das Maleratelier Eickemayer sagt Ihnen doch was?
SOPHIE	Ja. Eickemayer ist seit Monaten in Krakau als Architekt. Er hat uns den Schlüssel zu seinem Atelier gegeben, damit wir Freunden seine Bilder zeigen.
MOHR	Die **Fingerabdrücke** auf dem **Vervielfältigungsapparat** stammen von Ihrem Bruder. Ihr Bruder hat **gestanden**. (...) Geben Sie doch endlich zu, dass Sie mit Ihrem Bruder zusammen die Flugblätter hergestellt und verteilt haben!
SOPHIE	Ja! Und ich bin stolz darauf! Was passiert jetzt mit meinem Bruder und mir?

das Geständnis	confession
die Schmähschrift	pamphlet
vernichten	to destroy
der Hochstapler	impostor
die Handschrift	handwriting
der Urheber	author; creator; initiator
der Nestbeschmutzer	whistle-blower
die Unterstellung	insinuation
der Beweis	proof
mutwillig	intentionally
verschweigen (verschwieg, hat verschwiegen)	to hide
die Aussage	statement
um den heißen Brei herumreden	to beat around the bush
der Gräuel	horror
die Stellungnahme	statement
der Vorwurf	reproach
die Wehrkraftzersetzung	destruction of military moral
der Hochverrat	treason
der Fingerabdruck	fingerprint
der Vervielfältigungsapparat	mimeograph machine

H. Das Geständnis. Fügen Sie die richtigen Wörter in den Text ein.

Handschrift • Hochverrat • Schmähschrift • Urheber
Vervielfältigungapparat • vernichten

Sophie und ihre Freunde haben die _____
mit einem _____ kopiert und dann
in der Universität verteilt. Ihr Bruder hat versucht, die Texte zu
_____, doch ein _____-Test fand
heraus, dass er der _____ war. Der Text ist für die
Nazis _____.

I. Das Ende des Verhörs. Beantworten Sie die folgenden Fragen vom Ende des Verhörs, indem Sie eine der vier Antworten auswählen.

1. Was wird Sophies Meinung nach mit ihrer Familie geschehen?

    a. Es wird nichts geschehen.
    b. Sophie kommt in ein Konzentrationslager.
    c. Sophie kommt in Sippenhaft.
    d. Sophie geht ins Ausland.

2. Wohin möchte Sophie nach dem Ende des Verhörs?

    a. Nach Hause
    b. Auf die Toilette
    c. In ihre Zelle
    d. Auf den Flur

3. Wer hat die Flugblätter Mohrs Meinung nach verfasst?

    a. Mohr weiß es nicht.
    b. Sophie selbst
    c. Christoph Probst
    d. Sophies Bruder

4. Woher kennt Mohr den Verfasser der Flugblätter?

    a. Der Verfasser hat es in dem Verhör gestanden.
    b. Mohr kennt den Verfasser persönlich.
    c. Durch ein wissenschaftliches Gutachten.
    d. Mohr kennt den Verfasser nicht.

5. Was gibt Sophie Mohr zu?

    a. Sie hat die Flugblätter geschrieben.
    b. Hans hat die Flugblätter geschrieben.
    c. Christoph Probst hat die Flugblätter geschrieben.
    d. Sie gibt nichts zu.

I. **Sophie schaut sich an.** Schauen Sie das Bild an und denken Sie über den Clip nach. Beantworten Sie die Fragen.

1. Wie fühlt sich Sophie an dieser Stelle im Verhör?
2. Woran denkt sie?
3. Was ist jetzt noch möglich? Denken Sie die Szene zu Ende und schreiben Sie den nächsten Teil mit Ihren eigenen Worten.

    Sophie kommt ins Verhörzimmer zurück.

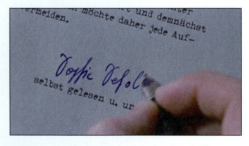

    MOHR _____

    SOPHIE _____

    MOHR _____

    SOPHIE _____

J. **Clips anschauen.** Sehen Sie die beiden Clips an und machen Sie dann die Übungen.

Die Unterschrift

8. Clip

MOHR	Was ist mit den Schmierereien „Nieder mit Hitler" und „Freiheit" und den durchgestrichenen Hakenkreuzen an der Universität, in der Ludwigstraße, am Marienplatz, in der Kaufingerstraße und in Schwabing?
SOPHIE	Die stammen von meinem Bruder und mir.
MOHR	Ihr Bruder hat nach seiner Festnahme in der Universität gesagt: „Geh nach Hause und sag Alex, er soll nicht auf mich warten." Die Schärtling stand ganz in der Nähe. Das war doch eine Aufforderung zur Flucht an den Schmorell?
SOPHIE	Hans war mit Schmorell verabredet, er wollte nicht, dass er vergeblich auf ihn wartet.

MOHR	Haben Sie mit Schmorell über die Pläne gesprochen?
SOPHIE	Nein.
MOHR	Mit Graf?
SOPHIE	Auch nicht.
MOHR	Warum lügen Sie denn immer noch, Fräulein Scholl?
SOPHIE	Ich lüge nicht. *(Zwischentitel 19. Februar)*
MOHR	Hier. Ihr Geständnis von heute. Unterschreiben Sie. *(Sophie unterschreibt)*

Drittes Verhör – „Wer sind die Anderen?"

9. Clip

MOHR Wir schweigen nicht, wir sind euer böses **Gewissen**! Die „Weiße Rose" lässt euch keine Ruhe. Wer sind „wir"? (...)

SOPHIE Es gibt keine Gruppe.

MOHR Was wissen Sie über Willi Graf?

SOPHIE Feldwebel, er studiert Medizin wie mein Bruder. Er kommt **gelegentlich** zu uns.

MOHR Wir wissen, er hat in dem Maleratelier geholfen, die Flugblätter zu vervielfältigen.

SOPHIE Sie werden seine Fingerabdrücke gefunden haben. Aber er war zu einem ganz anderen Zeitpunkt im Atelier.

MOHR Wann?

SOPHIE Mitte Januar, als wir die Bilder von Eickemayer unseren Freunden gezeigt haben. Deswegen sind auch noch die Fingerabdrücke von anderen im Atelier.

MOHR Wer war noch dabei? Schmorell?

SOPHIE Kann sein. Ich weiß es nicht, ich war am Anfang nur kurz da und bin dann in ein Konzert gegangen. (...)

MOHR Und die Schärtling?

SOPHIE Gisela treffe ich öfter, seit wir in München studieren. Ich kenne sie vom **Arbeitsdienstlager** Krauchewies. Sie ist gut nationalsozialistisch eingestellt.

MOHR Wenn es nach Ihnen geht, Fräulein Scholl, dann **wimmelt** das Reich nur noch so von Unpolitischen und **Anhängern der Bewegung**.

SOPHIE Dann ist für Sie doch alles in bester Ordnung, Herr Mohr.

MOHR Insgesamt hat die sogenannte „Weiße Rose" nach unseren **Feststellungen** alleine im Januar 10.000 Blatt Abzugspapier und 2.000 Briefumschläge beschafft. Wer war das?

SOPHIE Mein Bruder und ich. (...)

MOHR Wir wissen, dass Ihr Bruder, Graf und Schmorell sowie ein gewisser Furtwängler und Wittenstein zusammen an der Ostfront waren. Alle studieren hier in München. Da sollen

> ### Wissenswert!
>
> Die nationalsozialistische „**Bewegung**" (*movement*) hatte viele **Arbeitsdienstlager**, in denen alle Jungen und Mädchen sechs Monate arbeiten mussten. Die Arbeit war meistens in der Landwirtschaft (*agriculture*).

sie sich nicht auch politisch **ausgetauscht** haben?

SOPHIE Mein Bruder hat mir vom Grauen des **Massensterbens** erzählt und nicht über seine Kameraden gesprochen.

MOHR Das glaube ich Ihnen nicht, Fräulein Scholl.

SOPHIE Heute ist doch jeder extrem vorsichtig geworden, wenn es um politische **Äußerungen** geht. (...)

MOHR Wer waren die Geldgeber? Hier auf der linken Seite oben steht der Buchstabe „E", der soll doch bestimmt heißen „**Einnahmen**". Der Name hinter dem Betrag soll doch sagen, von wem das Geld stammt.

SOPHIE Ja.

MOHR Da ist doch Ihr Verlobter drunter. Also ist er **Mitwisser**.

SOPHIE Nein! Wir haben jedes Mal einen Vorwand benutzt, wenn wir uns Geld geliehen haben. Sie können jeden Einzelnen fragen. Mein Bruder und ich, wir sind die Täter, die Sie suchen. (...)

das Gewissen	conscience
gelegentlich	occasionally
wimmeln	to teem
der Anhänger	follower
die Feststellung	statement; finding
(sich) austauschen	to exchange opinions
das Massensterben	large number of deaths
die Äußerung	utterance
die Einnahme	receipt
der Mitwisser	confidant

A. Mohrs Fragen. Mohr versucht herauszufinden, wie groß die Widerstandsgruppe ist. Geben Sie zu jedem seiner Anhaltspunkte und Fragen eine Erklärung aus dem Verhör von Sophie. Welche Informationen finden Sie in dem Dialog?

1. Willi Graf
2. Schmorell
3. Gisela Schärtling
4. Furtwängler und Wittenstein
5. Sophies Verlobter

B. Mohrs Protokoll. Sophie gibt in diesem Verhör zu, dass sie die Flugblätter hergestellt und verteilt hat. Schreiben Sie das Protokoll für Mohr, in dem er die einzelnen Punkte von Sophies Geständnis auflistet. Hier sind die wichtigsten Fragen:

1. Wo war Sophie, als die Schmähschrift bei Hans gefunden wurde?
2. Was weiß Sophie über das Maleratelier Eickemayer?
3. Von wem stammten die Fingerabdrücke auf dem Vervielfältigungsapparat?
4. Wer, behauptet Hans, hat ihm geholfen?

Protokoll zu den Aussagen von Sophia Maria Scholl
Von Robert Mohr

1. _____
2. _____
3. _____
4. _____

C. Robert Mohr. Mohr als Gestapo-Beamter kann wenig Privates sagen. Doch so viel ist klar, er ist kein typischer Nazi. Das macht den Film interessant, denn er stellt Sophie Fragen, die auch uns interessieren. Machen Sie eine Liste von Szenen, wo Mohr <u>nicht</u> als stereotypischer Nazi erscheint.

Zum Film: Freiheit und Ehre

VOR DEM SEHEN

 A. Bilder ordnen. Was geschieht jetzt mit Sophie? Bringen Sie die Bilder in die richtige Reihenfolge und beschreiben Sie sie.

1. ___

2. ___

3. ___

4. ___

VIERTES VERHÖR (CLIPS 10-12)

Aus dem vierten Verhör von Sophie Scholl

10. Clip

MOHR   Hier, trinken Sie.

SOPHIE   Das ist ja echter **Bohnenkaffee**! (...)

SOPHIE   Warum wollen Sie uns denn dann überhaupt bestrafen?

MOHR   Weil das **Gesetz** es so **vorschreibt**! Ohne Gesetz keine Ordnung.

SOPHIE   Das Gesetz, auf das Sie sich berufen, hat vor der **Machtergreifung** 1933 noch das freie Wort geschützt, und heute bestraft es unter Hitler das freie Wort mit dem Zuchthaus oder dem Tod. Was hat das mit Ordnung zu tun?

MOHR   Woran soll man sich denn sonst halten, wenn nicht an das Gesetz, egal, wer es erlassen hat?

SOPHIE   An Ihr **Gewissen**.

MOHR   Ach was! Hier ist das Gesetz, und hier sind die Menschen. Und ich habe als Kriminalist die Pflicht zu prüfen, ob beides deckungsgleich ist und wenn nicht, wo die faule Stelle ist.

SOPHIE   Das Gesetz ändert sich. Das Gewissen nicht.

MOHR   Wo kommen wir hin, wenn jeder selber bestimmt, was nach seinem Gewissen richtig oder falsch ist? Selbst wenn es Verbrechern gelingen würde, den Führer zu stürzen, was käme denn dann? (...) Das **Schanddiktat** von Versailles, die Inflation, die Arbeitslosigkeit, die wirtschaftliche Not, das alles hat unser Führer Adolf Hitler beseitigt.

SOPHIE   Und Deutschland in einen mörderischen Krieg geführt, für den jedes weitere Opfer umsonst ist!

MOHR	In den **Heldenkampf**! Sie bekommen dieselben **Lebensmittelkarten** wie wir, die Menschen, die Sie **verachten** und bekämpfen. Ihnen geht es doch sowieso besser als unsereinem. Sie haben es doch gar nicht nötig. Wie kommen Sie eigentlich dazu **aufzumucken**? Der Führer und das deutsche Volk schützen Sie.
SOPHIE	Hier drinnen im Wittelsbacher Palais oder meine Familie in **Sippenhaft**? (...)
MOHR	Die Kirche fordert doch auch, dass die Gläubigen ihr folgen, selbst wenn sie Zweifel haben?
SOPHIE	In der Kirche ist jeder freiwillig, aber Hitler und die Nationalsozialisten lassen einem keine andere Wahl!
MOHR	Warum gehen Sie für falsche Ideen, so jung wie Sie sind, ein derartiges Risiko ein?
SOPHIE	Wegen meines Gewissens.

Wissenswert!

Sippenhaft ist ein Nazikonzept, das die Illegalität des nationalsozialistischen Rechtssystems dokumentiert. Es wurde bei Widerständlern angewendet, z.B. bei der Stauffenberg-Gruppe. Nicht nur der Widerständler selbst wurde bestraft, sondern die ganze Familie. Heinrich Himmler sagte am 3. August 1944: *„Wir werden eine absolute Sippenhaftung einführen. Die Familie Graf Stauffenberg wird ausgelöscht werden bis ins letzte Glied."*

der **Bohnenkaffee**	real coffee (from ground coffee beans)
das **Gesetz**	law
vorschreiben (schrieb vor, hat vorgeschrieben)	to prescribe
die **Machtergreifung**	seizure of power
das **Gewissen**	conscience
das **Schanddiktat**	shameful Versailles treaty
der **Heldenkampf**	heroic struggle
die **Lebensmittelkarte**	ration card
verachten	to despise
aufmucken	to rebel
die **Sippenhaft**	kin punishment

 A. Sophie und Mohr. In dem Verhör vertreten Sophie und Mohr verschiedene Meinungen zu Gesetz und Gewissen. Schreiben Sie die unterschiedlichen Meinungen von Sophie und Mohr dazu in die Tabelle.

	Sophie	Mohr
Gesetz		
Gewissen		

B. Ihre Meinung. Beantworten Sie die Fragen.

1. Was ist Ihre Meinung dazu?
2. Sind Gesetz und Gewissen identisch?
3. Können Sie Beispiele geben, wo das Gewissen im Kontrast zum Gesetz steht?
4. Waren Sie selbst einmal in einem solchen Dilemma?

C. Sehen Sie den Clip an

Juden und Geisteskranke

11. Clip

MOHR   Das neue Europa kann nur nationalsozialistisch sein.

SOPHIE   Und wenn Ihr Führer ein **Wahnsinniger** ist? Denken Sie doch bloß an den **Rassenhass**! Es hat bei uns in Ulm einen jüdischen Lehrer gegeben, den man vor eine SA-Gruppe gestellt hat, und alle mussten an ihm vorbeiziehen und auf Befehl ihm ins Gesicht spucken. Und in der Nacht ist er dann verschwunden wie seit '41 hier in München Tausende. Angeblich zum Arbeitseinsatz im Osten.

MOHR   Diesen **Unfug** glauben Sie? Die Juden wandern aus. Von selber.

SOPHIE   Die Soldaten, die aus dem Osten kommen, erzählen schon lange von **Vernichtungslagern**. Hitler will doch die Juden in ganz Europa ausrotten! Diesen Wahnsinn hat er schon vor 20 Jahren gepredigt. Wie können Sie glauben, dass die Juden andere Menschen sein sollen wie wir?

MOHR   Dieses Pack hat uns nur Unglück gebracht. Aber Sie gehören zu einer verwirrten Jugend, die nichts versteht. Falsche Erziehung, vielleicht sind wir sogar selber daran schuld. Ich hätte ein Mädel wie Sie anders erzogen.

SOPHIE   Was glauben Sie, wie entsetzt ich war, als ich erfahren habe, dass die Nationalsozialisten geisteskranke Kinder mit Gas und Gift beseitigt haben! Mir haben Freundinnen unserer Mutter erzählt, wie Kinder bei den Diakonissinnen in der Pflegeanstalt mit Lastwagen abgeholt wurden. Da haben die übrigen Kinder gefragt, wo die Wagen hinfahren. Sie fahren in den **Himmel**, haben die Schwestern gesagt. Da sind dann die übrigen Kinder singend in die Lastwagen gestiegen. Glauben Sie, ich bin falsch erzogen, weil ich mit diesen Menschen fühle?

MOHR   Das ist **lebensunwertes** Leben. Sie haben doch Kinderschwester gelernt, da sind Ihnen doch auch **Geisteskranke** begegnet.

SOPHIE   Ja, und deswegen weiß ich genau, dass kein Mensch, gleichgültig, unter welchen Bedingungen, das Recht hat, ein Urteil zu fällen, das allein Gott vorbehalten ist. Niemand kann wissen, was in der Seele eines Geisteskranken vorgeht. Niemand weiß, welches geheime innere Reifen aus Leid entstehen kann. Jedes Leben ist kostbar.

MOHR   Sie müssen sich daran gewöhnen, dass endlich eine neue Zeit angebrochen ist. Was Sie sagen hat mit der Realität nichts zu tun.

SOPHIE   Was ich sage hat natürlich mit der Wirklichkeit zu tun, mit Sitte, Moral und Gott.

der Wahnsinnige	madman
der Rassenhass	racial hatred
der Unfug	nonsense
das Vernichtungslager	extermination camp
der Himmel	heaven; sky
lebensunwert	not fit to live
der Geisteskranke	mentally ill person

D. Gespräch über den Nationalsozialismus. Sehen Sie den Clip an. Sophie und Mohr führen hier ein politisches Gespräch über das Dritte Reich. Vergleichen Sie ihre Ansichten (*opinions*) über die folgenden Punkte. Wie erklären Sie den Unterschied zwischen beiden Perspektiven?

	Mohr	Sophie
Nationalsozialismus		
das neue Europa		
Juden		
Geisteskranke		

E. Die nationalsozialistischen Mordprogramme. Lesen Sie den Text und unterzeichnen Sie die Passivkonstruktionen. Schreiben Sie die Verben in die Liste unten. Warum gibt es wohl so viele Passivkonstruktionen in diesen Sätzen?

Die nationalsozialistischen Mordprogramme

Der Völkermord an den Juden begann mit dem deutschen Überfall auf Polen im Herbst 1939. Hinter den Linien der Wehrmacht wurden polnische Zivilisten und Juden von Sondereinheiten oder „Einsatzgruppen" ermordet. Der Angriff auf die Sowjetunion 1941 wurde von der Wehrmacht als Krieg gegen Juden und Kommunisten konzipiert. Hier wurde unter Beteiligung der Wehrmacht die jüdische Bevölkerung in Lager in den besetzten Gebieten deportiert, wie zum Beispiel nach Auschwitz, in denen die meisten Juden vergast wurden. Insgesamt wurden dort etwa sechs Millionen Juden getötet.

Euthanasie bedeutet Mord an Menschen, deren Leben nach der NS-Ideologie als „nicht lebenswert" galt. Aus Rassengründen als Teil der NS-Lehre wurden 70.000 Kranke und Behinderte durch Gas oder Gift mit der Hilfe von Ärzten und Pflegern umgebracht. Nach Protesten aus der Bevölkerung wurden die Mordaktionen geheim gehalten.

Beispiel: <u>wurden ermordet</u>

1. _____
2. _____
3. _____
4. _____
5. _____
6. _____

F. Sehen Sie den Clip an

Das Todesurteil

12. Clip

FREISLER	Schämen Sie sich denn nicht, dass Sie Flugblätter **hochverräterischen** Inhalts in der Universität verbreitet haben?
SOPHIE	Nein, ich schäme mich nicht!
FREISLER	In den Lichthof geworfen … einfach so?
SOPHIE	Nicht einfach so, sondern um auch noch die letzten Flugblätter …
FREISLER	Reden Sie lauter, man kann Sie ja kaum verstehen.
SOPHIE	Ich wollte auch noch die letzten Flugblätter verbreiten, damit unsere Idee so schnell wie möglich …
FREISLER	Idee? Diesen **Dreck** hier Idee nennen! Das sieht Vollidioten ähnlich, aber nicht deutschen Studenten.
SOPHIE	Wir kämpfen mit dem Wort.

FREISLER	Da schreiben sie doch tatsächlich: „Darum trennt euch von dem nationalsozialistischen **Untermenschentum**!" Schauen Sie sich doch selber an, dann sehen Sie den Untermenschen! Wo haben Sie eigentlich das Papier für diese Pamphlete her?
SOPHIE	Gekauft, und aus der Universität.
FREISLER	So, aus der Universität? Heimtückischer Diebstahl von Volksgut. Papier, gerade Papier, das so knapp ist! Das sieht natürlich Hochverrätern ähnlich.
SOPHIE	Mein Bruder und ich haben versucht, mit den Flugblättern den Menschen die Augen zu öffnen und das furchtbare Blutbad an anderen Völkern und den Juden früher zu

beenden, als es ohnehin von den Alliierten beendet wird. Sollen wir denn auf ewig das vor aller Welt **ausgestoßene** und gehasste Volk sein?

FREISLER Ach, ein Herrenvolk interessiert das nicht.

SOPHIE Ihr Herrenvolk will in Wirklichkeit Frieden. Und dass die **Menschenwürde** wieder Achtung findet. Es will Gott, Gewissen, Mitgefühl.

FREISLER Ja, was bilden Sie sich denn ein? Der totale Krieg bringt dem deutschen Volk den Sieg, und es wird aus diesen **Stahlgewittern** groß und gereinigt hervorgehen.

SOPHIE Was wir gesagt und geschrieben haben, das denken ja so viele. Nur wagen sie nicht es auszusprechen.

FREISLER Ach, schweigen Sie endlich! Fragen? Ende der Beweisaufnahme. Abführen.

hochverräterisch	treasonable
der Dreck	dirt
das Untermenschentum	inferior human beings
ausgestoßen	expelled
die Menschenwürde	dignity
das Stahlgewitter	storm of steel

G. Das Todesurteil. Suchen Sie zuerst das richtige Adjektiv für das Substantiv und bestimmen Sie Genus und Kasus. Dann ergänzen Sie die Adjektivendungen. Sehen Sie im Text nach, wenn nötig.

Adjektiv	Substantiv	Genus/Kasus
heimtückisch___	Inhalts	
das gehasst___	Flugblätter	
hochverräterisch___	Studenten	
der total___	Untermenschentum	
deutsch___	Diebstahl	
nationalsozialistisch___	Blutbad	
dem deutsch___	Volk	
die letzt___	Krieg	
das furchtbar___	Volk	

H. Roland Freisler. Lesen Sie den Text und beantworten Sie die Fragen danach mit einem Partner/einer Partnerin.

Der „Blutrichter" Roland Freisler war seit August 1942 Präsident des Volksgerichtshofs, wo er keinem Gesetz verpflichtet war, sondern nur Adolf Hitler. Der Volksgerichtshof war ein politisches Gericht und urteilte mit Nazi-Sondergesetzen, die nichts mit dem traditionellen Recht zu tun hatten. Die Urteile (*sentences*) waren endgültig (*final*). Fast die Hälfte aller Urteile waren Todesurteile, die oft schon kurz nach dem Urteil ausgeführt wurden. Verurteilt wurden hier die Mitglieder der Roten Kapelle, der Weißen Rose, des Kreisauer Kreises und die Attentäter des 20. Juli 1944. Freisler fällte in seiner zweieinhalbjährigen Amtszeit über 2000 Todesurteile. Er starb am 3. Februar 1945 bei einem Bombenangriff in Berlin.

1. Welchen Beruf hatte Roland Freisler?
2. Was für Urteile fällte Freisler?
3. Welche Anti-Nazigruppen hat er verurteilt?
4. Wie viele Urteile fällte er?
5. Wie starb Freisler?

NACH DEM SEHEN

 A. Zeitleiste. Tragen Sie die wichtigsten Ereignisse des Films in diese Zeitleiste ein.

Mittwoch, den 17. Februar 1943	*Sophie Scholl hört amerikanische Musik im Radio. Das Flugblatt wird im Atelier Eickemeyer in München gedruckt.*
Donnerstag, den 18. Februar 1943	
Freitag, den 19. Februar 1943	
Sonnabend, den 20. Februar 1943	
Sonntag, den 21. Februar 1943	
Montag, den 22. Februar 1943	

 B. Das Ende des Films. Erzählen Sie den Nachmittag des 22. Februar anhand der Standbilder zu Ende.

1.

2.

3.

4.

5.

6.

Synthese
DISKUSSION

 A. Ein Standbild. Dieses Bild zeigt Sophie Scholl in einer der letzten Minuten ihres Lebens. Beschreiben Sie, wer die anderen Personen sind und was sie machen. Was glauben Sie, sind Sophies Gefühle an dieser Stelle? Warum glauben Sie, dass die Kamera Sophie von hinten zeigt, ihren Bruder und seinen Freund aber von vorn?

B. Ihre Meinungen. Diskutieren Sie die Fragen gruppenweise.

1. Verstehen Sie, warum Sophie ihr Leben aufs Spiel setzt (*risks*)?

2. Hatten Sie schon vor dem Film von Widerstandaktionen gegen die Nazis gehört?

3. Wie viel und was haben Sie bisher über die Nazis in Ihrer Schule oder anderen Kursen gelernt?

4. Können Sie sich vorstellen, in dieser Zeit gelebt zu haben? Wie hätten Sie gelebt? Wie kann man in einer Diktatur leben?

5. Kritisieren Sie den Film. Was hat Ihnen gefallen, was hat Ihnen nicht gefallen? Würden Sie den Film empfehlen (*recommend*)?

SPRECHAKTE: EIN INTERVIEW

Mohr ist ein geschulter Gestapo-Polizist, der gezielte Verhöre führt. Nicht nur Polizisten müssen so etwas lernen, auch Journalisten und andere Professionelle, die schnell etwas herausfinden möchten. Versuchen Sie, Mohrs Methode zu imitieren.

Hier ist eines seiner Verhöre;

MOHR	Kennen Sie die? (*zeigt eine Pistole*)
SOPHIE	Mein Bruder hat so eine. Er ist Feldwebel bei der Wehrmacht.
MOHR	Und was ist mit den 190 Patronen in Ihrem Schreibtisch, Kaliber 9 Millimeter?
SOPHIE	Die gehören auch meinem Bruder.
MOHR	Wann haben sie in der letzten Zeit Briefmarken gekauft?
SOPHIE	Vor 2 Wochen etwa.
MOHR	Wo? Wie viele?
SOPHIE	Beim Postamt 23 in der Leopoldstraße. Zehn Zwölfer. Vielleicht fünf Sechser, ich weiß ich nicht genau.
MOHR	Kennen Sie diese Marken?
SOPHIE	Nein.
MOHR	Wirklich nicht?
SOPHIE	Nein.
MOHR	Wir haben diese hier im Zimmer Ihres Bruders gefunden. Warum haben Sie uns verschwiegen, dass er derartige Mengen an Porto für Postwurfsendungen besitzt?
SOPHIE	Sie haben gefragt, wann und wo ich in letzter Zeit Marken gekauft habe.

1. Sie wollen bei der Post herausfinden, wo ein Brief ist, auf den Sie schon seit einer Woche warten. Spielen Sie das Interview oder die Befragung mit dem Postbeamten durch.

2. Sie wollen herausfinden, ob Sie im letzten Monat Geld erhalten haben. Sprechen Sie mit dem Bankbeamten.

3. Sie sind im Honor Council ihrer Universität und wollen herausfinden, ob ein Student im Test abgeschrieben hat (*cheated*). Sprechen Sie diese Szene nach.

INTERNETRECHERCHE MIT PRÄSENTATION

1. Recherchieren Sie das Leben von Sophie Scholl. Wo ist sie zur Schule gegangen? Wer hat sie in ihrem Leben beeinflusst?

2. Finden Sie mehr über andere Anti-Nazi Widerstandsgruppen heraus (den Kreisauer Kreis, die Rote Kapelle, die Bekennende Kirche).

3. Recherchieren Sie die Hintergründe des 20. Juli 1944, dem Tag, an dem die Nazis beinahe (*almost*) gestürzt worden wären (*removed from power*).

4. Finden Sie heraus, welche Widerstandsaktionen von den Alliierten gegen Nazideutschland geplant wurden. Welche Anti-Nazi Spionage können Sie finden?

SCHREIBPROJEKTE

1. Glauben Sie, dass Sophie Scholl ein Vorbild für unsere Zeit ist? Warum?

2. Warum sind Widerstandsaktionen gegen Diktaturen (*dictatorships*) wichtig?

3. Sophies Abschiedsbrief. Versuchen Sie, Sophies Brief vom 22. Februar, dem Tag ihres Todes, an ihren Verlobten Fritz Hartnagel zu schreiben. Sophie hatte den Brief zwar begonnen, aber niemals mehr als einige Wörter geschrieben.

Strukturen: Adjektive
ADJECTIVES (ADJEKTIVE)

Words that immediately precede nouns are either articles or adjectives. Adjectives behave like articles in German and have endings that define gender, case, and number. Adverbs have no endings in German. As you can see, adjectives and adverbs in English behave differently from German adjectives and adverbs.

The adjectives have no ending in English but the adverbs (often) do!

Adjectives (Adjektive)	Adverbs (Adverbien)
das kleine Mädchen	Das kleine Mädchen isst sein Eis langsam.
the little girl	*The little girl eats her ice cream slowly.*
der erfolgreiche Mann	Der erfolgreiche Mann arbeitet schnell.
the successful man	*The successful man works quickly.*

A. Here are the adjective endings for the nominative case with examples related to the film.

Nominative Case (Subject Case)			
Masculine der	Feminine die	Neuter das	Plural die
der leer**e** Koffer *the empty suitcase*	die gut**e** Freundin *the nice girlfriend*	das politisch**e** Flugblatt *the political flyer*	die deutsch**en** Studenten *the German students*
Masculine ein	Feminine eine	Neuter ein	Plural keine
ein leer**er** Koffer *an empty suitcase*	eine gut**e** Freundin *a nice girlfriend*	ein politisch**es** Flugblatt *a political flyer*	keine deutsch**en** Studenten *no German students*

I. **Nominative endings.** Fill in the nominative endings of the adjectives for the sentences from the movie.

1. Das Flugblatt war abgezogen: das abgezogen_____ Flugblatt
2. Der Briefumschlag war frankiert: der frankiert_____ Briefumschlag
3. Sophies Koffer war leer: der leer_____ Koffer
4. Sophies Dummheit war groß: die groß_____ Dummheit
5. Die Reise nach Ulm war geplant: die geplant_____ Reise
6. Sophies Wäsche war schmutzig: die schmutzig_____ Wäsche
7. Das Kind von Sophies Freundin war neugeboren: das neugeboren_____ Kind
8. Der Universitätshausmeister war eifrig: der eifrig_____ Hausmeister

II. Sophie war im Bund Deutscher Mädel, denn der BDM bot den Mädchen Möglichkeiten für ihre Freizeit, ihr Fortkommen, für ihre Schulung, ihre Erziehung und ihre Unterhaltung. Fill in the nominative endings.

1. die attraktiv_____ Freizeitgestaltung
2. das beruflich_____ Fortkommen (*advancement*)
3. die kulturell_____ Schulungskurse (*pl*)
4. die weltanschaulich_____ Erziehung
5. die deutsch_____ Volkstänze (*pl*)
6. die hauswirtschaftlich_____ Fähigkeiten (*skills*) (*pl*)

B. Here are the adjective endings for the accusative case. Compare them to the endings for nominative. What patterns do you notice?

Accusative Case (Direct Object)			
Masculine den	Feminine die	Neuter das	Plural die
den schnell**en** Wagen	die schön**e** Stadt	das alt**e** Auto	die neu**en** Bücher
the new car	*the beautiful city*	*the old car*	*the new books*
Masculine einen	Feminine eine	Neuter ein	Plural keine
einen schnell**en** Wagen	eine schön**e** Stadt	ein alt**es** Auto	keine neu**en** Bücher
a new car	*a beautiful city*	*an old car*	*no new books*

I. **Accusative endings.** Fill in the endings of the accusative adjectives for the sentences from the movie.

1. Die Nationalsozialisten haben die geisteskrank_____ Kinder (*pl*) mit Gas und Gift beseitigt.
2. Wir müssen helfen, ein neu_____, geistig_____ Europa (*n*) aufzurichten!
3. Die Nationalsozialisten lassen Sophie kein_____ ander_____ Wahl (*f*).
4. Sophie denkt an ihre arm_____ Eltern (*pl*).
5. Es geht um ihre politisch_____ Äußerungen (*pl*).

C. Here are the adjective endings for the dative case. Which endings are the same in accusative and dative?

Dative Case (Indirect Object)			
Masculine dem	Feminine der	Neuter dem	Plural den
(mit) dem neu**en** Wagen *(with) the new car*	(in) der schön**en** Stadt *(in) the beautiful city*	(mit) dem alt**en** Auto *(with) the old car*	(aus) den neu**en** Büchern *(from) the new books*
Masculine einem	Feminine einer	Neuter einem	Plural keinen
(mit) einem neu**en** Wagen *(with) a new car*	(in) einer schön**en** Stadt *(in) a beautiful city*	(mit) einem alt**en** Auto *(with) an old car*	(aus) keinen neu**en** Büchern *(from) no new books*

I. **Dative endings.** Fill in the endings of the dative adjectives for the sentences from the first part of the movie.

1. am selb_____ Tag (*m*)
2. von der fünft_____ und sechst_____ Schmähschrift (*f*)
3. am folgend_____ Morgen (*m*)
4. an ander_____ Orten (*pl*)
5. auf der link____ Seite (*f*)

D. **Summary of charts**

Are you completely confused? On the next page is a summary of all the adjective endings in a simplified table. Look at the table and compare the distribution of endings. You'll notice that the first set of endings, the unpreceded nouns, is very logical—the adjective ending simply matches the noun gender (*der Kaffee = kalter Kaffee*). Essentially, the adjective ending is standing in for the missing article and supplying the information about gender and case.

Learning the adjective endings that follow the definite articles (*der, die, das …*) is not too difficult either since there are essentially only two endings to choose from: *e* and *en*. Look at the chart. When do you use *e* and when *en*?

The adjective endings that follow indefinite articles (ein, mein, kein …) are more mixed. Nominative masculine and neuter are identical to the unpreceded adjectives.

Spend some time studying the two charts that show just the distribution of the endings without the nouns or adjectives. If you have a visual impression of their distribution, it might make it easier for you to remember. As a rule, the subject cases (nominative) mostly use *e* endings the object cases (accusative) use mostly *en* endings. Those endings are sometimes called "filler endings" since they indicate neither case nor gender.

		masculine	feminine	neuter	plural
unpreceded	nom	heißer Kaffee	junge Frau	kleines Kind	schnelle Hunde
	acc	heißen Kaffee	junge Frau	kleines Kind	schnelle Hunde
	dat	heißem Kaffee	junger Frau	kleinem Kind	schnellen Hunden
	gen	heißen Kaffees	junger Frau	kleinen Kindes	schneller Hunde

		masculine	feminine	neuter	plural
definite article	nom	der alte Mann	die junge Frau	das kleine Kind	die schnellen Hunde
	acc	den alten Mann	die junge Frau	das kleine Kind	die schnellen Hunde
	dat	dem alten Mann	der jungen Frau	dem kleinen Kind	den schnellen Hunden
	gen	des alten Mannes	der jungen Frau	des kleinen Kindes	der schnellen Hunde

		masculine	feminine	neuter	plural
indefinite article	nom	ein alter Mann	eine junge Frau	ein kleines Kind	keine schnellen Hunde
	acc	einen alten Mann	eine junge Frau	ein kleines Kind	keine schnellen Hunde
	dat	einem alten Mann	einer jungen Frau	einem kleinen Kind	keinen schnellen Hunden
	gen	eines alten Mannes	einer jungen Frau	eines kleinen Kindes	keiner schnellen Hunde

Unpreceded or after an indefinite article

	M	F	N	Pl
N	er	e	es	e
A	en	e	es	e
D	em	er	em	en
G	en	er	en	er

After a definite article

	M	F	N	Pl
N	e	e	e	en
A	en	e	e	en
D	en	en	en	en
G	en	en	en	en

E. Fill in the missing information. Supply the missing information in the following table about the adjectives and the nouns from the following sentences.

Sophie Scholl war <u>ein mutiges Mädchen</u>. Zusammen mit ihrem älteren Bruder und anderen Mitgliedern der Weißen Rose hat sie Widerstand gegen die Nazis geleistet. Sophie hatte eine enge Beziehung zu ihrer guten Freundin Gisela. Ihre politisch engagierten Eltern waren ihr auch sehr wichtig. Sophie und Hans wurden während einer gefährlichen Flugblattaktion entdeckt und verhaftet. Nach einem schnellen Prozess wurden Sophie und ihr Bruder zum Tode verurteilt. Über die tragische Geschichte der Geschwister Scholl lernen heute viele Schüler und Studenten auf der ganzen Welt.

Noun phrase	Noun: gender, case, number	Adjective: unpreceded, definite article, indefinite article
ein mutiges Mädchen	neuter, nominative, singular	definite article
mit ihrem älteren Bruder		
mit anderen Mitgliedern		
eine enge Beziehung		
zu ihrer guten Freundin		
ihre politisch engagierten Eltern		
während einer gefährlichen Flugblattaktion		
die tragische Geschichte		
auf der ganzen Welt		

F. What's missing? Fill in the missing adjective endings in the following text. Tip: In doing so, first determine the gender and case of the noun using cues in the sentence; then figure out what the ending should be.

Nach der Ernennung von Adolf Hitler zum Reichskanzler am 30. Januar 1933 zweifelte kaum jemand, dass Weimarer Republik der Vergangenheit angehörte. Die Wendung zum autoritär_____ Regime war in Europa nichts Ungewöhnliches; seit den 1920er Jahren war die Demokratie in viel_____ Ländern verdrängt worden. Worin sich das NS-Regime aber von den diktatorisch_____ Systemen in anderen Staaten unterschied, waren die rücksichtslos_____ Vehemenz und die Brutalität, mit der die NS-Führung ihren uneingeschränkt_____ Führungsanspruch durchsetzte.

Im abgestimmt_____ Zusammenspiel von Terror und Propaganda errichteten die Nationalsozialisten in wenig_____ Wochen die von ihnen angestrebt_____ Diktatur. Die in Deutschland nahezu allgegenwärtig_____ Hakenkreuze und Porträts von Adolf Hitler zeugten zwischen 1933 und 1945 von der Alleinherrschaft der NSDAP und dem Personenkult um den „Führer". Erst nach Kriegsende wurden vielen nunmehr beschämt_____ Deutschen der verbrecherisch_____ Charakter und der Rassenwahn des NS-Regimes bewusst, mit dem sie zwölf Jahre lang die fest_____ Erwartung auf eine besser_____ Zukunft verbunden hatten.

G. LMU München. Insert the proper endings for the adjectives in the text.

Die historisch_____ Münchner Universität liegt an der prachtvoll_____ Leopoldstraße in Schwabing, Münchens Künstlerviertel. Folgt man der Leopoldstraße Richtung Süden, kommt man schnell an den weit_____ Odeonsplatz, wo Münchens klassisch_____ Bauten stehen, die katholisch_____ Theatinerkirche, die Feldherrenhalle und die Residenz.

Ebenfalls nördlich der Altstadt finden wir die weltbekannt_____ Kunstmuseen: In der Alten Pinakothek hängen die Gemälde europäisch_____ Meister vom 14. bis 18. Jahrhundert, in der Neuen Pinakothek die modern_____ Künstler wie Van Gogh, Monet und

München vor den winterlichen Alpen

Spitzweg und in der architektonisch aufregend_____ Pinakothek der Moderne die modern_____ Kunst. Das Deutsch_____ Museum auf der Isarinsel ist das meistbesuchtest_____ Museum in Deutschland mit seiner groß_____ Techniksammlung.

Mitten in der Altstadt liegt das Rathaus im neugotisch_____ Stil neben dem mittelalterlich_____ Marienplatz. Ein beliebt_____ Fotomotiv ist das weltberühmt_____ Glockenspiel. Die Frauenkirche ist das sichtbar_____ Wahrzeichen von München mit den beid_____ Zwiebeltürmen dieses gotisch_____ Doms. Fast jeder Tourist kennt die berühmtest_____ Bierhalle der Welt, das Hofbräuhaus.

Auch außerhalb der Altstadt gibt es eine Reihe von Sehenswürdigkeiten. Das Schloss der bayerisch_____ Könige mit dem angeschlossen_____ Schlosspark ist eines der prächtigst_____ Gebäude der Stadt. Und natürlich dürfen die modern_____ Attraktionen nicht fehlen: Die Allianz-Arena ist das neuest_____ Wahrzeichen der Stadt, wo der beliebt_____ Fußballclub Bayern München spielt, oder der Olympiapark der Olympisch_____ Sommerspiele 1972 mit der BMW-Welt als neu_____ Besuchermagnet am Olympiapark. Und zuletzt Münchens Hauptattraktion, die „Wiesn" oder das Oktoberfest, das größt_____ Volksfest der Welt.

Strukturen: Das Passiv
PASSIVE: AN OVERVIEW

As in English, Germans are told not to use the passive. Although it should not be overused, there are circumstances when the passive should be used. You should be able to recognize when a sentence is active and when it is passive. Once you start looking at examples, it becomes clearer why it is sometimes necessary to use the passive: for example, when the agent is not obvious or does not want to be recognized, as in the following sentence:

Many Jews were killed during WWII.
Viele Juden wurden im Zweiten Weltkrieg ermordet.

Who did it, the Germans, the SS, the Wehrmacht? Hundreds of books have been written to determine the culprits. Using the passive avoids getting involved in the debate. Of course, not all situations are provocative or controversial, as in the following examples:

ACTIVE (AKTIV):	*Der Tsunami* **hat die Fabrik zerstört.**
	The tsunami destroyed the plant.
PASSIVE (PASSIV):	**Die Fabrik wurde zerstört.**
(*no agent* expressed)	(The plant was destroyed.)
	Die Fabrik ist zerstört worden.
	(The plant was destroyed.)

Sometimes in passive sentences the agent is given, typically in a prepositional phrase using *durch* or *von*.

PASSIVE (PASSIV):	**Viele Juden** wurden **von den Nazis** ermordet.
(*agent* expressed)	**Die Fabrik** ist **durch den Tsunami** zerstört worden.

If the agent is known, as in these two examples, then it makes sense and is often considered stylistically more appropriate to use an active sentence. The following sentence represents a "false passive" and is often used as an incorrect translation into German of the English passive. But it is important to recognize the difference between *war zerstört* and *wurde zerstört*. The verb *war* is static (and *zerstört* here is used as a predicative adjective), whereas *wurde* expresses the (violent) action of the tsunami.

"FALSE PASSIVE":	**Die Fabrik ist zerstört.**	**Die Fabrik war zerstört.**
(predicate adjective)	(The plant is destroyed.)	(The plant was destroyed.)

Note that all of these examples are in the past (*wurde* + participle) or present perfect (*ist* ... participle + *worden*) tense. In later examples, we will look at the present tense.

A. Sophies Geschichte. Translate the following sentences from the film from German into English.

1. Sophie Scholl wurde 1921 geboren.
2. Der Bund Deutscher Mädel (BDM) wurde im Juni 1930 gegründet.
3. Die Schmähschriften wurden in München geschrieben.
4. Sie wurden in Augsburg und München verschickt.
5. Das Atelier Eickemayer wurde durchsucht.
6. Hans und Sophie Scholl und Christoph Probst wurden exekutiert.
7. Das Flugblatt wurde von den westlichen Alliierten über deutsche Städte abgeworfen.

PASSIVE: SUMMARY OF TENSES

Look at the following summary of the passive. What do you notice about the forms? What do they all have in common? What do present and past perfect have in common? What makes future different from the others? What part of the verb shows that it is future and not present?

Präsens (Present)	wird/werden gemacht
	is/are being done
Präteritum (Simple past)	wurde/wurden gemacht
	was/were done
Perfekt (Present perfect)	ist/sind gemacht worden
	has/have been done
Plusquamperfekt (Past perfect)	war/waren gemacht worden
	had/have been done
Futur (Future)	wird/werden gemacht werden
	will be done

A. Was passiert? Label the sentences according to tense.

1. _____ Das Flugblatt wird abgezogen.
2. _____ Der Briefumschlag ist frankiert worden.
3. _____ Die Reise nach Ulm wurde geplant.
4. _____ Sophies Prozess wird von Roland Freisler geführt werden.
5. _____ Sophie und ihr Bruder sind vom Hausmeister entdeckt worden.
6. _____ Ihr Vater war von der Gestapo verhaftet worden.
7. _____ Sophie wurde von Mohr verhört.
8. _____ Sie wird von Lohner in die Zelle gebracht.

B. Der Film *Sophie Scholl: Die letzten Tage*. Fill in the blanks with the correct passive forms.

Der Film zeigt, wie Anti-Nazi-Flugblätter von der Münchner Studentin Sophie Scholl und ihrem Bruder Hans in der Universität _____ _____ _____ (*have been distributed*). Sophie und Hans _____ (*were*) vom Hausmeister _____ (*discovered*) und von dem Gestapo-Beamten Mohr _____ (*interrogated*). Sophie _____ (*had been*) wegen Landesverrats schuldig _____ (*found*) _____.

Der Film _____ (*was*) im Jahre 2005 _____ (*produced*). Sophies Rolle _____ (*was*) von der Schauspielerin Julie Jentsch _____ (*played*). Der Film _____ (*has been*) von mehr als einer Millionen Zuschauer in Deutschland _____ _____ (*watched*).

MODAL VERBS IN PASSIVE (MODALVERBEN IM PASSIV)

Still want to know more about passive? The passive is also used with modal verbs. The most common usage of modals in passive are in the present and past.

| Present (Präsens) | muss/müssen gemacht werden
has/have to be done |
| Simple past (Präteritum) | musste gemacht werden
had to be done |

A. A messy apartment! Fill in the blanks with the form of the cued verb.

1. Meine Wohnung _____ dringend sauber gemacht werden! (*müssen*)
2. Der Boden _____ gewischt werden. (*sollen*)
3. Die Fenster sollen _____ werden. (*putzen*)
4. Die Wäsche muss unbedingt gewaschen _____. (*werden*)
5. Außerdem _____ das Geschirr gespült werden. (*müssen*)
6. Die Betten sollen frisch bezogen _____. (*werden*)
7. Das Wohnzimmer muss _____ werden. (*aufräumen*)
8. Und natürlich soll die Badewanne _____ werden. (*säubern*)

B. Sie sind dran! What really needs to be done in your apartment or dorm room? First brainstorm several verbs, then formulate sentences. When you are done, compare your to-do list with a partner's.

Aufgabenliste!

1. _____
2. _____
3. _____
4. _____
5. _____
6. _____

C. Now that you've cleaned your entire apartment, brag to your roommates about your hard work. Change the present tense passive sentences into past tense.

Lektüre
„EIN GUTER DEUTSCHER"

aus Lion Feuchtwanger *Die Geschwister Oppenheim* **(Querido, Amsterdam, 1933)**

Lion Feuchtwanger was one of Germany's best-known Jewish authors who emigrated to France in 1933 after he had witnessed how the Nazis banned books written by Jewish authors. His were the first books to be burned in Germany. Feuchtwanger felt compelled to describe his experiences and express his anti-Nazi sentiments in one of the first novels published about the brutal nature of the Hitler government. The book is partly based on his own experiences, which are reflected in the life of three successful Jewish Germans, Gustav, Martin, and Edgar Oppermann, who each respond differently to the threat of the Nazis. The excerpt shows the pressure nationalistic German teachers exerted on their Jewish students. Martin's son Berthold eventually breaks under the pressure and commits suicide.

Die Geschwister Oppenheim (later changed to Oppermann as in this text) focuses on a student paper on "Herman the German". Herman the German (also known as Hermann or Armin/Arminius) was a Germanic chieftain of the Cheruci tribe. He defeated the Roman army in 9 AD in the battle of the Teutoburg Forest and was considered by the Nazis to be the founder of the Germanic nation.

VOR DEM LESEN

A. Fragen zum Thema

1. Mussten Sie an Ihrer Schule Projekte präsentieren? Waren das Einzel- oder Gruppenprojekte? Wie lange mussten Sie sprechen?
2. Wie haben Sie sich auf die Präsentationen und Projekte vorbereitet (*prepared*)?
3. Was war Ihr Lieblingsfach in der Schule?
4. Haben Sie sich mit Ihren Lehrern und Lehrerinnen gut verstanden (*to get along*)?
5. Was haben (oder hätten) Sie gemacht, wenn Sie sich mit einem Lehrer oder einer Lehrerin nicht verstanden haben (hätten)?

DIE GESCHWISTER OPPERMANN (AUSZUG)

A. Das Vortragsthema. The book's protagonist, Berthold Oppermann, had prepared a presentation on the idea of humanism with his German teacher, Doctor Heinzius, who died unexpectedly. The scene shows the first confrontation between the Jewish teenager and the fervent Nazi Doctor Vogelsang. The paragraphs have been numbered.

(1) In der folgenden Viertelstundenpause beruft Doktor Vogelsang die beiden Schüler zu sich, die die nächsten Diskussionsvorträge zu halten haben. Rede ist wichtiger als Schrift, diese These des **Führers der Völkischen** hält er heilig, er nimmt die Diskussionsvorträge sehr ernst. Mit dem ersten Schüler versteht er sich leicht. Der will über die **Nibelungen** sprechen, über das Thema: „Was können wir Heutigen aus dem Kampf der Nibelungen mit König Etzel lernen?" „Bon", sagt Vogelsang. „Wir können manches daraus lernen."

(2) Aber was will der andere, dieser Grauäugige?

„Der Humanismus und das zwanzigste Jahrhundert?" Er schaut sich den Grauäugigen an. Ein großer **Bursche**, auffallend, das schwarze Haar und die grauen Augen gehen nicht zusammen. In Berlin mag so ein Junge gute Figur machen: in einer Jungmannschaft, im Gleichschritt marschierend, sinkt er ab.

(3) „Wie bitte?" fragt Doktor Vogelsang. „Der Humanismus und das zwanzigste Jahrhundert? Wie soll man in einer knappen Stunde über ein so riesiges Thema fruchtbar diskutieren?" „Herr Doktor Heinzius hat mir einige **Fingerzeige** gegeben", sagt bescheiden Berthold Oppenheim, die schöne männliche tiefe Stimme **gedämpft**. „Ich wundere mich, dass mein Vorgänger Themen so allgemeiner Art zugelassen hat", fährt Doktor Vogelsang fort, seine Stimme klingt scharf, **quäkend**, streitbar.

(4) Berthold schweigt. Was soll er dazu sagen? Doktor Heinzius, der sicherlich einiges dazu hätte sagen können, lag im Stahnsdorfer Waldfriedhof, er selber hatte eine **Schaufel** Erde auf den Sarg geworfen, der konnte ihm nicht helfen. „Haben Sie sich lange mit der Arbeit beschäftigt?", fragt die quäkende Stimme weiter. „Ich bin so ziemlich fertig mit dem Vortrag", erwiderte Berthold. „Ich sollte ihn ja in der nächsten Woche halten", fügt er hinzu, fast wie eine Entschuldigung.

(5) „Das tut mir leid", sagte Vogelsang, sehr höflich übrigens. „Ich liebe so allgemeine Themen nicht. Ich möchte sie aus prinzipiellen Gründen nicht **zulassen**." Berthold nimmt sich zusammen, aber er kann nicht verhindern, dass sein fleischiges Gesicht ein ganz klein wenig zuckt. Vogelsang **nimmt es wahr**, nicht ohne eine gewisse **Befriedigung**. Sie zu verbergen, wiederholt er: „Ich bedaure, dass Sie viel Mühe vertan haben. Am Ende trägt ja auch jede Arbeit ihren Lohn in sich selbst."

(6) Berthold ist wirklich ein bisschen blass geworden. Aber der andre hat Recht, man kann mit dem Humanismus wirklich in einer knappen Stunde kaum fertig werden. Dieser Vogelsang ist Berthold nicht sympathisch, aber er ist ein Kerl, das hat er während der Stunde gezeigt. „Was für ein Thema würden Sie mir vorschlagen, Herr Doktor?", fragt er. Seine Stimme klingt heiser.

(7) „Lassen Sie mal sehen", überlegt Doktor Vogelsang. „Wie heißen Sie übrigens?", unterbricht er sich. Berthold Oppenheim nennt seinen Namen. Ah, denkt der Lehrer, jetzt **klärt** es **sich**. Darum also das befremdende Thema. Der Name war ihm schon in der Klassenliste aufgefallen. Es gibt jüdische Oppenheims, und es gibt christliche Oppenheims. Man braucht nicht lange zu kratzen: der Jude, der **Zersetzer**, der Feind verrät sich dem **Kündigen** sogleich. Humanismus und zwanzigstes Jahrhundert. Immer verstecken sie sich hinter den Masken großer Worte.

(8) „Wie wäre es", sagt er leichthin, kameradschaftlich, - diesem gefährlichen Jungen gegenüber gilt es doppelt **auf der Hut zu sein**, - „wie wäre es mit einem Vortrag über Hermann den Deutschen? Was zum Beispiel meinen Sie zu dem Thema: Was bedeutet uns Heutigen Hermann der Deutsche?"

(9) Oberlehrer Vogelsang sitzt unbeweglich vor dem Katheder, sein Blick ist steif auf den Knaben gerichtet. ,Will er mich hypnotisieren?' denkt der. Hermann der Deutsche. Es heißt Hermann der Cherusker, Mensch. Übrigens, Hermann der Cherusker und Hermann der Deutsche, **mir ist das Scheibenhonig**. Mir liegt das nicht. Er sieht angestrengt auf das zerteilte Gesicht des Lehrers, auf seinen scharfen **Scheitel**, die starren, blassblauen Augen den hohen Kragen. Mir liegt das nicht. Ich schätze das weniger. Aber wenn ich Nein sage, findet er's bestimmt feige. Der Humanismus ist ihm zu allgemein. Hermann der Deutsche. Er will mich nur **herausfordern**, klar, Mensch. Ich will sagen, ich werde mir's überlegen. Dann wird er erwidern: tun Sie das, mein Junge, und es wird klingen wie: **Drückeberger**, bin ich ein Drückeberger?

(10) „Was bedeutet uns Heutigen Hermann der Deutsche?", kommt nochmals die quäkende Stimme Vogelsangs.

„Was meinen Sie, Oppenheim?"

„Gut", sagt Berthold.

Das Wort ist noch nicht verhallt, möchte er es schon zurücknehmen. Er hätte sagen sollen: ,Ich werde mir's überlegen.' Er wollte das auch sagen. Aber es ist zu spät. „Recht so," anerkennt Vogelsang. Es ist für ihn ein guter Tag heute, er ist auch aus dieser Unterredung als Sieger hervorgegangen.(…)

der Führers der Völkischen	Hitler
Nibelungen	the Nibelungs
der Bursche	young man; lad
der Fingerzeig	hint
gedämpft	subdued
quäken	to squawk
die Schaufel	shovel
zulassen	to admit; to allow
wahrnehmen (nimmt wahr, nahm wahr, hat wahrgenommen)	to realize
die Befriedigung	satisfaction
sich klären	to clear up
der Zersetzer	subversive element
kündigen	to quit
auf der Hut sein	to be on your guard
das ist Scheibenhonig	I don't care
der Scheitel	part (of the hair)
herausfordern	to challenge
der Drückeberger	coward

B. Sätze ordnen. Die Absätze sind hier in einem Satz zusammengefasst, doch sie sind in der falschen Reihenfolge. Bringen Sie die Sätze in die richtige Reihenfolge.

1. Berthold weiß nicht, ob er „ja" oder „nein" sagen soll.
2. Vogelsang liebt keine allgemeinen Themen für Präsentationen.
3. Berthold fragt, welches Thema Vogelsang vorschlägt.
4. Vogelsang findet heraus, dass Berthold jüdisch ist.
5. Berthold hat sich lange mit dem Thema Humanismus beschäftigt.
6. Berthold akzeptiert das Thema von Vogelsang, aber bedauert (*regrets*) es sofort.
7. Doktor Vogelsang will über die Nibelungen sprechen.
8. Vogelsang schlägt das Thema „Hermann der Deutsche" vor.
9. Vogelsang möchte das Thema Humanismus nicht zulassen.
10. Der grauäugige Berthold möchte über den Humanismus sprechen.

C. Die Fortsetzung. Berthold has had some time to prepare for the presentation but he did not realize that Vogelsang was ready for a confrontation.

(11) In der Fünfminutenpause vor der deutschen Stunde gab sich Berthold männlich, tat, als hätte er vergessen, was bevorstand, sprach mit den Kameraden über Gleichgültiges. Auch Oberlehrer Vogelsang tat, als **kümmerte** ihn nicht das **Ereignis**, das jetzt steigen sollte. Er trat ein, setzte sich stramm vors Katheder wie immer, blätterte in seinem Notizbuch: „Was hätten wir also heute? Richtig, den Vortrag Oppenheims. Bitte, Oppenheim." Und als Oppenheim vorgetreten war, fügte Vogelsang, heute offenbar sehr gut aufgelegt, mit scherzhaft wohlwollender Aufmunterung hinzu: „**Wolfram von Eschenbach,** beginne!"

(12) Berthold stand da, zwischen Katheder und Schulbänken, betont **lässig** den rechten Fuß vorgesetzt, den rechten Arm hängen lassend, die linke Hand leicht in der Hüfte. Er hatte sich's nicht leicht gemacht, war keiner Schwierigkeit ausgewichen. Aber er hatte es geschafft; er wusste jetzt klar, was uns oder was zumindest ihm Hermann der Deutsche bedeutete. Vom Standpunkt der Rationalisten aus mochte die Tat Hermanns **nutzlos** erscheinen, aber eine solche Auffassung hielt nicht stand vor dem Gefühl unbedingter Bewunderung, das die **Befreiungstat** des Mannes gerade in einem Deutschen von heute hervorrufen musste.

(13) Diesen Gedankengang wollte Berthold ausführen gemäß den guten, alten Regeln, die er gelernt hatte: allgemeine Einleitung, Setzung des Themas, prinzipielle **Stellungnahme** des Vortragenden; **Beweise, Einwände, Widerlegung** der Einwände; zum Schluss nochmals, stark betont, die These des Vortragenden. Berthold hatte, was er sagen wollte, bis aufs Komma schriftlich fixiert. Da ihm aber die Worte leicht von den Lippen kamen, hatte er es verschmäht, sein Manuskript mechanisch auswendig zu lernen. Er wollte, sich streng an die Grundlinien haltend, die Formulierung des Einzelnen dem Augenblick überlassen.

(14) Da stand er also und sprach. Er sah vor sich die Gesichter seiner Kameraden, Max Webers, Kurt Baumanns, Werner Ritterstegs, Heinrich Lavendels. Aber nicht für diese sprach er. Nur für sich selber und für den dahinten, den Feind.

(15) Denn Oberlehrer Vogelsang hielt sich hinter Berthold, in seinem Rücken. Er saß stramm da, ließ sich nicht gehen, hörte zu. Berthold sah ihn nicht, aber er wusste, der Blick Vogelsangs war steif auf ihn gerichtet, genau auf seinen Nacken. Unter dem **Kragen spürte** er die Stelle, wohin der Blick Vogelsangs drang. Es war, wie wenn jemand mit spitzem Finger an diese Stelle stieß. Berthold bemühte sich, an nichts zu denken außer an seine Sätze. Gute dreißig Minuten sollte er sprechen. Etwa acht Minuten hatte er hinter sich, die Einleitung war vorbei, das Thema gesetzt, seine These gesetzt, er war bei den ‚Beweisen'. Da spürte er, wie der Blick Vogelsangs ihn losließ. Ja, Vogelsang erhob sich, sehr leise, um nicht zu stören. Er kam vor, jetzt sah ihn Berthold an der linken Wand erscheinen. Er ging die linke Reihe der Bänke entlang, auf Fußspitzen, mit **gemessenen,** doch betont vorsichtigen Schritten; Berthold hörte das leise **Knarren** seiner Stiefel. Vogelsang ging nach hinten, in die Ecke links. Er wollte Berthold vor Augen haben, die Worte aus seinem Mund kommen sehen. (…)

(16) Berthold führte jetzt aus, dass die Tat Hermanns eigentlich keine äußeren Folgen hatte. Keine Frage, Luthers Bibelübersetzung, Gutenbergs Erfindungen waren für Deutschland und sein Ansehen in der Welt bedeutsamer als die Schlacht im Teutoburger Wald. Die Tat des Arminius, das müssen wir zugeben, bleib praktisch ohne Bedeutung. (...) „Aber trotzdem," setzt er an, frisch, kräftig, „dies alles **zugegeben**." -

(17) Da wird er unterbrochen. Scharf, quäkend, kommt es aus der Ecke: „Nein, nicht zugegeben. Ich gebe das nicht zu. Niemand gibt das zu. Ich dulde das nicht. Ich höre das nicht länger mit an. Was denken Sie sich denn, junger Mann? Was für Leute glauben Sie denn, dass Sie vor sich haben? Hier, vor deutschen Menschen, in dieser Zeit deutscher **Notwende**, wagen Sie es, die ungeheure Tat, die am Beginn der deutschen Geschichte steht, als nutzlos, als sinnlos zu bezeichnen? Sie geben das zu, sagen Sie. Sie **erdreisten** sich, die Argumente des ödesten Opportunisten in den Mund zu nehmen, und dann sagen Sie: Sie geben das zu. Wenn Ihnen schon selbst jeder **Funke**

deutschen Gefühls abgeht, dann **verschonen** Sie doch wenigstens uns Vaterländisch Fühlende mit Ihren **Kotverwürfen**. Ich verbitte mir das. Hören Sie, Oppenheim. Ich verbitte mir das, nicht nur für mich selber, sondern im Namen dieser Anstalt, die vorläufig noch eine deutsche ist." (...)

(18) Berthold steht da, **nagt** mit den großen weißen Zähnen die Unterlippe. (...) Endlich, nach einer ewigen Pause, deutlich, aber nicht laut, sagt er: Ich bin ein guter Deutscher, Herr Oberlehrer, ich bin ein ebenso guter Deutscher wie Sie."

(19) Diese **ungeheure Anmaßung** des Judenjungen verschlägt Doktor Vogelsang für einen Augenblick die Sprache. Dann will er **losbrechen**. Aber er hat alle Trümpfe in der Hand, er will sie nicht durch einen Temperamentsausbruch verspielen. Er bezwingt sich. „So", begnügt er sich zu sagen, auch seinerseits nicht sehr laut, „ein guter Deutscher sind Sie? Wollen Sie das gefälligst andern überlassen, zu bestimmen, wer ein guter Deutscher ist und wer nicht. Ein guter Deutscher. (...) Wollen Sie sich nicht wenigstens entschuldigen, Oppenheim?"

kümmern	to care	**gemessen**	measured
das Ereignis	event	**knarren**	to squeak
Wolfram	medieval German poet	**zugeben**	to admit
von Eschenbach		**die Notwende**	the need; necessity
lässig	relaxed	**erdreisten**	to presume
nutzlos	useless	**der Funke**	spark
die Befreiungstat	act of liberation	**verschonen**	to spare
die Stellungnahme	statement	**der Kotverwurf**	dirty accusation
der Beweis	proof	**nagen**	to gnaw
der Einwand	objection	**ungeheuer**	monstrous
die Widerlegung	rebuttal	**die Anmaßung**	presumption
der Kragen	collar	**losbrechen** (bricht los, brach los, ist losgebrochen)	break loose
spüren	to sense		

D. Die richtige Reihenfolge. Bringen Sie auch die Sätze für den zweiten Teil in die richtige Reihenfolge.

1. Berthold sieht seine Schulkameraden, aber er spricht nur für den Feind Vogelsang.
2. Vogelsang geht durch die Klasse, während Berthold spricht.
3. Vogelsang sagt, dass ein Judenjunge kein guter Deutscher sein kann.
4. Berthold und Oppermann sind beide locker (cool) vor der Konfrontation.
5. Berthold diskutiert Hermanns Tat im Detail.
6. Vogelsang unterbricht Bertold.
7. Berthold sagt: „Ich bin ein guter Deutscher."
8. Bertold hat einen genauen Plan für seine Präsentation.
9. Berthold will einen rationalen Vortrag geben.

NACH DEM LESEN

 A. Fragen zum Inhalt. Beantworten Sie die Fragen mit einem Partner/einer Partnerin.

1. Worin besteht Bertholds Anmaßung?
2. Wie lange dauert Bertholds Vortrag?
3. Worüber spricht Berthold?
4. Welche Teile hat sein Vortrag?
5. Was macht Oberlehrer Vogelsang während des Vortrags?
6. Welche Erfindungen waren für Berthold wichtiger als die Schlacht im Teutoburger Wald?
7. Vogelsang verlangt von Berthold, sich zu entschuldigen. Wofür soll er sich entschuldigen?
8. Würden Sie sich an Bertholds Stelle entschuldigen?

 B. Das Duell. Lesen Sie den Text und beantworten Sie die Fragen danach mit einem Partner/einer Partnerin.

Die Szene ist ein psychologisches Duell zwischen Lehrer und Schüler. Beide sind Feinde, der Nazi und der Jude. Doch sie können nicht kämpfen (*fight*), noch nicht. Sehen wir uns die zentrale Szene noch einmal an:

„Vogelsang: Hier, vor deutschen Menschen, in dieser Zeit deutscher Notwende, wagen Sie es, die ungeheure Tat, die am Beginn der deutschen Geschichte steht, als nutzlos, als sinnlos zu bezeichnen? Sie geben das zu, sagen Sie. Sie erdreisten sich, die Argumente des ödesten Opportunisten in den Mund zu nehmen, und dann sagen Sie: Sie geben das zu. Wenn Ihnen schon selbst jeder Funke deutschen Gefühls abgeht, dann verschonen Sie doch wenigstens uns Vaterländisch Fühlende mit Ihren Kotverwürfen. Ich verbitte mir das."

1. Von welcher ungeheuren Tat spricht Vogelsang?
2. Was meint er wohl mit „Notwende"?
3. Warum glauben Sie, dass Hermann so wichtig für die Nazis ist?
4. Wieso kann man Bertholds Präsentation als Kotverwurf sehen?
5. Berthold antwortet: „Ich bin ein ebenso guter Deutscher wie Sie." Welche anderen Antworten könnte man Vogelsang geben?
6. Was hätten Sie gemacht, wenn Sie Vogelsang wären?
7. Hatten Sie einmal politische Differenzen mit Ihren Lehrern/Lehrerinnen oder anderen Erwachsenen, oder Ihren Eltern?
8. Wie haben Sie diesen Konflikt gelöst?

 C. Adjektive. Schreiben Sie die richtigen Adjektive in die Lücken. Die Adjektive haben schon die richtigen Endungen.

> **allgemeine • blassblauen • christliche • deutschen • deutscher
> grauen • hohen • jüdische • knappen • linke • rechten • rechten
> riesiges • scharfen • schwarze • starren • ungeheure • zerteilte**

Ein großer Bursche, auffallend, das _____ Haar und die _____ Augen passen nicht zusammen.

Wie soll man in einer _____ Stunde über ein so _____ Thema fruchtbar diskutieren? (*query*)

Ich liebe so _____ Themen nicht.

Es gibt _____ Oppenheims, und es gibt _____ Oppenheims.

Er sieht angestrengt auf das _____ Gesicht des Lehrers, auf seinen _____ Scheitel, die, _____ _____ Augen, den _____ Kragen.

Berthold stand da, zwischen Katheder und Schulbänken, betont lässig den _____ Fuß vorgesetzt, den Arm hängen lassend, die _____ Hand leicht in der Hüfte.

In dieser Zeit _____ Notwende, wagen Sie es, die _____ Tat, die am Beginn der _____ Geschichte steht, als nutzlos, als sinnlos zu bezeichnen?

Wortschatz
WÖRTER ZUM THEMA

angeben (gibt an, gab an, hat angegeben)	*to report*
die Aussage, -n	*statement*
der/die Beamte, -n	*official*
die Befriedigung, -en	*satisfaction*
der Beweis, -e	*proof*
enthalten (enthält, enthielt, hat enthalten)	*to contain*
gelegentlich	*occasional; occasionally*
das Gesetz, -e	*law*
gestehen (gestand, hat gestanden)	*to admit; confess*
das Gewissen	*conscience*
die Handschrift-, en	*handwriting*
der Himmel, -	*heaven; sky*
die Krankenschwester, -n	*female nurse*
der Krankenpfleger, -	*male nurse*
kümmern	*to care*
leihen (lieh, hat geliehen)	*to borrow*
lügen (log, hat gelogen)	*to lie*
nutzlos	*useless*
schweigen (schwieg, hat geschwiegen)	*to remain silent*
spüren	*to sense*
stammen	*to originate*
verachten	*to despise*
der Verfasser, -	*author*
verhaften	*to arrest*
vernichten	*to destroy*
verraten (verrät, verriet, hat verraten)	*to betray*
verhören	*to interrogate*
versorgen	*to supply*
der Wahnsinnige, -n	*madman*
der Zufall, -e	*coincidence*
zulassen	*to admit; to allow*

A. Gegensätze. Finden Sie die Gegensätze (*opposites*) für die folgenden Wörter.

1. die Befriedigung   _____
2. der Himmel   _____
3. lügen   _____
4. schweigen   _____
5. vernichten   _____
6. wahnsinnig   _____
7. die Hölle   _____
8. die Frustration   _____
9. normal   _____
10. produzieren   _____
11. reden   _____
12. die Wahrheit sagen   _____

B. Ein Mord. Schreiben Sie die richtigen Wörter aus der Wortliste in die Lücken.

Ein Mord ist in Berlin geschehen. Der _____ hat den Mörder _____ und dann _____. Über den Mord zu _____ ist _____, und der Mörder _____ die Tat sofort, denn es gibt einen _____: ein Messer bei dem Toten!

C. Was ist das? Suchen Sie das Wort für die Definitionen in der Liste oben.

1. Die Regeln, die für alle in einem Land gelten und die die Polizei durchsetzt (*enforce*).
2. Ein Mann, der für den Staat arbeitet.
3. Viele glauben, dass Gott dort wohnt, aber auch die Sonne und der Mond stehen da.
4. Diese Frau arbeitet in einem Krankenhaus.
5. Statt ein Textbuch zu kaufen, können Sie so viel Geld sparen.
6. Was man machen sollte, wenn man nichts Intelligentes zu sagen hat.
7. Ein Verbrecher, der nicht weiß, was und warum er etwas tut.
8. Ein Mensch, der ein Buch schreibt.
9. Etwas, das passiert, obwohl es nicht logisch ist.

chapter ⑨

Good Bye, Lenin!

Good Bye, Lenin!

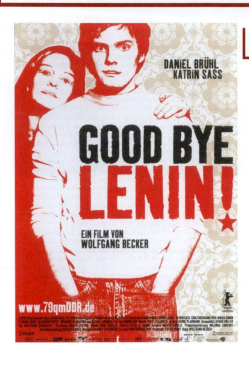

EINLEITENDE FRAGEN

▶ Wer war Lenin? Welche Assoziationen haben Sie mit dem Namen?
▶ Warum heißt der Film wohl *Good Bye, Lenin!*?
▶ Beschreiben Sie die beiden Personen auf dem Plakat. Warum sind sie in roter Farbe?
▶ Was könnte das Ausrufezeichen (*exclamation mark*) mit dem Stern bedeuten?
▶ Warum heißt die Webseite wohl 79qmDDR?

Vorbereitung und Hintergrund
FILMDATEN

Originaltitel	*Good Bye, Lenin!*
Produktionsland	Deutschland
Erscheinungsjahr	2003
Regie	Wolfgang Becker
Drehbuch	Bernd Lichtenberg und Wolfgang Becker
Musik	Yann Tiersen
Darsteller	Daniel Brühl (Alexander Kerner), Katrin Sass (Christiane Kerner), Maria Simon (Ariane Kerner), Tschulpan Chamatowa (Lara), Florian Lukas (Denis), Alexander Beyer (Reiner), Burghart Klaußner (Robert Kerner), Michael Gwisdek (Klapprath)
Altersfreigabe	FSK 6
Länge	121 Minuten

DIE FIGUREN

A. Berufe raten. Alex Kerner ist die Hauptfigur des Films. Sehen Sie sich die Bilder an und raten Sie mal, was die Beziehung (*relationship*) der anderen Figuren zu Alex ist. Können Sie auch raten, was die Berufe der Filmfiguren sind?

Beziehung zu Alex	Berufe
Chef der Mutter	Arzt
Freund	Fernsehmonteur
Freund der Schwester	Fernsehmonteur und Hobbyfilmer
Freundin	Lehrerin
Mutter	Krankenschwester
Schwester	Schuldirektor
Vater	Verkäufer bei Burger King
	Verkäuferin bei Burger King

Alex

Beruf: _____

Klapprath

Beziehung: _____
Beruf: _____

Ariane

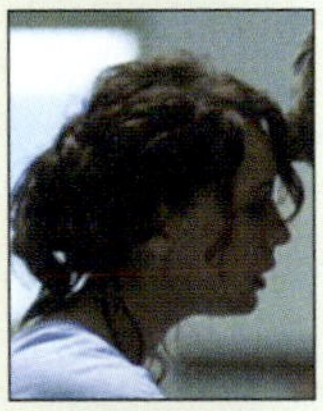

Beziehung: _____
Beruf: _____

Lara

Beziehung: _____
Beruf: _____

Christiane

Beziehung: _____
Beruf: _____

Rainer

Beziehung: _____
Beruf: _____

Denis

Beziehung: _____
Beruf: _____

Robert

Beziehung: _____
Beruf: _____

DIE HANDLUNG

 A. Was passt? Hier ist die recht komplizierte Geschichte von *Good Bye, Lenin!*. Fügen Sie die fehlenden Satzteile aus der Liste unten ein.

1. _____ Nachdem Alex' Vater in den Westen gegangen ist, wird seine Mutter depressiv. Doch bald wird Christiane Kerner eine gute sozialistische Lehrerin …

2. _____ Auf dem Weg zu dem Fest sieht sie, wie Alex in einer Demonstration von einem Polizisten geschlagen wird. Die Mutter hat einen Herzinfarkt …

3. _____ Die Mauer fällt, und die Mutter ist immer noch im Koma. Alex verliert seinen Job, verkauft Satellitenschüsseln und verliebt sich in die russische Krankenschwester Lara. Alex' Schwester Ariane bricht ihr Studium ab …

4. _____ Im Juni 1990 wacht Christiane aus dem Koma auf, aber darf nichts von der neuen politischen Situation erfahren, da jede Aufregung lebensgefährlich ist. Deshalb kopiert Alex die alte DDR in der kleinen Wohnung. Als Christiane fernsehen möchte, …

5. _____ Christiane erzählt, dass ihr Mann Robert nicht wegen einer anderen Frau weggegangen ist, sondern dass sie Angst hatte, mit ihrem Mann zusammen nach Westberlin zu fliehen. Alex findet seinen Vater, …

6. _____ Denis und Alex produzieren eine letzte falsche Folge der „Aktuellen Kamera", in der sie den DDR-Kosmonauten Sigmund Jähn zum Staatsratsvorsitzenden (*East German Head of State*) machen …

a. der Christiane im Krankenhaus besucht.

b. produziert sein Freund Denis eine falsche Folge der ehemaligen DDR-Sendung „Aktuelle Kamera".

c. und fällt ins Koma.

d. und soll dafür am 7. Oktober 1989 einen Preis bekommen.

e. und die DDR für Westdeutsche als das bessere Deutschland öffnen.

f. und verliebt sich in den westdeutschen Rainer.

B. Bildbeschreibung. Bilder erzählen eine Geschichte. Hier sind drei Standbilder aus dem Film. Beschreiben Sie die Personen und was sie machen. Was könnte der Kontext der Bilder sein?

1. Wo sind die Personen?
2. Wer sind sie?
3. Wohin fahren sie?
4. Was für ein Auto ist das?

1. Wer ist die Person auf dem Bild?
2. Wo sitzt die Frau?
3. Was für einen Gesichtsausdruck (*expression*) hat sie?
4. Beschreiben Sie die Dinge auf dem Bild!

1. Wer ist der Mann auf dem Standbild?
2. In welchem Fernsehprogramm erscheint er?
3. Was geschieht mit dem Bild an der Wand?

Der Hintergrund: Daten zur deutschen Geschichte

A. Deutsche Geschichte. Lesen Sie den Text und machen Sie die Übung zur deutschen Geschichte.

1. 1945 war das Ende des Zweiten Weltkriegs. Deutschland wird in vier Besatzungszonen geteilt. Die Allianz zerbricht und zwischen den Westmächten und der Sowjetunion beginnt der Kalte Krieg. Berlin wird auch geteilt. West-Berlin ist eine Insel im östlichen Teil Deutschlands.
2. 1949 entstehen zwei deutsche Staaten: die Bundesrepublik Deutschland (BRD) und die Deutsche Demokratische Republik (DDR).
3. 1961 wird die Mauer um West-Berlin gebaut.
4. Im Herbst 1989 demonstrieren in der DDR hunderttausende Menschen friedlich; am 9. November 1989 fällt die Mauer, und die DDR öffnet ihre Grenzen.
5. Am 3. Oktober 1990 wird Deutschland wiedervereinigt.

B. Wörter suchen. Worauf beziehen sich die folgenden Wörter, 1, 2, 3, 4 oder 5? Schreiben Sie die Zahlen vor die Wörter unten.

____ die Allianz oder die Alliierten
____ die Westmächte (die Vereinigten Staaten, Frankreich, Großbritannien)
____ die Sowjetunion
____ die DDR
____ die BRD
____ die Mauer
____ die Grenze
____ die Wende
____ die friedliche Revolution
____ die Wiedervereinigung
____ die Deutsche Mark (D-Mark)

DER HINTERGRUND: BERLIN 1989/90

 A. Die Mauer. Vergleichen Sie die beiden Bilder.

1. Beschreiben Sie das linke Bild. Wie sah es vor 1989 in Berlin aus? Warum sah es damals so aus? Was wissen Sie schon darüber?

2. Was ist 1989 passiert? Wo sind die Menschen? Was machen sie?

Die Mauer vor dem 9. November 1989

Die Mauer am 9. November 1989

B. Chronologie 1989/90. Hier sind die wichtigsten Fakten aus dem deutschen Wende-Jahr 1989/90. Lesen Sie die Fakten und fügen Sie sie dann in die Liste unten ein.

Chronik 1989

Im Januar erklärt der DDR Staats- und Parteichef Erich Honecker, dass die Mauer auch in hundert Jahren noch stehen wird.

Im Sommer öffnet das Ostblockland Ungarn seine Grenze, und viele DDR-Bürger fliehen nach Österreich.

Die DDR-Regierung rechtfertigt (*justifies*) das Blutbad auf dem Tienanmen-Platz in Peking, was den DDR-Bürgern Angst macht.

In Leipzig beginnen die Montagsdemonstrationen vor der Nikolai-Kirche, die bis zum Herbst auf einhunderttausend Demonstranten anwachsen (*grow*).

Zum 40. Geburtstag der DDR am 7. Oktober verlangt der sowjetische Partei- und Staatschef Gorbatschow in Berlin Reformen.

Der DDR-Staatschef Erich Honecker tritt zurück (*resigns*).

Am 4. November demonstrieren eine Million DDR-Bürger auf dem Alexanderplatz in Ost-Berlin, und am 9. November öffnet die DDR ihre Grenzen.

Chronik 1990

Im Februar 1990 stimmt (*agrees to*) Gorbatschow der deutschen Wiedervereinigung (*reunification*) zu.

Im März stimmen die DDR-Bürger in ihrer nationalen Wahl (*elections*) der Wiedervereinigung zu.

Am 1. Juli kommt die D-Mark in die DDR mit einem Umtauschkurs (*exchange rate*) von 1:2. Im Juli wird Deutschland Fußball-Weltmeister.

Am 3. Oktober 1990 wird Deutschland wiedervereinigt (*reunified*).

Am 8. Oktober beginnt der Golfkrieg der USA gegen den Irak.

 C. Fragen zur Chronologie 1989/1990. Beantworten Sie die Fragen zu zweit.

1. Was ist im Herbst 1989 in Leipzig passiert?
2. Was geschah am 4. November in Berlin?

3. Wie reagierte die DDR-Regierung (*government*) am 9. November?

4. Glauben Sie, dass Demonstrationen etwas bewirken können?

5. Haben Sie einmal an einer Demonstration teilgenommen?

6. Was glauben Sie, war wichtiger für die Menschen in Ostdeutschland, der Mauerfall am 9. November 1989 oder die Einführung (*introduction*) der D-Mark am 1. Juli 1990?

 D. Fakten sortieren. Tragen Sie die Fakten in den Kalender unten ein.

1989

Januar	Februar	März	April	Mai	Juni

Juli	August	September	Oktober	November	Dezember

1990

Januar	Februar	März	April	Mai	Juni

Juli	August	September	Oktober	November	Dezember

DER HINTERGRUND: VERGLEICH OST- UND WESTDEUTSCHLAND

Die „Aktuelle Kamera" war das DDR Nachrichtenprogramm, das jeden Abend von 19:30 bis 20:00 Uhr ausgestrahlt wurde. Es war ein offizielles Organ der DDR-Regierung und enthielt offizielle Regierungsverlautbarungen (Dekrete). Die DDR versuchte, Westdeutschland zu imitieren.

A. Bilder vergleichen. Vergleichen Sie die Bilder von den Fernsehprogrammen, den Wohnungen und den Politikern. Die Fotos links sind aus Westdeutschland, die rechten aus Ostdeutschland. Beschreiben Sie die Unterschiede zwischen den Bildern.

1. Wie heißt die westdeutsche Fernsehsendung, wie die ostdeutsche?

2. Wer liest die Nachrichten im Westen, wer im Osten?

3. Vergleichen Sie beide Studios! Welches wirkt moderner? Warum?

4. Beschreiben Sie die Personen auf beiden Bildern.

5. Was machen sie auf dem Westberlin-Foto, was machen sie auf dem Ostberlin-Foto?

6. Vergleichen (*compare*) Sie die Möbel! Was sind die Unterschiede?

7. Kennen Sie die Namen der beiden Politiker auf den Bildern?

8. Wie unterscheidet sich der westdeutsche vom ostdeutschen Politiker im Gesicht (*face*) und in der Kleidung?

DER HINTERGRUND: DDR-PRODUKTE

DDR-Produkte

Mit viel Fantasie und Organisation, mit alten Videos und manipulierten Aktuelle-Kamera-Sendungen gelingt es Alex immer wieder, die neue Wirklichkeit (*reality*) zu erklären. Er gibt sich große Mühe (*effort*), der Mutter nur DDR-Produkte zu präsentieren.

In der DDR waren Konsumgüter billig und hatten meist einen einheitlichen (*uniform*) Preis. Alles andere war sehr teuer. Luxusartikel oder Markenartikel aus dem Westen waren nur in speziellen Geschäften erhältlich, den Intershops. Das Design der Konsumgüter spielte keine große Rolle, die Artikel mussten praktisch sein. Nach der Wende verschwanden (*disappeared*) diese Produkte sehr schnell, und die neuen Bundesländer wurden von westlichen Konsumgütern überschwemmt (*flooded*).

 A. DDR-Produkte sortieren. Sehen Sie das Bild an und schreiben Sie den Namen des DDR-Produkts in die Liste. In die dritte Spalte schreiben Sie den Namen eines entsprechenden (*equivalent*) amerikanischen Produkts. Beantworten Sie die Fragen zum Bild.

1. Kennen Sie Nutella? Kennen Sie andere Namen von Produkten aus dem Korb? Gefallen (*like*) Ihnen diese Produkte? Warum?

2. Welche amerikanischen Produkte sind so wichtig für Sie, dass Sie sie auch im Ausland brauchen? Machen Sie eine Liste.

3. Haben Sie ein Lieblingsprodukt, ein Lieblingsgetränk oder einen Lieblingssnack?

Produkt	DDR-Name	amerikanischer Name
Senf		
Kekse		
Limonade		
Cola		
Schokolade		
Knäckebrot		
Bier		
Sekt		
Schokoladenkugeln		
Seife		
Nussaufstrich		
Hautcreme		

Zum Film: Die Familie Kerner

VOR DEM SEHEN

A. Lesen Sie den Text. Berlin im Jahre 1979. Die Familie Kerner **führt** ein normales Leben. Vater Robert ist Arzt, und Mutter Christiane ist Lehrerin. Sie haben zwei Kinder, Alex, 11, und Ariane, 13. Im Sommer 1978 kommt Robert von einem **Kongress** in Westberlin nicht mehr zurück. Die Stasi **verhört** Christiane zur **Republikflucht** ihres Mannes. Zur gleichen Zeit feiert die DDR den ersten deutschen **Kosmonauten** im **All**. Christiane wird depressiv und muss für einige Wochen in die Psychiatrie. Wieder zu Hause konzentriert sie sich auf die beiden Kinder und **engagiert sich** politisch.

führen	to lead	**der Kosmonaut**	astronaut
der Kongress	meeting; convention	**das All**	universe; space
verhören	to interrogate	**(sich) engagieren**	to get involved
die Republikflucht	escape		

 B. Fragen zum Text und zum Bild. Beantworten Sie die Fragen mit einem Partner/einer Partner.

1. Wo ist die Familie hier?
2. Was machen sie?
3. Wo ist der Vater?
4. Was ist die Stasi? Wenn Sie es nicht wissen, suchen Sie es im Internet.

DER FILM: ALEX (CLIPS 1–6)

A. Alex und seine Familie. Sehen Sie den Clip an und achten Sie auf die Handlung.

„Elan und Tatkraft"

1. Clip

B. Die folgenden Bilder sind nicht in der richtigen Reihenfolge (*order*). Bringen Sie den ersten Teil der Geschichte von Alex und seiner Familie in die richtige Reihenfolge, nachdem Sie den Beginn des Films gesehen haben. Beschreiben Sie dann mit einem oder zwei Sätzen, was man auf jedem Bild sehen kann. Arbeiten Sie zu zweit.

a. ___

b. ___

c. ___

d. ___

e. ___

C. Fragen. Beantworten Sie die Fragen.

1. Was geschieht mit der Rakete, die im Fernsehen gezeigt wird?
2. Wer sind die Männer, die mit Frau Kerner sprechen?
3. Worum geht es in dem Gespräch?
4. Was sieht Alex im Fernsehen?
5. Sehen Sie im Internet nach, was Baikonur ist.

D. Bildbeschreibung. Beschreiben Sie das Bild mit Alex. Wann findet diese Szene statt? Wo sitzt Alex? Warum sitzt er hier? Was macht er? Was für ein Tag ist es? Wie fühlt er sich? Benutzen Sie dafür die Wörter aus der Liste.

die Litfaßsäule	advertising column
der Plattenbau	prefab apartment complex
die DDR-Flagge	East German flag
die sowjetische Flagge	Soviet flag

E. Alex' Arbeitsplatz. Beschreiben Sie die folgenden drei Bilder zu Alex' Arbeitsplatz. Was geschieht auf den drei Standbildern? Benutzen Sie die Wörter aus der Liste.

das Licht ausmachen	to turn off the light
die Lotterie	lottery
das Glasgefäß	glass dish
die Satellitenschüssel	satellite dish
der Balkon	balcony

PGH Fernsehreparatur „Adolf Hennecke"

Firma „X TV"

Satellitenschüsseln

F. Firma X TV. Sehen Sie den Clip an. Was passiert in diesem Clip?

„PGH Fernsehreparatur „Adolf Hennecke" und Firma „X TV""

2. Clip

ALEX: Mutters Schlaf ignorierte, wie Helden der Arbeit arbeitslos wurden. Die PGH Fernsehreparatur „Adolf Hennecke" wurde abgewickelt. Ich war der Letzte, und ich machte das Licht aus.

ALEX: Dann kam der Aufschwung. Im schlagkräftigen Ost-West-Team praktizierte ich frühzeitig die Wiedervereinigung. Satel-litenschüsseln ließen unsere Landschaften erblühen.

CHEF X TV: Denis Domaschke.

DENIS: Äh, Domaschke, Denis Domaschke.

CHEF X TV: Alexander Kerner.

ALEX: Hier.

CHEF X TV: Na komm ran. Nicht so schüchtern.

ALEX: Tag.

CHEF X TV: Vertragt euch, Mädels.

G. Vergleichen. Vergleichen Sie das Leben von Alex vor der Wende und nach der Wende und beantworten Sie danach die Fragen in der Tabelle.

Wo hat Alex gearbeitet? (erstes Foto)	Was zeigt das zweite Foto?	Was zeigt das dritte Foto?
Was ist mit seinem Arbeitsplatz geschehen?	Wen lernt Alex in dieser Szene kennen?	Welches Produkt haben die Leute gekauft?

1. Was zeigen diese Szenen über die Arbeit in der DDR? Zeigen sie eine positive oder negative Veränderung in Alex' Leben?
2. Was wird mit Alex und seiner Arbeit geschehen? Was meinen Sie?
3. Werden Alex und sein Arbeitskollege Freunde werden? Warum glauben Sie das?

H. Bildbeschreibung. Beschreiben Sie das Bild von Ariane. Was macht sie? Wie fühlt sie sich?

I. Die Filmstory. Lesen Sie den Text zur Handlung.

Der Gesundheitszustand von Christiane Kerner bleibt kritisch. Sie bleibt acht Monate lang im Koma und verschläft die **Wende**. Die **Mauer** fällt, **Honecker** tritt zurück, freie **Wahlen** finden statt, und die beiden deutschen Staaten sind auf dem Weg zur **Wiedervereinigung**. Ariane gibt ihr Studium auf und arbeitet bei Burger King, wo sie ihren neuen Freund Rainer kennen lernt. Rainer zieht bei Ariane ein und **richtet** die Wohnung im westlichen Stil **ein**.

Alex wird arbeitslos, findet aber eine neue Stelle in einer **Westfirma**, wo er sich mit seinem Arbeitskollegen Denis anfreundet. Alex trifft Lara wieder, die als **Lernschwester** im Krankenhaus arbeitet, und verliebt sich in sie. Als er Lara am Krankenbett seiner Mutter zum ersten Mal küsst, wacht Christiane auf.

die Wende	Fall of the Wall; political "turn"
die Mauer	the Berlin Wall
Erich Honecker	East German party chief and state president
die Wahl	election
die Wiedervereinigung	reunification
einrichten	to furnish
die Westfirma	business from the West
die Lernschwester	female hospital intern

J. Fragen zur Handlung. Beantworten Sie die Fragen.

1. Wie lange ist die Mutter im Koma?
2. Was passiert politisch während dieser Zeit?
3. Wer ist Rainer? Woher kommt er?
4. Wen trifft Alex im Krankenhaus wieder?
5. Was passiert mit der Mutter im Krankenhaus?

K. Spekulieren Sie über die Zukunft der Personen in *Good Bye, Lenin!*.

1. Was wird mit Alex geschehen? Schreiben Sie drei seiner Veränderungen auf.

2. Welchen Beruf wird Ariane haben? Wird sie heiraten?
3. Wird Alex' Mutter wieder gesund werden?
4. Haben Alex und Lara eine gemeinsame Zukunft? Was meinen Sie?
5. Was für Filme wird Denis später machen?
6. Sehen Sie eine Chance für Denis als Filmemacher? Warum?

L. **Im Krankenhaus.** Sehen Sie den Clip an.

„Mutters Krankenbett"

3. Clip

DR. WAGNER	Dass Ihre Mutter aufgewacht ist, kommt einem Wunder gleich. Aber Sie müssen damit rechnen, dass Sie nicht mehr dieselbe ist wie vorher.
ALEX	Wie meinen Sie das?
DR. WAGNER	Es gibt Fälle, da haben Patienten ihre eigenen Kinder nicht wieder erkannt. Amnesie.
LARA	**Gedächtnisverlust**. Entschuldigung.
DR. WAGNER	*Geistige Verwirrung. Vermischung von Langzeit- und Kurzzeitgedächtnis. Geschmack- und Geruchsirritation. Verzögerte Wahrnehmung. Wir wissen nicht, wie stark das Gehirn geschädigt wurde. Die Palette ist ebenso lang wie ungewiss.* Es tut mir leid, Ihnen das sagen zu müssen. Ihre Mutter ist immer noch sehr **gefährdet**. Ich kann Ihnen kaum Hoffnung machen, dass sie die nächsten Wochen überleben wird.
ALEX	Na ja ... Können wir sie denn mit nach Hause nehmen?
DR. WAGNER	**Ausgeschlossen**. Sie ist hier viel besser **aufgehoben**. Es ist auch einfacher für Sie. Einen zweiten Infarkt wird sie nicht überstehen. Sie müssen jegliche **Aufregung**, ja nur die Gefahr einer Aufregung von Ihrer Mutter fernhalten. Und wenn ich das sage, meine ich jedwede Aufregung, Herr Kerner.
ALEX	Jedwede Aufregung?
DR. WAGNER	Jedwede Aufregung ist **lebensbedrohlich**.
ALEX	Und das hier? Ist das kein Grund zur Aufregung? Meine Mutter hat von der Wende **nichts mitbekommen**. Hier **erfährt** sie alles sofort.

"Mental confusion. Mixing of long-term and short-term memory. Taste and odor irritation. Delayed perception. We do not know how much the brain has been damaged. The range is as long as it is uncertain."

der Gedächtnisverlust	amnesia
gefährdet	in danger
ausgeschlossen	impossible
aufgehoben	taken care of
die Aufregung	excitement
lebensbedrohlich	life-threatening
nichts mitbekommen	not pick up on anything; no clue
erfahren (erfährt, erfuhr, hat erfahren)	to find out; learn

M. **Fragen.** Beantworten Sie die Fragen.

1. Was ist mit der Mutter geschehen?
2. Was sagt der Arzt über den gesundheitlichen Zustand der Mutter?
3. Welches Organ der Mutter ist geschädigt?
4. Was möchte Alex mit der Mutter machen?
5. Was hält Dr. Wagner davon?
6. Warum möchte Alex die Mutter mit nach Hause nehmen?

👥 **N. Vergleich.** Vergleichen Sie die beiden Szenen, die Christianes Krankenbett zeigen. Benutzen Sie dazu die Wörter aus der Liste.

die Intensivstation	intensive care unit	**die Beatmung**	respiration
das Beatmungsgerät	respirator	**die Wohnung einrichten**	to furnish the apartment
beatmen	to give artificial respiration		

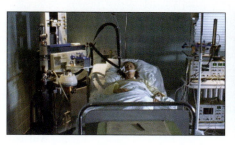

1. Wo spielen diese Szenen?
2. Welche Personen sind in den Szenen?
3. Was geschieht hier?
4. Wann geschieht das?

O. Wie in der DDR. Lesen Sie den Text.

erparen	to keep from someone
verheimlichen	to keep secret
dekorieren	to decorate
das Ostprodukt	East German product
entdecken	to discover

Um Christiane jede Aufregung zu **ersparen**, **verheimlicht** Alex seiner Mutter die politische Situation in der DDR und **dekoriert** die 79 m² große Wohnung wie eine DDR-Wohnung. Das geht nicht ohne Schwierigkeiten. Die vertrauten **Ostprodukte** fehlen, und Christiane **entdeckt** an der Hauswand gegenüber ein riesiges Coca-Cola-Poster.

📡 **P. Schlafzimmer Kerner.** Lesen Sie den Dialog der Freunde und Familie von Christiane Kerner an ihrem Geburtstag in ihrem Krankenzimmer und suchen Sie für jeden Satz das passende Wort oder die passenden Wörter für die Leerstelle.

anzustoßen	to toast	**Grüne Erbsen**	green peas (East German product)
Bäume	trees		
die Parteileitung	party leadership	**Schwesternschülerin**	hospital intern

„Schlafzimmer Kerner"

4. Clip

| DIE BEIDEN SCHÜLER | **Unsere Heimat**, das sind nicht nur die Städte und Dörfer. Unsere Heimat sind auch all die _____ im Walde ... Unsere Heimat ist das Gras auf der Wiese, das Korn auf dem Feld und die Vögel in der Luft und die Tiere der Erde und die Fische im Fluss sind die Heimat, und wir lieben die ... | KLAPPRATH | noch bei mir gelernt, was? Ja, liebe Christiane. Wir sind hier heute hier, weil du Geburtstag hast. Und ich möchte dir im Namen der _____ alles Gute wünschen und ... der Korb (*basket*). Für dich. |
| MUTTER | War wunderschön. Danke. Danke, Kinder. Das habt ihr | MUTTER | Das ist lieb von euch. Dankeschön, Klapprath. Rosenthaler Kadarka, Mocca Fix Gold, Globus _____. |

KLAPPRATH   Ja, die Kollegen und die Genossen (*comrades*) von der **POS** Werner Seelenbinder (*name of high school*), die möchten ihren besonderen Dank aussprechen, für all die Jahre, Christiane, die du für sie eine gute Kollegin und liebe Genossin warst. Äh ... und ich wünsch dir jedenfalls alles Gute zum Geburtstag und bleib wie du bist, Christiane.

MUTTER   Danke schön.

GANSKE   Liebe **Genossin** Kerner. Alles erdenklich Gute und Gesundheit und dass alles wieder so wird, wie es mal war.

MUTTER   Lara, komm mal her. Das hier ist Lara. Eine _____ aus der **SU** (*Soviet Union*). Ihr Papa ist Lehrer für Taubstumme (*deaf-mute*). Heirate ihn bloß nicht zu früh.

ALEX   Mama!

MUTTER   Ja ... ja, auch wenn das dann mit der Wohnung eher klappt. Mein Alex kann ein ganz schöner Sturkopf (*opinionated*) sein.

MUTTER   Und Rainer. Das ist der neue Freund von meiner Ariane. Er, er arbeitet als ...

ALEX   Dispatcher.

RAINER   Genau, ich bin Dispatcher. Ich war selber mal bei den frei ... Herzliches Glück auf, **Pioniere**! Ich war selber mal bei den freien deutschen Pionieren.

ALEX   Danke, Rainer.

RAINER   Als Gruppen ... Gau (*district, Nazi term*)... Gruppenvorstand. Früher ...

ALEX   Danke schön!

RAINER   Seid bereit, seid bereit!

ALEX   Danke, Rainer!! Ja, Mama. Wieder ist ein Jahr rum. Was hat sich verändert? Eigentlich nicht viel. Paula hat ihre Zähne bekommen und einen neuen Papa. Und ich, ja ... Wir können heute leider nicht rüber gehen ins Café Moskau, um auf dich _____, aber wir sind ja alle zusammen. Und das ist das Wichtigste. Wir haben es dir nicht immer leicht gemacht, aber du warst immer für uns da.

„Unsere Heimat"	FDJ (Freie Deutsche Jugend) song
Genosse	member of the SED (Sozialistische Einheitspartei Deutschlands)
POS	Polytechnische Oberschule (high school)
SU	Soviet Union
Pionier	member of the FDJ (Freie Deutsche Jugend)

Q. Ostalgie. In dieser Szene wird eine nostalgische Szene der alten DDR-Kultur gezeigt. Die fettgedruckten Wörter in der Szene sind aus der DDR-Sprache und Kultur. Ostalgie wurde nach der Wende zunächst negativ bewertet, doch in den letzten Jahren immer positiver als Teil der DDR-Nostalgie oder Ostalgie. Im Fernsehen gab es dazu eine „DDR-Show".

 R. Lesen. Lesen Sie den Text durch und beantworten Sie dann die Fragen.

1. Was schenkt Christianes ehemaliger Schulleiter ihr zum Geburtstag?
2. Was erzählt Christiane ihren Gästen über Lara?
3. Was ist Rainers angeblicher Beruf in Ostberlin gewesen?
4. Wo kann die Familie dieses Jahr nicht feiern?
5. Was ist Ostalgie/Nostalgie? Können Sie das erklären?
6. Gibt es in den USA auch eine Nostalgie? In welchem Teil der USA?
7. Was glauben Sie, warum gibt es Nostalgie?

S. Eine Geburtstagskarte. Sie sind zu Christiane Kerners Geburtstagsfeier eingeladen, können aber nicht kommen. Schreiben Sie ihr einen netten Text. Denken Sie an Christianes Krankheit und die Probleme, die sie mit der Familie hat. Erklären Sie auch, warum Sie nicht kommen können.

T. Ein Ausflug. Lesen Sie den Text und beantworten Sie danach die Fragen zu zweit.

das Verhältnis	relationship
die Datsche	weekend cottage (East Ger.)
die Gelegenheit	opportunity
die Flucht	escape
die Ausreise	leaving the country

Alex beschließt – auf Anraten von Lara –, die Mutter über die neuen politischen **Verhältnisse** aufzuklären. Ein Ausflug zur Familien-**Datsche** bietet dazu eine gute **Gelegenheit**. Hier erzählt Christiane aber von der **Flucht** des Vaters, die für den Sommer 1978 geplant war. Christiane sollte mit den Kindern nachkommen, doch ihre Angst um ihre Kinder verhinderte die **Ausreise**. Am Abend nach dem Ausflug auf die Datsche erleidet Christiane einen zweiten Infarkt und muss wieder ins Krankenhaus.

U. Fragen. Beantworten Sie die Fragen.

1. Wie erklärt Alex der Mutter die neue Wirklichkeit der DDR?
2. Wo möchte Alex seiner Mutter die neue gesamtdeutsche Wirklichkeit erklären?
3. Was erklärt die Mutter der Familie stattdessen?
4. Warum wollte die Mutter nicht aus der DDR ausreisen?
5. Was passiert mit Frau Kerner nach dem Ausflug?
6. Was findet Ariane in der Küche?

V. Was passt? Sehen Sie den Clip an. Lesen Sie Christiane Kerners Geständnis und suchen Sie für die Leerstelle in jedem Satz das passende, fettgedruckte Wort in der Liste.

„Vor der Datsche"

5. Clip

Ich hab euch die ganze Zeit _____. Es war alles ganz anders, als ihr denkt. Euer Vater, euer Vater ist nicht wegen einer anderen Frau im Westen _____. Das war _____. Und dass er sich nie mehr _____ hat, das war auch gelogen. Er hat mir Briefe _____. Und euch auch. Die liegen alle hinter dem Küchenschrank. Die haben ihm die Arbeit so schwer _____. Nur weil er nicht in der Partei war. Das war fürchterlich. Nach außen hat er sich nichts anmerken lassen, aber ich habe es _____. Ich, ich habe es gewusst und konnte ihm nicht helfen. Und dann, dann kam plötzlich dieser Kongress in Westberlin. Wir hatten nur zwei Tage Zeit zum Überlegen. Euer Vater wollte im Westen bleiben, und ich, ich sollte dann mit euch nachkommen. Tja, ich habe es nicht _____. Ich ... ich hatte wahnsinnige Angst. Ihr wisst ja nicht, wie das ist, einen Ausreiseantrag zu stellen, mit zwei Kindern. Die lassen einen nicht sofort raus. Da muss man warten, ewig. Und manchmal sogar Jahre. Und euch, euch hätten sie mir wegnehmen können. Versteht ihr? Ja, ich bin nicht _____. Das war der größte Fehler meines Lebens. Das weiß ich jetzt. Ich, ich habe euch belogen. Verzeiht mir bitte. Mein lieber Robert. Ich habe so oft an dich _____. Ich würde dich so gerne noch mal wieder sehen.

belogen
geblieben
gelogen
gemeldet
geschrieben
gemacht
gewusst
geschafft
weggegangen
gedacht

Beantworten Sie die Fragen zum Text der Mutter. Haben Sie alles verstanden?

1. Warum ist Alex' Vater in den Westen gegangen?
2. Wer hat ihm die Arbeit schwer gemacht?
3. Was war der Plan? Wer sollte nach Westberlin kommen?
4. Warum ist die Mutter nicht gegangen?
5. Was war der größte Fehler im Leben der Mutter?

👥 **X. Lesen Sie den Text und beantworten Sie die Fragen**

Als Ariane in der Küche die alten Briefe Roberts an seine Familie findet, beschließt Alex, seinen Vater in Westberlin zu sehen. Er bittet ihn, seine Mutter im Krankenhaus zu besuchen. Mit einer letzten selbst produzierten Sendung der *Aktuellen Kamera* gibt Alex der DDR einen würdigen Abschied und seiner Mutter einen friedlichen Tod, die drei Tage nach dem Ende der DDR stirbt.

1. Warum beschließt Alex, seinen Vater zu besuchen?
2. Was passiert am Ende des Films?

Y. Sehen Sie den Clip an

„Im Haus des Vaters"

6. Clip

ALEX	Ist Herr Kerner da?	VATER	Hallo, wie geht's euch?
GAST	Buffet ist draußen.	KARLA und THOMAS	Gut.
KINDERCHOR (TV)	Sandmann, lieber Sandmann, es ist noch nicht so weit. Wir senden erst den Abendgruß, eh jedes Kind ins Bettchen muss. Du hast gewiss noch Zeit …	VATER (*zu Alex*)	Na, sind Sie auch Sandmännchen-Fan?
		ALEX	Ja, schon.
		VATER	Entschuldigung, kennen wir uns?
ALEX	Hallo.	ALEX	Ja, wir kennen uns.
KARLA	Hallo.	VATER	Ja …, ich komm nicht darauf. Helfen Sie mir doch.
THOMAS	Hallo.		
ALEX	Darf ich mit das Sandmännchen gucken?	THOMAS	Der heißt Alexander.
		VATER	Alex?
KARLA	Erst wenn du sagst, wie du heißt.	MANN	Robert, Robert, nun komm doch mal raus. Robert, wir wissen doch, dass du dich bei solchen Gelegenheiten immer auf dem Klo versteckst. Also, Robert, komm raus.
ALEX	Alexander.		
THOMAS	Guck mal, das Sandmännchen ist heute Astronaut.		
ALEX	Da, wo ich herkomme, heißt das Kosmonaut.		
KARLA	Wo kommst du denn her?	KARLA und THOMAS	Papa, du musst deine Rede halten.
ALEX	Aus 'nem anderen Land.	VATER	Ich komm gleich wieder …
THOMAS	Ist das weit weg, das andere Land?	VATER	Ja, ich danke euch, dass ihr alle gekommen seid. Vielen Dank und viel Vergnügen, danke.
ALEX	Eigentlich nicht. Andererseits … ich weiß nicht …		
KARLA	Du weißt nicht, wo dein Land ist?	VATER	Es tut mir leid, dass wir heute dieses Fest hier haben. Wenn ich gewusst hätte, dass du kommst, dann …
VATER	Na, ihr Bärchen.		
THOMAS	Hallo, Papa.		

ALEX	Ist komisch, ich hab mir immer vorgestellt, du hast einen Swimmingpool.	VATER	Ich habe drei Jahre lang jeden Tag auf eine Nachricht von euch gewartet. Jeden Tag. Nichts habe ich mir sehnlicher gewünscht. Warum bist du gekommen?
VATER	Wir haben einen See in der Nähe. (stockt) Mein Gott, ich hab dich nicht mal erkannt.	VATER	
ALEX	Jetzt habe ich wohl zwei neue Geschwister, oder?	ALEX	Mama liegt im Sterben. Sie hatte einen Herzinfarkt. Sie will dich noch mal sehen.

Wissenwert! Das Sandmännchen

Das Sandmännchen ist eine stop-motion-animierte Trickfilm-Puppe, das in abendlichen Kurzfilmen im Fernsehen der DDR und in der ARD (im Westen) gezeigt wurde. Beide Sender zeigten einen kindgerechten Kurzfilm. Dieses Programm war und ist immer noch in vielen deutschen Familien ein Ritual vor dem Zubettgehen. Jeder Deutsche kennt den Text dieses Liedes.

Hören Sie das Lied im Internet an und fügen Sie die fehlenden Wörter ein.

Sandmann, lieber Sandmann
es ist noch nicht soweit.
Wir sehen erst den _____,
eh jedes Kind ins _____ muss.
Du hast gewiss noch Zeit!

Kinder, liebe Kinder
es hat mir _____ gemacht.
Nun schnell ins Bett und schlaft recht schön,
dann will auch ich zur Ruhe gehn.
Ich wünsch euch _____!

 Z. Fragen. Beantworten Sie die Fragen.

1. Wen trifft Alex im Haus des Vaters?
2. Was sehen sie zusammen im Fernsehen?
3. Warum hat Alex seinen Vater besucht?
4. Warum hat der Vater wieder geheiratet?

NACH DEM SEHEN

 A. Die Familie Kerner. Beantworten Sie die Fragen zu dieser Szene am Ende des Films.

1. Beschreiben Sie den Blick der Mutter.
2. Was denkt sie hier, als sie Alex ansieht?
3. Wie ist die Beziehung zwischen Mutter und Sohn?
4. In dieser Familie ist vieles nicht richtig gelaufen. Wo liegen die Probleme der Familie Kerner? Wie hätte sich die Geschichte der Familie anders entwickeln können?
5. Glauben Sie, dass die Familie Kerner unglücklich ist?
6. Vergleichen Sie die Familie Kerner mit einer amerikanischen Familie. Gibt es Unterschiede? Glauben Sie, dass die Familie Kerner eine typische deutsche Familie ist? Warum? Warum nicht?
7. Stellen Sie sich vor, Arianes Tochter ist sieben Jahre alt und findet die Briefe aus dem Küchenschrank. Was erzählt Arianne ihr?
8. Hat der Film ein Happy End?

Zum Film: Das Ende der DDR
VOR DEM SEHEN

A. **Bildbeschreibung.** Beschreiben Sie die beiden Bilder. Wann findet die erste Veranstaltung statt, wann die zweite?

DER FILM: ALEX (CLIPS 7-9)

A. Sehen Sie den Clip an

„Die Mutter vor ihrer Krankheit"

7. Clip

MUTTER   Ich weiß überhaupt nicht, ob ich da hingehe. Werden ja alle da sein, die hohen Tiere (*bigwigs*) von der Partei. Ich kenne ja gar keinen. Obwohl, Gorbatschow würde ich schon ganz gerne aus der Nähe sehen.

ALEX   Da stehen sie alle rum und feiern sich selbst, die ganzen alten Säcke.

MUTTER   Musst ja nicht hingucken!

ALEX   Mama, merkst du eigentlich nicht, was da passiert?

MUTTER   Und du? Was willst du? Abhauen (*scram*)? Es wird sich nichts ändern, wenn alle abhauen.

B. **Zum Inhalt.** Beanworten Sie die Fragen zum Clip.

1. Beschreiben Sie Christiane Kerners Haltung zur DDR-Regierung.
2. Was hält Alexander von der Politik der Regierung?

C. **Lesen Sie den Text zu Alex und Christiane** am 6. Oktober 1989.

1989 feiert die DDR ihren 40. Geburtstag mit einer großen **Militärparade**. Ariane, 24, hat inzwischen ein Kind. Alex, 22, arbeitet als **Fernsehmonteur**. Christiane hat eine Einladung zum offiziellen Festakt im **Palast der Republik**. Auf dem Weg dorthin gerät sie in eine Demonstration von **Bürgerrechtlern**, die Reformen verlangen. Auch Alex ist unterwegs und lernt auf der Demo die junge Russin Lara kennen. Zufällig erlebt Christiane, wie Alex von der Polizei **festgenommen** wird. Sie hat einen **Herzinfarkt** und fällt in ein Koma. Alex wird am Morgen freigelassen, damit er seine Mutter im Krankenhaus besuchen kann.

die Militärparade	military parade
der Fernsehmonteur	TV engineer
der Palast der Republik	East German parliament
der Bürgerrechtler	civil rights activist
festnehmen (nimmt fest, nahm fest, hat festgenommen)	to arrest
der Herzinfarkt	heart attack

👥 **D. Was passiert?** Beantworten Sie zuerst die Fragen zum Text. Dann sehen Sie sich die Bilder an und diskutieren Sie mit einem Partner/einer Partnerin, was passiert.

1. Wohin wird die Mutter eingeladen?
2. Was passiert auf dem Weg zur Veranstaltung?

3. Was geschieht mit Alex Kerner auf diesem Bild?
4. Was ist mit der Mutter passiert?

👥 **E. Was passt?** Bringen Sie die Bilder in die richtige Reihenfolge, nachdem Sie den Film gesehen haben. Beschreiben Sie die Bilder. Raten Sie, wann etwas passiert ist, 1989 oder 1990. Können Sie auch den Monat raten?

a. ___   b. ___

c. ___   d. ___

e. ___   f. ___

F. Bildbeschreibung. Sehen Sie sich zuerst die Szene an und beschreiben Sie dann jedes Bild mit Ihren eigenen Worten in zwei bis drei Sätzen. Die Bilder sind in der richtigen Reihenfolge.

„Christiane Kerner auf der Karl-Marx-Allee"

8. Clip

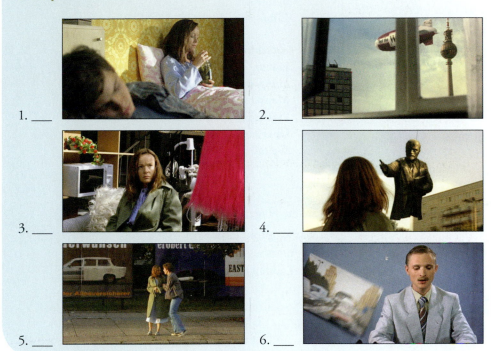

1. ___ 2. ___
3. ___ 4. ___
5. ___ 6. ___

G. Fragen zum Clip. Beantworten Sie die Fragen.

1. Warum schläft Alex so viel?
2. Was ist die symbolische Bedeutung des Zeppelins (*blimp*)?
3. Was bedeutet die zentrale Szene mit der Lenin-Statue?

H. Sehen Sie den Clip an und suchen Sie die fettgedruckten Wörter rechts, die in die Lücken passen.

Wissenswert!

Das Lenindenkmal in Berlin wurde wurde 1970 zum 100. Geburtstag Lenins auf dem neugebauten Leninplatz als zentrales sozialistisches Denkmal der DDR eingeweiht (*dedicated*). 1991 wurde der Abriss des Denkmals begonnen, der bis zum Februar 1992 dauerte.

„Sigmund Jähn als Staatspräsident"

9. Clip

SIGMUND JÄHN
Liebe Bürgerinnen, liebe Bürger der Deutschen Demokratischen Republik. Wenn man einmal das Wunder erlebt hat, unseren blauen _____ aus der Ferne des Kosmos zu betrachten, sieht man die Dinge anders. Dort oben in den Weiten des _____ kommt einem das Leben der Menschen klein und unbedeutend vor. Man fragt sich, was die _____ erreicht hat, welche Ziele hat sie sich gestellt und welche hat sie verwirklicht. Unser Land hat heute Geburtstag. Aus dem Kosmos gesehen ist es ein sehr kleines Land, und doch sind im letzten Jahr Tausende Menschen zu uns gekommen. Menschen, die wir früher als _____ gesehen haben und die heute hier mit uns leben wollen. Wir wissen, dass unser Land nicht perfekt ist. Aber das, woran wir glauben, begeisterte immer wieder viele Menschen aus aller

Welt. Vielleicht haben wir unsere Ziele manchmal aus den Augen verloren, doch wir haben uns _____. Sozialismus, das heißt, nicht sich einzumauern. Sozialismus, das heißt auf den anderen zuzugehen, mit dem anderen zu leben. Nicht nur von einer besseren Welt zu träumen, sondern sie wahr zu machen. Ich habe mich daher _____, die Grenzen der DDR zu öffnen.

DENIS *(als Fernsehkommentator)* Schon in den ersten Stunden der _____ haben Tausende Bürger der BRD die Möglichkeit genutzt, der Deutschen Demokratischen Republik einen ersten Besuch abzustatten. Viele wollen bleiben. Sie sind auf der Suche nach einer Alternative zu dem harten _____ im kapitalistischen System. Nicht jeder möchte bei Karrieresucht und Konsumterror mitmachen. Nicht jeder ist für die _____ geschaffen. Diese Menschen wollen ein anderes Leben. Sie merken, dass Autos, Videorecorder und Fernseher nicht alles sind. Sie sind bereit mit nichts anderem als gutem Willen, Tatkraft und Hoffnung ein anderes Leben zu verwirklichen.

besonnen	reconsidered
Ellbogenmentalität	"elbow mentality", jungle mentality
entschlossen	decided
Feinde	enemies
Maueröffnung	opening of the wall
Menschheit	mankind
Planeten	planet
Überlebenskampf	struggle to survive
Weltalls	space

I. Fragen. Beantworten Sie die Fragen.

Sozialismus ist eine politische Weltanschauung, die eine solidarische Gesellschaft schafft (*create*), in der Freiheit und Gleichheit existieren. Zentral ist im Sozialismus die Veränderung des privatkapitalistischen Systems, das soziale und ökonomische Abhängigkeit (*dependency*) schafft und die persönliche Emanzipation verhindert.
(Bundeszentrale für politische Bildung/bpb)

1. Wer war Sigmund Jähn?
2. Welche Aufgabe hat er heute?
3. Welches Land hat heute Geburtstag?
4. Wer ist in die DDR gekommen?
5. Was ist Sozialismus nach (*according to*) Sigmund Jähn?
6. Lesen Sie die Definition von Sozialismus nach der Bundeszentrale für politische Bildung. Beantworten Sie die Inhaltsfragen:
   a. Was soll in einer sozialistischen Gesellschaft existieren?
   b. Was ist das zentrale Element im Sozialismus?
   c. Was verhindert das privatkapitalistische System?

NACH DEM SEHEN

A. Lesen. Lesen Sie den Text über Ostalgie.

Ostalgie ist nicht nur die Nostalgie für die Konsumprodukte der DDR, sondern für auch eine romantisch-sentimentale Erinnerung an den Sozialismus. Alex' und Sigmund Jähns Haltung sind nostalgisch, denn sie trauern der DDR-Kultur nach. Das Lied „Du hast den Farbfilm vergessen" von Nina Hagen gibt einen Eindruck von einer „ostalgischen" Situation. Die DDR, so die Botschaft des Liedes, war ein Land ohne Farbe, alles grau oder schwarzweiß. Der Abspann von *Good Bye, Lenin!* gibt einen Eindruck von der öden und farblosen Atmosphäre. Das Lied kommt von dem Soundtrack des Films *Sonnenallee*.

B. Du hast den Farbfilm vergessen. Hören Sie das Lied an und füllen Sie dann die Lücken aus. Sie können das Lied im Internet finden.

„Du hast den Farbfilm vergessen, mein _____,
Nun glaubt uns kein Mensch, wie schön's hier war

hast den Farbfilm vergessen, bei meiner _____,
Alles blau und weiß und grün und später nicht mehr wahr!
Du hast den Farbfilm vergessen, bei meiner _____,
Alles blau und weiß und grün und später nicht mehr wahr!"

 C. Diskussionsfragen. Diskutieren Sie die folgenden Fragen in der Gruppe.

1. Warum war die DDR so grau wie in dem Lied und dem Bild?

2. Was versucht das Lied und der Film *Good Bye, Lenin!* über die DDR zu zeigen?

3. Warum kann man die DDR auch heute noch lieben?

4. Machen Sie eine Liste von positiven Veränderungen, die nach der Wiedervereinigung in der DDR passiert sind.

5. Bayrische Politiker forderten, dass Ostalgie verboten werden sollte. Was meinen Sie dazu? (Die Welt-online 13. Nov. 2011)

6. Stellen Sie sich vor, Sigmund Jähn wäre wirklich Staatsratsvorsitzender geworden. Können Sie sich vorstellen (*imagine*), was sich in der DDR oder in Deutschland verändert hätte?

D. Schreiben. Schreiben Sie einen Aufsatz über eines der Themen.

1. Wählen Sie eine der Filmfiguren und diskutieren Sie ihr Verhalten kritisch. Wer hat sich Ihrer Meinung nach richtig während der DDR-Wende verhalten, wer nicht?

2. Hätten Sie in der DDR leben können? Wären Sie in der FDJ (*communist youth organization*) gewesen? Es gab andere Organisationen, die Kirche z.B. als Opposition zum System. Wo wären Sie gewesen, bei der Mehrheit oder in der Opposition?

3. Welche Dinge hätten Sie vermisst, wenn Sie in der DDR aufgewachsen wären, Dinge, die Sie heute lieben?

Synthese
DISKUSSION

 A. Ein Filmfoto

Dies ist eine der letzten Szenen in *Good Bye, Lenin!*. Sie gibt dem Film eine wichtige Wendung (*turn*). Christiane weiß, dass Alex sie mit seiner DDR-Imitation in ihrer Wohnung belogen hat. Woher weiß Christiane von der politischen Wende in Deutschland? Beschreiben Sie die beiden genau. Was denken und fühlen beide hier?

B. Diskussion zum Film

Diskutieren Sie die folgenden Themen mit einem Partner oder einer Partnerin.

1. Mit welchem der Charaktere können Sie sich am besten identifizieren? Warum?

2. Was haben Sie durch den Film über die Wende in Deutschland erfahren?

3. Verstehen Sie das Gefühl der Nostalgie/Ostalgie?

4. Machen Sie mit Ihrem Partner/ihrer Partnerin eine Liste der Dinge, die in der DDR positiv waren und eine Liste mit den negativen Dingen.

Wir haben die Geburtstagsfeier der Mutter gesehen, eine nostalgische sozialistische Feier in Ostberlin. Spielen Sie eine typische Begrüßungsszene einer Geburtstagsfeier heute in Deutschland nach und folgen Sie dabei diesen wichtigen Schritten (*steps*):

1. Die Gäste kommen. Was sagt man?
2. Die Gäste bringen Blumen und Geschenke mit. Was sagt man?
3. Sie bitten die Gäste ins Wohnzimmer. Was sagen Sie?
4. Die Gäste wollen in der Küche helfen. Was sagen Sie?
5. Sie bitten die Gäste an den Tisch. Was sagen Sie?
6. Die Gäste lieben Ihr Essen und Ihren Kuchen. Was sagen die Gäste?
7. Die Gäste möchten gehen. Was sagen die Gäste? Was sagen Sie?

INTERNETRECHERCHE MIT PRÄSENTATION

1. Machen Sie eine genaue Liste der Daten zur Chronologie der Wende von 1989/90 und präsentieren Sie diese Informationen im Kurs.
2. Suchen Sie die Orte auf einer Berlinkarte, an denen die Szenen von *Good Bye, Lenin!* gefilmt wurden.
3. Suchen Sie eine alte Kopie der DDR-Nachrichtensendung *Aktuelle Kamera* und analysieren Sie die Sprache.
4. Geben Sie Hintergrundinformationen zur DDR-Staatssicherheit, der Stasi.
5. Sammeln Sie Informationen zu typischen DDR-Produkten wie dem Trabant oder elektrischen Geräten.

SCHREIBPROJEKTE

1. Ein Besuch in der DDR. Stellen Sie sich vor, Sie haben die DDR in den achtziger Jahren besucht. Finden Sie historische Bilder im Internet und schreiben Sie einen fiktiven Reisebericht aus einem seltsamen (*strange*) Land.
2. Schreiben Sie ein fiktives Tagebuch aus Alexander Kerners Perspektive. Schreiben Sie über die Krankheit der Mutter, über Lara, über Ariane und über Denis. Schreiben Sie auch über den Besuch beim Vater und über Alex' neue Geschwister. Ist Alex glücklich? Was glauben Sie?
3. Schreiben Sie eine kurze Filmkritik. Hat Ihnen der Film gefallen? Warum? Beschreiben Sie genau, was Ihnen gefallen hat und was nicht. Machen Sie eine Liste von zwei bis drei positiven Elementen im Film und auch einigen negativen. Schreiben Sie dann ein Fazit als Kritik.

Strukturen: Das Futur
THE FUTURE TENSE (DAS FUTUR)

In German, the future tense (*das Futur*) occurs less frequently than in English. German often substitutes the present tense for the future („*Wir sehen uns morgen.*" "We'll see you tomorrow."), especially when there is an adverb of time in the sentence (like "*morgen*") that establishes the context. When using the future tense in German, you are typically talking about something that you expect to definitely take place - that is, something you plan to do.

German verbs follow an easy-to-learn and predictable pattern in the future tense: *werden* + **infinitive**. To conjugate any verb in the future, you simply conjugate *werden* and add the infinitive of the verb you want to have in the future. Basically, if you can conjugate *werden*, you can form the future tense of all verbs! The chart below shows a sample German verb in the **future tense**.

ARBEITEN / TO WORK		
Deutsch	English	Sample Sentence
SINGULAR		
ich werde arbeiten	I will work	Ich werde im Sommer arbeiten.
du wirst arbeiten	you (*fam*.) will work	Wirst du an der Uni arbeiten?
er wird arbeiten	he will work	Er wird mit mir arbeiten.
sie wird arbeiten	she will work	Sie wird bei VW arbeiten.
PLURAL		
wir werden arbeiten	we will work	Wir werden für zehn Euro arbeiten.
ihr werdet arbeiten	you (you guys; y'all) will work	Werdet ihr Samstag arbeiten?
sie werden arbeiten	they will work	Sie werden auch Sonntag arbeiten.
Sie werden arbeiten	you will work	Werden Sie heute arbeiten? (**Sie**, formal "you," is both singular and plural.)

A. Was passt? What will happen in the German Democratic Republic (i.e., DDR) after the *Wende*?

1. Was wird Alex nach der Wende machen?
   - Was wird er beruflich machen?
   - Was wird er privat machen?
   - Was wird er für die Mutter machen?
2. Was wird Ariane nach der Wende machen?
   - Was wird sie beruflich machen?
   - Was wird sie privat machen?
   - Was wird sie für die Mutter machen?
3. Was wird Denis nach der Wende machen?
   - Wo wird er arbeiten?
   - Mit wem wird er befreundet sein?
   - Wird er glücklich sein?

B. Ihre persönliche Zukunft. Answer the questions about your future and share your answers with a partner.

1. Was werden Sie nach der Universität machen?
2. Werden Sie ein Graduate Studium beginnen?
3. Werden Sie arbeiten? Wenn ja, wo?
4. Was werden Sie privat machen? Werden Sie eines Tages heiraten?
5. Was wird Ihr Bruder oder Ihre Schwester in den nächsten Jahren machen?
6. Wo werden Sie in fünf Jahren wohnen?
7. Was für ein Auto werden Sie in zehn Jahren fahren?
8. Wie viele Kinder werden Sie in fünfzehn Jahren haben?

Wissenswert!

Mit „Wende" ist die politische Wende nach den Protesten und der Öffnung der Mauer gemeint. Der Film *Good Bye, Lenin!* zeigt das Leben der Familie während der Wende.

Achtung!

Futur is a linguistic term that refers to the future tense. The German word *die Zukunft* means the future in a non-grammatical sense. *In der Zukunft* means "in the future"!

Strukturen: Der Genitiv
THE GENITIVE CASE (DER GENITIV)

Many German speakers (and even German teachers!) say that the genitive case is slowly being replaced by dative and question whether it is even important to learn or teach genitive. While it is true that many prepositions requiring genitive are more likely to be used with dative in spoken, colloquial language, genitive is often still found in spoken and written language. In this section, we will focus on recognizing the genitive case and examples of how it is commonly used. What patterns do you notice in the chart?

Masculine	Neuter	Feminine	Plural
des + s	des + s	der	der
eines + s	eines + s	einer	keiner

A. Newspaper headlines. Determine the gender of the noun in the genitive case. The examples are from newspaper headlines.

1. _____ Haus **der Natur**
2. _____ Angebot **der Woche**
3. _____ Wichtigster Ort **der Welt**
4. _____ E-Bike **der Zukunft**
5. _____ Zukunft **der Schulen**
6. _____ Beste Party **des Sommers**
7. _____ Größter Sommerschlussverkauf **aller Zeiten**
8. _____ Tag **der offenen Tür**
9. _____ Spannendster Film **des Jahres**
10. _____ Verbesserung **der Lebensqualität**

B. Filmtitel. How would you translate these movie titles back into English? Try to figure them out before doing the matching activity!

1. _____ Der König der Wellen
2. _____ Der König der Löwen
3. _____ Der Name der Rose
4. _____ Der Duft der Frauen
5. _____ Das größte Muppet Weihnachts-spektakel aller Zeiten
6. _____ Beim Leben meiner Schwester
7. _____ In den Schuhen meiner Schwester
8. _____ Die Asche meiner Mutter
9. _____ Das Schweigen der Lämmer
10. _____ Der Herr der Ringe

a. In Her Shoes
b. The Lion King
c. Angela's Ashes
d. The Silence of the Lambs
e. The Lord of the Rings
f. My Sister's Keeper
g. Surf's Up
h. It's a Very Merry Muppet Christmas Movie
i. Scent of a Woman
j. The Name of the Rose

C. Deutsche Filmtitel. Of course, there have been plenty of German film titles over the years that use the genitive. You might recognize some of these films and their directors

1. Das Leben der Anderen (Florian Henckel von Donnersmarck, 2006)
2. Der Schuh des Manitu (Michael Herbig, 2001)
3. Jenseits der Stille (Caroline Link, 1996)
4. Die Ehe der Maria Braun (Rainer Werner Fassbinder, 1979)
5. Im Lauf der Zeit (Wim Wenders, 1976)
6. Die verlorene Ehre der Katharina Blum (Volker Schlöndorff, 1975)
7. Triumph des Willens (Leni Riefenstahl, 1935)
8. Das Testament des Dr. Mabuse (Fritz Lang, 1933)
9. Berlin – Die Sinfonie der Großstadt (Walter Ruttmann, 1927)
10. Das Cabinet des Dr. Caligari (Robert Wiene, 1920)

Choose five titles and express them in English.

1. _____
2. _____
3. _____
4. _____
5. _____

D. Fragen zum Film. Answer these questions about *Good Bye, Lenin!*

1. Wer sind die Hauptfiguren des Films?
2. Beschreiben Sie die Gesundheitsprobleme der Mutter.
3. Wie heißt der Freund der Schwester?
4. Beschreiben Sie die Einrichtung oder Dekoration der Wohnung.
5. Was war Ihrer Meinung nach die lustigste Szene des Films? Die traurigste?
6. Nennen Sie ein paar bekannte Produkte der DDR.

Lektüre 1
ZONENKINDER

von Jana Hensel, (Rowohlt, 2002)

Jana Hensel was born in 1976. Her best-selling book *Zonenkinder (After the Wall)* is considered the definitive book of the Post-Wall generation who had to come to terms with the conditions of living in a capitalist system. She focuses on the difference between Eastern and Western products and the problems her parents' generation had adjusting to the new economic system. Hensel shows how quickly her own generation adapted to a new lifestyle. Although Hensel romanticizes her upbringing under difficult economic conditions, the preference for her new life is obvious.

VOR DEM LESEN

 A. Wörter aus dem Englischen. Suchen Sie die Wörter im Text, die aus dem Englischen kommen.

Beispiel: Boxerjeans

ZONENKINDER (AUSZUG)

Wir wurden in einem materialistischen Staat geboren, obwohl heute oft das Gegenteil **behauptet** wird. Mit einfachen Statussymbolen baute jeder seine kleine Welt, und bereits als Kinder konnten wir Käfer- und Boxerjeans von solchen aus dem Westen **unterscheiden.** Ein Germanin-Skateboard blieb für uns immer eine schlichte Kopie des berühmten **Adidasbruders.** An rosafarbenen **Radiergummis,** es ging das **Gerücht,** die seien mit **Geschmack,** haben wir heimlich und genussvoll unsere Zungen **geleckt,** und leere Pelikan-**Tintenpatronen,** deren kleine **Verschlusskügelchen** im Innern so schön **klapperten,** hätten wir nie im Leben gegen einen LKW mit Heiko-Patronen eingetauscht. Und als es in der Mitte der achtziger Jahre neben Leninschweiß auch Maracuja-Limonade gab, die wir Limo nannten, wollten wir nur die. Kamen die

Sticker von a-ha, C.C.Catch oder Modern Talking aus Polen statt aus der „Pop Rocky" oder „Bravo" und die Glitzis nicht aus dem **Intershop,** dann war uns das vor den anderen peinlich.

Die ganze DDR träumte von Bockbier und Pils aus der Tschechei. Man sparte für einen Farbfernseher oder einen Lada und **beneidete** die Nachbarn um ihren Bastei. An den Wochenenden **bastelte** man an den Datschen, die bis zur **Klobrille holzvertäfelt** sein mussten. Als **zonale** Kleinstvillen wiesen sie **Girlandenketten,** Hollywoodschaukel, Plastepool, **Klettergerüst,** Kaffeemaschine, Kühlschrank, Couchgarnitur, Farbfernseher, Campingstühle und Campingliegen auf und waren ohne die **samtene Velourstapete** ... einfach keine richtigen Datschen.

behaupten	to maintain
unterscheiden	to differentiate
(unterschied, hat unterschieden)	
der Radiergummi	eraser
das Gerücht	rumor
der Geschmack	taste
geleckt	tasted, *lit.* "licked"
die Tintenpatrone	ink cartridge
das Verschlusskügelchen	cap
klappern	to rattle
der Intershop	(East German) store for Western products

beneiden	to envy
basteln	to tinker; to do crafts
die Klobrille	toilet seat
holzvertäfelt	wood panelled
zonal („zoned")	West Germans described East Germany as *„die Zone"*
die Girlandenkette	garlands
das Klettergerüst	jungle gym
samten (samt)	velveteen
die Velourstapete	velour wallpaper

NACH DEM LESEN

A. Westliche und ostdeutsche Produkte vergleichen. Jana Hensel vergleicht die westlichen Produkte mit den ostdeutschen ihrer Kinderzeit. Machen Sie eine Liste, in der Sie die Produkte aus westlichen oder anderen Ländern in die linke Spalte schreiben und ostdeutsche Produkte in die rechte. Welche Produkte kennen Sie?

Aus Westdeutschland oder aus anderen Ländern	Aus Ostdeutschland
Adidas Skateboard	Germanin-Skateboard

B. Zur Diskussion/zum Schreiben

1. Welche Produkte sehen Sie als typisch amerikanisch, welche als typisch deutsch?
2. Ohne welche Produkte könnten Sie nicht leben? Was würde passieren, wenn Sie ohne diese Produkte im Ausland leben müssten?
3. Haben Sie versucht, Produkte, die Sie aus Ihrer Heimat kennen, in Ihrer Unistadt zu finden? Waren Sie erfolgreich?

Lektüre 2
AM KÜRZEREN ENDE DER SONNENALLEE

von Thomas Brussig (Volk und Welt, 1999)

Thomas Brussig is considered the spokesperson for the "Wende" generation after his 1995 bestselling book *Heroes Like Us (Helden wie wir)*. He grew up in East Berlin, and after being kept from studying, became a member of East Berlin's notorious underground art scene of the 1980s. The excerpt is from a book about the movie *Sonnenallee* (1999), which has been called the first comedy about the Berlin Wall (*Mauerkomödie*). In this short excerpt from the novel we read about how a boy from East Berlin called Wuschel (because of his frizzy hair) is determined to get his hands on an album from his all-time favorite band from the West that a man called Kante offers on the black market.

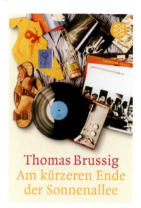

Thomas Brussig
Am kürzeren Ende
der Sonnenallee

 A. **Ihre Erfahrungen und Ideen.** Beantworten Sie die Fragen über Musik.

1. Erinnern Sie sich an die erste CD, die Sie gekauft haben?
2. Welche Bands waren populär, als Sie in der High School waren?
3. Welche Bands aus den 1970er Jahren kennen Sie?

B. **Themen im Buch.** Schauen Sie das Buchcover an und beschreiben Sie das Bild. Welche Themen kommen wahrscheinlich im Buch vor?

AM KÜRZEREN ENDE DER SONNENALLEE

Als Wuschel zur **bewussten** Zeit unter die Brücke kam, sah er tatsächlich einen dünnen Typen mit einem **quadratischen Beutel** rumstehen und in die Luft starren. Und obwohl es schummrig war, trug der Dealer eine Sonnenbrille. Das machte großen **Eindruck** auf Wuschel, und so versuchte er erst einmal, die **Gepflogenheiten** zu ergründen, indem er das Geschehen aus respektvoller **Entfernung** verfolgte. Ein Interessent musste erst mal seine **Bestellung** abgeben, die Kante nur mit unglaublich **hochnäsigen** Kommentaren entgegennahm. „Was willste denn mit Dylan? Das ist doch drüben so was von vorbei!" „Bee Gees? Eunuchengequake, **verschwuchtelte** Discoscheiße!" „Stones kannste vergessen, seitdem der Brian Jones tot ist." Kante konnte sich seine Arroganz **leisten**, denn er konnte wirklich alles **besorgen**. Als Wuschel bei ihm die *Exile on Main Street* bestellte, die englische Pressung, **verschweißte** Cover, meinte Kante: „Na klar, verschweißt. Denkste, ick will den Schrott noch hören?"

Drei Wochen später hatte Kante tatsächlich eine verschweißte Exile in seinem Beutel, aber er wollte von Wuschel dreihundert Mark.

„Was, dreihundert Mark?", fragte Wuschel **entgeistert**. „Dafür muss ich in den Ferien vier Wochen arbeiten!"

„Das will ich aber hoffen! Wenn die Stones dafür vier Wochen im Studio waren, ist es **das mindeste**, dass du *auch* vier Wochen dafür arbeitest!"

„Ich hab aber keine dreihundert Mark!"

„Oder fünfzig West?" fragte Kante.

„Nee, ich hab auch keine fünfzig West!", sagte Wuschel.

Wissenswert!

The word *Geist* means spirit. So *begeistert* means literally to be spirited or enthusiastic. The prefix *ent-* means to take away. So *entgeistert* is literally to be without spirit. It is typically translated into English as aghast, dumbfounded, shocked, or stunned.

Kante stieß **höhnisch** die Luft aus und ließ das verschweißte Doppelalbum wieder in seinem Beutel verschwinden.

„Dann hast du fünfzig West zuwenig", meinte er kalt.

Wuschel schluckte und versprach wiederzukommen, wenn er den **Schotter** hat.

bewusst	indicated
quadratisch	square
der Beutel	bag
der Eindruck	impression
die Gepflogenheit	habit
die Entfernung	distance
die Bestellung	order
hochnäsig	arrogant
verschwuchtelt (*slang*)	gay (*pej.*)
(sich) leisten	to afford
besorgen	to organize
verschweißt	plastic covered
entgeistert	shocked
das mindeste	the least
höhnisch	arrogant
der Schotter (*slang*)	money

Nach dem Lesen

A. Fragen zum Inhalt

1. Was ist ein Dealer?
2. Was verkauft der Dealer?
3. Warum ist Kante arrogant?
4. Wie viel kostet das Stones-Album?
5. Wie viel D-Mark kostet das Album?
6. Hat Wuschel das Geld?
7. Was wird Wuschel wohl machen?
   Wird er das Geld bekommen? Wie?

B. Persönliche Fragen

1. Was haben Sie sich zuletzt gekauft? Wie viel Geld haben Sie dafür ausgegeben?
2. Was würden Sie gern kaufen, was Sie sich aber nicht leisten können?
3. Sparen Sie Ihr Geld oder geben Sie Ihr Geld schnell aus?
4. Wie viel Taschengeld haben Sie bekommen, als Sie Teenager waren?
5. Wofür haben Sie Ihr Geld gespart, als Sie Teenager waren?
6. Für welche CD hätten Sie in den Ferien vier Wochen gearbeitet, als Sie Teenager waren?

Wortschatz

WÖRTER ZUR KULTUR DER DDR

ausschließen (schloss aus, hat ausgeschlossen)	*to exclude*
ausreisen	*to leave the country*
der Bürgerrechtler, -	*civil rights activist*
die Datsche, -n (East Ger.)	*weekend cottage*
festnehmen (nahm fest, hat festgenommen)	*to arrest*
der Feind, -e; die Feindin, -innen	*enemy*
die Flucht, -en	*escape*
die Genehmigung, -en	*the permit*
die (Berliner) Mauer, -n	*wall; the Berlin Wall*
verhören	*to interrogate*
die Wende, -n	*fall of the Wall, lit. political "turn"*
die Wiedervereinigung, -en	*reunification*

ALLGEMEINE WÖRTER

die Aufregung, -en	*excitement*
behaupten	*to maintain*
beneiden	*to envy*
besorgen	*to organize*
die Bestellung, -en	*order*
der Beutel, -	*bag*
der Eindruck, -̈e	*impression*
einrichten	*to decorate; to furnish*

entdecken	*to discover*
die Entfernung, -en	*distance*
entschließen (entschloss, hat entschlossen)	*to decide*
der Gedächtnisverlust, -e	*amnesia*
die Gelegenheit, -en	*opportunity*
der Geschmack, -¨er	*taste*
der Herzinfarkt, -e	*heart attack*
unterscheiden (unterschied, hat unterschieden)	*to differentiate*
das Verhältnis, -isse	*relationship*

ÜBUNGEN

A. Was passt?

Vervollständigen Sie den Text mit Wörtern aus der Liste der DDR-Vokabeln.

Wer in der DDR lebte, hatte ein schweres Leben. Die Menschen konnten nur dann _____, wenn sie eine offizielle _____ hatten. Das waren Politiker, Geschäftsleute oder Akademiker. Alle anderen mussten im Land bleiben. Viele versuchten die _____, doch sie wurden meistens an der _____ _____ und dann von der Polizei _____. Dann kamen sie für einige Jahre ins Gefängnis. Das alles wurde anders nach der _____.

B. Suchen Sie die Synonyme für die fettgedruckten Wörter.

1. Anna hatte eine gute **Beziehung** zu ihrem Professor.
2. Ich habe dieses Jahr die **Chance**, nach China zu reisen.
3. Maria und Karl haben ein schönes Haus, für das sie moderne Möbel **gekauft** haben.
4. Ich habe letzte Woche ein neues Geschäft mit fantastischem Kaffee **gefunden**.
5. Nimmst du deine Sport-**Tasche** mit ins Fitnesscenter?

C. Was passt nicht?

Welches Wort passt nicht in die Liste? Warum nicht?
1. Aufregung, Angst, Koma, Freude, Spannung
2. unterscheiden, erkennen, aussuchen, vergessen, wählen
3. Vorschlag, Eindruck, Gefühl, Impression, Vorstellung
4. Verhältnis, Fehler, Beziehung, Ähnlichkeit, Verbindung

D. Fragen über die DDR

1. Hat der Film Ihr Bild von der DDR verändert (*changed*)? Eher positiv oder eher negativ? Warum?
2. Waren Sie schon in Ostdeutschland? Würden Sie die Gelegenheit nutzen, dorthin zu reisen? Warum? Warum nicht?
3. Haben Sie schon über die manchmal tödlichen Fluchtversuche aus der DDR gehört oder gelesen? Was können Sie aus dem Internet darüber erfahren?
4. Welche Fragen haben Sie über die Berliner Mauer?

Die fetten Jahre sind vorbei

EINLEITENDE FRAGEN

▶ Beschreiben Sie die Personen auf dem Plakat. Wo stehen sie? Sehen sie glücklich aus?
▶ Was sind wohl „die fetten Jahre" und warum sind sie „vorbei"?
▶ Was steht an der Wand?
▶ Was könnten die Farben schwarz, weiß und rot symbolisieren?
▶ Dieser Film heißt „The Edukators" auf Englisch. Warum? Was glauben Sie? Warum wird Edukators mit einem „k" geschrieben?

Vorbereitung und Hintergrund
FILMDATEN

Originaltitel	*Die fetten Jahre sind vorbei*
Produktionsland	Deutschland/Österreich
Erscheinungsjahr	2004
Regie	Hans Weingartner
Drehbuch	Katharina Held & Hans Weingartner
Darsteller	Daniel Brühl (Jan), Julia Jentsch (Jule), Stipe Erceg (Peter) und Burghart Klaußner (Hardenberg)
Altersfreigabe	FSK 12
Länge	126 Minuten

👫 DIE FIGUREN

A. Wer ist das? Lesen Sie die Personenbeschreibung und raten Sie, welche Beschreibung zu welcher Person gehört.

1. ____   Jan

2. ____   Peter

3. ____   Jule

4. ____   Hardenberg

a. Sie arbeitet in einem Gourmet-Restaurant, um ihre Schulden bezahlen zu können.

b. Er ist ein cooler Typ.

c. Er ist der Theoretiker der Gruppe.

d. Er fährt einen Mercedes.

e. Sie weiß nicht, woran sie glauben soll.

f. Er bekommt Geld von Jule.

g. Er ist Jules Freund.

h. Er verliebt sich in Jule.

i. Er war 1968 in der Studentenbewegung aktiv.

📡 DIE HANDLUNG

A. Was passt? Finden Sie die passende Definition und schreiben Sie den Buchstaben in die Lücke.

1. ____ die Fußgängerzone

2. ____ verrücken

3. ____ Mietschulden

4. ____ Wohngemeinschaft

5. ____ einbrechen

6. ____ verhindern

a. etw. in eine andere Lage, an einen anderen Standort bringen

b. Zonen, meistens in der Innenstadt, wo Menschen nur zu Fuß gehen dürfen

c. illegal oder gewaltsam eindringen

d. ein Gelddefizit, das man hat, wenn man die Miete nicht bezahlt hat

e. eine Gruppe von Personen, die zusammen wohnen und gemeinsame Interessen haben

f. bewirken, dass etw. nicht geschieht oder getan wird

B. Eine Zusammenfassung. Lesen Sie die Zusammenfassung der Handlung und achten Sie dabei auf die Vokabelliste.

In einer **Fußgängerzone** in Berlin beendet ein gewalttätiger **Polizeieinsatz** eine Demonstration junger Leute gegen die **Ausbeutung** in so genannten Sweatshops. Jule kann den **Abtransport** einiger ihrer **Mitstreitenden** nicht **verhindern**. Sie kommt nach Hause und erfährt, dass sie wegen **Mietschulden binnen** zwei Wochen ihre Wohnung räumen muss. Ihr Freund Peter **schlägt vor,** dass sie zu ihm und seinem Mitbewohner Jan in die **WG** zieht. Dann verreist Peter für ein paar Tage. Der **eigenbrötlerische** Jan hilft Jule beim Renovieren, und zwischen den beiden **funkt** es. Als Jule ihren Job als Kellnerin in einem Nobelrestaurant verliert und ihre Situation als **aussichtslos** empfindet, **verrät** ihr Jan, dass er und Peter als „**Erziehungsberechtigte**" nachts in Villen **einbrechen**. Dort **richten** sie ein „kreatives Chaos" **an**: Sie **verrücken** Gegenstände und Möbel, lassen jedoch nichts mitgehen. Ihr Ziel ist die **Verunsicherung** der **Reichen** in ihren privaten „**Hochsicherheitszonen**", und ihr **Bekennerschreiben droht**: „Die fetten Jahre sind vorbei".

die Fußgängerzone	pedestrian zone	verraten	to tell (a secret)
der Polizeieinsatz	police operation	(verrät, verriet, hat verraten)	
die Ausbeutung	exploitation	die Erziehungsberechtigten	guardians
der Abtransport	evacuation	(„Edukators")	
die Mitstreitenden	co-demonstrators	einbrechen	to break in
verhindern	to avoid	(bricht ein, brach ein, ist eingebrochen)	
Mietschulden	back rent (owed)	anrichten	to wreak
binnen	within	verrücken	disarrange
vorschlagen	to suggest	die Verunsicherung	instability
(schlägt vor, schlug vor, hat vorgeschlagen)		die Reichen	the rich
die WG (Wohngemeinschaft)	shared apartment	die Hochsicherheitszone	high-security zone
eigenbrötlerisch	eccentric; strange	das Bekennerschreiben	claim of responsibility
funken	to spark		
aussichtslos	unpromising	drohen	to threaten

C. Was stimmt? Beantworten Sie die Fragen mit richtig (R) oder falsch (F).

1. _____ Die Demonstration ist gegen Ausbeutung in Sweatshops.
2. _____ Jules Freunde werden verhaftet.
3. _____ Jule muss in zwei Wochen aus ihrer Wohnung ausziehen.
4. _____ Peter ist Jules Freund, und er macht Urlaub.
5. _____ Jan und Jule entwickeln Gefühle für einander.
6. _____ Jule verliert ihren Job in einem Nobelrestaurant.
7. _____ Jan und Peter brechen in Villen ein und räumen alles auf.
8. _____ Jan und Peter nennen sich die Erziehungsberechtigten.
9. _____ Jan und Peters Ziel ist es, einen besseren Job zu finden.

D. Was wissen Sie über die Figuren? Machen Sie eine Liste von den Informationen im Text, die zu den folgenden Personen gehören.

Jule	Jan	Peter
- demonstriert gegen Ausbeutung		

E. Beantworten Sie die Fragen mit einem Partner oder mit einer Partnerin

1. Wie würden Sie Jule, Jan und Peter beschreiben? Wie sehen sie aus, was für einen Eindruck (*impression*) machen sie?

2. Jan und Peter verrücken Gegenstände und Möbel, um die Reichen in ihren privaten Hochsicherheitszonen zu verunsichern. Was könnte ihr Ziel sein?

3. Hardenberg ist die vierte Hauptfigur, die aber nicht in der Zusammenfassung erwähnt wird. Welche Rolle spielt er in dem Film? Was glauben Sie? Ist er ...

   a. ein Polizist?
   b. der Hausmeister?
   c. der Chef im Nobelrestaurant?
   d. der Besitzer einer Villa?
   e. _____?

DER HINTERGRUND

A. **Vietnam-Kongress.** Lesen Sie den Text und beantworten Sie die Fragen.

Der Jugendprotest gegen den Vietnamkrieg war ein Kristallisationspunkt bei der Formierung der 1968er-Bewegung in der Bundesrepublik Deutschland. Anlässlich des internationalen Vietnam-Kongresses im Februar 1968 an der Technischen Universität Berlin hält der bekannte Studentenführer Rudi Dutschke eine Rede. Dutschke war einer der Organisatoren der Veranstaltung.

1. Wer hält die Rede?
2. Wogegen wird protestiert?
3. Wann wurde das Foto gemacht?
4. Wo wurde das Foto gemacht?
5. Warum gibt es so viele Mikrofone?

B. **Die Studentenbewegung und der Film.** Lesen Sie den Text über die 1968er Studentenbewegung.

1968 war ein Wendepunkt der Nachkriegsgeschichte. Studenten auf der ganzen Welt protestierten gegen den Vietnamkrieg, politische Strukturen, Kapitalismus, eine rigide Sexualmoral und einen beschränkten **Familiensinn**. In der Bundesrepublik protestierten sie auch gegen die **Nichtaufarbeitung** des Nationalsozialismus. Sie dachten, dass sie an einer internationalen Revolution teilgenommen haben, durch welche die Gesellschaft sich positiv und progressiv verändern würde. Einige wollten ihre Ideen mit **Gewalt durchsetzen** und gründeten terroristische Gruppen wie die bekannte „Rote Armee Fraktion". Andere engagierten sich in der Politik und gründeten die „Grüne Partei" und förderten die Frauenbewegung, den Feminismus, Multikulturalität und die Menschenrechte. Andere haben Familien gegründet und angefangen zu arbeiten. Heutzutage nennt man die **ehemaligen** Studenten die 68er, und sie gehören zu der 68er Generation. Man fragt sich, was die **Nachwirkungen** dieser Generation sind und was sie für einen Einfluss auf die heutige Gesellschaft haben.

Wissenswert! Rudi Dutschke

Rudi Dutschke war der prominenteste Sprecher der deutschen Studentenbewegung. Im Jahre 1968 verübte Josef Bachmann ein Attentat auf ihn, bei dem Dutschke schwer verletzt wurde. Dutschke blieb politisch engagiert aber starb im Jahre 1979 an den Spätfolgen des Attentats. Haben Sie von anderen Vertretern der Bürgerrechtsbewegung wie z.B. Martin Luther King Jr., Che Guevara oder John F. Kennedy gehört, die auch an tödlichen Attentaten gestorben sind?

Die fetten Jahre sind vorbei erzählt die Geschichte von jungen **zeitgenössischen** Revoluzzern, die gewaltfreie, aber immer noch illegale Methoden haben, um ihre antikapitalistische Botschaft zu vermitteln. Sie **geraten außer Kontrolle,** als sie ungewollt den Besitzer einer Villa **entführen,** der beim Einbruch zu Hause war. Der Mann, den sie **entführen,** ist ein ehemaliger 68er, der **damals** gegen das System protestiert hat. Obwohl sie sich verstehen können und von einander lernen können, gibt es immer noch Fragen über die Vergangenheit und die Zukunft.

der Familiensinn	family values	**die Nachwirkungen (pl.)**	consequences
die Nichtaufarbeitung	not working through something	**zeitgenössisch**	contemporary
die Gewalt	violence	**außer Kontrolle geraten**	to get out of control
durchsetzen	to apply	**entführen**	to kidnap
ehemalig	former	**damals**	back then

C. Beantworten Sie die Fragen zum Text

1. Wie nennt man die Generation von Studenten, die 1968 protestiert haben?
2. Wogegen haben sie protestiert?
3. Was unterscheidet die deutsche Studentenbewegung von anderen auf der Welt?
4. Was haben die Studenten gemacht, nachdem sie älter geworden sind?
5. Welchen Einfluss haben Ihrer Meinung nach die Ereignisse von 1968 auf die heutige Gesellschaft?

D. Was meinen Sie? Diskutieren Sie die Fragen mit einem Partner oder mit einer Partnerin.

1. Überall auf der Welt gab es ähnliche Studentenbewegungen. Von welchen haben Sie schon gehört?
2. Was halten Studenten heutzutage von Che Guevara?
3. Wie finden Sie es, wenn eine junge Person sich verändert, wenn sie älter wird?
4. Gibt es heute auch Studentenbewegungen? Wogegen protestiert man?

E. Kommune 1. Lesen Sie den Text über die Kommune 1.

bürgerlich	middle-class
bieten	to offer
die Aufgabe	duty
die Beziehung	relationship
der Grundsatz	principle
der Vordergrund	foreground

Im Januar 1967 wurde die politisch motivierte Wohngemeinschaft „Kommune I" (K1) in Berlin gegründet. Sie war die erste Wohngemeinschaft dieser Art in Deutschland und befand sich zuerst in der leerstehenden Wohnung des Schriftstellers Hans Magnus Enzenberger. [...] Die Kommune sollte eine Alternative zur **bürgerlichen** Lebensform **bieten** und propagierte daher die **Aufgabe** der Privatsphäre, finanzieller Sicherheit und monogamer **Beziehungen.** Aus den Kommunen entwickelten sich schließlich Wohngemeinschaften (WGs), in denen nicht Ideologie, sondern praktische **Gründsätze,** wie das Teilen der Miete, im **Vordergrund** standen.

F. Beantworten Sie die Fragen zum Text

1. Wann wurde die erste politisch motivierte WG gegründet?
2. Wie hieß sie?
3. Wo befand sich die KI zuerst?

4. Was sollte die Kommune sein?
5. Was propagierte die Kommune?
6. Was entwickelte sich aus den Kommunen?

G. Bildbeschreibung. Sehen Sie sich das Bild von einem besetzten Haus an. Welche Parolen können Sie lesen und was bedeuten sie?

H. Hausbesetzerszene. Lesen Sie den Text zur Hausbesetzerszene und diskutieren Sie die Themen in der Klasse.

Ende der 70er Jahre entwickelte sich eine starke Hausbesetzerszene in Berlin-Kreuzberg, weil viele Wohnräume gleichzeitig **zerstört** und neue **Betonbauten** gebaut wurden. Die Besetzer **besetzten** leer stehende Wohnungen unter dem Slogan „Lieber **instandbesetzen** als kaputt**besitzen**". Sie haben diese Wohnungen in **Zentren** oppositioneller Subkulturen transformiert.

zerstören	to demolish	**instand**	from within
die Betonbauten (pl.)	concrete buildings	**besitzen**	to own
instandbesetzen	to restore	**die Zentren (pl.)**	centers
besetzen	to occupy		

I. Beantworten Sie die Fragen zum Text

1. Was entwickelte sich Ende der 70er Jahre in Berlin-Kreuzberg?
2. Was machten die Besetzer mit den leer stehenden Wohnungen?
3. Versuchen Sie, ihren Slogan zu erklären. Was bedeutet „Lieber instandbesetzen als kaputtbesitzen"?
4. Inwiefern haben die Besetzer die Wohnungen transformiert? Wie, glauben Sie, haben sie das gemacht?
5. Warum würde man eine leer stehende Wohnung besetzen? Wofür oder wogegen sind die Hausbesetzer?
6. Was ist eine oppositionelle Subkultur?

J. Hans Weingartner. Lesen Sie den Text über den Regisseur Hans Weingartner.

Wussten Sie, dass Regisseur Hans Weingartner Mitte der 90er Jahre Hausbesetzer war?
„Es war eine wunderschöne, utopische Zeit. Wir waren 25 glückliche Hippies und wohnten mit zwei Hängebauchschweinen (*pot-bellied pigs*) als Haustiere in einem leer stehenden Haus in Berlin-Friedrichshain. Doch nach einem Jahr, im April 1996, kam die Polizei und hat das Haus geräumt. Die Polizisten haben unsere Sachen aus den Fenstern geschmissen (*thrown out*), als wir im Garten saßen."

K. Beantworten Sie die Fragen zum Text

1. Beschreiben Sie das Leben in Weingartners besetzter Wohnung.
2. Was hat die Polizei mit den Sachen der Hausbesetzer gemacht?
3. Inwiefern hatte Weingartners Vergangenheit einen Einfluss auf den Film?

L. Ein Lied. Hören Sie das Lied *Die letzte Schlacht gewinnen wir* von der Musikgruppe „Ton Steine Sterben" im Internet an und schreiben Sie dann das richtige Wort in die Lücken.

> bedeutet • Frieden • Front • gehören • schmeißt • Weg

die Fabrik	factory
gehören	to belong to
aus dem Weg	out of the way
die Schlacht	battle
wegschmeißen (*sl.*)	put or throw away
die Knarre	gun
die rote Front	the red front; communists
die schwarze Front	the black front; anarchists
der Kampf	fight; struggle
der Frieden	peace
bedeuten	to mean
bekämpfen	to battle
der Sieg	victory

Wir brauchen keine Hausbesitzer,
denn die Häuser _____ uns,
Wir brauchen keine **Fabrik**besitzer,
die Fabriken **gehören** uns.
Aus dem _____, Kapitalisten,
die letzte **Schlacht** gewinnen wir.
_____ die **Knarre weg**, Polizisten,
die **rote Front** und schwarze _____ sind hier.
Wir brauchen keinen starken Mann,
denn wir sind selber stark genug.
Wir wissen selber, was zu tun ist,
unser Kopf ist groß genug.
Aus dem Weg, Kapitalisten,
die letzte **Schlacht** gewinnen wir.
Schmeißt die **Knarre weg**, Polizisten,
die **rote Front** und schwarze Front sind hier.
Unser **Kampf** bedeutet _____
und wir **bekämpfen** euren Krieg.
Jede Schlacht, die wir verlieren,
_____ unseren nächsten **Sieg.**

Wissenswert!

„Ton Steine Scherben" war eine bekannte Musikgruppe der 70er und 80er Jahre in Deutschland. Sie waren links engagiert und haben politische Texte geschrieben. Lieder wie *Die letzte Schlacht gewinnen wir* aus dem Jahr 1972 thematisieren die Hausbesetzerszene.
Kennen Sie andere Musikgruppen oder Lieder, die ähnlich sind?

 M. Beantworten Sie die Fragen zum Lied

1. Wie finden Sie die Musik?
2. Warum brauchen sie keine Hausbesitzer im Lied?
3. Wie wollen sie den Kampf gewinnen?
4. Suchen Sie im Internet das *Rauch Haus Song* von „Ton Steine Scherben" und den dazugehörenden Text. Wie ist dieses Lied dem Lied *Die letzte Schlacht gewinnen wir* ähnlich? Wie ist es anders? Welches Lied haben Sie lieber und warum?

Zum Film: Revolutionäre Zellen
VOR DEM SEHEN

A. Bildbeschreibung. Schauen Sie sich die Standbilder aus dem Film an. Beschreiben Sie die Bilder mit so vielen Details wie möglich.

B. Was meinen Sie? Diskutieren Sie die Fragen in Gruppen.

1. Was sind die Unterschiede zwischen Terroristen, Verbrechern und Aktivisten? Was sind eurer Meinung nach Jan, Peter und Jule?

2. Gibt es eine Protestbewegung in eurem Land? Wogegen protestiert man?

3. Welche Zeiten in der Geschichte sind bekannt für Revolutionen und revolutionäre Gedanken?

4. Habt ihr an einer Demonstration teilgenommen?

DER FILM (CLIPS 1–3)

A. Revolutionäre Gedanken. Lesen Sie die Beschreibung der Szene und ergänzen Sie die Lücken. Beantworten Sie danach die Fragen.

Jule hat ihre Arbeit verloren und zweifelt an der _____ der Demonstrationen gegen Ausbeutung, an denen sie _____ nimmt. Sie und Jan wundern sich über Jugend_____ und kommen zu dem Schluss, dass viele Leute zu viel vorm Fernseher sitzen und _____, um revolutionäre Gedanken zu haben, dass man das, was früher revolutionär war, heute im Laden kaufen kann und dass man das Gefühl hat, dass es alles schon gemacht worden ist.

die Bewegungen (pl)	movement
glotzen	to watch; stare (TV)
teilnehmen	to participate
(nimmt teil, nahm teil, hat teilgenommen)	
die Wirkung	effect

1. Stimmt das Ihrer Meinung nach, dass die Leute keine revolutionären Gedanken haben, weil sie zu viel fernsehen?

2. Meinen Sie auch, dass alles schon gemacht worden ist?

3. Wovon reden Jule und Jan auf dem Foto? Schreiben Sie einen kurzen Dialog.

B. Rebellieren ist schwieriger geworden. Sehen Sie den Clip an und beantworten Sie die Fragen.

1. Clip „Rebellieren ist schwieriger geworden"
    1. Sehen Sie den Clip an und schreiben Sie Wörter auf, die Sie verstanden haben.
    2. Fassen Sie zusammen, was Sie verstanden haben. Worum geht es?

C. Was passt? Lesen Sie den Dialog zwischen Jan und Jule aus dem Clip. Schreiben Sie das passende Wort in die Lücke.

„Rebellieren ist schwieriger geworden"

1. Clip

JAN — Ich finde es super, dass du dich für den Typen _____ (stand up for) hast.

JULE — Ja klar, aber ich habe den Job gebraucht, verstehst du?

JAN — Nee, das verstehe ich nicht. Einerseits rennst du auf Demos, wo

es gegen _____ und _____ (oppression) geht und andererseits bist du die Leibeigene von so einem reichen Wichser.

JULE — Na ja. Diese _____ kommen mir eh auch total sinnlos vor.

JAN — Ja, das Rebellieren ist schwieriger

geworden. Früher brauchtest du nur zu kiffen und lange Haare zu haben und das _____ war automatisch gegen dich. Was früher subversiv war, kannst du heute im Laden kaufen - Che Guevara T-Shirts und Anarchie-Sticker.

JULE   Ja, genau. Deswegen gibt es überhaupt gar keine _____ mehr. Weil alle haben das Gefühl, das war doch schon mal da. Das haben vor uns andere versucht, es hat alles nicht funktioniert und warum sollte es plötzlich bei uns klappen?

JAN   Ja, aber weißt du, was es bei den ganzen Revolutionen, die es gegeben hat, ... klar es hat im Einzelnen nicht funktioniert, aber du siehst doch, dass die besten Ideen _____ (*survived*) haben. Und genau so ist das bei privaten Revolten auch. Das, was davon gut ist, und das, was in dir überlebt, das macht dich stärker.

JULE   Na, was denkst du? Wie viele von den Leuten da unten denken gerade über eine _____ nach?

JAN   Ich glaube, im Moment nicht so viele. Es ist Viertel vor elf. Da hängen alle vor der _____.

JULE   Wahrscheinlich.

JAN   Der Mitteleuropäer guckt durchschnittlich vier Stunden Glotze am Tag. Vier Stunden.

JULE   Na so was.

JAN   Da bleibt nicht viel Zeit für revolutionäre _____.

JULE   Jan, weißt du, dass ich zu den Allen nicht dazugehöre, das war überhaupt nicht das Problem. Das Problem ist einfach, dass ich nirgendwo etwas sehen kann, woran ich wirklich glaube. Hast du irgendeine Idee, was man dagegen tun kann?

> Ausbeutung • Demos • eingesetzt
> Establishment • Gedanken • Glotze
> Jugendbewegung • Revolte • überlebt
> Unterdrückung

D. **Beantworten Sie die Fragen zum Clip**

1. Warum ist Rebellieren laut (*according to*) Jan schwieriger geworden?
2. Warum gibt es laut Jule keine Jugendbewegungen mehr?
3. Warum denken laut Jan wenige Leute über eine Revolte nach?
4. Was war Jules Problem?

 E. **Was meinen Sie?** Diskutieren Sie die Fragen in Gruppen.

1. Seid ihr der gleichen Meinung wie Jule, dass Demos total sinnlos sind?
2. Was sind eurer Meinung nach die besten Ideen, die überlebt haben?
3. Was könnte Jule dagegen tun, dass sie nirgendwo etwas sehen kann, woran sie wirklich glaubt?
4. Wie wirkt diese Szene im ganzen Film? Warum ist sie wichtig?
5. Wovon reden Jule und Jan auf dem Foto? Schreiben Sie einen kurzen Dialog.

F. **Die Erziehungsberechtigten.** Sehen Sie den Clip an und beantworten Sie die Fragen. Welche Wörter fallen Ihnen auf? Worum geht es?

G. **Wortbildung.** In dem Clip erzählt Jan, dass er und Peter sich die Erziehungsberechtigten nennen. Lesen Sie die Definitionen der Wortteile. Beschreiben Sie den Namen „die Erziehungsberechtigten" mit anderen deutschen Wörtern. Was ist ein Erziehungsberechtigter?

die Erziehung   → alle Maßnahmen, die einen. geistig und charakterlich formen.

berechtigt → gerechtfertigt, dem Recht entsprechend, erlaubt, gesetzlich, legal, legitim, rechtens, zulässig.

1. Ein Erziehungsberechtigter ist ein Mensch, der ...

H. Wie sagt man das auf Englisch? Lesen Sie die idiomatischen Ausdrücke und schreiben Sie den Buchstaben der englischen Übersetzung in die Lücke.

1. _____ Hast du dich je gefragt, was wir machen?
2. _____ Verarschst du mich oder wie?
3. _____ Der Witz an der Sache ist ...
4. _____ Die fetten Jahre sind vorbei.
5. _____ Einbrecher sind ja gewohnt
6. _____ Sie sollen wirklich Schiss kriegen.

a. Burglars are common.
b. The funny thing is ...
c. Have you ever asked yourself what we're doing?
d. They should be scared out of their minds.
e. Are you pulling my leg or what?
f. Your days of plenty are numbered.

I. Was passt? Lesen Sie den Dialog zwischen Jan und Jule. Schreiben Sie das passende Wort in die Lücke.

„Die Erziehungsberechtigten"

2. Clip

JAN Hast du dich mal gefragt, was Peter und ich so machen, nachts, wenn wir _____ sind?

JULE Ihr geht _____. Oder nicht? ... Wie ... Wie, was macht ihr denn dann?

JAN Wir fahren durch die Gegend und _____ uns Villen an und wenn eine Villa uns besonders gut gefällt, dann gucken wir es uns genauer an.

JULE Und was passiert dann? Dann macht ihr ein paar schöne Fotos und klebt die ins Album oder was? Verarscht du mich oder wie?

JAN Dann _____ wir da ein. Und der Witz an der Sache ist, wir brechen ein, aber wir _____ nichts. Wir _____ nur die Möbel und hinterlassen eine _____ - entweder „Die fetten Jahre sind vorbei" oder „Sie haben zu viel Geld" – die Erziehungsberechtigten.

JULE Und Peter und du – ihr seid die Erziehungsberechtigten? Wie und wozu?

JAN Damit sie sich nicht so _____ fühlen in ihren privaten Hochsicherheitszonen. Es ist das komischste Gefühl. Du kommst nach Hause und jemand war da und hat dich beobachtet und wird dich auch weiterhin _____.

JULE Und warum _____ ihr dann die Villen nicht aus und gebt alles den Armen?

JAN Einbrecher sind ja gewohnt. Nee, sie sollen wirklich Schiss kriegen. Wenn sie dann am Bankschalter stehen, flüstert eine leise Stimme, „Sie haben zu viel Geld ... Sie haben zu viel Geld". Und in dem Moment sind sie ganz alleine. Und dann kann ihnen keiner mehr helfen. Weder das Geld noch die Frau noch die Scheiß- _____.

beobachten	to observe
die Botschaft	message
einbrechen (bricht ein, brach ein, ist eingebrochen)	to break in
die Bullen (*slang*)	the cops; pigs
(an)gucken	to look at
klauen (*slang*)	to steal
(aus)räumen	to clean out
plakatieren	to put up posters
sicher	safe; secure
unterwegs	out and about
verrücken	to disarrange

J. Was stimmt? Beantworten Sie die Fragen mit richtig (R) oder falsch (F).

1. _____ Jule überredet (*convinces*) Jan und Peter, in Villen einzubrechen.
2. _____ Jan und Peter brechen in Villen ein und räumen alle Möbel aus.
3. _____ Jan und Peter räumen die Villen aus und geben alles den Armen.
4. _____ Sie hinterlassen die Botschaft „Die fetten Jahre sind vorbei".
5. _____ Ihr Ziel ist, dass die reichen Menschen sich nicht so sicher fühlen.

K. Ein Gespräch. Gespräche sind oft spontan und man hat keine Zeit, sich zu überlegen, was man sagen will. Man muss sein Bestes tun. Hier haben Sie die Gelegenheit, ein ‚spontanes' Gespräch mit ein bisschen Vorbereitungszeit zu führen.

1. Vorbereitung: Arbeiten Sie zu zweit und schreiben Sie alle Wörter und Ideen auf, die Ihnen einfallen, wenn Sie die folgenden Wörter sehen. Lassen Sie Ihren Gedanken freien Lauf!

> die Jugendbewegung   die Demonstration   die Botschaft
> einbrechen   Angst haben

2. Schreiben Sie die Wörter auf Kärtchen. Wählen Sie ein Kärtchen und führen Sie ein spontanes Gespräch für mindestens eine Minute über das Wort. Es ist egal was Sie sagen, solange es mit dem Wort zu tun hat. Versuchen Sie, die ganze Zeit zu sprechen, auch wenn es schwierig ist!

3. Wovon reden Jan und Peter auf dem Foto? Schreiben Sie einen kurzen Dialog.

L. Hardenbergs Hintergrund. In diesem Clip spricht die Gruppe über Hardenbergs Vergangenheit in der Studentenbewegung, die 1968 in Deutschland stattgefunden hat. Sehen Sie den Clip an und beantworten Sie die Fragen.

1. Wie findet Hardenberg Jan, Peter und Jule?
2. Was halten Sie von Hardenberg?

M. Die 68er. Lesen Sie den Text zum Clip.

„Die 68er"

3. Clip

HARDENBERG	Ich finde es nicht richtig, was ihr macht und wie ihr es macht, aber eure Argumente, die erinnern schon sehr an damals.
PETER	Komm schon, erzähl uns deine Geschichte.
HARDENBERG	Na ja, Geschichte haben wir gemacht. 1968 war eine wilde Zeit. Ich sah ein bisschen anders aus. Ich hatte so Lockenkopf, abgewetzte Lederjacke, Schlaghosen,

	immer so eine Mütze – ein richtiger Revoluzzer.
PETER	Das muss wirklich verdammt lange her sein.
HARDENBERG	Na ja. Da war schon was los. Eine Zeit lang war ich sogar im Vorstand (*board*) vom SDS. Rudi Dutschke war ein guter Freund von mir.
JAN	Bullshit. Wie hieß denn der Vorsitzende (*chair*)?
HARDENBERG	K.D. Wolf, Karl Dietrich Wolf.
JAN	Der Zweite?

HARDENBERG	Sein Bruder. Frank Wolf.
JULE	Heute Morgen hat es sich aber nicht wie eine Revolte angehört.
HARDENBERG	Ja. Ist schon eine Weile her, na. Vor dreißig Jahren, da hätten wir vielleicht auch gerne mal einen Bonzen in der Mangel gehabt, und jetzt sitze ich selber hier. Das ist ein bisschen komisch. Ich will mich hier nicht einschleimen.

Und ich finde es nicht richtig, was ihr mit mir macht. Aber euer Idealismus ... vor dem habe ich Respekt.

N. Beantworten Sie die Fragen zum Clip

1. Was erinnert Hardenberg an damals?
2. Wann war „damals" für Hardenberg?
3. Wie sah Hardenberg 1968 aus?
4. Welche Leute kannte Hardenberg von seiner Zeit im Vorstand vom SDS?
5. Wovor hat Hardenberg Respekt?
6. Was ist passiert? Warum ist Hardenberg jetzt der Bonze in der Mangel?

O. Was passt? Lesen Sie den Text und schreiben Sie den Buchstaben von der englischen Übersetzung in die Lücke.

1.	_____ damals	a.	a while back
2.	_____ sich an etwas erinnern (acc.)	b	to hold something in high esteem
3.	_____ sich wie etwas anhören	c.	to remind one of something
4.	_____ eine Weile her	d	back then
5.	_____ einen Bonzen in der Mangel haben	e.	to sound like something
6.	_____ vor etwas Respekt haben (dat.)	f.	to have a fat cat in the trap

P. Was meinen Sie? Beantworten Sie die Fragen mit einem Partner oder mit einer Partnerin.

1. Was sind die wichtigsten historischen Ereignisse in deinem Leben?
2. Wie sahst du aus, als du Kind warst? Was war damals modern?
3. Was erinnert dich an deine Jugend?
4. Vor welchen Menschen hast du Respekt?
5. Wie findest du dein Leben jetzt? Was willst du anders machen? Was wirst du nicht bereuen (regret)?

NACH DEM SEHEN

A. Bildbeschreibung. Rainer Langhans ist für seine Mitgliedschaft (membership) in der Kommune 1 bekannt und ist heute immer noch politisch aktiv. Beschreiben Sie die Bilder von Rainer Langhans von damals und heute. Was sind die Unterschiede?

1. Stellen Sie sich dann vor, wie Hardenberg damals aussah und zeichnen Sie ihn. Vergessen Sie nicht seine Beschreibung von sich selbst:

„Ich sah ein bisschen anders aus. Ich hatte so Lockenkopf *(curly hair)*, abgewetzte *(worn-out)* Lederjacke, Schlaghosen *(bell-bottoms)*, immer so eine Mütze – ein richtiger Revoluzzer."

B. Idealismus. Lesen Sie das Zitat und beantworten Sie die Fragen.

„Und ich finde es nicht richtig, was ihr mit mir macht. Aber euer Idealismus ... vor dem habe ich Respekt."

1. Was hätte der Hardenberg von damals gedacht?
2. Wie ist sein Leben jetzt?
3. Wie fühlt er sich, als er von Jan, Peter und Jule entführt wird?
4. Wird er sein Leben ändern, wenn er wieder zu Hause ist? Was glauben Sie?

C. Die Zukunft. Wie werden Jan, Peter und Jule in der Zukunft aussehen? Werden Sie Rainer Langhans ähnlich sein oder ganz anders aussehen als Hardenberg? Zeichnen Sie Bilder und erklären Sie Ihre Ideen.

D. Was meinen Sie? Diskutieren Sie die Fragen mit einem Partner oder mit einer Partnerin.

1. Was bedeutet „Wer unter 30 nicht links ist, hat kein Herz, und wer über 30 immer noch links ist, hat kein Hirn"?
2. Was willst du eines Tages werden?
3. Wirst du die gleichen Dinge schätzen, die dir heute wichtig sind?
4. Was wird sich in deinem Leben ändern?
5. Hast du je etwas gemacht, weil du es machen musstest und nicht, weil du es machen wolltest?

E. Was kann man dagegen tun? Lesen Sie das Zitat aus dem Film und beantworten Sie danach die Frage.

„Weißt du, Jan, das Problem ist einfach, dass ich nirgendwo etwas sehen kann, woran ich wirklich glaube. Hast du irgendeine Idee, was man dagegen tun kann?"

1. Jule kann nirgendwo etwas sehen, woran sie wirklich glauben kann. Können Sie ihr helfen? Woran kann sie wirklich glauben? Machen Sie eine Liste von Vorschlägen *(recommendations)* für Jule. Für welche Ideen würde sie sich interessieren? Was fehlt *(is missing)* in ihrem Leben?
2. Was würden Sie an Jules Stelle machen? Woran glauben Sie?

F. Wie sagt man das auf Englisch? Schreiben Sie die Buchstaben von den englischen Übersetzungen der folgenden kontroversen Themen in die Lücken.

1. _____ Atomkraftwerke	a.	climate change
2. _____ Ausbeutung	b.	education
3. _____ Bildung	c.	equal rights
4. _____ Frauenrechte	d.	exploitation
5. _____ Gleichberechtigung	e.	human rights
6. _____ Klimawandel	f.	Neo-Nazis
7. _____ Menschenrechte	g.	nuclear power plants
8. _____ Neonazis	h.	pollution
9. _____ höhere Studiengebühren	i.	increased student fees
10. _____ Umweltverschmutzung	j.	women's rights

G. Bist du dafür oder dagegen? Würden Sie dafür oder dagegen demonstrieren?

	dafür	dagegen	
1.	____	____	Atomkraftwerke
2.	____	____	Ausbeutung
3.	____	____	Bildung
4.	____	____	Frauenrechte
5.	____	____	Gleichberechtigung
6.	____	____	Klimawandel
7.	____	____	Menschenrechte
8.	____	____	Neonazis
9.	____	____	höhere Studiengebühren
10.	____	____	Umweltverschmutzung

 H. Logos. Haben Sie diese Logos schon einmal gesehen? Was bedeuten sie? Welche anderen Logos sind Ihnen schon bekannt? Zeichnen Sie sie und vergleichen Sie sie mit einem Partner/einer Partnerin.

 I. Beantworten Sie die Fragen mit einem Partner oder mit einer Partnerin

1. Welche Themen oder Organisationen sind wichtig in deinem Leben? Gibt es ein Logo dafür? Wenn es noch kein Logo gibt, dann erfinde (*invent*) eins.
2. Wofür oder wogegen würdest du demonstrieren und warum?
3. Hast du schon einmal an einer Demonstration teilgenommen? Beschreib deine Erfahrung.

J. Tagebuch. Wählen Sie eine Idee und schreiben Sie einen Tagebucheintrag dazu.

1. Was hätte Hardenberg wohl anders gemacht, wenn er sein Leben ändern könnte?
2. Peter möchte nicht mehr in Villen einbrechen. Wie fühlt er sich? Warum will er aussteigen? Was würde er lieber machen?
3. Sie haben an der Demonstration Ihrer Wahl teilgenommen. Wofür oder wogegen hat man demonstriert und was war die Wirkung?

Zum Film: Jedes Herz ist eine revolutionäre Zelle

Vor dem Sehen

A. Bildbeschreibung. Schauen Sie sich die Standbilder aus dem Film an. Beschreiben Sie die Bilder mit so vielen Details wie möglich.

B. Was ist passiert? Überlegen Sie sich, was im Film passiert.

1. Wie fühlen sich Jule und Peter beim Eis essen? Was könnte das Thema ihrer Diskussion sein?
2. Warum hilft Jan, Jules Wohnung zu renovieren? Warum macht er Fotos? Was ist die Parole an der Wand?
3. Warum schlafen alle zusammen in einem Bett?

C. Was meinen Sie? Diskutieren Sie die folgenden Fragen in Gruppen.

1. Ist die Parole „Jedes Herz ist eine revolutionäre Zelle sein" positiv oder negativ? Warum?
2. Inwiefern könnte ein Liebesdreieck (*love triangle*) revolutionär sein? Ist das Liebesdreieck im Film revolutionär?
3. Kennen Sie andere Filme mit einem Liebesdreieck?

Der Film (Clips 4-6)

A. WG. Heutzutage ist eine WG (eine Wohngemeinschaft) eine Wohnung, wo Freunde zusammen wohnen und leben. Wie wäre Ihre Traumwohngemeinschaft?

1. Wie viele Mitbewohner hätten Sie?
2. Welche Gemeinsamkeiten hätten Sie mit den anderen Mitbewohnern/Mitbewohnerinnen?
3. Wie würden Sie die Wohnung einrichten (*decorate*)?
4. Was würden Sie jeden Tag essen?
5. Wer würde kochen?
6. Wer würde abräumen?
7. Wo würden Sie das Essen kaufen?
8. Was für Partys würden Sie zusammen veranstalten?

B. Was ist passiert? Schauen Sie sich die Szene an und notieren Sie, was Sie verstanden haben.

C. Die Wohngemeinschaft. Lesen Sie den Text zum Clip.

„Die Wohngemeinschaft"

4. Clip

HARDENBERG	Wer macht denn hier so gute Pasta?
PETER	Ich.
HARDENBERG	Respekt.
PETER	Danke schön.
JULE	Wer kocht denn bei euch? Du? Deine Frau?
HARDENBERG	Frau Schwarz. Unsere Köchin. Früher habe ich natürlich immer gekocht. Ich habe gerne gekocht, wir haben viel zusammen gekocht, meine Frau und ich, mit den anderen von der WG. Wir machten da richtige Feste.

JULE	Wie viele wart ihr in der WG?
HARDENBERG	Wir waren zu sechst. Rolf, Bernd, ich, Lizzy, Gabi und meine Frau. Erst war Rolf mit Gabi zusammen. Dann Bernd mit Gabi, dann Lizzy mit mir, dann Bernd mit Lizzy, dann Lizzy mit meiner Frau eine Zeit lang. Na ja, es war nicht nur eine politische Bewegung, es sollte ja auch Spaß sein. Freie Liebe, na ja, wem sage ich das?

D. Beantworten Sie die Fragen zum Clip

1. Wie viele Leute haben zusammen in seiner WG gewohnt?
2. Beschreiben Sie das Leben in Hardenbergs WG von damals.
3. Was bedeutet es, wenn Hardenberg sagt, „Na ja, es war nicht nur eine politische Bewegung"?
4. Am Ende des Gesprächs fragt Hardenberg „Wem sage ich das"? Was vermutet (*assume*) er? Wie reagieren Jan und Jule darauf? Und Peter? Weiß er schon davon?
5. Wie finden Sie das Leben in einer WG damals?

E. Ein Interview. Zuerst beantworten Sie die Fragen und dann interviewen Sie einen Partner oder eine Partnerin.

Frage	Sie	Ihr Partner/Ihre Partnerin
Wer hat gekocht, als du Kind warst?		
Kochst du gern? Was ist dein Lieblingsessen?		
Wo wohnst du jetzt?		
Hast du Mitbewohner?		
Isst du lieber in der Mensa oder in Restaurants?		
Wohnst du lieber allein oder mit anderen Studenten in einer WG? Warum?		

F. Bildbeschreibung. Schauen Sie sich das Bild an und beantworten Sie die Fragen.

JULE: Aber es war doch meine Schuld, und er ist im Recht.
JAN: Recht! Was ist das für eine Gerechtigkeit?

1. Erklären Sie den Kontext dieser Szene.
2. Was war Jules Schuld?
3. Wen meint Jule, wenn sie sagt, dass _er_ im Recht sei?
4. Was ist der Unterschied zwischen Recht und Gerechtigkeit?

G. Renovieren. Sehen Sie den Clip an. Beantworten Sie die Fragen und schreiben Sie den Buchstaben von der passenden Antwort in die Lücke.

1. ____ Auf welchem Konzert waren sie beide?
2. ____ Warum muss Jule aus ihrer Wohnung ausziehen?
3. ____ Wie findet Jule es, dass Peter Jan erzählt hat, dass sie Schulden hat?
4. ____ Wie hoch sind Jules Schulden?
5. ____ Wie hat sie die Schulden bekommen?
6. ____ Was für einen Beruf hat der Mercedes-Fahrer?
7. ____ War Jules Auto versichert?
8. ____ Wie teuer war der Mercedes?

a. Nein
b. 94.500
c. 100.000
d. Idiotisch
e. Jeff Cole
f. Durch einen Autounfall
g. Sie hat nicht genug Geld.
h. Top-Manager

H. Den Clip ergänzen. Nun schreiben Sie das passende Wort in die Lücke.

„Renovieren"

5. Clip

JULE	Ich mache mal ein bisschen Musik an, ja?
JAN	Ist das Jeff Cole?
JULE	Ja. Ich war neulich auf einem Konzert von dem.
JAN	In der Columbiahalle? Da war ich auch.
JULE	Ich habe dich gar nicht gesehen.
JAN	Das ist eigentlich eine super schöne Wohnung. Warum ziehst du denn aus?
JULE	Ich kann mir meine eigene Wohnung nicht _____.
JAN	Wegen dieser Schuldensachen?
JULE	Hat dir Peter erzählt oder was?
JAN	Er hat nur so etwas erwähnt.
JULE	Idiot.
JAN	Wieso? Es ist doch gar nicht schlimm. Jeder hat doch _____. Ich habe auch Schulden.
JULE	Ja, aber nicht so wie ich.
JAN	Aber was denn für eine Dimension? 1.000 Euro? 10.000 Euro? Mehr? 20.000? 30.000?

JULE: Jan, bitte. Ich habe keinen Bock, mir den ganzen Tag damit zu versauen.
JULE: 94.500.
JAN: Was, Euro? Wie hast du das denn gemacht? Hast du eine Fabrik angezündet?
JULE: Schön wäre es. Nein. Vor einem Jahr auf der Autobahn. Ich in meinem alten Golf. Vor mir ein Top-Manager in seinem S-Class Mercedes. Stau. Er bremst. Ich nicht. Und seine Karre totaler Schaden. Ich hatte kein TÜV mehr und ich hatte drei Monate lang meine _____ nicht bezahlt. Und dieser Scheiß Mercedes hat 100.000 Euro gekostet. Aber jetzt sind es nur 94.500.
JAN: Wie - Du hast jetzt kein Leben mehr, weil du für diesen Scheißbonzen bezahlen musst, weil er einen Scheiß Mercedes fährt? Top-Manager verdienen doch ohne Ende. Er bezahlt so eine Karre aus der Portokasse.

	JULE	Ja, sicher. Aber es war doch meine _____, und er ist im Recht.		die Karre	car

JULE   Ja, sicher. Aber es war doch meine
_____, und er ist im Recht.

JAN   Recht! Was ist das für eine Gerechtigkeit?
Ich meine, du bezahlst für den Lebensstil
von einem Typen, der pervers ist. Eine
_____ für 100.000 Euro?

die Karre	car
leisten	to afford
die Schuld	fault
die Schulden (pl.)	debts
die Versicherung	insurance

I. Beantworten Sie die Fragen zum Clip

1. Warum schuldet Jule 94.500 Euro? Was hat sie gemacht?

2. Soll Jule die 94.500 Euro zurückbezahlen müssen? Was denkt Jan?

3. Was für einen Einfluss haben die Schulden auf Jules Leben?

4. Was ist Ihrer Meinung nach unmoralischer, dass sie die Schulden
   zurückbezahlt oder wenn sie die Schulden nicht zurückbezahlen würde?

J. Rebellieren. Die Diskussion über Jules Schulden geht weiter. Lesen Sie den Text zum Clip.

„Rebellieren" (Fortsetzung)

6. Clip

JULE   Ich habe Scheiße gebaut, jetzt muss ich
dafür **gerade stehen**.

JAN   Aber wer sagt denn das? Die **Bullen**? Die
Staatsanwälte? Die **Bildzeitung**? Diese
kleinbürgerliche Scheißmoral! **Anstand.
Ehrlichkeit. Familiensinn.** Du musst
pünktlich zur Arbeit gehen. Du musst
deine **Steuern** bezahlen. Du darfst im
Supermarkt nichts **klauen**. Das kriegen
wir **reingewürgt** den ganzen Tag. Zuerst
in der Schule und dann in der **Glotze**.
Und wozu? Damit Typen wie der sich
perverse Autos kaufen können. Ich finde
so eine Moral scheußlich. Einer jungen
Frau das Leben kaputt zu machen, das ist
unmoralisch. Aber glaubst du, der Typ
hat sich ein einziges Mal gefragt, ob er
vielleicht im Unrecht ist?

JULE   Ja, du hast doch Recht. Weißt du, was
ich da mache? Ich habe ein paar Monate
keine **Raten** bezahlt. Stand sofort der
Gerichtsvollzieher vor der Tür.

JAN   Der erste Schritt ist, du musst das **Unrecht**
erkennen. Das zweite ist, du musst
handeln.

JULE   Und wie? Den Ersten musst du alleine
machen. Für den zweiten brauchst du
Verbündete.

JULE   Und wo finde ich die?

JAN   Wenn du mit eins fertig bist, kannst du ja
mich fragen.

JULE   Ich habe mal ausgerechnet, wie viel meiner

Lebenszeit eigentlich an diesem Arschloch
vergeht, nur zum Spaß - circa acht Jahre,
aber nur wenn ich rechtzeitig Lehrerin
werde.

JAN   Und willst du das?

JULE   Besser als Kellnerin.

JAN   Was wolltest du vor dem Unfall werden?

JULE   Also, konkret, irgendwie wollte ich ... es
hört sich total **bescheuert** an ... irgendwie
wollte ich einfach nur wild und frei leben.

JAN   Es ist nicht bescheuert. Es ist ok.

für etwas gerade stehen	to answer for something
die Bullen	cops
der Staatsanwalt	attorney
die Bildzeitung	sensationalist newspaper
kleinbürgerlich	bourgeois
der Anstand	decency
die Ehrlichkeit	honesty
der Familiensinn	family values
die Steuern (pl.)	taxes
klauen	to steal
reinwürgen	to shove down your throat
die Glotze	TV
die Raten (pl.)	installments
das Unrecht	injustice
handeln	to act; take action
die Verbündete (pl.)	allies
bescheuert	idiotic

Beantworten Sie die Fragen zum Clip

1. Wie findet Jan es, dass Jule 100.000 Euro Schulden hat?
2. Geben Sie ein Beispiel von Jans Idee von kleinbürgerlicher Moral.
3. Was findet Jan unmoralisch?
4. Welchen Rat gibt Jan Jule? Was muss sie zuerst machen? Was danach?
5. Auf wen kann sie sich verlassen?
6. Nach wie vielen Jahren werden die Schulden zurückbezahlt?
7. Welchen Beruf muss Jule haben, um ihre Schulden zurückzuzahlen?
8. Wie wollte Jule sein, bevor sie den Unfall hatte?
9. Wie findet Jan ihre Wünsche?

Wissenswert! Die Almen am Achensee in Tirol (Österreich)

Im Film wird Hardenberg in eine österreichische Almhütte entführt. Die Almen liegen etwa in 1500 Meter oberhalb des Achensees in den österreichischen Alpen in Tirol. Der Achensee ist der größte See in Tirol und liegt wie ein Fjord unterhalb des Karwendelgebirges. Almhütten waren früher Unterkünfte für die Kuhhirten (*cowboys*), die im Sommer dort lebten. Man kann auf den Almen oft seltene Alpentiere sehen wie Gämsen, Steinböcke, Murmeltiere und Hirsche. Heute werden die Almhütten meist an Touristen vermietet, die die Natur lieben. Dorthin kommen nur selten Fremde, und deswegen können Peter, Jan und Jule Hardenberg dort verstecken.

1. Welche Rolle spielt die Landschaft im Film?
2. Wandern Sie gerne in den Bergen?
3. Haben Sie einmal in einer Berghütte gewohnt?
4. Gibt es auch in Amerika Kuhhirten auf den Bergen?

NACH DEM SEHEN

 A. Wichtige Themen. In diesem Teil des Films sind die Themen Liebe, Wohnen und Gerechtigkeit wichtig. Machen Sie eine Liste von Ereignissen im Film, die zu den Themen gehören.

Liebe	Wohnen	Gerechtigkeit

 B. Die Figuren. Was wissen Sie über die Figuren? Notieren Sie Ihre Ideen in der Tabelle.

Jan	Peter
ist der Theoretiker der Gruppe	verreist für ein Paar Tage hat einen VW-Bus
Jule	**Hardenberg**
arbeitet in einem Restaurant hat Schulden	ist ein Top-Manager

C. Was meinen Sie? Diskutieren Sie Ihre Ideen mit anderen Studenten und Studentinnen in der Klasse.

1. Mit welcher Figur kannst du dich am besten identifizieren und warum?
2. Mit welcher Figur wärest du befreundet und warum?
3. Haben deine Freunde Gemeinsamkeiten mit den Figuren im Film?
4. Was machst du mit deinen Freunden in deiner Freizeit?
5. Beschreib deine Freunde. Was machen sie gern? Was für Leute sind sie?

D. Was ist passiert? Stellen Sie die Chronologie des Films wieder her. Welcher Satz passt zu welchem Bild? Schreiben Sie die Nummer des Bildes in die Lücke.

1. 2. 3.

4. 5. 6.

7. 8. 9.

10.

a. _____ Jan und Peter brechen in Villen ein und verrücken die Möbel. Sie hinterlassen die Botschaft „Die fetten Jahre sind vorbei" oder „Sie haben zu viel Geld" und unterzeichnen (*sign*) mit der Signatur „Die Erziehungsberechtigten".

b. _____ Jule vergisst ihr Handy. Sie und Jan müssen zurückgehen. Sie werden von Hardenberg erwischt, schlagen ihn nieder, rufen Peter an und entscheiden sich spontan, Hardenberg zu entführen.

c. _____ Die drei bringen Hardenberg nach Hause, wo er ihnen verspricht, dass sie sich keine Sorgen um die Polizei machen müssen und dass Jule das Geld nicht zurück bezahlen muss.

d. _____ Peter geht auf Geschäftsreise nach Portugal. Jule kann nicht mitkommen. Sie muss aus ihrer Wohnung ausziehen, weil sie die Miete nicht bezahlt hat. Jetzt muss sie ihre Wohnung renovieren, bevor sie mit Jan und Peter in ihre Wohngemeinschaft einziehen kann.

e. _____ Jule, Jan und Peter wachen in Spanien auf. Der Kampf geht weiter.

f. _____ Peters Freundin Jule schuldet dem Besitzer eines Mercedes-Benz fast 100.000 Euro, weil sie mit ihrem nicht versicherten Auto einen Unfall verursacht hat. Sie arbeitet in einem Restaurant und demonstriert gegen Sweatshops.

g. _____ Sie führen Hardenberg in eine Hütte, wo sie erfahren, dass er an der Studentenbewegung 1968 teilgenommen und in einer Kommune gewohnt hat. Peter erfährt, dass Jan und Jule eine Beziehung haben.

h. _____ Jan hilft Jule, die Wohnung zu renovieren, während Peter auf Geschäftsreise ist. Sie verlieben sich in einander.

i. _____ Jule denkt, dass Jan und Peter abends plakatieren, aber Jan zeigt ihr, was sie abends wirklich tun.

j. _____ Hardenberg, der Mann, dem Jule das Geld schuldet, wohnt in der Nähe. Jule überredet Jan, spontan in seine Villa einzubrechen. Sie brechen in die Villa ein, verrücken die Möbel und amüsieren sich.

Synthese

DISKUSSION

 A. Die letzte Szene. In nicht-deutschen Versionen von dem Film wird eine Szene am Ende des Films ausgelassen (*omitted*). Sie sehen ein Foto aus dieser Szene. Warum sind Jule, Jan und Peter auf dem Boot? Was tragen sie? Wem gehört das Boot? Was werden sie machen? Warum wird diese Szene ausgelassen? Schauen Sie die alternative Schlussszene im Internet an. Welches Ende finden Sie besser und warum?

Beantworten Sie die Fragen zum Ende des Films.

1. Nachdem die Polizei in die Wohnung eingebrochen ist, sehen Sie einen Zettel (*note*) an der Wand. Was bedeutet die Parole auf dem Zettel: „Manche Menschen ändern sich nie"?

2. Nach dem Nachspann (*credits*) gibt es Bilder von Satelliten. Was könnte das bedeuten?

3. Was machen Jule, Jan und Peter in Spanien am Ende des Films?

4. Sollten Jule, Jan und Peter Ihrer Meinung nach verhaftet werden?

SPRECHAKTE: EINE DEBATTE FÜHREN

 A. Brainstorming. Wie führt man eine Debatte auf Deutsch? Bestimmte Wörter gehören zu anderen Wörtern und man muss sie lernen, um einen guten und natürlichen Sprachstil zu entwickeln. Welche Wörter gehören zu Debatten auf Deutsch? Denken Sie zuerst darüber auf Englisch nach – Wie redet man über eine Debatte auf Englisch? Wie beschreibt man eine Debatte? Welche Wörter gehören dazu? Schreiben Sie Wörter und Satzteile auf Englisch auf, die zum Wort Debatte gehören.

> **Debate,** to have a debate, topic, speakers, affirmative, negative, rebuttal, it was an intense debate, etc.

B. Das Stilwörterbuch. Lesen Sie den Eintrag aus dem Stilwörterbuch und beantworten Sie danach die Fragen.

Übersetzen Sie die folgenden Sätze ins Deutsche.

1. It was a heated debate.
2. Television will broadcast the congressional debate.
3. To open a debate.
4. To present the first argument.
5. To join the debate.
6. That's up for debate.

> **Debatte,** die: eine lange, lebhafte, erregte, stürmische, heftige, hitzige, öffentliche D.; die D. über die Regierungserklärung, um die Frage der Verwaltungsreform; die D. dauert an, ist noch im Gang; das Fernsehen überträgt die D. aus dem Bundestag; die D. eröffnen, leiten, unterbrechen; ein neues Argument in die D. werfen; in eine D. eintreten; in die D. eingreifen;
> * etw. zur Debatte stellen (etw. als Thema vorschlagen) – zur Debatte stehen (Thema sein)

Wissenswert!

Ich verstehe nur Bahnhof!

Wie redet man über einen Bahnhof, über einen schönen Tag oder über einen Stern? Welche Adjektive und Verben gehören dazu?

Verwenden Sie ein **Stilwörterbuch**, um Ihren Sprachstil zu entwickeln und zu verfeinern. Stilwörterbücher beinhalten Satzbeispiele, Redewendungen und Sprichwörter, die es in einem Wörterbuch nicht gibt.

C. Was meinen Sie? Lesen Sie die verschiedenen Ideen und sammeln Sie Ihre Meinungen und Begründungen dazu.

1. Jan und Peter brechen in Villen von reichen Leuten ein und verrücken ihre Möbel, um ihre Sicherheitsgefühle zu stören.
2. Jule, eine arme Studentin, muss 100.000 Euro bezahlen, weil sie mit ihrem unversicherten Auto den teuren Mercedes von einem reichen Mann total beschädigt hat.
3. Jule demonstriert vor einem Laden in der Innenstadt gegen Ausbeutung in Sweatshops und versucht zu informieren, Unterschriften zu bekommen und zu verhindern, dass Leute dort einkaufen.

D. Eine Debatte führen. Führen Sie eine Debatte in der Klasse. Zuerst entscheiden Sie sich, welches Thema zur Debatte steht. Dann wird die Klasse in zwei Gruppen geteilt. Jede Gruppe sammelt dann Pro- und Kontra-Argumente. Schreiben Sie Ihre Ideen in die Tabelle und vergessen Sie nicht, die Gegenargumente aufzuschreiben, damit Ihre Gruppe für die Debatte gut vorbereitet ist!

Tipp!

Bei jeder Gruppe einen Stuhl freilassen. Er kann von Studenten benutzt werden, die der Diskussion ein Argument hinfügen wollen oder die ihre Meinung geändert haben.

Zuerst eröffnet der Gesprächsleiter die Debatte und leitet das Gespräch ein. Dann verteidigen die Befürworter und Gegner ihre jeweilige Position und versuchen, Gegenargumente zu entkräften. Das Publikum (wenn es eins gibt) stellt Fragen.

Thema 1 – Illegalität und Gerechtigkeit

Gruppe 1 Die Erziehungsberechtigten	Gruppe 2 Die Opfer
Gruppe 1 verteidigt (*defends*) Jan und Peters Ideen, in Villen von reichen Leuten einzubrechen, um ihre Sicherheitsgefühle zu stören.	Gruppe 2 verteidigt die Opfer (*victims*), deren Möbel verrückt wurden und die sich durch die Taten von Jan und Peter sehr verunsichert fühlen.

Thema 2 – Schulden und Moral

Gruppe 1 Jule	Gruppe 2 Hardenberg
Gruppe 1 verteidigt Jule und stellt fest, dass sie die 100.000 Euro nicht zurückbezahlen muss.	Gruppe 2 verteidigt Hardenberg und stellt fest, dass er das Geld von Jule bekommen sollte.

Thema 3 – Versammlungsfreiheit und der freie Markt

Gruppe 1 Jule und ihre Gruppe	Gruppe 2 Die Laden in der Innenstadt
Gruppe 1 verteidigt die Gruppe und ihr Recht, sich zu versammeln.	Gruppe 2 verteidigt die Läden in der Innenstadt und ihr Recht, ihre Waren zu verkaufen.

E. Die Debatte zusammenfassen. Verwenden Sie die Wörter aus dem Stilwörterbuch und beschreiben Sie die Debatte.

INTERNETRECHERCHE MIT PRÄSENTATION

A. Themen. Wählen Sie ein Thema und dann recherchieren Sie es im Internet.

1. Wenn Rudi Dutschke ein guter Freund von Hardenberg war, dann könnte es sein, dass er auch Joschka Fischer und Otto Schili kannte. Machen Sie zu Hause eine Internetrecherche. Wer waren/sind diese Männer? Warum sind sie bekannt? Wie waren sie damals? Was hatten sie mit der Studentenbewegung zu tun? Haben sie ihre Ziele erreicht oder sind sie sogenannte „Bonzen" wie Hardenberg geworden?

2. Heutzutage gibt es auch Bewegungen mit ähnlichen Zielen. Machen Sie eine Internetrecherche zu einer zeitgenössischen Bewegung, die Sie interessant finden. Seien Sie bereit, Ihre Informationen der Klasse mitzuteilen.

SCHREIBPROJEKTE

A. Ein Flugblatt. Schreiben Sie ein Flugblatt, das Leute aufruft, ihr Leben zu ändern.

B. Ein Zeitungsartikel. Schreiben Sie einen Zeitungsartikel zu den Aktionen der Gruppe im Film. Entscheiden Sie, ob Sie den Artikel für eine konservative Zeitung (*Die Frankfurter Allgemeine*, FAZ) oder eine liberale Zeitung (*Die Tageszeitung*, taz) schreiben. Übertreiben (*exaggerate*) Sie die politische Position in Ihrem Artikel.

C. Ein Brief. Schreiben Sie einen höflichen Brief, in dem Sie um Entschuldigung bitten. Modalverben im Konjunktiv II werden oft in formalen Briefen verwendet, wo man besonders höflich sein will. Stellen wir uns vor, dass Jule einen Brief an Hardenberg schreibt, in dem sie ihn um Entschuldigung bittet (*apologize*). Was schreibt sie? Seien Sie so höflich wie möglich.

Ich bitte um Entschuldigung	I beg for forgiveness
Ich bitte um Ihr Verständnis	I beg for your understanding
Verzeihen Sie mir	forgive me
Ich entschuldige mich für die Unannehmlichkeit	I apologize for the trouble
Ich möchte mich nachträglich entschuldigen	I would like to apologize belatedly
Es tut mir leid	I am sorry
Sehr zu meinem Bedauern	much to my regret
Ich bedaure sehr, dass Ihnen Kosten in solcher Höhe entstanden sind ...	I regret that expenses were incurred

Betreff: Autounfall

Sehr geehrter Herr Hardenberg,

_____

_____

_____

Mit freundlichen Grüßen,
Jule

Strukturen: The Subjunctive Mood
THE GENERAL SUBJUNCTIVE MOOD (KONJUNKTIV II)

In English, **Konjunktiv I und II** are referred to as the subjunctive mood or as the special subjunctive (I) and the general subjunctive (II). The subjunctive in German is relatively simple to form in the various tenses and its usage is similar to the way it is used in English. Let's look at the general subjunctive first – Konjunktiv II.

In English and German, the **indicative** mood is used to talk about *real* situations, and the general **subjunctive** mood is used when you are describing *hypothetical* situations and to express wishes and polite requests. For example:

- Indicative: Something that really happened in the film.
  Jule <u>is</u> in debt. Jule <u>hat</u> Schulden.
- Subjunctive II: Something that is hypothetical.
  She <u>would be</u> happy if she <u>had</u> no debts.
  Sie <u>wäre</u> glücklich, wenn sie keine Schulden <u>hätte</u>.
  Sie <u>würde</u> sich <u>freuen</u>, wenn sie keine Schulden <u>hätte</u>.

As you can see in the German example, there are two ways to form the present tense of the subjunctive – with *würde* + infinitive, and the subjunctive forms of verbs.

WÜRDE + INFINITIV

We have used the verb *werden* in many instances. It is used as a regular verb (*to become*), it is used to form the future (*werden* + infinitive), and it is used to form the passive (*werden* + past participle). Here, it is used to form the subjunctive. *Würden* + infinitive is more common in conversations than in writing and is also often used to express polite requests.

Jule <u>würde</u> nicht in einem Restaurant <u>arbeiten</u>, wenn sie keine Schulden <u>hätte</u>. <u>Würden</u> Sie mir bitte meine Schulden <u>erlassen</u>?

A. Recognizing patterns. *Werden* in the subjunctive follows the same pattern as other verbs in the subjunctive. What patterns do you see in the table below? Fill in the blanks.

werden – to become	Present	Simple Past and Perfect	Subjunctive
ich	werde	wurde, ist geworden	würde
du	wirst	wurdest, bist geworden	würdest
er/sie/es	wird	wurde, ist geworden	würde
wir	werden	wurden, sind geworden	würden
ihr	werdet	wurdet, seid geworden	würdet
sie/Sie	werden	wurden, sind geworden	würden

The subjunctive is identical to the _____ form except that you add an _____ to the u. (You also add an umlaut if the stem has an a or an o). The _____ person and the _____ person singular are conjugated the same.

B. What would you do? Read the sentences and discuss what you would do or not do using *werden* in the subjunctive.

Example:
Jan und Peter brechen in Villen ein und verrücken die Möbel.
    <u>Würdest</u> du so etwas <u>tun</u>?
→   Nein. Ich <u>würde</u> nie in Villen <u>einbrechen</u> und die Möbel <u>verrücken</u>. Ich <u>würde</u> zu Hause <u>bleiben</u>.

1. Jule hat mit ihrem unversicherten Auto einen Unfall verursacht und schuldet dem Besitzer fast 100.000 Euro.
2. Jule arbeitet in einem Nobelrestaurant und demonstriert gegen Ausbeutung in Sweatshops.
3. Jule hat die Miete nicht bezahlt und muss ausziehen.
4. Jule zieht mit Jan und Peter in deren Wohngemeinschaft ein.

C. What would the characters do? Answer the questions about what these characters would do.

1. Was würden Jules Eltern machen, wenn die Polizei anriefe?
2. Was würde Hardenbergs Frau sagen, wenn sie mit ihm redete?
3. Was würde die Polizei machen, wenn sie Jan, Peter und Jule in Spanien erwischten?
4. Was würde Jule machen, wenn sie keine Schulden hätte?
5. Was würde Jan machen, wenn er Hardenberg wäre?
6. Was würde Hardenberg machen, wenn er Jan wäre?

D. Rollenspiel. Choose one of the following prompts and write a dialog to be performed in front of the class.

1. Jan und Jule schauen sich die Sterne an und stellen sich eine bessere Gesellschaft vor. Wie würde diese neue Gesellschaft aussehen? Was würden Jan und Jule machen? Wo würden sie arbeiten? Wie würde ihr Leben aussehen? Was würden sie machen wollen?

2. Hardenberg telefoniert mit einem alten Freund. Sie möchten nie wieder so sein, wie sie früher waren. Was genießen sie an ihrem Leben jetzt und wie würden sie es weiter treiben, wenn sie noch mehr Geld hätten?

3. Peter und Jule sitzen im Gefängnis und reden darüber, was sie gerne machen würden, wenn sie wieder frei wären.

4. Haben Sie andere Ideen für ein gutes Rollenspiel?

OTHER VERBS IN THE SUBJUNCTIVE MOOD

A. Recognizing patterns. Notice that irregular and regular verbs follow the same pattern in the subjunctive. Based on the pattern, fill out the chart with the correct simple past or subjunctive form.

The subjunctive II form is identical to the simple past form except that:

- you add an umlaut if the stem has an **a**, **o**, or **u**. Note that verbs with **au** in the stem such as **kaufen** do not get umlauts in the subjunctive with few exceptions;
- the first and the third person are conjugated the same way with an **e** at the end.

Infinitive	Present	Simple Past	Past Perfect	Subjunctive II
arbeiten	arbeitet	arbeitete	hat gearbeitet	arbeitete
bringen	bringt	_____	hat gebracht	brächte
denken	denkt	dachte	hat gedacht	_____
fliegen	fliegt	_____	ist geflogen	flöge
führen	führt	führte	hat geführt	_____
gehen	**geht**	**ging**	**ist gegangen**	**ginge**
haben	**hat**	**hatte**	**hat gehabt**	_____
kaufen	kauft	kaufte	hat gekauft	kaufte
kommen	**kommt**	_____	**ist gekommen**	**käme**
schlagen	schlägt	schlug	hat geschlagen	_____
sein	**ist**	**war**	**ist gewesen**	_____
sprechen	spricht	_____	hat gesprochen	spräche
werden	**wird**	_____	**ist geworden**	_____
wissen	weiß	wusste	hat gewusst	_____
wünschen	**wünscht**	_____	**hat gewünscht**	**wünschte**

B. If only. The bold words in the chart above are the most common verbs used in the subjunctive. Fill in the blanks with the correct word and conjugation of these bolded verbs.

Example:
Sie <u>lebte</u> so gerne wild und frei.

1. Er _____ so gerne wieder jung.
2. Sie _____ so gerne keine Schulden.
3. Sie _____ (kommen) gerne mit ihm heute Abend aus, aber sie muss arbeiten.
4. Er _____ (wünschen) sich, dass die Welt für alle Menschen schön _____.
5. Ich _____ (gehen) so gerne mit dir auf die Demonstration, aber ich habe keine Zeit!

C. If I were a what? Listen to the song on the Internet and memorize the melody. Rewrite the song using the characters from the film.

Kennst du das Lied?
Wenn ich ein Vöglein wäre
und auch zwei Flüglein hätte
flöge ich zu dir
aber weil es nicht kann sein
bleibe ich allhier

Volkslied aus dem 18. Jahrhundert

Das neue Lied ...
Beispiel:
Wenn Jule reich wäre
und auch keine Schulden hätte
flöge sie nach Spanien
aber weil es nicht kann sein
entführt sie Hardenberg mit Jan

MODAL VERBS IN SUBJUNCTIVE (MODALVERBEN IM KONJUNKTIV II)

Modals are some of the most commonly used verbs in the subjunctive in German and English. They follow the same rules as the other verbs with the exceptions of *sollen* and *wollen*. The subjunctive is generally a very eloquent and polite form and a good command of the modal verbs in the subjunctive will help your German sound more authentic.

A. Recognizing patterns. Look at the following table and fill in the blanks according to the same pattern:

Modal verbs

Infinitive	Present	Simple Past	Subjunctive II
dürfen	darf	_____	dürfte
können	kann	konnte	_____
mögen	mag	_____	möchte
müssen	muss	musste	_____
wollen and *sollen* are exceptions and do not get an umlaut in the subjunctive; with modal verbs, if there is an umlaut in the infinitive, there is an umlaut in the subjunctive.			
wollen	will	wollte	wollte
sollen	soll	sollte	sollte

Answer Jule's question and write at least five suggestions for her.

„Weißt du, Jan, das Problem ist einfach, dass ich nirgendwo etwas sehen kann, woran ich wirklich glaube. Hast du irgendeine Idee, was man dagegen tun kann?"
Was könnte sie dagegen tun?
Beispiel: *Sie könnte Yoga machen.*

1.
2.
3.
4.
5.

B. Polite? Suggestions and being polite are especially common uses of modal verbs in the subjunctive. Look at the following sentences and decide whether the statement is impolite (-), polite (√), or very polite (+).

1. _____ Bringen Sie uns bitte ein Glas Mineralwasser.
2. _____ Könnten Sie uns bitte noch die Speisekarte bringen?
3. _____ Besteck!
4. _____ Du da – mach das Fenster auf!
5. _____ Könnten Sie mir bitte sagen, wie der Mann da drüben heißt?
6. _____ Entschuldigen Sie. Wo sind die Toiletten?

C. Wie sagt man das auf Deutsch? Read the examples in the table below and write your own polite sentences to the prompts.

Höfliche Fragen und Bitten	Beispiele
sehr unhöflich (ohne Verb)	Zwei Bier!
unhöflich (Imperativ)	Bringen Sie uns zwei Bier!
etwas höflicher	Bringen Sie uns bitte noch zwei Bier.
viel höflicher (Konjunktiv II)	Würden Sie uns bitte noch zwei Bier bringen? Wir hätten gern noch zwei Bier.
sehr höflich (Konjunktiv II mit Modalverb)	Dürfte ich Sie bitten, uns noch zwei Bier zu bringen? Könnten Sie uns bitte noch zwei weitere Bier bringen?

Example:
die Tür zu machen → *Könnten Sie bitte die Tür zumachen?*

1. das Fenster aufmachen
2. ein Glas Wasser bringen
3. erzählen, wie der Mann heißt
4. den Weg zu den Toiletten beschreiben
5. die Uhrzeit sagen

D. Rollenspiel. Write a dialog between Jule and an extremely polite guest in a fine restaurant. Use polite forms from the table above.

THE PAST TENSE OF THE SUBJUNCTIVE MOOD

The subjunctive is often used in the past to express feelings of regret or wishes about something that could have been done or taken place. The two single most important verbs for understanding the past construction of the subjunctive are *haben* and *sein*.

Infinitive	Present	Simple Past	Past Perfect	Subjunctive II
haben	hat	hatte	hat gehabt	hätte
sein	ist	war	ist gewesen	wäre

Consider the following examples.
1. Ich **wäre** gerne mit Peter **mitgeflogen**.
2. Ich **hätte** Hardenberg lieber nicht **entführt**.
3. Ich **hätte** im Leben vieles anders **machen können**.

What patterns do you notice?
- They are formed like the past perfect.
- You use the past-perfect construction but the helping verb is in the subjunctive.
- In sentences with modal verbs, use a double infinitive construction in which the modal verb follows the infinitive.

A. Sein or haben? Fill in the blanks of these subjunctive sentences using *sein* or *haben* in the past tense. The following sentences could be from a conversation between the characters in the film.

1. Ich bin so müde! Wenn ich nur etwas länger geschlafen _____!
2. Die Party gestern hat total Spaß gemacht. Du _____ länger bleiben sollen.
3. Wenn ich nicht mitgekommen _____, _____ ich dich nicht gesehen.
4. Er _____ mich heute Morgen anrufen sollen.
5. Ihr _____ wahrscheinlich lieber zu Hause geblieben.
6. Ich _____ mehr Geld sparen als ausgeben sollen! Mein Geld ist alle!
7. Er _____ letzten Sommer gern nach Österreich gereist.
8. Ich mochte den Film nicht. Ich wünschte, wir _____ den anderen gesehen.
9. Wir _____ den Zug nach Berlin fast verpasst!
10. Die Prüfung war schwer! Wir _____ mehr lernen sollen!

B. Double infinitives. Double infinitive constructions are very common. To form the past subjunctive <u>with a modal verb</u>, you have to use a <u>double infinitive construction</u>. Note that the auxiliary verb will always be *hätte* no matter what the other verb is!

Consider this example:
Jule <u>hätte</u> nicht <u>arbeiten</u> <u>müssen</u> → Jule <u>would not have had</u> <u>to work</u>.

Now how would you say:
1. Jule would not have had <u>to go</u> → Jule hätte nicht _____ müssen.
2. Hardenberg would have had <u>to call</u> his wife → Hardenberg hätte seine Frau _____ müssen.
3. Jule <u>would have been able</u> to save more money → Jule hätte mehr Geld sparen _____.

Using the same sentences above, fill in the blanks below to make sure you get the concept.

4. Jule _____ nicht gehen müssen.
5. Hardenberg _____ seine Frau anrufen müssen.
6. Jule _____ mehr Geld sparen können.
7. Jule hätte nicht _____ müssen. (to go)
8. Hardenberg hätte seine Frau _____ müssen. (to call)
9. Jule hätte mehr Geld _____ können. (to save)
10. Jule hätte nicht gehen _____. (to have to)
11. Hardenberg hätte seine Frau anrufen _____. (to have to)
12. Jule hätte mehr Geld sparen _____. (to be able to)

C. **What do you think?** Read the following sentences and write your reaction to it. Be sure to use the past tense forms of the subjunctive.

Example:
Sie schlagen Hardenberg nieder und entführen ihn.
- *Sie hätten ihn nicht schlagen sollen.*
- *Er hätte nicht nach Hause kommen sollen.*
- *Es wäre besser gewesen, wenn sie ihn nicht entführt hätten.*
- *Es wäre schlimmer gewesen, wenn sie ihn erschossen hätten.*

1. Sie führen Hardenberg in eine Hütte.
2. Sie bringen Hardenberg nach Hause.
3. Hardenberg verspricht ihnen, dass sie sich keine Sorgen um die Bullen machen müssen und dass Jule das Geld nicht zurück bezahlen muss.
4. Jule, Jan und Peter wachen in Spanien auf.

D. **Rollenspiel.** Choose one of the following prompts, write a dialog in small groups, and perform it in front of the class.

1. Jan und Peter streiten sich. Peter denkt, dass Jan alles ganz anders hätte machen sollen.
2. Jan, Peter, und Jule sind in Spanien. Sie überlegen sich, was sie gemacht haben und wie sie es anders hätten machen können.
3. Jans Mutter redet mit Jules Vater darüber, dass sie ihre Kinder anders hätten erziehen (*to raise*) sollen.
4. Hardenberg überlegt sich, was er im Leben anders hätte machen können.

E. **A better world.** Write a paragraph about your idea of a better world using the prompt below.

Sie wünschen sich eine bessere Welt. Was hätte man besser machen können? Was hätte man gar nicht machen sollen? Wie würde Ihre ideale Welt aussehen? Was würden Sie machen, um Ihre Ziele zu verwirklichen?

THE SPECIAL SUBJUNCTIVE MOOD (KONJUNKTIV I)

Although the special subjunctive is used mostly in antiquated set expressions, it is often used in newspapers and other reports when restating what other people have said. For this reason, it is also commonly referred to as **Indirect Discourse** or **Indirekte Rede**.

Redewendungen mit Konjunktiv II

Ich hätte noch einen Wunsch.
Das wäre alles.
Schön wäre es!

Subjunctive I is based on the infinitive of a verb. It has the same endings as Subjunctive II, which means that the first and third person are identical.

Infinitive	Present	Simple Past	Subjunctive II Conditional	Subjunctive I Indirect Speech
arbeiten	arbeitet	arbeitete	arbeitete	arbeite
brechen	bricht	brach	bräche	breche
bringen	bringt	brachte	brächte	bringe
denken	denkt	dachte	dächte	denke
fliegen	fliegt	flog	flöge	fliege
führen	führt	führte	führte	führe
gehen	geht	ging	ginge	gehe
helfen	hilft	half	hälfe/hülfe	helfe
kaufen	kauft	kaufte	kaufte	kaufe
kommen	kommt	kam	käme	komme
schlagen	schlägt	schlug	schlüge	schlage
sprechen	spricht	sprach	spräche	spreche
wissen	weiß	wusste	wüsste	wisse
wünschen	wünscht	wünschte	wünschte	wünsche
haben	hat	hatte	hätte	habe
sein	ist	war	wäre	sei

Modal verbs

Infinitive	Present	Simple Past	Subjunctive II	Subjunctive I
dürfen	darf	durfte	dürfte	dürfe
können	kann	konnte	könnte	könne
mögen	mag	mochte	möchte	möge
müssen	muss	musste	müsste	müsse
wollen	will	wollte	wollte*	wolle
sollen	soll	sollte	sollte*	solle

Wollen and *sollen* are exceptions in Subjunctive II and do not get an umlaut. They are regular in the Subjunctive I.

Can you guess what these phrases mean?
Möge die Macht mit dir sein.
Die fetten Jahre seien vorbei.

A. Recognition. Read the following excerpts from magazine articles and underline the instances of indirect speech.

A. Als Jugendlicher suchte Weingartner die Revolution im heimatlichen Vorarlberg. Seine eigene Generation, sagt er, sei von Orientierungslosigkeit geprägt gewesen, von der Suche nach Kleincliquen-Individualismus, von der Zersplitterung in Subkulturen. Punk, New Wave, Grufties, Lederjacken-Post-Punks.

B. Die neuen Rebellen, sagt Weingartner, seien pragmatischer, mutiger, selbstbewusster.

C. Er selbst, sagt Weingartner, sei ein Spätzünder, das ewige Schlusslicht der Protestbewegungen. Mitte der Neunziger, als die Hausbesetzerzeit eigentlich vorbei war, okkupierte er mit hippiehaften Gleichgesinnten, Kindern und frei laufenden Hängebauchschweinen ein Haus in Ostberlin.

B. Conversion. Convert the following underlined verbs to indirect speech.

Example:

Direkte Rede: Die Botschaft sagt, „Die fetten Jahre <u>sind</u> vorbei".

→   Indirekte Rede: *Der Reporter berichtet: Die Botschaft sagte, die fetten Jahre seien vorbei.*

1. Direkte Rede: Wie sagte schon mein Vater, „Wer unter 30 nicht links <u>ist</u>, der <u>hat</u> kein Herz, und wer über 30 immer noch links <u>ist</u>, <u>hat</u> keinen Verstand".

   Indirekte Rede: Mein Vater sagte, wer unter 30 nicht links _____, der _____ kein Herz, und wer über 30 immer noch links _____, _____ keinen Verstand.

2. Direkte Rede: Jedes Herz <u>ist</u> eine revolutionäre Zelle

   Indirekte Rede: Sie schrieben an die Wand, jedes Herz _____ eine revolutionäre Zelle.

3. Direkte Rede: Sie haben geschrieben, „Er <u>hat</u> zu viel Geld".

   Indirekte Rede: Sie schrieben, er _____ zu viel Geld.

C. Past or Present? Read the following sentences from Hardenberg from the film and determine whether they are in the present (*Gegenwart*) or past (*Vergangenheit*). Then create sentences in the present or past tense forms of indirect speech.

Example:

Hardenberg sagt: „1968 <u>war</u> eine wilde Zeit".

_____ Gegenwart oder _____ Vergangenheit

Konjunktiv I der **Vergangenheit**: Er sagt, 1968 <u>sei</u> eine wilde Zeit **gewesen**.

1. „Ich <u>finde</u> es nicht richtig, was ihr macht und wie ihr es macht."

   _____ Gegenwart oder _____ Vergangenheit
   Er sagt, er _____ es nicht richtig, was sie machen und wie sie es machen.

2. „Ich <u>sah</u> ein bisschen anders aus. Ich <u>hatte</u> so Lockenkopf, abgewetzte Lederjacke und Schlaghosen."

   _____ Gegenwart oder _____ Vergangenheit
   Er sagt, er _____ ein bisschen anders aus_____ und dass er so Lockenkopf, abgewetzte Lederjacke und Schlaghosen _____ _____.

3. „Eine Zeit lang war ich sogar im Vorstand vom SDS."

   _____ Gegenwart oder _____ Vergangenheit
   Er sagt, er _____ eine Zeit lang sogar im Vorstand vom SDS _____.

4. „Rudi Dutschke <u>war</u> ein guter Freund von mir."

   _____ Gegenwart oder _____ Vergangenheit
   Er sagt, Rudi Dutschke _____ ein guter Freund von ihm _____.

Lektüre 1

DIE FETTEN JAHRE SIND VORBEI

von Edgar Rai (Aufbau, 2004)

Die fetten Jahre sind vorbei is a novel by Edgar Rai that is based on the script for the film. Rai is a freelance writer who lives in Berlin. He has written several novels including *Wenn nicht, dann jetzt* (2012). He also translates novels from English into German.

VOR DEM LESEN

A. Mietvertrag. In einem Mietvertrag steht, was man tun muss, um die Kaution (*deposit*) zurückzubekommen. Lesen Sie diesen Ausschnitt aus einem Mietvertrag und beantworten Sie danach die Fragen.

die Dauer	period of time; duration
das Mietverhältnis	tenancy
übernehmen (übernimmt, übernahm, hat übernommen)	to assume
der Mieter	renter
anstreichen	to paint
tapezieren	to hang wallpaper
lackieren	to varnish
die Heizkörper	heating devices

Während der **Dauer** des **Mietverhältnisses** **übernimmt** der **Mieter** die Kosten der Schönheitsreparaturen. Zu den Schönheitsreparaturen gehören insbesondere das **Anstreichen** bzw. **Tapezieren** der Wände und Decken sowie der Innentüren, das **Lackieren** der **Heizkörper** und Heizrohre und der Fenster und Außentüren von innen. In der Regel sind Schönheitsreparaturen durchzuführen

- in Küchen, Bädern und Duschen alle 3 Jahre
- in Wohn- und Schlafräumen, Fluren, Dielen und Toiletten alle 5 Jahre
- in allen sonstigen Nebenräumen alle 7 Jahre.

1. Wann übernimmt der Mieter die Kosten der Schönheitsreparaturen?
2. Was gehört zu den Schönheitsreparaturen?
3. Wie oft muss man die Schönheitsreparaturen durchführen?
4. Sie haben eine Wohnung in Deutschland und wollen ausziehen. Suchen Sie im Internet nach verschiedenen Mietverträgen und schreiben Sie auf, was Sie tun müssen, um die Kaution zurückzubekommen. Wie unterscheiden sich die Mietverträge in Deutschland von denen in den USA?

 B. Renovieren. Erinnern Sie sich an die Szene, als Jan und Jule die Wohnung renovierten? Schauen Sie die Szene noch einmal an und beantworten Sie die Fragen dazu.

1. Wie renovieren Jan und Jule die Wohnung?
2. Haben Jan und Jule Gefühle für einander? Woran sieht man das?
3. Wessen (*whose*) Idee ist es, die Kaution aufzugeben?
4. Was schreibt Jan an die Wand? Was macht Jule danach?
5. Warum macht Jan Fotos von Jule?

C. Wie sagt man das auf Deutsch? Verbinden Sie die Wörter links mit der passenden deutschen Bedeutung rechts. Versuchen Sie, die Übung zu machen, ohne ein Wörterbuch zu benutzen. Prüfen Sie Ihre Antworten, wenn Sie fertig sind.

Substantive

1. _____ der Eimer
2. _____ die Farbwalze

a. eine harte, glänzende Oberfläche
b. Sonnenlicht, das direkt auf die Kamera trifft

3. _____ die Garbe   c. größeres, rundes Gefäß für Flüssigkeiten

4. _____ das Gegenlicht   d. ein Bündel Stroh

5. _____ der Lack   e. Werkzeug zum Malen aus einem Holzstab mit Borsten

6. _____ der Pinsel   f. ein zylindrischer Körper, mit dem man Farbe an die Wand malt

----

Verben

1. _____ angrinsen   a. etw. aufheben bzw. nicht weggeben

2. _____ behalten   b. vor Schreck eine ruckartige Bewegung machen

3. _____ fortfahren   c. etw. oder jdn. gewaltsam ziehen

4. _____ schmelzen   d. eine Handlung oder eine Entscheidung hinauszieghen

5. _____ zerren   e. etw. Festes durch Hitze oder Wärme flüssig machen

6. _____ zögern   f. etw. Begonnenes neu aufnehmen und weiterführen

7. _____ zusammenzucken   g. jdn. anlächeln

Sonstige Wörter

1. _____ farbverschmiert   a. außergewöhnlich groß, riesig oder gewaltig, enorm

2. _____ überfragt sein   b. diagonal, schief, schräg

3. _____ umgeben   c. völlig mit Farbe befleckt

4. _____ unbeugsam   d. von allen Seiten umschlossen

5. _____ ungeheuer   e. sich keinem fremden Willen beugen, nicht nachgeben

6. _____ quer   f. etw. was man nicht beantworten kann

D. **Bildbeschreibung.** Beschreiben Sie das Foto von Jan und Jule und verwenden Sie die Vokabeln.

DIE FETTEN JAHRE SIND VORBEI (AUSZUG)

—Und du glaubst allen Ernstes, du siehst noch was von deiner Kaution wieder, wenn wir hier fertig sind?

Jule verkniff sich eine Antwort.

—Ich sage dir, was passieren wird, fuhr Jan fort. Zuerst werden sie die ausstehende Miete mit der Kaution verrechnen, anschließend die Anwaltskosten, und wenn dann noch was übrig sein sollte, finden die garantiert was an der Wohnung zu beanstanden und behalten den Rest auch noch.

Es war nicht so, dass Jule diesen Gedanken nicht auch schon gehabt hätte. Nur hatte er sich bei ihr nicht so endgültig angefühlt. Die Hoffnung stirbt bekanntlich zuletzt. Doch jetzt, wo Jan die Wahrheit ans Licht gezerrt hatte, fiel das Selbsttäuschungsgebäude in sich zusammen.

—Scheiße, du hast Recht, sagte sie.

—Und warum machen wir uns dann die Mühe und renovieren *das alles*?

Gil Scott Heron war immer noch bei seinem Lieblingsthema – „You're on the inside, I'm on the outside."

—Da bin ich überfragt, gab Jule zu.

Sie sah Jan an. Da war diese ungeheure Kraft in ihm, etwas Unbeugsames – Jule meinte, es sehen zu können, im Gegenlicht, wie Luft, die über einer Landstraße aufsteigt, wenn der Teer anfängt zu schmelzen. Und sie spürte, wie, was immer es war, das Jan umgab, auf sie übersprang und von ihr Besitz ergriff.

Jule grinste Jan an, und der grinste zurück. Sie hob den Eimer hoch, nahm drei Schritte Anlauf und schleuderte die Garbe (*load of paint*) quer über die Wand. Und das war es dann mit der Renovierung. Und der Kaution. Was soll's.

Eine Minute später schob Jan die Farbwalze vor sich her und malte einen weißen Streifen quer durch die Wohnung. Jule steckte abwechselnd ihre Füße in die verschüttete Farbe und tapste hinterher. Es sah aus, als habe ein Betrunkener versucht, auf einer Schlangenlinie zu laufen.

Nach fünf Minuten sah die Wohnung schlimmer aus als je zuvor. Jan nahm eine Dose mit rotem Lack.

—Glaubst du, wir streichen die Küchentür noch? fragte er.

—Klar. Und ab morgen gibt es keine Kriege mehr auf der Welt.

Jan öffnete die Dose, nahm den größten Pinsel,

der in Reichweite lag, und schrieb in einem großen Bogen

JEDES HERZ IST EINE REVOLUTIONÄRE ZELLE

auf die Wand. Jule malte ein rotes Herz darunter.

—Warte, sagte Jan und nahm seine Kamera. Beweisfoto.

Er machte ein Foto von der farbverschmierten Jule unter dem Bogen, Pinsel in der Hand, und dann noch eins mit Blick in die Kamera, lächelnd, dann ... spulte die Kamera den Film zurück.

—Schätze, wir sind fertig, sagte Jan.

—Ging noch schneller als gestern, sagte Jule, als beglückwünsche sie sich und Jan zu einem erfolgreichen Arbeitstag.

—Und jetzt? fragte Jan.

Jule zögerte.

—Du, Jan?

—Hm?

—Ich muss dir ein Geständnis machen.

Jule merkte, wie Jan innerlich zusammenzuckte.

—Ich habe einen Mordshunger, sagte sie.

NACH DEM LESEN

 A. Vergleichen Sie den Text und den Clip. Welche Ähnlichkeiten gibt es? Welche Unterschiede? Schreiben Sie Ihre Ideen in die Tabelle.

Ähnlichkeiten	Unterschiede
• Sie renovieren die Wohnung	• im Clip wird Gil Scott Heron gespielt

 B. Beantworten Sie die Fragen über Liebe

1. Welche Metaphern verwendet (*use*) Jule, um ihre Gefühle für Jan zu beschreiben?
2. Welche Metaphern würden Sie verwenden, um Ihre Gefühle zu beschreiben?
3. „Jedes Herz ist eine revolutionäre Zelle" ist eine wichtige Parole (*slogan*) im Film. Wie verstehen Sie diese Parole? Inwiefern kann ein Herz eine revolutionäre Zelle sein?

 **C. Rollenspiel.** Wählen Sie eine der folgenden Situationen aus und schreiben Sie mit zwei bis drei Personen einen Dialog dazu. Dann spielen Sie den Dialog der Klasse vor!

1. Jule und Jan renovieren die Wohnung, und der Hausmeister kommt hinein.

2. Peter kommt unerwartet zurück und findet Jule und Jan, während sie die Wohnung renovieren.

3. Jule redet mit einer Freundin über ihre Zeit mit Jan.

4. Jan hat ein schlechtes Gewissen und erzählt Peter alles.

D. Einen Aufsatz schreiben. Schreiben Sie einen Aufsatz zum Thema „Jedes Herz ist eine revolutionäre Zelle". Sie können den Clip und den Text vergleichen und die Unterschiede oder Ähnlichkeiten betonen, Sie können ein Manifest der revolutionären Liebe schreiben, oder Sie können eine ganz neue Idee entwickeln.

Lektüre 2
INTERVIEW MIT HANS WEINGARTNER

Hans Weingartner was born in the Austrian state Vorarlberg in 1970. He studied physics and neuroscience but always had a passion for films. Even during his studies, he worked as a camera assistant (including on Richard Linklater's 1995 movie *Before Sunrise*, filmed in Vienna). From 1997 to 2000, he studied at the Kunsthochschule für Medien in Cologne. He wrote and directed *Das weiße Rauschen* (2001), a feature film dealing with schizophrenia (also starring Daniel Brühl), while still a student at the Kunsthochschule. *Die fetten Jahre sind vorbei* (2004) was Weingartner's first major success and the first German-language film in 11 years to be chosen for the Cannes International Film Festival. In this interview, Weingarter discusses how the story and the characters in *Die fetten Jahre sind vorbei* evolved and his personal interest in politics, justice, and activism.

VOR DEM LESEN

A. Was meinen Sie? Diskutieren Sie die folgenden Fragen mit einem Partner/einer Partnerin.

1. Wie kommt man darauf, einen Film wie *Die fetten Jahre sind vorbei* zu drehen?

2. Welche Fragen stellt der Film?

3. Was führt die Figuren in dem Film zusammen? Was haben sie gemeinsam?

4. Wo ist die Hütte, in der Jan, Peter und Jule sich mit Hardenberg verstecken?

B. Wie sagt man das auf Englisch? Verbinden Sie die deutschen Begriffe links mit der passenden englischen Bedeutung rechts.

1. _____ die Alm (*Gebirgswiese auf der Alp*) a. break out

2. _____ der Ausbruch (*plötzlicher Beginn*) b. a commotion or uproar

3. _____ der Drang (*heftiges Streben nach etwas*) c. resistance

4. _____ der Eklat (*Aufregung oder Ereignis*) d. law

5. _____ die Entstehung (*beginnen zu sein*) e. alpine pasture

6. _____ das Gesetz (*vom Staat festgesetzte Vorschrift*) f. drive, impulse, or urge

7. _____ der Widerstand (*entgegenwirkende Kraft*) g. development or origin

C. Wie sagt man das auf Englisch? Hier sehen Sie die Verben, die mit den Substantiven verwandt sind. Suchen Sie die englischen Bedeutungen, die zu den Verben passen.

1. ____ ausbrechen
2. ____ drängen
3. ____ entstehen
4. ____ widerstehen

a. to come into being
b. to dispute or resist
c. to break out
d. to crowd or push, to thrust oneself into something

D. Was passt? Schreiben Sie die richtigen Substantive in die Lücken.

> Alm • Ausbruch • Drang • Eklat • Entstehung • Gesetz • Widerstands

1. Die _____ von *Die fetten Jahre sind vorbei* ist eine total chaotische Geschichte.
2. Wie kann man heute noch als junger Mensch politisch aktiv sein, welche Formen des _____ gibt es?
3. Das reicht nicht, die müssen noch stärker in Konflikt mit dem _____ kommen, sie könnten doch einen Manager entführen.
4. Ich habe nie eine Möglichkeit gefunden, diesen _____ auszuleben.
5. Das Neuartige an dem Film – oder das, was so viele Leute überrascht und begeistert hat – ist, dass es nicht zu einem brutalen _____ kommt.
6. Diese zwei Gruppen finden in dieser _____ hüttenromantik zueinander und freunden sich an.
7. Am Ende weiß der Zuschauer nicht genau, ob der Manager den _____ vielleicht manipulativ herbeiführt oder nicht.

E. Synonyme. Finden Sie die deutschen Synonyme für die folgenden Verben.

1. ____ umstürzen (*to overthrow; topple*)
2. ____ verraten (*to betray*)
3. ____ verspüren (*to sense something*)
4. ____ anpassen (*to adapt or conform*)
5. ____ wagen (*to dare*)

a. riskieren
b. angleichen; annähern
d. umwerfen; umkippen
e. untreu werden
f. bemerken; wahrnehmen

F. Verwandte Wörter. Diese Substantive sind mit den obigen Verben verwandt. Verbinden Sie sie mit den englischen Bedeutungen.

1. ____ der Umsturz
2. ____ die Anpassung
3. ____ der Verrat
4. ____ die Spur

a. a trace or track
b. downfall
c. adaptation or conformance
d. betrayal or treason

G. **Was passt?** Schreiben Sie die gegebenen und schon konjugierten Verben in die Lücken.

verraten • verspürt • umstürzen • wagten

1. Ich habe immer von einer Weltrevolution fantasiert, wo wir dann alles _____, wenn wir von zu Hause weggehen.
2. Der Manager, der früher selber rebelliert hat, hat seine Ideale _____.
3. Der Manager _____ dieses Glück der Jugend.
4. Das hat alles so unglaublich gut funktioniert, noch viel besser, als wir das zu träumen _____.

INTERVIEW MIT HANS WEINGARTNER (AUSZUG)

Wie entwickelten sich die FETTEN JAHRE?

Weingartner: Die Entstehung von den *fetten Jahren* ist eine total chaotische Geschichte. Da kamen eigentlich verschiedene Stoffe zusammen. Ich wollte einen Liebesfilm machen, über ein Liebespaar, das neunzig Minuten miteinander redet. Und ich hatte eine Geschichte über drei junge Autonome, die gegen das System kämpfen, schon länger mal geschrieben: Das Thema war einfach: Wie kann man heute noch als junger Mensch politisch aktiv sein, welche Formen des Widerstands gibt es, und welche Rolle spielt Gewalt? In einem monatelangen Prozess ist das Drehbuch dann irgendwie gewachsen. Zuerst war es nur eine Dreiergruppe, die subversive Aktionen gemacht hat. Dann habe ich gesagt: Das reicht nicht, die müssen noch stärker in Konflikt mit dem Gesetz kommen, sie könnten doch einen Manager entführen. Es ist sehr schwer zu beschreiben, wie die Geschichte entstanden ist. Im Endeffekt ist es immer so, dass ich ein Grundthema habe, über das ich einen Film machen will, und das hat meistens mit meiner eigenen Geschichte zu tun. [...]

Wie kann man heute Widerstand leisten gegen das System? War das die Frage, die dir schon lang auf den Nägeln brannte?

Weingartner: Ja, natürlich. Weil es für mich ein persönliches Problem war, dass ich mein Leben lang ein politisch denkender Mensch war, mit einem starken Gerechtigkeitssinn, und dass ich nie eine Möglichkeit gefunden habe, diesen Drang auszuleben. Ich habe als Jugendlicher Umweltschutzgruppen gegründet und habe immer fantasiert von einer Weltrevolution. Wenn wir dann groß sind und von zu Hause weggehen, dass wir alles umstürzen. Ich wollte quasi immer Teil einer Jugendbewegung sein, habe aber nie eine gefunden. Ich hatte dann eine sehr schöne Zeit in Berlin, in einem besetzten Haus, das aber brutal geräumt wurde, dieser Widerstand wurde also unerbittlich zusammengeschlagen. Insofern gab es einiges aufzuarbeiten an persönlichen Traumata. So kam dann dieses Thema zustande. [...]

In diesem Film kommen verschiedene Figuren zusammen, kannst du kurz schildern, was die zusammenführt?

Weingartner: Die drei jungen Leute entführen diesen Top-Manager auf die Berghütte, auf der es zu verschiedenen sozialen Verwicklungen kommt. Einerseits haben wir eine Dreiecksbeziehung, zwischen den beiden Männer und der Frau. Und dann ist da der Konflikt zwischen der älteren Generation in Person von Hardenberg und der jungen Generation dieser drei Revoluzzer, der noch dadurch, sagen wir mal, pointiert wird, dass der Manager sich als Alt-68er herausstellt, der früher selber rebelliert und jetzt seine Ideale verraten hat. Das Neuartige an dem Film – oder das, was so viele Leute überrascht und begeistert hat – ist, dass es nicht zu einem brutalen Ausbruch kommt, wie das normalerweise im deutschen Film eigentlich immer so ist, sondern dass diese zwei Gruppen in dieser Almhüttenromantik zueinanderfinden und sich so etwas wie anfreunden. Sie kiffen gemeinsam und entdecken ideologische Gemeinsamkeiten. Aber am Ende weiß der Zuschauer nicht genau, ob der Manager den Eklat vielleicht manipulativ herbeiführt oder nicht. Das haben wir auch bewusst offen gelassen. Die Idee war auch, dass der Manager über die drei Jugendlichen in sein altes

Ich zurückfindet und für einen Moment wieder dieses Glück der Jugend verspürt, dieses Glück des einfachen, unangepassten Lebens. Am Ende wird diese Vision wieder zerstört, weil ich nicht wollte, dass der Zuschauer mit einem Happy-End-Gefühl aus dem Kino geht. Denn ich glaube, dass die Wirklichkeit so eben nicht aussieht. Das hat alles so unglaublich gut funktioniert, noch viel besser, als wir das zu träumen wagten aufgrund des Drehbuchs. Das Tolle war, dass der Burghart Klaußner diesen Manager so genial gespielt hat und diese Rolle so hundertprozentig ausfüllt, weil sie wiederum seine eigene Geschichte widergespiegelt hat. Burghart war auch ein 68er-Revoluzzer, der hat damals in ganz Deutschland Theater gestürmt und Anti-Theater gemacht und was weiß ich. [...]

NACH DEM LESEN

 A. **Beantworten Sie die folgenden Fragen zum Text**

1. Was war das Thema des Films?
2. Was war Weingartners persönliches Problem?
3. Was führt die Figuren zusammen?
4. Gibt es ein Happy-End-Gefühl im Film?
5. Wäre dieser Film anders, wenn ihn ein amerikanischer (Hollywood) Regisseur gedreht hätte?

B. **Ihr Traumfilm.** Sie sind Regisseur und drehen den Film ihrer Träume. Beantworten Sie die Fragen.

1. Was ist das Thema des Films?
2. Warum ist das Thema wichtig?
3. Gibt es ein Happy-End in Ihrem Film?
4. Was für Figuren gibt es? Welche Schauspieler könnten die Rollen gut spielen?

C. **Revolution.** Weingartners Fantasien von einer Weltrevolution sind ähnlich wie viele der 68er-Generation. Lesen Sie den Auszug von Rudi Dutschkes 1967 Rede (*speech*) „Zum Revolutionsbegriff" und beantworten Sie die Fragen.

„Revolution ist nicht eine Sache von Tagen, wo geschossen wird und Auseinandersetzungen (*conflicts*) stattfinden. Revolution ist ein langer, lang andauernder Marsch und Prozess, um die Schaffung (*creation*) von neuen Menschen, die fähig sind, nicht eine alte Clique durch eine neue zu ersetzen (*replace*) nach der Revolution, sondern massenhaft Demokratisierung von unten, bewusste Produzentendemokratie entgegenzusetzen, bürokratischer Herrschaft von oben. In diesem Kampf habt ihr weiter zu arbeiten. In diesem Kampf habt ihr eure Bedürfnisse (*needs*) zu entfalten (*reveal*) und an diesem Kampf ist jeder beteiligt (*involved*), wo er sich auch immer in dieser Welt befinden mag."

1. Welche Gemeinsamkeiten gibt es zwischen den Ideen von Dutschke, von Weingartner und von den Figuren im Film?
2. Welche Unterschiede gibt es?
3. Kennen Sie andere politische Figuren, die für ihre Ideen ermordet (*murdered or assassinated*) wurden?

D. **Internetrecherche.** Im Internet können Sie das Interview mit Weingartner und Auszüge von Dutschkes Rede hören. Ist es beim Lesen oder Hören leichter oder schwieriger, den Inhalt zu verstehen?

Wortschatz

SUBSTANTIVE

die Ausbeutung, -en	*exploitation*
die Bewegung, -en	*movement*
die Botschaft, -en	*message*
die Gewalt	*violence*
das Recht, -e	*justice; law*
die Schuld, -en	*fault; debts*
die Versicherung, -en	*insurance*
die Wirkung, -en	*effect*
der Widerstand	*resistance*
die Wohngemeinschaft (WG), - en	*shared apartment*

VERBEN

ausspähen	*to spy; scout; explore*
bekämpfen	*to fight*
beobachten	*to observe*
besetzen	*to occupy*
besitzen (besaß, hat besessen)	*to own*
einbrechen (bricht ein, brach ein, ist eingebrochen)	*to break into*
einsetzen	*to bring into action*
entführen	*to kidnap*
glotzen (*slang*)	*to watch TV*
handeln	*to act; take action*
klauen (*slang*)	*to steal*
(sich) leisten	*to afford*
schulden	*to owe*
(sich) verlieben	*to fall in love*
verraten (verrät, verriet, hat verraten)	*to betray or tell a secret*
verrücken	*to displace*
vorschlagen (schlägt vor, schlug vor, hat vorgeschlagen)	*to suggest*
zerstören	*to destroy*

A. Kategorien. Ergänzen Sie die Tabelle mit trennbaren (*separable*) und untrennbaren (*inseparable*) Verben aus dem Wortschatz. Die Verben *glotzen, handeln, klauen, leisten, schulden* werden Sie nicht in die Tabelle eintragen, weil sie keine Präfixe haben.

trennbar		untrennbar	
ab-		be-	*bekämpfen*
an-		ent-	
auf-		er-	
aus-		ge-	
bei-		miss-	
ein-		ver-	
los-		zer-	
mit-			
nach-			
her-			
hin-			
um-			
vor-			
weg-			
zu-			
zurück-			

B. Sätze schreiben. Schreiben Sie Sätze in der Gegenwart und achten Sie auf die Wortstellung.

Beispiel: Jan und Peter / ausspähen / Villen
Jan und Peter <u>spähen</u> Villen <u>aus</u>.

1. Jan und Peter / einbrechen / in Villen von reichen Leuten
2. Jule / sich einsetzen / für den Typen
3. Peter / vorschlagen / Jule / dass sie zu ihm in die WG einzieht
4. Wir / bekämpfen / euren Krieg
5. Jan und Peter / beobachten / Leute in ihren Hochsicherheitszonen
6. Jan, Peter und Jule / entführen / Hardenberg
7. Jan / sich verlieben / in Jule
8. Hardenberg / verraten / seine Ideale
9. Jan und Peter / verrücken / die Möbel
10. Der Unfall mit Hardenberg / zerstören / ihr Leben

C. Im Perfekt. Setzen Sie nun die gleichen Sätze in die Vergangenheit. Achten Sie auf das „ge-" und auf das richtige Partizip.

Beispiel: Jan und Peter <u>spähen</u> Villen <u>aus</u>. (orig. Jan und Peter / ausspähen / Villen)
Jan und Peter <u>haben</u> Villen <u>ausgespäht</u>.

1. Jan und Peter _____ in Villen _____. (einbrechen)
2. Jule _____ sich für den Typen _____. (einsetzen)
3. Peter _____ Jule _____, dass sie zu ihm in die WG einzieht. (vorschlagen)
4. Wir _____ euren Krieg _____. (bekämpfen)
5. Jan und Peter _____ Leute in ihren Hochsicherheitszonen _____. (beobachten)
6. Jan, Peter und Jule _____ Hardenberg _____. (entführen)
7. Jan _____ sich in Jule _____. (verlieben)
8. Hardenberg _____ seine Ideale _____. (verraten)
9. Jan und Peter _____ die Möbel _____. (verrücken)
10. Der Unfall mit Hardenberg _____ ihr Leben _____. (zerstören)

D. Trennbar oder untrennbar? Ist das Präfix trennbar (T) oder untrennbar (U)?

1. _____ an
2. _____ be
3. _____ ein
4. _____ mit
5. _____ ent

6. _____ ge
7. _____ ver
8. _____ zer
9. _____ vor
10. _____ zu

E. Wie sagt man das? Raten Sie mal, welche deutsche Definition die richtige ist.

1. _____ einbrechen
2. _____ vorschlagen
3. _____ verraten
4. _____ beobachten
5. _____ zerstören

a. untreu werden
b. heimlich betrachten
c. eindringen; einen Einbruch begehen
d. beschädigen; kaputt machen; ruinieren
e. empfehlen; raten

F. Was passt? Schreiben Sie die richtigen Verben in die Lücken. Achten Sie auf die Verbform!

> **glotzen, handeln, klauen, leisten, schuldet**

1. Leute _____ zu sehr, um revolutionäre Gedanken zu haben.
2. Jule _____ Hardenberg 94.500 Euro.
3. Jan und Peter brechen in die Villen ein, aber _____ nichts.
4. Jule kann sich die Wohnung nicht _____.
5. Der erste Schritt ist dieser: du musst _____.

G. Was passt? Vervollständigen Sie den Text mit den passenden Substantiven.

1. Welche _____ hatte die 68er-Bewegung auf die heutige Gesellschaft?
2. Weingartner wollte immer Teil einer Jugend_____ sein, hat aber nie eine gefunden.
3. Jule würde wild und frei leben, wenn sie keine _____ hätte.
4. Jule arbeitet in einem Nobelrestaurant und demonstriert gegen _____ in Sweatshops.

die Ausbeutung
die Bewegung
die Botschaft
die Gewalt
das Recht
die Schulden
die Versicherung
die Wirkung
der Widerstand
die Wohngemeinschaft

5. Die Erziehungsberechtigten vermitteln ihre antikapitalistische _____ durch gewaltfreie, aber immer noch illegale Methoden.

6. Jule hatte ihre _____ drei Monate nicht bezahlt, als sie den Unfall hatte.

7. Jule denkt, dass der Unfall ihre Schuld war und dass Hardenberg im _____ sei.

8. Wie kann man heute noch als junger Mensch politisch aktiv sein und welche Formen des _____ gibt es?

9. Welche Rolle _____ spielt, ist eine wichtige Frage von Demonstranten.

10. Im Januar 1967 wurde die politisch motivierte _____ Kommune I in Berlin gegründet.

Film Clip Locations

This chart is intended to help you find the clips that have been incorporated into the chapters. All DVDs used to determine these clip locations were Region 2 (from Germany) unless otherwise indicated. Depending on how a DVD is being viewed (e.g., on a computer or a DVD player) the actual clip times may vary. Please keep in mind that these clip locations may not be perfectly accurate for your equipment. We recommend that teachers find the clips in advance of class in order to use class time most efficiently.

1) Die drei Räuber	VLC media player	DVD player
Clip 1: Abschied	02:22-03:36	03:25-04:12
Clip 2: Der Überfall	14:15-15:11	12:10-13:06
Clip 3: Wie kommen wir an das Gold?	28:30-30:51	26:15-28:13
Clip 4: Eine richtige kleine Räuberin	41:28-42:54	40:02-41:28
Clip 5: Ohne Rübe keine Liebe!	19:27-21:04	17:00-18:43
Clip 6: Lesen und schreiben lernen	47:28-48:28	45:44-47:08
Clip 7: Das Waisenkind Tiffany	53:00-55:43	51:07-53:46
Clip 8: Zurück ins Waisenhaus	58:00-59:47	56:16-58:00
Clip 9: Die drei Räuber	1:04:28-1:05:36	1:02:47-1:04:00

2) Jenseits der Stille	VLC media player	DVD player
Clip 1: Gewitter	02:22-03:38	03:00-03:54
Clip 2: Fahnen	25:25-25:53	26:36-26:49
Clip 3: Schnee	41:46-43:10	43:06-44:07
Clip 4: Sonnenaufgang	1:15:45-1:16:04	1:15:31-1:15:38
Clip 5: Keine Angst, ich mach' dich schön	16:31-18:05	17:09-18:51
Clip 6: Sie sind alle gegen uns	1:09:05-1:10:00	1:08:50-1:10:02
Clip 7: Musik!	52:14-53:46	53:17-54:46
Clip 8: Bist du gar nicht taub?	1:04:04-1:05:47	1:04:08-1:05:38
Clip 9: Keinen Abschied mehr	1:26:11-1:27:04	1:25:50-1:26:44
Clip 10: Das Telefon	03:48-04:37	04:05-04:59
Clip 11: Liebesfilm	30:46-31:18	31:54-32:36
Clip 12: Frau Mertens	33:25-34:48	34:16-35:50
Clip 13: Aua! Aua!	44:53-46:29	45:41-47:14
Clip 14: I Will Survive	1:11:55-1:13:33	1:11:43-1:13:10
Clip 15: The song inside	1:18:51-1:19:26	1:18:10-1:18:45

3) Das Wunder von Bern	VLC media player	DVD player
Clip 1: Bei Lubanskis	02:10-02:38	02:28-03:15
Clip 2: Ein Ersatzvater	19:15-20:03	19:34-21:00
Clip 3: Die Entschädigung	40:49-41:58	38:07-39:08
Clip 4: Richard und Christa streiten	53:08-54:26	50:00-52:45
Clip 5: Richards Gefangenschaft	1:10:37-1:12:38	1:09:26-1:12:50
Clip 6: Helmut Rahn	05:50-07:40	06:30-07:41
Clip 7: Annette Ackermann	10:35-11:26	11:05-11:50
Clip 8: Paul Ackermann auf der Pressekonferenz	55:22-55:57	52:55-54:26
Clip 9: Die Putzfrau	49:20-50:57	47:06-48:58
Clip 10: Das Siegestor	1:39:10-1:40:33	1:36:00-1:37:37

4) Die Welle	VLC media player	DVD player
Clip 1: Autokratie	11:09-13:18	11:13-13:11
Clip 2: Herr Wenger	14:29-15:22	14:26-15:21
Clip 3: Eine Art Schuluniform	31:38-34:15	31:30-34:04
Clip 4: Macht durch Handeln	38:50-39:22	38:30-39:05
Clip 5: Was hast du gegen die Welle?	1:00:30-1:01:51	1:00:44-1:02:08
Clip 6: Es ist vorbei	1:29:46-1:32:47	1:28:59-1:32:06
Clip 7: Die Welle—Das war mein Leben	1:33:09-1:34:50	1:32:27-1:33:57

5) Almanya - Wilkommen In Deutschland	VLC media player	DVD player
Clip 1: Türken oder Deutsche	12:40-13:20	12:20-13:00
Clip 2: Das Leben eines Gastarbeiters	21:31-24:09	20:42-22:40
Clip 3: Stereotypen und Staatsbürger	5:50-7:20	6:00-7:00
Clip 4: Eine Riesenratte	42:35-43:44	41:30-42:40
Clip 5: Weihnachten	1:04:51-1:07:06	1:02:36-1:04:50
Clip 6: Coca-Cola	1:09:47-1:10:59	1:07:22-1:09:00
Clip 7: Wo ist jetzt Opa?	1:19:29-120:56	1:18:21-1:20:00
Clip 8: Beerdigung	1:23:42-1:25:31	1:22:30-1:24:50

6) Lola Rennt	VLC media player	DVD player
Clip 1: Mannis Problem	05:45-06:33	05:45-06:27
Clip 2: Lola und Papa, 1. Runde—Teil 1	20:50-22:04	19:20-20:37
Clip 3: Lola und Papa, 1. Runde—Teil 2	22:04-22:45	20:37-21:10
Clip 4: Der Überfall	26:10-30:04	25:00-28:15
Clip 5: Manni und Lola	32:21-33:35	30:20-32:55
Clip 6: Lola und Papa—Teil 2	38:56-40:00	38:15-39:44
Clip 7: Manni und Lola—Teil 2	49:56-51:32	50:22-52:00

7) Im Juli	VLC media player	DVD player
Clip 1: Meine Herzallerliebste	39:15-40:21	40:44-42:10
Clip 2: Yes, we are married!	1:01:11-1:02:53	1:01:41-1:03:25
Clip 3: Ich liebe dich!	1:27:54-1:29:04	1:27:59-1:29:55
Clip 4: Ist das nicht romantisch?	1:05:22-1:06:12	1:05:39-1:06:41
Clip 5: Und zack über den Fluss	1:08:13-1:11:11	1:08:49-1:11:40

8) Sophie Scholl - Die letzten Tage	VLC media player	DVD player
Clip 1: Aus dem ersten Verhör, Teil 1	23:18-23:50	19:35-20:10
Clip 2: Aus dem ersten Verhör, Teil 2	23:50-27:37	20:10-24:06
Clip 3: In der Zelle	33:58-35:10	30:37-31:52
Clip 4: Bund Deutscher Mädel	36:28-37:40	33:15-35:10
Clip 5: Kennen Sie diese Marken?	37:40-39:40	35:10-36:44
Clip 6: Das Flugblatt	39:40-41:23	36:44-38:36
Clip 7: Das Geständnis	41:23-46:16	38:36-44:10
Clip 8: Die Unterschrift	48:24-50:38	46:05-48:40
Clip 9: Drittes Verhör	53:06-59:48	51:20-57:45
Clip 10: Viertes Verhör	1:03:10-1:07:15	1:01:53-1:06:00
Clip 11: Juden und Geisteskranke	1:07:35-1:08:40	1:06:30-1:08:50
Clip 12: Das Todesurteil	1:32:35-1:34:39	1:30:54-1:33:10

9) Good Bye, Lenin!	VLC media player	DVD player
Clip 1: Elan und Tatkraft	02:15-03:42	02:13-03:52
Clip 2: PGH Fernsehreparatur	21:30-22:20	21:30-22:24
Clip 3: Mutters Krankenbett	28:59-30:32	29:12-30:42
Clip 4: Schlafzimmer Kerner	56:00-1:00:22	55:49-1:00:13
Clip 5: Vor der Datsche	1:28:19-1:31:06	1:27:13-1:30:34
Clip 6: Im Haus des Vaters	1:36:30-1:41:02	1:36:10-1:40:57
Clip 7: Mutter von ihrer Krankheit	10:09-10:36	10:29-10:54
Clip 8: Auf der Karl-Marx-Allee	1:15:32-1:21:02	1:17:27-1:21:19
Clip 9: Sigmund Jähn als Staatspräsident	1:47:03-1:49:08	1:47:00-1:49:17

10) Die fetten Jahre sind vorbei	VLC media player	DVD player
Clip 1: Rebellieren ist schwieriger geworden	36:24-39:36	35:16-38:10
Clip 2: Die Erziehungsberechtigten	40:05-41:27	38:40-40:40
Clip 3: Die 68er	130:06-131:42	130:25-132:20
Clip 4: Die Wohngemeinschaft	141:45 – 143:03	142:07-143:25
Clip 5: Renovieren	21:40-24:45	20:40-23:43
Clip 6: Rebellieren	24:52-26:52	23:52-26:00

Appendix: Grammar Tables

Grammar terms in English and German

English	German
verb	das Verb; das Zeitwort
infinitive	der Infinitiv
separable	trennbar
inseparable	untrennbar
tense	die Zeitform
present tense	das Präsens
past tense; simple past tense	das Präteritum; die Vergangenheit
present perfect	das Perfekt
past perfect	das Plusquamperfekt
future	das Futur
participle	das Partizip
subjunctive	der Konjunktiv
passive	das Passiv
noun	das Hauptwort; das Substantiv; das Nomen
pronoun	das Pronomen
case	der Kasus; der Fall
nominative	der Nominativ
accusative	der Akkusativ
dative	der Dativ
genitive	der Genitiv
sentence; clause	der Satz
subordinate clause	der Nebensatz
preposition	die Präposition
conjunction	die Konjunktion
adjective	das Adjektiv
adverb	das Adverb

I. Noun Cases

1. Definite and indefinite articles in nominative and accusative

	Singular		Plural	
	Masculine	Neutral	Feminine	All Genders
Nominative	der	das	die	die
	ein	ein	eine	keine
Accusative	den	das	die	die
	einen	ein	eine	keine

2. Definite and indefinite articles in nominative and accusative

	Singular		Plural	
	Masculine	Neutral	Feminine	All Genders
Dative	dem	dem	der	den (+ n)
	einem	einem	einer	keinen (+ n)
Genitive	des (+ s)	des (+ s)	der	der
	eines (+ s)	eines (+ s)	einer	keiner

3. Pronouns in nominative and accusative

	Singular		Plural	
	Nominative	**Accusative**	**Nominative**	**Accusative**
1	ich	mich	wir	uns
2	du	dich	ihr	euch
	Sie	Sie	Sie	Sie
3	er (man)	ihn		
	sie	sie	sie	sie
	es	es		

4. Pronouns and articles in dative (singular and plural)

	Singular	Plural
	Dative	**Dative**
1	mir	uns
2	dir	euch
	Ihnen	Ihnen
3	ihm	ihnen
	dem	den (+ n)
	keinem	keinen (+ n)
	ihr	
	der	
	keiner	
	ihm	
	dem	
	keinem	

5. Pronouns in nominative, accusative, and dative

Singular			Plural		
Nominative	**Accusative**	**Dative**	**Nominative**	**Accusative**	**Dative**
ich	mich	mir	wir	uns	uns
du	dich	dir	ihr	euch	euch
er	ihn	ihm			
sie	sie	ihr	sie	sie	ihnen
es	es	ihm			
Sie	Sie	Ihnen	Sie	Sie	Ihnen

6. Relative pronouns

	Singular			Plural
	Masculine	**Neutral**	**Feminine**	**All Genders**
Nominative	der	das	die	die
Accusative	den	das	die	die
Dative	dem	dem	der	denen
Genitive	dessen	dessen	deren	deren

7. Interrogative pronouns: Nominative, accusative, dative, and genitive

Nominative	wer/was	who/what
Accusative	wen	who
Dative	wem	who (whom)
Genitive	wessen	whose

8. Reflexive pronouns

Singular			Plural		
Nominative	**Accusative**	**Dative**	**Nominative**	**Accusative**	**Dative**
ich	mich	mir	wir	uns	
du	dich	dir	ihr	euch	
er (man)	*sich*	*sich*	sie	*sich*	*sich*
sie	*sich*	*sich*			
es	*sich*	*sich*			
Sie	*sich*	*sich*	Sie	*sich*	*sich*

II. Adjective Endings

1. Nominative case

Masculine **der**	Feminine **die**	Neuter **das**	Plural **die**
der schnell**e** Zug	die schön**e** Stadt	das frisch**e** Brötchen	die sonnig**en** Tage
Masculine ein	**Feminine eine**	**Neuter ein**	**Plural keine**
ein schnell**er** Zug	eine schön**e** Stadt	ein frisch**es** Brötchen	keine sonnig**en** Tage

2. Accusative case

Masculine **den**	Feminine **die**	Neuter **das**	Plural **die**
den schnell**en** Zug	die schön**e** Stadt	das frisch**e** Brötchen	die sonnig**en** Tage
Masculine einen	**Feminine eine**	**Neuter ein**	**Plural keine**
einen schnell**en** Zug	eine schön**e** Stadt	ein frisch**es** Brötchen	keine sonnig**en** Tage

3. Dative case

Masculine **dem**	Feminine **der**	Neuter **dem**	Plural **den**
dem schnell**en** Zug	der schön**en** Stadt	dem frisch**en** Brötchen	den sonnig**en** Tagen
Masculine einem	**Feminine einer**	**Neuter einem**	**Plural keinen**
einem schnell**en** Zug	einer schön**en** Stadt	einem frisch**en** Brötchen	keinen sonnig**en** Tagen

4. Overview of adjective endings in nominative, accusative, and dative

		Masculine	Feminine	Neuter	Plural
unpreceded	**Nominative**	alter Mann	junge Frau	kleines Kind	schnelle Hunde
	Accusative	alten Mann	junge Frau	kleines Kind	schnelle Hunde
	Dative	altem Mann	junger Frau	kleinem Kind	schnellen Hunden
definite article	**Nominative**	der alte Mann	die junge Frau	das kleine Kind	die schnellen Hunde
	Accusative	den alten Mann	die junge Frau	das kleine Kind	die schnellen Hunde
	Dative	dem alten Mann	der jungen Frau	dem kleinen Kind	den schnellen Hunden
indefinite article	**Nominative**	ein alter Mann	eine junge Frau	ein kleines Kind	keine schnellen Hunde
	Accusative	einen alten Mann	eine junge Frau	ein kleines Kind	keine schnellen Hunde
	Dative	einem alten Mann	einer jungen Frau	einem kleinen Kind	keinen schnellen Hunden

5. Adjective endings: Unpreceded or after indefinite articles

	Masculine	**Feminine**	**Neuter**	**Plural**
Nominative	er	e	es	e
Accusative	en	e	es	e
Dative	em	er	em	en

6. Adjective endings: After definite articles

	Masculine	**Feminine**	**Neuter**	**Plural**
Nominative	e	e	e	en
Accusative	en	e	e	en
Dative	en	en	en	en

7. Adjectival nouns

deutsch (*German*)	→ der Deutsche/die Deutsche (*German*)
fremd (*foreign*)	→ der Fremde/die Fremde (*foreigner*)
verwandt (*related*)	→ der Verwandte/die Verwandte (*relative*)

	Masculine/Feminine	**Plural**
Nominative	der Deutsche (Mann), die Deutsche (Frau) ein Deutscher (Mann), eine Deutsche (Frau)	Deutsche (no article) die Deutschen keine Deutschen
Accusative	den Deutschen, die Deutsche einen Deutschen, eine Deutsche	Deutsche (no article) die Deutschen keine Deutschen
Dative	dem Deutschen, der Deutschen einem Deutschen, einer Deutschen	Deutschen (no article) den Deutschen keinen Deutschen

III. Verbs

1. Present tense: modal verbs

können (*can*)	**müssen (*must*)**	**dürfen (*may*)**	**mögen (*to like to*)**	**wollen (*to want to*)**	**sollen (*should*)**
ich kann	ich muss	ich darf	ich mag	ich will	ich soll
du kannst	du musst	du darfst	du magst	du willst	du sollst
er/sie/es kann	er/sie/es muss	er/sie/es darf	er/sie/es mag	er/sie/es will	er/sie/es soll
wir können	wir müssen	wir dürfen	wir mögen	wir wollen	wir sollen
ihr könnt	ihr müsst	ihr dürft	ihr mögt	ihr wollt	ihr sollt
sie/Sie können	sie/Sie müssen	sie/Sie dürfen	sie/Sie mögen	sie/Sie wollen	sie/Sie sollen

2. Simple past tense: *Sein, haben,* and modal verbs

	sein	**haben**	**wollen**	**sollen**	**können**	**müssen**	**dürfen**
ich + er/sie/es	war	hatte	wollte	sollte	konnte	musste	durfte
du	warst	hattest	wolltest	solltest	konntest	musstest	durftest
wir + sie + Sie	waren	hatten	wollten	wollten	konnten	mussten	durften
ihr	wart	hattet	wolltet	solltet	konntet	musstet	durftet

3. Simple past tense: Regular verb endings

ich + er/sie/es	-te
du	-test
wir + sie + Sie	-ten
ihr	-tet

4. Simple past tense: Regular verbs

	machen	**meinen**	**fragen**	**spielen**	**kaufen**	**studieren**
ich + er/sie/es	machte	meinte	fragte	spielte	kaufte	studierte
du	machtest	meintest	fragtest	spieltest	kauftest	studiertest
wir + sie + Sie	machten	meinten	fragten	spielten	kauften	studierten
ihr	machtet	meintet	fragtet	spieltet	kauftet	studiertet

5. Simple past tense: Irregular (strong) verb endings

ich + er/sie/es	--
du	-st
wir + sie + Sie	-en
ihr	-t

6. Simple past tense: selection of irregular (strong) verbs grouped according to stem vowel change

Infinitive	**ich + er/sie/es**	**du**	**wir + sie + Sie**	**ihr**	**participle**
bleiben	blieb	bliebst	blieben	bliebt	**geblieben**
schreiben	schrieb	schriebst	schrieben	schriebt	**geschrieben**
fliegen	flog	flogst	flogen	flogt	**geflogen**
verlieren	verlor	verlorst	verloren	verlort	**verloren**
ziehen	zog	zogst	zogen	zogt	**gezogen**
finden*	fand	fandst	fanden	fandet	**gefunden**
schwimmen	schwamm	schwammst	schwammen	schwammt	**geschwommen**
trinken	trank	trankst	tranken	trankt	**getrunken**
helfen	half	halfst	halfen	halft	**geholfen**
kommen	kam	kamst	kamen	kamt	**gekommen**
nehmen	nahm	nahmst	nahmen	nahmt	**genommen**
sterben	starb	starbst	starben	starbt	**gestorben**
essen	aß	aßt	aßen	aßt	**gegessen**
geben	gab	gabst	gaben	gabt	**gegeben**
lesen	las	las(e)t	lasen	last	**gelesen**
einladen	lud ein	lud(e)st ein	luden ein	ludet ein	**eingeladen**
fahren	fuhr	fuhrst	fuhren	fuhrt	**gefahren**
tragen	trug	trugst	trugen	trugt	**getragen**
fangen	fing	fingst	fingen	fingt	**gefangen**
gehen	ging	gingst	gingen	gingt	**gegangen**
laufen	lief	liefst	liefen	lieft	**gelaufen**
rufen	rief	riefst	riefen	rieft	**gerufen**
schlafen	schlief	schliefst	schliefen	schlieft	**geschlafen**

*In the 'ihr' form, add an -e between the d_t (fandet)

7. Simple past tense: Mixed verbs

	wissen gewusst	kennen gekannt	denken gedacht	bringen gebracht	nennen* genannt	mögen** gemocht	tun*** getan
ich + er/sie/es	wusste	kannte	dachte	brachte	nannte	mochte	tat
du	wusstest	kanntest	dachtest	brachtest	nanntest	mochtest	tat(e)st
wir + sie + Sie	wussten	kannten	dachten	brachten	nannten	mochten	taten
ihr	wusstet	kanntet	dachtet	brachtet	nanntet	mochtet	tatet

*also *brennen* and *rennen*

**mögen* is a modal verb but has both a stem-vowel and a consonant change

***tun* only partially fits the profile of a mixed verb

8. Present perfect: Regular, irregular and mixed verbs

Infinitives	Regular -t or -et (no vowel change)	Irregular -en (pos. vowel change)	Mixed -t (pos. vowel change)
spielen	gespielt		
arbeiten	gearbeitet		
aufmachen	aufgemacht		
besuchen	besucht		
lesen		gelesen	
treffen		getroffen	
anfangen		angefangen	
erziehen		erzogen	
kennen			gekannt
denken			gedacht
mitbringen			mitgebracht

9. Present and past tense: *Haben*, *sein* and *werden*

	haben	sein	werden
ich	habe ~ hatte	bin ~ war	werde ~ wurde
du	hast ~ hattest	bist ~ warst	wirst ~ wurdest
er, sie, es	hat ~ hatte	ist ~ war	wird ~ wurde
wir	haben ~ hatten	sind ~ waren	werden ~ wurden
ihr	habt ~ hattet	seid ~ wart	werdet ~ wurdet
Sie/sie	haben ~ hatten	sind ~ waren	werden ~ wurden

10. Auxiliary *haben* or *sein* with participles

Haben	Sein
transitive verbs (take an object) sehen: Er hat den Film gesehen. kaufen: Sie hat die DVD gekauft.	**intransitive verbs (no object)** gehen: Er ist schon gegangen. ankommen: Der Zug ist angekommen.
no change in position or condition fahren: Er hat den Mietwagen gefahren. schlafen: Sie hat sehr lange geschlafen.	**change in position or condition** fahren: Er ist nach Berlin gefahren. einschlafen: Sie ist schnell eingeschlafen. sterben: Wann ist er gestorben?
all modals and regular verbs wollen: Wie lange hast du das gewollt? warten: Wir haben eine Ewigkeit gewartet!	**exceptions** sein: Sie ist neulich in Köln gewesen. passieren: Wann ist das passiert? bleiben: Sie ist zu Hause geblieben.

11. Principal parts of irregular and mixed verbs (alphabetical list). Present and simple past tense are given for 3rd person singular (*er, sie, es*). Verbs that have a stem-vowel change in the 2nd and 3rd person present tense are bolded. Verbs that require *sein* in the present perfect (with the participle) are indicated with a (*ist*). Verbs that can take either *haben* or *sein* are indicated with (*ist/hat*).

Infinitive	Present	Simple past	Participle	Translation
backen	backt	backte*	gebacken	*to bake*
befehlen	**befiehlt**	befahl	befohlen	*to order*
beginnen	beginnt	begann	begonnen	*to begin*
beißen	beißt	biss	gebissen	*to bite*
biegen	biegt	bog	gebogen	*to bend*
bieten	bietet	bot	geboten	*to offer*
binden	bindet	band	gebunden	*to tie or bind*
bitten	bittet	bat	gebeten	*to request*
blasen	**bläst**	blies	geblasen	*to blow*
bleiben	bleibt	blieb	geblieben (ist)	*to stay*
brechen	**bricht**	brach	gebrochen	*to break*
brennen	brennt	brannte	gebrannt	*to burn*
bringen	bringt	brachte	gebracht	*to bring*
denken	denkt	dachte	gedacht	*to think*
empfangen	**empfängt**	empfing	empfangen	*to receive*
empfehlen	**empfiehlt**	empfahl	empfohlen	*to recommend*
empfinden	empfindet	empfand	empfunden	*to feel or sense*
erschrecken	**erschrickt**	erschrak	erschrocken	*to scare*
essen	**isst**	aß	gegessen	*to eat*
fahren	**fährt**	fuhr	gefahren (ist/hat)	*to drive*
fallen	**fällt**	fiel	gefallen (ist)	*to fall*
fangen	**fängt**	fing	gefangen	*to catch*
finden	findet	fand	gefunden	*to find*
fliegen	fliegt	flog	geflogen (ist/hat)	*to fly*
fliehen	flieht	floh	geflohen (ist/)	*to flee*
fließen	fließt	floss	geflossen (ist)	*to flow*
fressen	**frisst**	fraß	gefressen	*to eat or devour*
frieren	friert	fror	geforen (ist/hat)	*to freeze*
gebären	**gebiert/gebärt**	gebar	geboren	*to bear or give birth*
geben	**gibt**	gab	gegeben	*to give*
gehen	geht	ging	gegangen (ist)	*to go*
gelingen	gelingt	gelang	gelungen (ist)	*to succeed*
gelten	**gilt**	galt	gegolten	*to count or apply*
genießen	genießt	genoss	genossen	*to enjoy*
geschehen	**geschieht**	geschah	geschehen (ist)	*to happen*
gewinnen	gewinnt	gewann	gewonnnen	*to win*
gießen	gießt	goss	gegossen	*to pour*
gleichen	gleicht	glich	geglichen	*to resemble*
gleiten	gleitet	glitt	geglitten (ist)	*to slide*
graben	**gräbt**	grub	gegraben	*to dig or burrow*
greifen	greift	griff	gegriffen	*to grab or grasp*
halten	**hält**	hielt	gehalten	*to hold*
hängen	hängt	hing	gehangen	*to hang*

*Buk is an older past tense form of *backen*. Note that the participle still has the -en ending we expect of irregular verbs even though its past tense form is now *backte*.

Infinitive	Present	Simple past	Participle	Translation
heben	hebt	hob	gehoben	*to raise*
heißen	heißt	hieß	geheißen	*to be called*
helfen	**hilft**	half	geholfen	*to help*
klingen	klingt	klang	geklungen	*to sound*
kommen	kommt	kam	gekommen	*to come*
kriechen	kriecht	kroch	gekrochen (ist)	*to creep or crawl*
laden	**lädt**	lud	geladen	*to load*
lassen	**lässt**	ließ	gelassen	*to leave, let, or allow*
laufen	**läuft**	lief	gelaufen (ist)	*to run*
leiden	leidet	litt	gelitten	*to suffer*
leihen	leiht	lieh	geliehen	*to loan or lend*
lesen	liest	las	gelesen	*to read*
liegen	liegt	lag	gelegen	*to lay, place, or put*
lügen	lügt	log	gelogen	*to lie, to tell a lie*
meiden	meidet	mied	gemieden	*to avoid*
messen	**misst**	maß	gemessen	*to measure*
misslingen	misslingt	misslang	misslungen (ist)	*to fail*
nehmen	**nimmt**	nahm	genommen	*to take*
pfeifen	pfeift	pfiff	gepfiffen	*to whistle*
raten	**rät**	riet	geraten	*to advise*
reiben	reibt	rieb	gerieben	*to rub*
reißen	reißt	riss	gerissen	*to crack or rip*
reiten	reitet	ritt	geritten (ist/hat)	*to ride*
riechen	riecht	roch	gerochen	*to smell*
ringen	ringt	rang	gerungen	*to wrestle*
rufen	ruft	rief	gerufen	*to call*
saufen	**säuft**	soff	gesoffen	*to guzzle, drink alcohol (sl)*
scheiden	scheidet	schied	geschieden (ist/hat)	*to divide or part*
scheinen	scheint	schien	geschienen	*to appear*
schieben	schiebt	schob	geschoben	*to push*
schießen	schießt	schoss	geschossen	*to shoot*
schlafen	**schläft**	schlief	geschlafen	*to sleep*
schlagen	**schlägt**	schlug	geschlagen (ist/hat)	*to hit*
schleichen	schleicht	schlich	geschlichen (ist)	*to sneek or creep*
schließen	schließt	schloss	geschlossen	*to close*
schmeißen	schmeißt	schmiss	geschmissen	*to throw or fling (sl)*
schmelzen	**schmilzt**	schmolz	geschmolzen (ist)	*to melt*
schneiden	schneidet	schnitt	geschnitten	*to cut*
schreiben	schreibt	schrieb	geschrieben	*to write*
schreien	schreit	schrie	geschrieen	*to yell or cry out*
schweigen	schweigt	schwieg	geschwiegen	*to be silent or to silence*
schwimmen	schwimmt	schwamm	geschwommen (ist/hat)	*to swim*
schwingen	schwingt	schwang	geschwungen (ist/hat)	*to swing or sway*
schwören	schwört	schwor	geschworen	*to swear or vow*
sehen	**sieht**	sah	gesehen	*to see*
singen	singt	sang	gesungen	*to sing*
sinken	sinkt	sank	gesunken (ist)	*to sink or drop*
sitzen	sitzt	saß	gesessen	*to sit*

Infinitive	Present	Simple past	Participle	Translation
sprechen	**spricht**	sprach	gesprochen	*to speak*
springen	springt	sprang	gesprungen (ist)	*to jump*
stechen	**sticht**	stoch	gestochen	*to sting*
stehen	steht	stand	gestanden	*to stand*
stehlen	**stiehlt**	stahl	gestohlen	*to steal*
steigen	steigt	stieg	gestiegen (ist)	*to climb or rise*
sterben	**stirbt**	starb	gestorben (ist)	*to die*
stinken	stinkt	stank	gestunken	*to reek or stink*
stoßen	**stößt**	stieß	gestoßen (ist/hat)	*to poke or push*
streichen	streicht	strich	gestrichen (hat)	*to cancel or paint*
streiten	streitet	stritt	gestritten	*to argue*
tragen	**trägt**	trug	getragen	*to wear or carry*
treffen	**trifft**	traf	getroffen	*to meet*
treiben	treibt	trieb	getrieben (ist/hat)	*to drive, impel or float*
treten	**tritt**	trat	getreten (ist/hat)	*to step or kick*
trinken	trinkt	trank	getrunken	*to drink*
tun	tut	tat	getan	*to do*
verderben	**verdirbt**	verdarb	verdorben (ist/hat)	*to spoil or decay*
vergessen	**vergisst**	vergaß	vergessen	*to forget*
verlieren	verliert	verlor	verloren	*to lose*
wachsen	**wächst**	wuchs	gewachsen (ist)	*to grow*
waschen	**wäscht**	wusch	gewaschen	*to wash*
werben	**wirbt**	warb	geworben	*to advertise or recruit*
werden	**wird**	wurde	geworden (ist)	*to become*
werfen	**wirft**	warf	geworfen	*to throw*
wiegen	wiegt	wog	gewogen	*to weigh*
winden	windet	wand	gewunden	*to twist or wind*
wissen	**weiß**	wusste	gewusst	*to know*
ziehen	zieht	zog	gezogen	*to pull*
zwingen	zwingt	zwang	gezwungen	*to force*

12. Commands

	du (informal sg.)	ihr (informal pl.)	Sie (formal sg./pl.)
Endings	--	-t	-en (+ Sie)
Stem vowel changing verb	nimm trag	nehmt tragt	nehmen Sie tragen Sie
Non-stem vowel changing verb	geh übe/üb	geht übt	gehen Sie üben Sie
Reflexive verb	beeil dich	beeilt euch	beeilen Sie sich
Separable verb	fahr los	fahrt los	fahren Sie los

13. Future

	Werden + infinitive
ich	Ich werde mitkommen.
du	Wirst du eines Tages heiraten?
er, sie, es	Sie wird sehr überrascht sein!
wir	Wann werden wir grillen?
ihr	Ihr werdet viel Spaß haben!
Sie, sie	Werden sie auch nach Bonn reisen?

14. Passive

Werden + participle	
Present (Präsens)	wird/werden gemacht *is/are being done*
Simple past (Präteritum)	wurde/wurden gemacht *was/were done*
Present perfect (Perfekt)	ist/sind gemacht worden *has/have been done*
Past perfect (Plusquamperfekt)	war/waren gemacht worden *had/have been done*
Future (Futur)	wird/werden gemacht werden *will be done*
Modal Verbs	
Present (Präsens)	muss/müssen gemacht werden *has/have to be done*
Simple past (Präteritum)	muss/musste gemacht *had to be done*

15. Subjunctive II with *würden* + infinitive

	Würden + infinitive
ich	Ich würde gern mitkommen.
du	Würdest du mir helfen?
er, sie, es	Sie würde das bestimmt genießen!
wir	Wir würden gern ein neues Auto kaufen.
ihr	Würdet ihr euch bitte hinsetzen?
Sie, sie	Das würden Sie überhaupt nicht glauben!

16. High frequency verbs in subjunctive II

Infinitive	**Simple past**	**Subjunctive II**
denken	dachte	dächte
gehen	ging	ginge
haben	hatte	hätte
kommen	kam	käme
sein	war	wäre
wissen	wusste	wüsste
wünschen	wünschte	wünschte

17. Modal verbs in subjunctive II

Infinitive	Simple past	Subjunctive II
dürfen	durfte	dürfte
können	konnte	könnte
mögen	mochte	möchte
müssen	musste	müsste
wollen	wollte	wollte
sollen	wollte	sollte

18. Past tense subjunctive II of *haben* and *sein*

Infinitive	Simple past	Past perfect	Subjunctive II
haben	hatte	hatte gehabt	hätte gehabt
sein	war	war gewesen	wäre gewesen

19. Subjunctive I (indirect speech)

Infinitive	Present (3rd person)	Subjunctive I (3rd person)
denken	denkt	denke
finden	findet	finde
gehen	geht	gehe
glauben	glaubt	glaube
kommen	kommt	komme
sprechen	spricht	spreche
wissen	weiß	wisse

20. *Haben*, *sein*, and modal verbs in subjunctive I

Infinitive	Present (3rd person)	Subjunctive I (3rd person)
haben	hat	habe
sein	ist	sei
dürfen	darf	dürfe
können	kann	könne
mögen	mag	möge
müssen	muss	müsse
wollen	will	wolle
sollen	soll	solle

Glossary

Slang: Slang words are indicated with the notation (sl). If the word has both slang and non-slang meanings, then the English definition corresponding to the German slang usage is indicated with (sl).

Verbs: Principal parts are given for irregular and mixed verbs. The 3rd person singular is given for stem-vowel changing verbs. The abbreviation (h/s) indicates that either *haben* or *sein* can be used as the auxiliary verb with the participle. For example, for the verb *abfahren (fährt ab, fuhr ab, ist abgefahren)*, you see the infinitive followed by the 3rd person

present tense, 3rd person simple past tense, and the participle. Reflexive verbs are preceded by (sich). The preposition has been provided for verbs requiring a specific preposition.

Nouns: Noun plurals directly follow each noun. No plural marking means that the noun occurs only in the singular (e.g., *das Gepäck*). Nouns typically occuring only in the plural are indicated with (pl.). Anomalistic plurals are given in their entirety. Try to notice the plural forms and look for patterns to help you remember them. What follows are examples of possible plural forms in German:

Singular with Plural Notation	Plural Form	Change
das Vertrauen	----------------	no plural
der Schalter, -	die Schalter	no change
der Vater, ¨	die Väter	umlaut
der Eindruck, -¨e	die Eindrücke	umlaut + e
das Gesetz, -e	die Gesetze	+ e
das Fachwerkhaus, -¨er	die Fachwerkhäuser	umlaut + er
die Schaufel, -n	die Schaufeln	+ n
die Flucht, -en	die Fluchten	+ en
das Verhältnis, -nisse	die Verhältnisse	+ nisse
die Freundin, -innen	die Freundinnen	+ innen
der Cousin, -s	die Cousins	+ s
das Praktikum, die Praktika	die Praktika	anomaly
die Villa, die Villen	die Villen	anomaly

A

abbrechen (bricht ab, brach ab, hat abgebrochen) — *to call off; abort*

das **Abenteuer**, - — *adventure*

abenteuerlich — *adventurous (things)*

abenteuerlustig — *adventurous (people)*

abfahren (fährt ab, fuhr ab, ist abgefahren) — *to depart*

abfällig — *condescending*

abgewetzt — *worn out*

abhaken — *to check off*

abhängig — *dependent*

die **Abhängigkeit**, -en — *dependency*

abhauen (sl.) — *to take off; scram*

das **Abitur** — *final secondary-school exam*

(sich) **abregen** — *to calm down*

die **Abreise**, -n — *departure*

absahnen (sl.) — *to get money (lit. skim the cream)*

abschreiben (schrieb ab, hat abgeschrieben) — *to transcribe; copy*

die **Absicht**, -en — *purpose; intention*

der **Abt**, -¨e — *abbot (superior of an abbey)*

das **Abteil**, -e — *cabin; compartment*

der **Abtransport**, -e — *evacuation; removal*

der **Abverkauf**, -¨e — *sale*

die **Abwesenheit**, -en — *absence*

achten — *to respect; regard*

adoptieren — *to adopt*

adoptiert — *adopted*

abschließen (schloss ab, hat abgeschlossen) — *to complete; finish; lock*

abschneiden (schnitt ab, hat abgeschnitten) — *to cut off*

abziehen (zog ab, hat abgezogen) — *to copy; mimeograph*

die **Ahnung**, -en — *idea*

die **Aktiengesellschaft** (AG) , -en — *stock holding company*

albern — *silly*

das **All** — *universe; space*

allerschickst (+ adj. ending) — *fanciest; most chic*

die **Alm**, -en — *alpine pasture*

die **Amis** (sl.) — *Americans*

die **Anarchie**, -n — *anarchy*

anerkannt — *recognized*

die **Anerkennung-**, en — *recognition; approval*

anfallen (fällt an, fiel an, ist angefallen) — *to occur*

angeben (gibt an, gab an, hat angegeben)	*to report*	**auffressen** (frisst auf, fraß auf, hat aufgefressen)	*to eat up; erode; behave badly (sl.)*
angeblich	*supposedly*	die **Aufgabe, -n**	*duty; job; chore*
angehen (ging an, h/s angegangen)	*to concern*	**aufgehoben**	*taken care of*
angemessen	*adequate; decent*	**aufgeklärt**	*enlightened*
die **Anglistik**	*English ; English studies*	**aufgeregt**	*excited, nervous*
angreifen (griff an, hat angegriffen)	*to attack*	**aufgesetzt**	*insincere; hypocritical*
der **Angriff, -e**	*attack*	die **Aufmerksamkeit, -en**	*attention*
angucken (sl.)	*to have a look at*	**aufmucken** (sl.)	*to rebel; protest*
der **Anhänger, -**	*follower; trailer (e.g., on a truck)*	die **Aufnahmeprüfung, -en**	*admission test*
die **Anhängerschaft, -en**	*followers*	**aufpassen**	*to pay attention*
ankommen (kam an, ist angekommen)	*to arrive*	(sich) **aufregen**	*to get excited or worked up*
die **Anlage, -n**	*grounds; park*	**aufregend**	*exciting*
anlügen (log an, hat angelogen)	*to lie to*	die **Aufregung, -en**	*excitement*
die **Anmaßung, -en**	*presumption*	das **Ausrufezeichen, -**	*exclamation mark*
(sich) **anmelden**	*to register*	**auftauchen**	*to show up*
anpassen	*to adapt or conform*	**aufstehen** (stand auf, ist aufgestanden)	*to stand up*
die **Anpassung, -en**	*adaptation; conformance*	**auftauchen**	*to show up; appear*
die **Anrede, -n**	*salutation, greeting*	**aufwachsen** (wächst auf, wuchs auf, ist aufgewachsen)	*to grow up*
anrichten	*to wreak*	die **Aula, Aulen**	*auditorium*
anrufen (rief an, hat angerufen)	*to call (e.g., on the phone)*	die **Ausbeutung, -en**	*exploitation*
der **Ansatz, -¨e**	*approach*	die **Ausbildung, -en**	*formal education; training*
anschießen (schießt an, schoss an, hat angeschossen)	*to shoot non-fatally*	**ausbrechen** (bricht aus, brach aus, ist ausgebrochen)	*to break out*
anschreien (schrie an, hat angeschrieen)	*to yell at*	der **Ausbruch, -¨e**	*break out*
der **Anspruch, -¨e**	*claim; right*	die **Auseinandersetzung, -en**	*conflict*
der **Anstand**	*decency*	**auseinanderstieben**	*to disperse*
anstarren	*to stare at*	**ausfressen** (sl.) (frisst aus, fraß aus, hat ausgefressen)	*to plan a prank; be mischievous*
anstreichen (strich an, hat angestrichen)	*to paint*	**ausgerechnet**	*of all things*
anstrengend	*strenuous; exhausting*	**ausgeschlossen**	*impossible (exclamation)*
der **Anteil, -e**	*percentage*	**ausgestoßen** (participle of ausstoßen)	*expelled*
der **Antrag, -¨e**	*request; proposal*	der **Ausgleich, -e**	*compensation*
antworten	*to answer*	**ausharren**	*to wait*
das **Anwerbeabkommen**	*recruitment agreement*	**ausmachen**	*to turn off*
anwerben (wirbt an, warb an, hat angeworben)	*to recruit*	die **Aussage , -n**	*statement*
(sich) **anziehen**	*to put on*	**ausschalten**	*to turn off*
die **Arbeit, -en**	*work; employment*	**ausscheiden** (schied aus, h/s ausgeschieden)	*to eliminate*
die **Arbeitersiedlung, -en**	*workers' living quarters*	**ausschließen** (schloss aus, hat ausgeschlossen)	*to exclude*
der **Arbeitgeber, -** / die **Arbeitgeberin, -innen**	*employer*	**aussehen** (sieht aus, sah aus, hat ausgesehen)	*to look like*
arbeitslos	*unemployed*	**ausspähen**	*to spy; scout; explore*
die **Arbeitslosigkeit, -en**	*unemployment*	**aussteigen** (stieg aus, ist ausgestiegen)	*to get off*
die **Archäologie**	*archaeology*	**ausrauben**	*to rob*
der **Ärger**	*trouble; annoyance*	**ausräumen**	*to clean out; empty*
der **Arzt, -¨e** / die **Ärztin, -innen**	*doctor*	**auslassen** (lässt aus, ließ aus, hat ausgelassen)	*to omit; leave out*
der **Atem**	*breath*	**auslösen**	*to be triggered*
atmen	*to breathe*	**ausreisen**	*to leave the country*
das **Atomkraftwerk, -e**	*nuclear power plant*	(sich) **ausruhen**	*to rest*
aufbauen	*to build up*	der/die **Aussätzige, -n**	*leper*
		außer	*except*

der **Außerirdische**, -n	*alien*
außer Kontrolle geraten	*to get out of control*
die **Äußerung**, -en	*utterance*
aussichtslos	*unpromising*
austauschen	*to exchange opinions*
ausüben	*to practice (e.g., a religion)*
die **Auswirkung**,-en	*effect; impact*
der **Auszug**, -"e	*excerpt*
die **Autokratie**, -n	*autocracy*

B, C

der **Bahnhof**, -"e	*train station*
der **Bahnsteig**, -e	*platform*
bald	*soon*
der **Balkon**, -e	*balcony*
das **Ballungszentrum**, -zentren	*population center*
die **Balustrade**	*railing; banister*
basteln	*to tinker; to do crafts*
der/die **Beamte**, -n	*official; civil servant*
beantragen	*to apply*
beatmen	*to artificially respirate*
das **Beatmungsgerät**, -e	*respirator*
bedauern	*to regret*
bedeuten	*to mean*
bedeutend	*prominent; major; important*
bedrohen	*to threaten*
bedrücken	*to bother*
das **Bedürfnis**, -nisse	*needs*
(sich) **beeilen**	*to hurry*
beeindruckt	*impressed*
beeinflussen	*to influence*
der **Befehl**, -e	*command*
befehlen (befiehlt, befahl, hat befohlen)	*to command; order*
die **Befreiungstat**, -en	*act of liberation*
die **Befriedigung**, -en	*satisfaction*
begegnen	*to run into; encounter*
(sich) **begeistern** (für)	*to be enthusiastic (about)*
begeistert	*enthusiastic*
der **Begriff**, -e	*term; concept*
die **Behäbigkeit**	*slower-paced atmosphere*
behandeln	*to treat; deal with*
behaupten	*to maintain*
beherrschen	*to master*
beide	*both*
beinhalten (beinhält, beinhielt, hat beinhaltet)	*to contain*
das **Beil**, -e	*ax*
beinahe	*almost*
beneiden	*to envy*
beitragen (trägt bei, trug bei, hat beigetragen)	*to contribute*
beitreten (tritt bei, trat bei, ist beigetreten)	*to join*
bekämpfen	*to fight; battle*
bekannt	*well known*
das **Bekennerschreiben**, -	*claim of responsibility*
die **Belastung**, -en	*burden*

beleidigt	*offended*
belügen (belog, hat belogen)	*to tell a lie*
bemerken	*to notice*
beneiden	*to envy*
benötigen	*to need*
beobachten	*to observe*
der **Bereich**, -e	*area; field; domain*
bereuen	*to regret*
berichten	*to report*
berücksichtigen	*to consider*
der **Beruf**, -e	*career; profession*
der **Berufsbürgermeister**	*career mayor (not elected)*
berühmt	*famous*
berühren	*to touch*
die **Besatzung**, -en	*occupation (e.g., of a country)*
der **Besatzungssoldat**, -en	*occupation soldier*
beschäftigen	*to occupy*
beschäftigt	*busy; occupied*
die **Bescherung**	*Christmas Eve gift giving; a mess (sl.)*
bescheuert (sl.)	*stupid; idiotic*
beschließen (beschloss, hat beschlossen)	*to decide*
(sich) **beschweren**	*to complain*
besetzen	*to occupy*
die **Besetzung**, -en	*occupation*
beschädigt	*damaged*
beschimpfen	*to insult*
besichtigen	*to visit; see*
der **Besitz**	*possession; ownership*
besitzen, (besaß, hat besessen)	*to own*
besonnen	*level-headed; calm; adjusted*
besorgen	*to organize; to obtain*
besorgt	*anxious; worried*
die **Besprechung**, -en	*meeting*
bestehen (bestand, hat bestanden)	*to insist*
die **Bestellung**, -en	*order*
bestrafen	*to punish*
beteiligt	*involved*
der **Betonbau**, -ten *c*	*concrete building*
der **Betriebswirtschaft**	*business administration*
betrübt	*saddened*
der **Beutel**, -	*bag*
die **Bevölkerungszahl**, -en	*population*
bevorstehen (stand bevor; h/s bevorgestanden)	*to be in store for; to impend*
bewaffnet	*armed*
bewahren	*to preserve*
bewältigen	*to overcome*
(sich) **bewegen**	*to move*
die **Bewegung**, -en	*movement*
der **Beweis**, -e	*proof*
der **Bewerb** (Swiss German)	*competition*
(sich) **bewerben** (um)	*to apply (for)*
bewusst	*indicated; deliberate*

bezaubernd	enchanting; captivating	der **Depp, -en** (sl.)	idiot
die **Beziehung, -en**	relationship	desinteressiert	disinterested
der **Beziehungsfilm, -e**	relationship movie	der **Deutsche** (die **Deutsche,**	the German
bieten (bot, hat geboten)	to offer	die **Deutschen**)	
die **Bildung, -en**	education; development	der **Diamant, -en**	diamond
das **Bildungssystem, -e**	educational system	der **Dickschädel, -**	stubborn person
billig	inexpensive	der **Diebstahl, -¨e**	theft
binnen	within	der **Dienstleistungssektor, -en**	service sector
die **Biologie**	biology	die **Dienstreise, -n**	business trip
bisher	up to now; until this point	die **Diktatur, -en**	dictatorship
der **Blasebalg, -¨e (-¨er)**	bellows	die **Diktator, -en**	dictator
blasen (blies, hat geblasen)	to blow	die **Disziplin, -en**	discipline
der **Blick, -e**	expression; look	dolmetschen	to interpret
der **Blitz, -e**	lightning	der **Dom, -e**	cathedral
der **Blödsinn**	nonsense	der **Donner, -**	thunder
der **Boden, -¨**	floor	die **Donnerbüchse, -n**	blunderbuss
der **Bohnenkaffee**	real coffee (from coffee beans)	das **Dorf, -¨er**	village; small town
böse	bad; wicked	der **Drang**	drive; impulse; urge
die **Botschaft, -en**	message	drängen	to crowd or push; thrust into
der **Brand, -¨e**	burning; fire	drangsalieren	to harass; bully
brechen (bricht, brach,	to break; collapse	der **Dreck**	dirt; filth
hat gebrochen)		drehen	to film
bremsen	to brake	der **Drilling, -e**	triplet
die **Brieftaube, -n**	carrier pigeon	drohen	to threaten
der **Briefumschlag, -¨e**	envelope	dröhnen	to hum; drone
die **Brücke, -n**	bridge	die **Droschke, -n** (archaic)	taxi cab (horsedrawn)
der **Bruder, -¨**	brother	der **Drückeberger, -**	coward
die **Bruderschaft, -en**	fraternity	das **Duett, -e**	duet
brüllen	to bark	durchgedreht	crazy
buchstäblich	literally	der **Durchschnitt, -e**	average
der **Buhmann, -¨er**	bogeyman	durchsetzen	to apply; enforce
die **Bullen** (sl.)	the cops ("pigs")	durchwinken	to wave through
bummeln	to stroll	durchwühlen	to rummage through
der **Bundeskanzler, -** /	federal chancellor	(sich) **duschen**	to shower
die **Bundeskanzlerin, -innen**		das **Dutzend, -e**	dozen
der **Bundestag**	parliament		
bürgerlich	middle class	**E**	
der **Bürgerrechtler, -**	civil rights activist	echt	really
der **Bursche, -n**	young man; lad	egal	equal; same; make no difference
chaotisch	chaotic	die **Ehe, -n**	marriage
der **Cousin, -s**	male cousin	die **Ehefrau, -en**	wife
		ehemalig	former
D		der **Ehemann, -¨er**	husband
damals	back then	die **Ehrlichkeit**	honesty
dämlich (sl.)	stupid; silly	eigenbrötlerisch	eccentric; strange
der **Dampfhammer, -**	steam shovel	die **Eigenschaft, -en**	characteristic
danken	to thank	**einbrechen** (bricht ein,	to break into
darstellen	to portray; depict; represent	brach ein, ist eingebrochen)	
die **Darstellung, -en**	portrayal; representation	der **Eindruck, -¨e**	impression
die **Datsche, -n** (East Ger.)	weekend cottage	das **Einfamilienhaus, -¨er**	single-family residence
die **Dauer**	period of time; duration	der **Einfluss, -¨e**	influence
dauern	to take	einführen	to introduce
daherstürmen	to storm on	die **Einführung, -en**	introduction
das **Dasein**	presence; being	einheitlich	uniform
davonstürzen	to run away; to bolt	**einladen** (lädt ein, lud ein,	to invite
die **DDR-Flagge**	East German flag	hat eingeladen)	
dekorieren	to decorate	die **Einladung, -en**	invitation
demütigen	to humiliate	die **Einnahme, -n**	receipt; income; revenue
das **Denkmal, -¨er**	historical monument	einrichten	to decorate; to furnish

einrücken	*to draft*
einsam	*lonely*
einschließen (schloss ein, hat eingeschlossen)	*to lock*
einsetzen	*to apply; utilize; bring into action*
einsperren	*to imprison*
einsteigen (stieg ein, ist eingestiegen)	*to get in; board*
(sich) **eintragen** (trägt ein, trug ein, hat eingetragen)	*to register*
der **Einwand**, -ˮe	*objection*
der **Einwanderer**, -	*immigrant*
die **Einwanderung**, -en	*immigration*
das **Einwanderungsland**, -ˮer	*immigration country*
einweihen	*to dedicate*
einwerfen (wirft ein, warf ein, hat eingeworfen)	*to insert; mail (e.g., a letter)*
die **Einwohner** (pl.)	*residents*
der **Einzeltäter**, -	*sole offender*
der **Eklat**, -s	*commotion; uproar; scandal*
eklig	*disgusting; icky*
die **Elektrotechnik**	*electrical engineering*
die **Ellbogenmentalität**	*competitive mindset*
das **Elsass**	*Alsace*
elternlos	*parentless; orphaned*
der **Empfang**, -ˮe	*reception*
empfangen (empfing, hat empfangen)	*to receive*
empfehlen (empfiehlt, emphahl, hat empfohlen)	*to recommend*
die **Empore**, -n	*gallery*
endgültig	*ultimate; final*
das **Enkelkind**, -er	*grandchild*
die **Enkeltochter**, -ˮ	*granddaughter*
der **Enkelsohn**, -ˮe	*grandson*
entdecken	*to discover*
entfalten	*to reveal*
die **Entfernung**, -en	*distance*
entführen	*to kidnap; abduct*
erfüllen	*to fulfill*
(sich) **engagieren**	*to get involved*
entgeistert	*shocked; aghast*
enthalten (enthält, enthielt, hat enthalten)	*to contain; to hold*
(sich) **enthalten** (enthält, enthielt, hat enthalten)	*to abstain*
enthaupten	*to behead*
entlang	*along*
entlassen (entlässt, entließ, hat entlassen)	*to release*
die **Entschädigung**, -en	*indemnity*
(sich) **entscheiden** (entschied, hat entschieden)	*to decide*
entscheidend	*decisive*
entschließen (entschloss, hat entschlossen)	*to decide*
entschlossen	*determined*
(sich) **entschuldigen**	*to apologize*
entsetzt	*terrified*
(sich) **entspannen**	*to relax; unwind*
entspannt	*relaxed*
entspringen (entsprang, ist entsprungen)	*to originate; have as its source*
entstehen (entstand, ist entstanden)	*to start up; emerge; develop*
die **Entstehung**, -en	*emergence; origin; development*
enttäuschen	*to disappoint*
entweder/oder	*either/or*
entwerfen (entwirft, entwarf, hat entworfen)	*to design*
entwickeln	*to develop*
erblühen	*to bloom*
(sich) **erdreisten**	*to presume*
das **Ereignis**, -nisse	*event*
erfahren (erfährt, erfuhr, hat erfahren)	*to find out; to learn*
erfinden (erfand, hat erfunden)	*to invent*
der **Erfolg**, -e	*success*
erfüllen	*to fulfill or achieve*
erhängen	*to hang (e.g., a person)*
erhalten (erhält, erhielt, hat erhalten)	*to receive*
(sich) **erinnern** (an)	*to remember*
die **Erinnerung**, -en	*memory*
(sich) **erkälten**	*to catch a cold*
erkennen (erkannte, hat erkannt)	*to recognize*
erklären	*to explain*
erleichtert	*relieved*
ermorden	*to murder*
ernst	*serious*
erpressen	*to blackmail*
der **Erpresser**, -	*blackmailer*
erregt	*agitated*
der **Ersatzvater**, -ˮ	*substitute father*
ersetzen	*to replace; subsitute*
ersparen	*to spare*
erwähnen	*to mention*
erwischen	*to capture*
erzählen	*to tell; narrate*
der **Erziehungsberechtigte**, -n	*legal guardian*

F

die **Fabrik**, -en	*factory*
das **Fach**, -ˮer	*subject; academic area of study*
die **Fachhochschule**, -n	*technical college*
der **Fahrschein**, -e	*ticket*
das **Fachwerkhaus**, -ˮer	*half-timbered house*
fähig	*capable*
die **Fähigkeit**, -en	*skill*
die **Fähre**, -n	*ferry*
das **Fall**, -ˮe	*case*
die **Falle**, -n	*trap*
das **Fallschirmspringen**	*skydiving*
falten	*to fold*
der **Familiensinn**	*family values*

das **Faultier, -e**	*sloth*
das **Faustrecht**	*law of the jungle; rule of force*
die **Fee, -n**	*fairy*
fehlen	*to be missing or lacking*
der **Fehler, -**	*mistake*
feige	*cowardly*
der **Feind, -e /**	*enemy*
die **Feindin, -innen**	
der **Feldwebel, -**	*sergeant*
das **Fell, -e**	*fur*
das **Fenster, -**	*window*
die **Fensterscheibe, -n**	*window pane*
die **Ferien** (pl.)	*vacation; holiday*
ferngesteuert	*remote controlled*
das **Fernsehen**	*watching TV*
der **Fernseher, -**	*television*
der **Fernsehmonteur, -e**	*TV engineer*
der **Fernsehturm, -̈e**	*television tower*
festnehmen (nimmt fest,	*to arrest*
nahm fest, hat festgenommen)	
die **Feststellung, -en**	*statement; finding*
das **Filmmaterial, -ien**	*film footage*
der **Fingerabdruck, -̈e**	*fingerprint*
der **Fingerzeig, -e**	*hint; point*
die **Firma, Firmen**	*business; company*
die **Fläche, -n**	*area; surface*
die **Flasche, -n**	*bottle*
die **Flausen** (pl., sl.)	*nonsense*
fliehen (floh, ist geflohen)	*to flee; escape*
die **Flitterwochen** (pl.)	*honeymoon*
die **Flucht**	*escape*
das **Flugblatt, -̈er**	*flyer; leaflet*
flüssig	*fluid; fluent*
die **Folge, -n**	*consequence*
folgen	*to follow*
foltern	*to torture*
fordern	*to demand*
fördern	*to promote; advance*
der **Förderturm, -̈e**	*shaft tower*
die **Forderung, -en**	*demand*
die **Formveränderung, -en**	*change of shape*
die **Forschung, -en**	*research*
die **Fortsetzung, -en**	*continuation*
das **Fortkommen**	*progress; advancement*
der **Frachtkahn, -̈e**	*barge*
frankieren	*to put postage on an envelope*
die **Frauenrechte** (pl.)	*women's rights*
die **Freiheit, -en**	*freedom*
fremd	*foreign; strange*
der/die **Fremde, -e**	*stranger*
freundlich	*friendly*
fressen (frisst, fraß,	*to feed; eat (as animals); devour*
hat gefressen)	
freudig	*joyful*
(sich) **freuen** auf	*to look forward to*
(sich) **freuen** über	*to be happy about*
der **Frieden**	*peace*
der **Friedhof, -̈e**	*cemetery*

die **Frisur, -en**	*hairstyle*
froh	*glad*
fröhlich	*happy; cheerful*
die **Frühlingsferien** (pl.)	*spring break*
der **Fuchs, -̈e**	*fox*
führen	*to lead*
der **Führer, -**	*leader*
der **Funke, -n**	*spark*
funken	*to spark*
(sich) **fürchten** (vor)	*to be afraid (of)*
die **Fußballübertragung, -en**	*soccer broadcast*
der **Fußgängertunnel, -**	*pedestrian underpass*
die **Fußgängerzone, -n**	*pedestrian zone*
futsch (sl.)	*disappeared; gone*

G

die **Gabel, -n**	*fork*
der **Gastarbeiter, - /**	*"guest," foreigner, migrant worker*
die **Gastarbeiterin, -innen**	
gebärden	*to sign; speak in sign language*
die **Gebärdensprache, -n**	*sign language*
das **Gebäude, -n**	*building*
gefährden	*to endanger*
gefährdet	*in danger*
geben (gibt, gab, hat gegeben)	*to give*
geboren	*born*
der **Gedächtnisverlust**	*amnesia*
gedämpft	*subdued*
geehrt	*esteemed*
der **Gefallen, -**	*favor*
gefallen (gefällt, gefiel,	*to please; appeal to*
hat gefallen)	
die **Gefangenschaft, -en**	*captivity*
der **Gegenstand, -̈e**	*object*
die **Gegenseite, -n**	*opposite*
das **Gegenteil, -e**	*opposite*
die **Gegenwart**	*present (tense)*
der **Gegner, - /**	*opponent*
die **Gegnerin, -innen**	
gegnerisch	*opposing*
der **Geheimbund, -e**	*secret society*
gehören	*to belong to*
gehörlos (taub)	*deaf*
der **Geistesarbeiter, -**	*intellectual*
der **Geisteskranke, -n**	*mentally ill person*
geistig	*mentally; spiritually*
der **Geizhals, -̈e**	*cheapskate*
geizig	*cheap*
Geld ausgeben (gibt aus,	*to spend money*
gab aus, hat ausgegeben)	
geleckt	*tasted, lit. "licked"*
die **Gelegenheit, -en**	*opportunity*
gelegentlich	*occasionally*
gemein	*mean; cruel*
gemeinsam	*in common; shared; mutual*
die **Gemeinschaft, -en**	*community*
gemessen	*measured*
die **Genehmigung, -en**	*the permit*

die **Geografie**	geography	**großartig**	great; fabulous
das **Gepäck**	luggage	das **Großmaul, -̈er** (sl.)	big mouth
das **Gepäcknetz, -e**	luggage rack	die **Großmutter, -̈**	grandmother
genießen (genoss, hat genossen)	to enjoy	die **Großstadt, -̈e**	big or major city
der **Genosse, -n,** die **Genossin, -innen**	comrade	der **Großvater, -̈**	grandfather
		das **Grundrecht, -e**	basic right
gerade stehen (für etwas) (stand, hat gestanden)	to answer for something	die **Grundvoraussetzung, -en**	fundamental prerequisite
		Grüezi (Swiss German)	hello
das **Geräusch, -e**	sound	**gründen**	to found
die **Gerechtigkeit, -en**	justice; justness; fairness	der **Grundsatz, -̈e**	principle; tenet
die **Gerichtsverhandlung, -en**	trial	**gruselig**	spooky
gerissen (sl.)	tricky; clever	**gucken**	to look
die **Germanistik**	German studies	der **Gulli**	sewer cover; drain
die **Gepflogenheit, -en**	habit	die **Gussstahlfabrik, -en**	steel plant
das **Gerücht, -e**	rumor	das **Gutachten, -**	opinion; assessment
geschehen (geschieht, geschah, ist geschehen)	to happen	das **Gymnasium, Gymnasien**	college prep secondary school
das **Geschenk, -e**	present; gift	**H**	
die **Geschichte, -n**	story; history	die **Hacke, -n**	hoe
geschieden	divorced	der **Hafen, -̈**	harbor
der **Geschmack, -̈er**	taste	die **Haft**	imprisonment
die **Geschwister** (pl.)	siblings	der **Halbbruder, -̈**	half-brother
das **Gesetz, -e**	law	die **Halbschwester, -n**	half-sister
die **Geste, -n**	gesture	**halten** (hält, hielt, hat gehalten)	to keep
gestehen (gestand, hat gestanden)	to confess; admit		
		das **Handeln**	action
die **Gestik**	gestures	**handeln**	to take action; to act
gestresst	stressed	das **Handy, -s**	cell phone
die **Gewalt**	violence	der **Handlungsstrang, -̈e**	plot strand
gewaltig	violent	die **Handschelle, -n**	handcuff
gewinnen (gewann, hat gewonnen)	to win; exploit or mine	die **Handschrift-, en**	handwriting
		das **Hängebauchschwein, -e**	pot-bellied pig
das **Gewissen**	conscience	**hänseln**	to pick on
das **Gewitter, -**	thunderstorm	der **Hass**	hatred
(sich) **gewöhnen** (an)	to get used to	(sich) **häufen**	to accumulate; to pile up
die **Girlandenkette, -n**	garlands	das **Hauptfach, -̈er**	major (academic field of study)
das **Glasgefäß, -e**	glass dish	der **Hauptmann,** die **Hauptleute**	captain
glatt	slippery		
die **Glatzen** (sl.)	skinheads	die **Hauptsehenswürdigkeit, -en**	main attraction
glauben	to believe		
die **Gleichberechtigung**	equality	das **Hausboot, -e**	houseboat
das **Gleichgewicht, -e**	balance	die **Heimat, Heimatländer**	homeland
das **Gleis, -e**	track	die **Heimatverbundenheit, -en**	connection with one's origin
die **Glotze, -n** (sl.)	TV		
glotzen (sl.) (vor der Glotze sitzen / in die Glotze gucken)	to watch TV	die **Heimtücke**	insidiousness
		der **Heimweh**	homesickness
		heiraten	to marry
das **Glück**	happiness; luck	der **Heizkörper, -**	heater; radiator
glücklich	happy	der **Heldenkampf, -̈e**	heroic struggle
die **Glocke, -n**	bell; chime	(jdm.) **helfen** (hilft, half, hat geholfen)	to help
die **Gottesgeißel**	die, penalty of God		
das **Grab, -̈er**	grave	**hemmungslos**	uncontrolled
gratulieren	to congratulate	**herablassend**	condescending
der **Gräuel, -**	horror	**heranziehen** (zieht heran, zog heran, hat herangezogen)	to mobilize; gather
greifbar	concrete; vivid		
die **Grenze, -n**	border	**herausfordern**	to challenge
grimmig	fierce	die **Herkunft, -̈e**	origin; ancestry
		herrschen	to rule

der **Herrscher**, -	ruler (someone who rules)
der **Hersteller** -	manufacturer
hervorheben (hob hervor, hat hervorgehoben)	to raise (e.g., a point)
der **Herzinfarkt**, -e	heart attack
die **Hexe**, -n	witch
hilfsbereit	helpful
der **Himmel**	sky; heaven
hinausschießen (schoss hinaus, hat hinausgeschossen)	to overshoot
(sich) **hinlegen**	to lay down
hindern	to prevent
hinken	to limp
hinreden (sl.)	to talk
(sich) **hinreißen lassen** (lässt, ließ, hat sich hinreißen lassen)	to get carried away
hinrichten	to execute
die **Hinrichtung**, -en	execution
(sich) **hinsetzen**	to sit down
das **Hirn**, -e	brain
hochnäsig	arrogant
die **Hochschule**, -n	college or university
die **Hochsicherheitszone**, -n	high-security zone
der **Hochstapler**, -	impostor
der **Hochverrat**	treason
hochverräterisch	high treason (adj.)
die **Hochzeit**, -en	wedding
die **Hochzeitsreise**, -n	honeymoon
hocken (sl.; regional)	to sit
das **Hof**, -¨e	yard
hoffen	to hope
hoffentlich	hopefully
die **Hoffnung**, -en	hope
hoffnungsvoll	hopeful
höflich	polite
die **hohen Tiere** (sl.)	bigwigs
die **Höhle**, -n	cave; lair
höhnisch	arrogant; snide
das **Holzpferd**, -e	wooden horse
holzvertäfelt	wood panelled
hörgeschädigt	hearing impaired
hören	to hear
hüpfen	to hop

I, J

immer	always
imponiert	impressed
das **Industrieunternehmen**, -	industrial enterprise
die **Informatik**	computer science
die **Insel**, -n	island
die **Intensivstation**, -en	intensive care unit
(sich) **interessieren** (für)	to be interested (in)
irgendwann	eventually; sometime
instandbesetzen	to restore
instand halten	to maintain
das **Instrument**, -e	instrument
interessiert	interested
der **Intershop**	store in GDR with West products
irre	crazy

jagen	to hunt
jämmerlich	miserable
der **Job**, -s	job
die **Journalistik** (der **Journalismus**)	journalism
der **Jubel**	rejoicing
der **Jude**, die **Jüdin**	Jewish person
die **Jugendherberge**, -n	youth hostel
die **Jugendsprache**, -n	youth language

K

der **Käfig**, -e	cage
die **Kameraperspektive**, -n	camera angle
(sich) **kämmen**	to comb
der **Kampf**, -¨e	fight; struggle
kämpfen	to fight
das **Kaninchen**, -	rabbit
die **Karre**, -n (sl.)	car
der **Karton**, -s	cardboard box
der **Kasten**, -	case; box
die **Katze**, -n	cat
kaufen	to buy
die **Kaution**, -en	deposit
keinerlei	no ... whatsoever
keineswegs	in no way
kennen lernen	to meet; get to know each other
die **Kernaussage**, -n	gist
die **Kette**, -n	necklace
kichern	to giggle; snicker
die **Kirche**, n	church
kitzeln	to tickle
kitzlich (kitzlig)	ticklish; difficult (sl.)
klagen	to complain
klappen (sl.)	to work; function
klappern	to rattle
klar	clear
(sich) **klären**	to clear up; clarify
die **Klasse**, -en	group of students; class
klauen (sl.)	to steal
kleinbürgerlich	bourgeois
die **Kleinigkeit**, -en	something little
das **Klettergerüst**, -e	jungle gym
der **Klimawandel**, -	climate change
klingen (klang, hat geklungen)	to sound
die **Klinke**, -n	handle
die **Klobrille**, -n	toilet seat
klopfen	to knock
klug	smart; clever
der **Klumpen**, -	lump
die **Knarre**, -n (sl.)	gun
knarren	to squeak
der **Knopf**, -¨e	button
knuffen	to punch
knurren	to grunt
kochen	to cook; boil
der **Koffer**, -	luggage
die **Kohle** (sl.)	cash; money
der **Koks**, -e	a specific kind of coal
der **Kongress**, -e	meeting; convention

die **Konti, -s** (sl.)	ticket checker	**lecker**	delicious
konzentriert	focused	**ledig**	single; unmarried
das **Konzert, -e**	concert	**legen**	to place; put
korrigieren	to correct; rectify	die **Leiche, -n**	corpse
der **Kosmonaut, -en**	astronaut (cosmonaut)	**leid tun** (tat leid, hat leid getan)	to feel sorry
der **Kötel, -** (sl.)	little guy	**leihen** (lieh, hat geliehen)	to lend; loan; borrow
der **Kotverwurf, -¨e**	dirty accusation	**leiten**	to lead
der **Kragen, -**	collar	die **Leitfigur, -en**	central figure
die **Krankenschwester, -n**	female nurse	die **Leitkultur, -en**	defining culture
die **Kraft, , -¨e**	strength	(sich) **leisten**	to afford
krepieren (sl.)	to die; croak	der **Leistungsabfall, -¨e**	decreased effort
der **Kreuzzug, -¨e**	crusade	die **Lehrstelle, -n**	apprenticeship
der **Kriegsfilm, -e**	war movie	**lernen**	to learn; study for a test or class
die **Kriegsgefangenschaft, -en**	prisoner of war	die **Lernschwester, -n**	female hospital intern
der **Kriegsheimkehrer, -**	war veteran	der **Lichthof, -¨e**	courtyard
die **Kriegssonderstrafrechtsverordnung**		der **Lichtstrahl, -en**	ray of light
	special war penal code	**lieb**	nice; sweet-natured
die **Krone, -n**	crown	die **Liebe, -n**	love
die **Krypta, Krypten**	burial vault	das **Liebesdreieck, -e**	love triangle
das **Kuckucksei, -er**	cuckoo's egg	die **Liebeserklärung, -en**	declaration of love
der **Kummer**	heartache	das **Lied, -er** (der **Song, -s**)	song
(sich) **kümmern** (um)	to take care (of); to concern with	die **Literaturwissenschaft, -en**	literature
kündigen	to quit	die **Litfaßsäule, -n**	advertising column or pillar
die **Kunst, -¨e**	art	der **LKW-Fahrer, -**	truck driver
die **Kuppel, -n**	dome; cupola	die **Locke, -n**	curl
der **Kurs, -e**	course; class	der **Lockenkopf, -¨e**	curly haired
kuscheln	cuddle; snuggle	**locker**	casual; informal
die **Kusine, -n**	female cousin	die **Lokalnachrichten** (pl.)	local news
küssen	kiss	die **Löffelstellung**	spooning
		losbrechen (bricht los,	break loose
L		brach los, hat losgebrochen)	
labern (sl.)	to jabber	**lösen**	to resolve; solve
lachen	to laugh	die **Lotterie, -n**	lottery
lächerlich	ridiculous	der **Löwe, -n**	lion
lackieren	to varnish	die **Luftverschmutzung, -en**	air pollution
die **Lage, -n**	location	**lügen** (log, hat gelogen)	to lie
das **Land, -¨er**	country	die **Lust -¨e**	desire; interest
das **Landesverrat**	treason	**lustig**	funny
die **Landplage, -n**	menace; plague		
die **Landwirtschaft**	agriculture; farming	**M**	
(sich) **langweilen**	to be bored	die **Macht, -¨e**	power
langweilig	boring	die **Machtergreifung, -en**	seizure of power
der **Lärm**	noise	das **Mahnmal, -¨er**	memorial (warning future
lässig	laid back; easy going		generations)
der **Lastkraftwagen, -** (LKW)	truck	**malen**	to paint
das **Lätzchen, -**	bib	die **Mannschaft, -en**	team
das **Laub**	foliage	die **Marke, -n**	brand
die **Laune, -n**	mood	der **Marktplatz, -¨e**	market place; square
launisch	moody	das **Marmorgeländer, -**	marble rail
lauschen	to listen	der **Maschendraht, -¨e**	wire fence
laut (+ dative)	according to	der **Maschinenbau**	mechanical engineering
läuten	to ring	das **Maskottchen, -**	mascot
der **Lausejunge, -n**	rascal	das **Massensterben**	large number of deaths
die **Lautmalerei, -en**	onomatopoeia	die **Mathematik**	mathematics
lebensbedrohlich	life threatening	die **Mauer, -n**	wall
die **Lebensmittelkarte, -n**	ration card	die **Maueröffnung**	opening of the Wall
lebensunwert (Nazi rhetoric)	not fit to live	die **Mäzene** (pl.)	patrons
die **Lebensversicherung, -en**	life insurance	die **Medienwissenschaften**	media studies
lecken	to lick	die **Medizin**	medicine

das **Meer, -e**	ocean; sea
meinetwegen (seinet-, ihret-, deinet-)	because of me (him, her, you)
die **Meinungsfreiheit**	freedom of speech
(sich) **melden**	to contact; report
die **Menschheit**	mankind; humanity
die **Menschenrechte** (pl.)	human rights
die **Menschenwürde**	dignity
(sich) **merken**	to keep in mind; memorize
das **Merkmal, -e**	feature
der **Mieter, -/** die **Mieterin, -innen**	tenant
die **Mietschulden** (pl.)	back rent (owed)
das **Mietverhältnis**	tenancy
die **Militärparade, -n**	military parade
die **Mimik**	facial expression
das **Missverständnis, -nisse**	misunderanding
mitbekommen (bekam mit, hat mitbekommen)	to find out; to understand
das **Mitglied, -er**	member
der **Mitläufer, -/** die **Mitläuferin, -innen**	follower
mitnehmen (nimmt mit, nahm mit, hat mitgenommen)	to take along
die **Mitstreitenden**	co-demonstrators
der/die **Mitreisende, -n**	fellow traveler
das **Mittel, -**	means
der **Mittelstürmer, -**	front forward player (soccer)
der **Mitwisser, -/** die **Mitwisserin, -innen**	confidant
mobben	to bully
das **Mobbing**	bullying
möglich	possible
die **Möglichkeit, -en**	possibility
der **Mönch, -e**	monk
der **Mond, -e**	moon
mordsgefährlich	very dangerous
die **Mühe, -n**	effort
mühsam	strenuous
die **Mülltonne, -n**	garbage can
der **Multikulturalismus**	multiculturalism
münden	to flow or empty (into)
der **Münze, -n**	coin
die **Musik/ Musikwissenschaft**	music/musicology
musikalisch	musical
mustern	to check; to inspect
mutwillig	intentionally
die **Mutter, -¨**	mother
mutig	brave
mütterlicherseits	maternally; on the mother's side

N

nach (+ dative)	according to
der **Nachbar, -n /** die **Nachbarin, -innen**	neighbor
die **Nachbarschaft, -en**	neighborhood
das **Nachtlokal, -e**	night club
die **Nachricht, -en**	news

der **Nachspann**	closing credits
der **Nachtisch, -e**	dessert
nachweisen (wies nach, hat nachgewiesen)	to prove
die **Nachwirkungen** (pl.)	consequences; repercussions
die **Nadel, -n**	pin; needle
nagen	to gnaw
der **Nationalismus**	nationalism
nebeneinander	side by side
das **Nebenfach, -¨er**	minor (academic field of study)
die **Neonazis**	Neo-nazis
der **Nestbeschmutzer, -**	lit. soiling one's own nest; whistle-blower
neugierig	curious
der **Neffe, -n**	nephew
die **Nibelungen**	the mythic Nibelungs
die **Nichtaufarbeitung**	not working through something
die **Nichte, -n**	niece
nie	never
die **Niederlage, -n**	defeat
niesen	to sneeze
der **Norden**	north
die **Note, -n**	grade
die **Notwende** (die **Notwendigkeit**)	the need; necessity
die **Nüstern**	nostrils (zool.)
nutzlos	useless

O

der **Oberschenkel, -**	thigh
das **Objektiv, -e**	lens
öde	bleak; dull
ohrenbetäubend	deafening; earsplitting
der **Onkel, -**	uncle
das **Opfer, -**	victim; sacrifice
die **Ossis** (pejorative)	East Germans
der **Osten**	East
das **Ostprodukt, -e**	product from the East
ordentlich	neat; tidy
organisiert	organized

P

das **Paar, -e**	pair; couple
die **Pädagogik** (die **Erziehungswissenschaft**)	education; educational science
der **Palast der Republik**	East German parliament
die **Panne, -n**	a break down
die **Parkoberfläche, -n**	surface of the park
die **Parole, -n**	slogan
der **Pass, -¨e** (der **Reisepass**)	passport
passen	to fit
passieren (ist passiert)	to happen
pathetisch	emotional
peinlich	embarrassing
die **Pelle, -n**	skin (e.g., sausage, potato)
der **Penner, -** (sl.)	bum
der **Pferdeschwanz, -¨e**	ponytail
die **Pflicht, -en**	responsibility
die **Pfütze, -n**	puddle

die **Pharmazie**	pharmacy studies	**regelmäßig**	regular; regularly
die **Philosophie** (die **Ethik**)	philosophy; ethics	die **Regierung, -en**	government
die **Physik**	physics	der **Regisseur, -e** /	director (theater, cinema, TV)
die **Pistole, -n**	handgun	die **Regisseurin, -innen**	
plakatieren	to put up posters	**reich**	rich
der **Planet, -en**	planet	die **Reichen**	the rich
der **Plattenbau, -ten**	prefab apartment complex	die **Reihenfolge, -n**	order; sequence
plattmachen (sl.)	to crush	**reinwürgen** (sl.)	to shove down your throat
plaudern	to chat	**renovieren**	to renovate
die **Politikwissenschaft**	political science	der **Rentner, -** /	retired person
die **Polizei**	police	die **Renterin, -innen**	
der **Polizeieinsatz, -¨e**	police operation	die **Republikflucht**	to flee from the GDR
portionsweise	in bits and pieces	die **Requisiten**	props
das **Porto**	postage	(jdn.) **retten**	to save (someone)
der **Postbote, -n** /	mail carrier	die **Rettungsmöglichkeit, -en**	way to save s.thing or someone
die **Postbotin, -innen**		der **Revolver, -**	revolver; gun
die **Postwurfsendung, -en**	mass mailing	**richten**	to focus; aim
prägen	to mold; mark	der **Riese, -n**	giant
pünktlich	on time	die **Riesenratte, -n**	giant rat
putzen	to clean	der **Ring, -e**	ring
das **Praktikum, Praktika**	internship	die **Roheisen-**	iron and steel production
praktisch	practical	**und Stahlerzeugung**	
die **Prise, -n**	a pinch (e.g., of salt)	die **rote Front**	the Red Front (Communists)
das **Privateigentum**	private property	die **Rübe, -n**	beet
die **Privatsphäre, -n**	privacy	die **Rückkehr**	return
das **Proseminar, -e**	introductory (undergraduate) seminar	der **Ruf, -e**	reputation; call
		rufen (rief, hat gerufen)	to call
der **Prozess, -e**	trial	**Rügen**	island in the Baltic Sea north of Berlin
die **Prüfung, -en**	test; examination		
die **Prügelei, -en**	fight; brawl	**ruhig**	calm
(sich) **prügeln**	to get in a fight	(sich) **rühren**	to move
die **Psychologie**	psychology	**rummeckern** (sl.)	to complain
der **Puffer, -**	cushion; buffer	**rumschubsen**	to push around
die **Puppe, -n**	doll		
		S	
Q		der **Sachverhalt, -e**	facts; circumstance
das **Quadrat, -e**	square	**sagen**	to say
quadratisch	square	**sammeln**	to collect
quäken	to squawk	**samten**	velveteen; velvety
der **Quatsch**	nonsense	**sanft**	gentle
quatschen (sl.)	to gab; shoot the breeze	der **Sarg, -¨e**	coffin
quieken	to squeak	die **Satellitenschüssel, -n**	satellite dish
die **Quote, -n**	rating	die **Schaffung**	creation
		der **Schalter, -**	ticket counter
R		**schämen**	to be ashamed
das **Radiergummi, -s**	eraser	die **Schande**	shame; disgrace
(sich) **rasieren**	to shave	der **Schatz, -¨e**	treasure
der **Rassenhass**	racial hatred	die **Schatzkammer, -n**	treasure room or chamber
die **Rassentrennung, -en**	racial segregation; apartheid	die **Schaufel, -n**	shovel; spade; scoop
die **Rate, -n**	installment	das **Schaufenster, -**	shop window
raten (rät, riet, hat geraten)	to guess	der **Schauplatz, -¨e**	setting
der **Raumschiff, -e**	space ship	der **Schauspieler, -** /	actor
(sich) **rausreden**	to talk out of	die **Schauspielerin, -innen**	
die **Rechtswissenschaften**	law; legal studies	(sich) **scheiden lassen**	to divorce
der **Redner, -** /	speaker	(lässt, ließ, hat sich scheiden lassen)	
die **Rednerin, -innen**		der **Scheitel, -**	part (e.g., of the hair)
die **Reichsverteidigung, -en**	national defense	**scheitern**	to fail
der **Referendar, -e**	student teacher	**schenken**	to give as a gift
die **Regel, -n**	rule		

scherzen	to joke	selbstbewusst	self-confident
schicken	to send	die Selbstjustiz	vigilantism
das **Schicksal**, -e	fate; destiny	das **Selbstmitleid**	self-pity
das **Schild**, -er	sign	seltsam	strange
der **Schiedsrichter**, -	referee	das **Seminar**, -e	seminar; class
die **Schienen** (pl.)	tracks	setzen	to set
die **Schlägerei**, -en	brawl; fight	(sich) **setzen**	to sit down
schlau	clever	sicher	safe; secure
schlecht	bad; poor	die **Sicht**, en	point of view
schießen (schoss, hat geschossen)	to shoot	die **Siedlung**, -en	subdivision; development
		der **Sieg**, -e	victory
das **Schloss**, -̈er	castle	das **Siegestor**, -e	victory goal; winning goal
schlürfen	to slurp	die **Sippenhaft** (Nazi rhetoric)	kin punishment
schmeißen (sl.) (schmiss, hat geschmissen)	to throw	die **Sippschaft**, -en	clan
		der **Sitz**, -e	seat
(sich) **schminken**	to put on makeup	der **Smaragd**, -e	emerald
der **Schmuck**	jewelry	der **Sohn**, -̈e	son
der **Schneider**, - (die **Schneiderin**, -innen	tailor	sondern	but; rather
		die **Sorge**, -n	worry
die **Schneidetechnik**, -en	editing technique	(sich) **sorgen** (um)	to worry (about)
schnorcheln	snorkeling	die **Sorte**, -n	kind; type
der **Schoß**, -̈e	lap	die **sowjetische Flagge**	Soviet flag
die **Schlacht**, -en	battle	die **Soziale Arbeit**	social work
die **Schlaghose**, -n	bell-bottoms; flared pants	spähen	to peer; syp
schleusen	to bring over; pass through	sparsam	thrifty
schlimm	bad	**Spaß machen**	to have fun
die **Schmähschrift**, -en	pamphlet; diatribe	der **Spätheimkehrer**, -	late returnee from a POW camp
schmücken	to decorate	der **Spaziergang**, -̈e	walk; stroll
der **Schnurrbart**, -̈e	mustache	der **Speicher**, - (der **Dachboden**, -̈)	attic
der **Schotter** (sl.)	money		
schreiben (schrieb, hat geschrieben)	to write	die **Speise**, -n	food; dish
		spendieren	to treat; pay for
schüchtern	shy	das **Spielzeug**, -e	toy
die **Schulreise**, -n	field trip	das **Spielzeuggeschäft**, -e	toy store
schreien (schrie, hat geschrieen)	to yell	der **Spinner**, -	nutcase; crazy person
		der **Spitzel**, -	informer
die **Schuld-**, en	fault; guilt; debt	der **Split-Screen**, -s	split screen
schulden	to owe	der **Sport**	sport; physical education studies
schuldig	guilty	das **Sportereignis**, -nisse	athletic event
die **Schuluniform**, -en	school uniform	die **Spur**, -en	trace; track
der **Schüler**, - / die **Schülerin**, -innen	pupil (K-12 student)	spüren	to sense; feel
		die **Sprachwissenschaft** (die **Linguistik**)	linguistics
der **Schwimmunterricht**	swimming lessons		
schwanger	pregnant	der **Sprengsatz**, -̈e	explosive
der **Schwanz**, -̈e	tail	**springen** (sprang, ist gesprungen)	to jump
die **schwarze Front**	the Black Front (Anarchists)		
schweigen (schwieg, hat geschwiegen)	to remain silent	spüren	to sense
		die **Staatsangehörigkeit**, -en	citizenship
die **Schwester**, -n	sister	der **Staatsanwalt**, -̈e	attorney; state prosecutor
die **Schwiegermutter**, -̈	mother-in-law	die **Stadt**, -̈e	city
die **Schwierigkeit**, -en	difficulty; problem	die **Städtereise**, -n	city tour
schwindlig	dizzy	der **Stahl**	steel
die **Schwingung**, -en	vibration	das **Stahlgewitter**	storm of steel
der **Schwiegervater**, -̈	father-in-law	stammen	to originate
sehbehindert	visually impaired	das **Standbild**, -er	still shot
die **Sehenswürdigkeit**, -en	sight; place of interest	der **Stapel**, -	pile; stack
das **Seil**, -e (die **Leine**)	leash	die **Statistik**, -en	statistics
der **Seitenrand**, -̈er	margin	der **Staatsbürger**, - /	citizen

die **Staatsbürgerin, -innen**		der **Teppich, -e**	carpet
der **Steckbrief, -e**	wanted poster; profile	der **Termin, -e**	appointment
stehen (stand, hat gestanden)	to stand; suit	**Theater, Film & Regie**	film & theater studies
die **Stelle, -n**	position; place	**tierisch** (sl.)	totally; lit. animal-like
die **Stellungnahme, -n**	statement; position	die **Tintenpatrone, -n**	ink cartridge
sterben (stirbt, starb, ist gestorben)	to die	**tippen**	to type
		die **Tochter, -¨**	daughter
steigen (stieg, ist gestiegen)	to climb	der **Tod**	death
die **Steuern** (pl.)	taxes	der **Tonfilm, -e**	sound movie
steinigen	to stone	**töten**	to kill
der **Stiefel, -**	boot	das **Tor, -e**	goal
der **Stiefbruder, -¨**	stepbrother	der **Torwart, -e**	goalkeeper; goalie
die **Stiefmutter, ¨**	stepmother	die **Trage, -n**	stretcher
die **Stiefschwester, -n**	stepsister	**tragisch**	tragic
der **Stiefvater, -¨**	stepfather	**träumen** (von)	to dream (of)
die **Stimme, -n**	voice	(sich) **trauen**	to have the courage
die **Stimmung, -en**	mood	**trauern**	to mourn
stolpern	to stumble	**traurig**	sad
stolz	proud	(sich) **treffen** (mit)	to meet with
stören	to bother	(trifft, traf, hat getroffen)	
der **Strafraum, -¨e**	penalty area	(sich) **trennen**	to separate
der **Strafstoß, -¨e**	penalty kick	**tüchtig**	efficient
(der **Freistoß**)		**tun** (tat, hat getan)	to do
der **Strand, -¨e**	beach	die **Tür, -e**	door
der **Strang,-¨e**	strand; thread	der **Türgriff, -e**	door handle
der **Streich, -e**	trick; joke	der **Türke** (die **Türkin,**	the Turk
streiten (stritt, hat gestritten)	to argue	die **Türken**)	
streuen	to scatter	die **Türkei**	Turkey (the country)
der **Stromausfall, -¨e**	power outage	**trotzdem**	despite everything; despite that
der **Student, -en/**	student (university)	der **Turm, -¨e**	tower
die **Studentin, -innen**		die **Tussi** (sl.)	bimbo; broad
das **Studienfach, -¨er**	field of study		
das **Studiengebühr, -en**	tuition; fees	**U**	
studieren	to study; study a subject or field	die **U-Bahn** (Untergrundbahn)	subway
die **Stulle** (norddt.)	sandwich	**übel**	sick; evil
das **Stullenpaket, -e**	packed lunch	**üben**	to practice
stumm	silent; silently	der **Überfall, -¨e**	hold-up; ambush
der **Stummfilm, -e**	silent movie	**überfallen** (überfiel, hat überfallen)	to raid or rob
die **Stufe, -n**	phase; stage; level		
stur	stubborn	der **Überlebenskampf, -¨e**	struggle to survive
der **Sturkopf, -¨e**	stubborn person	(sich) **überlegen**	to think over
der **Stürmer, -**	forward (soccer)	**übernehmen** (übernahm, hat übernommen)	to take over; assume
der **Süden**	south		
der **Supermarkt, -¨e**	supermarket	**überqueren**	to cross
süß	sweet	**überraschen**	surprised
Süßigkeit, -en	sweets; candy	**überreden**	to convince
synchronisieren	to dub; synchronize	**überrollen**	to roll over; defeat
		überschwemmen	to overflow
T		**überschwemmt**	flooded
der **Tagebau, -e**	open-cast mining	**übersetzen**	to translate
der **Takt, -e**	beat	**überstürzt**	rushed
die **Tante, -n**	aunt	**übertragen** (überträgt, übertrug, hat übertragen)	to transmit; convey; relay
tanzen	to dance		
tapfer	brave	**übertreiben** (übertrieb, hat übertrieben)	to exaggerate
tapezieren	to hang wallpaper		
taubstumm	deaf-mute	**überwachen**	to control; oversee
teilnehmen (nimmt teil, nahm teil, hat teilgenommen)	to participate	**überwinden** (überwand, hat überwunden)	to overcome
die **Telefonzelle, -n**	phone booth	**überzeugen**	to convince

überzeugt	*convinced*
üblich	*normal*
umbiegen (bog um, ist umgebogen)	*to turn around*
umbringen (brachte um, hat umgebracht)	*to kill*
(sich) umdrehen	*to turn around*
(sich) umentscheiden (entschied um, hat umentschieden)	*to change one's mind*
die Umfrage, -n	*survey*
die Umgangsprache, -n	*slang*
die Umgebung, -en	*surrounding area*
umgehen	*to deal with; handle*
der Umstand, -¨e	*condition*
umsteigen (stieg um, ist umgestiegen)	*to change; transfer*
der Umsturz, -¨e	*downfall*
umstürzen	*to overthrow; topple*
der Umtauschkurs, -e	*exchange rate*
die Umwelt, -en	*environment*
die Umweltverschmutzung, -en	*environmental pollution*
unabhängig	*independent*
unbegrenzt	*unlimited*
unbequem	*uncomfortable*
unbeschreiblich	*indescribable*
unbeschwert	*untroubled; lighthearted*
der Unfug	*nonsense*
ungarisch	*Hungarian*
ungeduldig	*impatient*
ungeheuer	*monstrous*
die Ungerechtigkeit, -en	*injustice*
ungeschickt	*awkward*
ungewohnt	*unfamiliar; unaccustomed*
ungewöhnlich	*unusual*
die Universität, -en (die Uni, -s)	*college or university*
unordentlich	*disorderly; messy*
das Unrecht	*injustice*
unsicher	*unsure*
der Unsinn	*nonsense*
unsympathisch	*unfriendly*
unterbrechen (unterbricht, unterbrach, hat unterbrochen)	*to interrupt*
unterbringen (bringt unter, brachte unter, hat untergebracht)	*to house; accommodate*
unterdrücken	*to oppress; suppress*
die Unterdrückung, -en	*oppression; suppression*
das Untergeschoss, -e	*lower level*
(sich) unterhalten (unterhält, unterhielt, hat unterhalten)	*to amuse; entertain; talk*
die Unterhaltung, -en	*entertainment*
das Untermenschentum (Nazi rhetoric)	*inferior human beings*
der Unterricht	*class (e.g., period); lesson*
der Unterrock, -¨e	*petticoat; underskirt*
unterscheiden (unterschied, hat unterschieden)	*to differentiate*
unterstützen	*to support*

die Unterstellung, -en	*insinuation*
der Untertitel, -n	*subtitle*
untertitelt	*subtitled*
unterwegs	*en route; on the go; out and about*
unterzeichnen	*to sign*
unruhig	*anxious; fidgety*
unsicher	*unsure*
der Urheber, - / die Urheberin, -innen	*author; creator; initator*
der Urlaub, -e	*vacation*
die Ursache, -n	*cause*

V

der Vater, -¨	*father*
väterlicherseits	*paternally; on the father's side*
die Velourstapete, -n	*velour wallpaper*
(sich) verabreden	*arrange to go out; make a date*
(sich) verabschieden (von)	*to say goodbye (to)*
verachten	*to despise*
verallgemeinern	*to generalize*
die Verallgemeinerung, -en	*generalization*
(sich) verändern	*to change*
die Verantwortung, -en	*responsibility*
verarschen (sl.)	*to make a fool of*
verbergen (verbirgt, verbarg, hat verborgen)	*to hide*
verbieten (verbot, hat verboten)	*to ban; forbid*
(sich) verbinden	*to relate or connect to*
verblüfft	*stunned*
der Verbrauch	*consumption*
das Verbrechen, -	*crime*
die Verbrecherjagd, -en	*hunting for criminals*
verbringen (verbrachte, hat verbracht)	*to spend time*
der Verbündeten (pl.)	*allies*
die Verbundenheit, -en	*solidarity; bond*
verdampfen	*to evaporate*
vereist	*icy*
der Verfasser, -	*author; composer*
die Verfilmung, -en	*adaptation*
verfolgen	*to follow; pursue; chase*
verführerisch	*alluring; seductive*
verhaften	*to arrest*
das Verhalten, -	*behavior*
das Verhältnis, -nisse	*relationship*
die Verhandlung, -en	*negotiation*
verheerend	*devastating*
verheimlichen	*to keep secret*
verheiratet	*married*
verhindern	*to avoid*
das Verhör, -e	*interrogation*
verhören	*to interrogate*
der Verkäufer, - / die Verkäuferin, -nen	*salesman; saleswoman*
verkörpern	*to embody*
verlangen	*to demand*
verlassen (verlässt, verließ, hat verlassen)	*to leave; abandon*
(sich) verlassen (auf jdn.)	*to rely (on sb.)*

(verlässt, verließ, hat verlassen)	
verletzt	*wounded*
(sich) **verlieben** (in)	*to fall in love (with)*
verliebt	*in love*
verlieren (verlor, hat verloren)	*to lose*
(sich) **verloben**	*to get engaged*
verlobt	*engaged*
vermieten	*to rent*
der **Vermieter**, -	*landlord*
vermitteln	*to communicate; relate*
vermuten	*to assume*
vermutlich	*presumably*
vernichten	*to destroy*
das **Vernichtungslager**, -	*extermination camp*
vernickelt	*nickel-plated*
die **Vernunft**	*reason; rationality; sanity*
vernünftig	*rational; reasonable*
verpacken	*to wrap*
die **Verpackung**, -en	*packaging*
verpassen	*to miss (e.g., a flight)*
verprügeln	*to beat up*
verrechnen	*to miscalculate*
verrecken	*to die; to croak*
verraten (verrät, verriet, hat verraten)	*to betray; tell a secret*
das **Verrat**	*betrayal; treason*
der **Verräter**, -; die **Verräterin**, -nen	*traitor*
verrücken	*to displace*
verrückt	*crazy*
der **Versand**	*shipping*
verschieden	*different*
das **Verschlusskügelchen**, -	*cap*
verschonen	*to spare*
verschweigen (verschwieg, hat verschwiegen)	*to conceal; hide*
verschweißt	*plastic covered; sealed*
verschwuchtelt (sl.)	*gay (pej.)*
verschwinden (verschwand, ist verschwunden)	*to disappear*
verschwommen	*blurred*
die **Versicherung**, -en	*insurance*
versorgen	*to supply*
die **Verspätung**, -en	*delay*
versprechen (verspricht, versprach, hat versprochen)	*to promise*
verspüren	*to sense something*
verstecken	*to hide*
das **Verstecken**	*hide and seek; hiding*
(sich) **verstehen** (verstand, hat verstanden)	*to get along*
der **Verteidiger**, - / die **Verteidigerin**, -innen	*defense; defender*
vertrauen	*to trust*
das **Vertrauen**	*confidence*
vertraut	*familiar; trusted*
der **Vertreter**, - / die **Vertreterin**, -innen	*representative*

die **Verunsicherung**, -en	*instability*
verurteilen	*to sentence; convict*
der **Vervielfältigungsapparat**, -e	*mimeograph machine*
verwandt	*related*
der **Verwandte** (die **Verwandte**, die **Verwandten**)	*the relative*
verwechseln	*to switch; mix up*
verwenden	*to use*
verwirrt	*dazed, confused*
verwundert	*surprised; amazed*
verzichten (auf)	*to do without*
der **Vierling**, -e	*quadruplet*
verteidigen	*to defend*
verwirrend	*confusing*
verwüsten	*to devastate*
verzweifelt	*desperate*
der **Vetter**, -	*male cousin*
die **Villa**, Villen	*mansion*
das **Volksgericht**, -e	*peoples' court*
die **Volkswirtschaft** (die **Wirtschaftswissenschaft**)	*economics*
vollkommen	*completely*
vollwertig	*full-fledged*
die **Voraussagung**, -en	*prediction*
vorbereiten	*to prepare*
die **Vorbereitung**, -en	*preparation*
der **Vordergrund**, -¨e	*foreground*
die **Vorfahren** (pl.)	*forefathers*
der **Vorhang**, -¨e	*curtain*
die **Vorlesung**, -en	*lecture course; reading*
(sich) **vornehmen** (nimmt vor, nahm vor, hat vorgenommen)	*to plan*
der **Vorort**, -e	*suburb*
der **Vorschlag**, -¨e	*proposal; suggestion*
vorschlagen (schlägt vor, schlug vor, hat vorgeschlagen)	*to propose; suggest*
vorschreiben (schrieb vor, hat vorgeschrieben)	*to prescribe*
die **Vorschrift**, -en	*regulation*
vorsichtig	*cautious*
der **Vorsitzende**, -n / die **Vorsitzende**, -n	*presiding judge; chairman/woman*
der **Vorspann**, -e	*opening credits*
der **Vorstand**, -¨e	*board; executive board*
(sich) **vorstellen**	*to imagine*
(jdn; sich) **vorstellen**	*to introduce sb. or oneself*
die **Vorstellung**, -en	*idea; notion; introduction*
verstört	*disturbed*
das **Vorurteil**, -e	*prejudice*
das **Vokabelkärtchen**, -	*vocabulary flashcard*
vorwerfen (wirft vor, warf vor, hat vorgeworfen)	*to accuse; reproach*
der **Vorwurf**, -¨e	*accusation; reproach*
vorwurfsvoll	*reproachful*
verzweifelt	*desperate*

W

der **Wachmann, -¨er**	security guard
wachsen (wächst, wuchs, ist gewachsen)	to grow
der **Waffenbesitz**	possession of firearms
wagen	to dare
die **Wahl, -en**	election
wählen	to vote; choose
wahnsinnig	crazy; mad
der **Wahnsinnige, -n**	madman
die **Wahrheit, -en**	truth
wahrnehmen (nimmt wahr, nahm wahr, hat wahrgenommen)	to realize; appreciate; notice
die **Wahrscheinlichkeit, -en**	probability
das **Wahrzeichen, -**	emblem
das **Waisenkind, -er**	orphan
der **Wald, -¨er**	woods; forest
warten	to wait
(sich) **waschen** (wäscht, wusch, hat gewaschen)	to wash
weggehen (ging weg, ist weggegangen)	to leave; go away
wegschmeißen (schmiss weg, hat weggeschmissen)	to throw away
(sich) **wehren**	to defend oneself
die **Wehrkraftzersetzung**	destruction of military moral
der **Wehrsold**	basic pay; service pay
weh tun (tat weh, hat weh getan)	to hurt
weinen	to cry
weiterentwickeln	to advance; develop further
das **Weltall**	space
die **Weltanschauung, -en**	ideology
die **Wende**	Fall of the Wall, lit. political "turn"
die **Werbung, -en**	advertising
die **Wehrmacht**	Nazi army
das **Weihnachten**	Christmas
die **Weltmeisterschaft, -en**	soccer World Cup
die **Wendung, -en**	turn
wert	worth
der **Wert, -e**	worth; value
wessen	whose
der **Westen**	west; the West
die **Westfirma, -firmen**	business in the West
wichtig	important
widersprüchlich	contradictory
wiederherstellen	rebuild; reconstruct
die **Widerlegung, -en**	rebuttal
der **Widerstand, -¨e**	resistance
die **Widerstandsbewegung, -en**	resistance movement
widerstehen (widerstand, hat widerstanden)	to resist; dispute
die **Wiedervereinigung, -en**	reunification
die **Willkür**	arbitrariness
wimmeln	to teem
die **Wirkung, -en**	effect
die **Wirtschaft, -en**	economy
der **Wirtschaftsboom, -s**	economic boom
das **Wirtschaftsingenieurwesen**	industrial engineering
das **Wirtschaftswunder, -**	economic miracle
wischen	to mop
der **Witz, -e**	joke
der **Wohnblock, -¨e**	block of apartment buildings
die **Wohngemeinschaft, - en (WG)**	shared apartment
das **Wohnhaus, -¨er**	apartmemt building
die **Wohnung, -en**	apartment
wortwörtlich	literally
der **Wunsch, -¨e**	wish
die **Wurzel, -n**	root
wütend	furious; enraged

Z

zählen	to count
(sich) die **Zähne putzen**	to brush one's teeth
der **Zauber, -**	magic; spell
die **Zeche, -n**	mine (e.g., coal)
das **Zechenviertel, -**	mining district
die **Zeichensprache, -n**	sign language
zeigen	to show
zeitgenössisch	contemporary
das **Zeitkolorit, -e**	period atmosphere; color
das **Zentrum, Zentren**	center
der **Zeppelin, -e**	blimp; airship
zerstören	to destroy; demolish
zerstreuen	to scatter; to distract
der **Zersetzer, -**	subversive element
der **Zeuge, -en / die Zeugin, -innen**	witness
das **Ziel, -e**	goal; destination
zielen	to point; aim
ziellos	aimless
der **Zipfel, -**	edge
zig	umpteen
das **Zitat, -e**	quotation
zitieren	to quote
zögernd	hesitant
"zonal"	"zoned" (i.e., East Germany)
das **Zuchthaus, -¨er**	jail; penitentiary
der **Zucker, -**	sugar
der **Zufall, -¨e**	coincidence
zufällig	by chance; coincidentally
der **Zug, -¨e** (die Bahn, die Eisenbahn)	train
zugeben (gibt zu, gab zu, hat zugegeben)	to admit
die **Zukunft, -¨e**	future
zulassen (lässt zu, ließ zu, hat zugelassen)	to admit; to allow
die **Zulassung, -en**	admission; admittance
zuverlässig	dependable
die **Zuckerrübe, -n**	sugar beet
zurechtkommen	to manage; cope with
zurückdrehen	to turn back

zurückhaltend	*reserved*
zurückkehren	*to turn back; return (to a place)*
zusammenführen	*to bring together*
der **Zusammenhalt**	*cohesion; solidarity*
zusammensacken	*to collapse; slump*
zusammenstoßen	*to crash*
(stößt zusammen, stieß zusammen, ist zusammengestoßen)	
zusätzlich	*additional*
die **Zuschauer (pl.)**	*spectator; audience*
der **Zuwanderer, - /**	*immigrant*
die **Zuwanderin, -innen**	
der **Zweck, -e**	*purpose*
der **Zweitwohnsitz, -e**	*second residence*
der **Zwerg, -e**	*dwarf*
der **Zweifel, -**	*doubt; misgiving*
der **Zwilling, -e**	*twin*
die **Zwillingsschwester, -n**	*twin sister*
der **Zwillingsbruder, -¨**	*twin brother*
zwingen	*to force*

Credits

We have made every effort to trace the ownership of all copyrighted material and to secure permission from the copyright holders. In the event of any questions arising as to the use of the material, we will be pleased to make the necessary corrections in future printings. Thanks are due to the following authors, publishers and agents for use of the material included.

Texts

10	© Diogenes Verlag, 1963
11	© Ursi Zeilinger / Kindernetz.de
19	© Axel Springer SE 2013. Alle Rechte vorbehalten
53	© Johannes Gutenberg University Mainz
56	© Westdeutscher Rundfunk Köln
79–82	Caroline Link: *Jenseits der Stille*. Arno Meyer zu Küingdorf nach dem Drehbuch von Caroline Link. © Aufbau Verlag GmbH & Co. KG, Berlin 1997
94	© RUHR.2010 GmbH
95–96	© OÖNachrichten
113–114	© Dieter Wunderlich, 2006 www.dieterwunderlich.de
118–119	From *Das Wunder von Bern* von Christof Siemes © 2003, Verlag Kiepenheuer & Witsch GMBH & Co. KG, Cologne, Germany
126	© IFC Films . http://www.welle.film.de/
129	© 2013 German Welle / Gaby Reucher
135	Reinhold Gärtner: *Politiklexikon für junge Leute* / © 2008 by Verlag Jungbrunnen Wien
158	*Die Welle, Roman nach dem Film*. Kerstin Winter (Ravensburger, 2008). pp. 156-157. © Ravensburger Buchverlag
161	Karl Gebauer. *Mobbing in der Schule* (Beltz, 2009), chapter 4, pp. 102-105. © Beltz
171–172	© EMI publishing / Sony Corp.
172–173	© einbuergerungstest-online.de
204	Yoko Tawada. *Sprachpolizei und Spielpolyglotte*. Konkursbuchverlag, 2007. © Konkursbuchverlag
205	Ernst Jandl, poetische Wrke, hrsg. Von Klaus Siblewski / © 1997 Luchterhand Literaturverlag, München, in der Verlagsgruppe Random House GmbH
207	© DPA
237–241	"Emil und die Detektive" by Erich Kästner © Atrium Verlag, Zürich 1929
250	reisenews-online.de (Daten aus 2009)
274–275	© Wlada Kolosowa
317–318	Lion Feuchtwanger. *Die Geschwister Oppermann*. Roman. © Aufbau Verlag GmbH & Co. KG, Berlin 1956
342	©RBB
346–347	© Amiga
352	Jana Hensel. *Zonenkinder* (Rowohlt, 2002); pp 51-52. © Rowohlt
354	Thomas Brussig, *Am kürzeren Ende der Sonnenallee* (Volk und Welt, 1999); pp 56-57. © Volk und Welt
360	© Bpb.de
361	© DGDB (www.germanhistorydocs.ghi-dc.org)
363 top	© DGDB (www.germanhistorydocs.ghi-dc.org)
363 bott.	© DER SPIEGEL 47/2004
364	© Ton Steine Scherben
379	*Debatte*, 220, Duden Stilwörterbuch. © Bibliographisches Institut AG Mannheim 2010
390	© PWIB Wohnungs-Infobörse GmbH
391–392	Edgar Rai. *Die fetten Jahre sind vorbei*. Roman. Nach dem Originaldrehbuch von Hans Weingartner und Katharina Held. © Aufbau Verlag GmbH & Co. KG, Berlin 2004
395–396	Published by Deutsche Filmakademie e.V., http://www.vierundzwanzig.de/regie_spielfilm/interview_mit_hans_weingartner/%28language%29/ger-DE, Interviewer: Tobias Kniebe, Berlin 2007.

Illustrations

Cover	© Joerg Nicht, Berlin, Germany
xx–xxi	Permission is granted to copy, distribute and/or modify this image under the terms of the GNU Free Documentation License: http://commons.wikimedia.org/wiki/Commons:GNU_Free_Documentation_License_1.2
xxii	© Universum Film
2	© Weinstein Company
19	Image copyright Federico Rostagno, 2013. Used under license from Shutterstock.com
20 top left	© iStock Photo / SKashkin
20 top rt.	© iStock Photo / LauriPatterson
20 bot. left	Image copyright PeterVrabel, 2013. Used under license from Shutterstock.com
20 bot. middle	© Rüdiger Wölk, Münster / Wikimedia Commons / CC-BY-SA-3.0
20 bot. rt.	© User:AndreasPraefcke / Wikimedia Commons / CC-BY-SA-3.0
31	© Beltz
46	© Miramax
54–55	© Olaf Fritsche, www.visuelles-denken.de
88	© Global Screen/Bavaria Film International
93	Permission is granted to copy, distribute and/or modify this image under the terms of the GNU Free Documentation License: http://commons.wikimedia.org/wiki/Commons:GNU_Free_Documentation_License_1.2
94	Image copyright rayjunk, 2013. Used under license from Shutterstock.com.
96	U.S. National Archives and Records Administration

97 top	Image copyright gorillaimages, 2013. Used under license from Shutterstock.com.
97 bottom	jungfrau.ch
101 top	© Haus der Geschichte, Bonn
110	© Cartography: SFSO, ThemaKart
124	© IFC Films
128	© Ausbilding.info
149	"*Die Welle*" Eine Graphic Novel von Stefani Kampmann (2007, Ravensburger Buchverlag), p. 50-53. © Ravensburger Buchverlag
166	© Concorde Home Entertainment
170	© Horst Ossinger/dpa/Corbis
173	© Aldo Gonzalez
192 top	Image by א (Aleph), http://creativecommons.org/licenses/by-sa/2.5/
202	© Sophie Bassouls/Corbis
214	© Miramax Films
217	Image copyright Ralf Siemieniec, 2013. Used under license from Shutterstock.com.
218	Image copyright Noppasin, 2013. Used under license from Shutterstock.com.
218	Image copyright rubiphoto, 2013. Used under license from Shutterstock.com.
218	User: Eisenacher / Wikimedia Commons / CC-BY-SA-3.0
218	Image copyright Thorsten Schier, 2013. Used under license from Shutterstock.com.
218	Image copyright katatonia82, 2013. Used under license from Shutterstock.com.
218	Image copyright Abel Tumik, 2013. . Used under license from Shutterstock.com.
218	Image Copyright Pecold, 2013. Used under license from Shutterstock.com.
219	© www.visitBerlin.de
222 left	Image Copyright rsooll, 2013. Used under license from Shutterstock.com
222 right	Image Copyright Kues, 2013. Used under license from Shutterstock.com
231 middle	© User: Michael Ogelsby/ CC BY-ND 2.0
233	© www.visitBerlin.de
234	© DB AG/Reiche
241	© www.visitBerlin.de
242 left	© Universum Film (UFA)
242 middle	© Herzog-Filmverleih
242 right	© Constantin Film
246	© Koch-Lorber Films
251	User: Francofranco56 / Wikimedia Commons / CC-BY-SA-3.0
284	© Zeitgeist Films
313	Image copyright haraldmuc, 2013. Used under license from Shutterstock.com
326	© Warner Brothers
329	User: Disposable.Heroes / Wikimedia Commons / CC-SA-BY-3.0
330 left	User: Presse03 / Wikimedia Commons / CC-BY-SA-3.0
330 right	Sue Ream / Wikimedia Commons / CC-SA-BY-3.0
332 mid., right	User: Bundesarchiv / Wikimedia Commons / CC-BY-SA-3.0
333	Photo by Uli Baumann
342	akg-images / Interfoto
354	© S. FISCHER Verlag GmbH
358	© Sony Pictures
361 top	© BPK, Berlin / Art Resource, NY
363	© BPK, Berlin /Jochen Moll / Art Resource, NY
369 left	akg-images / Interfoto
369 right	User: Janericloebe / Wikimedia Commons / CC-SA-BY-2.0
371 left	© Anti-Atomkraft-Bewegung / User: K.siewert / Wikimedia Commons